*De l'interprétation : Essai sur Freud*

# 해석에 대하여

/

프로이트에 관한 시론

개정판

*De l'interprétation : Essai sur Freud*

# 해석에 대하여

프로이트에 관한 시론

폴 리쾨르 지음
김동규/박준영 옮김

인간사랑

DE l'INTERPRETATION, Essai sur Freud by PAUL RICOEUR

# 폴 리쾨르의 사진과 자료들

1999년 시카고대학에서 고든 J. 레임상 수상

멤피스대학 현상학 연구센터에서

1970년 낭테르대학 해임 당시

말년의 리쾨르(2003년 6월 11일)

프랑스어판 표지들

영어판 표지

일본어판 표지

제자이자 친구였던 올리비에 아벨

교황 요한 바오로 2세 대면

서재에서

리쾨르 탄생 100주년기념 국제철학 심포지엄
(2013년 2월 11일–14일)

폴 리쾨르의 문학유산에 대한 국제 심포지엄
(2010년 6월 17일–19일)

말년의 리쾨르

PHILOSOPHIE

## Une année de Ricœur

A l'occasion du centenaire de la naissance de Paul Ricœur (27 février 1913-20 mai 2005), de nombreux colloques et publications auront lieu en France et dans le monde, notamment en collaboration avec le Fonds Ricœur qui prévoit une soirée hommage le 27 février et trois colloques internationaux en novembre. Les Puf publient trois ouvrages autour du philosophe et de son œuvre. Le 16 janvier paraîtra donc un volume dans la collection « Que sais-je ? », *Paul Ricœur* signé Jean Grondin, auteur des « Que sais-je ? » sur l'herméneutique et la philosophie de la religion. Simultanément, *Souffrance et douleur : autour de Paul Ricœur*, sous la direction de Claire Marin et Nathalie Zaccaï-Reyners, arrivera en librairie, reprenant le texte d'une conférence de Ricœur prononcée en 1992 lors d'un congrès de psychanalyse intitulé « La souffrance n'est pas la douleur ». Enfin, les Puf publieront *Ricœur et ses contemporains* de Johann Michel. Ce centenaire suscitera aussi des publications aux Presses universitaires du Septentrion, le 24 janvier, comme *L'éthique et le soi chez Paul Ricœur* de Patrice Canivez, ainsi qu'aux Presses universitaires de Rennes avec, au premier trimestre, *Gadamer et Ricœur : la conception herméneutique du langage* de Marc-Antoine Vallée. Enfin, le Seuil rendra hommage au penseur le 14 février avec *Paul Ricœur : penser la mémoire*, ouvrage collectif autour du livre majeur de Paul Ricœur, *La mémoire, l'histoire et l'oubli*, sous la direction de François Dosse et Catherine Goldenstein. Et avant la fin de « l'année Ricœur », en octobre 2013, paraîtra aussi au Seuil le volume 3 de la publication menée par le Fonds Ricœur, *Ecrits et conférences*.

ANNE-LAURE WALTER

탄생 100주년 관련 기사

강연 중인 리쾨르

전시회 그림 앞에서

## 일러두기

✚ 본서는 *De l'interprétation : Essai sur Freud*, Paris : Seuil, 1965를 번역한 것이다.

✚ 독일어 프로이트 전집 및 영어 표준판 프로이트 전집, 그리고 당시까지 나와 있던 프랑스의 프로이트 번역본을 리쾨르는 차례대로 표기한다. 본서에서 간혹 프랑스어 번역본 면수가 표기되지 않은 곳이 있는데, 이는 원문을 따른 것이다. 프랑스어 번역본의 구체적 서지사항을 리쾨르는 따로 표기하지 않았다. 독일어판은 *Gesammelte Werke*(GW), 영어판은 *Standard Edition*(SE)이 사용되었기 때문에 혼동의 여지가 없다. 하지만 프랑스어판의 경우 1965년 이후에도 출간된 프랑스어 프로이트 번역서들이 많기 때문에 독자들이 혼란을 느낄 수 있다. 이와 관련해서 독자들은 책 뒤에 부록으로 실은 '프로이트 저작 연표'를 참조하면 좋을 것이다. 이것은 장 라플랑슈와 장 베르트랑 퐁탈리스가 공동으로 저술한 『정신분석 사전』의 우리말 번역본(임진수 역, 서울 : 열린책들, 2005)에 실린 것을 새로 편집한 것이다. 이를 통해 리쾨르가 인용한 프랑스어판이 무엇인지 확연하게 알 수 있다. 리쾨르가 인용한 프랑스어판 본문을 찾아보는 데 도움이 될 것이다. 본문 각주에 프랑스어 번역본 면수 다음에 병기한 것은 한글판 『프로이트 전

집』(서울: 열린책들, 2004)이다. 독자들의 편의를 위해 전집 권수 및 면수를 빠짐없이 표기해 두었다. 본문에서 리쾨르가 인용된 프로이트 논문 제목을 일일이 제시하고 있으므로 권수 및 면수만 표기해도 독자들이 찾아보는 데는 어려움이 없을 것이다. 한글 번역본의 전집 각 권 제목은 다음과 같다.

- 1권. 정신분석 강의
- 2권. 새로운 정신분석 강의
- 3권. 히스테리 연구(요제프 브로이어와 공저)
- 4권. 꿈의 해석
- 5권. 일상생활의 정신 병리학
- 6권. 농담과 무의식의 관계
- 7권. 성욕에 관한 세 편의 에세이
- 8권. 꼬마 한스와 도라
- 9권. 늑대 인간
- 10권. 정신 병리학의 문제들
- 11권. 정신분석학의 근본 개념
- 12권. 문명 속의 불만
- 13권. 종교의 기원
- 14권. 예술, 문학, 정신분석
- 15권. 정신분석학 개요

프로이트 전집의 별권『히스테리 탄생』과 프로이트의『끝낼 수 있는 분석과 끝낼 수 없는 분석』(이덕하 역, 서울 : 비, 2004)의 면수도 인용된 경우마다 표기했다.

✚ [ ]는 특별한 언급이 없는 경우 독자의 이해를 돕기 위해 역자가 삽입한 것이다.

✚ *은 역자가 독자들의 이해를 돕기 위해 작성한 주석이다.

✚ 원문에서 이탤릭체로 강조된 부분은 고딕체로 강조했다. 간혹 리쾨르가 독일어만 괄호 속에 이탤릭체로 표기하고 프랑스어로는 강조하지 않은 채 표기한 어휘들이 있다. 이 경우에는 역자도 리쾨르가 사용한 방식 그대로 표기했다.

## 차례

# 역자의 말

이 책은 폴 리쾨르의 『해석에 대하여 : 프로이트에 관한 시론』을 번역한 것이다. 번역대본은 *De l'interprétation : Essai sur Freud*(Paris : Seuil, 1965)이다. 그리고 1970년에 예일대학교 출판부를 통해 출판된 데니스 세비지의 영어 번역본 *Freud and Philosophy*를 참조했다. 영역본은 애매한 의미를 제대로 파악하거나 리쾨르가 인용한 프로이트의 여러 저술들을 명확하게 인용하는 데 큰 도움을 주었다. 물론 더러 과도하게 의역한 부분들 때문에 오히려 혼동이 생길 때도 있기는 했지만 분명 좋은 도우미 구실을 했다. 제목에서 시론(Essai)이란 말은 여러 가지 의미가 있는데, 여기서는 시론(試論), 곧 실험적 또는 시험적으로 논하거나 평한다는 의미로 받아들이면 좋을 것 같다.

『해석에 대하여 : 프로이트에 관한 시론』은 폴 리쾨르의 철학에서 독특하면서도 중요한 역할을 한다. 독자의 이해를 위해서 매우 거칠고 도식적인 설명방식이 허락된다면 리쾨르의 철학은 초–중–후기라는 구분을 사용해서 파악할 수 있다. 초기 리쾨르의 철학—주로 1950년대에 이루어진—은 현상학적 기술을 최대한 활용한 세 권의 책 『의지적인 것과 비의지적인 것』, 『잘못을 범하는 인간』, 『악의 상징』으로 대변되는 의지의 현상학으로 표현할 수 있다. 삶의 세계 속에 거주하는 인간의 의지와 동기, 여기서 비롯되는 실천들이 세계 안에서 어떻게 이루어지는가, 그리고 인간 능력의 유한성과 그 인간이 자신의 유한함을 딛고서 무한에 도달하고자 하는 과정에서 발생하는 잘못과 오류 가능성, 그러한 잘못이 극대화되어 표현되는 악이라는 현상을 현상학적으로 기술한 것이 초기 리쾨르의 철학이었다. 이러한 리쾨르의 철학은 악이라는 상징적 현상이, 상징 특유의 성격 때문에 단번에 기술되는 것이 아니라는 사실로 인해 일대 변형을 일으키게 된다. 본서에서도 여러 차례 강조되지만 상징은 인간의 문화적 삶 속에서 이중 의미를 갖는 표현들을 뜻한다. 상징이 일의적으로 곧장 표현되지 않는 것이기에 현상학자가 그것을 현상학적으로 기술해내지 못하는 일종의 좌절이 일어난다. 이에 대한 대안으로 리쾨르는 해석학을 채택한다. '부분으로 전체를 이해하고 전체로 부분을 이해하는' 해석학적 순환을 거치는 이해의 작업을 통해 리쾨르는 우리 삶의 여러 문화적 표현들을 그러한 순환이라는 우회를 거쳐 이해해 보고자 시도한다.

이러한 리쾨르의 철학은 초–중–후기를 관통하는 그의 최고의 철학적 과제인 '개념을 통해 인간의 실존을 이해하는 일'과 접목된다. 그는 반성철학의 전통에 서서 인간의 자기 이해가 어떻게 이루어지는지 끊임없이 탐구하면서 현상학을 거쳐 해석학으로 이행했다. 바로 이 지점에서 본서는 핵심적인 역할을 한다. 이 책에서 그는 해석이라는 전통적 개념을 다시 정의하여 나 자신에 대한 정립과 이해를 목표로 삼는 반성철학의 새로운 방향 설정을 위해 해석이라는 개념을 사용한다. 반성철학이 현대의 여러 도전들에 의해 그 위상 자체가 흔들리는 시점에서 그는 그러한 도전들을 회피하는 것이 아니라 마주함으로써 반성철학에서 제기하는 '나', 또는 '주체'를 새롭게 이해해 보려고 했다. 본서의 제목에서 알 수 있듯이 그러한 현대의 도전들 가운데서 리쾨르가 주목한 것은 프로이트이다. 일차적으로 반성철학에서 말하는 '나'는 전통적으로 데카르트 철학에서 내세운 코기토처럼 자명한 제1원리로서의 '나'이다. 하지만 리쾨르는 프로이트(또한 니체, 마르크스)에 의해서 이 자명한 제1진리로서의 '나'가 위기에 처하게 되었다는 점을 인정한다. 그렇기 때문에 그는 프로이트의 공격에 상처를 입은 코기토를 새로운 방향에서 재구성해야 온전한 '나'에 대한 물음이 가능해진다고 생각했다. 이러한 리쾨르 특유의 주체철학은 1990년에 나온 『한 타자로서의 자기 자신』에 와서야 그 완성적인 모형을 구축한다. 이것이 그의 후기 철학의 결실이다.

그렇다면 본서는 어디까지 논의를 전개하고 있는가? 우선 리쾨르는 앞서 말했듯이 특별히 해석 개념과 상징 개념을 새롭게 정의한 후, 이것이 영미철학의 논리학적 사유전통의 공격에도 어떻게 살아남을 수 있는지 철학사적 전거를 통해 해명한다. 그리고 코기토에 대한 프로이트의 도전을 인정하고 반성철학이 큰 방향에서 수정되어야 한다고 주장한다. 이렇게 제시되는 리쾨르의 입장들은 이후 그의 해석학과 주체철학 논의의 시발점이 되는 중요한 대목이고, 이 책 1부의 주된 내용을 이루는 주제들이다. 논의의 순서상 여기서 리쾨르의 새로운 주체 이해가 등장하면 좋겠지만, 그는 이것을 차후의 과제로 일단 남겨둔 채 프로이트와의 적극적 대화를 시도한다. 찰스 테일러가 '경계 없는 철학자'라고 리쾨르를 칭송했던 것처럼 그는 단지 프로이트의 입장만을 확인하고 수용하는 척하면서 프로이트를 제쳐두는 것이 아니라 자기 시대의 가장 큰 이론적 반향을 일으킨 이 거장과 대화를 시도함으로써 반성철학이라는 경계를 넘어선다. 물론 반성철학이라는 경계를 넘어섰다고 해서 반성철학이라는 자신이 기반으로 삼은 경계를 완전히 허문 것은 아니다. 그보다는 그 경계의 문을 열고 나가서 프로이트마저도 자신의 경계 안에 두었다는 편이 나을 것이다. 즉 자신의 경계 안에만 머무른 것이 아니라 경계 안/밖을 넘나드는 시도를 한 것이다.

그렇다면 이 시도는 어떤 식으로 이루어지는가? 이 시도는 사실 유행만을 타고 급작스럽게 나온 것이 아니다. 1965년 이 책이 세상에 빛을 보기 전에 그는 이미 약 10여 년 전부터 자신의 나라인 프랑스를 넘어 미국의 예일대학, 벨기에의 루뱅대학 등지에서 프로이트에 대한 강연과 연구에 몰두했다. 프랑스에서는 그 당시 구조주의의 영향을 입고 프로이트주의의 전도사 역할을 담당했던 라캉의 세미나에도 참석하는—비록 큰 실망감만을 안은 채로 세미나에 끝까지 참석하지 않기는 했지만—열의를 보였다. 바로 이러한 오랜 숙성 끝에 그는 본서를 내놓은 것이다. 그 주된 결실들이 주로 2부와 3부의 내용을 수놓고 있다. 1부가 자신의 철학적 기획과 프로이트와의 접속 형태를 에둘러서 표현했다고 한다면, 2부는 프로이트에 대한 본격적 독해로 점철되어 있다. 여기서는 그 당시 유행하던 구조주의적 프로이트 해석이나 미국의 신프로이트 학파 등의 해석과는 전혀 무관하게 오직 프로이트의 텍스트 자체만을 붙잡고 씨름하는 리쾨르의 독해가 내용 전반을 구성하고 있다. 프로이트의 '과학적 심리학', '문화 해석', '종교 이해' 등의 주제부터, 일차 지형학에서 이차 지형학으로의 이행, 현실원칙과 쾌락원칙의 투쟁에서 에로스와 타나토스의 투쟁으로의 이행에서 나타나는 프로이트 기획의 내용과 의도 등을 자신의 관점에서 재구성한 것이 2부의 내용이다. 여기서 그는 자신의 입장을 적극적으로 개진하기보다 자신의 눈으로 이해한 프로이트를 설명하는 데 주안점을 두고 있다. 성급한 독자라면 2부를 읽고 이 책이 그저 프로이트에 대한 해설서나 입문서에 지나지 않는다고 불평할 수 있을 정도로 리쾨르는 오직 프로이트 텍스트 자체에 대한 읽기와 해설에 집중한다. 실제로 라캉 학파의 지지를 받았던 미셸 토르는 '별볼일 없는 프로이트주의자의 교과서'에 지나지 않는다고 본서를 혹평하기까지 했다.

책을 끝까지 읽지 않거나 성급하게 결론을 내리기 좋아하는 이런 사람들의 예견에 담담하게 응수하는 듯 리쾨르는 3부를 내놓고 있다. 여기서 그는 프로이트에 대한 철학적 해석을 적극적으로 시도하고 있다. 우리가 주목해야 하는 것은 다름 아닌 이 3부의 내용이 '철학적 해석'이라는 점이다. 사실 영어 번역자가 이 책을 '프로이트와 철학'이라고 이름하고 있고, 아직도 영어권에서 이 책이 그렇게 회자되고 있다는 사실은 본서의 그러한 철학적 측면에 주목한 데서 기인한 것이라고 할 수 있다. 적어도 그 당시(혹은 지금도) 프로이트를 주로 적용한 영역은 심리학이나 상담학, 또는 기타 임상의학적 접근에서였다. 철학의 입장에서 프로이트를 적극적으로 읽어내는 시도는 그다지 많지 않았으며, 간혹 철학적 함의를 담은 프로이트에 대한 해석들이 여기저기서 제기되었지만 이렇게 한 권의 책으로 프로이트와의 철학적 대화를 전면적으로 시도한 적은 거의 없었다. 특별히 구조주의가 득세하던 시대상황에서 반성철학이라는 흘러간 조류처럼 보이는 입장에서 프로이트를 적극적으로 해석하려는 시도는 상당한 용기가 필요한 일이었다. 실제로 이 책이 출간된 이후 라캉 학파의 공격이 견디기 힘들 정도로 리쾨르에게 가해졌다. 그를 은근히 지지해 주던 사람마저 이런 시류에 못 이겼는지 일종의 배신을 감행했다는 이야기마저 전해질 정도이니 그가 얼마나 어려움에 처했는지

어렴풋이 짐작할 수 있다.

3부에서 리쾨르는 프로이트의 철학을 '주체의 고고학'으로 규정하여 이 철학이 주체철학의 연장선상에서 해석될 수 있다는 입장을 내놓는다. 또한 그러한 '주체'를 주요 논의대상으로 삼는다는 점에서 프로이트 안에 은밀한 해석학적 경향이 숨어 있다는 주장도 내놓는다. 사실 이 주장은 프로이트를 과학으로 보는 당대나 지금의 여러 입장들에서 보면 어불성설에 지나지 않는 말일 것이다. 혹시 그런 입장을 강하게 취하고 있는 사람이라면 사실 이 책을 보고 실망감을 감추지 못할 것이다. 하지만 중요한 것은 리쾨르가 프로이트 사상을 철학으로 간주하여 적극적으로 해석해내려고 했다는 점이고, 이에 그의 입장이 다른 측면에서 보면 과학주의적 심리학을 개진한 영미권의 공격에 대한 일종의 방어막 역할을 하기도 한다는 것이다. 철학으로 간주했다는 것은 프로이트의 위상에 새로운 의미를 부여한 것이지 절대 프로이트를 부정하는 것이 아니다. 하지만 프로이트 정신분석학을 과학으로 보는 사람들에게는 이것이 프로이트에 대한 부정으로 여겨졌던 것 같다.

이러한 입장 아래 리쾨르는 프로이트 안에 있는 암시적 목적론을 밝혀냄으로써 헤겔적인 변증법의 관점에서 프로이트를 이해해 간다. 즉 주체의 변증법적 자기 이해의 과정이 미미하지만 프로이트 안에 스며들어 있다는 것이다. 여기서 오해하지 말아야 할 것은 리쾨르가 프로이트를 목적론자로 본 것이 절대 아니라는 점이다. 단지 암시적, 함축적인 차원에서 목적론이 내포되어 있으므로 우리가 프로이트 사유를 일정 부분 주체의 '자기 이해'의 도정으로 읽어낼 수 있다는 점을 그는 이야기하고 싶어 했다. 이를 통해서 불투명한 코기토가 꿈으로 표현되는 상징이나 기호 등의 매개를 거쳐 점점 우리에게 그 모습을 드러내고, 우리는 삶의 도상 속에서 그런 자기 자신을 끊임없이 이해하고 해석해 나간다는 점을 프로이트의 입장을 빌려 이야기했던 것이다.

마지막에 리쾨르의 프로이트에 대한 보다 적극적 비판이 이루어지는 대목은 사실 문화와 종교에 대한 프로이트의 환원주의적 입장에 관한 부분이다. 그는 프로이트의 지나친 무의식 환원주의 탓에 종교와 신앙의 가치가 적절하게 평가받지 못한다는 점을 지적한다. 사실 이 대목도 종교인이 철학자가 될 수 없다는 일부 철학자들의 편견으로 인해 상당히 공격받은 대목이다. 하지만 알랭 드 보통이 종교를 신앙인의 전유물로 치부하기에는 너무 아깝다고 하여 종교의 새로운 가치에 주목했던 것처럼, 리쾨르 역시 종교, 특히 그 중에서 기독교의 적절한 가치를 드러내서 사유의 원천으로 공유하고 싶어 했던 것 같다. 리쾨르의 표현을 빌리자면, 바로 이런 맥락에서는 프로이트의 '불신앙'이 오히려 해가 된다는 것을 또한 밝히고 있다.

사실 본서에는 이 외에도 다양한 주제들이 프로이트를 둘러싸고 농축되어 있다. 사실 리쾨르의 철학은 아직도 우리나라에서 널리 흡수되고 있지는 못한 것 같다. 반성철학이라는 전통적 입장을 고수하는 것 때문인지 시류에 맞춰 독자들에게 접근되지도 못하고 논쟁대상에도 잘 오르지 못한다. 그의 엄청난 독서량과 포괄적인 주제 범위, 철학사적·문화사적 지식의 배경 탓에 실제로 리쾨르의 철학에 접근하기가 쉬운 일은 아니다. 하지만 꼼꼼하게 시간을 두고 들여다 보면 분명히 얻는 것이 있을 것이다. 특별히 본서는 리쾨르 철학 자체를 이해하기 위해서는 반드시 거쳐야 할 책이고, 프로이트를 색다른 시각에서 이해하는 데도 굉장히 도움이 된다. 라캉이나 지젝 식의 관점이나 미국의 심리학적 관점 등 우리나라에서 많이 회자되고 있는 프로이트에 대한 여러 해석들과 비교하는 것도 나쁘지 않을 것이다. 1960년대 보여주었던 프랑스 일부 연구자들의 일방적인 관점만 아니라면 어떤 시각에서 보아도 큰 사유의 자양분을 얻을 수 있을 것이다.

이 책의 깊이가 워낙 심오하여 번역하는 데 많은 어려움이 있었다. 리쾨르의 다른 책과 마찬가지로 그의 해박한 지식과 경계 없는 대화, 텍스트에의 천착 등이 이 책에도 고스란히 드러나 있다. 그의 사유의 깊이를 아직 따라갈 수 없는 우리로서는 마치 땅바닥을 기어가듯 악전고투할 수밖에 없었다. 이러한 부족함 탓에 오역이 발견될까 두렵다. 사실 완전한 번역서를 낸다는 것도 어떻게 보면 불가능하고, 완전한 번역서라고 주장하는 것도 오만일 것이다. 다만 독자를 위해 애쓴 번역이라는 말을 들을 수 있고, 그래서 리쾨르와 프로이트, 해석학, 현대 프랑스 철학, 반성철학, 심리학 등 다양한 분야를 아우르고 있는 이 책에 관심을 두고 공부하려는 모든 사람에게 일말의 도움을 줄 수 있다면 그것으로 만족할 수 있을 것이다. 번역과 관련해서 우리가 약속할 수 있는 것이라곤 고작 오역의 사례가 발견될 경우 개정에 개정을 거듭하겠다는 것뿐이다. 이 약속만큼은 틀림없이 겸허하게 지켜나갈 것이다. 또한 이 책을 여러 각도에서 제대로 이해하려면 독자들에게 이 책에 관한 더 많은 해석의 글들이 필요할 것이다. 다른 여러 기회를 통해 본서와 관련한 리쾨르의 논의를 창조적으로 재미있고 명쾌하게 해명해 보고자 한다. 독자들의 인내를 부탁드린다. 번역하는 와중에 약속된 기한을 도대체 얼마나 어겼는지 모르겠다. 그 가운데서도 묵묵하게 기다려 주신 인간사랑 출판사의 여국동 사장님, 이국재, 홍성례, 권재우 선생님께 진심으로 감사드린다. 이분들의 인내 덕분에 이 귀한 책이 이 땅에 연착륙할 수 있었다. 배움과 도움을 주신 여러 선생님들과 가족들, 친구, 동료들에게도 감사한다. 또한 역자의 개인적 요청에 응해 교정에 힘써준 김행민 님에게도 고마움의 뜻을 전한다. 이름을 거론하면 좋겠지만 여러 모로 빚진 사람이 너무 많아 일일이 적어두기에는 이 지면이 부족할 것 같다. 모든 사람들의 도움의 손길을 잊지 않고, 더 많은 사람들에게 우리의 미약한 지식으로 그 빚을 갚아나갈 것을 다짐하는 것으로 감사의 말을 대신하고자 한다. 다시 한 번 그 모든 분들에게 진심으로 고마움의 뜻을 전한다.

2013년 3월

김동규|박준영

# 서문

이 책은 1961년 가을 예일대학교의 테리 강연(*Terry Lectures*)에서의 세 차례 강의를 기반으로 이루어진 것이다. 이 작업에 착수하도록 나를 예일대학교로 초청해 준 예일대 총장 및 예일대 출판부의 기획책임자, 예일대 철학과, 강연위원회에 깊은 감사를 표하고 싶다.

1962년 가을, 루뱅대학교 고등철학연구소의 추기경 메르시에르 강연회에서 주어진 여덟 차례의 강연 기회는 61년에 내가 수행한 작업을 한 단계 더 발전시키는 밑거름이 되었다. 나는 루뱅대학교 고등철학연구소 소장님과 나를 환영해 준 연구소 동료들에게 감사의 말을 전한다. 내가 이 과제를 수행하는 과정에서 보여주었던 그들의 비판과 관용에 대해 고마움의 뜻을 표하고 싶다.

나는 이제 독자들이 본서를 통해 기대할 수 있는 바와 기대할 수 없는 바가 무엇인지를 보여줄 것이다.

첫째로, 이 책은 프로이트를 다루고 있을 뿐 정신분석학을 다루고 있지는 않다. 이 점은 본서가 다음과 같은 두 가지 결점을 갖고 있음을 의미한다. 이 책은 분석 경험 그 자체에 대한 경험과 후기 프로이트 학파에 대해서는 고려하지 않는다. 첫 번째 결점과 관련하여 나는 다음과 같은 모험을 감수했다. 이 책은 프로이트의 분석이나 그 분석에서 비롯된 결과에 대해서는 다루지 않는다. 아울러 우리는 프로이트의 텍스트를 우리의 문화 자체가 반영되고 표현되는 우리 시대 문화의 기념물로 간주하지도 않았다. 독자들은 이러한 나의 모험적인 기획을 통해 얻는 것이 무엇이며 잃는 것이 무엇인지를 판단해야 할 것이다. 후기 프로이트주의 문헌의 경우에 대해서도 나는 이를 의도적으로 다루지 않았다. 왜냐하면 후기 프로이트주의 문헌은 프로이트의 사상을 빌려와서 내가 그다지 잘 알지 못하는 분석의 경험에 접목시켜 나온 결과물이기 때문이다. 또한 후기 프로이트주의 문헌은 프로이트와의 격렬한 논쟁을 벌이지도 않은 채 그저 새롭기만 한 이론적 개념들을 소개하고 있을 뿐이다. 이런 이유로 나는 후기 프로이트주의를 언급하지 않았다. 따라서 나는 프로이트의 작업만을 다루었으며, 프로이트의 계승자나 반대자로 밝혀진 사람들이 만들어낸 개념에 대한 논의는 다루지 않았다. 이를테면 에리히 프롬(Erich Fromm), 카렌 호나이(Karen Horney), 해리 스택 설리반(Harry Stack Sullivan), 또는 프로이트를 새롭게 정립한 창조적 계승자들인 멜라니 클라인(Melanie Klein), 자크 라캉(Jacques Lacan)과 같은 사람들의 논의는 개입시키지 않았다.

둘째로, 이 책은 심리학에 대한 것이 아니라 철학에 대한 것이다. 나의 관심은 프로이트가 도입한 인간에 대한 새로운 이해방식에 투여되어 있다. 나는 스스로를 내 첫 번째 철학교사인 롤랑 달비에즈(Roland Dalbiez)[1]의 우군으로 규정하고자 한다. 또한 나는 존경해마지 않는 헤르베르트 마르쿠제(Hubert Marcuse)[2], 필립 리프(Philp Rieff)[3], 그리고 J. C. 플루겔(J. C. Flugel)의 우군이기도 하다.[4]

물론 나의 작업은 롤랑 달비에즈의 작업과 본질적인 면에서 구별된다. 나는 프로이트를 인간 안에 있는 부분적인 요소에 대한 탐구와 관련하는 것으로 제한할 수 없다고 믿는다. 나의 과제는 이와 정반대의 확신에서 비롯된 것이다. 왜냐하면 정신분석학은 인간 현상에 대한 여타의 모든 총체적(globale) 해석과 갈등을 일으키기 때문이다. 이 점에서 나는 위 단락 끝에 인용한 세 명의 저자와 견해를 같이한다. 다만 나의 철학적 선입견의 특성상 그들과는 다른 입장을 견지한다. **나의 문제는 프로이트적 담론의 일관성에 대한 것이다.** 이는 우선 **인식론적** 문제이다. 무엇보다도 정신분석학에 있어서 해석이란 무엇이며, 인간의 기호에 대한 해석은 욕망의 뿌리에 이르기를 요구하는 경제적 설명과 어떻게 상관되는가? 둘째는 **반성**철학의 문제이다. 이러한 해석에서 도출되는 자기에 대한 새로운 **이해**는 무엇이며, 그러한 자기는 어떻게 스스로를 이해하는 데 이르는가? 셋째는 **변증법적** 문제이다. 프로이트의 문화 해석은 다른 모든 것을 배제하는가? 만일 그렇지 않다면, 절충론에 굴복하지

1_ Roland Dalbiez, *La Méthode psychanalytique et la doctrine freudienne*, 2 vols. Paris, Desclée de Brouwer, 1936. "프로이트의 작업은 우리에게 그다지 알려지지 않은 인간의 요소를 알려주는 가장 심오한 분석이다." *Ibid.*, t. II, p. 513.

2_ Herbert Marcuse, *Eros and Civilization. A Philosophical Inquiry into Freud*, Boston, Beacon Press, 1955, tr. fr.,éd. de Minuit, 1963.

3_ Philip Rieff, *Freud, the Mind of the Moralist*, Londres, Victor Gollancz, 1960.

4_ J. C. Flugel, *Man, Morals and Society*, 1945, Peregrine Books, 1962.

않는 다른 해석들과 조화를 이룰 수 있는 다른 사유의 규칙은 무엇일까? 이 세 가지 물음은 내가 『악의 상징』(*Symbolique du Mal*)의 말미에 유보해 둔 문제, 즉 상징의 해석학과 구체적인 반성철학 간의 관계를 알아가는 문제에 대한 새로운 해법을 모색하는 기나긴 우회로이다.

프로이트 독해에서 이러한 기획은 가능한 한 엄밀하게 시행될 것이며, 내가 제안한 철학적 해석은 이와는 별개로 이루어질 것이다. 따라서 독자들은 본서의 완결성과는 별개로 2부를 한 편의 독립된 작품으로 읽을 수도 있다. 2부에서 나는 프로이트의 텍스트 자체에 더 가깝게 다가설 것이다. 이런 이유로 나는 인용한 거의 모든 프로이트 지작의 구절들을 새로 번역했다.[5] 철학적 해석은 나의 프로이트 독해를 떠받치는 테두리 역할을 하고 있으며, 1부의 문제제기로 구성된 물음과 3부의 변증법으로 형성된 해결책에 대한 논의로 구분할 수 있다.[6]

---

5_ 절차상의 어려움에도 불구하고 나는 독일어판 프로이트 전집 *Gesammelte Werke*(약호 *GW*)을 (a)로 구분해야만 했다. 왜냐하면 이것이 원 텍스트이기 때문이다. (b)는 표준 편집본*Standard Edition*(24 vols. London, 1953 ; 약호 *SE*). 이 책은 비판적 편집본이다. (c)는 프랑스어 번역본을 말한다. 프랑스 독자들이 제각각 번역을 논의하고 각각의 맥락에서 인용할 수 있도록 하기 위해 이런 식으로 구분했음을 밝혀둔다. * 프랑스어 번역본 다음에 한글 프로이트 전집 면수를 병기했다.

6_ 위에서 언급한 네 가지 문제는 변증법의 네 가지 차원을 구성하고 있다.

# 1권

# 문제제기: 프로이트의 입지

# 1장 언어, 상징, 해석에 대하여

## 1. 정신분석학과 언어

이 책은 본질적으로 프로이트에 관한 논의를 위한 것이다. 정신분석학에 대한 관심이 분석가의 권위와 분석의 경험으로 정당화되지 못하는 이유는 무엇인가? 한 권의 책이 편견을 완전히 정당화시키지는 못한다. 또한 자신의 동기를 드러내거나 고백하는 일로 인해 시간을 허비할 이유는 더더욱 없다. 이는 오히려 자기 자신을 환영에 빠지게 하는 위험한 일이 될 수도 있다. 하지만 철학자는 그 누구보다도 근거를 제시하는 일에서 자유로울 수 없다. 나는 나의 연구를 심문이라는 더 넓은 영역 안에 위치시킴으로써, 그리고 나의 관심의 독특성을 문제 정립이라는 일반적인 방식에 결부시킴으로써 연구의 근거를 제시할 것이다.

내가 보기에 오늘날의 모든 철학적 탐구는 언어라는 교차영역 가운데 존재하는 것 같다. 언어는 비트겐슈타인의 탐구 및 영국의 언어철학, 후설의 현상학적 쟁점, 하이데거의 연구와 불트만 학파 및 신약성서 주해학파, 그리고 신화, 제의 및 신앙—결국에는 정신분석학까지—에 이르는 작업 전반과 연관되어 있으며, 인간학과 종교에 대한 비교역사 연구를 모두 아우르고 있다.

오늘날 우리는 인간의 의미를 나타내는 다양한 작용 및 이 작용들의 상호관계를 설명하기 위해서 언어철학이라는 원대한 연구를 하고 있다. 언어는 어떻게 해서 수학과 신화, 물리학과 예술 등에 그토록 다양하게 사용될 수 있는 것일까? 오늘날 우리가 우리 자신에게 이러한 질문을 던진다는 사실은 결코 우연에서 비롯된 결과가 아니다. 우리는 기호논리학, 주석학, 인간학, 정신분석학이란 틀을 가지고 있다. 이는 우선 인간의 담화의 통일성 문제라는 단일한 물음으로도 아우를 수 있다. 앞에서 언급한 학문의 진보 자체가 담화의 분열을 드러냄과 동시에 가중시킨다. 즉 인간의 말의 통일성이 오늘날의 문제를 형성하고 있다.

이러한 요인들이 우리의 탐구가 자리하는 광활한 지평이 된다. 본 탐구는 원대한 언어철학을 제시하려는 주장을 절대 하지 않는다. 게다가 나는 특정한 한 인물에 의해 그러한 철학이 형성될 수 있다는 생각에 의심의 눈길을 거두지 않고 있다. 그런 야심과 능력을 갖춘 인물로 근대의 라이프니츠를 들 수 있는데, 그는 보편적인 주석학자, 여러 예술 분야에 두루 깊은 조예를 가진 비평가이자 모범적인 수학자가 되어야만 했다. 지금에 와서 통합적 언어철학자에게 가능한 일이란 언어로 연관된 분야들 간의 핵심적인 연결점을 탐구하는 것에 불과하다. 본서의 논의도 단지 그러한 탐구에 기여하는 것을 목적으로 한다.

정신분석가는 언어에 대한 이 원대한 논의에 있어 너무나 매력적인 진영에 속해 있는 사람인데, 내가 지금부터 수립하고자 하는 논의도 바로 여기에서 비롯된다.

우선 정신분석학은 프로이트가 쓴 저술로 인해 우리 시대에 속해 있다. 이것은 분석가가 아닌 사람들과 분석되지 않은 것에도 관여하고 있다. 나는 실천을 무시하는 프로이트 독해란 미신만을 안겨줄 위험을 갖고 있으며, 프로이트에 대한 반쪽짜리 이해가 될 수 있다는 점을 잘 알고 있다. 정신분석학에 대한 텍스트적 접근은 실천을 제거할 수 있는 한계를 안고 있지만, 그것은 여전히 자신의 유일한 관심을 분석적 관계에서 전개되는 사태를 설명하는 데 두는 과학이 간과하고 있거나 실천이 은폐시킬 수도 있는, 프로이트 작품의 전체적 측면에 주의를 기울이도록 해준다는 장점만큼은 가지고 있다. 프로이트의 작업에 대한 성찰은 다음과 같은 가장 광범위한 의도를 드러낸다는 장점도 갖고 있다. 정신의학의 혁신뿐만 아니라 종교, 예술과 도덕성, 꿈, 문화 등에 속해 있는 모든 심리적 생산물에 대한 재해석이 바로 그것이다. 이것이 바로 정신분석학이 현대 문화에 소속되는 방식이다. 정신분석학은 문화를 해석함으로써 현대 문화를 변형시킨다. 즉 정신분석학은 지속적으로 각인되는 반성의 도구를 선사한다.

의학적 탐구와 문화 이론 사이에서 프로이트의 저술이 일으킨 파장은 이미 프로이트의 기획영역 안에서 그 파장의 증거를 드러내고 있다. 실제로 문화에 대한 주요 저작들은 프로이트 작업의 마지막 지점에서 발견된다.[1] 하지만 정신분석학이 문화사회학을 완만하게 전환시킨

1_ 「환영의 미래」는 1927년, 「문명 속의 불만」은 1930년, 「인간 모세와 유일신교」는 1937–1939년에 출간되었다. 여기서 환영은 illusion이다. 앞으로 본문에서 illusion은 환영으로, fantasme을 환상으로 옮긴다. 전자는 부정적인 현실을 가리는 기만적 행위와,

개인적 심리학의 한 형태로 간주되어서는 안 된다. 프로이트의 작업 전반에서 뿜어져 나오는 예리한 섬광은 그의 첫 번째 작품인 『꿈의 해석』[2]만 봐도 예술, 도덕, 종교에 대해 약술하는 가운데 간략하게나마 흘러나오고 있다. 여기서 등장하는 여러 분야들에 대한 언급은 『메타심리학에 관한 논고』(1913−1917), 『쾌락원칙을 넘어서』(1920), 그리고 『자아와 이드』(1923)라는 일련의 위대한 학술적 저술들을 거쳐서 더욱 발전하게 된다.[3] 실제로 문화 이론이 꿈과 신경증 이론에 어떻게 연관되는지를 파악하기 위해서는 1900년에 세상에 선을 보인 『꿈의 해석』에 반드시 준거해야 한다. 왜냐하면 이 책이 신화학과 문학의 연결을 일궈낸 최초의 작품이기 때문이다. 심지어 1900년의 『꿈의 해석』에서는 꿈이란 잠들어 있는 사람의 사적인 신화학이자 깨어 있는 사람들의 꿈으로서의 신화라는 주장도 나온다. 이런 주장은 소포클레스의 『오이디푸스왕』과 셰익스피어의 『햄릿』이라는, 똑같이 꿈이라는 양식으로 해석되는 작품에서 비롯된다. 우리는 이러한 제안에 문제가 있음을 보여주어야 한다.

이 난점의 결론이 무엇이든지 간에 정신분석학이 언어에 대한 현대적 논의 속에 편입된 일이 오로지 이런 문화 해석에만 기인하는 것은 아니다. 꿈을 제시한다는 것은 프로이트의 첫 번째 탐구대상이 될

---

후자는 욕망의 적극적 변형의 표현과 관련된 상상이다. 우리말 번역본의 제목은 『환상의 미래』이다.

2_ 「농담과 무의식의 관계」는 1905년, 「강박적 행위와 종교적 실천」은 1907년, 「옌센의 "그라디바"에 나타난 망상과 꿈」도 1907년, "창조적인 작가와 몽상"이란 짧은 시론은 1908년, 「레오나르도 다 빈치의 유년의 기억」은 1910년. 그리고 「토템과 터부」란 매우 중요한 저술은 1913년에 출간되었다.

3_ 「미켈란젤로의 모세」는 1914년, 「전쟁과 죽음에 대한 고찰」은 1915년, 「괴테의 『시와 진실』에 나타난 어린 시절의 추억」은 1917년, 「낯설음」은 1919년, 「집단심리학과 자아비판」은 1921년에 각각 나왔다.

뿐만 아니라 위장과 치환이 가능한, 그리고 인간의 소망과 욕망의 허구적 표현형식—우리가 아래서 논의하게 될 맥락에서—이 되기도 한다. 프로이트는 욕망과 언어의 탐구를 위해 꿈 그 자체 속으로 우리를 초대한 것이다. 우선 프로이트의 정신분석학은 해석될 수 있는 이미 경험한 꿈보다는 오히려 꿈이라는 텍스트 자체를 설명하고 있다. 그러한 분석은 이 텍스트를 욕망의 근원적 목소리라고 부를 수 있는 또 다른 텍스트로 대체하기 위한 시도이다. 따라서 분석은 본래적 의미에서 또 다른 의미로 이행한다. 그 의미는 분석의 중심에 놓인 것으로서의 욕망이 아니라 욕망의 언어이다. 프로이트주의에 대해 차후 우리는 이러한 욕망의 의미론이 방출(décharge), 억압(refoulement), 투여(investissement) 등의 개념에서 표현되고 있는 역동과 어떻게 연관되는지를 논의할 것이다. 다만 이 논의가 중요한 것이 되려면 이러한 역동—혹은 에너지론 내지는 수력학—이 오로지 의미론으로 연결되는 출발점에서 비롯되는 것이라는 점을 강조해야 한다. 프로이트의 표현들 가운데 하나인 '충동들의 변천들'(vicissitudes des pulsions)이라는 것은 의미의 변이 안에서만 이루어질 수 있다.* 꿈과 정신에 관한 말, 꿈과 신화, 꿈과 예술작품, 꿈과 종교적 '환영'(illusion) 등의 유비의 심연에 심겨져 있는 근거는 전

* pulsion은 독일어 Trieb, 영어 instinct에 해당하는 말이다. 우리말 프로이트 전집이나 여러 프로이트 연구서에서 이 말이 본능으로 번역되는 경우가 많은데 이는 문제가 있다. 왜냐하면 본능은 인간 고유의 성적인 근원적 힘을 표현하기에는 부적절한 말이기 때문이다. 동물에게도 본능은 있다. 하지만 인간의 성적인 근원적 힘은 동물과도 구별되는 인간 고유의 것이다. 그렇기 때문에 본서에서는 모두 충동으로 번역했다. 왜냐하면 마음속에서 인간을 밀어붙이는 내밀한 힘을 표현해 줄 수 있기 때문이다. 욕동이란 번역어도 요즘 많이 사용되고 있다. 욕동이란 말이 더 편하게 받아들여지는 독자는 그렇게 바꾸어 읽어도 좋다.

부 의미의 변이라는 장소에 위치하고 있다. '마음의 생산물'(productions psychiques)은 전부 의미의 영역에 속해 있고, 또한 다음과 같은 통합된 하나의 질문 아래 놓이게 된다. 욕망은 어떻게 하면 말로 성취되는가? 욕망은 어떻게 해서 실패한 말을 만들어내며, 또한 욕망을 그 자체로 말하고자 하는 일에서 실패하게 되는가? 인간의 말 전체, 인간 욕망의 의미에 대한 새로운 접근이라는 과제란 언어에 대한 일반적인 논의 속에 자리하는 정신분석학의 주제가 무엇인지를 추론하는 일과 같다.

## 2. 상징과 해석

이 거대한 논쟁 속에서 정신분석학의 편입지점을 정밀하게 규정하는 것이 가능할까? 우리는 프로이트의 첫 번째 위대한 저술의 주제 속에서 그 문제의 기원을 찾아보는 가운데 그 책에서 정신분석의 기획에 관한 첫 번째 주안점이 무엇인지 살펴볼 것이다. 하지만 우리는 아직 그 책에 들어가기 위한 준비가 되지 않았다. 적어도 『꿈의 해석』(*Traumdeutung*)이란 제목에서 우리는 도움을 얻을 수 있을 것이다. 이 합성어에서 우리는 꿈과 해석에 대한 물음과 마주치게 된다. 이제 주제와 각 차례를 따라 등장하는 내용을 위의 두 가지 경로로 추적해보자. 해석은 꿈과 연관된다. '꿈'은 닫혀 있는 말이 아니라 열려 있는 말이다. 꿈은 우리의 심리적 삶, 밤과 꿈의 환상들이라는 주변적인 현상 속에 갇혀 있는 것이 아니다. 모든 심리 및 광기와 문화의 생산물들이 꿈의 유비인 한, 그 꿈은 바로 그러한 관계의 수준과 원리가 무엇이든지 간에 일단은 이미 개방되어 있다. 나는 꿈과 관련해서 이것을 어느 정도 핵심을 이루는 여러 주제들 가운데서도 중심이 되는 의미론, 즉 욕망의 의미론으로 규정했다. 욕망의 인간으로서의 '나'는 위장된 존재이다—나는 가면을 쓴 채로 앞으로 나아간다(*larvatus prodeo*).* 동일한 징후로 인해 언어 자체는 가장 왜곡된 부분에서, 또 그 왜곡의 시작점에서부터 존재한다. 언어는 자기가 말하고 있는 것과는 다른 어떤 것을 말한다. 또한 언어는 이중의미를 내포하고 있다. 그리고 언어는 다의적이다. 꿈과 언어의 유비는 직접적인 의미 안에 숨겨져 있으면서 주어져 있는 또 다른 의미가 존재하는 복합적인 의미들의 장소로 나타나는 언어의 영역 속에 자리 잡고 있다. 우리는 이러한 이중의미(double sens)의 영역을 '상징'(symbole)이라고 부르려고 한다. 상징의 다의성 문제에 대한 논의는 차후에 할 수 있도록 일단 여지를 남겨두겠다.

이중의미에 관한 문제가 정신분석에서 그리 특별한 것은 아니다. 이중의미는 땅과 하늘, 물, 삶, 나무, 돌이라는 거대한 우주적 상징, 또한 신화라고 하는 사물의 기원 및 목적에 대한 낯선 이야기들, 그리고 상징의 영속적 만남을 다루는 종교현상학에서는 이미 널리 알려져 있는 이야기다. 그러나 이 연구가 정신분석, 신화, 의례, 신앙에 대한 연구가 아니라 현상학인 한, 종교현상학—이것이 무엇으로 존재하든지 간에—은 꾸며낸 이야기로서가 아니라 상징 안에서 인간과 근원적인 실재가 관계 맺는 특별한 방식이 그 자체로 무엇인가 하는 문제를 다루는 연구가 될 것이다. 종교현상학은 근본적으로 이중의미 속에 은폐된 욕망의 문제를 다루지 않는다. 또한 이 연구는 상징을 언어에 대한

---

* *larvatus prodeo*란 데카르트가 이전까지는 세상이라는 극장에 관객으로만 있었으나 이제는 급기야 자신의 새로운 철학체계로 기존의 학문을 공격하기 위해 세계라는 무대로 등장하겠다는 일종의 선전포고를 위해 사용한 말이다(*Œuvres de Descartes*, Ch. Adam et P. Tannery (eds.), X, 213). 리쾨르는 여기서 이 말을 욕망 속에 감춰져 있는 인간의 내밀한 의식을 빗댄 말로 사용하고 있다.

왜곡으로 간주하면서 논의를 시작하지 않는다. 종교현상학에서 상징은 감각적인 것—상상, 몸짓, 그리고 감정—에서 일어나는 표현이다. 여기서 감각은 실재 그 이상의 것이며, 드러남과 은폐라는 심연에 관한 표현의 문제이다. 정신분석학은 근본적으로 소망이나 욕망과 연루된 근본적인 의미의 왜곡 같은 것을 연구의 대상으로 삼고, 종교현상학은 기본적으로 심연의 표시, 또는 직접적인 말의 사용, 말의 내용과 타당성에 대해 차후의 여지를 남겨두는 일, 그리고 성스러운 것의 계시 등을 연구의 대상으로 삼는다.

동시에 하나의 제한된 논쟁거리가 언어에 대한 원대한 논의의 내부에서 분명 더욱 뚜렷해진다. 왜냐하면 언어에 대한 일반적 논의는 일의적 언어의 지위에 의문을 제기한다기보다 어떤 중요한 문제에 대해서만 물음을 던짐으로써 이중의미의 표현이 갖는 총체적 성격을 은폐시켜 버리기 때문이다. 아울러 그 언어자료들의 형식이란 것은 제시된 물음의 집합이요 열쇠이다. 이중의미의 드러남-은폐가 언제나 욕망이 의미하는 바에 대한 위장 내지는 성스러운 것의 현시 내지 계시일 수 있는가? 이것은 또한 실제적이거나 환영적인, 또는 잠정적이거나 한정적인 대안이 될 수 있는가? 이러한 질문들이 본서에서 다루어질 것이다.

이에 대한 논의를 다루기에 앞서서, 그리고 이 문제에 대한 해결방안을 기술하기 전에 우리는 우선 이 문제의 윤곽을 그려보고자 한다.

우리는 『꿈의 해석』이라는 이 위대한 제목에 관한 색다른 경로를 따라가면서 차후 다시금 그 제목으로 돌아갈 것이다. 이 제목은 일반적 의미에서의 학문을 뜻하지 않는다. 이는 엄밀한 방법으로서의 해석을 뜻한다. 해석이라는 말은 고의적으로 선택된 것이며, 꿈이라는 주제와 어깨를 나란히 한다는 점에서 의미심장한 뜻을 가지고 있다. 만일 꿈이 이중의미에서의 모든 표현영역—전체를 대표하는 부분—을 나타낸다면 해석의 문제는 다의적 표현의 의미와 특별하게 연관되어 있는 모든 이해를 차례대로 기획하는 것이 된다. 해석은 이중의미에 대한 이해 가능성이다.

이렇게 하여 언어의 모든 영역 내에서 정신분석학의 입지가 특화되기에 이른다. 정신분석학의 입지는 상징이나 이중의미의 영역이며, 또 다른 의미와 마주하는 해석의 다양한 법칙들 속에 또한 자리한다. 때로 우리는 이 특별한 영역이, 정신분석학보다는 넓지만 그것의 지평이 되는 '해석학적 장'(champ herméneutique)으로서의 언어 이론보다는 좁은 영역에 있다고 말해야 한다. 해석학에 대해서 우리는 언제나 그것을 주해(exégèse)를 관장하는 규칙 이론으로 이해해야 한다. 다시 말해 해석학은 특정 텍스트에 대한 해석, 또는 텍스트로 조망될 수 있는 기호의 집합에 대한 해석 가운데 존재한다(우리는 나중에 우리가 의도하고 있는 것을 한 텍스트에서 유비를 드러내는 모든 기호들에 대한 주해라는 개념의 확장을 통해서, 그리고 텍스트 개념을 통해서 설명해야 한다).

만일 이중의미라는 표현이 해석학적 장이라는 특화된 주제를 구성하고 있다면 이는 곧 해석작용의 상호적 매개를 통해 상징의 문제가 언어철학 안으로 편입된다는 사실을 명백하게 보여준다.

그러나 상징의 문제와 해석의 문제가 서로 연관되어 있다는 이 최초의 규정은 내가 본서의 첫머리에서 규정하고자 한 일련의 비판적 물음들을 제기한다. 이러한 물음들은 본장을 통해 해결될 수 있는 것이 아니기에 결론에서 다룰 수 있도록 여기서는 그 실마리만 남겨둘 것이다. 그것은 곧 해석학적 문제의 유일하면서도 독특한 문제가 되게 해주는 유기적 결합이다. 동시에 그것은 상징과 해석에 대한 정의를 제시하는 결정적인 계기가 된다. 아울러 이것들 외에는 아무것도 자명하지 않다. 이러한 문제 속에서 어휘의 극단적인 혼합은 어휘에 대한 고착과 정립작업에 대한 제한적 규정작업을 요청한다. 나는 또 다른 어떤 매개를 통해서 상징과 해석 개념에 대한 정의, 다시 말해 제한적 규정을 내려야만 한다. 따라서 상징은 해석을 요구하는 이중의미적인 언어적 표현이다. 그리고 해석은 상징 해독이란 의도를 갖는 이해의 기술이다. 비판적 논의는 이중의미라는 지향적 구조 속에서 상징 이론에 관한 의미론적 규준을 모색하는 적법성의 문제와 연관될 것이다. 또한 이 구조를 특권화된 해석의 대상으로 받아들이는 정당성의 문제와도 연관될 것이다. 이는 상징과 해석의 장에 공통의 경계를 정하고자 하는 나의 결심과 관련하여 큰 문제를 일으키는 부분이다.

앞으로 전개될 의미론에 관한 논의에서 적어도 나는 여기서 일어나는 갈등을 첫 번째 독해과정에서 일어나는 한 가지 문제로 묶어내야 한다. 여기서 갈등이란 가면을 벗겨내는 일(démasquage)로서의 탈신화화(démystification)나 환영의 환원(réduction)으로 고안된 해석 및 정신분석학의 해석과 대립하는 의미의 복원(restauration) 내지 묵상(recollection)으로 고안된 해석이라는 이 두 가지 해석들 사이에 일어나는 갈등을 말한다. 이 논의가 형식과 추상의 수준에 머무르는 갈등을 넘어서지 못하는 것이 된다고 하더라도, 오로지 나는 해석학적 장의 윤곽을 인식하는 일에 순수하게 초점을 맞추고 있다. 이 작업은 일단 논쟁을 극대화시키지는 않지만, 왜곡과 드러남의 대립을 무시해 버리는 의미론적 분석의 엄격한 한계 속에 갈등을 집약시킨다는 점에서 중요한 의의를 갖는다.

## 3. 상징에 대한 비판을 위하여

이제 상징의 차원에 대한 물음을 던져보도록 하자. 상징의 활용법과 관련해서 이것이 이론적으로 규명되는 규정과는 양립할 수 없다는 입장이 대세를 이루고 있다. 여기서 내가 제안하는 정의는 서로 다른 두 가지 정의 사이에 위치하는 것이다. 그 두 가지 정의 중 하나는 너무 넓고 다른 하나는 너무 좁다. 우리는 바로 이 지점에서 상징에 대한 논의를 전개해 나가야 한다. 더 나아가 이 상징은 기호논리학(logique symbolique)에서 말하는 것과는 전적으로 다르다. 우리는 해석학의 문제를 정교하게 하고, 더 넓은 철학적 관점 속에 이 문제를 정립시킨 다음에야 비로소 이 두 가지 정의와는 다른 세 번째 정의를 설명할 수 있을 것이다.

상징에 대한 너무 넓은 정의는 정신, 의식에서 비롯하는 일반적인 매개의 기능으로서의 '상징적 기능'의 사실이 지각과 담론의 모든 영역을 구축해낸다는 정의이다.[4] 이러한 정의는 에른스트 카시러(Ernst Cassirer)의 『상징형식의 철학』(*Philosophie des formes symboliques*)이란 책을 통해서 이미 우리에게 알려져 있다. 우리는 칸트의 철학에 강한 영향을 받은 카시러의 명시적 의도를 간과하지 말아야 한다. 여기서 칸트 철학의 영향을 받았다는 것은 그가 뉴턴적 철학원리의 비판에, 종합의 모든 활동성에 대한 탐구에, 대상화의 영역에 제한되는 초월적 방법이라는 지나치게 좁은 구조에 집착하고 있다는 뜻이다. 그런데 대상들이 기능을 통해서 규제되는 이런 다양한 '형식' 내지 세계를 만들어내고 규정하는 '힘들'을 상징적이라고 부르는 것은 정당한 일인가?

이와 같은 카시러의 입장의 정당성을 검토해 보자. 그는 먼저 언

---

4_ Cf. 3장 이하.

어의 구획정리에 대한 문제를 정립하려고 했다. 상징형식이라는 개념은 답을 구성하고 물음에 한계를 정하는 일, 즉 카시러가 **상징적인 것**(*das Symbolische*)이라고 부르는 단일한 기능으로서의 '매개적 기능'이라는 구성요소에 대한 물음에 선행하는 것이다. '상징'은 실재에 의미를 부여하는 방식 및 모든 대상화 방식의 공통분모를 제시하는 것이다.

그런데 이러한 기능을 왜 '상징적'이라고 부르는가?

무엇보다도 카시러는 즉자적 존재처럼 보이는 실재에 대한 물음을 정신의 종합작용에 의거하는 대상화에 대한 물음으로 대체시키는 코페르니쿠스적 혁명의 보편적 성격을 표현하기 위해 상징적이란 말을 선택했다. 상징은 우리와 실재를 이어주는 정신의 보편적 매개이다. 무엇보다 상징은 실재성에 대한 우리의 판단의 비-직접성을 지시하고 있다. 수학, 언어학 및 종교사에서 상징, 즉 기호란 용어를 사용하는 것은 이런 '상징'이 일종의 보편성을 내포하고 있다는 사실을 확증한다는 이유 때문인 것으로 여겨진다.

더군다나 상징이란 말은 실재성을 판단하기 위한 문화적 도구를 제시하는 데 적합한 것처럼 보인다. 카시러의 상징형식에 관한 철학이 안고 있는 과제는 각각의 개별 상징작용이 갖고 있는 절대성에 대한 주장과 이러한 주장들에서 비롯되는 문화 개념의 다양한 이율배반에 관한 주장을 중재하는 것이다.

결국 상징이란 말은 순전한 인식론의 한계를 벗어나는 경우 및 이성 비판에서 문화 비판으로 이행할 경우에 나타나는 것으로 범주들—공간, 시간, 원인, 수 등—에 대한 이론이 겪게 되는 변이를 표현하는 것에 불과하다.

나는 카시러의 이러한 선택이 일정 수준의 장점을 내포하고 있다는 사실을 부정하고 싶지 않다. 물론 이것이 카시러 이론의 문제점을 정당화시켜 주지는 못한다. 비록 그의 의도가 칸트적 초월론의 대상화 및 종합 개념을 지속적으로 관철시키기 위한 것이었다고 해도 문제는 달라지지 않는다. 내 생각에 상징형식에 대한 기술(description) 및 분류(classification)작업에 있어서 실재성이라는 것은 편견에 불과하다. 우리는 처음부터 카시러가 상징이란 용어를 통해 드러냈던 독특한 문제를 언급했다. 여기서 언어의 통일성에 관한 문제와 언어의 복합기능들이 갖고 있는 상호 관계성에 관한 문제는 한 가지 담론의 지배 하에 존재한다. 하지만 이 문제들은 의미 내지는 의미화 개념을 따라 특징지어질 수 있는 것으로, 나에게는 이것이 더 중요한 문제로 여겨진다.[5] 인간은 감각내용에다가 어떻게 의미를 채워넣게 되고 어떻게 의미를 부여하게 되는가 하는 것이 카시러가 다루는 문제이다.

이 문제는 말에 대한 논쟁을 일으키는가? 나는 그렇게 생각하지 않는다. 이런 술어상의 논의에서 관건은 해석학적 문제의 특성(spécificité)이다. 카시러는 상징이라는 주제 하에 모든 매개작용을 통합시킨다. 이는 상징이라는 개념을 실재성과 문화 개념만큼이나 넓은 것으로 만들어 버린다. 따라서 내가 이해하는 상징이 이루는 참된 구획점, 즉 일의적인 표현과 다의적인 표현 간의 근본적인 구별은 일소에 제거되고 만다. 이 구별은 유의미한 해석학적 문제를 만들어낸다. 더 나아가, 앵글로-색슨 계통의 언어철학은 우리가 의미론적 영역의 분할이라고 부

---

5_ 카시러가 스스로 말한 것처럼 상징 개념은 "그것의 현존과 본질의 양상(*in der Art seines Da-seins und So-Seins*)을 보존하는 가운데, 감각적인 내용 안에 어떤 식으로든 의미를 채워넣고(*Sinnerfüllung im Sinnlichen*), 감각적인 것 속에 있는 현상의 전체성을 포함시키며 의미의 현시와 육화, 개별화와 구체화를 나타내는 것"을 의미한다. *Philosophie des Formes Symboliques*, III, p. 109 Cité in Hamburg, *Symbol and Reality*, Nijhoff, 1956, p. 59.

르는 것을 보여줄 것이다. 만일 우리가 상징이라는 것을 전적으로 의미를 나타내는 기능이라고 일컫는다면 그것은 그 지향적 조직이 원초적·문자적·직접적 의미 속에서 다른 의미를 읽어낼 것을 요구하는 일군의 기호들을 나타내기 위한 것이다. 내가 보기에 언어의 통일성 문제는 정당하게 정립될 수 없는 것 같다. 적어도 직접적 의미에 대해 간접적 의미를 나타내는 일, 요컨대 말이나 해석의 정확한 의미를 해독하는 일과 같은 작업을 요청하는 일군의 표현들에 일관성을 부여하기 전까지는 그렇다. 말해진 것과는 다른 어떤 의미를 나타내는 것이 곧 상징의 기능이다.

우리는 기호와 상징에 대한 의미론적 분석에서 더 멀리 나아갈 수 있다. 모든 기호에 있어서 감각적 매개란 해당 기호와는 다른 어떤 것을 나타내는 의미를 만들어내는 의미화 기능의 전달자 역할을 한다. 하지만 감각적 기호가 무엇인지 이해하게 될 때 내가 감각적 기호를 해석했다고 말하지는 못할 것이다. 해석은 더 복합적인 지향적 구조와 함께 나타난다. 일차적 의미가 대상이 의도하는 어떤 것을 보여주긴 한다. 하지만 결국에는 대상이 처음에 의도했던 것과는 다른 어떤 것이 지시된다.

우리를 혼돈에 빠트릴 수 있는 이러한 의미화 기능은 기호 안에 존재하는 이중성, 곧 매 경우마다 의미의 통일성을 형성하는 것으로 간주되는 두 가지 짝이 존재한다는 점을 보여준다. 먼저 기호와 의미를 운반하는 감각적 기호 및 의미의 구조적 이중성이 존재한다(페르디낭 드 소쉬르의 술어로는 기표signifiant와 기의signifié). 두 번째로, 기호(감각적이면서도 정신적인 기표이자 기의인) 및 사물, 혹은 대상이 지시하는 지향적 이중성이 존재한다. 이러한 이중의 이중성, 구조적 이중성과 지향적 이중성은 관습적인 제도에 소속된 언어적 기호를 통해서 가장 명료하게 나타나게 된다. 한편으로 말은 랑그를 따라 음성적으로 상이해지고, 동일한 기의나 의미들을 운반한다. 다른 한편으로 이러한 의미화 기능은 지시하는 어떤 것을 나타내 주는 감각적 기호들을 만들어낸다. 우리는 말이 그 감각적 성질로 말미암아 의미화 작용을 **표현하고**, 그 의미화 작용 덕분에 어떤 것을 **지시한다**고 말한다. 의미한다는 말은 표현과 지시라는 겹겹의 층을 감추고 있다.

물론 이것이 상징과 관련하는 이중성은 아니다. 상징의 이중성은 이보다 더 높은 차원에 속한다. 상징의 이중성은 감각적 기호 및 의미의 이중성, 혹은 의미와 사물의 이중성과는 다르다. 후자의 이중성은 더욱이 전자로부터 분리될 수 없다. 후자의 이중성은 의미 대 의미의 관계로 전자와 겹쳐진다. 즉 그것은 이미 원초적이고, 문자적이며, 현시적인 의미, 그리고 이를 통해서 다른 의미에 준거해 있는 기호들을 전제한다. 그래서 나는 의도적으로 상징 개념을 의미론적 조직이 이차적 의미나 다차원적 의미를 해명하는 해석 작업에 상관하는 이중적이거나 다차원적인 의미의 표현들에 대한 것으로 국한시킨다.

이러한 제한을 통해서 일차적으로 카시러가 말하는 의미의 모든 통일성이 깨져버리는 현상이 나타날 수 있다. 이는 통일성을 강조하는 데서 벗어나는 데 도움을 줄 것이다. 이로 인해 카시러의 문제에 관하여 새로운 접근을 하기 위한 출발점이 제공될 여지가 생긴다.

우리는 이런 식으로 파악되는 상징의 출현지대에 관한 광범위한 관점을 제공하기 위해 노력할 것이다.

나는 악에 기인한 문제에 몰두한 악의 의미론 연구에서 이 난국에 부딪혔다. 나는 악에 대한, 그 언명에 대한 직접적 담론이 존재하지 않는다는 점에 주목했다. 악(악이 고통을 겪게 하는 것이든 고통과 관계하는 것이든간에)은 항상 일상의 경험영역에서 도출되는 간접적인 표현들을 통해 알려진다. 또한 악은 그와는 다른 경험을 유비적으로 나타내는 희한한 특성을 가지고 있다. 나는 잠정적으로 악을 성스러운 것에 대한 경험이라고 부를 것이다. 그러므로 악에 대한 언명의 낡은 형식 속에서 얼룩 — 제거하고, 씻어내고, 닦아내야 하는 것으로서의 — 의 이미지는 성스러움 속에 처해 있는 죄인의 흠결을 유비적으로 지시한다. 이것은 정화작용에 상응하는 것으로, 그리고 정화작용을 표현하는 것으로 충분히 확증되는 상징적 표현이다. 이러한 작용양식은 그 자체로는 단순한 물리적 정화작용으로는 조금도 환원되지 않는다. 각각은 물리적 양상 속에서 악의 의미를 해소하지 못한 채 다른 것을 지시한다. 여기서 물리적 양상이란 불태움, 뱉어냄, 매장시킴, 씻어냄, 소거함 등으로, 각각의 작용은 다른 것들로 대체되거나 동등시 된다. 이와 동시에 악은 다른 어떤 것, 즉 완전성의 회복, 정화의 회복을 지시하는 가운데 일어나는 사건이다. 따라서 악에 대한 감정과 경험의 모든 다양한 단계들은 의미론적 단계를 따라 구분될 수 있다. 나는 일탈의 이미지, 뒤틀린 경로, 암중모색, 그리고 반항을 통해 구분되는 일련의 상징의 진보를 통해서 죄와 죄의식에 대한 경험이 변화되는 방식을 보여주었다. 그 다음으로 나는 무거움, 짐, 실수의 이미지로, 마지막으로는 그 모든 것을 포괄하고 있는 노예의 이미지를 통해 죄와 죄의식에 대한 경험의 변화방식을 보여주었다.

이러한 예시의 순환은 노예 의지의 상징이라고 일컬어지는 내용을 이루고 있는, 윤리적 반성에 가장 근접해 있는 상징의 출현지대 가운데 오직 한 영역에만 관계한다. 즉 이러한 상징과 관련해서 펠라기우스(Pelagius)나 스피노자(Spinoza)는 물론이고, 아우구스티누스(Augustinus)와 루터(Luther)가 안내하는 반성의 과정 전체가 쉽게 접목된다. 다른 기회에 나는 그러한 반성이 철학에 대해 가질 수 있는 신선함을 보여줄 것이다. 본 작업이 갖고 있는 관심은 개별적 상징의 풍부함에 대한 것이 아니라, 그러한 개별적 상징에서 드러나는 상징의 조직이나 구조에 대한 부분이다. 즉 여기서의 논점은 악의 문제에 대한 것이 아니라 상징의 인식론이다.

이 인식론이 알려주는 것은 상징이 상징들의 현상을 만들어내는 어떤 다른 영역을 열거하고 거기로 우리의 출발점을 확장시켜야 한다는 사실이다. 이러한 귀납적 접근은 오로지 우리의 탐구가 시작되는 경로에서만 가능하다. 왜냐하면 우리는 상징적 사유의 다양한 표현들이 지니는 공통의 구조를 찾고 있기 때문이다. 우리는 다음의 사실을 참고했다. 상징이 문학적 숙고의 가장 높은 차원에 이른다는 사실 말이다. 상징들은 이미 반성의 경로에 존재하고 있다. 상징들은 지혜나 신학, 도덕이나 비극의 시각이라는 씨앗을 내포하고 있다. 더 정교한 상징의 형식에 준거해서 우리는 상징의 상이한 세 가지 양상을 구별해낸다. 하지만 상징의 통일성이 직접적으로 보이는 것은 아니다.

나는 이미 모리스 린하르트(Maurice Leenhardt), 미르치아 엘리아데(Mircea Eliade), 반 데르 리우(Van der Leeuw)를 통해 발전된 종교현상학의 상징 개념에 대해 암시적으로나마 언급했다. 제의(rites)와 신화(mythes)의 경계에서 이러한 상징들은 성스러운(sacré) 어휘, 성스러운 언어를 이루고 있다. 이 언어가 천상의 상징이건 아니건 간에 이것은 가장 높고 거대한 형상, 강력하면서도 불변하는 형상, 주권과 지혜의 형상으로 여겨진다. 아니면 그것은 탄생과 죽음, 부활에 이르는 식물의 상징인 것처럼 보인다. 또 다른 한편으로는 위협, 정화, 생기를 나타내는 물의 형상인 것처럼 보이기도 한다. 이런 셀 수 없는 발현이나 성현은 상징의 마르지 않는 샘이 된다. 하지만 우리는 이러한 상징이 직접적인 표현으로서의 언어, 직접적으로 지각할 수 있는 외관으로서의 언어를 도외시해서는 정립될 수 없다는 사실에 주목해야 한다. 이 언어들의 실재성은 상징의 차원을 포착하는 담화의 보편성 안에서만 존재한다. 심지어는 우주의 요소들이 상징을 실어나를 때조차도 — 하늘, 대지, 물, 삶 등 — 우주적 표현성을 나타내는 것은 대지, 하늘, 물, 삶 등의 단어들이 지닌 이중의미 덕분이다. 세계의 표현성은 이중의미로서의 상징을 통해서 언어를 구성한다.

만일 우리가 이러한 말의 지시로 낮과 밤의 꿈을 나타낸다면 그것은 상징, 꿈의 출현이라는 두 번째 지대와 다를 바 없다. 꿈이 정신분석학에 이르는 왕도라는 것은 잘 알려진 사실이다. 여러 학파들이 가지고 있는 모든 의문을 일단 제쳐두면 꿈은 우리가 말하는 것과는 다른 어떤 것을 직접적으로 의미하고 있다는 사실을 입증해 준다. 이것이 바로 '꿈꾸는 자는 모두 다 시인'이라는 말의 의미이다. 이러한 관점에서 꿈은 꿈꾸는 자의 사적 고고학(l'archéologie privée)을 표현한다. 꿈꾸는 자의 사적 고고학은 이따금씩 그와는 다른 모든 사람들과도 일치한다. 이것이 바로 프로이트가[6] 상징 개념을 신화학을 되풀이하는 꿈에 관한 문제로 제한시킨 이유이다. 심지어 그것들이 일치하지 않을 때조차도 신화와 꿈은 이런 이중의미의 구조를 공유한다. 밤의 장관으로서의 꿈은 우리에게 제대로 알려지지 않는다. 즉 꿈은 깨어 있는 시간을 통해서만 접근할 수 있다. 꿈은 분석가들이 해석하는 이야기(récit)이다. 그들에게 꿈은 자신의 관점에서 어떤 제약도 없이 욕망에 대해 말하고, 욕망을 사유하며, 다른 텍스트로 대체된다. 꿈은 그 자체로 언어의 경계 속에 있고, 그렇기 때문에 꿈은 말해질 수 있고, 분석될 수 있고, 해석될 수 있다고 가정되어야만 하며, 우리는 이 문제를 충분히

6_ 2부 3장, 상징적 꿈이라는 프로이트의 개념에 관한 논의를 참조하라.

다루게 될 것이다.

상징 출현의 세 번째 지대는 시적 상상력(l'imagination poétique)이다. 내가 우주와 꿈에 대한 우회를 거치지 않았더라면 여기서부터 우리의 논의를 시작할 수 있었다. 흔히 상상력은 상(image)을 형성시키는 힘으로 규정되어 왔다. 만일 상상력이 상을 통해 지금 여기 존재하지 않는 장소나 여기가 아닌 다른 장소, 저편에 있는 사물이 현재가 되도록 만들어주는 하나의 과정(현재화하는 것), 부재하거나 비현실적인 것에 대해 표상하는 것 등을 의미한다면 상상력에 대한 지금까지의 통상적 규정은 잘못된 것이 되고 만다. 시적 상상력 자체를 비현실적인 것의 상을 형성하는 능력으로 볼 근거는 어디에도 없다. 이것은 감각적 기원의 상, 순전히 꿈과 우주를 통해 우리에게 주어진 참된 척도가 말의 능력을 위한 전달수단이나 질료와 같은 것으로 활용된다는 사실을 뜻한다. 바슐라르(Bachelard)가 말한 것처럼 시적 상은 "우리를 말하는 존재의 기원에 위치시키는" 것이며, "우리 언어의 새로운 존재가 되며, 그것이 표현하는 것이 무엇인지를 제시함으로써 우리를 표현해낸다."[7] 표상-상을 관통하는 이 말-의 상이 곧 상징이다.

이렇게 세 단계를 통해서 상징의 문제는 언어 자체의 문제와 공존하는 것이라는 점이 판명되었다. 말하는 인간에 앞서 상징이 존재하는 것은 아니다. 상징의 능력이 우주의 표현성, 욕망에 대해 말하기를 원함, 주체의 상상력의 다양한 내용 속에 보다 깊게 뿌리내린 것이라고 하더라도 말이다. 확실히 시편에서 말하는 대로 '하늘은 신의 영광을 이야기한다.' 하지만 하늘이 말을 하지는 않는다. 오히려 하늘은 예언을 통해서, 찬송을 통해서 말하며, 예배를 통해서 말한다. 여기서는 언

7_ Gaston Bachelard, *La Poétique de l'espace*, p. 7.

제나 세계를 복원시키기 위한 성스러운 현현(hiérophanie)이 되게끔 말이 존재해야만 한다. 꿈꾸는 사람에게 있어 그 개인의 사적인 꿈속에서는 모든 것이 닫혀져 있다. 그는 자신의 꿈을 차례차례 이야기할 때만 그 꿈을 우리에게 가르쳐 줄 수 있다. 꿈 이야기가 문제시되는 것은 시편 기자의 찬송시의 경우와 같은 데서 볼 수 있다. 따라서 꿈을 이야기하는 사람은 우주와 영혼의 수수께끼 속에 감추어져 있는 형식 속의 말, 바로 그러한 수수께끼 같은 말의 탄생을 보여주는 시인이다. 바슐라르의 말을 다시 한 번 인용해 본다면, 시인의 힘이란 "시가 언어를 출현 상태로 밀어넣는"[8] 바로 그 순간에 상징을 나타내는 데 있다. 반면에 의식과 신화는 상징을 성스러운 안정성 속에 고정시키고, 꿈은 꿈꾸는 자가 잃어버린 자신의 분절되고 금지된 담화의 가느다란 맥을 욕망의 미궁 속에 빠트린다.

상징의 이러한 흩어져 있는 현실들에 일관성과 통일성을 부여하기 위해 나는 이중의미에 대한 공통의 의미론적 구조를 따라 상징을 정의하려 한다. 언어가 어떤 사태를 지시하는 내용이 아닌, 의미들이 그 지향함 속에서, 그리고 그 지향함을 통해서 도달하게 된 것과는 다른 의미를 나타내도록 구성된 차원의 기호가 형성되는 바로 그 순간에 상징이 존재한다.

여기서 우리는 지나친 협소함이라는 위험요소를 안고 있는 또 다른 정의(définition)의 유혹을 받게 된다. 이 정의는 어떤 특정한 예를 통해 우리에게 제시된다. 그것은 유비를 통해서, 상징 속에서 의미 대 의미의 결합을 특징짓는 것으로 나타난다. 악의 상징 이론이라는 예시에 준거해 보면, 물리적이고 실존론적인 것에 대한 일종의 유비, 즉 오점과 흠

---

8_ Gaston Bachelard, *op. cit.*, p. 10.

결, 일탈과 죄, 짐과 실수 간의 유비가 존재하지 않는가? 의미하는 바가 무엇이든 이것은 하늘의 거대함과 존재의 무한 사이에 일어나는 유비가 아닐까? 시를 낭송함에 있어서 '대응'의 근저에는 유비가 존재하지 않는가? 이러한 정의가 플라톤주의, 신플라톤주의, 존재 유비의 철학이 가지는 그런 권위를 지닐 수는 없을까?

다양한 상징들의 의미 및 힘을 구성해내는 유비가 엄밀한 의미에서 다음과 같은 비례의 유비추리라는 논증 형태로는 절대 환원되지 않는다는 점에는 의심의 여지가 없다. A : B=C : D. 이차적 의미와 일차적 의미 사이에 존재할 수 있는 유비는 내가 내 앞에 세울 수 있고 외부에서 검토할 수 있는 그런 관계를 가지지 않는다. 이 유비는 논증이 아니다. 이것은 형식화에게로 투항하는 것과는 별개의 일이며, 형식화는 항에 집착하는 관계이다. 나는 일차적 의미를 통해 뜻을 전달하고 지시하는 동시에 이차적 의미를 향한다. 즉 상징적 의미란 유사성을 부여함으로써 유비를 성취시킨다는 그 문자적 의미 안에서, 그리고 그 문자적 의미를 통해서 구성된다. 우리가 외부에서 볼 수 있는 유사성과는 대조적으로, 하나의 상징은 상징화된 것에다가 우리를 지향적으로 동화시키는 일차적 의미의 운동 그 자체이다.

하지만 이러한 유비 개념의 교정이 해석학의 전 영역을 만족시키지는 못한다. 나는 오히려 유비가 표현과 잠재적 의미 사이에 연관된 관계 가운데 하나일 뿐이라고 생각하고 싶다. 우리가 논의할 정신분석학은 명료한 의미와 잠재적 의미 사이에서 작동하는 결합과정의 다양성을 드러낸다. 꿈이라는 작업은 특이하게도 고전적 형식인 유비보다 더 복잡한 것이다. 이 때문에 니체와 마르크스는 의미에 관한 다양한 날조와 속임수를 고발대상으로 삼았다. 다음 장에서 다루어질 해석학의 모든 문제점은 '교활한' 왜곡이나 일종의 '순결한' 유비관계의 이 이중적 가능성에서 비롯된다. 정신분석학의 해석 개념을 논의하면서 우리는 이러한 상징의 양가성을 다시 다루게 될 것이다. 앞서서 우리는 문학적 상징과 플라톤 전통의 유비보다는 넓고 카시러의 상징기능보다는 협소한, 그러한 상징에 대한 정의를 찾기에 충분할 정도의 개요를 작성했다.

너무 '긴' 정의와 너무 '짧은' 정의 사이에 일어나는 불협화음을 중재하기 위해서 나는 해석 행위와 관련한 상징 개념의 적용분야에 관한 한계를 설정하고자 한다. 나는 언어적 표현에 있어서 하나의 해석 작용 가운데 이중 또는 다중적 의미가 야기될 경우에는 늘 하나의 상징이 존재한다는 점을 지적하고 싶다. 이러한 작업에서 비롯된 것은 사물 대 의미의 관계에서 나타나지 않고 단지 의미 대 의미의 관계, 또는 일차적 의미에 대한 이차적 의미의 발생이라는 의미의 유기적 결합에서 나타나는 지향적 구조이다. 이는 유비관계인가 유비관계가 아닌가 하는 문제, 일차적 의미가 이차적 의미를 제대로 드러내는가 왜곡시키는가 하는 문제와는 무관하다. 이러한 의미의 조직은 그 조직 자체가 해석이라는 실제적 작용을 통해서만 자명해진다고 하더라도 결국에는 해석을 가능케 하는 역할을 한다.

이렇게 너무 긴 정의와 짧은 정의라는 상징에 대한 이중적 접근은 다음의 연구대상이 되는 물음으로 우리를 안내해 준다. 그 물음은 이것이다. 해석이란 무엇인가? 이미 우리는 이 질문 속에 본질적인 불협화음이 번뜩이고 있다는 사실을 알고 있다. 이 경우 해석학적 이해에 대해서 상징이라는 준거점이 갖는 철학적 함의를 나는 이 첫 번째 연구의 결론으로 제시하고 싶다.

우리가 위에서 말했던 것처럼, 상징의 문제가 보다 넓은 언어의 문제로 들어가는 것은 해석을 통해서이다. 하지만 이러한 해석과의 연결은 상징의 외부에 존재하는 것도 아니고, 우발적 사유로 상징들에 첨가되는 것도 아니다. 상징이 그리스어의 의미로 '수수께끼'(énigme)라는 뜻을 가진다는 점에는 의심의 여지가 없다. 단, 헤라클레이토스(Héraclite)가 말한 것처럼 "델포이에 있는 신탁의 주재자는 말하지도 감추지도 않고 다만 징표를 보일 뿐이다"(οὔτε λέγει οὔτε κρύπτει ἀλλὰ σημαίνει).[9] 수수께끼는 이해를 방해하는 게 아니라 오히려 이해를 불러일으킨다. 여기에서 상징에 '함축되지-않는' 어떤 것이 존재한다. 이해를 불러일으키는 것은 엄밀하게 말해서 일차적 의미에 의해, 그리고 일차적 의미 안에서 이차적 의미가 나오는 것을 의도하는 이중의미다. 언명의 상징을 구성하는 노예 의지라는 비유적 표현에 대해서 나는 해석을 작동시키는 문자적 관계를 통한 의미의 초과가 그 자체로 존재한다는 점을 보여줄 수 있다. 가장 시원적인 상징 이론에서 회개하는 자는 얼룩 안에 있는 흠결의 의미를 자발적으로 지향한다. 판명한 의미론적 구조로 인정되지 않는 유비 속에서, 그리고 그 유비를 통해서 삶의 방식을 특징짓기 위해 우리는 상징의 소박성에 대해 말할 수 있다. 그런데 이 소박성은 처음부터 상징적 구조의 핵심에 있는 의미에 의한 의미의 위반을 통해 해석을 향해 나아간다. 일반적 용어로 모든 신화(mythos)는 드러나기를 요구하는 잠재적 로고스와 연관되어 있다. 이것이 바로 해석의 시작 없이는 상징이 존재하지 않는 이유이다. 인간이 꿈을 꾸고, 예언을 하고, 혹은 시를 짓는 장소는 또 다른 해석을 불러일으킨다. 해석은 상징의 이중의미와 상징적 사고에 유기적으로 속해있다.

상징에서 출발하는 이러한 해석에의 의뢰는 상징에 대한 반성이 언어철학으로, 심지어는 이성의 철학으로 퇴거한다는 사실을 우리에게 확신시킨다. 이러한 확신이 바로 우리가 보여주고자 하는 것으로, 이것

9_ Diels-Kranz, *Die Fragmente der Vorsokratiker*, t. I, *Heraclitus*, B 93.

은 기호 논리학에서의 상징(기호, symbole)의 의미와 해석학에서의 상징의 의미를 대비시켜 볼 때 일어난다. 해석학의 상징이 고유한 의미론을 소유함에 있어서 상징들은 숨겨진 의미를 찾아내기 위해 해석이라는 지적 활동을 자극한다. 언어의 경계 바깥으로 멀리 떨어져 있는 상징이란 것은 유의미한 규정에 관한 감정을 일으킨다. 그러므로 '언명'이란 나에게 무언의 불투명성에서 비롯되는 감정을 일깨워 주는 말과 같은 것으로 여겨진다. 즉 모든 감정의 혁신은 의미론적 혁신을 통해서 경계가 설정된다. 상징은 비언어가 아니다. 다시 말해 일의적 언어와 다의적 언어의 분리는 언어의 제국을 횡단하면서 확장된다. 의미의 풍요로움 및 과잉결정을 드러내는 일과 상징이 통전적인 담화(discours intégral)에 속한다는 것을 증명해내는 일은 아마도 끝없는 해석의 과제일 것이다.

이제 해석이 무엇이고 정신분석적 해석이 어떻게 해서 해석들의 갈등 속으로 들어오는지를 이야기할 순간이 왔다.*

이 순간은 우리가 담화의 일의적이고 다의적인 이중적 본성이 유보하고 있는 문제로 돌아갈 수 있고 기호논리학에서의 상징 개념과 해석학의 상징 개념을 맞세울 수 있는 해석학적 인식 가능성에 대한 이 첫 번째 착상의 말미에 존재한다.

---

*_ '해석들의 갈등'(le conflit des interprétations)은 리쾨르의 주요 저작의 제목으로도 사용된 유명한 말이다. 우리나라에서는 '해석의 갈등'으로 번역되어 알려지기도 했는데, 이후로도 보겠지만 리쾨르는 이 말을 대립하는 두 해석들 사이에서 벌어지는 갈등을 일컫는 말로 사용한다. 이 말과 마주치게 될 때는 어떤 해석들이 갈등과 대립을 이루고 있는지 눈여겨 보아야 한다.

# 2장 해석들의 갈등

해석이란 무엇인가? 이것이 앞장의 결론부에서 우리가 제기한 문제이다. 이 물음은 다음과 같은 물음을 지시한다. 정신분석학은 어떻게 해석들의 갈등 속으로 기입되는가? 그런데 해석의 문제는 상징에 대한 문제만큼 당혹스럽다. 우리는 해석이라는 과제에서만 나타나는 문제를 차례대로 발견하는 가운데 지향적 구조, 이중의미의 구조에 의거함으로써 상징의 정의에 관한 대립을 화해시킬 수 있다.

그러나 이러한 해석 개념은 그 자체로 문제를 야기한다.

## 1. 해석이라는 개념

먼저 우리는 여전히 말에 관해서 존재하는 난점과 상징에 대한 상호 매개적인 정의를 따라 해결되는 난점을 설정하고자 한다.

만일 우리가 전통에 의거한다면 우리는 두 가지 활용방식과 마주하게 된다. 하나는 해석이라는 개념을 너무 짤막하게 정의하는 것이고, 다른 하나는 너무 장황하게 정의하는 것이다. 해석 개념의 확장 속에서 이 두 가지 변양은 우리가 상징에 대한 정의에서 고심했던 바를 매우 면밀하게 반영하고 있다. 여기서 서로 조화되지 않는 두 가지 전통, 즉 아리스토텔레스의 『명제론』 [『해석에 관하여』]과 성서 주해라는 조화되지 않는 두 전통의 역사적 뿌리를 상기해 보면 일정 수준의 교정을 거쳐서 해석학에 대한 평균적 개념으로 연결될 수 있는 훌륭한 시사점을 얻을 수 있다.

우선 아리스토텔레스와 더불어 이에 대한 논의를 시작해 보자. 잘 알려진 대로 아리스토텔레스의 오르가논 제2권은 『명제론』 [『해석에 관하여』]*이다. 내가 해석에 대한 지나치게 '장황한' 개념이라고 한 데서 유래한 개념은 현대의 많은 학자들과 카시러가 사용한 상징적이라는 의미에서 사용된 상징 개념과 무관하지 않다.[1] 아리스토텔레스적

---

* 우리가 사용하는 아리스토텔레스의 저술목록은 보통 베커(Bekker)판을 따른 것이다. 거기서 오르가논 저술의 두 번째 권이 리쾨르가 주목하고 있는 *De interpretatione*, 『명제론』이다. interpretatione라는 말 자체가 해석, 해독, 설명, 명제 등 여러 의미를 갖고 있다. 아리스토텔레스가 『명제론』에서 주로 다루는 것은 문장, 판단, 진술 등에 관한 문제이다. 그래서 우리는 보통 이를 '명제론' 내지 '명제에 관하여' 등으로 번역한다. 우리말 번역본도 이 책을 '명제론'으로 번역했다. 다만 리쾨르는 interpretatione라는 단어 자체가 담고 있는 뜻과 더불어 아리스토텔레스가

'해석' 개념에서 이에 대한 우리의 문제의 원천을 발견하는 것은 정당한 일이다. 비록 아리스토텔레스적 '해석' 개념과의 연결이 순전히 어휘에 관련한 것으로 보이기는 하지만 말이다. 이는 다음과 같은 주제 속에서만 나타난다. 말은 의미를 다루는 학문이 아니라 명사, 동사, 명제, 그리고 담화 일반의 의미 자체이다. 해석은 의미와 관련해서 부여된 어떤 말이다—모든 유의미한 소리*vox significativa*.[2] 이런 점에서 명사와 동사는[3] 또한 이미 그 자체로 해석에 대한 것이다. 왜냐하면 명사와 동사로 어떤 것을 말하기 때문이다. 그런데 단순한 언술이나 **긍정**(*phasis*)

---

기초적인 수준에서이긴 하지만 '의미'의 문제를 다룬다는 점에서 해석 개념의 원형을 그가 제시하고 있다고 본다. 이 점에 주목하여 꺽쇠괄호 속에 '해석에 관하여'라는 말을 병기했다.

1_ 더 나아가 아리스토텔레스에게서 **상징**(*sumbolon*)은 **영혼의 상태**(*ta pathêmate*)에 관련하는 유성음의 소리라는 표현적 능력을 나타낸다. 하나의 상징은 영혼의 상태에 대한 관습적인 기호이다. 반면에 후자는 사물의 **이미지들**(*omiômata*)이다. 그러므로 해석은 상징으로서의 동일한 연장을 지닌다. 이 두 단어는 표현적 가치나 의미의 가치에서 관습적 기호의 총체성을 망라하고 있다.『명제론』이라는 논고는 상징에 대해 재차 언급하고 있지는 않는다(16a 28은 제외). 표현이론은 이 논고에서는 언급되지 않고『영혼론』에서 볼 수 있다. 이 논고는 의미를 배타적으로 다루고 있다. 오방크(P. Aubenque)는 아리스토텔레스가 이따금씩 의미라는 용법으로 '상징'이란 말을 쓰고 있다는 사실을 언급한다(*Le Problème de l'Être chez Aristote*, Paris, P.U.F., 1962, p. 107). 중심 생각은 관습적 기호에 대한 것으로 남아 있다. 상징은 사유와 존재 사이에서 상호 매개적으로 만들어진다. 그러므로 우리는 카시러의 뒤를 따라가야 한다—칸트로 인해 그것은 참이 된다!

2_ "하나의 명사는 시간에 구애받지 않고 관습에 따라 하나의 의미를 가지게 되는 유성음의 소리이다. 반면 그것이 개별적으로 사용될 때는 어떤 의미도 가지지 못한다"(『명제론』, § 2, 16a 19).

3_ "특별한 의미가 부가된 하나의 동사는 시간에 귀속된다. 동사는 그 자체만으로는 의미를 지니지 못한다. 또한 그것은 언제나 어떤 것에 대해 어떤 것으로 말해지는 하나의 기호이다"(*Ibid.*, § 3, 16b 5).

은 로고스의 총체적인 의미 속에서만 받아들여지는 부분일 뿐이다. **해석**(*Hermêneia*)의 총체적인 의미는 아리스토텔레스가 로고스라고 부른, 그리고 서술적 담화(le discours déclaratif)나 **명제**(*apophansis*)뿐만 아니라 명령, 소망, 그리고 질문을 포함하는 복잡한 언술과 문장 속에서만 나타난다. 총체적인 의미에서 해석은 문장의 의미이다. 하지만 논리학자들이 견지하는 강한 의미에서 보면 해석은 진술에 관한 명제, 즉 참이나 거짓에 걸리는 그런 문장에 관한 것이다.[4] 논리학자는 '어떤 것에 대해 어떤 것을 말하는' 긍정의 첫 번째 형식인 진술적 담화만을 포용하며 수사학과 시는 다른 담화형태라고 보고 별개의 것으로 제쳐둔다.

이러한 정의에서 멈춰보도록 하자. 이 정의들은 '의미가 있는 말'(의미를 전달하는 말)이라는 해석의 의미를 명료화하기에 충분하다. 이것은 상징을 보편적인 매개로 간주한 카시러가 말한 그런 의미에서의 해석이다. 우리는 그런 의미작용을 통해서 실재를 말한다. 이런 의미로 우리는 상징을 해석한다. 의미작용과 사물 간의 단절은 명사들과 관련하여 일어나며, 이 둘 사이의 거리는 해석의 자리를 표기해 준다. 모든 담화가 필연적으로 진리 안에서 존재하는 것은 아니고, 존재에 집착하지도 않는다. 그 점에 있어서 허구적 사물을 가리키는 명사는—아리스토텔레스의 논고 1장의 '염소-사슴'과 같은—확실하게 그 현존이 정립되지 않아도 의미화가 가능할 수 있다는 사실을 보여준다. 그러나 만일 우리가 어휘에 비추어 의미를 담아내는 의미화 및 담화의 맥락에서 그 의미를 담아내는 의미화를 이해하지 못할 경우, 또한 담화의 의미를 내포하는 의미화가 어떤 것에 대해 어떤 것을 말하는 진술의 담

4_ "긍정은 어떤 것에 대해 어떤 것을 옹호하는 진술이다. 부정은 어떤 것으로부터 어떤 것을 분리시키는 진술이다"(*Ibid*., § 6, 17a 25).

화에 투여된 것이 아니라고 한다면, 우리는 '해석'이라는 명사에 대해 사고할 수조차 없을 것이다. 어떤 것에 대해 어떤 것을 말한다는 것은 해석이란 말을 완결된 형태의 강한 의미로 해석하는 것이다.[5]

서술적인 명제에나 적합한 이러한 '해석'이 어떻게 우리를 현대적인 해석학 개념으로 향하게 할 수 있을까? 이 연결점이 직접적으로 자명한 것은 아니다. '어떤 것에 대해 어떤 것을 말하는 것'은 그것이 참과 거짓의 궤적에 있는 경우에만 한정해서, 아리스토텔레스가 관심을 기울인 문제다. 그래서 긍정과 부정의 대립이라는 문제는 이 문제에 대한 아리스토텔레스의 논고의 중심 주제가 된다. 진술명제의 의미론은 그 본질상 단순히 대립의 논리를 위해 존재하는 명제논리, 그리고 나중에는『분석론』에서 도입하는 논증의 논리학으로 들어가는 도입부 역할을 한다. 이러한 논리학의 목표는 의미론의 발전을 방해한다. 더 나아가 이중의미의 의미를 나타내는 해석학이라는 또 다른 양상을 가로막는 역할을 한다. 이런 의미 개념은 다음과 같은 의미의 일의성을 요구한다. 동일성의 원리에 대한 정의는 논리적이고 존재론적인 의미에서 일의성을 요구한다. 의미의 일의성은 궁극적으로는 본질상 자기동일적인 것에서 정초된다. 소피스트적 논증에 대한 전체적 논박은 이러한

5_ 해석이라는 개념은 동사에 앞서 오는 것이다. 한편으로 동사는 명사에 기대고 있다. 왜냐하면 동사는 "명사의 의미를 더하는 현존에 대한 의미"이기 때문이다. 또 다른 한편으로 "동사는 언제나 어떤 것에 대해 어떤 것으로 말해지는 것에 대한 기호이다." 아리스토텔레스는 이러한 형식을 다음과 같이 설명한다. "게다가 하나의 동사는 언제나 어떤 것에 대해 어떤 것으로 말해지는 기호, 예를 들면 주어나 주어에 포함된 것에 대해 어떤 것으로 서술되는 기호이다"(*Ibid.*, § 3, 16b 10). 그러므로 동사는 문장이나 평서문에 기울어 있다. 이런 점에서 동사는 말하자면 '해석', '의미하기'의 도구이다.

본질에 준거하고 있다. “한 가지 것을 뜻하지 않는 것은 어떠한 것도 뜻하지 않는다.”[6] 그러므로 사람들 사이의 의사소통 행위는 말이 하나의 의미, 즉 한 의미만을 가지는 경우, 그때에야 비로소 가능한 것이 된다.

또한 반성은 고유한 문제의 근저로 되돌아가게끔 우리를 안내해 주면서 ‘어떤 것에 대해 것을 말하는’ 문제에 관한 적절한 의미론적 분석을 확장시켜 줄 수도 있다. 만일 인간이 어떤 것에 대해 어떤 것을 말함으로써 현실을 해석한다면 이것은 진정한 의미를 간접적으로 입증하는 것이 된다. 나는 의미에 의미를 귀속시킴으로써 의미에 이른다. 논리적인 의미에서 ‘술어’는 우리에게 일의성이라는 이론의 영역을 재검토하게 하는 의미관계의 표준적인 형식이 된다. 소피스트적 추론에 대한 연구는 하나의 문제가 아닌 다음 두 가지 문제를 제기한다. 의미의 일의성이라는 문제는 일의성이 없이는 대화가 불가능하며, ‘의사소통’의 문제는—플라톤의 『소피스테스』(*Sophiste*)의 표현을 사용하자면—일의성이 없이는 귀속이 불가능하다는 것을 뜻한다. 이런 상대자가 없는 일의성은 존재하는 것만이 의미라는 주장을 따르는 논리적 원자론자에게 다음과 같은 유죄판결을 내린다. 일의성은 소피스트적 다의성에 대한 투쟁으로는 충족적인 것이 되지 못한다. 두 번째 문제는 엘레아 학파의 일의성과 관련하여 드러난다. 이 두 번째 반발에서도 아리스토텔레스 철학의 반향을 찾아볼 수 있다. 그것은 『형이상학』의 핵심 논점에서 제기되는 문제이다. 즉 존재라는 개념은 일의적으로 정의될 수 없다는 것, 즉 ‘존재는 다양한 방식으로 말해진다’는 것이다. 이것은 곧 존재가 실체, 양, 시간, 장소 등으로 말해지는 것이라는 주장을 담고

---

**6_** *Mét.*, Γ, 1006b 7.

있다. 존재의 다양한 의미에 대한 이 유명한 구별은 의미화 이론과는 무관한 변칙적인 담화를 뜻하는 것이 아니다. 존재의 다양한 의미는 술어의 범주나 형식을 뜻한다. 따라서 이 다원성은 담화 전체를 관통하게 된다. 그렇다고 담화의 영역을 넘어서지는 않는다. 존재의 다원성이 말의 순진무구한 무질서를 이루는 것은 분명 아니다. 왜냐하면 '존재'라는 말의 다양한 의미는 일차적·본래적 의미에 대한 지시를 통해 그 질서를 부여받는다. 하지만 이러한 지시의 통일성이—하나를 향해 말해지는 것*pros en legomenon*—한 가지 의미를 제시하지는 못한다. 즉 근래 일컬어지는 것처럼 존재라는 개념은 "의미의 환원 불가능한 다수성의 문제를 안고 있는 통일성"에 불과하다.[7]

나는『명제론』이 허용하지 않는, 그 이상의 일반적 의미론 및 특수 의미론을 끌어내고 싶지는 않다. 즉 나는 우리가 여기서 상세히 해명한 바와 관련해서 아리스토텔레스가 다중적인 의미의 문제를 제기했다고 말하지 않겠다. 나는 단지 '어떤 것에 대해 어떤 것을 말하는' 것으로서의 해석에 관한 정의가 논리학과 구별되는 의미론에 도입되고, 존재의 다양한 의미에 대한 순수한 논리적 이론 및 일의성의 존재론 사이에 틈을 내고 있다는 이야기를 했을 뿐이다. 다중적인 의미 이해로 간주되는 해석 이론을 찾는 과제는 아직까지는 미완의 과제이다. 해석의 두 번째 전통은 우리를 이 목적에 보다 가깝게 다가서게 할 것이다.

해석의 두 번째 전통은 성서 주해(l'exégése biblique)에서 비롯된다. 이런 점에서 해석학은 주해규칙에 대한 학문이다. 이것은 텍스트에 대한 특별한 해석으로 이해된다. 해석학의 문제에 있어서 가장 큰 범위를 이루는 것이 과연 성서 해석의 경계 안에서 구축되어 온 범위여야

7_ Aubenque, *op. cit.*, p. 204.

만 하는지는 여기서 질문의 요지가 되지 못한다. 해석학의 핵심이 되는 것은 전통적으로 '성서의 네 가지 의미'라고 일컬어져 온 문제 속에 놓여 있다.* 이와 관련하여 철학자들이 일반적인 해석 이론을 다루는 주해 논쟁에 더 주의를 기울여야 한다는 점을 지나치게 강조할 수는 없다.[8] '성서의 네 가지 의미'라는 전통 속에는 특별히 유비, 알레고리, 상징적 의미라는 개념이 다듬어져 있다. 우리는 자주 그러한 개념에 준거해야 한다. 이 경우 두 번째 전통은 해석학을 이러한 정의로 완전하게 환원시키는 못하겠지만 유비를 통해 상징을 정의하기 위해 해석학과 관계를 맺을 것이다.

주해 해석학에 대한 정의를 규정하는 것은 무엇보다도 권위에 호소한다. 그 권위가 군주제이건 성직자회나 교회이건 간에 말이다. 이것은 그리스도인 공동체 내부의 실천으로서의 성서 해석학을 뜻한다. 하지만 대부분의 경우 주해는 문자적 텍스트에 적용된 것으로 제한된다. 주해는 글로 쓰여진 작품에 대한 학문이다.

주해 전통은 여전히 우리가 세운 과업을 진행시키기 위한 좋은 출발점을 제공해 준다. 왜냐하면 텍스트라는 개념을 유비적 의미로 활용할 수 있기 때문이다. 중세 시대에는 '자연이라는 책'이라는 은유 덕분에 **자연에 대한 해석**에 대해 말할 수 있었다. 이러한 은유는 '경전'(scripture) 보다 '텍스트'(texte)라는 개념이 보다 더 넓은 개념일 경우에 한하여 주해 개념의 확장을 가능하게 만들어준다. 르네상스 시대부터는

*_ 여기서 말하는 성서의 네 가지 의미란 전통적으로 문자적·알레고리적·도덕적·신비적 의미를 뜻한다. 리쾨르는 이 안에 유비나 상징의 요소가 담겨 있다고 본 것이다.

8_ Henri de Lubac, *Exégèse Médiévale*, 4 vol., Aubier, 1954–1964.

**자연에 대한 해석**이 경전을 가리킨다는 고정관념에서 벗어나게 된다. 이는 스피노자가 성경 주해라는 개념을 새롭게 창안하여 사용할 수 있게 만들어주는 결과를 낳았다. 자연에 대한 해석은 스피노자가 『신학정치론』(*Theologico-Political Treatise*)에서 말한 것처럼 철학으로만 정경을 해석한다는 원칙을 따라 제정된 새로운 해석학을 대두시킨다. 이렇게 엄밀한 성서적 관점에서 우리를 해방시켜 준 스피노자의 진일보는 성서 해석에서 자연에 대한 해석으로의 호기심 어린 귀환을 나타낸다. 경전이라는 고전적 모형은 이제 문제시되는 모형이 되었다.

이런 '텍스트' 개념은—성서나 글쓰기 개념에서 해방된—중요한 이점을 가지게 된다. 프로이트는 이 개념을 특별히 하나의 언어에서 다른 언어를 번역하기 위한 분석작업을 비교할 때 자주 사용한다. 꿈 이야기는 조금 더 인식이 가능한 텍스트로 대체하는 비인식적 텍스트이다. 우리가 간략하게 살펴보았던 『꿈의 해석』(*Traumdeutung*)이라는 제목은 분석과 주해작업 간의 이러한 유비를 암시하고 있다.

이 지점에서 우리는 니체와 프로이트 간의 관계에 대해 관심을 가지지 않으면 안 된다. 니체는 **해석**(*Deutung, Auslegung*)이라는 개념을 철학의 분과에서 가져와 다시 철학 속으로 편입시켰다. 니체가 그리스 비극이나 소크라테스 이전 문헌을 해석할 때 문헌학자로 종사했다는 것은 분명한 사실이다. 그러나 니체는 이런 작업을 통해서 철학 전체를 해석했다. 이는 무엇에 대한 해석인가? 우리가 차후 해석의 갈등 속으로 들어갈 그 시점에야 비로소 이 질문에 답할 수 있을 것이다. 여기서는 다음의 사안들을 제시할 수 있겠다. 해석이라는 개념을 위해 열려진 새로운 특징은 이제 **표상**에 대한 새로운 문제제기와 연결된다. 이 문제는 더 이상 '주관적 표상이나 관념이 어떻게 하면 객관적 타당성을 지닐 수 있는가?' 라고 하는 칸트적 물음과 관계하지 않는다. 이것은 비판철학의 핵심에 더욱 근본적인 문제를 던져준다. 객관적 타당성이라는 것은 여전히 진리와 학문에 대한 플라톤적 철학의 궤적 안에 남아 있는 문제이다. 플라톤적 철학은 오류와 억견이 진리와 학문에 반대되는 것이라고 여긴다. 하지만 해석의 문제는 도덕적 의미에서건 인식론적 의미에서건 더 이상 오류라는 것이 존재하지 않을 새로운 가능성을 보여준다. 다만 **환영**은 우리가 더욱 많이 논의해야 할 주제가 된다. 우리는 이 문제를 잠시 제쳐둘 수밖에 없다. 왜냐하면 위선에 반대하는 투쟁으로, 또한 의심의 전략으로 해석을 활용하는 사람들에 대해 짤막하게나마 다뤄야 하기 때문이다. 이런 식으로 해석을 활용하는 사람들은 진리와 오류의 문제 전체를 힘에의 의지에 종속시키는 특정한 철학을 요청하고 있다. 여기서 중요한 문제는 방법의 관점에서 주해적인 해석 개념에 주어지는 새로운 확장이 이루진다는 점이다.

프로이트의 입지는 이러한 확장의 끝에 서 있는 사람 가운데 하나라고 설정할 수 있다. 그에게 있어 해석은 '기록'(écriture)과 관련된 것일 뿐만 아니라 제의, 신화, 예술작품이나 믿음과 마찬가지로 꿈이나 신경증, 해독해야 될 텍스트로 간주될 수 있는 기호의 총체와도 관련되는 것이다. 그러므로 우리는 이중의미로서의 상징 개념으로 되돌아가야 한다. 이와 관련하여 이중의미가 은폐냐 드러남이냐, 필연적 상태냐 성스러운 것으로의 접속이냐 하는 문제는 여전히 규명되지 않았다. 우리는 텍스트로 간주되는 일련의 기호나 특정한 텍스트에 대한 해석으로서의 주해를 정의하는 경우 및 주해 규칙의 학문으로서의 해석학을 정의하는 경우에 도출될 수 있는 더욱 확장된 주해 개념을 사유하고 있다.

지금까지 본 것처럼 이러한 상호 매개적 정의는 일반적인 의미 이론에 용해되지 않는 것으로, 순전히 경전, 작품에 대한 학문이라는 규정을 넘어서는 것이다. 이 정의는 양 진영의 근원에서부터 그 본래성을 받아들이고 있다. 주해 전통의 원천이 우리에게 더 밀접한 것처럼 보인다. 하지만 아리스토텔레스적 의미에서의 해석의 일의성과 다의성 문제는 주해에 있어서의 유비에 대한 문제보다 더 근원적인 문제로 우리를 이끌어 간다. 우리는 다음 장에서 이 문제를 다룰 것이다. 다른 한편으로 니체적 **해석**(*Auslegung*)의 중심에 있는 **환영에 대한 문제제기**가 현대 해석학의 운명을 지배하는 핵심적 난점의 시발점으로 우리에게 도래할 것이다. 이제 우리가 생각해 보아야 할 이 난점은 상징에 대한 정의와 연관되는 그런 성격의 문제가 아니다. 그 난점은 해석함 자체의 작용에 고유한 것이다.

이러한 난점은—이는 첫 장에서 이미 제시된 바 있다—다음과 같다. 이것은 주해의 보편적 규준에 대한 문제도, 일반적인 해석학의 문제도 아닌, 해석 규칙에 관하여 분리되고 대립되는 이론의 문제이다. 우리가 추적했던 해석학 분야의 외적 윤곽은 그 자체로 상처를 입게 된다.

나는 완결된 해석학의 양식을 일일이 열거하는 것을 지향하지 않는 것은 물론 그것을 의도하지도 않는다. 내가 보기에 보다 분명해져야 하는 과정은 본 연구의 도정에서 가장 큰 긴장을 일으키는 양극단의 대립과 더불어 발생한다. 한쪽 극단의 입장을 따르면 해석학은 메시지, 선포, 또는 어떤 이가 말한 것처럼 케리그마(kérygme)* 에 의해서 나에게 전달되는 의미의 복원과 표현으로 이해된다. 다른 극단의 입장에서는 환상의 환원, 탈신화화와 같은 것으로 이해되는 해석학이 존재

---

*_ 신학적 배경 지식이 없는 독자들에게는 이 말이 생소하게 받아들여질 수 있다. 케리그마(κήρυγμα, kérugma)란 선포로도 번역될 수 있는 말로, 보통 원래 신약성서에 등장하는 사도들의 그리스도의 탄생 및 사역과 부활에 대한 설교 및 선포를 일컫는 말로 사용된다. 본서의 곳곳에서 리쾨르가 언급하는 불트만과 그 추종자들 및 당시의 신학적 쟁점으로 매우 중요하게 부각되던 개념이다.

한다. 정신분석학은 적어도 처음 읽을 때 보면 해석학을 후자의 입장에서 이해하고 있다.

처음부터 우리는 이 두 가지 가능성을 다 고려해야만 한다. 이 긴장, 이 양극단은 '현대성'의 가장 참된 표현이다. 오늘날 언어의 상황에는 다음과 같은 이중적 유혹, 이중적 급박함이 발견되고 있다. 한편으로 이것은 언어의 돌출부에서 비롯된 담화를 정화하고, 우상을 청산하며, 만취에서 절주로 나아가며, 우리의 빈곤상태를 깨닫게 한다. 의미가 새로이 나타났을 때, 의미가 충만해졌을 때, 그때마다 말하게 하는 것, 말해진 것에 대해서 가장 '니힐리즘적인' 운동, 가장 파괴적인 운동, 가장 우상 파괴적인 운동을 활용한다. 해석학은 다음과 같은 이중의 동기부여를 따라 움직이는 것처럼 보인다. 혐의추궁의 의지와 들으려는 의지가 바로 그것이다. 이는 곧 엄밀함에 대한 맹세이자 순종에 대한 맹세이다. 지금 이 시대를 사는 우리는 우상들을 폐기하는 일을 끝내지 못했고, 상징을 듣는 고통을 감내하기 시작했다. 이 뚜렷한 곤궁의 상황은 다음과 같은 귀한 교훈을 줄 수 있다. 이 극단적 우상파괴주의는 의미의 복원으로 나타날 수 있다.

위에서 제시한 문제를 시원적으로 정립하기 위한 근거를 마련하는 일은 오늘날 의미의 탈신화화와 의미의 복원 사이에서 요동치고 있는 언어의 위기를 열어 밝힌다. 내가 보기에 문화 정신분석학의 도입은 이 거대한 우회로를 통과하게 된다. 다음 장에서 우리는 이에 대한 서론적 논의와 함께 의미의 기원 자체를 제거하고자 하는 운동에 대한 반성의 여정을 언어의 위기상황과 연결시켜 한층 더 깊이 파헤쳐 나갈 것이다.

언어에 대한 일반적인 논의 속에 정신분석의 자리를 지정하는 작업을 완수하기 위해 이 갈등 양상의 밑그림을 그려보도록 하자.

## 2. 의미에 대한 묵상으로서의 해석

본절에서는 의미의 복원(restauration)으로서의 해석학에 관한 논의를 전개할 것이다. 문화 정신분석학과 혐의(soupçon)*의 학파의 주된 논점은 우리가 먼저 그들의 입장에 대해 근본적으로 논쟁을 일으키는 점을 대조해본다면 훨씬 더 잘 파악할 수 있을 것이다.

혐의의 반대가 무엇이냐고 묻는다면 나는 그것이 바로 신앙이라고 퉁명스럽게 대답할 것이다. 신앙이란 무엇인가? 먼저 신앙은 더 이상 단순하고 소박한 것이 아니라 해석학에 천착하는 사람의 제2의 신앙, 비판을 통과한 신앙, 비판-이후의 신앙이다. 여기서 우리는 종교현상학을 비밀스럽게 조종하는 일련의 철학적 규정과 신앙의 명백한 중립상태 안에서조차도 감추어져 있는 그런 일련의 철학적 규정을 통해서 이 문제를 살펴보고자 한다. 이성적 신앙은 그것이 해석하는 신앙이기 때문에 이성적 신앙인 것이지만, 해석을 통해서 이차적 소박함을 추구하기 때문에 신앙인 것이다. 현상학은 의미의 회상, 복원, 들음에 관한 신앙의 도구이다. 이런 입장을 잘 보여주는 명언이 곧 이해하기 위해 믿으며 믿기 위해 이해한다는 말이다.* 이 명언은 믿

---

*_ 리쾨르가 니체, 마르크스, 프로이트를 지칭할 때 사용하는 souçon이란 말은 우리나라에서 종종 '의심'이란 말로 번역되었다. 하지만 '의심'은 프랑스어의 doute의 우리말 번역어이기도 한다. 그렇기 때문에 이 말과 구분하기 위해서 '혐의'로 번역한다. 어감이 약간 어색하긴 하지만, 적어도 의심이라는 말보다는 혐의 또는 혐의추궁이라는 말이 상대방의 잘못을 추궁하고 몰아붙이는 인상을 더 강하게 내포하고 있기 때문에 니체, 마르크스, 프로이트의 비판적 해석학의 정신을 담고 있는 souçon의 번역어로 적합한 것 같다.

*_ 이 말은 사실 '알기 위해 믿는다'(credo ut intelligam), '이해를 추구하는 신앙'(fides quaerens intellectum)이라는 기념비적 경구의 번역이라고 할 수 있다. 안셀무

음과 이해의 '해석학적 순환'을 그 자체로 보여주고 있다.

우리는 린하르트, 반 데르 리우, 그리고 엘리아데의 작업을 포용하는 더 넓은 의미에서의 종교현상학에서 이 입장의 실례들을 보여줄 것이다. 아울러 이들의 논의에다가 나의 연구업적 가운데 하나인 『악의 상징』의 논의를 덧붙일 것이다.

종교 내부에서부터 도출되는 분석에 귀를 기울이는 입장에서 '선회하여' 종교적 상징에 대한 순수하게 지향적인 분석을 관통하는 합리적 분석을 보여줌과 동시에 이러한 분석방식에서 벗어나는 것이 우리의 과업이 될 것이다.

|1| 말씀에서 비롯되는 계시로 신앙의 인침을 받는다는 것은 모든 현상학적 분석의 특성, 즉 대상에의 염려(souci)로 받아들여질 수 있다. 우리가 알고 있는 그러한 염려는 대상 자체를 환원시키지 않고 그 자체로 기술하는 것을 '중립적으로' 소망함으로써 드러난다. 여기에는 원인을 통한 설명으로 환원시키는 입장(심리적 원인, 사회적 원인 등), 기원을 통한 설명으로 환원시키는 입장(개인적 기원, 역사적 기원 등), 기능을 통한 설명으로 환원시키는 입장(정동적 기능, 이데올로기적 기능 등)이 존재한다. 우리는 어떤 것을 지향하는 의식(noétique)과 그 지향된 대상(noématique)의 상관관계라는 고리를 풀어줌으로써 기술을 해낸다. 여기서 지향되는 어떤 것은 곧 제의, 신화 및 믿음 속에 함축된 대상을 뜻한다. 1장에서 언급했던 순수한 것의 상징과 불순한 것의 상징의 경우 그 과업은 의미가 부여된 것에, 성스러운 것의 성질이 지향된 것에, 징조의 전조가 흠결과

---

스부터 이어져 온 기독교 신학의 핵심 준칙과 같은 것으로서 믿음과 지식의 선순환 구조를 잘 보여주는 말이다.

오점의 유비에, 물리적 오염과 실존적 통전성의 상실의 유비에 함축되는 의미를 이해하는 것이다. 나의 연구결과를 놓고 본다면 대상에 대한 염려는 성스러운 영역에서 파악되는 어떤 것—흠결, 오염—을 지시하는 그 문자적 의미에서 제기되는 의미에 대한 운동 속에 침식된 채로 나타나게 된다. 이로부터 일반화시켜 우리는 종교현상학의 주제를 어떤 제의적 행위, 신화적 말하기, 믿음이나 신비적 감성 속에 지향되는 **어떤 것**인 '대상'을 행동, 담화 및 감정에 관한 다양한 지향들로부터 해방시켜 주는 것으로 규정한다. 이 대상들의 자연본성을 규정하지 말고 그저 '성스러운 것'이라고 부르기로 하자. 이 대상이 루돌프 오토(Rudolf Otto)가 말한 것처럼 **'신성한 두려움'**(*tremendum numinosum*)이건, 반 데르 리우가 말한 강대한 자(le puissant)이건, 엘리아데가 말하는 근본적 시간(le Temps fondamental)에 해당하는 것이건 간에 일단은 그렇게 부르자. 또한 일반적인 의미에서 지향적 대상에 대한 염려를 강조하는 관점과 관련해서 우리는 모든 종교현상학을 성스러운 것에 대한 현상학이라고 부를 수 있다. 하지만 '성스러운 것'의 현상은 절대적인 것에 대한 모든 물음과 절대적 실재성을 괄호로 묶는 판단중지의 규제를 받는 중립적 태도의 한계에 머무를 수 있다. 내가 요구하는 판단중지는 종교적 대상의 실재에 관한 믿음에 참여하는 것이다. 단, 그것은 중립적인 존재방식 속에 존재한다. 신앙인들과 더불어 내가 믿는 바는 자신의 신앙의 대상을 완전하게 정립하지 않는다는 것이다.

하지만 학문을 하는 사람은 이 판단중지라는 방법을 실천해야만 할 의무가 있고, 또한 그와 같은 것을 할 수 있는 사람인 반면에 철학자는 대상의 절대적 타당성에 대한 물음을 회피할 수 없고, 또한 그렇게 회피해서는 안 되는 사람이다. 만일 내가 이해함에 있어서 나에게 그 자체로 '전달되는', '어떤 것'을 기대하지 않는다면, 실제로 내가 원인, 기원 내지는 기능에 대한 숙고를 통해서 대상을 검토하려는 대상에의 나의-관심, 대상에의 염려를 특화할 수 있을까? 존재에 대한 기대는 대상에 대한 염려가 그 동기가 되어 말해지게 되는 것이 아닌가? 이러한 기대가 내포하는 것은 다름 아닌 언어에 대한 신뢰이다. 언어에 대한 믿음은 상징을 나타내기에 이르는데, 사실 사람에게 전달되는 것이 사람을 통해서는 그만큼 많은 것들을 전달하지 못한다. 사람은 언어의 상태로 태어난다. 즉 '세계 안에 태어나는 모든 사람에게 비치는' 로고스의 빛 안에서 태어난다. 이는 기대이며, 신뢰이고, 믿음이다. 이러한 기대와 신뢰, 믿음은 각별한 엄밀함과 더불어 상징에 대한 연구를 통해 추론된다. 나는 나의 모든 연구를 고무시키는 가운데 이를 규명해내야만 한다. 하지만 이 연구는 우리가 이제 '혐의'라는 주제 아래 다루게 될 현재의 해석학의 줄기 전반을 따라가며 논쟁을 벌여야만 가능하게 될 것이다. 이 해석 이론은 그러한 [성스러운] 대상이 과연 존재하는 것인지, 또한 그러한 대상이 과연 케리그마, 현시, 선포 속에서 지향성이 변형되는 장소일 수 있는지를 의심하기 시작한다. 이 해석학은 대상에 대한 해명에 관심이 있는 것이 아니라 가면을 벗겨내고 위장을 환원시키는 해석에 관심을 둔다.

**|2|** 종교현상학에 의하면 상징들 가운데 '진리'(vérité)가 존재한다. 이 진리는 후설의 **판단중지**라는 중립적 태도 속에서 나타나는 의미지향의 '충족'—*die Erfüllung*—그 이상의 것을 뜻하지 않는다. 종교현상학에서 충족은 단순히 하나의 충족과 채움이 아니라 다양한 대상 영역에서의 다양한 의미지향 속에서 일어나는 여러 가지 충족의 경로를 뜻한다. 논리실증주의적인 의미에서 '검증'이라는 것은 충족의 표준적 양상이 아닌 여러 다른 것들 사이에서 일어나는 충족의 형태일 뿐이

다. 이러한 형태는 상응하는 대상 형태, 즉 물리적 대상, 다른 의미로는 역사적 대상에 의해 요구된다. 단, 이 형태는 진리 개념과 같은 것을 통해서 이루어지지 않고 충족 일반의 요구를 통해서 이루어진다. 다시 말해 그것은 현상학이 종교적 경험에 대해 중립화되고 환원된 존재방식과 관련하는 유비를 통해서가 아니라, 대상의 특별한 형태를 따르며 이 영역 속에서의 특별한 충족방식을 따른다고 말하는 그런 '충족'의 다수성에 근거해서 존재한다.

우리는 이러한 충족의 문제를 상징적 의미의 질서 안에서 마주하게 되는가? 일차적 기표 내지 문자적 기표와 이차적 기의의 유비적 연결에 대한 우리의 탐구 사례에서는 다음과 같은 것들이 본질적인 요소로 손꼽힌다. 흠과 오점, 일탈과 죄, 짐과 결함 간의 연결 등. 우리는 원초적이면서도 영속적인 기호와 부딪히게 된다. 이것은 단지 그 자체로만 정립된다는 의미의 '기술적인'(techniques) 기호로서 관습적이고 임의적인 성격은 결코 내포하지 않는다.

이러한 의미 대 의미의 연결 속에 내가 언어의 꾸러미라고 부르는 것이 들어 있다. 이 언어의 충만은 일종의 일차적 의미 안에 담겨 있는 이차적 의미로 나타난다. 미르치아 엘리아데는 이렇게 눈에 보이는 하늘과 그것이 나타나는 질서 간의 비임의적 연결 속에 담겨진 우주적 상징의 힘을 『종교일반사의 특색』(*Traité d'Histoire générale des religions*)이라는 자신의 책에서 더욱 명확하게 보여주었다. 이 책에서 그는 의미에 대해 의미가 연결되는 유비적 힘의 은총을 거대함과 질서, 현명함과 정의로움을 통해 말하고 있다. 상징은 연결, 즉 이중의미로 연결되어 있다. 다시 말해 … 에 연결되어 있으며, … 를 통해서 연결되어 있다. 다른 한편 성스러운 것은 그 원초적·문자적·감각적 의미에 연결되어 있다. 이것이 바로 상징의 불투명성을 구성하는 것들이다. 또 다른 한편

문자적 의미는 그 문자 안에 들어 있는 상징적 의미를 통해 연결된다. 이것이 바로 내가 상징이 지닌 드러내는 힘(le pouvoir)이라 불렀던 것이다. 이 힘은 상징들의 불투명성에도 불구하고 그 능력(force)을 발휘한다. 상징이 지닌 드러냄의 능력은 기술적 기호의 상징에 반대한다. 기술적 기호의 상징은 단순히 기호 자체로만 정립된 것일 뿐이다. 그러므로 기술적 기호로서의 상징은 공허하고, 형식적이며, 또한 순전히 계산의 대상으로 전락할 수 있다. 오직 상징만이 그들이 말한 바를 선사한다.

하지만 이렇게 말하는 가운데 우리는 현상학적 '중립성'을 이미 위반하고 있는 것이 아닌가? 나는 이를 인정한다. 즉 **충만한** 언어, **연결시키는** 언어에 대한 심원한 관심을 유발시킨 것, 그것은 곧 나에게 '말을 건네는' 사유의 운동, 호명되는 주체(sujet interpellé)를 나에게 제시하는 사유 운동의 반전이라는 점을 나는 인정한다. 그리고 이러한 반전은 유비에서 만들어지게 된다. 어떻게? 유비는 어떻게 해서 나에게 의미에서 의미로의 연결을 초래하는가? 이차적 의미를 향해 나를 끌고 가는 운동은 나를 말해진 것에 동화시키고 나에게 선포된 무엇에게 관여하게 만든다. 이러한 유사성 속에 상징의 힘이 거주하고 이로부터 도출되는 드러남의 힘은 내가 눈앞에 있는 것처럼 관찰할 수 있는 것에 관한 대상적 유사성이 아니다. 이것은 유비의 운동에서 비롯되는 존재에 대한 나의 존재의 실존론적 동화작용(assimilation existentielle)이다.

**|3|** 참여(participation)라는 고전적 주제의 함의는 해명의 길을 추적하는 세 번째 단계로 나아가는 데 도움을 준다. 이는 또한 지적 성실성의 길이기도 하다. 즉 지향적 분석에 활력을 불어넣도록 완벽하게 언명된 철학적 규정은 상기라는 고대철학의 주제에 대한 현대적 번역일 수도 있다. 공허한 기호의 조작과 형식화된 언어구조를 통해 확산된 침

묵과 망각이 있은 다음 이제 상징에 대한 현대의 관심은 새로운 욕망의 전달을 표현하고 있다.

새로운 말, 이 새로운 말의 흥망성쇠에 대한 기대 속에는 우선 대상에 강조점을 두면서 궁극적으로는 원시언어의 계시적 능력을 영접하기 위해 상징의 충만을 강조하려고 하는 상징 현상학의 함축적인 의도가 도사리고 있다.

### 3. 혐의 추궁으로서의 해석

우리는 프로이트의 입지를 정하는 데 있어 그를 한 명의 대화자로 치부하는 것이 아니라 한 명의 동반자로 인정함으로써 본 작업을 일단락시키고자 한다. 의미의 복원으로서의 해석이란 내가 혐의의 학파라고 집약해서 지칭했던 해석과 대립되는 것이다.

하나의 일반적 해석 이론은 이와 같은 해석에 대한 해석, 그러니까 의미에 대한 묵상으로서의 해석과 환상으로의 환원 및 의식의 허구에 대한 해석이라는 이 두 해석의 대립을 설명하려고 한다. 뿐만 아니라 그것은 양측을 차별화하고 외화하는 '이론'으로 두 원대한 해석 '학파'를 각기 세분화하고 분산시키기 위한 설명을 하려고 한다. 이것은 분명 의미의 복원을 꾀하는 진영보다는 혐의의 학파에 더 적절하다. 겉으로 보기에는 서로 배타적인 모습을 보이는 세 대가들, 즉 마르크스, 니체, 프로이트가 혐의의 학파를 지배하고 있다. 이들의 혐의 추궁이 갖는 성격은, 탈신화화라는 단일한 방법으로 서로 마주치게 되는 이 대가들 간의 상호 연관성보다도 의미의 '드러남'에 대한 예비적 학습으로 이해될 수 있는 성스러움의 현상학을 공통적으로 반대하고 있다는 데서 드러난다. 이 세 명이 보여주는 혐의의 형태는 동화시키는 의도를 따라 존재에 접붙여진 일종의 **유비적 실재**에서 비롯되는 성스러운 것에 대한 우리의 표상과 성스러운 것에 대한 지향의 '충족'의 '대상'의 우위성에 대해 이의를 제기하는 방식으로 이루어진다. 바로 이 점에 주목하는 것이 상대적으로 자연스러운 이해방식이다. 물론 여전히 각기 상이한 방식의 혐의 추궁이 존재한다는 점은 인정해야겠다. 거짓으로서의 진리라는 부정적 표현으로 이 셋의 혐의 추궁의 실천을 한 주제 아래 묶을 수 있겠다. 하지만 우리는 여전히 이 세 대가들의 차이점 및 이들의 후예들 때문에 부과된 편견의 한계에 너무 집착하고 있다. 그래서 마르크스는 경제학 및 반사–의식이라는 부조리한 이론의 주창자로 치부되고, 니체는 스스로 모순을 범하지 않고서는 표현해낼 수 없는 생물학주의 및 관점주의라는 입장에 치우친 사람으로, 프로이트는 정신의학 및 단순한 범성욕주의(pansexualisme) 사상가로 제한되어 버린다.

만일 우리가 이 세 사람의 공통의 의도로 돌아간다면 거기서 우리는 '허위'의식을 통해 원초적인 의식 전체를 조망하려는 규정들을 발견하게 될 것이다. 그들은 이를 통해 데카르트가 만든 요새의 심장부를 뒤흔들기 위해 각자 다른 방식으로 데카르트적 의심(doute cartésienne)의 문제점을 포착한다. 데카르트 학파에서 훈련을 받은 철학자는 사물들이 그 자체로 순수하게 드러나 있는 것이 아니고, 매우 의심스러운 것들이라는 점을 잘 알고 있다. 하지만 그들은 의식이 그 자체로 드러난다는 점은 의심하지 않는다. 그들은 의식 안에서는 의미와 의미에 대한 의식이 일치한다고 생각한다. 마르크스, 니체, 프로이트 이후로는 이러한 사실도 의심스러운 것이 되고 만다. 사물에 대한 의심이 일게 된 이후 우리는 의식을 의심하기 시작했다.

이 혐의의 세 대가들(trois maîtres du souçon)은 회의주의의 세 대가가 아니다. 분명 이들은 위대한 파괴자들(destructeurs)이다. 하지만 이 말 자체를 우리가 오해해서는 안 될 것이다. 파괴라는 것은 하이데거가 『존재와 시간』(*Sein und Zeit*)에서 이야기한 대로, 다시 말해 종교의 예를 들자면 니체가 종교를 '대중을 위한 플라톤주의'라고 한 것처럼 종교의 파괴를 포함하여 새로운 모든 정초의 계기 노릇을 한다. 이 새로운 정초는 사유, 이성, 그리고 심지어는 신앙이 의미하고 있는 바에 관하여 제기되는 물음으로서의 파괴를 넘어서는 것이다.

더욱 신뢰할 만한 용어를 사용해서 이 세 대가들의 업적을 표현한다면 그 이해의 지평이 더 명확하게 드러날 것이다. 정확하게 말해서 그들은 '파괴'를 통해서가 아니라 해석하는 기술의 창안을 통해서 새로운 진리의 왕국을 제시했다. 데카르트는 의식의 명증성을 통해서 의심함으로써 사물에 대해 승리를 거둔다. 다시 말해 의미에 대한 주해를 통해서 의심은 의식에게 승리를 거둔다. 이로부터 이해는 하나의 해석학이 된다. 이제부터 의미를 추구하는 것은 더 이상 의식의 의미를 그 철자 하나하나 열거하는 것이 아니라, **표현들을 판독하는**(*déchiffrer les expressions*) 것으로 나타난다. 따라서 이제 부딪히게 되는 문제는 삼중의 혐의가 아니라 삼중의 위선이다. 만일 의식이 사유함으로 존재하는 것이 아니라면 명료한 것과 잠재적인 것 사이에 하나의 새로운 관계가 정립되어야만 한다. 이 새로운 관계는 의식이 나타남과 사물의 실재 사이에서 성립된다는 사실에 상응한다. 마르크스, 니체, 그리고 프로이트에게 있어서 사물의 근본 범주란 감춰짐–드러남, 혹은 이와 다른 용어로 나타내자면 위장–현시이다. 마르크스주의자들은 '반영' 이론을 고집하고, 니체는 **힘에의 의지**의 '관점주의'(perspectivisme)를 독단화함으로써 자가당착에 빠지며, 프로이트는 '검열'(sensure), '문지기'(portier), '위장'(déguisements)이라는 개념을 신화화한다. 하지만 이런 당혹스러움과 이들의 난점이 본질적인 문제가 되는 것은 아니다. 본질적인 것은 이 세 사람이 자력으로, 다시 말해 시대의 편견과 더불어, 그리고 시대의 편견에 대항하여 직접적 의식으로 환원할 수 없는 의미 및 의미에서 비롯되는 매개의 학문을 만들어냈다는 점이다. 이 세 대가들이 시도한 것은 각기 상이한 관점에서 힘에의 의지, 사회적 존재, 무의식적인 정신 현상으로 귀착되는 암호화라는 '무의식적' **노동**과 해독이라는 '의식적' 해독 방법을 일치시키는 것이었다. 뛰는 놈 위에 나는 놈이 있다(A rusé, rusé et demi).

그러므로 마르크스, 프로이트, 그리고 니체를 특징짓는 것은 '허위' 의식의 과정과 해독방법이 연관되어 있다는 일반적 가설이다. 이 두 가지가 한 쌍으로 결합되어 있다. 왜냐하면 혐의를 안고 있는 인간은 역으로 교활한 인간의 오류 작용을 실행하는 존재이기 때문이다. 프로이트는 꿈과 신경체계라는 두 가지 경로를 따라 허위의식의 문제로 들어가게 된다. 차후에 더 총체적으로 다루어지겠지만, 프로이트의 작업가설은 충동의 경제학이라는 자신의 공격 조준점이 지닌 한계를 그대로 안고 있다. 마르크스는 정치경제학의 의미에서 경제적 소외의 한계 속에 있는 이데올로기의 문제를 공격한다. 니체는 '가치'—평가, 재평가의 문제에 초점을 맞추면서 힘에의 의지와 관련한 '강함'과 '약함'의 문제로 거짓과 위선을 푸는 실마리를 탐구한다.

근본적으로 니체적인 의미에서의 『도덕의 계보학』(*Généalogie de la morale*), 마르크스주의적 의미에서의 이데올로기론, 그리고 프로이트적 의미에서의 이상(idéaux)과 환영(illusions) 이론은 탈신화화의 세 가지 수렴 절차를 보여주고 있다.

하지만 아마도 여기서 이 세 사람을 공통적으로 더욱 깊이 파악해 보아야 할 어떤 근원적인 관계가 존재할 것이다. 이 세 사람은 의식이라는 환영에 대한 혐의에서 논의를 시작한다. 그리고 그 나름의 해독 전략을 도입하여 논의를 진전시킨다. 하지만 세 대가들 모두 '의식'의 비방자와는 거리가 멀다. 단, 그들은 의식에 대한 논의를 확장시키는 것을 목표로 한다. 마르크스가 원하는 것은 필연성에 대한 이해를 통해 **실천**(*praxis*)을 해방시키는 것이다. 그런데 이 해방은 허위의식의 신화화에 의기양양하게 반격을 가하는 '의식화'와 분리되지 않는다. 니체가 원하는 것은 인간의 **힘**의 증대, 인간이 가진 **활력**의 복원이다. 하지만 힘에의 의지라는 의미에서 문제가 되는 힘이란 세계에 대한 폭력에 지나지 않을 수도 있다는 사실과는 상관이 없는 힘으로, '넘어서는 인간, 위버멘쉬'(surhomme), '영원회귀'(retour éternel), 그리고 '디오니소스'(Donysos)라는 기호들을 매개함으로써 다시 파악되어야만 한다. 프로이트가 바라는 것은 인간을 분석함에 있어서 인간에게 낯선 것으로 여겨졌던 인간의 고유한 의미를 제시함으로써 인간 의식의 영역을 확장시키는 것이다. 이 확장은 인간을 약간 더 자유롭게 해주고 좀 더 잘 살게 해주기 위한 것으로, 가능하다면 조금이라도 더 인간을 행복하게 만들어주기 위한 노력이라 할 수 있다. 초기 정신분석학에 대해 존경을 표하는 말 가운데 '의식을 통한 치유'라는 찬사가 있었다. 이 말은 정신분석이라는 것이 만일 질환을 안고 있는 직접적 의식을 현실원칙을 도입해서 매개하는 의식으로 치환시키려는 일이라는 것을 뜻한다면 실로 정확한 지적이다. 따라서 다른 대가들과 마찬가지로 자아를 '가련한 피조물'로 묘사하고 동시에 자아를 이드, 초자아, 그리고 현실성이나 필연성으로 묘사해내는 이 **의심 많은 대가**는, 전대미문의 신중함과 분별력을 가지고 대담하게 비논리적 왕국의 논리를 재발견하는 주해가다. 이런 면모는 특별히 「환영의 미래」라는 글에서 지혜로운 전능성은 없지만 긴 안목으로 보면 효력을 발휘하는 로고스 신에게, 부드럽지만 끈기 있는 목소리로 간청하는 내용으로 글을 마무리짓는 그의 모습을 보아서도 확인될 수 있다.

프로이트의 '현실원칙'(principe de réalité)과 니체와 마르크스의 지적 — 니체에게는 영원회귀, 마르크스에게는 필연성 — 에 상응하는 프로이트의 언급은 환원적 해석과 파괴적 해석이 요구하는 고행의 긍정적 이점 — 적나라한 현실, 아낭케, 필연성이라는 규율과의 대면 — 을 형성해낸다.

이러한 긍정적 수렴점을 발견하는 가운데 이 혐의의 세 대가들은 또한 성스러움의 현상학과 의미의 복원, 그리고 존재에 대한 상기로 이해되는 해석학의 줄기에 대한 더 근본적인(radical) 반대의 뜻을 표한다.

이런 이의제기 속에서 문제시되는 것은 간결성을 위해, 그리고 상상력의 신화적-시적 핵심을 위해 요청해야 하는 운명이라는 것이다. '환영', 공상적 기능과의 대면, 탈신화화의 해석학과의 대면은 필연성의 가차 없는 훈육을 향하게 한다. 이것은 스피노자의 가르침이다. 그는 먼저 그 자신이 노예라는 사실을 발견하고 자기가 노예라는 점을 이해한다. 그는 필연성이라고 이해되는 것에서 자신의 자유를 발견한다. 『에티카』(*Éthique*)는 리비도, 힘에의 의지, 계급을 지배하는 제국주의를 헤쳐 나가는 고행의 첫 번째 모형을 제시한다. 그런데 이러한 현실의 규율, 필연적 결핍이라는 고행에도 상상력의 은총이 솟아날 가능성이 있는가? 또한 상상력의 은총은 계시로서의 말과는 그 어떤 관계도 맺지 못하는 것인가?

이 점이 논의의 주제가 될 것이다. 우리의 물음은 이제 이러한 논의의 범위를 규정하는 것이다. 이 논의는 여전히 하나의 반성철학의 한계 내에서 조정될 수 있다.

# 3장 해석학적 방법과 반성철학

우리는 첫 장에서 우리 스스로에게 하나의 과제를 부여했다. 이 과제는 현대 사유의 운동 속에서 프로이트를 다시 정립해내는 것이다. 우리는 프로이트 언어의 기예성(technicité) 및 그 문제의 특성에 몰두하기 전에 정신분석학이 기입되는 맥락을 재구성하고자 했다. 우리는 먼저 언어의 문제라는 배경에 정신분석학의 문화 해석학을 고정시켜 두었다. 이 일을 착수하면서부터 우리는 우리가 말한 것을 해명하고 이의제기를 하면서 정신분석학을 관찰했다. 프로이트는 비트겐슈타인과 불트만 만큼이나 우리 시대에 큰 영향을 미치고 있다. 언어에 대한 일반적 논의 속에서 정신분석학의 위치란 엄밀하게 보자면 다양한 해석학들 간의 전쟁 속에서 전개되는 에피소드로 묘사될 수 있다. 우리가 탐구해야 하는 문제와 관련해서, 정신분석학이 다른 것들 중에서도 해석학의 영역에만 존재하는가 하는 문제는 별개로 놓고서라도 정신분석학은 다른 영역을 점점 잠식해 들어가고 있다. 이 장에서 우리는 정신분석학, 해석학의 전쟁, 그리고 언어 전반의 문제를 반성의 위기라는 주제 속에서 선별해 보고, 그러면서 논의를 더 진전시키길 원한다. 다시 말해 우리는 이 주제에서 출발하여, 이 주제들이 지닌 강력하고도 철학적인 의미를 통해 반성철학과 코기토의 모험이라는 주제를 다룬다.

## 1. 상징에 의뢰하는 반성

나는 내가 앞서 제기했던 물음의 과정을 다시 추적하는 가운데 논의를 시작하려고 한다. 그 물음의 과정은 내가 『악의 상징』의 결론부에서 '반성에의 길'이라고 불렀던 문제에 직면하면서 제기된다. 거기서 나는 투명함, 진실성, 엄격함의 요구와 같은 문제에 직면했었다. 나는 이렇게 물었다. 상징 해석과 반성철학이 일관적으로 서로 연관되는 일이 가능한가? 이 물음에 대한 나의 유일한 대답은 모순적인 해결 형식 안에서 이루어졌다. 한편으로 나는 나의 반성을 살찌우고 지도해 주는, 그리고 나의 반성에 선행하는 그런 상징과 신화의 풍요로운 말들에 귀를 기울이겠다고 맹세했다. 다시 말해 다른 한편으로 이것은 상징과 신화에 대한 철학적 주해를 통해 우리 서구 철학의 합리성 전통을 이어나가는 일이다. 나는 칸트가 『판단력비판』(*Critique du jugement*)에서 한 말을 계승하는 가운데 상징이 사유할 것을 준다(Le symbole donne à penser)고 말했다. 상징은 준다. 그리고 그 상징이 준 것은 언어라는 선물(le don)이다. 즉 이 선물은 나에게 생각할 의무, 철학적 담론(le discours philosophique)에 착수해야 한다는 의무를 형성시키는 것으로, 그것은 언제나 담론에 선행하고 담론에 토대가 되는 데서 비롯된다. 나는 이 약속의 역설적 성격을 숨기지 않는다. 반대로 나는 철학이 절대로 먼저 일을 착수하는 것이 아니라는 점을 강조함으로써 이 선물을 강조했다. 왜냐하면 충만한 언어가 선행하고, 그 언어라는 선물이 스스로 일을 시작하며, 또한 그것이 의미에 대한 물음과 의미 정초의 물음을 창출하기 때문이다.

나는 이 과제를 나에게 상징의 **전-철학적** 풍요로움으로 나타나는 것을 통해 고무시킨다. 상징은 그 자체로 이러한 사변적 반성을 요구한다. 상징의 철학적 의미를 벗어나는 상징 해석은 상징에 덧붙여진 어떤 것이 될 수 없다. 그러한 해석은 신화들에 대한 잠재적 사변, 그리고 궁극적으로는 각각의 상징체계에 대하여 일차적 도식을 공급하는 유의미한 총체성에 속하는 것이며, 상징의 의미론적 구조를 통해 요청된다.

우리가 하는 작업을 통해서는 악의 상징과 신화가 상징의 제국 안에서 점하고 있는 특권화된 자리[1]가 무엇인지를 아직 알 수 없다. 우리는 여기서 다음과 같은 물음을 통해 이 문제를 완전한 일반성 속에 정립하려고 시도할 것이다. 반성철학은 어떻게 하면 상징의 원천을 그 자체로 활성화시킬 수 있으며, 또한 그것은 어떻게 하면 해석학이 될 수 있는가?

이 문제는 정말 까다로운 것이다. 전통적으로—다시 말해 플라톤

---

1_ 방법의 문제에 선행해서 주어지는 점에 있어서 우리는 하나의 예시 수준으로 악의 상징론 전체를 환원시킨다. 우리는 다음과 같은 일 때문에 서운해해서는 안 된다 : 반성의 결과 가운데 하나인 악의 상징론이 다양한 것들에 대한 예가 아니라 특화된 예, 아마도 모든 상징론의 고유한 영역, 그 전체 범위 속에서 받아들여지는 해석학적 갈등의 탄생지에서조차도 하나의 특화된 예가 될 뿐이다. 하지만 우리는 이것을 반성의 운동을 통해서만 이해해야 한다. 무엇보다도 주어져 있거나 임의적으로 선택되는 예로 악의 상징을 인식하는 그 반성 말이다.

이후— 이 문제는 다음과 같은 의문점을 연이어 제기했다. 철학에서 신화의 자리는 무엇인가? 만일 신화가 철학을 요청한다면 철학도 신화를 요청하는 것이 옳은 일인가? 혹은 현재의 작업과 관련해서 반성은 상징과 상징에 대한 해석을 요청하는 것인가? 이러한 물음은 상징의 영역에서 다루어지는 것이 무엇이든지 간에 신화적 상징에서 사변적 상징으로 나아가기 위한 어떤 시도에 선행한다. 철학적 행위는 이 행위의 가장 깊숙한 곳에 담겨 있는 본성에 있어서도 상징을 배제하지 않을 뿐만 아니라, 해석과 같은 것을 요구한다는 사실만큼은 분명하다.

하지만 무엇보다도 이 질문은 소망이 없는 것처럼 보인다.

그리스에서 태동한 철학은 신화적 사유와는 반대되는 새로운 요구를 도입했다. 최초에 철학은 플라톤의 **에피스테메**(*l'Épistémé*)라든가 독일관념론에서 말하는 **학**(*Wissenschaft*)이라는 의미를 갖는 학문의 이념을 정립했다.

이러한 철학적 학문 이념의 관점에서 보면 상징으로의 회귀는 철학의 일종의 걸림돌(scandaleux)로 작용한다.

우선 상징은 언어와 문화의 다양성 속에 포착되고 언어와 문화의 환원 불가능한 독특성(singularité)을 받아들이는 것에 지나지 않는다. 왜 바빌로니아인, 히브리인, 그리스인들은 비극이나 피타고라스적인 것으로 시작해야 하나? 이것들이 나의 기억에 자양분을 공급해 주기 때문일까? 그런 경우에 나는 내 반성의 중심부에 나의 독특성을 정립시킨다. 그런데 철학적 학문은 문화적 창조의 독특성과 개인적 기억을 요구하는 담론의 보편성 안으로 다시 흡수되지 않는가?

둘째로, 엄밀한 학문으로서의 철학은 **일의적** 의미를 요구하는 것처럼 보인다. 하지만 상징은 그 유비적 조직으로 인해서 불투명하고 불명료하다. 상징들의 구체적인 원천이 전달해 주는 이중의미는 실재성과 함께 상징을 짓누르고 있다. 이 이중의미가 유비적 의미, 실존적 의미인 한, 그것은 우연적이 아니라 구성적인 것이다. 그것은 문자적 의미 안에서만, 그리고 문자적 의미를 통해서만 주어진다. 인식론적 의미에서 이러한 불투명성은 다의성만을 의미할 수 있다. 철학은 다의성을 체계적으로 전개할 수 있는가?

셋째로, 이것이 가장 심각한 문제인데, 우리가 상징과 해석의 결합을 **신화**와 **로고스** 간의 유기적 결합의 약속으로 간주했다는 점에서 이 결합은 혐의에 대한 새로운 모티브를 제공한다. 어떤 해석은 철회될 수도 있다. 주해 없는 신화는 없지만 이의제기 없는 주해도 없다. 수수께끼에 대한 해독은 플라톤적·헤겔적·근대적 의미에서의 학문이 되지 못한다. 앞에서 우리는 이 문제의 중대함을 일견이나마 보여주었다. 거기서 우리는 해석학의 영역에서 상상할 수 있는 가장 극단적인 대립을 고려했다. 그 대립은 담론의 재신화화로 간주되는 종교해석학과 담론의 탈신화화로 간주되는 정신분석학 사이에 일어나는 대립이다. 이와 동일한 특징을 따라서 우리의 문제는 더 엄밀해짐과 동시에 더 엄숙해지기까지 한다. 이제 문제는 단순히 해석의 근거가 아니라, 이렇게 해석들이 대립되는 이유가 무엇인가 하는 것이 아닐까? 이 문제는 어떠한 해석에 의뢰하는 것을 정당화시킬 뿐만 아니라, 상호 배타적인 것으로 미리-구성된 해석학에 대한 반성의 의존성을 정당화시킨다.

철학에서 상징에의 의뢰를 정당화시키는 것은 궁극적으로 문화적 우연성, 다의적 언어, 그리고 반성에서 일어나는 해석학의 전쟁을 정당화시킨다.

문제의 해결책은 반성을 보여주는 것에 달려 있다. 이는 원칙적으로 해석과 같은 것을 요구한다. 그러한 요구에서 출발하면 우리는 문화의 우연성, 교정할 수 없을 만한 다의적 언어, 그리고 해석들의 갈등을 통한 우회를 원칙적으로 정당화시킬 수 있다.

이제 우리의 시작점에서 출발해 보자. 현재까지 우리는 오로지 반성에서의 상징에 대한 의뢰를 고려해 왔다. 이제 이 근거를 제시하는 것은 상징에서의 반성에 대한 의뢰이다.

## 2. 반성에 의뢰하는 상징

우리가 철학을 말할 때 그것은 곧 반성, 확실히 자기-자신에 대한 반성(réflexion sur soi-même)을 의미한다. 그런데 자기가 의미하는 것은 무엇인가? 우리는 이 말이 상징과 해석이란 말보다 더 좋은 것이라는 사실을 알고 있는가? 추상적인 지식이 공허하고 헛된 것이라는 사실에는 의심의 여지가 없다. 그러므로 우리는 이 공허한 확실성을 자세히 살펴보려고 한다. 그것은 아마도 공허함으로부터 반성을 구출하게 될 상징이다. 반면, 동시에 반성은 어떤 해석학적 갈등을 다루기 위한 구조를 제공할 것이다. 그렇다면 반성은 무엇을 의미하는가? 자기 자신에 대한 반성에서 자기란 무엇을 의미하는가?

나는 여기서 자기 정립이란 것이 데카르트에서 시작하여 칸트를 통해 발전되었으며, 피히테를 거쳐 유럽 반성철학의 흐름인 근대 철학이라는 넓은 전통 속에 자리매김하고 있는 철학자들에게는 제일의 진리가 된다고 가정한다. 여기에 반대하는 다른 주요 철학자들을 맞세우기에 앞서 이 전통은 일단 하나의 전체 집단으로 간주되어야 한다. 자기 정립은 자기 스스로의 정립을 진리로 본다. 이는 증명되거나 추론될 수 있는 것이 아니다. 자기 정립은 즉각적인 존재의 정립이고 행위의 정립이다. 그러므로 이는 실존의 정립이며 사유의 작동이다. 나는 존재한다, 나는 생각한다(*Je suis, je pense*). 이 말은 나에게 존재한다는 것은 생각하는 것이라는 점을 뜻하고 있다. 즉 나는 생각하는 한 존재한다. 이 진리는 하나의 사실처럼 입증되거나 하나의 결론처럼 추론될 수가 없다. 이 진리는 반성 안에서 그 자체로 정립된 것이다. 피히테는 이러한 제일진리를 정립적 판단(le jugement thétique)이라고 불렀다. 이 문제가 우리의 철학적 출발점이다.

하지만 존재함과 사유함으로서의 자기 정립에 대한 반성이라는 이 첫 번째 지시사항은 반성을 충분하게 특징짓지 못한다. 특별히 우리는 왜 반성이 해독, 주해, 그리고 주석학 내지 해석학이라는 학문을 요구하는지 아직껏 이해하지 못하고 있다. 또한 아직도 우리는 이러한 해석 작업이 정신분석학이나 성스러운 것에 대한 현상학이어야만 하는지를 제대로 이해하지 못하고 있다. 이는 반성이 소위 직접적 의식에 대한 증거로 되돌아가는 것처럼 여겨지는 경우에는 이해될 수 없는 부분이다. 여기서 우리는 반성의 두 번째 특징을 소개해야만 한다. 그것은 다음과 같이 진술될 수 있다. 반성은 직관이 아니다. 혹은 적극적 의미에서 반성은 반성의 대상, 반성의 노동, 반성의 작용이라는 거울 속에서 에고 코기토(Ego Cogito)의 에고(Ego)를 다시 포착하기 위한 노력이다. 그런데 왜 자아의 정립은 반성의 작용을 통해서 다시 포착되어야만 하는가? 엄밀하게 말해서 정신분석학적 증거나 지적 직관, 혹은 신화적 시각으로는 자아의 정립이 주어지지 않기 때문에 그렇다. 반성철학은 직접성의 철학의 반대자이다. 제일의 진리—**나는 존재한다, 나는 생각한다**—는 극복할 수 없을 만큼 추상적이고 공허한 것이다. 이 진리는 대상화시키는 표상들, 행위들, 작품들, 제도들, 그리고 기념물들에 의해 '매개되어야만' 한다. 이 가장 넓은 의미의 대상들 속에서 자아는 그 자신을 잃어버려야 함과 동시에 그 대상들 속에서 자신을 발견해야만 한다. 반성철학은 의식철학이 아니라는 말이 어떤 역설적 의미를 내포하는지 우리는 말할 수 있다. 여기서의 의식이 자기-자신에 대한 직접적 의식을 의미하는 것이라면 말이다. 우리가 차후에 다시 요청해야 하는 의식은 하나의 과업이다. 그런데 그 의식은 무엇으로 주어지는 것이 아니기 때문에 하나의 과업이 된다. 분명 나는 나 자신과 나의 행위의 통각(aperception)을 갖는다는 점을 의심하지 않는다. 그리고 이 통각이 증명의 형태를 가진다는 점도 의심하지 않는다. 데카르트는 논쟁의 여지가 없는 명제를 구축할 수가 없다. 나는 내가 의심한다는 사실을 지각하지 않고서는 내 자신을 의심할 수 없다. 하지만 이러한 통각은 무엇을 의미하는가? 확실성이라는 것은 분명 진리가 결여된 확실성일 뿐이다. 데카르트와는 반대로 말브랑슈가 잘 이해했던 것처럼 이러한 직접적 파악은 단지 하나의 감정일 뿐이지 하나의 이념이 아니다. 만일 이념이 정신적인 빛이요 시각이라면, 여기서 자아의 시각이나 통각의 빛은 존재하지 않는다. 나는 단지 내가 존재한다는 것과 내가 생각한다는 것을 느낄 뿐이다. 즉 나는 내가 나를 자각한다는 것을 느낀다. 이것이 바로 통각이다. 칸트적 언어로 자아의 통각은 나의 모든 표상을 수반할 수 있다. 하지만 이러한 통각은 자기 자신에 대해 인식하지 못한다. 그것은 실체적인 영혼의 직관으로 변형될 수 없다. 칸트가 '이성적 심리학'에 반대해서 지적한 결정적 비판은 반성이 소위 말하는 자아에 대한 지식과 분리된다는 것이었다.[2]

반성이 직관이 아니라는 이 두 번째 논지는 자기 자신에 대한 인식 안에 가지고 있는 해석의 장소를 희미하게나마 나타나게끔 해준다. 그 장소는 반성과 직관의 차이를 통해서 간접적으로 지시된다.

---

2_ 후설의 언어로 말해보자. 에고 코기토는 필증적이지만 필연적으로 충전적이지는 않다.

새로운 단계는 우리를 목표와 더 가까워지도록 만들어 줄 것이다. 이 외에도 나는 반성과 직관에 반대하는, 칸트와 데카르트에 반대하는 진영과 관련시켜서 이 반성의 과업을 순전한 인식론에 대한 비판과 구별하고 싶다. 이 새로운 단계는 우리를 칸트로부터 피히테와 나베르의 방향으로 안내한다. 비판철학의 기본적인 한계점은 이 철학이 인식론에 대한 배타적 관심과 맞물려 있다는 점에 있다. 사유의 유일한 표준적인 작동방식은 우리의 표상의 '객관성'을 정초하는 것들이다. 이렇게 인식론에 부여된 우위성은 칸트가 왜 나타남(apparences)이라는 것에도 불구하고 실천철학을 비판철학에 종속시켰는지를 설명해 준다. 제2비판, 그러니까 실천이성비판은 실제로 제1비판, 즉 순수이성비판에서 그 구조를 빌려온다. 다음과 같은 한 가지 물음이 비판철학을 지배한다. **선험적인**(*a priori*) 것은 무엇이며, 인식 안에서 순전히 경험적인 것은 무엇인가? 이 구별은 객관성 이론을 푸는 열쇠이다. 이것이 순수하고 단순하게 제2비판으로 이항된다. 의지의 준칙의 객관성은 **선험적** 의무의 타당성과 경험적인 욕망의 내용의 타당성 사이의 구별에 의존한다. 이는 반성 및 학문과 우리 존재를 보존하려는 노력의 재전유로서의 의무의 정당화가 상이한 것이라고 주장하는 피히테 및 프랑스에서의 피히테 계승자인 장 나베르(Jean Nabert)와 더불어 내가 주장하는 바인데, 그것은 단순한 비판으로서의 반성으로의 환원과 대립한다. 인식론은 다만 그보다 폭이 넓은 과제의 한 부분일 뿐이다. 우리는 이 작업의 밀도 속에서 존재 행위와 자기 정립을 복원시켜야만 한다. 이러한 복원이 왜 전유, 그리고 심지어는 재전유로 특징지어지게 되는가? 나는 우선 다음과 같이 우리가 잃어버렸던 것을 복원시켜야 한다고 본다. 즉 나는 나의 것으로 붙잡은 것을 나에게 '고유한' 것으로 만든다. 나는 내가 공간이나 시간, 분리나 '전환', 또는 어떤 비난받을 만한 망각에서 비롯된 것으로부터 분리된 '나의 것'을 만들어낸다. 전유는 반성이 진행되는 가운데 비롯되는 주도적인 상황이 '망각'이라는 것을 의미한다. 나는 대상들 가운데서 길을 잃고, 거기에 '미혹되며', 나의 실존의 중심에서 분리된다. 가령 내가 타자들과 분리되고 적군처럼 모든 사람들로부터 분리되는 경우와 같이 말이다. 이러한 '흩어짐'(diaspora), 분리의 비밀이 무엇이든지 간에 그것은 무엇보다도 내가 존재한다는 사실을 소유하지 못한다는 것을 의미한다. 피히테가 정립적 판단이라고 일컬은 진리는 어떤 점에서 보면 내가 나-자신의 부재라는 고독 속에서 자기 자신을 정립한다는 것을 뜻한다. 이것이 바로 반성이 하나의 **과업**(*Aufgabe*), 즉 **나는 존재한다**라는 정립에 나의 구체적 경험을 필적시키는 과업이 되는 이유이다. 이는 반성은 직관이 아니라고 말하는 주요 명제의 궁극적 착상이다. 우리는 이제 다음과 같이 말한다. 자기 정립은 주어지는 것이 아닌 하나의 과업으로, 다시 말해 **그저 주어지지**(*gegeben*) 않으며, [과제로] 부과된다(*aufgegeben*).*

이 점은 우리가 반성의 실천적 측면과 윤리적 측면을 명백하게 강조했건 못했건 간에 놀라운 것이다. 이것은 칸트적 철학의 인식론적 흐름과 마찬가지로 하나의 새로운 한계설정이 아닌가? 더 나아가 우리는 우리의 해석에 관한 문제로부터도 너무 멀찌감치 떨어져 버린 것은 아닐까? 나는 그렇게 생각하지 않는다. 스피노자가 철학의 전체 과정을 윤리학이라고 명명한 경우에서 보듯이 우리가 윤리라는 개념을 넓은 의미에서 받아들인다고 한다면 반성에 대해 설정된 **윤리학**이라는 강조점이 하나의 한계점을 나타내지는 않는다.

소외에서 자유와 지복으로 이끌어준다는 점에서 철학은 윤리적

---

* 원문은 다음과 같다. elle n' est pas *gegeben*, mais *aufgegeben*, non pas donnée, mais ordonnée.

이다. 스피노자에게 이러한 전환은 자기 인식이 유일실체에 대한 인식과 부합될 때 비로소 성취된다. 하지만 이런 사변적 과정은 소외된 개인이 전체에 대한 인식을 통해 변형되는 경우에 한해서 윤리적 의미를 가지게 된다. 철학은 윤리학이다. 하지만 윤리학은 단순한 도덕이 아니다. 만일 우리가 스피노자가 사용한 의미로 '윤리'라는 말을 사용한다면, 우리는 반성이 곧 도덕성 비판이 되기에 앞서 이미 윤리적인 것이라고 말해야만 한다. 반성의 목적은 존재하고자 하는 노력, 존재하고자 하는 욕망 속에서 자아를 파악하는 것이다. 이것이 바로 반성철학이 복원되는 지점이며, 또한 **자기 보존 욕구**(*conatus*)라는 스피노자의 개념을 따라 지식의 원천이 되는 **에로스**, 욕망, 사랑이라는 플라톤적 개념을 구원해내는 길이기도 할 것이다. 그러한 노력은 욕망이다. 왜냐하면 이 노력은 절대로 충족되지 않기 때문이다. 반면에 욕망은 노력이다. 왜냐하면 욕망은 단일한 존재에 대한 긍정적인 정립이지 단순한 존재의 결여가 아니기 때문이다. 노력과 욕망은 다음과 같은 제일진리의 자기 정립이 갖는 두 가지 측면이다. **나는 존재한다**(*je suis*).

이제 우리는 우리의 부정적 명제—반성은 직관이 아니다—를 다음의 긍정명제를 통해서 완성해야 하는 자리에 서 있다. 여기서 긍정명제란 다음과 같다. **반성은 우리의 노력과 욕망을 증언하는 작업을 가로지르는 우리의 존재하기 위한 노력과 존재욕망의 전유이다.** 이것이 바로 반성이 순진한 인식비판과 도덕적 판단에 대한 단순한 비판 이상의 것이 될 수 있는 이유이다. 판단에 대한 모든 비판에 앞서 우리는 존재와 욕망을 전개시키는 존재행위에 대해 반성한다.

이러한 세 번째 단계는 우리를 해석이라는 문제의 시발점으로 이끌어준다. 노력이나 욕망의 정립 내지 출현은 모든 직관이 결여된 것일 뿐만 아니라, 의미를 의심 가능하고 무효화할 수 있는 것에 지나지 않게 만드는 작업을 통해서만 증명된다. 여기서 반성은 해석을 요청하며, 또한 해석학으로 움직이는 경향을 갖는다. 우리 문제의 궁극적 원천은 이 작업에서 우리가 전개한 존재행위와 기호의 원초적 연결 속에 놓여 있다. 결국 세계 안에 흩어져 있는 기호들을 도외시하고서는 존재행위를 파악할 수 없으므로 반성은 해석되어야만 한다. 이것이 바로 반성철학이 인간의 기호를 해독하고 해석하기 위해 모든 학문의 결과, 방법 및 전제를 포괄해야 하는 이유이다.[3]

이러한 것이 곧 반성의 원리와 가장 포괄적인 일반성과 관련해서 해석학의 문제의 원천이 된다. 이 문제는 반성을 요구하는 상징적 언어의 현실적 실존을 통해서, 반대로는 해석을 요청하는 반성의 빈곤함을 통해서 제기된다. 자기 자신을 정립함에 있어서 반성은 **나는 생각한다**라는 헛되고 공허한 추상을 넘어서기에는 무능력하다는 점을 이해하고, 또한 자신을 복원하기 위해 문화의 세계 속에서 잃어버린 자신의 기호를 해독하는 일이 필연적으로 요구된다는 사실을 이해한다. 결국 반성은 학문의 형태로 작업에 착수하지 못한다는 점을 스스로 깨닫는다. 다시 말해 반성이 작동하기 위해서는 언어가 뿌리내리고 있는 우리의 문화 속에 흩어진 불투명하고, 우연적이며, 다의적인 기호들을 스스로 포착해 가야 한다.

3_ 나의 다음 논문과 비교해 볼 것. "Acte et signe dans la philosophie de Jean Nabert," *Études philosophiques*, 1962/3.

### 3. 반성과 다의적 언어

반성적 운동 내에 해석학적 문제의 위치를 지정함으로써 우리는 하나의 해석학으로 스스로를 나타내는 철학을 겉으로 보기에 무효화시킬 수 있는 반대들과 마주칠 수 있다. 이러한 반대는 다음과 같은 세 가지 주요 원리로 환원된다. 이 철학은 우연적인 문화적 산물로부터 보편성을 도출시킬 수 있는가? 이 철학은 다의적 의미화로부터 그 엄밀성을 구축할 수 있는가? 이 철학은 경쟁적인 해석들 간의 미확정적인 갈등의 변동으로부터 자신의 일관성에 대한 맹세에 자격정지 처분을 내릴 수 있는가?

도입 역할을 하는 본장의 의도는 문제들이 제대로 정립될 때, 그 문제를 해결한다기보다 그 문제의 적합성을 보여주는 것이다. 이는 문제가 의미가 없다는 것이 아니라, 그것이 사태의 본성과 언어의 본성 속에 기입된다는 점을 우리 스스로 보증하려는 것이다. 철학적 담론이 문화의 우연성을 가로지름으로써만 보편성을 성취한다는 것, 철학의 엄밀함은 다의적 언어에 의존한다는 것, 철학의 일관성은 해석학들 간의 전쟁을 횡단해야만 한다는 것—이 모든 것은 올바로 형성되고 정립된 삼중의 아포리아로서 필연적 경로로 여겨질 수 있고, 또 그렇게 여겨져야만 한다. 내가 **문제제기**(*Problématique*)라고 의도적으로 일컫는 이 첫 번째 탐구의 순환 말미에 다음과 같은 한 가지 사안이 확증되어야 한다. 해석의 아포리아들은 반성 그 자체의 아포리아들이다.

나는 여기서 이 첫 번째 난점에 대해 간략하게만 이야기할 것이다. 왜냐하면 내가 『악의 상징』 서문에서 이미 이 난점을 논의했기 때문이다. 이미 주어진 상징 이론에서 출발하는 것은 내가 반대하는 것으로, 그것은 어떤 주제에 내 생각을 스스로 부과하는 것이다. 그런데 동시에 담론 안에 철저한 우연성이 도입되고, 문화의 우연성이 마주하게 된다. 나의 대답은 철학자가 미지의 장소에서 말을 하는 사람이 아니라는 것이다. 철학자가 던지는 모든 물음은 그리스인의 기억의 심연에서부터 야기될 수 있다. 즉 철학자의 탐구영역은 필연적으로 그 기억의 심연에서 유래한다. 철학자는 '가까운 것'과 '먼 것'의 대립을 기억한다. 이러한 역사적 마주침의 우연성을 통해 우리는 흩어진 문화적 주제 간의 적절한 시퀀스를 선별해야 한다. 나는 이제 이것이 오로지 미지의 장소에서 말을 건네는 추상적 반성이라는 사실을 덧붙이려고 한다. 구체적인 것이 되려면 반성은 스스로를 식별해내는 일을 통해서, 기호들의 본질적 필연성과 우연성을 융합하는 차원에서 보편성에 대한 반성의 직접적 요구를 단념해야 한다. 이 융합은 바로 해석의 운동 안에서 성취될 수 있다.

이제 우리는 상징 이론에서의 준거를 건전한 논리학이 비판하는 다의적 언어 및 오류 추리라는 사유의 입장에 넘겨줌으로써 초래되는 격렬한 반론이 무엇인지 파악해야 한다. 이러한 반론을 회피하는 데서 생기는 난점은 논리학자들이 우리의 논증으로부터 다의성을 제거하려는 의도를 표현하는 기호논리학을 창안했다는 사실로 인해 더욱 가중된다. 논리학자에게 있어서 상징이라는 말은 엄밀하게는 우리가 의미하는 바와 반대되는 것을 지시한다. 기호논리학의 중요한 지위는 적어도 낯설은 동음이의성을 이루는 이러한 마주침에 관해 어떤 말을 하도록 강요한다. 이러한 강요는 우리가 일의적인 표현과 다의적인 표현의 이중성에서 직접적으로 언급했던 것, 그리고 다의적인 표현이 어떤 것으로도 대체할 수 없는 철학적 기능을 가질 수 있다는 관점을 더욱 강하게 몰아붙인다.

해석학을 정당화시키는 유일한 근본 방법은 이중의미의 논리학의 원리, 복잡하지만 임의적이지 않은, 그 규정상 엄밀하지만 기호논리학의 선형성(linéarité)으로는 환원될 수 없는 논리학의 원리에서 비롯되는 반성적 사유의 본질 자체를 찾는 것이다. 이 논리학은 더 이상 형식논리학이 아니다. 다만 이 논리학은 초월논리학이라는 가능성의 조건의 차원에서 정립된다. 곧 이것은 자연본성의 객관성의 조건이 아니라 우리가 존재하기 위한 욕망의 전유의 조건이다. 그러므로 해석학에 적합한 이중의미의 논리학은 하나의 초월적 질서에 속해 있다.

우리는 이제 이중의미의 논리학과 초월적 반성의 논리학 간의 연결을 성립시켜야만 한다.

만일 해석학의 옹호자가 이러한 차원의 논의를 수행하지 않는다면 해석학자는 더 이상 지지를 얻을 수 없는 자리로 곧장 내몰리게 될 것이다. 상징의 의미론적 구조의 차원에서 논쟁을 존속시키려는 노력은 목적을 결여한 것이 되고 말 것이다. 물론 해석학자는 우리가 해왔던 것처럼 상징 이론의 각각의 적용의 장(champs)에 기대어 유지되는 두 가지 형태의 상징 이론의 논의를 방어하기 위해서 상징이 담고 있는 의미의 과잉결정에 호소할 수 있다.

그러나 동일한 차원에서 두 가지 논리학이 존재할 수 있다는 생각은 적절하게 유지될 수 없다. 다시 말해 순수하고 단순한 병치는 기호논리학을 통해서 해석학을 제거하는 결과만 초래할 것이다.

그러면 여기서 해석학자가 형식논리학과 마주하게 될 때 얻게 되는 이득은 무엇일까? 논리적 기호의 인위성이라는 것은 쓰여질 수 있고 읽혀질 수는 있지만 말해질 수는 없다는 점에 있다. 논리학자는 하나의 유산으로 받아들여지고 수용되는 각각의 계기마다 본질적으로 구술적 상징 이론에 대해 반대 입장을 취할 것이다. 상징으로 말하는 사람은 이야기꾼이다. 다시 말해 그는 할 수 있는 한, 상징을 마음껏 배열시켜 그 풍성한 의미를 전달한다. 이 풍성함, 이 다중적 의미의 밀도는 사유를 위한 원천을 선사하고 지성을 자극한다. 즉 해석은 의미의 부요함을 이해하고 해명하기 위해 의미의 애매성을 덜 억압하면서 나타난다. 논리학적 상징 이론[기호론]은 공허한 반면에 해석학에서의 상징 이론은 충만하다고 말할 수 있다. 해석은 세계나 물리적 실재의 이중의미가 나타나도록 만든다. 이것은 우리가 상징이 한계라고 말했을 때 이미 제시했던 내용이다. 감각적 기호는 그것이 주는 투명성과 밝음, 그리고 그 기호 안에 거주하는 상징적 의미에 엮인 채로 존재한다. 상징적 의미는 그 감각적 매개물에 순차적으로 묶여 있다. 여기서 감각적 매개물은 그 질량과 불투명성을 전달한다. 이것이 바로 상징이 우리에게 결속되어 있는 방식(즉 사고의 내용, 살, 밀도를 부여함으로써)이라고 할 수 있다.

이러한 구별과 대조는 잘못된 것이 아니다. 물론 이러한 구별과 대조가 단순하게 발견되지는 않는다. 상징의 상징적 조직에 스스로를 제한하고 반성 안에서 상징의 토대 문제에 마주하지 못하는 대조는 해석학에 혼동을 일으킨다. 논리적 기호론의 인위성과 공허함은 실제로 이 논리학의 참된 의도인 논증의 비애매성을 보증하는 보완책이자 조건이다. 해석학자들이 이중의미라고 부르는 것은 논리적 의미에서 보면 애매성, 즉 단어들의 모호성과 진술의 애매성을 뜻한다. 따라서 해석학과 기호논리학의 평화적 공존은 불가능하다. 기호논리학은 게으른 타협을 그냥 놔두지 않는다. 기호논리학의 '배타성'은 자기의 고유한 언어를 철저하게 정당화시키기 위해 해석학을 압박하기에 이른다.

따라서 우리는 **대립되는 추론을 통해** 해석학의 정초에 도달하기 위해 이러한 배타성을 이해해야만 한다.

만일 기호논리학의 엄밀함이 전통적인 형식논리학보다 더 배타적인 것처럼 보인다면 그 이유는 기호논리학이 초창기 논리학의 단순한 확장이 아니기 때문이다. 기호논리학은 더 높은 차원의 형식화를 나타내지 않는다. 그것은 일상 언어 전반에 관한 세계의 규정에 선행한다. 또한 기호논리학은 일상 언어와 일상 언어가 안고 있는 치유 불가능한 애매성을 확연하게 구분한다. 이는 곧 다의적 언어와 일상 언어가 지닌 말의 잘못된 특성, 일상 언어 구축에 있어서의 애매한 특성, 은유와 관용구적 표현 속에 담긴 본래적 혼동, 고도의 기술적 언어가 지닌 감정적 공명에 대한 문제이다. 해석학이 언어가 지닌 함축적인 '지혜'를 믿는 바로 그 지점에서 기호논리학은 자연언어에 절망하고 만다.

이러한 투쟁은 실제적 정보를 주지 못하는 모든 언어 자체를 인지적 영역으로부터 배제하는 데서 시작한다. 담화의 여지는 언어의 감정적이고 권고적인 기능이라는 주제 아래 분류된다. 이러한 분류는 사실적 정보가 주지 못하는 어떤 특별한 방식의 행위에 대한 여러 감정, 느낌, 또는 태도나 타인의 간청을 표현한다.

그러므로 정보적 기능으로 환원되는 언어는 여전히 말의 다의성과 문법적 구성의 모호한 어법을 제거하게 된다. 즉 말의 애매성은 그 애매성이 논증으로부터 제거되고 동일한 논증 안에서 동일한 의미 속에 동일한 말을 일관성 있게 도입하는 바로 그만큼 반드시 그 정체를 드러내게 된다. 정의의 기능은 의미를 설명하는 것임과 동시에 그에 따라 애매성을 제거하는 것이다. 이러한 일이 잘 진행되는 정의들만이 학문적인 정의이다. 학문적인 정의는 그 정의에 대해 독립적으로, 이미 활용되는 말의 의미를 지적하는 것에 만족하지 않는다. 대신에 학문적 정의는 학문 이론—예를 들어 뉴턴 이론의 맥락에서 힘이라는 것을 질량과 가속도의 산물로 정의하는 것과 같은 것—에 비추어 대상을 엄밀하게 특징짓는 것이다.

하지만 기호논리학은 이보다 더 멀리 나아간다. 기호논리학에 있어서 일의성의 가치는 자연어에 매이지 않는 기호론[상징 이론]의 창조이다. 이러한 상징 개념은 다른 상징 개념을 배제한다. 완벽하게 인위적인 기호론에 의지하는 것은 논리학에 있어 정도상의 차이만이 아니라 본질상의 차이를 도입한다. 논리학자의 기호[상징]는 피할 수 없는 잔여물의 애매성과 충돌을 일으키는 가운데 일상 언어로 형성된 고전 논리학의 영역에 정확하게 끼어들게 된다. 그러므로 논리적 선언(disjontion)의 기호인 'V'는 일상 언어에 있어서 선언을 표현하는 말의 애매성을 제거해 버린다(Fr., *ou* ; Eng., *or* ; Ger., *oder*). 'V'는 둘 다 참일 수도 있지만 적어도 선언의 항 가운데 하나는 참이라는 사실에 의거하는 포괄적 선언(라틴어 *vel*의 의미에서), 그리고 적어도 하나는 참이고 다른 하나는 거짓이라는 사실에 의거하는 배타적 선언(라틴어 *aut*의 의미에서)에 공통적인 부분만을 표현한다. 다시 말해 'V'는 선언에서의 두 가지 선언방식에 공통적인 부분으로 포괄적 선언을 규정함으로써 애매성을 해소해 버린다. 이와 마찬가지로 기호 '⊃'는 함축이라는 개념에 본래적으로 내재해 있는 애매성을 해소해 버린다(함축 개념은 논리적·정의적·우연적 함축이건 다른 어떤 것이건 형식적인 함축의 외연을 표시할 수 있다). 기호 '⊃'는 공통적인 부분적 의미, 즉 하나의 참인 전건과 하나의 거짓인 후건을 갖는 가설적 진술은 거짓임에 틀림이 없다는 점을 형식적으로 규정한다. 즉 기호는 전건의 진리값과 후건의 오류의 연언에 대한 부정을 표현하는 오랜 기호론의 약어이다 : '~ (p. ~ q)'.

그러므로 논리적 기호론[상징 이론]이라는 인위적 언어는 잔여물의 애매성이 일상 언어의 구조에 귀속될 수 있는 모든 경우에 걸쳐 논증의 타당성을 규정하는 일을 가능케 한다. 기호논리학이 해석학을 관통하고 해석학과 논쟁을 벌이는 정확한 자리가 바로 이 지점이다. 말의 다의성과 구문론의 모호한 어법—요약하자면 일상 언어의 애매성—은 의미를 구축해 주는 진리표(table de vérité)를 통해 완벽하게 규정되는 의미 기호들이 속해 있는 언어의 차원에서만 극복할 수 있는 문제이다. 따라서 기호 'V'의 의미는 그것이 선언적 삼단논법의 안전한 타당성에 도움을 주는 한, 진리의 기능에 의해서 완전하게 규정된다. 이와 같이 기호 '⊃'의 의미도 가설적 삼단논법의 진리표의 구성 안에서 그 의미가 완전히 소진되고 만다. 이러한 구성은 기호들이 전혀 애매하지 않다는 사실을 담보한다. 반면 기호들의 비-애매성은 논증의 보편적 타당성을 담보한다.

이중의미의 논리학이 반성적 기능 안에 정초되지 못하는 한, 이중의미의 논리학은 형식논리학과 기호논리학의 바람이 불면 필연적으로 이 논리학의 지배 아래 들어가고 만다. 논리학자의 눈에 해석학은 언제나 순전히 감정적이거나 권고적인 기능만을 갖는 표현들로 아주 은밀하게 정보를 전달하는 기능을 부여하는 것이거나, 그렇지 않으면 다의적인 의미를 향한 태만한 자기 만족을 함양하는 일에 만족하고 있는 것이 아닌가 하는 의구심을 갖게 한다. 그러므로 해석학은 건전 논리학이 공공연하게 비난하는 **적합성의 오류**에 빠지고 만다.*

반성의 문제제기만이 다의적 표현의 도움을 초래할 수 있으며, 진정한 이중의미의 논리학을 정초할 수 있다. 다의적 표현을 정당화시킬 수 있는 것은 반성적 행위를 구성하는 자아에서 비롯되는 자기 전유의 운동에서의 **선험적**(*a priori*) 역할뿐이다. 만일 초월논리학을 통해서 객관성 일반의 영역의 가능성의 조건을 정립시키길 의도한다면, 이러한 **선험적** 기능은 형식논리학이 아니라 초월논리학에 속하는 것이 된다. 그러한 초월논리학의 과업은 경험 형태의 구성 속에 전제되고 실재에 대응하는 형태에 전제되는 개념을 역행의 방법을 통해 구출해내는 것이다. 초월논리학은 칸트적 선험 안에서만 연구되는 것이 아니다. 우리가 하는 연결은 경험, 객관성, 그리고 실재성의 새로운 장을 열어주는 존재행위에 속하는, 다양한 문화 속에 흩어진 기호와 행위로서의 **나는 생각한다, 나는 존재한다**의 반성 가운데 성립된다. 이것이 바로 이중의미의 논리학이 포괄하는 영역이다. 이는 임의적인 것이 아니라 복합적인 것으로서 그 규정에 있어서도 엄밀한, 위에서 이미 그 자격을 부여한 바 있는 일종의 논리학이다. 기호논리학의 요구에서 한계설정의 원리는 반성 자체의 구조 속에 놓여 있다. 그런데 만일 초월적인 것이 담화의 본래적 척도라고 한다면, 모든 담화가 논증의 개요를 통해서 측정된다는 논리학주의의 요구에 반대할 수 있는 근거들 속에 새로운 힘이 발견된다. 도대가 되기에는 그 성패가 아직 어떻게 될 것인지 알 수 없는 상태로 보이는 이 힘의 근거들이 다음과 같이 제시될 수 있다.

**|1|** 일의성에 대한 요구는 논증으로 나타나는 담론에 대해서만 유효하다. 하지만 반성은 논증이 아니며, 결론을 끌어내는 것도 아니다. 또한 반성은 연역이나 추론이 아니다. 반성은 경험적 의식이 정립적 의식과 동등시될 수 있는 가능성의 조건을 진술한다. 따라서 단일한 '논증'의 과정에서는 일의적이어야 하지만 실질적으로는 그렇지 않은 표현들이 바로 '다의'다. 다시 말해 다수의 의미를 갖는 상징들의 반성적 활용에서는 **애매성의 오류**가 존재하지 않는다. 이러한 상징에 대해 반성하는 일과 상징을 해석하는 일은 동일한 작용이다.

---

* 적합성의 오류란 전제와 결론의 관계가 부적절하여 생기는 오류다. 가령 감정이나 상대방의 무지, 태도 등에 호소하여 자기 주장을 전개하는 것 등을 적합성의 오류로 묶는다.

|2| 상징들로부터 이해가 전개되는 인식의 가능성은 정의(définition)에 대한 무력한 대안이 아니다. 왜냐하면 반성은 '분류'를 따라 정의하고 생각하는 사유형태가 아니기 때문이다. 이것은 우리를 '존재의 다양한 의미'라는 아리스토텔레스의 문제로 돌아가게 해준다. 아리스토텔레스는 무엇보다 철학적 담론이 일의성-다의성의 논리적 대체관계에 종속되지 않는다는 점을 명백하게 보여주었다. 왜냐하면 존재는 '유'(genre)가 아니기 때문이다. 그러면서도 존재는 여전히 말해진다. 하지만 존재는 '다양한 방식으로 말해진다.'

|3| 이제 위에서 검토한 첫 번째 대안으로 돌아가도록 하자. 사실적 정보를 주지 않는 진술은 하나의 주제에 대한 감정이나 태도만을 표현한다고 우리는 말했다. 하지만 반성은 이러한 대안의 바깥으로 퇴거하고 만다. 반성이 **나는 생각한다, 나는 존재한다**의 재전유를 가능하게 만드는 것은 경험적 진술이나 감정적 진술이 아닌 이와는 다른 어떤 것이다.

이런 해석에 대한 변호는 해석의 **반성적** 기능에 전적으로 의존하고 있다. 만일 반성을 향한 상징의 이중적 운동 및 상징을 향한 반성의 이중적 운동이 타당한 것이라고 한다면 해석하는 사유는 제대로 정초된다. 그러므로 해석하는 사유는 적어도 부정적으로 말하자면 논증의 논리학을 통해서는 측정되지 않는다고 말할 수 있다. 즉 철학적 언술의 타당성은 구문론으로 이해되는 언어 이론을 통해서는 조정될 수 없다. 다시 말해 철학의 의미론은 기호논리학에 의해 좌지우지될 수 없다.

철학적 담론에 관한 이런 명제들은 철학적 언술이 적극적으로 존재한다고 말하게 해주지 않는다. 즉 말해진 것은 전적으로 말함만을 정당화시킬 수 있을 뿐이다. 적어도 우리는 간접적인, 반성의, 상징적 언어가 타당할 수 있다고 긍정할 수 있으며, 이는 그 언어가 다의적이기 때문에 그런 것이 아니라 다의적인 것임에도 불구하고 그런 것이다.

## 4. 반성과 해석학적 갈등

기호논리학의 도전에 대한 해석학의 응답은 자칫 공허한 승리의 함성이 되기 쉽다. 그 도전은 '비타협적인' 논리학자의 목소리만이 아니라 다른 목소리로도 대두된다. 여기서 도전은 해석학 내에서, 해석학의 내적 비일관성의 모순을 통해 제기된다. 우리가 이미 알고 있는 것처럼 단지 몇 가지 해석들만이 반성 안에 통합되어야만 하는 것은 아니다. 그러므로 해석학적 갈등 자체는 반성의 과정에 자양분을 주는 것임과 동시에 추상에서 구체로 나아가는 운동을 지배한다. '부서짐'(casser)이 없는 반성이란 게 과연 가능한가?

이미 구성되어 있는—종교현상학과 정신분석에서의—해석학으로의 준거를 정당화시키기 위한 시도에 있어서 우리는 해석학의 갈등이 언어의 위기만이 아니라, 더 깊이 들어가면 반성의 위기일 수 있다고 주장했다. 우리는 물었다. 우상을 파괴하는 것과 상징을 경청하는 것은 동일한 과제인가? 실제로 담론의 탈신화화와 재신화화의 심오한 통일은 반성이라는 고행의 끝자락에서만 이해될 수 있다. 이 고행은 해석학의 영역을 극화하는(dramatise) 논의의 과정 속에서 이루어지는 사유훈련이 되어야만 한다.

이 훈련의 한 가지 특징이 우리에게 이미 명백해졌다. 우선 서로 대립되는 두 가지 과제들—환상의 환원과 충만한 의미의 복원—모두 더 이상 반성의 직접적 주제가 존재하지 않는 또 다른 중심부로 그 의미의 기원을 변경한다는 점에서는 동일하다. '의식', 곧 자각하는 자아는 자기를 배려하고, 자기에 집착하며, 자기의 현전에 주의를 기울인다. 따라서 그 가장 대립되는 극점에서 접근하게 되는 해석학은 반성에 대한 도전과 검토를 제시한다. 도전과 검토의 대상이 되는 이 반성의 일차적 운동은 직접적 의식과 자기 자신을 동일시한다. 우리는 극단적인 해석학의 모순을 통해 고통을 받아야 한다. 이는 반성을 움직이게 하는 경악스러움에 우리를 내맡기는 것이다. 분명 우리는 이제서야 다음과 같은 명제가 의미하는 바를 알기 위해서 물러설 수 있고, 우리 스스로를 떼어놓을 수 있다. **나는 생각한다, 나는 존재한다.**

우리는 신화와 철학의 매개를 더 넓은 의미에서 상징과 반성의 매개를 위해 해석을 그 자체로 추구함으로써 신화와 철학의 이율배반을 해결했다고 생각했다. 그런데 이 매개는 주어지는 것이 아니라 구성하는 것이다.

매개는 수중에 있는 것처럼 주어지지 않는다. 정신분석학이 여타 해석학의 요구 이상으로 우리에게 요구하는 자아의 탈취라는 것은 반성이 이해하지 못하는 반성의 첫 번째 성과이다. 그런데 성스러운 것에 대한 현상학적 해석은 정신분석과는 대립하는 것처럼 보이는 것으로서 반성적 방법이라는 양식 및 이 방법의 근본 의도와 대체로 이질적이다. 성스러운 것에 대한 현상학은 반성철학의 내재성의 방법에 초월의 방법을 대립시키지 않는가? 상징 속에 현시되는 성스러운 것은 반성보다는 오히려 계시에 속하는 것으로 여겨지고 있지 않은가? 니체의 힘에의 의지의 인간으로 거슬러 올라가건, 마르크스주의의 상품 존재의 인간으로 거슬러 올라가건, 프로이트적인 인간의 리비도로 거슬러 올라가건, 혹은 우리가 여기서 '성'(聖)이라는 모호한 용어를 통해서 제시한 의미화의 초월적인 진원지를 미리 생각해 보건 간에 의미의 집은 '의식'이 아니라 의식과는 다른 어떤 것이다.

그러므로 두 해석학은 모두 다음과 같은 하나의 중요한 문제를 정립하고 있다. 의미의 또 다른 진원지를 추구하는 의식의 탈취를 하나의 반성 작용으로 이해하면서 동시에 그것을 재전유의 일차적 움직임으로 볼 수 있는가? 이것은 미결상태로 남아 있는 문제이다. 이 문제는 해석에 대한 몇몇 양식의 공존 문제, 혹은 해석학의 갈등이 마련해 놓은 언어의 전반적 위기라는 문제보다 더 근본적인 문제이다.

우리는 이 세 가지 '위기'—언어의 위기, 해석의 위기, 반성의 위기—가 함께 극복될 수 있다는 사실을 의심하고 있다. 이것이 구체화되도록, 말하자면 그 가장 풍요로운 내용으로서의 의미의 반성은 다름 아닌 해석학이 되어야만 한다. 하지만 여기에 일반적 해석학이 존재할 수는 없다. 이 아포리아가 우리에게서 다음과 같이 움직이고 있다. 해석학의 전쟁을 중재하는 것과 반성을 해석들에 대한 비판의 척도로 확장시키는 것은 동일한 과제일 수 없는가? 반성이 **구체적인** 반성이 될 수 있다는 것과 해석들 간의 경쟁이 **파악**될 수 있다는 것은 다음과 같은 이중적 의미를 갖는 동일한 움직임을 표하는 말에서 비롯되는 것이 아닐까? 반성을 통해 정당화됨, 반성의 작업에 편입됨.

이 순간 우리의 당혹스러움은 엄청난 것이다. 우리에게 제시된 것은 다음과 같은 세 가지 항의 관계, 그리고 다음 세 가지 주제와 관련한 형식들이다. 반성, 의미의 복원으로 이해되는 해석, 환영의 환원으로 이해되는 해석이 바로 그것이다. 우리가 해석학의 전쟁 자체의 요구로 나는 것이 무엇인지, 반성에서 이 주제의 총체의 뿌리를 캐는 수단으로 나타나는 것이 무엇인지를 보여주기 전에 우리가 해석들의 투쟁에 더 깊이 참여해야 한다는 점에는 재론의 여지가 없다. 하지만 그 단계에서의 반성은 더 이상 단호하면서도 알맹이 없는, 논박할 수 없으면서도 무익한 나는 생각한다, 나는 존재한다라는 규정을 정립하지는 않을 것이다. 이제 반성은 구체적인 반성이 되어갈 뿐이며, 반성의 구체성은 가혹한 해석학적 훈련을 통해 성립될 것이다.

# 2권

# 분석론:
# 프로이트 읽기

## 들어가는 말 : 프로이트를 읽는 방법

'프로이트를 이해하기 위한 시론'으로 들어가기 전에 나는 이 글이 어떻게 쓰여졌으며 어떻게 읽혀야 하는지에 대해 설명하고자 한다.

내가 제시하는 것은 단일한 수준에서의 해석이 아니다. 그보다는 어떤 읽기 과정의 한 계열이라 하겠다. 이는 완결되어 있는 것일 뿐만 아니라 후속하는 읽기를 통해 교정되는 것이기도 하다. 처음과 마지막의 읽기 사이에 있는 긴 거리 때문에 최초의 해석이 철회되는 것처럼 보일 수 있으나 실상은 그렇지 않다. 각 독해는 모두 중요하며, 온전히 유지되어야 한다.

이 과정이 의미하는 바를 설명해 보도록 하자.

처음에 나는 이 연구의 두 가지 큰 구분에 대해 말할 것인데, 그것을 나는 '분석론', '변증법'이라고 부른다. 그런 다음 나는 분석 자체의 작동에 대해 말할 것이다.

|1| 별개의 연구로 작성되는 해석학의 변증법이라는 관점에서 나는 그 자체로 프로이트에 대한 해석만을 다룬다. 다른 모든 해석과 반대되는 그것의 기계론적(mécanique)이고 외적인 본성 때문에 이러한 독립된 해석을 나는 '분석론'(Analytique)이라고 부른다. 어떻게 하여 이 분석은 전체에 걸쳐 변증법과 연관되는가?

분석과 변증법의 관계는 전체 문제제기(la Problématique) 안에서 제기되는 핵심적인 난점들에 해법을 부여한다. 프로이트에 대한 서문격의 도입부에서 나는 그를 마르크스, 니체와 더불어 환원적이고(réductrice) 탈신비화하는 해석의 대표자 중 한 사람으로 간주했다. 이러한 관점 아래서 그는 여기서 좀 극단적으로 다루어졌다. 즉 나는 프로이트를 해석의 논쟁 안에서 비환원적이고 복원적인(restauratrice) 해석들과는 반대되는, 자신의 합당한 자리를 가지고서 자신의 이론과 전투를 벌이는 여타의 사상가들과도 동맹관계를 맺고 있는 사상가로 이해했다. 이 책 전체의 흐름은 사상을 지배하는 격전지에 대한 일종의 전경을 보여주고, 그런 다음 우리의 최초의 관점에 대한 점진적 재조정을 보여주는 것으로 구성된다. 결국 이 불확실한 전투에서 프로이트는 어디에나 존재하기 때문에 또한 아무 곳에도 존재하지 않는다는 점을 알게 될 것이다. 이러한 인상은 정당한 것이다. 결국 정신분석학의 한계는 경계 너머에 있는 다른 관점들에 존재하지 않는다. 오히려 정신분석학은 그 다른 관점들이 경계선들을 통해 걸러지는 반면에 끊임없이 전진하는 탐구의 선두에 있는 상상의 경계에 존재하는 것이다. 처음에 프로이트는 다른 많은 전투원들 중 한 사람이었으나 마침내 그는 전체 전투에 대한 특권적인 증인이 될 것이다. 왜냐하면 모든 적대자들이 그 속으

로 수렴되기 때문이다.

우리는 프로이트 곁에서가 아니라 바로 그 안에서 그의 동맹자들과 만나게 된다. 우리는 프로이트적 물음의 핵심에서 솟아나오는 마르크스와 니체에 대한 물음들, 이를테면 언어, 윤리 그리고 문화에 대한 물음들을 점진적으로 목격하게 될 것이다. 흔히 나란히 놓이곤 하는 문화에 대한 세 가지 해석은 하나의 물음이 다른 것에 관한 물음이 되는 방식으로 서로에게 간섭한다.

그런데 문제는 무엇보다도 계속되는 독해의 작업 속에서, 즉 이러한 독해 작업 속에서 변화될 성스러움의 해석학(une herméneutique du Sacré)으로 알려진 그의 사상에 가장 반대된 것과의 관계를 경유하는 프로이트의 입지다. 나는 처음에 이러한 사유의 가장 큰 간극을 나에게 부여하려고 가장 생생한 대립 속에서 나를 시험하고 싶었다. 처음부터 정신분석학에 대한 해석에서 그러한 기대는 프로이트 자신의 체계를 통해 전적으로 통제되고, 이로써 모든 대립은 피상적인 것이 되고 만다. 즉 정신분석학은 자신의 바깥에 타자를 갖는다. 이러한 첫 번째 독해는 필연적이다. 다시 말해 이것은 반성의 훈련에 도움을 준다. 다시 말해 이 독해는 의식의 탈취를 초래하고 참된 코기토가 되기를 갈망하는 나르시시즘의 고행을 조절한다. 그러므로 이러한 독해와 가혹한 수업료는 철회되지 않고 최후의 독해에 이르기까지 보존될 것이다. 논쟁하는 관점들 간의 외재적이고 완전히 체계적인 대립을 내적 대립으로 전환하는 가능성은 오로지 우리가 '변증법'이라고 부르는 두 번째 독해 안에 존재한다. 이때 각각의 관점들은 그 반대편의 양상 속에 들어가며, 자기 안에 반대편 관점의 근거들을 품게 된다.

변증법적 관점으로 곧장 나아가지 않는 기본적인 이유는 사유의 훈련이라는 우리의 관심사에 근거한다. 첫째로 우리는 각각의 관점을 분리하여 정당하게 평가해야 한다. 다시 말해 우리는 각 관점의 유익한 독립성을 채택해야 한다. 다음으로 우리는 각 관점의 반대편을 고려해야 한다. 즉 [이렇게 함으로써] 간편한 절충주의를 피하고 모든 대립들을 외적인 것으로 위치시켜야 한다. 우리는 이러한 사유의 훈련을 견지할 것이다. 그러므로 우리는 프로이트가 '메타심리학'이라고 불렀던 가장 긴급한 측면, 즉 그것의 체계적 측면에서 정신분석에 입문할 것이다.

|2| 그러나 우리의 분석은 단일한 수준에서의 자기폐쇄적인 독해가 아니다. 처음부터 우리의 분석은 더 추상적인 것으로부터 독해의 계열을 지탱해 주는 더 구체적인 것으로 나아가는 움직임을 따라 더 변증법적인 관점으로 향해 간다. 나는 추상이라는 말을 경험적 근거 없이, 즉 사실들과는 동떨어진 '순수하게 이론적인' 관념을 따르는 불분명하고 적절치 않은 의미로 사용하지 않는다. [정신분석학의] 지형학과 그것과 연결된 경제학은 사실로부터 유리된다는 의미에서의 추상적인 것이 아니다. 인문학에서 '이론'은 사실에 근거한다. 즉 정신분석학의 '사실'이란 이론에 의해—프로이트식으로 말하자면 '메타심리학'에 의해—마련된다. 이론과 사실은 오로지 함께 확증되거나 함께 정당성을 잃는다.

그렇다면 프로이트적 '지형학'이 추상적이라는 것은 무엇을 의미하는가? 그것은 지형학이 그 주요 주제를 형성하는 드라마들의 상호주관적 본성을 고려하지 않는다는 의미이다. 그것이 부모와의 관계의 드라마든 치료적 관계에 대한 드라마든지 간에 분석을 풍부하게 하는 것은 항상 의식들 사이에서 일어나는 다툼이다. 게다가 프로이트적 지형학에서 그러한 논쟁들은 고립된 정신현상 안에서 '충동들의 운명'만

이 주제화되는 그러한 심리적 기관의 한 표상 속에 투사된다. 거칠게 말해서 분석이 말하고, 분석에서 말해지는 프로이트의 입지와 관계는 상호주관적인 반면 프로이트의 체계는 유아론적이다. 바로 거기에 우리가 '분석론' 1부에서 제안한 첫 번째 독해의 추상적 성격이 놓여 있다. 이것이 바로 처음에 필수적인 훈련으로 채택된 지형학이 점차 폐기되진 않고 단지 초과되어 유지되는 이유이기도 하다. 점차적으로 '분석론' 자체 안에서 프로이트에 대한 독해는 풍부해질 것이고, 그것의 반대편으로 전화(轉化)될 것이다. 그래서 마침내 이따금씩 헤겔적 방식으로 말을 하게 되는 바로 그 순간이 도래할 것이다.

분석론이 변증법으로 옮겨가는 흐름의 주요한 지점은 다음과 같다. 일차 과정에서 우리는 '에너지론과 해석학'이라는 이름을 걸고 분석론적 해석의 기본 개념들을 밝힐 것이다. 이 연구는 그 본성상 인식론적 성격을 갖는 것으로, 1914-1917년의 메타심리학적 논문들이 그 중심에 놓일 것이다. 연구가 진행되는 동안 우리는 다음과 같은 질문으로 나아간다. 정신분석학에서 해석이란 무엇인가? 이 심문은 문화현상에 대한 다른 어떤 연구보다도 더 앞서 제기되는 것이다. 왜냐하면 해석의 정당성의 한계만이 아니라 해석의 권리까지도 예외적으로 이 인식론적 문제의 해결에 의존하기 때문이다. 여러 장들 가운데 이 첫 번째 내용은 합당하게도 일차 지형학(무의식, 전의식, 의식)의 구성과 경제학적 설명의 점진적 개괄이라는 역사적 순서를 면밀하게 따라가는데, 이로써 우리는 명백한 딜레마에 봉착할 것이다. 즉 우리는 정신분석학을 힘들의 충돌을 통과하는 심리적 현상, 즉 에너지론에 대한 설명으로 이해할 것이며, 어떤 숨겨진 의미에서 비롯되는 하나의 명백한 의미의 발생으로 이해할 것이다. 따라서 이것은 해석학이다. 1장에서 문제가 되는 것은 이 두 가지 이해 방법의 일치일 것이며, 한편으로 우리는 정신분석학이 '해석'이 되는 단 하나의 가능한 방법이 경제학적 관점을 의미론으로 구체화하는 일에서 비롯된다는 점을 이해할 것이다. 다른 한편으로 경제학적 관점은 우리가 파악할 수 없는 욕망의 특징이라고 부르는 것 때문에 다른 어떤 것으로 환원될 수 없는 것으로 우리에게 나타난다.

두 번째 순환 과정에 '문화 해석'이라는 제목을 붙였는데, 여기서는 프로이트가 그의 핵심 이념을 더 넓은 이론적 영역으로 확대하는 움직임이 나타날 것이다. 프로이트의 문화 이론 전반은 단지 꿈과 신경증에 대한 경제학적 설명의 유비적 이항 정도로 치부된다. 그러나 미적 상징, 관념, 그리고 환상에 대한 정신분석학적 적용은 1장에서 논의된 최초 모형 및 해석 도식의 수정을 요구하는 반향을 일으킬 것이다. 이러한 수정은 이차 지형학(자아, 이드, 초자아)에서 표현된 바, 이것은 일차 지형학을 폐기하지 않고 거기에 첨가된다. 다시 말해 이것은 오직 문화의 상황과 문화의 작품에서만 나타날 수 있는 새로운 관계를 드러내기 위한, 본질적으로는 타인과의 새로운 관계를 드러내기 위한 것이다. 따라서 이 연구들이 진행되면서 우리는 추상적인 것들, 특히 일차지형학의 유아론적인 특성을 발견하기 시작할 것이다. [이렇게 해서] 우리는 욕망과 자기 의식 안에서의 의식의 이중화에 관한 헤겔적인 발생론, 즉 '변증법' 부분에서 우리의 논의를 주도하는 한 주제에 맞서는 길을 예비할 것이다. 그러나 여기서 꿈은 1부에서의 욕망의 출현과 같이 극복되면서 동시에 극복될 수 없는 어떤 모형이 된다. 그러므로 2부의 말미에 환영 이론이 문화에 관한 논의의 절정에서 다시 시작점이 되어 나타날 것이다.

세 번째이자 마지막이 되는 과정은 죽음의 기호에 속하는 충동 이론에 대한 마지막 재해석에 관계될 것이다. 이 새로운 충동 이론은 중요한 의미를 갖는다. 한편으로 보면 오직 이 이론만이 에로스와 타나토스 간의 투쟁의 장 안에 수립됨으로써 우리가 문화 이론을 완성할 수 있게 해준다. 같은 이유에서 이 이론은 쾌락원칙에 대해 끝까지 반대축 구실을 하는 현실원칙이라는 프로이트의 해석을 완성할 수 있게 해준다. 하지만 문화와 현실원칙에 관한 이론을 완성해 가면서 충동 이론은 애초의 꿈 모형에 의문을 제기하는 것으로 자신을 제한하지 않는다. 즉 그것은 지형학의 출발점 자체, 또는 더 정확히 말하자면 지형학이 처음으로 언급되었던 그 메커니즘 형식을 뒤집는다. 우리가 1부 초반부에서 해명한 정신기관들의 기능에 관한 근본 가설이 되는 이 메커니즘은 결코 지형학이라는 차후의 해명으로부터 전적으로 제거되는 것이 아니다. 그것은 의미에 의한 의미의 해석으로 통합되는 것에 저항하며, 우리가 1부에서 제시한 에너지론과 해석학 간의 연결을 불확실하게 만든다. 그러나 메커니즘은 이 최종적 충동 이론의 차원에서 근본적으로 도전받게 된다. 이 최종적인 이론의 발전은 정신분석학을 신화론적 철학의 한 종류, 즉 에로스, 타나토스 그리고 아낭케와 같은 상징체계들로 회귀시켜 버리게 된다는 역설을 낳게 된다.

따라서 우리 분석의 진행은 연속적인 지양을 거쳐 변증법으로 향하게 된다. 이것이 바로 일련의 장들이, 이해가 추상에서 구체로 진전됨으로써 의미를 변화시키는 연속적인 단면으로 읽혀야 하는 이유다. 첫 번째 독해에서 좀 더 분석적인 프로이트주의는 환원되는 것을 자기 바깥에 머무르게 한다. 두 번째로 좀 더 변증법적인 독해에서는 환원을 통해 배제된 것으로 보이는 것을 특정한 방식으로 포섭한다. 그러므로 나는 독자들이 판단을 유보하고 첫 번째 이해방식으로부터 두 번째 이해방식으로의 움직임에 동참하기를 강하게 요구한다. 바로 이 움직임 속에서 프로이트에 반대하는 사유를 하는 사람들도 텍스트에서 흘러나오는 혐의의 대가의 목소리를 그 자체로 듣게 될 것이다.

# 1부

# 에너지론과 해석학

## 프로이트주의의 인식론적 문제

우리의 첫 번째 탐구 경로는 정신분석학의 담론 구조와 연관된다. 이는 문화현상의 탐색방식을 예비하는 것인데, 이것이 곧 두 번째 경로의 주요 주제가 될 것이다.

현재의 연구를 위해 나는 정신분석학적 인식론에 있어서 중심적인 난점을 직접적으로 지칭하는 제목을 사용한다. 프로이트의 저작들에는 어떤 복합적이며 심지어 애매한 논의들이 있다. 그러한 논의들은 어떤 때에는 에너지론의 하위 부류에 속하는 힘의 갈등들로 나타나고, 또 어떤 때에는 해석학에 속하는 의미들의 관계로 나타난다. 나는 이러한 표면적인 애매성에 합당한 근거가 있음을 보여줄 수 있다고 본다. 즉 이러한 [에너지론과 해석학의] 복합적인 논의들이 실제 정신분석의 존재 이유이다.

지금 도입부에서 나는 이 담론의 두 가지 차원이 안고 있는 필연성을 연속적으로 보여주는 것으로 만족하려고 한다. 1부에 속한 세 개의 장들의 정확한 과제는 두 가지 논의의 질서들 간의 간격을 극복하고, 에너지론이 해석학을 **통과하고** 해석학이 에너지론을 **열어주는** 지점에 도달하는 것이 될 것이다. 그 지점은 상징화의 과정 안에서, 그리고 상징화를 통해 욕망이 스스로를 표현하고 정립하는 지점이다.

지형학적-경제학적 설명의 내부에서 **해석**(*Deutung*)의 지위는 우선 하나의 아포리아를 나타낸다. 의도적으로 지형학의 반-현상학적 취향을 강조한다는 차원에서는 우리가 해석학으로서의 정신분석학 읽기에 어떤 기초를 제거하는 것처럼 보일 것이다. 그리고 지향적 의식과 지향된 대상에 대해 제시되는 투여라는 경제학적 개념—에너지의 배치와 치환—을 대신하는 것은 확실히 자연주의적 설명을 요청하는 것이고, 의미를 통해 특정한 다른 의미를 이해하는 것을 배제하는 것이 된다. 요약하자면 지형학적-경제학적 관점이란 에너지론을 고양시킬 수는 있을지언정 해석학을 지지하는 것은 아닌 것으로 보인다. 그런데 이와 마찬가지로 분명 정신분석학은 해석학이다. 다시 말해 이것은 우연한 것이 아니라 의도적이며, 그 목적은 문화에 대한 분석을 온전히 추구하는 것이다. 그러나 예술작품, 이상 및 환영들은 그 표상 방식에 있어 다양하게 나타난다. 그리고 만약 우리가 논의의 주변부에서 중심으로, 즉 문화 이론에서 꿈과 신경증에 관한 이론으로 이행할 경우, 그리고 이 이행이 정신분석의 핵심을 구성할 경우 우리는 끊임없이 해석으로, 즉 해석의 활동으로, 해석의 작업으로 되돌아간다. 우리가 충분히 논의할 것인데, 프로이트의 방법이 벼리어지는 곳은 다름 아닌 이러한 꿈의 해석 작업 안에서이다. 분석가가 행하는 모든 '내용물'은 환상에서 예술작품과 종교적 믿음으로 점차 구체화된다. 하지만 분석의 문제는 이러한 의미 내지 표상의 문제와 정확하게 서로 겹친다. 따라서 정신분석은 처음부터 끝까지 해석이라고 할 수 있다.

바로 이곳이 아포리아가 드러나는 지점이다. 충동 및 충동과 정동(affect)의 목표라는 개념들과의 관계에서 비롯되는 표상의 지위는 무엇인가? 의미를 통한 의미의 해석은 어떤 식으로 투여, 탈투여, 반-투여와 합성되는가? 우선적으로 살펴보자면 여기에 일종의 이율배반이 존재하는데, 이는 메타심리학의 원리가 지배하는 설명과 해석 사이에 존재한다. 이 경우 해석은 설명과는 달리 필연적으로 힘들 사이에서가 아니라 의미들 사이에서, 충동들 사이에서가 아니라 관념이나 표상들 사이에서 움직인다. 내가 이해한 바에 의하면 프로이트적 인식론의 전체 문제는 하나의 단일한 물음으로 수렴된다. 즉 어떻게 하면 의미를 다루는 하나의 해석에 경제학적 설명이 포함될 수 있는가? 그리고 반대로 어떻게 하면 해석이 경제학적 설명의 **한 계기**가 될 수 있는가? 에너지 개념과 관련하여 설명한다거나 현상학과 관련하여 이해하는 양자택일적 대안으로 되돌아가는 것은 쉬운 일이다. 그러나 프로이트주의는 이러한 양자택일적 방식에 대한 거부를 기반으로 존재한다는 것을 명심해야 한다.

프로이트적 인식론이 안고 있는 난점은 문제만이 아니라 그 해법에도 존재한다. 처음부터 프로이트는 메타심리학 안에 뒤섞여 있는 관점들을 명확하게 이해하지 못했다. 지형학에 관한 잇따른 설명은 이 지형학이 해석 작업으로부터 단절된 그 최초 상태의-분명 점점 축소되는-낙인을 담고 있다. 우리가 '양적 가설'이라고 부르는 것은 경제학적 설명에 더 많은 비중을 둔다. 그 결과 그 뒤의 모든 지형학적인 표현들은 일종의 잔여적 분열을 겪게 된다. 그리고 우리는 설명과 해석의 최초의 분열에 대한 핵심 사항을 1895년의 「과학적 심리학 초고」에서 마주할 것이다. 이것이 1장에서 검토할 대상이다. 이렇게 함으로써 우리는 『꿈의 해석』의 저 유명한 7장이 어떻게 「과학적 심리학 초고」에 대한 생각을 정돈하며, 또한 이를 넘어 어떻게 해석작업으로의 통합을 위한 확실한 길을 닦아놓는지를 보여주고자 한다. 이것이 우리가 2장에서 다룰 내용이다. 마지막으로 우리는 가장 성숙한 이론적 표현인 1914년에서 1917년에 걸쳐 기술된 「메타심리학에 관한 논고」를 살펴볼 것이며, 충동과 관념 또는 표상 간의 관계에 관해 자세하게 다룰 것이다. 이것은 난점들만이 아니라 난점의 해결을 위한 모든 시도들에 있어서도 기본이 되는 것이다.

힘에서 언어로의 **이행** 가능성과 동시에 힘을 언어 속에 **계승시키는 일**의 불가능성이라는 것은 사실상 욕망의 정립 안에 존재할 수 있는 것이다.

# 1장 해석학 없는 에너지론

1895년의 「과학적 심리학 초고」는[1] 우리가 체계의 비해석학적인

---

1_ 이 논문은 「과학적 심리학 초고」(Esquisse d'une psychologie scientifique)로 알려져 있는데, 『정신분석학 초고』(Aus der Anf ngen der Psychoanalyse, Imago Publishing, Londres 1950)라는 제목으로 1950년 출판되었으며, 몇몇 노트와 계획들을 포함하고 있는 『빌헬름 플리스에게 보낸 편지』(Lettres à Wilhelm Fliess)의 뒷부분에 있다. tr. fr. *La Naissance de la Psychanalyse*(P.U.F. 1956, pp. 307–396). 이 논문은 사실상 정해진 제목이 없다. 프로이트는 가끔 "신경학자를 위한 심리학"(Psychologie à l'usage des neurologues)에 대해 언급하거나(1895년 4월 27일자 편지 23, La Naissance..., p. 105) 또는 간단하게 체계(φψω)에 대해 이야기하는데(*ibid.*, p. 109), 이는 우리가 뒤에서 보게 될 이유 때문이다(각주 16). 제목과 「과학적 심리학 초고」의 의에 대해서는 다음 글들을 참조하라. E. Kris, La Naissance의 서문(p. 22–4)과 「과학적 심리학 초고」의 편집자 서문(ibid., pp. 309–11) ; Ernest Jones, La Vie et l'œuvre de Sigmund Freud, tr. fr., P.U.F. 1958, t. I, p. 381. '메타심리학'이라는 말에 대해서는 『빌헬름 플리스에게 보낸 편지』, nos 41, 84를 보라. 「과학적 심리학 초고」의 첫 번째 구상에 대해서는 1892년 6월 29일 브로이어에게 보낸 편지(GW, 17, p. 5 ; C. P, v, p. 25)를 보라. 이 텍스트는 *SE*, Vol. 1(아직 발간되지 않았다)에 실릴 예정이다. 또한 다음 논문을 보라. 「정신분석학 소론」(Communication préliminaire)이라는 중요한 논문을 보라. 이 논문은 1892년 11월에 쓰였고, 베를린과 비엔나에서 1893년 초에 간행되었다. 또한 이 글은 1895년 『히스테리 연구』의 맨 앞장에 실렸다(GW, 1, p. 77 *sq* ; SE, 2, pp.

상태라고 부를 수 있을 만한 것을 나타낸다. 사실상 이 논문을 지배하고 있는 '정신기관'에 관한 생각은 어떠한 해명작업과도 상호 연관성이 없는 것으로 나타난다. 우리가 앞으로 보겠지만, 비록 신경증 증세에 대한 해석이 이 생각과 연관이 있다 해도 사정은 달라지지 않는다. 이러한 관념이 기반으로 삼는 것은 물리학으로부터 빌려온 원리—항상성 원칙—이며, 이는 에너지를 양적으로 취급하려는 경향을 보인다. 항상성 원칙과 양적 가설에 대한 이런 의존성은 내가 제안하는 프로이트 독해에 가장 방해가 되는 것이며, 에너지론과 해석학 및 의미연관과 힘의 연결 간의 상호 관계를 기반으로 삼는 것이기도 하다. 하지만 1895년의 「과학적 심리학 초고」는 메타심리학에서 의미하는 그러한 지형학이 아니다. 그리고 처음부터 '정신기관'이라는 개념과 '지형학적 관점'을 동일시하지 않는 것이 중요하다. 따라서 전자는 심리적 모형 위에서 단순히 유형화된 것이며, 후자는 의미를 통한 의미의 해석과 상호 연관되는 것이다. 우리는 정신기관에 관한 이러한 유사물리학적 개념이 프로이트의 이론에서 결코 완전히 제거되지 않았다는 점을 받아들여야 한다. 그러나 나는 프로이트의 이론이—'순간적으로 스스로 작동하는 기계'[2]라는 의미에서—정신기관에 관한 관념을 어떤 지형학, 즉 더 이상 세계 내 공간이 아니라 역할과 위장이 논의되는 행위의

1–17). 「과학적 심리학 초고」에 앞서는 노트와 원고들 중 원고 D와 G는 특히 눈여겨봐야 한다.

* 우리말 번역본으로는 다음 문헌을 참고할 수 있다. 『정신분석의 탄생』, 임진수 역, 서울: 열린책들, 2005. 이 번역본에는 「플리스에게 보낸 편지」와 「과학적 심리학 초고」가 번역되어 있다. 다만 몇몇 편지글들이 수록되지 않았다. 본문에서는 프랑스어 판본과 한글 번역본의 면수를 차례대로 병기한다.

2_ *Lettres à Fliess*, n° 32, *La Naissance…*, p. 115.

한 장면인 지형학으로의 점차적인 환원으로 간주될 수 있다고 생각한다.[3] 이 공간은 또한 암호와 암호해독의 장소가 될 것이다.

물론 항상성 원칙으로 인해 그것은 언제나 의미를 통한 의미의 해석에 관한 에너지론적 설명의 어떤 외재성에서 끝까지 유지될 것이다. 다시 말해 '지형학'은 언제나 애매한 성격을 유지할 것이다. 그래서 에너지론은 정신기관들에 대한 원초적 이론의 전개로, 그리고 그 이론으로부터 자유로운 어떤 일관된 운동으로 간주될 것이다. 따라서 우리는 「과학적 심리학 초고」로부터 지형학(또는 지형학들)으로 이어지는 연속적인 국면들을 통해 양적 가설에 어떤 일이 일어나는가 하는 문제에 주의를 기울일 것이다. 이 연결 지점에서는 체계가 표현되는 네 가지 혹은 다섯 가지 방법이 결코 동일한 인식론적 의미를 가지지 않는다는 점이 언급되어야만 한다. 특히 『꿈의 해석』 7장은 정확히 「과학적 심리학 초고」와 두 가지 지형학 사이에 정립되면서 가장 균형 잡힌 입장을 취하고 있다. 이 부분은 「과학적 심리학 초고」와 항상성 원칙 및 양적 가설의 진정한 전개임과 동시에 이후의 지형학을 암시하는 방식으로 해석과 연결되어 있다. 이러한 상황으로 인해 우리가 난감해해서는 안 된다. 이후에 내가 보여주고자 하는 바와 같이 양적 가설이 근본적으로 문제시되는 것은 지형학에서가 아니라 죽음 충동과 욕망의 모든 힘, 즉 리비도의 모든 힘들과의—비지형학적이거나 초지형학적인— 갈등에서이다. 모든 것을 뒤집는 것은 바로 이 죽음 충동이다. 즉 「쾌락원칙을 넘어서」에 나오는 내용은 처음부터 쾌락원칙과 동행하던

3_ 우리는 1897년 5월 2일자 편지 61에 동봉된 원고 L(*La Naissance*..., p. 115)에서 다음과 같은 구절을 읽을 수 있다. "심리적 인격성의 다양성, 즉 정체성[동일성]이라는 것은 문자 그대로 이 구절 안에서 허용될 것이다."

항상성 원칙에 영향을 끼치지 않을 수 없는 것이다(분석론 3부, 3장 참조).

## 1. 항상성 원칙과 양적 기관

「과학적 심리학 초고」의 첫 부분에 있는 다음과 같은 언급을 인용해보자.

> 이 「초고」에서 우리가 의도하는 것은 심리학을 자연과학의 범주에 편입시키는 것이다. 다시 말해 심리과정을 양적으로 결정된, 구분 가능한 물질적 입자의 상태로 나타냄으로써 그것을 명쾌하고 이론의 여지가 없게 하는 것이다. 여기에는 다음과 같은 두 가지 기본 개념이 내포되어 있다. (1) 활동과 정지를 구분하는 것은 양적인 것이다. 여기서 양(Q)은 일반적인 운동법칙을 따른다. (2) 문제가 되는 물질적 입자들은 뉴런이라고 가정된다.[4]

---

4_ *Esquisse d'une psychologie scientifique, in La Naissance...*, p. 315 ; p. 215. 1895년 5월 25일자 편지에서 프로이트는 다음과 같이 말한다. "나는 두 가지 야심을 실행하고자 한다. 정신적 기능에 관한 이론이, 만약 양적 고려, 다시 말해 신경계의 힘에 관한 어떤 종류의 경제학이 그것에 도입된다면 어떤 형태로 그러할 것인지 이해하는 것이며, 둘째로 정신병학으로부터 정상 심리에 도움이 될 만한 것을 끌어내는 것이다." (*Ibid.*, pp. 106). 그리고 5개월 후에(1895년 8월 20일) 다음과 같이 말한다 "신경계의 세 가지 체계, 주과정과 부차적 과정, 양적인 '자유'상태와 '구속'상태, 신경체계의 주계열과 협력계열, 주의와 방어에 관한 두 가지 생물학적 규칙들, 질, 실재 그리고 사유의 표지들, 심리적-성적인 항목들, 억압의 성적 결정, 그리고 마지막으로 의식을 지각기능으로 한정하는 요인들, 이 모든 것들은 모두 하나로 결합되었으며, 그리고 앞으로도 그럴 것이다. 나는 이러한 것들을 즐겁고 자연스럽게 유지하기가 힘들 것

우리는 이와 같은 기획이 생겨날 수 있는 과학계의 세심한 재구성에 있어서 베른펠트(Bernfeld),[5] 존스,[6] 그리고 크리스[7]에게 빚을 지고 있다. 또한 이것은 정신분석이 맞서 싸워야 할 그러한 환경이기도 하다. 그러나 어떠한 경우에도 프로이트는 그 근본적인 확신을 거두지 않을 것이다. 다시 말해 빈과 베를린의 그의 모든 선생들과 같이 프로이트는 과학 안에서의 지식의 유일한 훈련, 다른 모든 관점들을 배제하는 하나의 세계관, 특히 오래된 종교의 세계관을 지속적으로 보고 판단했을 것이다. 베를린에서와 마찬가지로 빈에서도 '자연철학'과 그것에 대한 경쟁적 이론인 생기론은 생물학 안에서 힘의 이념, 흡인력(attraction)과 척력(répulsion)의 이념을 기반으로 하는 물리-심리학적 이론에 길을 터주었다. 여기서 세 가지 물리-심리학적 요소들은 에너지 보존의 법칙, 즉 1842년 로베르트 마이어에 의해 발견되었고 헬름홀츠에 의해 더욱 풍부해진 그 법칙의 지배를 받게 된다. 이 법칙을 따르면, 하나의 격리된 체계 안에서 힘들(운동과 위치)의 총합은 일정하게 유지된다. 오늘날 우리는 빈의 헬름홀츠 학파[8]의 영향으로 더 나은 지식을 가지고 있으며, 신경학과 발생학에서 나온 프로이트의 첫 번째 과학적 저서도 그 영향에 의한 것이다. 따라서 1895년 「과학적 심리학 초고」의 결과는 더 이상 우리에게 그렇게 단독적인 것으로 보이진 않는다. 「과

---

이다"(1895년 8월 20일, *Ibid.*, p. 115).

5_ S. Bernfeld, "Freud's Earlist Theorist and the School of Helmholtz," *Psychoanal. Quart. 13*, p. 341.

6_ E. Jones, *La Vie et l'œuvre de Sigmund Freud*, t. I, pp. 37–8 ; 44–8.

7_ E. Kris, *Introduction à Naissance de la psychanalyse*, pp. 1–43.

8_ 브뤼케(Brücke)는 프로이트의 첫 번째 스승이었는데, 그는 헬름홀츠와 프로이트를 이어주는 비엔나에서의 중개자였다. Jones, *o. c.*, I, pp. 407–16 참조.

학적 심리학 초고」는 특이할 것이 없는 그 전제 때문이 아니라 항상성의 가설을 그것이 한 번도 결정적으로 적용되지 않았던 새로운 영역에서 취급했기 때문에 흥미로운 것이다. 다시 말해 욕망 이론과 쾌락 이론은 불쾌를 통과하여 실재성에 이르는 교육적 과정, 관찰하고 판단하는 사유체계 안에서 대상을 체계에 편입시키는 것을 일컫는다. 그렇게 함으로써 프로이트는 헬름홀츠의 이론을 확장할 뿐만 아니라 헤르바르트의 전통과도 연결한다.[9] 헤르바르트는 1824년 이래로 무의식적 동기와 결부되는 결정론으로 자유의지를 반박했으며, 물리학 용어를 관념작용에 적용했다. 이때 관념이란 개념의 용법은 지각과 표상이라는 의미이다. 그리고 관념이 정동보다 우월하다는 이 주제는 「메타심리학에 관한 논고」에서 중요한 역할을 맡는데, 아마도 만약 그것이 어떤 개념으로서가 아니라면 억압(*Verdrängung*)이라는 말은 헤르바르트까지 소급된다. 정확히 항상성 원칙이라는 지점에서 헤르바르트와 프로이트의 연관성은 의심할 바 없이 명확해진다. 즉 '균형을 위한 투쟁'은 그러한 '수학적 심리학'과 그 힘과 양에 관한 계산이라는 원리에 따르는 것이다. 결론적으로 프로이트는 그의 심리학적 체계에서 어떤 해부학적 기반을 포기할 때 그 자신을 헤르바르트와 페히너의 동료로 놓고 있으

9_ 여기에는 두 갈래의 영향사가 존재한다. 하나는 헬름홀츠로부터 프로이트로의 그것이며, 두 번째는 헤르바르트와 페히너에서부터 프로이트로 가는 것이다. 이 두 갈래는 모두 브뤼케와 그리싱어(Griesinger) 그리고 마찬가지로 마이네르트(Meynert)를 통한다. 헤르바르트의 의미에 가까운 프로이트의 '관념'이라는 용어법에 대해서는 A. C. MacIntyre, *The Unconscious*(London, Routledge, 1958), p. 11을 참고하라. '억압'의 헤르바르트적 기원에 관해서는 Jones, *o. c.*, I, pp. 280–81에 나오는 흥미로운 언급을 보라.

며![10] 따라서 심리학을 헤르바르트가 원했던 그 지점으로 되돌려 놓은 것이다.

그러므로 1895년의 「메타심리학에 관한 논고」는 과학적 사유의 전 영역에 귀속되는 것이다. 여기서 가장 중요한 것은 프로이트가 이러한 사유를 확장함으로써 그것을 결정적 지점까지 밀어붙이는 그 방식이다. 이 점에서 「과학적 심리학 초고」는 프로이트가 양적 이론의 틀 안에서 무수한 정신기관들을 강화시켰던 것 가운데서도 가장 심대한 노력으로 남아 있다. 그리고 이는 내용이 틀을 초과하는 아슬아슬한 방식에 의거한 증명인 것으로 보인다. 다시 말해 프로이트가 심지어 『꿈의 해석』 7장에서도 그렇게 많은 대상들을 그와 같은 협소한 틀 안에 결합하는 것은 아니라는 뜻이다. 「과학적 심리학 초고」에서 설명하고자 한 계획보다 오래된 것은 없으며, 그 어떤 것보다도 초고의 해명 기획이 더 끈질기게 이어지고 있다. 우리가 만약 「과학적 심리학 초고」에 좀 더 깊이 들어간다면 거기서 양적 틀과 신경학적 지반이 이내 배경으로 사라지는 것 같은 인상을 받을 것이다. 그때 그러한 틀은 단지 어떤 위대한 발견을 표현하는 데 있어 필연적인 제한을 제공하는 것으로 주어지는 손쉬운 표현방식일 뿐이다. 이와 동일한 시도가 「쾌락원칙을 넘어서」에서도 반복된다. 여기서 생물학은 부차적인 언어이면서 동시에 죽음 충동의 발견을 예상하는 이중적 역할을 담당한다.

이제 이러한 두 가지 전개, 즉 항상성 원칙의 일반화와 그것이 그

10_ *Lettre Fliess*, n° 83 : "이 주제에 관해 유일하게 새길 만한 것은 나이 든 페히너가 놀랍도록 간명하게 언급했던 바다. 그는 꿈의 진행이 수행되는 심리영역은 어떤 상이한 영역이라고 말한다"(*La Naissance...*, p. 217).

자체 적용에 의해 극복된다는 점을 해명해 보도록 하자.

프로이트가 스스로 '양'이라고 부르는 것의 기원과 본성에 대해 많은 말을 하지 않는다는 점에 주목해야 한다. 양의 기원에 관해 말하자면, 그것은 외적인 또는 내적인 자극으로부터 유래해서 개념적이며 충동적인 자극의 상당 부분을 지배한다. 그리고 개념 Q는 어떤 단일한 개념 아래에서 에너지를 생산하는 어떤 것을 통합하는 데 기여한다. 또한 그것의 본성에 관해 프로이트는 단순히 물리적 에너지와 유사한 자극의 총합으로 그것을 특성화한다. 즉 그것은 어떤 '흘러가는', '보존하는', '채우는' 또는 '비우는', 그리고 신경들을 '관리하는' 일종의 경향이다. 그리고 '투여'에 관한 모든 중요한 생각은 우선 이러한 신경학적 틀 내에서의 보존 및 채움과 동의어로 탐구된다(318-321 ; 219-224). 다시 말해 「과학적 심리학 초고」는 압축된 또는 빈 뉴런들에 대해 이야기한다. 그리고 그것은 또한 억제와 해방 그리고 그 해방과 장애들의 접촉, 장면들, 축적된 양, 자유롭게 움직이거나 '경계지워진' 양의 저항이라는 수준에서 양의 증감(增減)에 대해 말한다. 프로이트는 이 후자의 관념을 브로이어(Breuer)로부터 채택한다. 우리는 나중에 그 이유를 보게 될 것이다. 우리는 이러한 생각들을 다른 맥락에서 만나게 될 것이지만 어떤 점차적으로 증가하는 은유적 의미 안에서 그러할 것이다. 하지만 「과학적 심리학 초고」에서 프로이트가 Q를 결정하는 길을 따라 지나치게 멀리는 나아가지 않는다는 점을 유념해야 한다.[11] 특정한 측정치도 언급되지 않는다. 즉 그 양들은 "비교적 작은 크기"(325 ; 327)

11_ MacIntyre(*o. c.*, pp. 16-22)는 프로이트의 양에 관한 관념을 엥겔스의 운동 중의 물질과 비교하며 로렌츠와 프로이트를 대립적으로 파악하는데, 왜냐하면 그는 에너지 모델을 유일한 하나의 모형으로 보기 때문이다.

에 속하는 것으로, 다시 말해 "엄청난"(326 ; 230) 또는 "과도하게 큰"(327 ; 231) 어떤 것으로 언급되지만 그와 관련하여 어떤 수치적 법칙이 존재하는 것은 아니다. 참으로 이상한 양이지 않은가! 우리는 이 장의 끝에 가서 이 논의로 되돌아올 것이다.

그러나 양이 어떠한 수리법칙에 종속되지 않는다 하더라도 그것은 프로이트가 관성의 법칙으로부터 발전시킨 하나의 원칙, 즉 항상성 원칙을 지배하지 않는다. 관성의 법칙은 여기서 체계가 그 자신의 긴장 상태를 영에 가깝도록 줄이는 것, 이를테면 그 양을 방출하고 긴장을 "피하는"(316-17 ; 218) 경향이 있다는 것을 의미한다. 따라서 항상성 원칙은 체계가 그 긴장도를 가능한 한 낮은 상태로 유지하려는 경향을 의미한다. 항상성과 관성의 분화는 그 자체로 매우 흥미로운 것이다.[12] 왜냐하면 그것은 이미 이후에 '이차 과정'으로 기술될 그러한 관여를 표시하는 것이기 때문이다. 체계가 모든 긴장도를 제거하는 것이 불가능하다는 것은 체계 내부에서 나오는 위험들을 고려하는 것에서 탈피하려는 어떤 균형감의 결핍으로부터 유래한다. 즉 정신기관들이 경계지워진 양들의 영구적인 한 집단을 형성하는 일군의 전략적 기관들을 축적하고 압축하도록 강제되는 것이다. 이때 이 양화의 대상은 긴장을 완전히 해소하지 못한다 하더라도 그 긴장을 줄여나가야만 한다. 프로이트는 「과학적 심리학 초고」의 시작을 다음과 같이 쓰고 있다.

12_ E. Kris(*o. c.*, p. 317-18, 각주 2)는 여기서 열반원칙과 쾌락원칙의 구별을 예상한다. 우리는 또한 여기서 영점을 향하는 경향이 죽음 충동을 가리키는 것은 아닌지 물어볼 수 있다. 어떤 경우에도 에로스가 Q=0를 소망한다는 것은 있을 수 없는 일이다. 우리 책 분석론 3부, 3장 참조.

뉴런 체계는 결과적으로 원초적인 관성을 향하는 경향[다시 말해 영(zéro)의 긴장 수준으로 가려는 경향]을 포기하지 않을 수 없게 된다. 따라서 뉴런 체계는 특수 행동의 요구를 충족시키기에 충분한 저장량(Q)을 감당해야 한다. 그렇지만 뉴런 체계가 그렇게 하는 한, 그와 동일한 경향은 양을 가능한 한 낮은 수준으로 유지하여 어떠한 상승도 피하려는 노력, 다시 말해 그 수준을 일정하게 유지하려는 노력이라는 변화된 형태로 유지된다. 이렇게 뉴런 체계의 모든 기능은 일차적 기능의 각도나 생의 절박성에 의해 강요되는 이차적인 각도 중의 하나에서 고찰될 수 있다(317 ; 218-9).[13]

따라서 관성의 법칙과는 구분되는 첫 번째 공식을 따라 항상성 원칙은 이차 진행과정을 작동시키는데, 그 자율적 기반은 완고한 비밀에 싸여 있다. 즉 더 나아가 사실상 프로이트는 대칭성의 근거 하에 경계지워지고 축적된 에너지를 간직하는, 그리고 그가 '자아'라고 부르는 일군의 뉴런들을 요청할 것이다(340-42 ; 251-53). 프로이트는 언제나 항상성 원칙을, 행위를 하도록 강요하고 장애물이자 수용자로 작용하는 감각기관에 비교할만한 어떤 칸막이도 없이, 내부적인 위험들에 맞서 자신에게만 의존하고 관계하는 어색한 기관과 같은 관성의 원리로 다루려고 한다.[14]

13_ 일차적 과정과 이차적 과정의 구분은 앞으로 길고 상세하게 언급될 것이다. 현재로서는 그것이 유사 환상적 방식에서의 반응과 자아 편에서의 실재의 표지에 대한 어떤 합당한 탈취 간의 구별 문제라고 간단히 말하도록 하자(*La Naissance…*, p. 344).

14_ 이것이 바로「자아와 이드」의 기본적인 주제 중 하나가 될 것이다. 어떤 '지각 장막'이 존재하는 한편으로 자아는 충동에서부터 자극으로 어떤 저항도 없이 진행한다. 욕망이 우리에게 보호되지 않은 채로 남겨진 반면에 지각이 외부 세계로부터 오는 자

항상성 원칙의 은유적 특성은 우리가 그것이 적어도 양의 반대, 다시 말해 질로 고려하는 어떤 [심리적] 기관의 다수성으로 확장하려고 할 때 강화된다.[15] "의식은 우리가 '질'이라고 부르는 것을 채택한다(우리는 실재성 측정을 위한 이 성질의 크나큰 중요성을 보게 된다)…. 이것이 바로 우리가 뉴런들의 제3의 체계, 즉 사람들이 '지각 뉴런'이라고 부를 만한 어떤 것이 존재한다고 대담하게 가정하는 이유이다"(328 ; 232–33).[16] "이 체계의 과업은 외적인 양을 질로 변형시키는 것으로 나타난다"(*ibid*). 프로이트는 이러한 뉴런들에 시간적 특성, 즉 주기성을 부여함으로써 그것을 양적 체계에 귀속시키려고 했다. 여기서 "뉴런의 운동 주기는 마치 유도(誘導)과정처럼 장애를 만나지 않고 도처로 전파된다"(329 ; 234).[17] 바로 이것이 프로이트를 평행론자들 및 부수론자들과 구

---

극을 감지하는 어떤 선택체계라는 생각은 하나의 근본적인 것이 된다. 우리는 이것을 위험에 관한 니체의 개념과 비교할 수 있다.

15_ 여기서는 그러한 장치들을 "횡단하는" 어떤 흐름을 받아들이고 또 그것들의 앞선 단계들로 되돌려보내는 φ–뉴런들과 그 흐름에 따라 "항구적으로 변경되는" ψ–뉴런들 간의 차이점(*La Naissance*…, p. 319)이 수용과 제한 혹은 지각과 회상 간의 대립을 통해 드러나는 어떤 근본적으로 질적인 차이에 관한 번역이 아닌지 물어볼 수 있다.

16_ 프로이트는 이러한 뉴런들을 철자 W(*Wahrnehmung*)에 따라 지칭한다. 이 철자는 세 가지 요청되는 뉴런들, 즉 φ, ψ, ω를 지칭하기 위해 그가 ω으로 장난스럽게 부르는 것이다. 따라서 그는 그의 φ, ψ, ω 체계에 대해 말한 것이다. *Lettres à Fliess*, p. 109, III. φ–뉴런은 본질적으로 "투과 가능"하며(즉 그것은 어떤 저항도 하지 않으며, 아무것도 유지하지 않는다), 지각기능에 기여한다. ψ–뉴런들은 본질적으로 "투과 가능하지 않다"(즉 이 뉴런들은 양을 지탱한다). 따라서 이것은 기억의 매개체이며, 짐작컨대 또한 일반적으로 심리적 과정의 매개체이기도 하다(*La Naissance*…, p. 320).

17_ 시간의 도입은 가장 중요한 것 중 하나이다. 우리는 자주 이 주제로 되돌아올 것이다. 무의식은 무시간적이다. 시간이 질적인 것과 밀접한 연관이 있으며, 현실성–검사

별시켜 주는 지점이다. 왜냐하면 의식은 신경과정 일반의 무능한 모조품이 아니며, 그것은 특정한 뉴런들의 총체에 결합되어 있기 때문이다.

하지만 더 심각한 것은 전체 신경체계가 한편으로는 불쾌와 긴장의 수준 상승 사이에 평형을 요구하고, 다른 한편으로 쾌락과 그 수준의 하강 사이에 평행을 요구한다는 사실이다.

> 우리가 알다시피 심리 속에는 불쾌감을 피하고자 하는 경향이 있다. 우리는 그러한 경향을 관성을 향하는 최초의 경향과 동일시하고 싶다. 이 경우 불쾌감은 양(Q)의 수준 상승이나 긴장의 증가와 일치한다. 감각은 양(Q)이 속에 증가할 때 느껴질 것이다. 그리고 쾌감은 방출에 대한 감각일 것이다(331; 237).

이러한 경향은 단지 요청일 뿐인데, 왜냐하면 프로이트는 불쾌감과 쾌감을 세 번째 유형의 뉴런, 즉 ω-뉴런에서 감각적 성질을 따라 지역화한 강도들로 감지하고, 이러한 강도들을 Ψ에 의한 ω의 투여로 특징짓기 때문이다.[18] 사실상 이것은 양에서 질로의 전이의 한 새로운 예이며, 이는 프로이트가 이미 감각적 성질을 위해 고려하기를 요청했던 주기성을 현상에 다시 부과함으로써 앞선 전이와 유사하게 하려고 한 것이다(373-74 ; 300-01). 욕망이나 소망은 쾌감과 불쾌감의 경험에 의해 남겨진 흔적들의 매개를 통해 이러한 기계적인 이론으로 진입하

---

에서 작동한다는 것에 주목해야 한다. 시간, 무의식, 그리고 현실성은 따라서 상호 연관적인 개념들이다.

18_ ω와 ψ는 '상호 소통하는 연결체들처럼 다소 확장된' 기능을 한다. 맥킨타이어가 옳았다(*o. c.*, p. 18). 그는 그러한 모델을 수력학으로부터 취한다고 한다.

기에 이른다(331–2 ; 237–8).[19] 다시 말해 욕망하는 상태에 있어서의 즐거운 기억에 대한 투여가 단순한 지각에서의 투여보다 훨씬 더 큰 것이라는 사실이 언급되어야 한다. 이는 적대적인 기억의 상 투여의 후퇴로서의 억압(여기서는 첫 번째 방어와 혼동되는)에 대한 첫 번째 정의로 받아들여진다(340 ; 251).[20]

그러나 이 점에서 체계가 무너지기 시작한다. 즉 쾌–불쾌 조합이 물리적 장치들의 고립된 기능보다 더 많이 활동하기 시작한 것이다. 그리고 그것은 외부 세계를 작동시키고(음식, 성적 대상) 동시에 외부 세계와 함께 타자들이 등장한다. 프로이트가 타자들에 의해 목표로 삼았던 바를 아우르는 전반적인 과정을 지시하면서 **충족의 시험**(*d'épreuve de la satisfaction*)에 대해 말하기로 한 것은 주목할 만한 부분이다.

> 초기 단계에서 인간 유기체는 그러한 특수 행동을 할 수 없다. 그것은 외부의 도움을 통해 실현될 수 있다. 즉 그것은 경험 있는 사람이 내적인 변화의 경로를 따라 방출하는 어린아이(예컨대 울음을 통해 자신의 위급함을 알리는)의 상태에 주목할 때 일어난다. 그런 식으로 방출의 경로는 가장 중요한 이차적인 기능, 즉 상호 이해의 기능을 획득하게 되고, 인

19_ 프로이트는 언제나 쾌–불쾌라는 실제적인 질들로 감각적 성질들을 대체하는 설명 법칙을 발견하려고 노력할 것이다. 여러 감각적 성질들은 냉담한 상태에 있으면서 주기성 현상과 연결되어 어떤 수용의 최적 지점을 요청하는 것으로 보인다(*La Naissance*..., pp. 331–2). 그러한 지점을 넘어 또는 가로질러 지각되는 것은 바로 압축(투여) 내지는 방출이다(*ibid.*, p. 335).

20_ 방어와 억압이라는 관념의 관계에 대해서는 다음 책을 보라. Peter Madison, *Freud's Concept of Repression and Defense, Its Theoretical and Observational Language*, Minneapolis, University of Minnesota Press, 1961. 이 책 p. 141의 각주 58 그리고 p. 348의 각주 18을 참조할 것.

간 존재의 근원적인 무력상태는 모든 정신적 동기의 최초 원천이 된다 (336 ; 244).

이러한 충족의 경험은 사실상 일종의 '시험'이 된다. 즉 이는 현실에 대한 시험과 관련되며, 최초의 과정에서 이차 과정으로의 전이를 표시하는 것이 된다.

프로이트는 현실에 의한 규칙을 불쾌감의 유일한 원리에 연결시킴으로써 항상성 원칙의 틀 내에서 현실을 통해 우회하는 길을 유지하려고 노력한다. 즉 "불쾌감은 유일한 교육수단이다"(381; 310). 그러나 불쾌감의 회피는 거의 양화될 수 없는 여러 과정들을 차례로 포함한다. 그리고 이것들은 기본적으로 환각적인 욕망과 지각의 양들을 식별하는 작업에까지 이르며, 어떤 작업은 자아의 유기적 억제 기능과 짝을 이룬다.

최초의 시험에 있어서 이러한 주제들은 중심적인 가설과 아주 잘 맞아 떨어진다. 즉 일차 과정에서는 그 장치들이 관성의 원리와 가장 잘 맞아들어 가는데, 이 경우 방출의 과정은 욕망의 대상과 그것을 담고 있는 운동들에 관한 기억 상들의 재투여의 경로를 받아들인다. 그리고 이러한 활동은 어떤 지각의 유사물, 이를테면 환각(hallucination)을 생산하는 것으로 추정된다. 다시 말해 "나는 그러한 욕망의 활성화가 우선 어떤 지각과 같은 것을 생산할 것이라고 확신한다. 즉 그것은 환각이다"(338 ; 247).[21] 이러한 착오는 최초의 방어기관에 대한 과도한 반응과 실재적인 불쾌감을 생산한다. 또한 이러한 반응들의 결합은 생물학적으로 손상을 입힐 수 있는 것이기도 하다. 『꿈의 해석』 7장은 일

21_ 여기서 주목할 만한 것은 마이네르트에 의해 그 조건이 기억상실(심한 환각증세)로

차 과정의 이미지들과 지각들 간에 어떠한 식별작용도 요청하지 않고, 이것을 고려하기 위해 심리적 기관의 기능 안에서의 어떤 지형학적 퇴행이라는 것을 고안해낸다.[22] 그리고 이 가정은 욕망의 과도한 억압이 지각의 양의 표지와 유사한 어떤 상을 산출한다는 사실을 형성시킨다. 우리는 이 가설에 대해 적당한 때에 충분히 논의할 것이다.[23] 현재로서는 다음과 같은 질문이 타당하다 하겠다. 즉 어떻게 해서 이 식별작용이 두 번째 과정에서 발생하는가?

프로이트는 처음으로 실재와 상상력 간의 식별작용과 억제기능을 연결한다. 이때 그는 억제기능을 우리가 이미 "자아조직"이라고 불렀던 것에 귀속시킨다(340-2 ; 251-3). 앞으로 변하지 않는 것은 바로 이것이다. 즉 자아의 항구적인 투여작용과 억제기능 그리고 현실의 시험은 언제나 함께 간다는 것이다.[24] "따라서 자아가 존재한다면 그것은 분명 일차적인 심리적 과정을 구속한다"(342 ; 252). 이러한 새로운 생각을 체계와 일치시키기 위해 프로이트는 뉴런 구조를 어떤 항구적인 억제작용, 즉 "상호 관계를 용이하게 하는 투여된 뉴런군"을 요청한다(341 ; 251). 이 텍스트는 마찬가지로 자아의 발생론적 설명에 대한 최초의 윤곽을 담고 있다. 나중에 「자아와 이드」에서 드러나는 바와 같이 이러

묘사된다는 것이다. 이것은 존스가 『꿈의 해석』 7장의 최초 과정에 대한 이론을 위한 출발 지점으로 이해한 것이기도 하다(*o. c.*, p. 387).

22_ 이 메커니즘은 「과학적 심리학 초고」(390-1 ; 323-4)에서 예견되고 있다. "우리는 환각상태에서 φ와 W(ω)로 양(Q)이 역류한다고 가정하지 않을 수 없다. 구속된 뉴런은 그러한 역류를 허락하지 않는다"(390 ; 323).

23_ 아래의 『꿈의 해석』 7장에 관한 논의를 보라. 그리고 분석론 1부, 2장의 두 번째 절에 나오는 유사-환영으로서의 꿈에 대한 해석도 보라.

24_ 크리스는 이 분석에서 1923년 작품인 「자아와 이드」에 나오는 자아론의 첫 번째 모습을 본다(*La Naissance*..., p. 341, n. 1 ; p. 251, 각주 63).

한 에너지 전도 현상은 내생적 양으로부터 축적된 차입에 의해 발생한다. 그리고 이것은 에너지 형식을 어떤 항구적인 단계에 있는 긴장들의 체계에 국한시킨다.

그러면 억제란 무엇인가? 프로이트는 이를 다음과 같이 설명한다. 자아는 활동하는 상들이나 욕망하는 대상들에 대한 표상들을 투여하지 **않는** 법을 배운다. 이것은 '제한'이자 '한계'로서 그 유명한 **부정**(*Verneinung*)이라는 개념을 예견하는 것이기도 하다. **아니오**라는 방식으로 움직이는 것이 여기서는 불쾌감의 위협이라는 기계적 효과로 등장한다. 하지만 어떤 식으로 '도덕적 모티브'와 '상호 이해'가 위에서 말한 바와 같이 이러한 쾌락주의의 원리와 잘 맞아 떨어진다는 점을 함축하는지는 불분명한 것으로 나타난다. 더 나아가 프로이트는 스스로 불쾌의 위협이 어떻게 해서 자아 내부에 누적된 양들의 불투여작용을 지배하는가라는 점에 대한 특정한 기계적 설명을 제시할 수 없다는 것을 인정한다(381 ; 310). 또한 이러한 측면에 대해 그는 다음과 같이 선포한다. "이제부터 나는 그러한 생물학적 법칙에 대한 기계적인 설명을 더는 추구하지 않을 것이다. 발달 과정을 명확하고 충실하게 기술할 수 있다면, 나는 그것으로 만족할 것이다"(381; 310).

억압과 식별작용 간의 연결에 대한 기계적 설명을 하기는 더더욱 어렵다. 프로이트는 식별작용이 체계 ω로부터 나오는 '현실 표지'에 기반을 둔다고 주장한다. **"W(ω)로부터 오는 방출 정보가 바로 ψ에게는 질의 표지 내지는 현실 표지가 된다"**(343 ; 255). 하지만 어떻게 해서 억압이 이러한 표지를 움직일 수 있단 말인가? 프로이트는 이 개념들의 난점에 대해 이렇게 말한다. **"지각과 기억을 구분짓는 기준을 가능하게 하는 것은 자아에서 야기되는 억제이다"**(344 ; 255). 그러나 이러한 그의 해명은 차라리 풀어야 할 문제를 묘사한 것에 가깝다.

온갖 방어를 끌어들이는 불쾌감의 완전한 생산, 환각에 이르는 욕망의 투여를 우리는 '일차적 심리과정'이라고 부를 수 있다. 반대로 자아의 효과적인 투여를 따라 가능해지고 일차 과정의 절제를 나타내는 과정을 우리는 '이차적 심리과정'이라고 부를 것이다. 우리가 보기에 후자의 전제 조건은 현실 표지의 정확한 사용—자아에 의한 억제가 있을 때만 가능해지는 사용—이다(344–45 ; 256).

식별작용을 따라서 어떤 기능들은 측정 가능한 에너지들에 점점 더 적게 의존하는 체계에 할당된다. 「과학적 심리학 초고」 3부에서는 이후로 오랫동안 발전되지 않은 몇몇 기술적인 주제들을 도입한다. 즉 '판단'—예루살렘에게서 차용한 용어[25]—은 욕구의 투여와 현실에 대한 지각적 표지 간의 동일성에 대한 인정으로 사고된다. 욕망된 대상에 대한 이러한 실질적인 인정은 현실 평가 및 믿음 평가의 일차 단계를 구성한다. 프로이트는 양적인 해석을 제시하는 것에 대해 절망하지 않는다. 하지만 그것은 "심리적 뉴런의 투여"(351 ; 264)가 그저 심리학을 진부한 언어로 단순하게 편곡시키는 것임이 분명하다.

동일한 것이 '주의'에 대해서도 말해질 수 있는데, 그것은 ψ 안에서 현실의 표지에 의해 발생하는 관심으로 파악된다. 프로이트가 제안하는 것은 이미 어떤 경제적 설명이며, 이 경우 관심은 지각을 과투여하는 자아의 예비상태로 나타난다(373 ; 301). 그런데 이것이 기계적이고 양적인 설명인가?

25_ Jones, *o. c.*, I, p. 406, *Lettres à Fliess, La Naissance*…, p. 107.

여전히 더 특기할 만한 것은 '관찰하는 사유'가 **말로 표현되는**[26] 단계에 귀속된 역할이다. 말의 심상(images)은 환상의 구성—잘 알려진 대로, 유년기 장면의 환상 속에 '체험된 것'에서 혼합되어 '이해된 것'[27]—에만 관련하는 것이 아니다. 또한 말 심상의 긍정적 기능은 **주의**와 **이해**에 모두 해당된다(376 ; 305). 그것들은 지각된 현실 표지보다는 사고된 현실의 표지가 됨으로써 이차적 기능에 기여한다. "따라서 우리는 주의가 처음부터 사고 방출의 징후, 즉 언어 표지를 향하는 것이 인지적 사고과정의 특징이라는 사실을 알게 되었다"(377 ; 305-6). 프로이트는 현실에 있어서 두 단계의 이 두 가지 관념에 관해 충실한 태도를 견지할 것이다. 즉 첫 번째로 그것은 생물학적이고 지각적인 단계이고, 두 번째로 그것은 가지적이고 과학적인 단계이다. 다시 말해 "**사고-현실 표지나 언어 표지**에 대한 투여를 수반하는 사고는 **가장 확실한 최상의 인지 사고과정의 형태다**"(384 ; 314). 이는 실제로 과학자의 무사심성, 즉 에너지론으로 변주되는 관념에 대한 부동심과 평정심이라는 그의 능력이다. 이를 위해서 프로이트는 브로이어의 '구속된' 에너지 개념으로 돌아가 그것을 "**높은 수준의 투여에도 불구하고 적은 흐름만을 허용하는 상태**"라고 정의한다(379 ; 307). "따라서 높은 수준의 투여를 적은

26_ 이 주제를 과장할 수는 없을 것이다. 편지 46은 이와 같은 방식으로 의식되기의 과정과 "언어적 의식"의 과정을 연결한다(*La Naissance…*, p. 147 ; p. 107). 우리는 「자아와 이드」를 연구할 때 이 지점으로 돌아올 것이다. 같은 편지에 이와는 다른 기본적인 요점이 예견되어 있다. "억제되지 않은 과정이 언어적 의식에 이르는 길을 혼자 독차지할 정도로 강화되면 정신병이 생긴다"(*La Naissance…*, p. 148 ; 『정신분석의 탄생』, p. 108).

27_ 1897년 5월 26일자 편지 63에 딸려 있는 중요한 원고 M을 참조하라. *La Naissance…*, pp. 180-1 ; 『정신분석의 탄생』, pp. 142-6.

흐름과 결합시키는 그러한 구속상태는 인지과정을 기계적 관점에서 특징짓는 것이다”(379 ; 307). 그러나 이제부터는 더 이상 어떤 해부학적 기초도 존재하지 않는다는 점을 받아들여야만 한다. 게다가 환각과 지각의 혼동 이외의 사고의 결점은 불쾌감에 대한 생물학적 수용을 발생시키지 않는다. “이론적 사고에 있어서는 불쾌감이 아무런 역할도 하지 못한다”(394 ; 329). 이는 프로이트의 묘사가 기계적 설명을 넘어서 확장되는 지점에 대한 하나의 실례가 된다.

## 2. 지형학을 향하여

만약 우리가 지금 「과학적 심리학 초고」를 잇따르는 지형학의 도정에 놓고 한 걸음 물러서 보면 다음 두 가지 사항이 눈에 띄게 된다.

1. 모든 해독작업으로부터, 즉 징후와 기호들에 대한 어떤 독해에서 비롯되는 설명을 제거한다는 것은 페히너의 감각들의 질적 심리학에 비견할 만한, 뉴런의 기계적 체계에 상응하는 양적인 욕망의 심리학을 만들자는 주장이다. 이런 측면에서 「과학적 심리학 초고」는 그의 발견들에 대한 해부학적 번역을 시도한 마지막 작업이라고 할 수 있다. 그리고 「과학적 심리학 초고」는 상상적 해부의 형식 안에서 해부학을 시행한 최후의 작업이다. 확실히 지형학은 항상 유사 해부학적 언어 안에 자리 잡을 것이다. 또한 감각기관, 즉 ‘표면적’ 기관으로 파악되는 의식은 유사 피질로 남게 될 것이다. 그러나 기능들을 지역화하려는 시도와 이후 지형학의 ‘심역들’에 귀속되는 역할들은 다시 재구성되지 않는다. 우리는 심지어 여기서도 한 걸음 더 나아가야 한다. 즉 이 마지막 시도는 마찬가지로 ‘심리학’의 해방에 관한 첫 번째 발걸음이다. 「과학

적 심리학 초고」의 기본 의도는 심리학적인 것이지 신경학적인 것이 아니다. 프로이트가 「과학적 심리학 초고」를 집필한 바로 그때 그의 체계 전체의 해부학적 기초는 해체된다.

연구실과 병원, 샤르코와 브뤼케 간의 분열을 겪으면서 프로이트는 해부학적인 독일보다 임상학적인 프랑스에 이미 더 가까워진다.[28] 매우 이른 시기(1891년) 지역화 이론에 대한 비판에서 그는 실어증에 대한 비판적 연구를 형성시켰으며, 심리적 불안에 대한 미숙한 생체적 설명에 대해서도 신중한 모습을 보였다.[29] 그러나 무엇보다도 이 어간에 있었던 위대한 발견은 순전히 임상적인 것으로, 어떠한 생체적인 가설과도 적절하게 상응하지 않는다. 신경증의 성적 원인론[30]에 관한 발견은 대학의 과학적 분위기나 의료 전문가라는 역할로부터 자신을 떼어놓았기에 가

---

28_ Jones, *o. c.*, I, p. 204, *Letters à Fliess, La Naissance…*, pp. 51, 53. 1878년, 1884년, 그리고 1885년에 프로이트가 실험적 방법을 다루기 위해 행한 세 가지 실패한 시도들에 대해 우리는 어떤 위치를 지정해 주어야 하는가(Jones, *o. c.*, I p. 59–61)? 코카인 사건(1884–1887)은 아마도 결정적이었을 것이다(*ibid.*, p. 86–108). 프로이트의 자기 분석은 이후에 그 에피소드의 심오하고 지속적인 효과를 밝혀주는데, 여기서 그는 무의식적인 죄와 연관시켜 해석하는 경향으로 기울어진다. '이르마의 주사'에 대한 그의 꿈(1895년 7월 24일)을 참조. 이 꿈은 『꿈의 해석』(*Traumdeutung*)과 관련된다(Jones, *o. c.*, I, p. 388). 이 모든 과정들에 관해서는 다음 글을 참조하라. Didier Anzieu, *L'Auto-analyse*, P.U.F., 1959, Ch 1, "L'Auto-analyse de Freud et la découverte de la psychanalyse."

29_ Jones, *o. c.*, I, p. 234–8과 *Ma vie et la psychanalyse*, 1925, tr. fr., p. 26. 그의 첫 번째 책인 『실어증에 대하여』는 1891년에 출간되었는데, 여기서 프로이트는 베르니케(Wernicke)와 리히트하임(Lichtheim)에 의해 제기된 지역화 도식을 강력하게 공격하고 그 대신에 어떤 기능적 설명을 제안한다. 이때 그는 헐링스 잭슨(Hughlings Jackson)의 '반퇴행' 이론을 끌어들인다.

30_ 하지만 성욕과 말하기는 기관과 심리적 요인 둘 모두를 공유한다. Jones, *o. c.*, p. 300.

능했던 것이다. 특히 히스테리 마비증상의 임상적 실체는 해부학적인 방식에 반하는 방식으로 수립된 것이다. 프로이트는 모든 것이 뇌 해부학과 같은 것과는 전혀 다른 방식으로 생겨난다는 점을 깨달았던 것이다.[31]

이 이야기는 프로이트를 어떠한 미숙한 생체적 설명방식으로부터 분리시키는 데 있어 실어증에 관한 연구만큼이나 결정적인 것이다. 같은 시기에 프로이트는 전기요법[32]에 대한 실망과 동시에 브로이어의 정화법(méthode cathartique)[33]에 대해서도 갑작스런 혐오감을 드러냈는데, 이것은 증상의 심리적 발생에 대해 확신했던 탓이다. 즉 브로이어와 프로이트가 『예비적 보고서』에서 기술했듯이 "히스테리 환자"는 "무의식적 기억으로 인해 괴로워한다."[34] 그리고 심리적 과정을 따라 사라지는 것은 반드시 어떤 심리적 수단을 통해 존재했던 것이다. 이와 관련한 「플리스에게 쓴 편지」와 그에 관한 원고 및 원고들에서 드러나는 사유의 전개는 매우 흥미롭다. 그것은 다름 아닌 성에 관한 신체적 에너지는 어떤 적절한 심리적 단계를 요구한다는 것이다. 이 경우 리비도는 에너지론과 비해부학적 논의 양자 모두에 있어서 언급될 수 있는 최초의 개념이다.[35] 『성욕에 관한 세 편의 에세이』에서 프로이트는 이

---

31_ Jones, *o. c.*, p. 257, *Ma vie et la psychanalyse*, p. 19.

32_ *Ma vie et la psychanalyse*, p. 27. Jones, *o. c.*, I, p. 225.

33_ *Contribution à l'histoire du mouvement psychanalytique*, 1914, *GW, 10*, p. 46 ; SE, 14, p. 9 ; tr. fr., Ire éd. des *Essais de Psychanalytique*, Payot, 1927, p. 266 ; 전집 2권, 「정신분석학 소론」, p. 181.

34_ "*Communication préliminaire*", *Études sur l'hystérie*, *GW*, 1, 86 ; *SE, 2*, 7. tr. fr., p. 5 ; 전집 3권, 「예비적 보고서」, p. 19.

35_ "심리적인 성적 긴장"에서 "심리적 리비도"로의 이행에 관해서는 *Lettres à Fliess, o. c.*, p. 83을 보라. 프로이트가 "성적 긴장"이 "심리적으로 작동된다"거나 보다 정확하게

개념을 '성적 충동의 신체적 에너지'라고 분명하게 정의할 것이다.

2. 아마도 우리는 조금 더 논의를 진행할 수 있을 것 같다. 다시 말해 「과학적 심리학 초고」는 오로지 해부학적 가설에 의해 해석에서 제외된 기계론적 체계로만 존재하는 것이 아니다. 해부학적 가설이 이미 지형학적이며, 증상들을 해독하는 작업과의 숨은 연결을 포함하고 있다. 이 텍스트 안에도 이미 해석학이 존재한다.

우선 양이라는 개념에 대해 알아보자. 이것이 감안되지 않는다는 점은 절대로 놀라운 일이 아니다. 그러나 이 개념은 구체적인 특징과 임상적인 것을 대변하는 감각적인 것을 처음부터 내포하고 있다. 다시 말해 프로이트가 「과학적 심리학 초고」의 도입부에서 언급했듯이 "이 개념은 임상병리학적인 관찰에서 직접 유래한 것이다. 특히 그것은 '초강력 표상'의 경우(앞으로 보게 되겠지만 양적인 특성이 정상인보다 더 분명하게 드러나는 히스테리나 강박신경증)에서 관찰할 수 있다"(316 ; 216).[36]

---

말해서 "정동(affect)으로 이행된다"(*ibid.*, p. 84)고 생각하도록 하는 것은 주로 불안 현상에 관해서이다. 1895년 1월 7일자 원고 G에 딸린 한 각주에서 크리스는 불안 신경증에 관한 프로이트의 두 논문 중 첫번째부터 어떤 중요한 인용문을 도입하고 있다. 우리가 이제 분석론 3장에서 강조하겠지만 '대체물'과 '관념들'이 맡은 역할이 이 논문에서 분명히 제기된다. 자극이 심리적 자극이 되기 시작하면 "정신에 출현하는 일련의 성적 관념들이 에너지에 의해 제어되며, 리비도적 긴장의 심리적 상태가 나타나고, 더불어 이러한 긴장을 풀어주기 위한 하나의 충동이 발생하는 것이다." *La Naissance...*, pp. 91–2. 같은 방식으로 원고 G는 "심리적인 성적 계열"(p. 95)에 대해 말한다. 불안 신경증에 관한 모든 이론은 무언가가 자극에 관한 심리적 반응양식을 막아선다는 생각에 기초하는 것이다. Jones, *o. c.*, I, pp. 266–76, 284–5.

36_ 이 생각은 「과학적 심리학 초고」 2부에서 다시 다루어진다(pp. 358–69 ; 279–96). 이것은 '일반적 평면'과 '일반적 과정'(두 번째 과정 등) 사이에 삽입된 것이다. 히스테리를 통해 드러나는 "지나치게 강한 표상이 행사하는 강박은" 동시에 양에 관한 증명이며, 프로이트는 "지나치게 강한"이란 말이 양적인 질서의 특징을 나타낸다는 점에

이와 관련해서 불안(angoisse)은 보다 명백하게 양에게 감각적인 현전을 부여하는 것일 수 있다. 다시 말해 불안은 완연히 노출된 양이다. 양의 기계적 측면이 궁극적으로 그 강도적 측면보다 더 중요한 것은 아니다.

우리는 조금 더 나아가야 한다. 이 시기에 기술된 모든 '메커니즘'은 이미 프로이트가 이후에 작업하게 될 차원, 즉 꿈 작업 및 애도작업 등으로 향해 가는 것이다. 모든 역동적 개념들, 방어, 저항, 억압, 전이[37] 등은 신경증에 대한 작업 안에서, 즉 우리가 위에서 말했던 것처럼 '리비도의 심리적 가공'이라는 측면에서 해독된다. 마찬가지로 에너지론의 개념들은 이미 신경증 병인론을 따라 발생하는 해석의 활동 전반과 상호 연관된다.

마지막으로, 항상성 이론과 이 이론의 해부학적 편곡에서 힘들게 작성된 「과학적 심리학 초고」가 불분명할 경우에는 신경증에 대한 임상진단만이 존속될 뿐이다.[38] 실제로 신경증에 관한 성적 병인론은 어

---

주목한다(361 ; 279–80). 프로이트가 「과학적 심리학 초고」가 나오기 전에 양을 '언급'했던 것은 바로 신경증의 메커니즘(히스테리에서 정동들의 전환, 강박에서 정동의 치환, 불안 신경증에서 정동의 변형)에 대한 부분에서이다. "물론 '성적 정동'이라는 용어가 여기서는 아주 넓은 의미, 즉 일정한 양의 흥분이라는 의미로 쓰이고 있다"(*Lettres* 18, p. 77 ; 「편지 18」, p. 38). 원고 D는 확실히 신경증의 성적 병인론과 항상성 이론 간의 상호 연관성을 보여준다(*La Naissance*..., p. 79 ; p. 34–6).

37_ 임상적 개념과 경제적 개념 간의 상호 연관성은 한편으로는 슬픔, 금욕, 자기 비난, 그리고 다른 한편으로는 방어, 갈등, 저항, 억압에 관한 초기의 언급에서 매우 중요한 것이다(*Lettres à Fliess*, *La Naissance*..., p. 112–116, 121, 130, 145). 특히 슬픔이나 애도를 "잃어버린 대상을 희구하는 것"으로 정의하는 부분은 눈여겨 봐야 한다. 애도와 우울의 연관성은 이미 언급되었다. 즉 "우울증은 리비도의 상실에 대한 애도에 놓여 있다"(*ibid.*).

38_ *Lettres Fliess*, *La Naissance*..., p. 118, 119, 122. "결국 아마도 나는 신경증에 관한 임

떠한 기계론이나 양적 체계보다 더 훌륭한 지침이 되었다. 처음부터 프로이트는 "자연의 위대한 비밀 가운데 하나에 근접했다"고 했는데, 그는 이 이론에 관한 "특유의 감각"을 가지고 있었던 것이다(1894년 「편지 18」).

하지만 우리는 이러한 주목할 만한 두 번째 정리로부터 항상성 원칙과 양적 가설이 유사 해부학적 번역을 따라 해소된다고 결론지어서는 안 된다. 정동은 표상들로 전위되거나 연결되고, 결부되는 '양'으로 계속 다뤄진다. 또한 투여라는 개념(notion d'investissement)은 결코 측정될 수 없는 이런 낯선 양에 밀접하게 연관된 것으로 남겨질 것이다. 심지어 투여의 방법으로 대체되는 자유연상 기법의 발견과 실행은 오히려 정신현상이 어떤 혼돈스러운 것이 아니라, 숨겨진 질서를 드러내는 것이라는 생각을 강화시켜 준다. 정신현상이 혼돈이 아니라 숨겨진 질서를 드러낸다는 확신은 해석의 방법을 발생시킬 뿐만 아니라 결정론적인 설명을 강화한다. 존스는 그의 책 서두에 다음과 같이 말한다. "프로이트는 결코 목적론을 위해 결정론을 포기하지 않았다."[39] 항상성 원칙은 그의 목적과 목표, 그리고 지향에 대한 관념들과 더불어 욕망 이론에서 비롯되는 결정론적 가설에 종속되는 수단이었던 것이다(L, 401 ; 137). 3장의 말미에서 우리는 의미 대 의미의 관계로서의 해석과 질서와 체계의 관념 사이의 이러한 일치를 탐구할 것이다. 이 일치 때문에 항상성 원칙은 심리적 체계의 자기 규제로 파악되며, 뉴런과 관련된 이 원칙의 언급이 앞으로도 계속될 것이다. 즉 오랫동안 현실원칙은 복잡한 우회로로 간주될 것이다. 또한 현실원칙은 오직 죽음 충동

---

상적 설명방식에 만족하는 법을 배워야 할 것이다."

**39**_ Jones, *o. c.*, I, p. 50.

에 의해서만 심각한 도전을 받게 된다. 죽음과 대적하여 삶은 스스로를 에로스(Éros)로 드러낸다. 이러한 메타심리학의 궁극적인 양상에 도달하면, 그때 우리는 프로이트적 이론이 헬름홀츠 학파가 폐기하려고 노력한 **자연철학** 및 젊은 시절 프로이트가 매우 숭상했던 괴테의 **세계관**을 보존하는 것이 아니냐는 문제를 궁금해하게 될 것이다. 만약 이에 대한 보존이라면 그것은 프로이트가 스스로 제기한 다음과 같은 예언을 현실화한 것이라고 하겠다. 의학과 심리학을 거쳐 철학으로 돌아가는 것.[40]

40_ "나는 이와 동일한 경로[의학]를 통해 나 자신의 본래 목표에 도달하려는 희망을 은밀히 품고 있다. 그것은 바로 철학이다. 그것은 내가 세상에서 어떤 것을 이루고자 하는지 그 이유를 알기 전에도 본래 내가 기대했던 것이다." *Lettres Fliess, La Naissance...*, p. 125. 프로이트와 괴테에 관해서는 다음을 참조하라. Jones, *o. c.*, I, p. 48.

## 2장 『꿈의 해석』에서 에너지론과 해석학

『꿈의 해석』의 난해한 7장[1]은 1895년의 「과학적 심리학 초고」의 유산임에 분명하다. 「과학적 심리학 초고」는 프로이트가 출판하지 않은 채로 남겨진 것이지만 『꿈의 해석』에서 그 대략적인 흔적이 발견된

1_ 나는 프랑스 독자들에게 원전의 보다 정확한 번역을 보여주기 위해 자주 『꿈의 해석』에 있는 구절들을 인용할 것이다. 이 책의 제목 자체는 직접적으로 해석학 이론과 관련되는데, 이는 문자 그대로 번역되어야 한다. 즉 **해석**(*Deutung*)은 과학을 의미하는 것이 아니라 해석을 의미한다. 내가 말하고자 하는 프랑스어 번역본은—아마 내가 수정할 만한 것들을 보유하고 있을 것인데—독일어 원전의 7판을 번역한 메이에르송(I. Meyerson)의 다음 책을 말한다. La Science des rêves, Paris, P.U.F., 1950. 나는 마찬가지로 다음 문헌의 면수를 괄호 안에 표기할 것이다. *Club français du livre*, 1963.

다.[2] 적어도 두 가지 점에서는 변화가 일어난다. 첫 번째 변화는 누구나 알 수 있는 것인데, 『꿈의 해석』의 심리적 기관들은 어떠한 해부학적 참조점도 없이 기능한다는 것이다. 그것은 심리적 기관일 뿐이다. 이 점에서부터 꿈은 헤르바르트주의라고 일컬어질 수 있는 주제를 노정한다. 즉 꿈 '사유'가 존재한다. 다시 말해 실현된 꿈 내지 충족(*Erfülung*)이 되는 것은 욕망[또는 소망(*Wunsch*)], 말하자면 여전히 '관념', '사유'다. 따라서 『꿈의 해석』은 더 이상 압축된 뉴런에 대해 말하지 않고 압축된 관념에 대해 말한다. 이러한 첫 번째 변화는, 비록 잘 눈에 띄지 않는다 하더라도, 아마 '모형'에 대한 인식론적 반성을 위해 더 중요한 것이라 할 수 있다는 것이다. 즉 심리적 기관의 도식은 「과학적 심리학 초고」의 기계로서의 **실제적** 표상과 이후의 지형학의 도식으로서의 **묘사된** 표상 사이에서 서성거린다. 우리는 이러한 애매성을 이해하려고 시도할 것이며, 가능하다면 그것을 특정한 범위 내에서 정당화할 것이다.

이 두 가지 변화는 한편으로 지형학적-경제학적 **설명**과 다른 한편으로 **해석** 사이의 관계에 영향을 주는 더 근본적인 변형을 표현한다. 「과학적 심리학 초고」에서 이러한 관계는 불분명한 채로 남겨져 있었다. 즉 증상에 대한 해석은 신경증 환자의 전이에 대한 관찰로부터 나오는데, 이것은 그 체계 안에서 그 자체로 주제화되지 않은 채로 체계의 구성을 이끌어 갔다. 이것이 바로 설명이 분석가의 구체적 작업과

2_ 이론의 발전과정은 「과학적 심리학 초고」 이후에 플리스에게 쓴 편지를 따른다. 특히 편지 39와 52를 보라. 이 편지들이 「과학적 심리학 초고」과 가장 밀접하다. 꿈의 환영적 특성에 대한 이론에 관해서는 「과학적 심리학 초고」에 이미 소개되었다. 이 꿈이 욕망충족이라는 보다 일반적인 주제로 진행했다는 것에 주목하는 것은 우리의 이후의 논의를 위해서 중요하다. Lettres nos 28, 45, 62. cf. Didier Anzieu, *o. c.*, p. 82–129.

신경증에 대한 환자 자신의 작업이 서로 독립적인 것처럼 보이는 이유이다. 『꿈의 해석』에서는 그와 같은 것이 문제 되지 않는다. 즉 체계적 설명은 여기서 규칙적인 작업 자체를 상세하게 고안해내는 유효한 작업의 말미에 놓이게 된다. 설명은 표면상 꿈이라는 작업 안에서, 또한 이 작업을 통해서만 접근이 가능한 '꿈 작업' 속에서 일어나는 일을 문자로 옮겨 적게끔 되어 있다. 그러므로 설명은 분명 해석에 종속된다. 따라서 이 책의 제목이 **꿈해석**(*Traumdeutung*), 즉 『꿈의 해석』(*Interprétation de Rêves*)인 것은 우연한 일이 아니다.

### 1. 꿈 작업과 주해 작업

꿈이 의미를 가진다는 논제는 우선 프로이트가 방어한 다음 두 가지 지점에 기반을 두는 논쟁적 논제이다. 이 논제는 꿈이 표상들의 우연한 활동이라는, 즉 정신의 삶의 찌꺼기에 불과하다는 생각에 반대하며, 꿈에 관한 유일한 문제가 의미의 결핍에 불과하다는 생각에도 반대한다. 이러한 첫 번째 생각으로부터 꿈이 의미를 가진다고 말하는 것은 그것이 가지적이며, 심지어 가지적인 인간 활동이라고 주장하는 것이다. 그래서 꿈을 이해한다는 것은 그 가지적 특성을 경험한다는 뜻이다. 다른 한편으로 이 논제는 꿈에 대한 미숙한 유기체적 해석에도 반대한다. 그래서 이 논제는 우리가 언제나 꿈에 대한 평가를 다른 평가로, 즉 의미론적이고 구문론적인 것으로 대체할 수 있다고 보고, 이러한 두 평가들이 서로의 두 개의 텍스트로 비교될 수 있다는 것이다. 프로이트는 텍스트 대 텍스트 관계를 원래 언어를 다른 언어로 번역하는 관계와 동화시킨다. 우리는 나중에 이 유비의 적절성에 관한 문제로 돌아올 것이다. 지금은 해석이 좀 덜 가지적인 것에서 더 가지적인 의미로 이행하는 그러한 분명한 유비를 받아들이기로 하자. 동일한 것이 그림 퍼즐이나 글자 맞추기의 유비로 말해질 것이다. 즉 이러한 유비는 불분명한 텍스트와 명확한 텍스트 간의 관계에 대한 또 다른 예가 될 것이다.[3]

한 텍스트에 대한 의미의 비교는 우리로 하여금 증상에 관해 불분명하게 남겨진 것을 제거하게끔 한다. 증상은 확실히 애초에 **효과-기호**이며, 우리가 이 연구에서 한정짓고자 하는 혼합된 구조를 드러낸

---

3_ "내가 전에 나 자신에게 설정한 목표는 꿈을 해석할 수 있다(einer Deutung fähig sind)는 것을 보여주는 것이었다. … 꿈이 해석될 수 있다는 나의 가정은 즉각적으로 나를 셰르너(Scherner)의 이론을 제외한 모든 꿈에 관한 지배적인 이론과 정면으로 대립시키는 것이다. 왜냐하면 꿈을 '해석한다는' 것은 꿈에 어떤 '의미'(Sinn)를 부여하는 것, 즉 기타 정신활동들과 마찬가지로 동등하고 중요한 연결선으로서의 우리 정신활동의 사슬 속에 연결된(sich … einfügt) 어떤 것으로 꿈을 대체하는(ersetzen) 것을 뜻하기 때문이다." *GW*, 2/3, p. 10 ; *SE*, *4*, p. 96 ; tr. fr., p. 73 (53) ; 전집 4권, p. 134. 더 나아가 3장의 시작부분에서 프로이트는 꿈 해석의 첫 번째 난점을 극복할 때의 분석가의 상황을 아주 좁은 길을 지나온 후 어떤 탁 트인 전망을 가지게 된 사람의 상황과 비교한다. "우리는 갑작스런 인식의 광명으로 막힌 것이 탁 트이는"(wir stehen in der Klarheit einer plötzlichen Erkenntnis). *GW*, 2/3, p. 127 ; *SE*, *4*, p. 122 ; 전집 4권, 163. 이 구절이 불어판에서는 생략되었다. p. 94 (77). 따라서 꿈은 "그것은 완벽한(Vollgültiger) 심리적 현상이며, 정확히 말해 욕망(Wunsch)"으로 비춰지고, 우리가 이해할 수 있는(uns verständlichen) 깨어 있음이라는 심리적 활동의 사슬 속에 삽입될(einzureihen) 수 있으며, 아주 복잡한 정신적(geistige) 활동을 따라 구성되고 연쇄 안으로 삽입될 수 있다. 또한 그것은 마음의 매우 복잡한 활동성에 따라 구성된다. " *GW* 2/3, p. 127 ; *SE*, 4, p. 122 ; tr. fr., p. 94(69) ; 전집 4권, 163. 해석을 언어 간의 번역이나 수수께끼 풀이와 비교하는 것에 대해서는 다음 부분을 보라. *GW*, 2/3, pp. 283–84 ; *SE*, 4, pp. 277–78 ; tr. fr., pp. 267–8(153–4) ; 전집 4권, pp. 335–6.

다. 그러나 이러한 혼합된 구조란 좀 더 명확하게 말하자면 증상보다 꿈에 의해 밝혀지는 것이다.[4] 증상이 그런 것처럼 꿈은 담화(discurs)에 속하기 때문에 증상이 가지는 의미를 드러낸다. 따라서 꿈은 우리가 일반 기호학이라고 부를 법한 것 내에서 정상적인 것과 병리적인 것을 조화시킬 수 있다.

하지만 관계들이 의미에 대한 의미가 되는 그런 명확한 단계에서 과연 해석이 유지될 수 있는 것인가? 해석이란 완전히 상이한 질서의 개념들, 즉 에너지론의 개념들로 작동되기를 요청받지 않고는 전개될 수 없다. 또한 이것은 위장의 방식으로 '충족된' 어떤 '사고', '관념', '욕망'을 발견함으로써 전개되는데, 이 또한 꿈 작업을 구성하고 꿈 사고(pensée du rêve)를 분명한 내용을 가진 것으로 '치환'하거나 '왜곡'(*Enstellung*)하는 '메커니즘'을 고려하지 않고서는 전개될 수가 없다. 『꿈의 해석』의 한 방법론적 텍스트를 따르면, 꿈 작업에 관한 이 연구는 두 번째 과제를 구성한다.[5] 그러나 이 두 가지 연구과제 상의 구별은 단지 교육적 가

---

4_ 증상에 관한 생각은 브로이어와 프로이트에게 공통되는 것인데, 시간적으로는 확실히 맨 처음에 오는 것이다. 그러나 방법적으로 보자면 우위성의 역전이 본질적인 것이 된다. "나의 꿈 이해에 필연적인 관점은 나의 이전의 작업을 통해 신경증 심리학의 연구결과 얻어진 것이다. 여기서는 이것을 관련지으면 안 되지만 나는 매번 관련지을 수밖에 없으며, 여기서는 이와 반대방향을 따라 꿈에서 시작하여 신경증 심리학과의 연결점을 찾고 싶다." *GW, 2/3*, p, 593 ; *SE, 5*, p. 588 ; tr. fr., p. 480(320) ; 전집 4권, p. 678. 신경증 증상과 꿈의 구조적 동일성은 둘 모두 '타협의 형성'으로 지형학의 마지막 부분에서야 정립될 것이다[꿈 형성과 증상 형성(Traumbildung und Symptombildung)]. *GW, 2/3*, pp. 611–13 ; *SE, 5*, pp. 605–08 ; tr. fr., pp. 493–5(329–330) ; pp. 685–9 ; 전집 4권, p. 696–9. 하지만 상징들로서의 증상 해석은 『히스테리 연구』에서 근본적인 연결점이다. p. 155 각주 15 이하 참조.

5_ 6장을 마무리하는 중요한 방법론적 구절들을 보라. "꿈의 형성에서 정신 활동은 꿈

치를 가질 뿐이다. 무의식적 꿈 사고의 발견은 그것들이 각성 상태의 삶에 대한 사유와 동일하다는 것을 보여준다. 또한 꿈의 기이함은 모두 꿈 작업을 중심으로 진행된다. 꿈 사고의 발견이 각성 상태의 꿈과 관련 있는 반면에 치환과 왜곡은 그것을 통해 꿈 작업이 개략적으로 구성되는 것이며, 여타의 심리적 삶으로부터 꿈을 갈라놓는 것이다.

게다가 첫 번째 과제는 책의 논의 진행상 두 번째 과제와 명확하게 구분되지 않으며, 경제학적 개념에 의존하지 않고서는 어떤 큰 성과도 기대할 수 없다. 사실상 꿈 사고를 발견하는 것은 특정한 소급적 경로를 따르는 것이며, 이 경로는 현전하는 인상들과 신체적 자극들, 즉 각성 상태나 낮 동안의 기억들, 또는 수면 중에 활동하는 욕망 너머에서 무의식을 드러낸다. 다시 말해 이것은 **가장 초기의 욕망들**이다. 표면에 떠오르는 것은 다름 아닌 우리의 유년기다. 가장 초기의 욕망들은 잊혀지고, 검열되고, 억압된 추동(impulsions) 및 인류 전체에 속해 있으

---

사고의 생산(Herstellung)과 꿈 사고를 꿈-내용으로 변형시키는 것, 이 두 가지 기능으로 나뉜다." 꿈 사고는 어떤 특별한 본성을 가지지 않는다. 다른 한편으로 꿈 작업은 꿈에 속하는 특성이다. 이러한 활동은 "[각성상태의 사유와] 질적으로 완전히 다르며 이런 이유로 인해 직접적으로 서로 비교할 수 없다. 꿈 작업은 생각이나 계산, 판단하는 것이 아니라 오로지 변형시키는 일만 한다." *GW, 2/3*, p. 510-11 ; *SE, 5*, p. 506-07 ; tr. fr., p. 377(275) ; 전집 4권, p. 591. 이 주제는 7장에 다시 등장한다. *GW, 2/3*, p. 597 ; *SE, 5*, p. 592 ; tr. fr., p. 483-4(321). Entstellung이라는 말은 번역이 힘들다. 이는 프로이트가 넓은 의미의 꿈 작업이라고 지칭하는 것이고, 전위, 압축 그리고 다른 과정들을 포괄하는 것이기도 하다. 이 말은 두 가지 생각을 함축한다. 즉 장소의 폭력적 변이, 그리고 변모, 왜곡형태 그리고 어떤 것을 인지할 수 없도록 만드는 위장이다. 'transposition'이라는 불어 번역과 'distortion'(distorsion은 또한 훌륭한 프랑스어 표현이기도 하다)이라는 영어 번역은 둘 다 원어의 한 가지 경향을 담고 있다. 이것이 내가 '치환(transposition)' 또는 '왜곡(distorsion)'이라고 쓰는 이유다.

면서 개인의 성격으로 반복되는 우리의 유년기를 따라 발생한다. 꿈은 우리를 끊임없이 지배하는 기본적인 현상, 즉 **퇴행**(*régression*)으로 접근하는 길을 열어준다. 그리고 이때 우리는 시간적인 측면뿐만 아니라 지형적이고 역동적인 측면 또한 이해하게 될 것이다. 퇴행에 있어서 우리는 폐기되고, 방해받고, 억압된 것과의 관계를 따라 의미의 개념으로부터 힘의 개념으로 나아가게 된다. 여기서 이 관계란 시원적인 것과 꿈꾸는 것 간의 밀접한 연합이다. 왜냐하면 이 환상은 욕망의 환상이기 때문이다. 만약 꿈이 자신이 지닌 이야기라는 특징으로 인해 담화로 설명된다면 욕망과 꿈의 관계는 그러한 담화를 에너지론, 코나투스(conatus), 충동, 힘에의 의지(la volonté de puissance), 리비도 내지는 우리가 말하길 원하는 것으로 몰아낸다. 따라서 꿈은 그것이 욕망의 표현인 한 의미와 힘의 교차 지점에 놓여 있다.

해석(*Deutung*)은 꿈 작업과 상관하는 해독 작업과는 여전히 동일시되지 않으며, 기계론적인 것보다는 심리적 내용에 더 많이 관련된 것인데, 그럼에도 불구하고 그 적절한 구조를 부여받기 시작했다. 그리고 이 구조는 하나의 혼합된 구조다. 한편으로 의미와 관련해서 해석은 명백한 것에서부터 은폐된 것에 이르는 어떤 운동이다. 해석한다는 것은 의미의 기원을 다른 영역으로 옮겨놓는 일이다. 지형학은 적어도 그 정태적이고 적절한 지형학적 형식 아래 이러한 표면적인 의미작용으로부터 의미의 상이한 소재지로 나아가는 해석운동 자체를 나타낸다. 하지만 이 첫 번째 단계에서조차 해석을 암호화된 담론과 해독된 담론 간의 단순한 관계에 대한 것으로 파악하는 일은 불가능하다. 또한 무의식이 이와 다른 어떤 비가지적 담론이라고 말하는 것도 충분한 규정이 아니다. 명백한 내용에서 은폐된 내용으로의 치환과 왜곡에 있어서 해석은 또 다른 왜곡, 즉 욕망을 이미지화하는 왜곡을 발견한다. 프로이트는 이 왜곡을 4장에서 탐색한다. 「메타심리학에 관한 논고」의 표현을 빌리자면 꿈은 이미 '충동의 변천'(vicissitude de la pulsion)인 것이다.

그러나 『꿈의 해석』 6장의 주제인 '꿈 작업'의 메커니즘을 설명하지 않고, 두 번째 과제로 진행하지 않고, 더 정확하게 이러한 **왜곡**(*Verstellung*)을 주제화하는 일은 가능하지가 않다. 첫 번째 과제보다도 더 명백하게 이 두 번째 과제는 담론의 두 가지 보편성, 즉 의미화 담론과 힘의 담론 간의 결합을 요청한다. 꿈이 억압된 욕망의 충족이라고 말하는 것은 상이한 질서에 속해 있는 두 가지 관념을 합치는 것이다. 즉 하나는 의미에 대한 담론에 속하는 (후설과 관련해서 입증된) 충족(*Erfüllung*)이고, 다른 하나는 힘(la force)의 담론에 속하는 억압(*Verdrängung*)이다. 왜곡이라는 개념은 두 개념들의 융합을 표현하고 결합하는 것이다. 왜냐하면 여기서 위장은 드러남과 동시에 그러한 드러남을 대체하는 왜곡의 한 양식이기 때문이다. 즉 그것은 의미에 가해진 폭력인 셈이다. 따라서 위장이라는 관념에서 나타나는 숨겨진 관계는 변모 내지 왜곡 형태를 요구하는 것으로, 이것은 오로지 힘들 간의 타협이라고만 말해질 수 있다. 왜곡이라는 개념과 상관하는 '검열'이라는 개념은 이와 동일한 혼합된 담론에 속한다. 하지만 검열이 의미하는 바는 무엇인가? 이 말은 참으로 잘 선택된 것이다. 한편으로 더 정확하게 검열은 어떤 정치적 힘인데 그것은 힘의 표현이기도 하고 특별히 힘의 표현의 권리에 반하여 작동하는 것이기도 하다. 검열이라는 관념에 있어서 언어의 두 체계는 아주 밀접하게 엮여져 있다. 즉 검열은 그것이 어떤 힘을 억압할 때만 하나의 텍스트를 변형시키며 그 힘의 표현을 방해함으로써만 금지의 힘을 억제한다.

은폐, 왜곡, 검열에 대해 우리가 방금 말했던 것은 꿈 작업의 결과인 '치환'을 또한 특징짓는 것인데, 우리가 만약 이 다양한 메커니즘을 각각 고찰한다면 훨씬 더 명확해질 것이다. 그리고 이것들 중 혼합된 언어에 의존하지 않고 명시될 수 있는 것은 존재하지 않는다. 한편으로 꿈 작업은 분석가의 해독 작업과는 반대방향에서 일어나며, 그래서 이것은 정신적인 해석 작용으로 소급된다. 따라서 『꿈의 해석』 6장에서 '압축'(*Verdichtungsarbeit*)과 '전위'(*Verschiebungsarbeit*)라는 두 가지 주된 과정이 연구되는데, 이는 수사학적 과정과 비교될 만한 의미 있는 작용이다. 프로이트 자신은 압축을 생략, 어구의 간결한 전환, 간결화된 표현과 비교한다. 이는 곧 사유의 다양한 연쇄에 각각 속해 있는 복합적 표현들의 구성이라고 할 수 있다. 그는 전위를 중심점으로부터 옮겨가는 것과 비교하거나 또는 강조점의 전도 내지 가치의 전도와 비교한다. 이를 통해서 그 '심리적 강도들'이 주고받는 잠재적인 내용을 더 명백하게 만든다. 이 두 가지 경로는 해석을 요청하는 의미의 층위와 '과잉결정'을 입증한다. 우리는 꿈-내용의 각각의 요소들이 "여러 번에 걸쳐 꿈 사고 안에서 표상될"[6] 때 과잉결정이 존재한다고 말한다. 또한 과잉결정은 상이한 방식들이긴 하지만 압축과 전위를 제어한다. 압축의 경우에 이것은 명백하다. 여기서 문제가 제시되거나 또는 자유 연상을 통한 의미의 다수성이 밝혀진다. 그러나 전위는 관념의 수보다는 심리적 강도들에 관계하는데, 이 또한 과잉결정을 요청한다. 즉 새로운 가치들을 창조하고, 관심을 옮기며, 강도점을 '제쳐두기' 위해 전위는 반드시 과잉결정의 경로를 따라야 한다.[7]

---

6_ Mehrfach in den Traumgedanken vertreten, *GW, 2/3*, p. 289 ; *SE, 4*, p. 283 ; tr. fr., p. 212(157) ; 전집 4권, p. 342.

7_ *GW, 2/3*, p. 313 ; *SE, 4*, p. 307–8 ; tr. fr., p. 230(169–170) ; 전집 4권, p. 369.

그러나 이러한 과잉결정은 의미의 언어 안에서 언급되는 것으로서 힘의 언어 안에서 언급되는 과정들의 상대편이 된다. 즉 압축은 응축을 뜻하며, 전위는 힘의 이동을 의미한다.

> 꿈 작업에서 심리적 힘(*eine psychische Macht*)이 표출된다는 생각이 쉽게 떠오를 수 있다. 이 힘은 심리적으로 가치가 높은 요소들의 강도를 탈취하는 한편 과잉결정을 따라 가치가 적은 요소들에는 꿈-내용에 이를 수 있는 새로운 '가치들'(*Wertigkeiten*)을 만들어준다. 사실이 이렇다면 꿈-형성에서 각 요소들의 심리적 강도의 이동과 전위가 일어난 것이며, 그 결과는 꿈-내용 텍스트와 꿈 사고 텍스트의 차이로 나타난다. 우리가 여기서 가정하는 이러한 과정은 꿈 작업의 본질적인 부분이며, 이 과정은 꿈-전위라고 기술되어야 마땅하다. 꿈-전위와 꿈-압축은 꿈의 외형(configuration, *Gestaltung*)을 주로 담당하는 두 명의 현장감독이라고 할 수 있다.[8]

따라서 의미와 힘의 관계와 마찬가지로 과잉결정(또는 '다양한 결정')과 전위 사이에 그와 동일한 관계가 존재한다.

이와 같은 혼합된 담론이 세 번째 과정에 의해 요청되는데, 이 요청은 꿈의 '장면들'이나 '광경들'과 같은 특정한 성격을 부여한다. 그리고 압축과 전위가 주제나 '내용'의 대체를 상정하는 데 반해 '묘사'(*Darstellung*)는 프로이트가 형식적 퇴행(우리가 이미 말했던 시간적 퇴행과 우리가 앞으로 논의하게 될 지형학적 퇴행을 구별하기 위한 말)이라고 부른 퇴행의 다른 측

8_ *GW*, *2/3*, p. 313 ; *SE*, *4*, p. 307-8 ; tr. fr., p. 230(169-170) ; 전집 4권, p. 369.

면에 초점을 맞춘다.[9] 그와 같은 '묘사'는 의미와 관련하여 자기 스스로를 기술한다. 따라서 우리는 통사법의 붕괴, 마찬가지로 논리적 관계들의 대체, 어떤 유일한 대상 안에서 대조되는 것들의 통합에서 비롯되는 부정의 묘사, 무언극이나 퍼즐과 관련한 명백한 내용의 유사성, 그리고 일반적으로 구체적인 생생한 표현에 준거하는 어떤 것을 목격하게 된다. 잠시 동안만 성적 상징에 관한 물음을 미루어 놓자. 이것은 너무나 많이 논의의 중심이 되어 왔는데, 뒤에 우리는 이 논의의 정확한 위상에 대해 살펴볼 것이다. 일단 여기서는 프로이트 자신이 "묘사 가능성에 대한 고려"로 기술한 그 문제를 충분한 범위에서 드러내도록 하자.[10] 이 연결 지점에서 꿈을 특성화하는 것으로 보이는 것은 지각의 환상적 재생을 그려내는 기억 너머에 존재하는 퇴행이다. 따라서 프로이트는 다음과 같이 쓸 수 있었다. "꿈 사고의 구조(*das Gefüge*)는 퇴행에서 원재료로 분해된다."[11] 그러나 이러한 심상의 퇴행은 오로지 지각의 환각적인 재생으로서의 의미와 관련하여 기술되고 동시에 "다양한 체계들 내 에너지 투여에서의 변화"와 관련하여 언급될 수 있는 어떤 경제적 현상이다.[12]

논의를 더 전개하기 전에 우리는 여기서 『꿈의 해석』에서 프로이트가 그의 주저를 출판한 이후 곧 포기하게 될 어떤 환상에 구속되어

9_ 억압의 세 가지 형식·형식적·지형학적·시간적 형식—에 관해서는 *GW*, 2/3, 554 ; *SE*, 5, 548 ; tr. fr., p. 451(299) (1914년 증보판에 첨가) ; 전집 4권, p. 636.

10_ *Die Rücksicht auf Darstellbarkeit*, *GW*, *2/3*, 344 et suiv ; *Consideration of Representability*, *SE*, *5*, 339 et suiv ; tr. fr., p. 313(185) et suiv : L'aptitude à la figuration ; 전집 4권, p. 402 : 묘사 가능성에 대한 고려

11_ *GW*, *2/3*, 549 ; *SE*, *5*, 543 ; tr. fr., p. 447(296) ; 전집 4권, p. 631.

12_ *Ibid.*

있다고 보는 입장에 반대할 것이다. 이러한 꿈에 대한 유사 환각 이론의 배후에, 1895년 「과학적 심리학 초고」에서와 같이 유년기의 유혹적 장면의 실재성에 대한 믿음이 자리하고 있다는 사실을 알아채기란 그리 어렵지 않다. 이것은 실제로 그 장면에 상응하는, 삶을 다시 회복하길 열망하고 자기 자신을 표현해내길 갈구하며 억압된 사유에 대해 일종의 흡인력을 발휘하는 지각의 흔적이다. **"이러한 관점에서 꿈은 전이를 통해 최근의 것으로 변화한 유년기 장면의 대체*Erzatz*로 볼 수 있다."**[13] 프로이트가 하나의 모형으로 간주한 유년기적 장면의 유형에 의하면, 꿈의 나머지 핵심은 '개념적 체계의 완전한 환각적 압축'으로 이루어져 있다. "꿈 작업에 대한 우리의 분석에서 '묘사 가능성에 대한 고려'라고 기술해 왔던 것은 꿈 사고와 접촉되어 시각적으로 회상된 장면들을 통해 실행되는 **선택적 흡인력**과 연결시킬 수 있다."[14]

이 텍스트들은 다음과 같은 점에서 분명하다. 꿈 작업 안에서의 묘사에 부여한 선호도는 프로이트를 통해서 지각에 실질적으로 속하는 원초적 장면의 환각적 재생을 위해 보존된다. 하지만 이 가정에 대해 제기될 반론이 있다. 이 반론은 꿈 작업의 맥락에서 묘사의 기술보다는 7장의 지형학을 겨냥하고 있다. 프로이트가 실질적 회상으로서의 유년기 장면을 해석함으로써 구체적 지각의 기억의 궤적을 환상과 혼동하게 했다는 점과, 이러한 경우 지형학적 억압은 지각에 대한 억압으로써 적절한 상상력의 차원이 상실된다는 점은 분명한 사실이다. 우리는 이 문제에 대해 차후에 논의할 것이다. 현재 우리의 목적에 있어서 '묘사'를 특징짓는 형식적 억압, 다시 말해 논리적인 것에서 묘사적인

13_ *GW, 2/3*, p. 552 ; *SE, 5*, p. 546 ; tr. fr., p. 449(297) ; 전집 4권, p. 634.

14_ *GW, 2/3*, p. 553 ; *SE, 5*, p. 548 : tr. fr., p. 450(297) ; 전집 4권, p. 636.

것으로 돌아가는 이 억압은 압축과 전위의 문제와 유사한 문제를 정립한다. 묘사는 어떤 '치환'이며, 결과적으로 직접적 표현의 차단이자 이질적인 어떤 것의 양상에 강제된 대체다. 결과적으로 세 가지 경우 모두에서—압축, 전위 그리고 묘사—꿈은 일종의 작업이다. 이것이 바로 이 경우들에 부합하는 **해석**이 또한 하나의 작업이 되는 이유이며, 주제화되기 위해 순수하게 언어적이거나 순수하게 비에너지적인 혼합된 언어가 요청되는 이유이다.

7장의 지형학으로 논의를 진전시키기 전에 내가 『꿈의 해석』의 주요 개념에 대한 연구를 마무리하려는 길목에 도사리고 있는 난점을 해결하기 위한 열쇠가 있는데, 그 열쇠는 다름 아닌 해석이 하나의 작업이라는 사실이다. 여기서 난점은 상징 개념과 상징적 해석 개념에 대한 프로이트의 활용법과 관계한다.

이 용법은 처음엔 다소 당혹감을 불러일으킨다. 한편으로 프로이트는 상징적 해석에 대한 자신의 해석에 반대하고, 다른 한편으로 그것은 **정확히 묘사의 틀 속에서**, 꿈의 성적 상징이나 일찍이 『꿈의 해석』 자체에서 비롯된 사실에 중요한 지위를 부여한다. 이 점을 명확하게 하는 것이 우리에게 가장 중요한 일이다. 왜냐하면 우리의 **문제제기**라는 어휘에 있어 '상징'이라는 개념은 이중의미의 모든 표현들을 대표하는 것이며 해석의 중추점이기 때문이다. 만약 상징이 의미의 의미라면 그에 따라 모든 프로이트적 해석학은 상징들이 욕망의 언어인 한, 상징의 해석학이어야만 한다. 그런데 실제로 프로이트는 상징이라는 관념에 더욱 더 큰 제한된 범위를 부여한다.[15]

---

15_ 상징이라는 프로이트적 관념에 대한 체계적 연구는 끝나지 않았다. 블랑셰(M. Guy Blanchet)는 이에 대한 연구를 해오고 있는 사람으로서 『히스테리 연구』에 있는 상징

에 대한 프로이트의 첫 번째 개념에 대한 해석이 흥미롭다. 1892년의 「예비적 소통」(이것은 『히스테리 연구』의 첫 번째 장의 부제이다)에서는 상징적 연결이 결정적 원인과 히스테리 증상의 숨겨진 관련성을 지칭한다. 따라서 상징적 연결은 명확한 연결과는 구별되는 것이다. 같은 텍스트에서는 처음으로 상징적 연결과 꿈의 진행과정 간의 어떤 평행성을 수립한다. 이러한 연결은 처음에 히스테리 환자들의 고통과 경험들로 한정되는데, 상징화와 기억 간의 연결에 의해 점점 모든 히스테리 증상으로 확대되며 스스로를 드러낸다. 이에 따라 상징은 고통에 대한 기억이라는 가치를 가지게 되고, 프로이트는 "기억 상징"(Étude sur l'Hystérie, p. 71, 73−4, etc.)이라는 표현을 사용한다. 따라서 상징은 정신적 외상 장면에 대한 억압된 기억의 대체인 것이다. 예비적 보고서에서 이미 언급했던 것처럼, 만약 "히스테리 환자들은 주로 기억에 의해 고통받는다"(*GW, 1*, p. 86 ; *SE, 2*, p. 7 ; tr. fr., p. 5 ; 전집 3권, p. 19)는 말이 사실이라면 기억 상징은 외상이 증상의 형태로 존속하는 수단인 셈이다. 기억 상징은 히스테리적 전환이라는 뜻에서 (시간적인) '기억 잔여물'과는 달리 형태가 일그러지거나 변형된다. 그러므로 상징화는 억압과 연결된 왜곡의 모든 영역과 동일한 외연을 갖는다(억압은 이 영역에서 방어와 동일시된다). 1895년의 「과학적 심리학 초고」에는 여전히 억압된 외상에 대한 기억 대체로서의 상징이라는 초기 개념의 흔적을 발견할 수 있다(La Naissance de la Psychanaly*se*, p. 361 ; 『정신분석의 탄생』, p. 291). 따라서 상징화는 저항이 억압된 기억의 귀환에 반하여 작동하는 경우에 있어서 어떤 대체를 나타내는 경향이 있다. 그러므로 이 첫 번째 의미의 '상징'은 『꿈의 해석』의 상징보다 넓은 의미를 갖는다. 왜냐하면 이것은 이후 전위나 왜곡이라고 일컬어질 모든 것들을 포괄하기 때문이다. 하지만 히스테리 증상의 형식의 어휘 표현에 할당된 이런 중간 역할은 문화적 전형들에 관한 상징론이라는 이후의 제한된 의미를 예견하고 있다. "이것은 마치 어떤 신체적 상태에 의해 정신적 상태를 표현하는 경향이 존재하는 것처럼 보인다. 그리고 언어적 용법은 이것이 효과를 발휘할 수 있게 하는 어떤 연결 지점을 제공한다"(1893년 1월 강의 "le Mécanisme psychique des Phénomènes hystériques", *SE, 3*, p. 34). 따라서 브로이어(Breuer)와 프로이트가 함께 연구한 한 여성 환자의 안면신경통은 빰을 맞는 것과 같은 어떤 모욕감으로 상징화된다. 평생 "한 발짝도 앞으로 가지" 못했다는 느낌으로 다리의 고통을 호소하던 다른 환자—이 경우는 다른 환자들에게서도 이미 발견되었다—는 구제불능이라는 그녀의 생각으로 상징화된다. 『히스테리 연구』에서 프로이트는 상징화가 환각에 의한 신체의 왜곡일 뿐만 아니라 언어의 원초적 의미화의 재생으로 보았다. 이것은 그가 유명한 꿈 해석의 방법과 조우한다. 상징적 해석과 암호해독법이 바로 그것이다. "이 해석과정들 중 첫 번째 방법은 꿈의 내용을 하나의 전체로 고려하며, 어떤 면에서 원본과 유사하면서 이해 가능한 다른 내용으로 대체하려고 한다. 이것이 상징적 꿈 해석이다. 물론 이 방법은 이해할 수 없을 뿐만 아니라, 혼란스러운 꿈과 마주칠 때 확실히 붕괴된다."[16] 이것은 바로 [파라오]의 꿈을 해석할 때 요셉이 사용했던 방법이다. 그리고 이것은 또한 소설가인 젠센(Jensen)에 의해 그의 책 『그라디바』(*Gradiva*)—프로이트는 수년 후에 이 책에 대해 언급한다—에서 사용되었던 방법이기도 하다. 이때 젠센은 이야기의 주인공을 인위적이지만 쉽게 해석될 만한 꿈에 귀속시킨다. 두 번째 해석과정은 **암호해독법**(*Chiffriermethode*) 내지 판독(dechiffrement)으로 일컬어지는데, 이 방법은 "이미 정해져 있는 암호해독의 열쇠를 따라 잘 알고 있는 의미의 다른 부호로 번역해서 꿈을 다룬다."[17] 이러한 기계적인 항 대 항 번역은 전위와 압축 개념과는 전혀 관계가 없다. 그러나 적어도 그것은 상징적 해석보다는 "대략적(en masse)이지 않고 상세한"(en détail)[18] 분석인 한에서의 정신분석학적 방법에 더 가깝다. 암호해석과 같이 분석은 꿈을 "복합적인 특성"을 가진 것으로, 즉 "심리적 형성물의 집합체"로 다룬다.[19] 그래서 **암호해석행위**(*Chiffrierverfahren*)라는 분석에 접근하는데, 이것은 상징적 방법과는 다른 자유연상법이다.

---

1910년 「원시어의 반의에 관하여」(tr. fr., in Essais de Psychanalyse appliquéc)에서 언급할 것인데, 우리는 이 글을 나중에 연구할 것이다.

16_ *GW*, 2/3, p. 101 ; *SE*, *4*, p. 96–97 ; tr. fr., p. 74(54) ; 전집 4권, p. 135.

17_ *GW*, 2/3, p. 102 ; *SE*, *4*, p. 97 ; tr. fr., p. 74(54) ; 전집 4권, p. 136.

18_ *GW*, 2/3, p. 108 ; 전집 4권. p. 143. 원텍스트에도 프랑스어로 쓰여 있다.

19_ *Ibid*., tr, fr., p. 79(58).

이것은 상징이 상징적 방법과 함께 해석의 장에서 제외된다는 것을 의미하는 것인가? 부정적인 두 번째 암시는 다시 이러한 상징의 여지가 남아 있다고 제안하며, 이는 『꿈의 해석』의 이어지는 판본들이 매우 일관되게 쫓아갈 하나의 생각이 될 것이다. 이 암시는 셰르너의 논의 속에서 발견될 것인데, 이 사람은 프로이트가 논한 바에 의하면 이 주제에 관한 특정 관점을 고수했다. 논의는 꿈에 대한 신체적 이론들의 맥락에 속해 있다. 셰르너는 그런 협소한 맥락 안에 그것을 붙잡아두지만 또한 정당하게도 "꿈 작업은 한낮의 속박에서 벗어난 상상(*Phantasie*)의 자유로운 활동 속에서 자극이 유래하는 기관의 본성과 자극의 종류를 상징적으로 묘사하고자(*symbolisch darzustellen*) 노력한다"고 말했다.[20] 따라서 우리는 이미 묘사 안에 존재한다. 그의 편협한 출발(자극과 신체기관)에도 불구하고 셰르너는 상징이라는 이름 아래 묘사작용을 인식하였으며, 이 묘사작용은 적합한 개념적 의미에 있어서 환상적인 어떤 것을 수행하기 위해 신체를 비현실화하는 경향이 있다. 이 해석방법의 결점은 그것의 일반화된 대응 지점들과 더불어 고전적으로 도입된 방법에서 발견되는 것과 동일하다. 그러나 더 심각한 결점은 신체를 '상상화'(*phantasieren*)하는 이러한 방법이 꿈을 쓸모없는 현실성으로 환원시킨다는 점이다. 우리는 신체에 대한 상징을 '자극의 배치'라고 하는 현실성과 관련시켜야 하며, 그렇게 해서 그것을 꿈의 사실상의 원천인 근원적인 힘들 간의 복잡한 상호작용에도 관련시켜야 한다.

『꿈의 해석』이 개정을 거듭할수록[21] 상징 이론을 위한 자리는 계

---

20_ *GW*, *2/3*, p. 230 ; *SE*, *4*, p. 225 ; tr. fr., p. 170(125) ; 전집 4권, p. 277.

21_ 스트라쉐(Strachey)의 비판적인 표준판(*Standard Edition*) 이전에는, 1900년 텍스트와 계속 이어지는 판본들을 구분하는 것이 불가능했다. 6장의 E절은 "꿈에서의 상

속적으로 증가했으나 항상 보조적인 범위 내에 있었다. 처음에 그것은 '전형적 꿈'(5장)의 맥락 안에 놓여 있었으며, 그리고 1914년 이후에는 '묘사'(6장)라는 주제 아래 속해 있었다. 상징론의 특정한 의미에 대해 프로이트가 관심을 가졌던 것은 어떤 '전형적 꿈'(발가벗겨지는 꿈 꿈 꾸는 사람이 아끼는 사람의 죽음에 대한 꿈 등등)이다. 아주 일찍이 프로이트는 이러한 꿈들이 해석의 방법으로 접근하기 가장 어려운 것들이라고 말했다. 꿈 작업의 진행들 가운데 파악하기 충분한 어떤 상징적 기능이 없음에도 불구하고 상징 이론이 특정한 문제를 정립한다는 결론이 점차적으로 도출되었다. 꿈 속 상징의 모든 예들은 "동일한 결론으로 다가간다."

---

징에 의한 묘사"에 할애되는데, 이것의 본질적 내용이 1909년, 1911년 그리고 1914년에 부가되었다는 사실을 아는 것이 중요하다. 이 다음에 이어지는 판본들에서는 꽤 더 많은 문단들과 각주가 부가되었다(1919, 1921, 1922, 1930). 2판과 3판에서는 이러한 부가사항들이 5장 D절('전형적 꿈')에 포함된다. 상징이론 묘사이론의 맥락 안으로 옮겨지며, 그것이 실재로 조명을 받게 되는 전위로 이동하는 것은 오직 1914년 판 뿐이었다. 이 새로운 절의 첫 번째 문단(1925)에서 프로이트는 슈테켈(Stekel)의 연구, 『외상 이야기』(*Die Sprache des Trauma*, 1911)의 영향을 깨닫는다. 그런데 그는 이미 3판 서문에서 이를 깨달았다. 프로이트 사상의 발전에 관한 연구는 헤르베르트 질베러(Herbert Silberer)와 하베록 엘리스(Havelock Ellis)의 영향에도 주목해야 한다. 마찬가지로 1909년에 『영웅 탄생의 신화』(*Le Mythe de la Naissance du Héro*)를 출판했으며, 이 기간 동안 프로이트의 가까운 동료였던 오토 랑크(Otto Rank)도 주목해야 한다. 4, 5, 6 그리고 7판을 거듭하면서, 프로이트는 랑크의 『꿈과 시』(*Rêve et Poésie*), 『꿈과 신화』(*Rêve et Mythe*)를 6장 부록으로 포함시켰다. 또한 1909년에 『꿈과 신화』를 쓴 칼 아브라함(Karl Abraham)의 영향 1910년과 1917년 사이에 꿈에 관한 몇몇 논문을 출간한 페렌치(Ferenczi)의 영향도 명백하게 드러난다. 마지막으로 이런 연구는 프로이트와 융의 모든 이론적 접점을 포함해야 한다. 이 두 사람의 갈등은 두 사람이 결별한 1913년에 나온 「토템과 터부」를 이해하기 위해서도 그렇고, 『꿈의 해석』 재판을 이해하기 위해서도 중요하다.

즉 꿈 작업에서 정신이 특별히 상징화하는 활동을 한다고 생각할 필요는 없으며, 꿈은 무의식적 사고에 이미 완성되어 있는 상징화를 이용한다는 것을 가정한다. 왜냐하면 상징은 묘사 가능한 데다가 대부분 검열에서 벗어날 수 있어 꿈-형성의 요구를 더욱 잘 충족시키기 때문이다.[22]

이 구절은 나머지 문제에 대한 열쇠를 제공한다. 즉 묘사는 어떤 문제를 드러내는데, 그것을 밝히기 위해 프로이트는 퇴행의 메타심리학을 구성한 것이다. 그러나 상징화는 문제가 되지 않는데, 왜냐하면 상징에 있어서 꿈 작업은 이미 다른 곳에서 완수되었기 때문이다. 꿈은 상징을 활용하는 것이며, 그것을 위해 애쓰지 않는다. 따라서 우리는 꿈이 꿈꾸는 사람의 전형적인 꿈들과의 연관 안에서 연상작용을 생산하지 못하는 이유를 이해한다. 즉 꿈 안에서 그는 일반적인 표현을 사용해 진행되어 온 일상적인 것들의 영역에 적용된 상징적 단편들과 자신이 순간적으로 삶에 부여한 환상들을 사용해 온 것이다. 우리는 '침전'이라는 후설적 관념을 떠올리게 되는데 프로이트도 이것을

22_ *GW, 2/3*, p. 354 ; *SE, 5*, p. 349 ; tr. fr., p. 260(191) ; 전집 4권, p. 413-4. 이것이 『꿈의 해석』 전체에서 묘사와 상징 간의 관계에 관한 최초의 언급이다. 이 구절은 1900년 초판에 등장했으며, '꿈에서의 상징에 의한 묘사'와 관련해서 이후의 모든 이론적 전개에 있어서 최초의 핵심으로 간주될 만하다. 1914년 4판에서 시작하는 이러한 표상의 과정이라는 맥락으로의 이론적 전개의 이동은 애초부터 예견된 논리적 결론이다. 우리가 인용한 이 문장은 사실상 6장 D절의 표상 가능성에 관한 부분에 속해 있었다. 따라서 그것은 1914년에 새롭게 구성된 6장의 E절로 진입하는 실마리가 된다.

인정한다. "이러한 상징들 중 많은 것들이 속기술의 '부호'처럼 분명하게 규정된 의미를 가지고 있지 않을까 묻게 된다. 그리고 암호해독법을 따라 새로운 해몽서를 기획하고 싶은 유혹에 직면한다."[23]

따라서 상징은 처음에 암호해독법과 상징적 방법이 나누어지는 그 지점의 다른 측면으로 옮겨가게 된 것이다. 그러나 그곳에서 우리는 전형적인 것에 정확히 일치하는 지점에 도달한다. 이러한 일반적 상징이 꿈에 특유한 것은 아니지만 또한 민속과 신화, 전설, 그리고 관용어구들, 속담들과 유행하는 농담 안에서—"그러니까 꿈 안에서보다 더 완전히 확장된 영역들에 대해"[24]—즉 사람들 사이의 무의식적 관념작용 안에서 발견된다는 것은 더 이상 놀랄 만한 일이 아니다. 이러한 상징들을 이용하는 와중에 꿈꾸는 사람은 단지 무의식에 의해 윤곽이 잡힌 경로를 따르는 것이다. 여기서 우리는 다시 셰르너의 상징과 신경학의 상징 남용에 직면하게 된다. "신경증이 그런 식으로 은폐하려 드는 경우 그것은 그 옛날 인류가 걸었던 길을 걷고 있는 것이다. 그 길은 조금 매몰되긴 했지만 오늘날에도 여전히 언어 사용, 미신, 풍습에 의해 그 존재가 발견되고 있다."[25]

---

23_ *GW, 2/3*, p. 356 ; *SE, 5*, p. 351 ; tr. fr. p. 261(192) ; 전집 4권, p. 416. 1909년의 이 텍스트는 상징적 관계의 구성에 있어서 관용적 표현들의 역할과 관련되는『히스테리 연구』의 언급들과 관련이 있나. 이것은 우리가 위의 각주15에서 제안한 바와 같이 상징에 관한 프로이트적 개념의 연속성을 찾아야만 하는 바로 그 지점이다. 우리가 이제 연구의 마지막 부분인 4장에서 되돌아갈 것인바,『정신분석 입문』10강의 연구는 이러한 해석을 확증할 것이다.

24_ *Ibid.*

25_ *GW, 2/3*, p. 352 ; *SE, 5*, p. 347 ; tr. fr., p. 259(191) ; 전집 4권, p. 411.

이것이 바로 분석적 해석이 발생적 해석에 의해 보충되는 이유이다. 상징은 꿈 작업의 생산물이 아니라 선재한 문화의 사실인 어떤 특별한 과잉결정 사항을 가진 것이다. 즉 그것은 흔히 현재 잃어버린 개념적이고 언어적인 정체성의 흔적이다. 그러므로 정신분석의 독자나 지나치게 성실한 분석가가 하는 경고는 꿈의 번역을 상징의 번역으로 환원하지 말라는 것이 아니라 상징을 보조적인 것으로 취급하라는 것이다. 다시 말해 해석의 적절한 경로는 꿈꾸는 사람의 연상인 것이지 상징들 자체에 있어서의 선재된 관계망이 아니라는 것이다. 결국 상징적 해석과 분석적 해석은 두 가지 기술적 사항으로 남는데, 전자가 후자에 "보조적 수단"으로 종속된다.[26]

과연 프로이트가 이러한 속기술적 부호들로 상징 개념을 제한하는 것은 옳은 일인가? 상징에 있어서 현실성의 단계들 사이에 어떤 구분이 만들어져야 하는 것은 아닌가? 게다가 닳고 닳은, 그리고 과거일 뿐인 평범한 상징들과 과거와 현재를 가지며, 사회적 협정의 연결체와 같은 주어진 사회의 정교한 장치 안에서 기능하는, 심지어 사용 중이고, 유용하며, 소비되는 상징들 간의 구분은 또 어떤가? 또한 새로운 의미를 실어 나르는 새로운 상징적 창조물도 있지 않은가? 달리 말하자면 상징은 단순히 퇴행의 자취일 뿐인가? 그것들은 또한 의미의 여명이 아닌가? 우리는 적당한 순간에 이 문제로 돌아갈 것인데, 이 점을 고려해 보면 프로이트의 어휘와 경제학적 설명의 틀 안에 묘사의 문제는 있는 반면에 상징화의 문제는 존재하지 않는 이유를 알 수 있다. 그러나 프로이트가 상징을 제한한 좁은 한계 안에서조차 이 문제는 없

**26**_ *GW*, *2/3*, p. 365 ; *SE*, *5*, p. 360 ; tr. fr., p. 267–8(197) (1909년 텍스트) ; 전집 4권, p. 427.

어지지 않는데, 왜냐하면 우리가 이 분석론의 두 번째 부분에서 만나게 될 신화의 정신분석학이 바로 상징적 차원에서 탐구되기 때문이다. 나중에 자세히 논의하겠지만 오이디푸스와 햄릿 해석은 '전형적 꿈'[27]의 분석과 관련하여 연구된다.

## 2. 7장의 '심리학'

7장의 체계는 이러한 난점과 관련해서 선행하는 장들 안에서 발전된 경제학적이고 해석학적인 개념들과 어떻게 연관되는가?

이 저작의 나머지 부분과 7장의 연관성은 복잡하다. 즉 그것은 부분적으로 '보조적 표상'에 의해 함축적이거나 혼란스런 개념으로 이미 탐구되었고 언급되었던 것을 설명한 것이다. 그러나 그것은 또한 문제들을 취합하고 서로 연관시키는 일에 다소 소외된 채로 남겨진 어떤 이론을 부과한다. 이는 곧 우리가 그 저작 자체로부터 이끌어내고 고안해낸 이론이 반-경제학적이고 반-해석학적인 개념성에 부가되는 이유가 된다.

7장에 등장하는 지형학은 기술적으로 세 부분으로 나누어지는

27_ 후기 판본에서 오이디푸스 신화에 관한 해석이 5장의 '전형적 꿈'에 관한 절(D절)에 그대로 있었고, 1914년의 중요한 수정판 이후 '상징에 의거한 묘사'에 관한 절(6장의 E절)로 옮겨지지 않았다는 것은 주목할 만한 일하다. 오이디푸스 주제에 대한 분석은 죽음의 욕망, 보다 특이하게는 아버지에 대항하는 어린아이의 죽음 욕망을 함축하는 전형적 꿈에 관한 하위 절에 남는다. 오이디푸스 신화를 검토하면서 프로이트는 사실상 전설이 위장하고 있는 표상이나 상징의 역할보다 '꿈의 원천'(5장의 제목), 다시 말해 어린아이의 욕망이 유래하는 뿌리에 대해 더 관심이 있었다.

데, 독해를 다소 어지럽히는 경향이 있는 서술적이고 임상적인 주제들을 여기저기에 나열해 놓는다. 첫째로,[28] 심리적 기관들은 공간적으로 전진적이면서 소급적인 두 방향 모두에서 기능하는 것으로 묘사된다. 둘째로,[29] 그 기관들이 시간적 차원에 주어진 어떤 진화하는 체계로 제시된다. 셋째로,[30] 그 기관들은 시공간에 부가된 힘과 갈등을 가진 것으로 나타난다.

이러한 과정은 우리가 해석 차원에서 수립하려는 것과 병렬한다.

우리는 해석이 무엇보다도 참된 꿈 사고를 지정하는 것이라고 말했으며, 꿈 사고를 우선 신체적인 자극들에서 찾는다. 그리고는 그 전날의 잔여물들 안에서, 다음으로 잠에 대한 욕망 안에서 꿈 사고를 찾는다. 지형학은 꿈 사고가 유래하는 영역을 결정해 준다. 이것이 순수한 고정적 형식에서의 지형학의 첫 번째 기능이다.

욕망이 그 진정한 기원을 꿈에 부여하는 것과 비교하면 잠들고자 하는 욕망의 지형학적 상황은 문제를 아주 명확하게 해줄 것이다. 프로이트가 꿈에 잠과 관련하는 특정한 기능을 할당한다는 점은 잘 알려진 사실이다. 그리고 꿈을 특징짓는 욕망 충족은 잠을 방어하는 대체 행동이다.[31] 잠에 대한 욕망은 중요한 것이어서 외적 자극의 이미

28_ *GW, 2/3*, p. 541–555 ; *SE, 5*, p. 536–549 ; tr. fr., p. 440–452(291–299) ; 전집 4권, p. 597–619.

29_ *GW, 2/3*, p. 570–578 ; *SE, 5*, p. 564–572 ; tr. fr., p. 463–468(307–311) ; 전집 4권, p. 620–37.

30_ *GW, 2/3*, p. 604–614 ; *SE, 5*, p. 598–608 ; tr. fr., p. 488–497(325–330) ; 전집 4권, p. 638–61.

31_ "모든 꿈은 어떤 의미에서 안락함의 꿈(Bequemlichkeitsträume)이다. 즉 꿈은 잠에서 깨는 것보다 계속 잠을 자고자 하는 목적에 기여한다. 꿈은 잠의 파수꾼이지 훼방꾼이 아니다"(*GW, 2/3*, p. 239 ; *SE*, 4, p. 233 ; tr. fr., p. 177(130) ; 전집 4권, p.

지와 신체의 전반적인 현실감 상실이 거기에 소속된다. 그러므로 셰르너를 통해 기술된 상징적 치환은 대조적인 것이 된다. 어떤 꿈의 텍스트들은 이 욕망이 지배적인 것이라는 생각을 들게 만든다. 왜냐하면 검열이 오직 잠의 욕망을 만족시키는 그러한 자극에 대한 해석만을 허용하기 때문이다.[32] 이는 "꿈이란 우리가 잠들어 있는 한, 수면상태에서 지속되는 생각이다"라고 말한 아리스토텔레스에게로 돌아가는 일처럼 보인다.[33] 이 난점의 해법은 지형학적인 것이다. 즉 잠에 대한 욕망은 전의식 체계에 할당되고, 꿈을 유발하는 기초적인 본능적 욕망은 무의식 체계에 속한다.[34] 이는 곧 잠에 대한 간헐적인 욕망과 꿈 안에서 출구를 찾는 항구적인 욕망 간의 명확한 관계가 저 유명한 7장에 이르기까지 의혹에 감춰진 이유이기도 하다.[35]

이 논의에서 도출되는 주제는, 만약 욕망이라는 것이 우리의 무

---

287.

32_ "따라서 꿈의 검열 및 나중에 논하게 될 '2차 가공'과 더불어 의식적인 자아가 지향하고 있으며, 의식적인 자아가 꿈꾸는 데 어떻게 기여하는지 보여주는, 자고 싶다는 소원은 꿈 형성의 동기들 중 하나로 항상 고려되어야 한다. 성공한 꿈은 모두 그 욕망의 충족이다." *GW, 2/3*, p. 240 ; *SE, 4*, p. 234 ; tr. fr., p. 177(130) ; 전집 4권, p. 288.

33_ *GW, 2/3*, p. 555 ; *SE, 5*, p. 550 ; tr. fr., p. 452(299) ; 전집 4권, p. 638.

34_ "수면상태가 전의식 체계에 어떤 변화를 불러일으키는지는 알 수 없다. 그러나 수면 중 마비되는 운동성으로 접근하는 통로 또한 관장하는 전의식 체계의 리비도 투여의 변화에서 본질적으로 수면의 심리학적 특성을 찾을 수 있다는 점에는 의심의 여지가 없다. 이와 반대로 나는 수면이 무의식 체계의 상황에서 부수적인 것 이외의 어떤 것을 변화시킨다고 가정할 만한 계기를 꿈의 심리학에서는 보지 못했다." *GW, 2/3*, p. 560 ; *SE, 5*, p. 555 ; tr. fr., p. 456(302) ; 전집 4권, p. 643.

35_ 소원성취에 대해서는(*Zur Wunscherfüllung*) *GW, 2/3*, p. 555 ; *SE, 5*, 550 ; tr. fr., p. 543(299) ; 전집 4권, p. 643 이하.

의식으로부터 나오며 그 유아기적 특성이 신경증에 의해 입증된 "소멸할 수 없는", "소위 불멸하는" 욕망과 결합되어 있지 않다면 어떤 욕망도 효과적이지 않다는 것이다.[36]

심지어 잠에 대한 욕망도 그러하다. 따라서 지형학의 첫 번째 기능은 소멸 불가능한 것의 모든 측면에서 욕망의 감소하는 단계들에 도식적 그림을 부여하는 것이다. 아마도 심지어 이 지점에서 우리는 지형학이 그 자체로 파괴 불가능한 것의 은유적 그림이라고 말할 수도 있을 것이다. 즉 "무의식에서는 어떤 것도 끝날 수 없으며, 어떤 것도 지나가 버리거나 망각되지 않는다."[37] 이 언급은 「메타심리학에 관한 논고」의 규정들을 예고하고 있다. 다시 말해 무의식은 무시간적이라는 것이다. 지형학은 그 '무시간성'(hors le temps)을 회화적으로 표상하는 장소이다.

그러나 이러한 회화적 표상은 동시에 덫, 사물의 덫이다. 그러므로 지형학의 바로 그 첫 번째 표상에서부터 프로이트는 그의 도식의 공간적 측면을 완화시키고 지형학의 직접적 지향을 조심스럽게 강조한다. 그는 잘 정의된 퇴행의 문제로 돌아감으로써 이것을 적합하게 만든다. 즉 그는 퇴행이 회화적 표상의 사유로 돌아가는 것과 어린 시절로 돌아가는 것 둘 다를 지칭한다는 점을 생각해냈다. 여기서 전자를 형식적 퇴행, 후자를 연대기적 퇴행이라고 부른다. 이제 여기에 프로이트

---

36_ 프로이트는 기업가를 자본 없는 자본가라고 부른다. "한낮의 사고가 무엇이든지간에 꿈에 심리적 비용을 담보로 잡는 이 자본가는 무조건 무의식에서 비롯되는 욕망이다." *GW, 2/3*, p. 566 ; *SE, 5*, p. 561 ; tr. fr., p. 460(305) ; 전집 4권, pp. 649–50. '소멸할 수 없는' 및 '불멸하는'이라는 개념에 관해서는 *GW, 2/3*, p. 559, p. 583 ; *SE, 5*, p. 533, 577 ; tr. fr., p. 455(301), p. 572(314) ; 전집 4권, p. 642, p. 667 참조.

37_ *GW, 2/3*, p. 583 ; *SE, 5*, p. 577 ; tr. fr., p. 572(314) ; 전집 4권, p. 667.

는 다른 종류의 퇴행, 즉 어떤 관념의 초과를 거치는 지형학적 퇴행을 추가하는데, 이는 그 원동력에 있어서 활동성을 멈추는 것을 금지하면서 활동의 축에서 지각의 축으로 되돌아간 다음 환각으로 끝이 나는 퇴행이다. 이 세 번째 유형의 퇴행은 꿈 해독을 통해서만 그 해명이 가능한 다른 두 유형의 퇴행과 분리가 가능한 것이 된다. 문제는 그것이 앞선 퇴행들에 어떤 중요한 것을 첨가하는가 아니면 단지 그 도식적 표상만을 첨가하는가 하는 것이다.

잘 알려진 대로 몸이 불타 죽은 아이에 대한 꿈 해석에서 프로이트는 해부학적이라기보다는 심리학적인, 꿈의 **행위 장면**의 "심리적 소재지"[38]의 본성에 대한 물음을 제기한다. 심리적 장소라는 관념은 처음부터 유비적이다. 즉 심리적 기관들은 복식 현미경 또는 사진 장치 **같이** 기능한다. 그리고 심리적 장소는 그 기관 안에서 이미지가 형태화되는 장소와 **같다**. 이것은 그 기관들의 어떤 확실한 내용에도 상응하지 않는 관념적 지점이다. 따라서 비교는 실재적인 소재지보다는 어떤 고정된 질서(*eine feste Reihenfolge*)를 구성하는 지대들의 계열이라는 역설을 이끌어낸다. 즉 "엄밀히 말해서 심리적 체계들이 실제적으로 공간적 질서 안에 배열되어 있다고 가정할 필요는 없다."[39] 그러므로 적절하게 말해서 공간성은 단지 하나의 '보조적 표상'에 지나지 않는다. 그것은 구별된 체계로서의 구성요소일 뿐만 아니라 기능적 방향을 표상하는

---

**38_** *Die psychische Lokalität, GW, 2/3*, p. 541 ; *SE, 5*, p. 536 ; tr. fr., p. 530(291) ; 전집 4권, p. 623. 이 표현이 페히너의 다음 책의 2부에 나온다는 점을 주목하라. *Elemente der Psychophysik*, p. 520에 나온다는 것을 주목해야 한다. "꿈의 무대가 깨어있을 때의 표상생활의 무대와는 다르다." 이 말이 인용된 부분은 다음과 같다. *GW, 2/3*, p. 541 ; *SE, 5*, p. 536 ; tr. fr., p. 530 ; 전집 4권, p. 623.

**39_** *GW, 2/3*, p. 542 ; *SE, 5*, p. 537 ; tr. fr., p. 441(292) ; 전집 4권, p. 624.

것이다.

이 점에서 이 기획의 실행은 우리가 오랫동안 논의하지 않은 채로 놔둔 환각의 각인이라는 주제를 포함하고 있다는 점이 강조되어야 한다. 프로이트는 여전히 성인에 의한 유년기의 유혹이라는 이론의 영향 하에 있다. 그리고 환각은 지각에 가깝게 놓여 있고 그로부터 발생하는 기억의 흔적들로 활성화된 어떤 흡인력으로 퇴행의 분석을 풍부하게 하는 것이다. 따라서 이 기관들의 두 가지 '목적'은 운동성과 지각으로 정의된다. 기억 흔적은 지각의 말단 '가까이에' 놓여 있으며, 비판적인 행위 주체는 운동성 말단 가까이에 있다. 이 흔적들은 전의식이 운동성 활동에 근접해 있는 것처럼 지각에 가까이 있다. 마지막으로 무의식은 그것이 '전의식을 통하지 않고서는' 의식에 접근할 수 없다는 의미에서 전의식 '뒤에 놓여 있다.' 각성된 삶의 기능에 있어서 전진적인 방향은 동기를 유발하는 활동을 향해 있다. 반면 퇴행적 방향은 "표상(*Vorstellung*)이 언젠가 유래한 감각적 상(*Bild*)으로 되돌아가는"[40] 운동을 가리킨다. 지형학을 진부하게 하는 것은 확실히 퇴행적인 축이 지각적인 축으로 특성화된다는 사실이다. 이 도식은 1895년의 「과학적 심리학 초고」에서부터 전해진 욕망에 관한 환각 이론과 밀접하게 연관되어 있으며, 실재적 기억으로 간주되는 유년기의 유혹 이론을 통해 여전히 효력을 갖는다. 프로이트가 이해한 것처럼 결정적인 현상은 동

---

40_ *GW, 2/3*, p. 548 ; *SE, 5*, p. 543 ; tr. fr., p. 446(295) ; 전집 4권, p. 631. "사고(*Gedanken*)에서 출발하여 감각적으로 완전히 활발해질 때까지 지각 체계에 투여하는" 방식의 지각의 기억 흔적을 향하는 무의식으로부터 생겨나는 투여는 이러한 퇴행적 움직임 안에 존재한다. *GW, 2/3*, p. 548 ; *SE, 5*, p. 543 ; tr. fr., p. 446(295) ; 전집 4권, p 630.

기를 유발하는 활동을 향한 통로가 막혀 있다는 것이 아니라 꿈 사고, 곧 의식의 가공물이 그 감각적 생생함에 의거하는 지각의 특정한 폐쇄 현상을 존속시켰던 유년기 기억들에 의해 도출된다는 데 있다. 즉 "이러한 견해를 따르면 또한 **꿈은 전이를 통해 최근의 것으로 변형된 유아기 사건의 대체**라고 볼 수 있다. 유아기의 사건은 원래대로 재생될 수 없다. 그것은 꿈으로 표상되는 것으로 만족해야 한다."[41] 프로이트가 마침내 이 오류를 발견했을 때, 잠시 동안 전체 체계가 붕괴할 것이라고 생각했다는 것은 이해할 만한 일이다.[42]

지각과 환상적 장면의 혼돈은 『꿈의 해석』의 지형학을 자연적 공간성이라는 지점으로부터 벗어나지 못하게 하며, '심리적 장소'의 관념에 함축된 모든 결과들을 이끌어내지 못하게 하는 것으로 보였다. 따라서 지형학은 물리적 소재지와 유사한 장소들의 계열 재현과 단순히 세계의 일부에 속하지 않는 어떤 '장면'의 도표 재현 사이에서 동요한다.

---

41_ *GW*, *2/3*, p. 552 ; *SE*, *5*, p. 546 ; tr. fr., p. 446(295) ; 전집 4권, p. 634.

42_ 우리는 이러한 붕괴의 과정과 「플리스에게 보낸 편지」에 밝혀져 있는 가설에 속한 그 부분에서 이것에 대한 저항을 따라가 볼 것이다. p. 67, 112, 113, 117, 145–6, 162–3, 165(주 2). 그리고 프로이트는 1895년에도 이미 "보여지고 들리는 것, 그리고 단지 반만 이해된 것"에 대해 말하고 있다(p. 67). 승화와 환영에 대해서는 다음을 보라. *ibid.*, pp. 196–98. 유혹에 관한 유아기 장면이 환상들로부터 유래한다는 것을 프로이트가 발견한 것은 다름 아니라 그의 자기 분석에서 비롯되었다. Jones, *o. c.*, tr. fr., I, p. 313 ; Anzieu, o. c., p. 61. 마찬가지로 종교의 역사와 민속지에 대한 그의 연구—특히 신들림에 관한 연구를 포함하는 연구들—는 유년기 장면의 비현실성을 확신하도록 만들었다. *Lettres à Fliess*, p. 180. 문제는 이것이 종교에 관한 그의 해석에서 재등장하는 것과 동일한 경향을 지닌 환각인가 아닌가 하는 것이다. 거기서 프로이트는 역사와 민족지에 속한 어떤 거대한 배치를 통해 유대 유목민족 아버지의 진짜 살해 이야기와 이집트인 모세의 진짜 살인자를 재구성한다(이하 2권, 2부, 3장을 보라).

후자는 '묘사 가능성'으로 기술된다.

그러나 나는 이러한 장애가 이 지형학의 본질적인 요소를 무효화시킨다고는 생각하지 않는다. 실제로 유혹 이론은 지형학의 애매성만을 설명하는 것이지 그것을 정립하는 근원적인 이유를 설명하는 것이 아니다. '무시간성'의 상징이라는 의미로 무의식의 장소를 파악할 때에 우리는 그 근거를 발견하기 시작한다. 지형학에 관한 뒤이은 이야기들은 이러한 특징들을 명확하게 받아들일 수 있게 해줄 것이다.

퇴행의 시간적 측면을 고려하기 위해 프로이트는 퇴행의 기능적 작용이라는 역사적 형식의 체계 아래 시간을 도입한다. 그는 이렇게 말한다. **"꿈꾸기란 오늘날에는 극복된 유년기의 정신적 삶의 파편으로 불린다."**[43] 프로이트는 욕망의 복잡한 성격, 즉 그것의 **충족**을 향하는 추동을 설명하기 위해 이러한 지형학적-발생적 재구성에 의거한다. 여기에는 어떤 심리적 기관들의 원초적 상태가 있다고 가정되는데—우리는 여기서 「과학적 심리학 초고」의 최초 진행과정을 알게 된다—그것은 만족의 경험이 반복되면서 자극과 기억 상의 단단한 연결을 만들어낸다.

> 같은 욕구가 다음에 또 일어나는 즉시 이미 형성된 결합에 힘입어 지각의 기억 상(image)에 에너지를 투여하여 지각 자체를 다시 불러오려고 하는, 즉 이전의 충족 상황을 표상하려는 심리적 추동(*Psychische Regung*)이 발생한다. 이러한 추동(*Regung*)을 우리는 '욕망'(désir, *Wunsch*)이라고 부른다. 지각의 재출현은 욕망의 성취이며, 욕구 추동에 의한 지각의 충분한 투여는 욕망의 성취(*Wunscherfüllung*)에 도달하는 가장

43_ *GW*, *2/3*, p. 573 ; *SE*, *5*, p. 567 ; tr. fr., p. 464-5(308) ; 전집 4권, p. 655-6.

빠른 길이다. 실제로 이 길을 따라 욕망이 환각으로 끝나는 정신기관의 원시 상태를 가정하는 것은 그다지 어려운 일이 아니다. 이러한 최초의 심리적 활동은 **지각 동일성**(*identité de perception*), 즉 욕구 충족과 결합된 지각의 반복을 목표로 삼는다.[44]

충족으로 가는 최단거리는 대단히 많다. 그러나 그 최단거리가 우리를 강제하는 하나의 현실성은 아니다. 기만과 실패는 기억 상에서의 퇴행적 특성에 머무르게 하기 위해, 그리고 사유(*Denken*)의 우회로를 발명하기 위해 우리를 안내한다. 발생적 관점에서 이 이차적 체계는 환각적 욕망의 대체물(*Ersatz*)이다. 우리는 이제 어떤 의미에서 꿈속의 지형학적 퇴행이 또한 시간적 퇴행라는 것을 이해한다. 즉 퇴행을 활성화하는 것은 환각적 욕망의 원초적 단계에 대한 원망인 것이다. 이러한 최초 체계로의 귀환은 회화적 표상에서 핵심적 요소이다.[45]

'일차 과정과 이차 과정-억압'이라는 제하의 마지막 에피소드에서 『꿈의 해석』은 심리적 기관 이론을 다시 거론한다. 시간과 공간 이외에 그 장치들은 이제 힘과 갈등을 부여받는다. 장치의 이러한 재가동은 꿈 작업에 의해, 그리고 특히 모든 꿈 메커니즘이 관계된 억압과정에 의해 규정된다. 처음에 시작된 순수 지형학적 관점은 무의식 안에

---

44_ *GW, 2/3*, p. 571 ; *SE, 5*, p. 565-6 ; tr. fr., p. 463-4(307-8) ; 전집 4권, p. 654.

45_ "정신 신경증의 증상에 관한 이론은 다음과 같은 독특한 명제로 귀결된다. 이 증상들 역시 무의식의 욕망충족으로 이해해야 한다." *GW, 2/3*, p. 574 ; *SE, 5*, p. 569 ; tr. fr., p. 466(309) ; 전집 4권, p. 657. 헐링스 잭슨의 언급과도 연관성이 보인다(꿈에 관한 모든 것을 알아내도록 하라. 그러면 당신은 광기에 대해 모든 것을 알게 될 것이다). 사실 심리적 기관의 순수 지형학적 도식 안으로 여기에 삽입된 것은 기능적 해방에 관한 잭슨의 도식이다. 이 책 3부 1장 참조.

있는 꿈 사고의 기원에 대한 질문과 연결된다. 그러므로 기원과 장치들의 목적 중 하나에 대한 억압으로서의 지각으로 가는 퇴행을 표상하는 것은 자연스러운 일이다. 따라서 중요한 것은 체계의 경계와의 관계들이다. 결과적으로 그것은 '자극의 방출'이라는 상이한 과정과 공간에서 비롯되는 장소를 통해서 대체된다. "우리가 여기서 하고 있는 것은 다시 장소와 관련된 표상방식을 역동적인 표상방식으로 대체하는 것이다."[46] 이 관점에서 보자면 최초 과정은 자극의 양의 자유로운 방출을 향하는 반면 이차 과정은 이 방출 과정을 정지 상태(*ruhende Besetzung*)로의 투여로 변형하는 것을 목적으로 삼는다. 이 언어는 「과학적 심리학 초고」으로 인해 우리에게 친숙한 것이다. 다시 말해 문제시되는 것은 이러저러한 체계를 선점함에서 비롯되는 자극의 방출의 '기계적 조건'(*mechanische Verhältnisse*)과 관련된다.

이 문제에서 주목할 만한 것은 무엇인가? 쟁점이 되는 것은 불쾌의 원리를 따르는 규칙의 운명, 궁극적으로는 항상성 원칙의 운명이다. 프로이트의 모든 노력은 불쾌를 따라 규칙의 맥락 내부에서 이차 과정을 수립하는 것을 겨냥하고 있다. 이 목적에 있어서 그는 외적 위험을 따라 발생되고 고통의 예취를 따라 규제되는 일탈의 모형에 대한 억압을 재구축한다. 억압은 "지각 앞에서 예전에 했던 도주의 반복에 불과한 기억의 회피"(*Abwendung*)이다.[47] 그리고 프로이트가 말하길, 이것은 우리에게 "심리적 억압의 본보기와 최초의 사례"를 제공한다.[48] 기억 상(image)에 대한 회피는 경제적으로 불쾌감의 확장에 대한 최소한의 규

46_ *GW, 2/3*, p. 615 ; *SE, 5*, p. 610 ; tr. fr., p. 497(331) ; 전집 4권, p. 702.

47_ *GW, 2/3*, p. 606 ; *SE, 5*, p. 600 ; tr. fr., p. 490(326) ; 전집 4권, p. 691.

48_ *Ibid.*

제로 해석될 수 있다. 이런 금지의 조건들 하에 일어나는 과정은 이차 과정으로 일컬어질 것이다.[49]

결과적으로 여기에도 「과학적 심리학 초고」와 비교하여 새로운 것은 아무것도 없다. 하지만 세심한 독자는 「과학적 심리학 초고」가 이차 과정의 서술에 있어서 『꿈의 해석』을 진척시킨다는 점에 눈이 갈 것이다. 아마 「과학적 심리학 초고」와 관련하여 『꿈의 해석』에서 이 문제가 다시 다루어진다는 것은 우리에게 지형학과 그 결과들에 대한 핵심적인 사유를 선사해 줄 것이다.

마치 기관들의 기능이 진보한다는 의미와는 무관한 듯 『꿈의 해석』이 이차 과정에 관한 설명에서 말을 아끼고 있다는 것은 사실상 놀라운 일이다. 여기에는 분명 의식의 역할에 관해 「과학적 심리학 초고」을 확증하는 몇몇 분산된 언급들이 존재하는 것처럼 보인다. 또한 여기서 의식은 말초적인 자극 및 쾌-불쾌 양자 모두에 접근한다. 그것은 '심리적 성질의 의미 기관'이라고 불린다. 마찬가지로 여기서 의식이 되는 과정은 동사적 이미지, 즉 전의식의 핵심에 의존한다. 이 이미지들 때문에 쾌-불쾌 규제는 복합적인 것들을 전개한다. 압축과정의 경로는 더 이상 불쾌의 원리를 통해 자동적으로 규제되지 않는다. 의식은 이제 쾌-불쾌의 신호들 외에 다른 신호들의 안내를 받는다. 이러한 일이 가능한 것은 언어 상징의 체계가 프로이트가 두 번째 '감각 표면'(*Sinneoberflächen*)이라고 말한 것을 구성하기 때문이다. 이제 의식은 지각만

49_ 『꿈의 해석』에서는 다음과 같이 이야기한다. "우리는 두 번째 체계가 표상에서 비롯된 불쾌감의 발생을 저지할 수 있을 그런 경우에만 표상에 에너지를 투여할 수 있다 —이것이 억압 이론에 이르는 열쇠다—고 분명히 말한다." *GW*, *2/3*, p. 607 ; *SE*, *5*, p. 601 ; tr. fr., p. 491(327) ; 전집 4권, p. 692.

이 아니라 마찬가지로 전의식적인 사유과정을 향하게 된다. 우리는 여기서 「과학적 심리학 초고」의 두 가지 현실성 검사의 수준을 확인한다. 그러나 이상하게도 그것이 『꿈의 해석』이 전개하는 지점은 아니다. 이 전진적 경로에서 마주치는 것은 여전히 꿈 작업의 상이한 과정, 즉 우리가 아직 그것에 대해 말하지 않은 것, 프로이트가 '이차 개정'(remaniement, *Bearbeitung*)이라고 부른 것이다. 이 과정은 한편으로는 꿈을 깨어 있는 도정으로, 다른 한편으로는 백일몽 상태와 유사한 것으로 간주하는 꿈 내부 자체에 대한 일차적 해석 및 정당화로 구성된다.

『꿈의 해석』의 이 간결성은 이차 과정의 본질과 관련하여 좀 더 크게 주목할 만한 것이다. 따라서 「과학적 심리학 초고」에서 매우 중요했던 자아의 조직화에 의해 실행되는 금지와 지각된 성질들의 판별 관계의 문제는 전개되지 않는다. 그러므로 프로이트가 '지각의 동일성'과 구별하고 판단 이론으로부터 받아들인, "사고의 동일성"을 다루는 사항들이 안고 있는 수수께끼와도 같은 성격이 위에서 제시된 것이다.[50] 이것이 바로 『꿈의 해석』이 우리에게 체계의 한계점으로 보이는 것, 즉 쾌락원칙으로부터 벗어나는 문제와 관련해서 「과학적 심리학 초고」에 미치지 못하는 것으로 보이는 이유이다. 프로이트는 분명하게 다음과 같이 말한다. "사고는 불쾌감의 원리의 독재적인 규제에서 되도록 멀리 벗어나고, 신호로 이용할 수 있는 최소한의 것으로 흥분의 조성을 사고 활동을 통해 제한하려는 경향을 향해 나아간다."[51] 또한 프로이트는 수수께끼와 같은 말로, 이러한 '의식'의 과제를 '과투여'(*Überbesetzung*)

---

50_ *GW, 2/3*, p. 607 ; *SE, 5*, p. 602 ; tr. fr., 491(327) ; 전집 4권, p. 693.

51_ *GW, 2/3*, p. 608 ; *SE, 5*, p. 602 ; tr. fr., p. 491(327) ; 전집 4권, p. 693.

를 통해 성취된 '세련화'(affinment)로 기술한다.[52] 여기서 우리는 「과학적 심리학 초고」에서 제기되었던 문제, 즉 지각된 실재성의 표지들이 아니라 사유 실재성의 표지들로 작동하는 관찰적 사유에서 인지적 과정으로 넘어가는 문제를 인식한다.

만약 『꿈의 해석』이 「과학적 심리학 초고」와 같은 방식으로 이차 과정에 대한 연구에 들어서지 않는다면 그것은 문제 자체가 전반적으로 다르기 때문에 그런 것이다. 「과학적 심리학 초고」는 신경학자들에게 유용한 심리학을 완성해내는 일을 목표로 삼는다. 『꿈의 해석』은 꿈 작업의 낯설고 황당한(*befremdendes*) 현상을 이해하고자 한다. 기관들은 어떻게 해서 그렇게 빈번하게 전진적 방향보다 퇴행적 방향에서 기능하는 것일까? 이 문제가 바로 『꿈의 해석』이 직면한 문제였다. 이것이 바로 '사유'에 대한 탐구가 이차 과정을 통해 일차 과정에 부과되는 지연보다, 그리고 이차 과정을 통해 일차 과정에 발휘되는 **강제력**보다 중요한 것으로 부각되지 못하는 이유이다. 즉 그것은 "처음부터"(*von aufgang an*) 나타난다.[53] 이차 과정은 일종의 뒤늦은 출현을 형성하지만 결코 확실하게 정립되지 않는다.[54]

---

52_ 앞서 프로이트는 이렇게 적고 있다. "목적이 투여된(*ZielbeSEtze*) 사고 흐름은 일정한 조건에서 의식의 주의를 끌 수 있으며, 그 결과 의식의 도움을 받아 '과투여'(*ÜberbeSEtzung*)가 된다." *GW*, *2/3*, p. 599 ; *SE*, *5*, p. 594 ; tr. fr., p. 485(323) ; 전집 4권, p. 684.

53_ *GW*, *2/3*, p. 609 ; *SE*, *5*, p. 603 ; tr. fr., p. 492(327) ; 전집 4권, p. 694.

54_ "이러한 이차 과정의 뒤늦은 출현(*verspäteten Eintreffens*)으로 인해 전의식이 무의식적 욕망 충동(*Wunschregungen*)으로 이루어진 우리 존재의 핵심을 파악할 수도 없고 저지할 수도 없는 것이다. 당연히 전의식의 역할은 무의식에서 비롯된 욕망 충동에 합목적적인 길을 지시하는 것으로 그칠 수밖에 없다. 이러한 무의식적 욕망들은 이후의 모든 정신적 경향에 강제적인 힘을 행사한다. 정신적인 경향들은 이 힘에 동참

따라서 우리는 7장에서 논의되는 바를 알게 된다. 그것의 진정한 문제는 첫 번째 체계의 파괴 불가능성이다. 왜냐하면 쾌-불쾌의 원리는 결코 완전히 또는 명백하게 대체되지 않으며, 항상성 원칙이 우리의 일상적인 진리로 남겨지기 때문이다. 결론적으로 체계를 파괴할 만한 것은 그것을 확고히 하는 것보다 덜 중요한 것이다. 그리고 그것을 확고히 하는 것은 쾌-불쾌의 원리로부터 벗어나는 것에 대한 인간의 실패다. 마침내 '사유의 경향'은 그러한 쾌-불쾌의 원리로부터 스스로를 해방시키는 것을 지향할 뿐이다.

이것이 사실상 '심리학'의 가장 기본적인 관심이라는 것은 말미에 억압이라는 주제가 나타나는 지점에서 분명해진다.[55] 이 점은 중요하다. 억압에 대한 프로이트의 최종적인 분석은 직접적으로 첫 번째 체계와 비견되는 이차 체계의 지연에 대한 비판적 언급이 있은 다음에 나온다. 즉 억압은 지연을 이루고 유년기, 즉 파괴되지 않는 시기를 희생시킨다고 비난받는 정신현상의 작동 양상이다. 다시 말해 이러한 불굴의 토대를 갖는 상승하는 욕망은 바로 억압이라는 변형을 통해서, 곧 정동의 전환—*Affektverwandlung*—을 통해서만 불쾌감의 궤도를 멈추게 할 수 있다.[56] 이 효과들을 산출하는 것은 분명 이차 체계이며, 우

할 것을 강요당하거나 이 힘에서 벗어나 보다 높은 목표를 향해 나아가려고 노력한다. 또한 이차 과정의 뒤늦은 출현(*Verspätung*)의 결과 전의식은 방대한 영역에 걸친 기억 소재에도 힘을 발휘할 수 없다." *GW*, *2/3*, p. 609 ; *SE*, *5*, p. 603–04 ; tr. fr., p. 492(328) ; 전집 4권, p. 694.

**55_** *GW*, *2/3*, pp. 609–14 ; *SE*, *5*, p. 604–09 ; tr. fr., pp. 492–5(327–330) ; 전집 4권, pp. 694–700.

**56_** "우리는 여기서 비난(condamnation, Verurteilung)의 유년기적 단계를 알게 된다. 즉 그것은 판단을 기반으로 삼는 거부(Verwerfung durch das Urteilen)의 단계이다." 이

리가 '사유'라고 부른 것에 접근해서 이루어지는 것이 아니다. 다시 말해 이차 체계는 여기서 쾌-불쾌 범위에서부터 정동들의 전환에 의해 작동하는 지점으로 환원된다. 이렇게 전의식은 불쾌한 것을 우회하게 되며, 즉 "전의식에서 벗어난 유아적 기억의 보고의 현존(*Vorhandensein*)은 억압의 전제조건(*sine qua non*)이 된다."[57]

따라서 이제 우리 모두가 알고 있는 두 가지 측면이 명료해진다. 이 측면들이 분리된다면 매우 혼란스러워질 것이다. 한편으로 『꿈의 해석』은 우리에게 항상성과 불쾌의 원리를 넘어선다는 측면에서 「과학적 심리학 초고」보다 더 심화되지 못한 것으로도 보인다. 그러나 꿈을 증거와 모형으로 받아들이는 퇴행이라는 현상은 정확히 그러한 원리들을 넘어서지 못하는 인간의 무능력을 증명한다. 다른 한편으로 7장의 지형학은 우리에게 사태들의 사실성과 본성의 공간과는 다른 행위장면을 요청하는 과정에서 비롯되는 보조적인 표상 사이를 오가는 것처럼 보인다. 유년기 장면의 실재 기억에 대한 프로이트의 환영은 부분적으로만 이 머뭇거림을 설명해내고 있다. 마지막 분석에서 지형학의 공간성은 노예적 상태에서 자유와 행복으로 나아가지 못하는 인간의 무능력을 표현한다. 혹 그것은 스피노자적 용어라기보다 프로이트적인 용어에서, (비록 그것들이 기본적으로 동등하다고 하더라도) 쾌-불쾌 원리에서 비롯되는 규칙으로부터 현실원칙으로 나아가지 못하는 무능력을

---

문장은 다음 대목에는 나오지 않는다. *GW, 2/3*, p. 609 *SE, 5*, p. 604. 하지만 독일어 초판 446면에 등장한다. 불어판 492면에도 이 중요한 문장이 보존되어 있다. 판단을 기반으로 하는 거부와 관련해서는 「억압에 관하여」라고 불리는 논문을 참조하라. "억압은 비난의 전 단계이며, 일탈과 비난의 중간에 있는 어떤 것이다."

57_ *GW, 2/3*, p. 610 ; *SE, 5*, p. 604 ; tr. fr., p. 493(328) ; 전집 4권, p 695.

표현하는 것이기도 하다. 세 가지 연속적인 시도들에 부과된 7장의 '기관', 그것은 사태로 존재하고 또한 사태로 머무르는 것으로서의 인간이다.

# 3장 「메타심리학에 관한 논고」에서 충동과 대표

『꿈의 해석』은, 「과학적 심리학 초고」에서부터 전해진 이론과 해석이라는 작업에 의해 수행된 개념적 구조를 조화시키는 데 성공하지 못했다. 결과적으로 7장은 이 책의 유기적 전개에서 다소 소외된 것에 지나지 않는 것처럼 보인다. 이는 해석 작업이 암시하는 의미로서의 언어와 지형학이 암시하는 유사 물리적 언어가 아직 완전히 통합되지 못한 불일치다.

전쟁 초기의 몇 해 동안 쓰여진 「메타심리학에 관한 논고」[1]에서 이

1_ 다섯 개의 논문이 1915년에 쓰여졌다. 「충동과 그 운명」, 「억압에 관하여」, 「무의식에 관하여」, 「꿈 이론에 관한 메타심리학적 보충」 그리고 「애도와 우울증」이 그것이다.

러한 문제제기는 성숙한 수준에 이르게 되고 분석적 담론의 두 가지 요구도 평형점에 이른다. 한편으로 이 논문은 **일차 지형학**이라고 일컬어지는 무의식-전의식-의식이라는 지형학적-경제학적 관점을 일관되게 주제화한다. 다른 한편으로 일차 지형학은 충동(*Trieb*)과 표상(*Vorstellung*)[2] 간의-무의식 자체 '안에서'-새로운 상호관계에서 비롯되는 의미의 영역으로 재통합될 수 있는 길을 보여준다. 즉 충동은 오직 표상에 의해서만 무의식 안에 대표될 수 있다. 우리의 전체 논의는 대표 표상(*Vorstellungs Repräsentanz*)이라는 개념으로 수렴될 것이다. 그리고 체계 속에 지역화된 의미를 통한 의미 해석과 에너지를 통한 설명은 이 개념에서 교차되고 일치한다. 그러므로 첫 번째 움직임은 충동**으로** 돌아가는 것이고, 두

---

이 논문들은 모두 프로이트가 원래 「메타심리학을 위한 예비작업」이라는 제목으로 출간하려고 했던 12개의 논문에 속한 것이었다. *SE*, *14*, pp. 105–07. 다섯 개의 논문은 *GW* 와 *SE*에 수록되었다. 프랑스어 번역은 이와 유사한 제목인 M tapsychologie(메타심리학)으로 되어 있다. 이 논문들 외에 「정신분석에 있어서 무의식에 관한 노트」 *GW*, *8*, pp. 431–9 ; *SE*, *12*, pp. 260–266, 『메타심리학』, pp. 9–24 그리고 특히 「나르시시즘에 서론」(1914) *GW*, *10*, p. 138–170 ; *SE*, *14*, p. 73–102 ; tr. fr., 프랑스어판은 상업적으로는 출판되지 않았다. Soc. Fr. de Psychan. Paris 1957.

2_ *Vorstellung*과 *Repräsentanz*라는 개념은 번역하기가 대단히 어렵다. *den Trieb repräsentierende Vorstellung*(*GW*, *10*, 264)과 같은 구절은 어떻게 번역할 것인가? 영어판에서는 이렇게 번역되었다. *Coll. Pap. IV*, *4*, *98*. *the ideational presentation of an instinct*. 또 이렇게 번역된다. *SE 14*, *166*. *the idea which represents an idea*. 영어번역자는 칸트와 쇼펜하우어에 이르는 개념적 전통이 있음에도 불구하고 *Vorstellung*을 *Répresentation*으로 번역하지 않는다. *idea*와 *ideational*이라는 말은 로크과 흄의 전통 안에서 나름대로 진중한 근거를 가지고 있다. 프랑스에서 *Vorstellung*은 단지 représentation으로 번역될 수 있을 뿐이다. 따라서 난점은 *Repräsentanz*라는 개념의 번역에 있는데, 이 개념은 관념적이거나 정동적인 질서 안에서의 심리적 표현 또는 충동의 대표를 의미한다. *Repräsentnaz*를 *présentation*으로 번역할 것이다. 이것은 표준판 4권의 영어번역자의 제안을 따른 것이다.

번째 움직임은 충동의 표상적 지표로부터 시작하는 것이다. 여기서 문제가 되는 것은 「메타심리학에 관한 논고」가 힘과 의미라는 두 관점을 통합하는 데 있어 『꿈의 해석』보다 더 성공적인 결과를 낳는가 하는 것이다.

따라서 우리는 두 가지 경로를 따라갈 것이다. 첫 번째 경로는 우리를 의식에 가정된 자명성으로부터 욕망의 정립에 속하는 의미의 기원으로 이끌어줄 것인데, 여기서 우리는 지형학적-경제학적 관점과 충동(*Trieb*)의 개념 모두에 도달할 것이다. 그 밖의 모든 것은 운명(*Schiksal*)이다.

그러나 이때 우리는 반대 방향의 경로도 취해야 할 것이다. 충동은 사실상 칸트의 사물과 같은—초월적 대상=X—것이다. 그와 같이 충동은 지정하고 표상하는 일 외에 다른 방식으로는 도달할 수 없는 것이다. 이런 식으로 우리는 충동의 문제제기로부터 충동 표상의 문제제기로 나아갈 것이다.[3]

모든 불일치는 해소될 것인가? 에너지 담론과 의미화 담론 간의 간극은 폐쇄될 것인가? 이 문제는 결국 이 장에서 열어둔 채로 남겨질 것이다. 그러나 적어도 우리는 이 사태들의 상황을 이해하기 위한 근거

---

3_ 이 책의 2장 변증법에서 우리는 반성 철학의 틀 안에서 이 이중적 운동으로 돌아올 것이다. 첫 번째 운동은 탈취(*dessaisissement*)에 관련된 것인데, 이에 따라 반성작업은 의식의 환각과는 완전히 분리될 것이다. 두 번째 운동은 재전유(*réappropriation*)에 관한 것인데, 이것은 해석작업을 통한 의미의 재포착을 뜻한다. 욕망의 뿌리에 이르기 위해 반성작업은 스스로 담론에 있어서 의식적 의미를 포기해야 하고 다른 의미의 장소로 중심을 이동해야 한다. 그러나 욕망은 스스로를 대체하는 위장을 통해서만 접근 가능하므로 욕망의 출현이나 정립은 욕망의 기호들에 관한 해석을 통해서만 반성 안으로 기입될 수 있다.

들을 알아낼 수는 있을 것이다.

### 1. 지형학적-경제학적 관점과 충동 개념의 획득

이 연구를 시작함에 있어서 우리는 1912년의 「정신분석에서의 무의식에 관한 노트」라는 논문과 1915년의 「무의식에 관하여」라는 유명한 논문의 처음 두 장을 우리의 지침으로 삼을 것이다.[4]

이 논문들에서 흥미로운 점들 중 하나는 이것들이 프로이트적 변론이라고 불릴 만한 것이라는 점이다. 즉 이 논문들은 우선 비전문적인 대중들과 과학적 대중들을 위해(둘 모두 의식에 대한 편견에 사로잡힌 철학자들을 이해하기를 포기한 부류이다) 그들에게 무의식이라는 개념을 찬동할 만한 것으로 보이게 하자는 의도를 담고 있다. 하지만 더 중요한 것은 지형학이 관점의 역전에서부터, 즉 해석 작업에서 반성되지 않은 채로 이미 그 효력을 발휘하는 일종의 반-현상학에서부터 나타난다는 사실이다. 우리는 프로이트의 안내를 따라 이 역전을 주제화하기 위해 논의를 전개할 것이다.

사유의 운동은 기술적 개념에서 체계적 개념으로 나아간다. 전자에서 '무의식'이라는 말은 여전히 형용사이지만 후자에서 그것은 명사적이다. 이 기술적 의미의 상실은 우리가 Ics로 옮기는 약호 Ubw에 의해 표기된다. 지형학적 관점에 도달한다는 것은 형용사적 무의식에서

4_ 이 논문의 첫 번째 영어번역본 출처는 다음과 같다. *Proc. of the Soc. for Psychic. Research*, 1912, Part 66. 그리고 독일에서는 다음과 같이 발간되었다. *Intern. Ztschft. f. Paychoanalyse*, 1913, no 1.

명사적 무의식으로, 무의식적 성질에서 체계로서의 무의식으로 움직이는 것이다. 그러므로 그것은 역으로 환원의 문제, 즉 **판단중지**(*epochè*)의 문제다. 왜냐하면 애초에 가장 잘 알려진 것인 의식이 이제 의문스러운, 가장 잘 알려지지 않은 것이 되었기 때문이다. 처음부터 무의식적 성질은 실제로 의식과의 관계를 통해 파악된다. 다시 말해 무의식은 사라진 것의 속성으로 나타나지만, 새롭게 나타날 수도 있다. 알려지지 않는 것은 무의식의 측면이다. 우리는 의식에서 끌어온 모든 표지로부터 재구성과 가정을 한다. 왜냐하면 기억이 사라지는 곳도 의식이고, 다시 나타나는 곳도 의식이기 때문이다. 비록 우리가 그러한 무의식적 표상이 어떻게 해서 지각되지 않는 현존의 상태로 유지될 수 있는가 하는 문제는 알 수 없다고 하더라도, 우리가 이러한 무의식의 첫 번째 정의를 잠재적인 상태로 정의하는 것은 여전히 의식과의 관련 하에서이다.[5]

기술적 관점에서 정신분석을 통해 요구되는 체계적 관점으로의 전환은 무의식의 역동적 속성의 결과로 형성된다. 즉 최면후 연상작용, 히스테리 현상에 의해 폐쇄된 끔찍한 힘, 매일 매일의 정신병리 등등은 우리로 하여금 확실해 보이는 "강한 무의식적 사고들"에 유효한 활동성을 귀속시키게 한다.[6] 그러나 정신분석의 경험은 무의식적 관념들의 수용을 금하는 힘에 의해 의식에서 배제된 '사고들'(*Gedanken*)에 대한 관념으로 나아가게 한다. 이러한 역전 현상은 다음과 같은 에너지 도식에 의해 동기화된다. 첫째로, 거기에는 무의식적 양상(이후로 프로이트는 '무의식적 심적 작용'에 대해 말한다)이 존재한다. 그리고 의식이 되는 과정

5_ *GW, 8*, p. 433, 10, p. 266 ; *SE, 12*, p. 262, 14, p. 167 ; tr. fr., p. 12 ; 전집 11권, p. 31. *GW, 10*, p. 266 ; *SE, 14*, p. 167 ; tr. fr., p. 94 ; 전집 11권, pp. 36−7.

6_ *GW, 8*, pp. 434−5 ; *SE, 12*, p. 263 ; tr. fr., p. 17 ; 전집 11권, p. 32.

은 무의식이 합류되거나 합류되지 못하거나 하는 일종의 가능성이다. 의식은 그저 무의식에서 곧장 비롯되는 것이 아니다. 저항의 장벽은 우리로 하여금 어떤 위반, 즉 장벽을 넘어섬이라는 의식-되기의 과정을 나타내게 한다. 그리고 의식-되기는 **안으로** 관통해 가는 것이며, 무의식적으로 된다는 것은 의식과는 멀어지는 것을 뜻한다.[7] 지형학적 표상은 대체로 다음과 같다. 그 현실성에 있어서 의식-되기는 두 가지 양상을 가진다. 그것이 별 어려움 없이 발생할 때 우리는 그것을 전의식이라고 부를 것이며, 그것이 방해받거나 '단절될' 때 우리는 그것을 무의식이라고 부를 것이다. 따라서 우리는 세 가지 심역을 갖는다. 무의식(Ics), 전의식(Pcs), 의식(Cs). 에너지론적 관점과 지형학적 관점 간의 밀접한 연관성은 이미 분명해진 상태다. 다시 말해 지형학적 장소가 존재한다. 왜냐하면 거기에는 배제의 관계들, 즉 **힘**(*force*)의 관계들(저항, 방어, 거부)이 존재하기 때문이다. 따라서 우리는 『꿈의 해석』 7장의 논의 수준으로 되돌아온 셈이다. 사실 꿈은 프로이트에게 무의식에 대한 강력한 증거를 제공한다. 꿈 작업, 즉 그 치환과 왜곡의 현실성은 단지 판명한 소재지가 아니라 무의식 자체의 **적법성**을 따르도록 만든다. 즉 "무의식적 정신활동의 법칙은 의식의 정신활동의 법칙과는 현저하게 다르다."[8] 무의식적 과정과 그 법칙의 발견은 우리가 '체계에 속함'이란 관념을 형성하도록 만든다. 그리고 이 관념은 무의식에 관한 진정한 정신분석학적 개념인 것이다. 이러한 관점은 전적으로 비-현상학적이다. 무의식은 더 이상 의식의 표지로 일하는 의식의 수수께끼가 아니다. 또한 무의식은 더 이상 의식에의 '현전'과 관련하는 '잠재성'으로 정의되지도

7_ *GW*, *8*, p. 434 ; *SE*, *12*, p. 263 ; tr. fr., p. 15-16 ; 전집 11권, pp. 31-2.

8_ *GW*, *8*, p. 438 ; *SE*, *12*, p. 265-6 ; tr. fr., p. 22-3 ; 전집 11권, p. 36.

않는다. 다시 말해 "체계에 속함"이라는 사실은 무의식을 그 자체로 정립되게 한다.[9]

「무의식에 관하여」(*Das Unbewusste*)라는 제목이 붙은 텍스트는 우리가 이미 매개적인 역동적 단계를 얻어냈다고 가정한다. 무의식은 억압함으로써 진정되거나 무화되는 그러한 존재방식을 가지지 않는다. 그러므로 의식에 배제된 것과 의식-되기는 두 가지 상관적이고 전도적인 변천이며, 우리는 이를 지형학적이라고 부를 수 있다. 왜냐하면 하나의 장애물이 의식으로부터 배제되는 것과 더불어 의식에 다가가는 것을 결정하기 때문이다. 즉 지형학을 형성하는 것은 바로 이러한 장애물이다. 이 단계에서 무의식의 정당성은 과학적 필연성의 측면에 놓여 있다. 다시 말해 의식이라는 텍스트란, 일부가 잘려나간 공백이 있는 텍스트이다. 그리고 무의식이라는 가설은 텍스트 안에서의 의미와 일관성을 도입하는 내삽작업에 상응한다.[10] 이 필연적인 가설은 동시에 합법적이다. 왜냐하면 이 가정은 근본적으로 사람들의 행위로부터 추론하는 것과 같기 때문에, 비록 그것이 정신분석 안에서 두 번째 의식이라 할지라도, 우리가 의식을 결여한 심리 이론을 추론하는 것은 아니기 때문이다. 이러한 논의에 수반되는 것은 일차적 확실성과는 거리가 멀다. 다만 의식은 어떤 지각의 관념이며, 또한 이것은 외적 지각에 대한 칸트의 비판과 유사한 비판을 요청한다. 의식을 지각으로 명명함

---

9_ "무의식적인 개별 활동들이 하나의 체계를 구성할 때 그 체계에 우리는 '무의식'이라는 명칭을 부여했다. 사실 이보다 더 나은, 더 명확한 이름도 없다. 나는 그 무의식 체계를 무의식을 뜻하는 말인 'Inconscient'를 줄여 'Ics'라고 부르자고 제안했다. 이것은 아마도 '무의식'이라는 용어가 정신분석학에서 획득한 가장 중요한 세 번째 의미가 될 것이다." *GW, 8*, p. 439 ; *SE, 12*, p. 266 ; tr. fr., p. 92-3 ; pp. 36-7.

10_ *GW, 10*, p. 265 ; *SE, 14*, p. 166-7 ; tr. fr., p. 92-3 ; 전집 11권, p. 162.

으로써 프로이트는 그것을 문제적인 것으로 만든다. 반면에 동시에 그는 의식을 '표면' 현상으로 취급하는 결정적인 한 가지 계기를 마련한다. 의식적 존재와 무의식적 존재는 기껏해야 부수적인 특성일 뿐이다. 충동과 충동의 목적에 대한 심리적 행동의 관계들만이 검토의 대상이 되는데, 이 관계들은 충동과 그 목적을 종속시키는 심리적 체계에서의 그 연결성과 부속 기능으로 검토된다.

사실상 의식과 무의식의 특징들로부터 완전하게 추론되는 프로이트의 의도는 이차 지형학에서만 실현될 것이고, 우리는 나중에 이에 대해 이야기할 것이다. 때로는 서술적 의미로 때로는 체계적 의미로 사용하는 '의식'과 '무의식'이라는 단어의 애매함에도 불구하고 이 개념들은 체계들 자체를 지시하는 일차적 지형학으로 남게 될 것이다. 여기서 체계적 의미라는 것은 Ics, Pcs, Cs라는 약어들로 지칭된다. 프로이트가 하나의 어휘를 판별하기 위해 오직 하나의 언명만을 제시한다고 말하는 것은 아무런 가치가 없는 말이다. 프로이트가 여전히 의식을 소환해서 하나의 어휘로서의 신임을 부여한다는 것은 놀라운 일이다. 의식을 안다는 것은 "우리의 모든 탐구작업을 위한 출발점을 형성한다."[11] 우리는 나중에 이 언급으로 돌아올 것이다.

이렇게 해서 의식이라는 것이 적어도 알려지게는 되었는데, 이는 의식-되기가 특정한 조건 아래에서 지각의 대상이 되기 때문이다. 의식에 대한 물음은 의식-되기에 대한 물음이 되고, 후에 그것은 광범위한 부분에 있어서 **저항**의 극복과 동일한 문제가 된다.

프로이트는 이러한 단순한 역동의 관점에서 지형학적 관점으로

11_ *GW, 10*, p. 271 ; *SE, 14*, p. 172 ; tr. fr., p. 104 ; 전집 11권, p. 170.

의 이행을 확실히 하기 위해 다음과 같은 명백하게 불합리한 질문을 던지는 위험을 감수한다. 만약 의식-되기가 무의식 체계로부터 의식 체계로의 '치환'(*Umsetzung*)이라면, 우리는 이러한 치환이 새로운 심리적 소재지 안에 있는(*in einer neuen psychichen Lokalität*) 두 번째 기입(*Niederschrift*)과 같다고 간주해야 하는가?[12] 또는 이것은 어떤 동일한 내용을 포함하는, 그리고 동일한 소재지 안에서 발생하는 상태의 변화 문제로 간주되어야 하는가? 이는 프로이트가 직면한 심원한 문제이지만 우리가 만일 지형학적 관점을 진지하게 받아들여야 한다면 반드시 제기되어야 하는 문제이기도 하다.[13] 이 문제는 오직 우리가 이러한 심리적 소재지를 해부학적 위치측정(*Ortlichkeiten*)과 혼돈하지 않는 한에서만 진지하게 다루어질 수 있다.[14] 그리고 프로이트는 적어도 잠정적으로는 한 부분에서 다른 부분으로의 이행이라는 소박한 가설과 두 개의 서로 다른 위상 안에 있는 동일한 이념이라는 이중 등록을 가정하자고 제안한다. 이것이 왜 불합리한가? 여기서 프로이트가 최소한 감정적으로 더 소박하고 조잡한 자연주의적인 설명이 마치 해석에 실제로 일어난 일에 충실한 것으로 본다는 듯, 분석적 실천에 의지한다는 점에 주목하자. 만약 프로이트가 말한 것처럼 우리가 환자의 문제, 즉 옛날에 환자를 억압했던 그 관념을 환자에게 말함으로써 그 환자가 가지고 있는 문제의 의미에 대해 소통한다면(*mitteilt*), 그는 거기서 해방되지도 않을 것이며 치료되지도 않을 것이다. 왜냐하면 그는 자신이 가지고

---

12_ *GW, 10*, p. 273 ; *SE, 14*, p. 174 ; tr. fr., p. 107 ; 전집 11권, p. 172. 우리는 이를 제2의 '등록'(enregistrement)으로 번역할 수 있다.

13_ *GW, 10*, p. 273 ; *SE, 14*, p. 174 ; tr. fr., p. 107 ; 전집 11권, p. 173.

14_ *GW, 10*, p. 273 ; *SE, 14*, p. 175 ; tr. fr., p. 108 ; 전집 11권, p. 173.

있는 저항에 의해 그 관념으로부터 동떨어진 채 남겨질 것인데, 이는 그 저항이야말로 그 환자를 그러한 관념으로부터 유리시키는 것이기 때문이다. 따라서 그 관념은 청각적 기억의 의식 영역과 무의식 둘 모두에 기록되는데, 거기서 그것은 저항이 극복되지 않는 한 폐쇄된 채로 남아 있게 된다. 따라서 '이중등록'은 동일한 관념적 위치에서의 차이에 지나지 않는 예비적 방법에 불과하며, 이것은 의식의 표면과 억압되는 것의 심연 사이에 존재한다. 우리는 나중에 어떻게 왜 이러한 이중등록 이론이 극복되기에 이르는지 보게 될 것이다.

우리는 단지 **잠재적인** 서술적 개념으로부터 지형학적 체계라는 체계적 개념으로 이행하는 근거를 제시했을 뿐이다. 이제 우리는 이러한 관점의 역전을 **실현해야** 한다. 후설의 **판단중지**가 의식**으로의**(*à*) 환원인 반면에 프로이트의 **판단중지**는 의식**의**(*de*) 환원인 것처럼 보인다. 따라서 여기서 우리는 일종의 회귀하는 **판단중지**에 관해 말하는 것이다.[15] 이 역전과정은 남겨진 모든 것들을 운명으로 파악하는 충동(*Trieb*)을 근본 개념으로 정립할 때 얻어진다. 나는 이러한 대체를 프로이트적 접근의 반-현상학적 특징을 면밀히 조사함으로써 이해해 볼 것이다. 역전된 판단중지라는 것은 우리가 의식을 경유한다는 의미에서 '대상'에 다가가기 위해 포착해 가기를 멈추고 이를 충동의 '목적들'로 대체한다는 것을 뜻한다. 다른 한편으로 우리는 '대상'이 나타나는 또는 '대상'에 대해 나타나는 어떤 것이라는 의미에서 '주체'를 축으로 삼기를 포기한다. 간단히 말해 우리는 의식에 대한 문제제기를 통해서 주

15_ 이것은 판단중지와 의식 간의 구분에 관한 첫 번째 접근일 뿐이다. 그리고 이는 프로이트 정신분석과 후설의 판단중지의 특징이기도 하다. 우리는 이러한 대립지점을 변증법 1장에서 보다 정확하게 구분지음으로써 광범위하게 발전시킬 것이다.

체-대상이라는 문제제기를 단념하기에 이른다.[16]

프로이트가 『성욕에 관한 세 편의 에세이』의 초기 결론들을 주제화하는 「충동과 그 운명」이라는 논문에서 심리학적 지침으로서의 '대상'에 대한 단념이 나타난다.

충동을 기초적인 개념으로, 즉 충동의 기능이 체계적으로 실험과학에서의 경험적 사실과 관련되어야만 하는 것으로 정립되면서 프로이트는 자신이 체계화를 위한 서술의 지반에서 멀어졌음을 깨닫는다.[17] 이 체계화 안에 함축된 것은 종래의 의미들(자극, 결여와 만족에 대한 정의들)뿐만 아니라 일련의 가설 또는 요청들(*Voraussetzungen*)이다. 이러한 가설들과 요청들은 항상성의 가설과 가까운 매우 중요한 것으로, 심리적 기관들은 "자동적으로 쾌-불쾌의 계열에 속한 감정들에 의해 제어된다."[18] 이 가설은 제 차례에 와서 쾌-불쾌와 "정신을 촉발하는 자극(*Reizgrässen*)의 양"[19] 사이에 어떤 대응을 가정한다. 따라서 우리는 양적 이론에 친숙한 근거에 의존하게 되는데, 사실 우리는 「과학적 심리학

16_ 나는 현상학의 어휘를 상기시켜 '대상의 지시'와 '주체의 축'이라는 표현을 제안하는 바이다. 그러나 이와 더불어 파괴된 현상학은 단지 의식의 심리학일 뿐이다. 우리는 초월적 지시로서의 대상과 반성적이고 매개적인 '나'로서의 주체를 다시 정복하기 위하여 의식과 의식으로서의 주체 자체를 경유함으로써 초월적 지시로서의 대상과 반성적이고 매개적인 나로서의 대상을 잊어야 한다. 우리는 이 주제를 변증법 2장에서 체계적으로 탐구할 것이다.

17_ 프로이트는 이러한 계기를 그의 가장 중요한 방법론적 텍스트 중 하나를 집필하는 기회로 삼았다. *GW, 10*, pp. 210-1 ; *SE, 14*, pp. 117-8 ; tr. fr., pp. 25-6 ; 전집 11권, pp. 101-2. 그리고 정의와 기초 개념들, 그리고 관례적 표현들이 가지는 관계는 심리학의 경험적 소재에 대해 실험적인 자연과학의 유형을 따라 수립된다.

18_ *GW, 10*, p. 214 ; *SE, 14*, p. 120 ; tr. fr., p. 32 ; 전집 11권, p. 106.

19_ *Ibid.*

초고』 때문에 결코 그러한 의존성을 벗어나지 못한다.

충동이라는 개념과 더불어 우리는 지형학에 경제학을 강제한다. 즉 "모든 충동은 활동성의 분파이다."[20] 그러나 경제학적 관점은 그 우위성에 있어 목적이라는 개념이 대상이라는 개념보다 우월하다는 사실에서 경제학적인 표현을 발견한다. 즉 "충동의 목적은 어떤 경우든지 만족이다. 그리고 이 만족은 충동의 근원에 있는 자극 상태를 제거함으로써만 달성할 수 있다."[21] 이제부터 대상은 목적의 기능 안에서 정의된다. 그리고 이와 유사하게 "충동의 대상은 충동이 그 만족에 도달하는 데 도움을 주거나 수단이 되는 것을 일컫는다. 충동과 관련된 것 가운데 가장 변수가 많은 이 대상은 애초부터 충동과 결부된 것은 아니지만 충동의 만족 달성에 매우 적합하다는 이유로 충동에 할당된 것이다."[22] 이와 같이 충동의 대상은 세계의 대상(*Gegenstand*) 내지는 자신의 신체이다. 이러한 목적과 대상의 변증법은 『성욕에 관한 세 편의 에세이』에서 밝혀진 바 있다.[23]

목적과 대상에 관한 새로운 문제제기가 시작되는 곳에 '충동의 운명'이 존재한다. 충동의 원천(*Quelle*)에 대한 연구가 생물학의 판정 아래 놓여 있기 때문에 충동은 우리에게 오직 그 목적 안에서만 알려진

---

20_ *Jeder Trieb ist ein Stück Activitüt*, *GW*, *10*, p. 214 ; *SE*, *14*, p. 122 ; tr. fr., p. 34 ; 전집 11권, p. 107.

21_ *Ibid*.

22_ *Ibid*. ; 전집 11권, p. 108.

23_ "성적인 유혹에 앞서 나오는 그러한 인격을 성적 대상이라고 부르고 충동이 밀어내는 작용을 성적 목표라고 부르자." *GW*, *5*, p. 34 ; *SE*, *7*, pp. 135−136 ; tr. fr., *Trois Essais*., p. 20 ; 전집 7권, p. 20. "대상의 측면에서의" 일탈과 "목표의 측면에서의" 일탈 간의 이러한 구별은 첫 번째 논문에서 지배적인 요건이다.

다. 즉 충동은 심리학에만 관련한다. 다른 식으로 말하자면 우리가 검토하고 있는 기관들은 하나의 심리적 기관들이며, 쾌-불쾌에 의한 제어는 그것이 비록 양적이라 하더라도 심리학적 질서에 속해 있다.

「충동과 그 운명」에서 프로이트는 의도적으로 제한을 가했음에도 불구하고 이 '운명'에 대한 체계적인 관점을 부여한다. 실제로 다음과 같은 선결되어야 할 가설이 부여된다. 자아의 충동과 성적 충동 간의 구별이 바로 그것이다. 하지만 이 가설은 항상성의 가설과는 다른 지반에 위치한다. 즉 후자는 일반적 가설인 반면에 두 종류의 충동 간의 구별은 궁극적인 변이를 탐구하기 위해 필요한 작업가설에 불과하다. 그것은 거칠게나마 육체와 세포원형질 간의 생물학적 구별에 상응하며, 정신분석적 실천을 위한 유용한 도구가 될 것처럼 보인다. 왜냐하면 성적 충동이 다른 것에서 고립된다는 사실은 임상적 관찰에서 확인되는 바이기 때문이다. 대상에 대한 목적의 우선성은 성적 충동에 있어서 가장 분명하게 드러난다. 프로이트는 성적 충동이 쉽게 그 대상을 바꾸는 만큼 그 대상들이 "다른 충동을 대신하여(*vikariierende*) 행동한다"고 말한다.[24]

비록 그것이 성적 충동에 국한된다 할지라도 충동의 운명에 관한 목록은 체계적인 것으로 다뤄진다. 『꿈의 해석』이 억압에 관해서만 말하는 데 반해 이 운명은 이제 세 가지 다른 대상들 사이에 삽입된다. 즉 그것의 반대항으로의 충동의 전환(*Verkehrung*), 자신의 인격에 반하는 전회(*Wendung*), 그리고 승화. (본 논문은 승화에 대해 다루지 않고 오직 전환과 전회만을 다룬다. 그리고 분리된 다른 논문에서는 억압에 지면을 할애한다.)

전환이나 전회가 이해될 수 있기 위해서는 그것이 지향된 대상과

---

24_ *GW, 10*, p. 219 ; *SE, 14*, p. 126 ; tr. fr., p. 42 ; 전집 11권, p. 112.

관련되는 것이 아니라는 점에 주목해야 한다. 반대로 지향된 대상은 경제학적 개념에서 그 자체로 재해석될 것이다. 짝을 이루는 반대항인 관음증–노출증이라는 항에 있어서 능동적 역할로부터 수동적 역할로의 전환이 일어나며 목적도 변화된다. 반대로 또 다른 짝인 사디즘–마조히즘에 있어서는 전환이 타자의 내용에서 자기 자신의 내용으로(*inhaltliche Verkehrung*)[25] 형성될 때, 단지 변하지 않는 목적과의 관계를 통해서만 — 고통을 당함으로 — 대상을 바꾼다. 그러나 우리는 또한 '전회'를 통해서 '전환'에 대해 언술할 수 있다. 왜냐하면 마조히즘은 고유한 자아에 반하여 전환하는 사디즘으로 간주될 수 있고, 노출증은 자신의 신체를 향한 관조로 전회하는 것으로 간주될 수 있기 때문이다. 우리는 이러한 다양한 운명에 대한 세부적 연구에는 관심을 두지 않는다. 그보다 우리는 운명들의 하부구조 원리에 더 관심이 있다. 이러한 관점에서 주목해야 할 주요한 사항은 대상 개념이 리비도의 경제적 배분에 일치하여 개정된다는 점이다.

그러나 이러한 대상 개념에 대한 경제학적 개정은 주체 개념의 수정을 수반한다. 자아와 타자의 역할 교환은 사디즘–마조히즘과 관음증–노출증 모두에서 우리로 하여금 주체의 축과 그 대상적 반대축 사이의 관계와 연관되는, 소위 그 명증성을 집합적으로 질문하게 한다. 주체–대상 배분은 그 자체로 경제학적 배분이다. 이것이 바로 프로이트가 사디즘에서 마조히즘으로의 전환의 경우를 "나르시시즘적

---

25_ *GW, 10*, p. 219 ; *SE, 14*, p. 127 ; tr. fr., p. 43 ; 전집 11권, p. 113. 프로이트가 마조히즘의 우선성이라는 아이디어를 떠올리기 전에 이 텍스트는 이미 있었다. cf.「마조히즘의 경제적 문제」(*Problème Économique du Masochisme*, 1924). *GW, 13*, pp. 371–83 ; *SE, 19*, pp. 159–170 ; tr. fr., in *Rev. fr. de Psychan*. II, 2, 1928, pp. 212–223. 우리는 이 책의 2권 3부 1장에서 이 생각으로 돌아올 것이다.

대상"[26]이라고 말하는 이유인 것이다. 최초의 나르시시즘과 나르시시즘으로의 퇴행과 관련하여 나르시시즘적 대상에 대해 말하는 것은 대상의 정의를 충동적 목적의 수단으로 적용하는 것이다. 따라서 나르시시즘은 대상만이 아니라 주체의 각각의 위치들이기도 하며, 대상은 서로 교환되는 것이다. 동일한 목적에 기여하는 동안 이러저러한 대상들이 교환될 뿐만 아니라 자아와 타자도 또한 능동적인 것에서 수동적인 역할로, 보는 것에서 보여지는 것으로, 타자에게 고통을 주는 것에서 자기 자신에게 고통을 주는 것으로의 역전 속에서 교환된다. 이러한 전환의 관계들에서, 즉 이러한 경제적 교환들에서 나르시시즘은 어떤 중추적인 표식으로 기여한다. 즉 그것은 사물애와 자기애 간의 최초의 혼돈을 표상하는 것이다. 이 구별의 결핍에 주목하기 위해 프로이트는 자기애적 대상 또는 투과하는 자아에 대해 동등하게 말한다.

이러한 교환의 구조는 프로이트로 하여금 투사와 대립하는 개념으로, 페렌치가 매우 성공적이면서 혼란스럽게 활용한 **투입**(*introjection*) 개념을 채택하여 도입할 수 있게 해준다. 만약 우리가 외부 세계와 쾌락의 유일한 원천인 주체에 무관심한 자기애적 경로를 허용한다면 외부와 내부, 즉 세계와 자아 간의 구별과정은 자아가 그 자체로 구체화될 수 있는 것과 "쾌락-자아"(*Lust-Ich*)[27]의 소유로서의 가치 및 이 자아가 두려워하는 것으로 거부하는 것, 즉 불쾌의 원천으로 있는 것 사이의 경제적 구분의 과정이다. 사랑의 태도와 관련하여 이러한 외부와 내부의 구별은 (만약 사랑으로서 자아의 실현이 그것의 쾌의 원천으로 이해된다면) 증오의 태도와 관련하여 어떤 다른 구분의 과정을 통해 더욱더 복잡해

---

**26_** *GW, 10*, p. 224 ; *SE, 14*, p. 132 ; tr. fr., p. 52 ; 전집 11권, p. 120.

**27_** *GW, 10*, p. 228 ; *SE, 14*, p. 136 ; tr. fr., p. 59 ; 전집 11권, p. 126.

진다. 사실상 사랑은 “두 쌍의 대조군”[28]이라는, 다시 말해 증오를 가지고 있다. 즉 쾌락-자아를 위한 사랑스런 대상의 대조군은 불쾌이다. 그리고 자기 보존의 충동을 위한 사랑하는 대상의 대조군은 증오의 대상이다. 대상—사랑하는 또는 증오하는 대상—은 즉각적으로 주어지는 것이 아니다. 그것은 차라리 내부적인 것과 외부적인 것 사이의 구분들의 이중적 계열의 최종적인 결과인 것이다. 최초의 자기애적 국면으로부터 이러한 최종적 결과를 구별하기 위해 우리는 그것을 대상 단계로 명명한다.[29]

이러한 과정에서 경제적으로 재구축된 것은 현상학적 의미에서 정확히 ‘대상’이라고 말할 수 있다. 「충동과 그 운명」의 결론 부분에서 프로이트는 일상 언어로 되돌아간다. 즉 우리는 대상에의 매혹에 관해 언급하게 되며, 또한 우리가 그 대상을 사랑한다고 말한다. 우리는 그것이 사랑하는 우리—총체적 자아—라고 말하지, 충동이 증오하거나 사랑하는 것이라고 말하지는 않는다. 언어 용법, 그러니까 ‘사랑한다’와 ‘증오한다’라는 말은 대상에 의해 지배되는데, 이는 사랑과 증오가 구성될 때, 즉 그것들의 반대 대상이 구성되고 그 주체가 구성될 때 오로지 욕망의 영역에서 대상 발생의 결과 속에서 정당화된다. 대상의 역사는 대상 기능의 역사이며, 이러한 역사는 욕망 그 자체의 역사이다. 여기서 흥미로운 것은 이러한 역사가 아니라—유명한 의식의 단계론[30]—방법론적 도입이다. 프로이트에 있어서 대상은 즉각적인 촉발과

---

28_ *Ibid*.

29_ *GW, 10*, p. 229 ; *SE, 14*, p. 137 ; tr. fr., p. 60 ; 전집 11권, p. 127.

30_ 프로이트는 『새로운 정신분석 강의』에서 이 점에 관해 전반적인 관점을 표명하고 있다. *Nouvelle Confrences*, tr. fr., pp. 134–140 ; 전집 2권, pp. 96–99.

더불어 자아에 주어지는 것이 아니다. 그것은 경제적 기능에 있어 상이한 어떤 것이다.

자아와 대상 간의 경제적 교환은 대상이 충동의 목적의 기능인 지점에서 뿐만 아니라 자아 자체가 충동의 목표인 지점에서도 수행된다.[31] 이것이 정신분석 안으로 나르시시즘이 도입된다는 말의 의미이다. 물론 우리는 결코 최초의 나르시시즘을 직접 대면하여 알 수 없다. 결론적으로 「나르시시즘 서론」에서 프로이트는 몇몇 집중적인 신호들 즉 도착 상태로서의 나르시시즘을 따라 우리 자신의 신체가 하나의 사랑의 대상으로 다루어진다는 논의를 진행한다. 이것은 또한 자아 보존의 충동에 대한 리비도 보충으로서의 나르시시즘이다. 더 나아가 분열증에서의 현실에 대한 무관심은, 마치 환상적 대상으로 재투여하지 않는, 대상 리비도의 제거와도 같은 것이다. 마찬가지로 이것은 원시인과 어린아이들의 경우에 사유의 힘에 대한 과대평가와도 관련이 있다. 따라서 거기에는 병자와 건강염려증 환자로의 퇴행 현상이 있으며, 결국에는 수면 상태의 자아중심주의가 있다. 이 모든 경우에 있어서 우리는 투여의 퇴행 과정만을 직접적으로 인식한다. 그러나 원초적 나르시시즘으로의 이러한 퇴행들, 2차 나르시시즘을 파악하면서 우리는 지형학적-경제학적 관점의 정복을 완수하는 어떤 새로운 인식가능성을 이

31_ *Zur Einführung des Narzissmus*, *GW, 10*, p. 138–170 ; *SE, 14*, p. 73–102 ; tr. fr., Soc. Fr. *de Psychanalyse*, 1957, pp. 1–34 ; pp. 45–85. 반성철학에 의하면 나르시시즘의 도입은 하나의 최상의 검사과정일 것이다. 즉 즉각적인 통각이라는 주체를 포기하는 것이 필연적일 것이며, 미완성의 코기토가 제일 진리로서의 나는 생각하므로 존재한다의 자리를 차지하게 되는 것이다. 모든 현상의 극단적인 연역과 더불어 그러한 코기토의 위기에 놓여 있는 극단적인 지점이 마찬가지로 획득된다. 아래의 변증법 2장 참조.

론 안으로 **도입한다**. 나르시시즘의 도입은 충동에 대한 우리의 관념을 심화시킨다. 그것은 우리가 충동을 그 어떤 주체-대상의 관계보다 더 근본적인 것으로 파악하도록 강제한다. 충동은 자아와 대상 사이의 전체 에너지 분배 아래에 놓인 에너지의 저장소이다. 대상 선택 자체는 나르시시즘과 상호적인 하나의 개념이 되는데, 이는 나르시시즘으로부터 출발하는 어떤 것이고, 이 관점에서 오직 나르시시즘으로부터의 — 그리고 나르시시즘으로 돌아가는 — 출발지점이 존재한다.

논의의 적당한 지점에서 우리는 동일화 및 승화 이론에서 이러한 나르시시즘론의 중요한 적용점을 보게 될 것이다. 이런 면에서 나르시시즘에 대한 논문은 1920-1924년 기간 동안의 저작을 넘어서는 놀라운 진보를 이루며, 자아와 이드 그리고 초자아라는 새로운 연속체를 따라 지형학의 재조직화를 공언한다. 결론적으로 여러 가지 다른 적용들(망상분열의 메커니즘, 나르시시즘적 대상 선택, 성적 대상의 과대평가, 여성성)을 한 다음 프로이트는 중요한 생각을 도입하게 되는데, 그것은 이상들의 형성이 나르시시즘의 전위를 통해 발생된다는 것이다.[32] 우리는 아

---

32_ "이러한 이상적 자아가 이제는 어린 시절 실제적 자아가 누렸던 자기애의 목표가 된다. 말하자면 한 개인의 나르시시즘이 이 새로운 이상적 자아로 자리를 옮겨 나타나게 되고, 따라서 이 이상적 자아는 어린 시절의 자아처럼 모든 가치와 완전성을 부여받게 된다. 리비도와 관련된 영역에서는 늘 그렇듯이 사정이 이렇게 되면 사람은 자기가 한때 누렸던 만족을 스스로 포기할 수 없음을 다시 한 번 내보이게 된다. 사람은 자신이 어렸을 적에 누렸던 나르시시즘적 완전성을 놓치기 싫어한다. 그리고 성장하면서 다른 사람들의 훈계나 스스로의 비판적 판단에 의한 각성을 통해 어떤 장애에 부딪혀 더 이상 그 완전성을 유지할 수 없게 될 때면 그것을 자아 이상이라는 새로운 형태에서 다시 회복하려고 노력한다. 그가 자기 앞에 하나의 이상으로 투사한 것은 어린 시절 그 스스로가 자신의 이상이라고 생각했던, 하지만 이제는 상실하고 없는 바로 그 어린 시절의 나르시시즘을 되찾게 해주는 대체물이다." *GW, 10*, p. 161

직 이러한 중요한 발견의 결론을 전개할 위치에 있지 않지만, 적어도 주체가 그것에 따라 그 현실적 자아를 평가한다는 관념이 리비도 이론 아래에, 정확히 말해서 나르시시즘의 매개를 통해 수행될 수 있다는 사실을 알게 된다. **이상**과 **나르시시즘** 간의 이 누전 사고는 매우 암시적이다. 즉 **이상** 그 자체는, 자아중심주의의 차원에서 나타나는 것과 그 앞에서 자아가 자신을 소거하는 관념에 대한 숭배 사이의 복잡성으로 인해, 충동의 전위와 관련해서 종합평가를 받는다.

하지만 현재 우리는 프로이트가 이상화와 나르시시즘 사이의 관계의 맥락에서 언급한 다른 개념을 우리의 반성에 비추어 조정해야 할 위치에 있다. 이 다른 요소는 **승화**인데, 이는 「충동과 그 운명」에서 충동의 네 번째 운명으로 언급되었던 것이다. 나르시시즘에 대한 논문에서 프로이트는 다음과 같이 말한다.

> 승화는 대상 리비도와 관련된 과정이며, 충동이 성적 만족이라는 목표가 아닌 그로부터 멀리 떨어진 어떤 다른 목표로 방향을 잡아가는 과정이다. 이 과정에서 중요한 것은 성욕에서의 이탈, 즉 성욕에서 벗어나는 일이다. 반면에 이상화는 '대상' 그 자체와 관련된 과정이다. 이상화에 의해 대상은 그 속성의 변화 없이 개인의 마음속에서 확대되고 드높여진다. 이런 이상화는 대상 리비도의 영역에서만이 아니라 자아 리비도의 영역에서도 가능하다. 예를 들어 한 대상에 대해 성적으로 과대평가하는 것은 그 대상을 이상화시키는 것과 다를 바 없다. 이처럼 승화가 충동과 관련되고, 반면에 이상화가 대상과 관련된 것인 한

---

; *SE*, *14*, p. 94 ; tr. fr., p. 24 ; 전집 11권, p. 74.

두 개념은 서로 구별될 수 있다.[33]

이것이 이상화와 승화 간의 구별이 필요한 하나의 이유이다. 그러나 더욱 더 중요한 것은 우리가 우리의 리비도적인 충동들을 승화시키는 일을 계속하지 않고서도 어떤 이상에 우리 자신을 종속시킬 수 있다는 사실이다. 신경증 환자는 정확히 자아 이상의 구성에 의해 그의 충동에 부과된 거대한 요구, 즉 승화의 낮은 잠재력에 수반된 요구의 희생자이다. 그러나 항상 그러한 것은 아닌데, 왜냐하면 그러한 요구가 이러한 종속을 강화할 수는 없기 때문이다.[34] 우리는 여기서 매우 중요한 어떤 지점에 다가서고 있다. 즉 여기에는 이상 형성의 지름길이 있다. 그것은 우리가 다른 일차적 현상으로서의 마조히즘을 도입하고서야 이해하게 되는 실력 행사다. 반대로 승화는 일종의 완만한 변환이다. 만약 이 점을 이해한다면 우리는 승화가 억압과는 아주 다른 운명에 처한 것임을 이해하게 될 것이다. "승화는 억압과는 무관하게 자아의 요구를 만족시키는 하나의 방편이자 출구로 나타난다."[35]

하지만 이 모든 것은 일차 지형학에서 이차 지형학으로 나아감에 있어, 「나르시시즘 서론」에서 이미 제안했듯이 특수한 심리적 심역의 도입을 통해 의미를 얻게 될 것이다. 이것이 바로 초자아이다. 우리는 더욱이 다음과 같이 말해야 한다. 초자아에 관한 물음과 더불어 자아에 대한 물음이 생겨나고, 이 물음은 더 이상 의식에 대한 물음과 동일하지 않다. 그것은 오직 지형학에서만 주제화되는데, 이 지형학의 최우선

33_ *GW, 10*, p. 161 ; *SE, 14*, p. 94 ; tr, fr, p. 25 ; 전집 11권, p. 75.

34_ *Ibid*.

35_ *GW, 10*, p. 162 ; *SE, 14*, p. 95 ; tr. fr., p. 25 ; 전집 11권, p. 75–6.

적인 관심은 의식의 명증성과의 관계를 통해서 무의식의 정립을 자유롭게 하는 것이다.

이차 지형학과 이 지형학이 제기하는 새로운 문제를 너무 많이 선취하지 않아야 나르시시즘과 대상 리비도 간의 관계에 대한 탐구를 좀 더 많이 수행할 수 있다. 이는—어쩌면 모든 예들 중에서 가장 충격적인 것일지도 모르는—하나의 궁극적인 예로, 프로이트가 그의 훌륭한 소논문 「애도와 우울증」에서 몰두한 **애도작업**을 언급함으로써 가능할 것이다.[36] 애도는 하나의 작업이다. 다시 말해 "애도는 언제나 사랑하는 사람의 상실 혹은 사랑하는 사람의 자리에 대신 들어선 어떤 추상적인 것, 즉 조국, 자유, 어떤 이상 등의 상실에 대한 반응이다."[37] 애도에 대한 점진적인 작업, 즉 이 작업에 대한 예외적인 몰두, 잘 알려진 어떤 특징들—외부 세계에 대한 관심의 상실, 잃어버린 대상에 대한 사유들과 연결되지 않는 어떤 현실성으로부터의 소외—은 상당한 문제를 드러내는데, 이는 고통(*Schmerz*)의 경제학에 대한 문제에 비길 만한 것이기도 하다[고통은 여기서 쾌-불쾌(*Lust-Unlust*)에 대한 불쾌와는 매우 다른 것이다]. 고통의 경제학은 우리를 나르시시즘과 대상 리비도 간의 관계의 중심부로 데려간다. 현실성 검사는 사랑받는 대상이 더 이상 존재하지 않는다는 것을 보여주므로 리비도는 이 대상에 대한 집착으로부터 물러나도록 요청된다. 그리고 리비도는 반항한다. 또한 리비도가 세부적으로 실행하는 것은 조금씩 이루어지는 투여 에너지의 막대한 소비다. 또한 이는 상실된 대상, 현실을 통해 주어진 질서에

36_ *Trauer und Melancholia, GW*, 10, pp. 428–450 ; *SE, 14*, pp. 243–258 ; tr. fr., *Méta-psychologie*, pp. 19–22 ; 전집 11권, pp. 243–65.

37_ *GW, 10*, p. 428–29 ; *SE, 14*, p. 243 ; tr. fr., p. 189 ; 전집 11권, p. 244.

대한 각각의 기억에서 비롯된다.

이러한 작업은 자아를 흡수하고 금지하는 것이다. 이 작업이 완수될 때 자아는 다시금 자유로워지며 방해받지 않게 된다. 다른 한편으로 우울증은 이러한 특성들에 결정적인 요소를 추가한다. 그것은 자기 존중(*Selbstgefühl*)의 감소다.[38] 이러한 자기 평가의 저하에 대해 상승된 자기 비판이 결합한다. 그리고 다시금 우리를 초자아 문제의 문턱으로 데려간다. 그 비판과 감시의 심급(*instanz*)이 사실상 양심(*Gewissen*)의 정초다.[39] 우리는 여기서 이러한 심급의 구조에 관심이 있는 것이 아니라, 사실상 우울증적 자기 비하로부터 이 비난에 원초적으로 반항하여(*Ihre Klagen sind Anklagen*) 사랑의 대상의 자리를 자아가 붙잡는다는 사실에 관심을 둔다. 여기서 어떤 일이 일어나는가? 다른 대상으로 대체되는 대신 리비도는 자아로 물러나게 되고, 포기된 대상과 함께 자아의 정체성을 수립하는 와중에 그 리비도가 도입된다. 따라서 자아는 대상에로 향하는 경향이 있는 그러한 충동을 받아들이는 것이다. 이런 식으로 대상 상실은 자아 상실이 되며, 자아는 혹사당한다.

따라서 우리는 새로운 과정을 밝혀냈는데, 그것은 프로이트가 대상과의 자기애적 동일시라고 불렀던 것, 다시 말해 대상애를 위해 동일화를 대체하는 것이다.[40] 동일화 자체는 나중에 심각한 문제를 야기할

---

38_ 이 표현은 「나르시시즘 서론」에서의 아들러와의 논쟁의 맥락에도 등장한다. *GW, 10*, p. 166–70 ; *SE, 14*, p. 98–102 ; tr. fr., p. 29–34 ; 전집 11권, pp. 80–5.

39_ "우리가 여기서 알게 될 것은 통상 '양심'이라고 불리는 비판 기관이다. 우리는 이 '양심'을 의식의 검열과 현실성 검사와 더불어 자아의 주요 기관에 포함시킬 것이고, 또 이 비판 기관도 나름대로 병에 걸릴 수 있다는 증거를 찾게 될 것이다." *GW, 10*, p. 433 ; *SE, 14*, p. 247 ; tr. fr., p. 199 ; 전집 11권, p. 250.

40_ 이 텍스트에서 프로이트는 대상 선택과 동일시와의 가능한 연결을 제안한다. 즉 이

것이다. 여기선 그것이 대상 선택과 나르시시즘 간의 보다 은밀한 관계를 발견하도록 우리를 돕는 어떤 신호와 같은 것으로 봉사한다. 이런 과정이 가능하기 위해서는 다음과 같은 것이 필수적이다. (1) 어떤 주어진 조건 하에서 그 대상 선택은 원초적인 나르시시즘으로 **퇴행**할 수 있다는 것. 이것은 대상 선택이 자기애적 기반에서 만들어졌다는 점을 함축하는 것으로 보인다. (2) 또한 그 사랑의 관계는 상당한 양가감정을 포함해야만 한다. 사랑의 대상의 상실을 통해 자유롭게 된 증오의 구성요소가 자기애적 동일시로 피신할 수 있고, 동일화를 이용해서 자기 비하의 형식으로 스스로를 전환시키는 방식으로 말이다. 이에 사디즘의 국면으로 돌아가는 두 번째 퇴행이 있게 된다. 그리고 이것은 의식, 양심의 가책, 그리고 자기 처벌의 메커니즘이라는 탁월한 함의를 가진다.

우리는 애도가 정확히 우울증은 아니기 때문에 그것은 나르시시즘에 대한 이 일군의 관계들을 드러내는 것이 아니라고 예상할 것이다. 절대 그렇지 않다. 애도로 돌아가면서, 그리고 우울증에 대해 논의한 다음 프로이트는 다음과 같이 말한다.

---

두 가지는 삼키는 일에 집착하는 구순기에 함께 엮여 있다는 것이다. *GW, 10*, p. 436 ; *SE, 14*, p. 249−50 ; tr. fr., p. 204 ; 전집 11권, pp. 253−4. 대상 선택으로부터 나르시시즘적 단계로의 퇴행은 따라서 리비도의 구순기로의 퇴행을 포함한다. 이 점에서 프로이트가 결코 동일시에 대한 그의 설명에 있어서 과신하지 않았다는 점에 주목해야만 한다. 동일시는 정신분석에 있어서는 매우 성가신 것이다. 그것은 프로이트가 애도의 경제학이 그에게 주었던 난점보다 세 배는 더 수용하기 힘들 정도로 단순한 우연에 불과한 것이 아니다. *GW, 10*, pp. 430, 439, 442 ; *SE, 14*, pp. 245, 252, 255 ; tr. fr., pp. 193, 210, 215 ; 전집 11권, pp. 247, 256, 261.

> 잃어버린 대상에 한때 리비도를 집중시켰다는 것을 입증해 주는 기억이나 기대 상황 각각에 대해 현실은 그 대상이 이제 더 이상 존재하지 않는다는 판정을 내린다. 그러면 대상과 운명을 같이할 것이냐를 놓고 고민하던 자아는 살아 있다는 사실에서 끌어낼 수 있는 나르시시즘적인 만족 속에 이제는 사라지고 없는 대상에 대한 집착을 끊게 된다.[41]

상당히 가혹하지만 핵심적인 언급이다. 즉 애도작업은 대상에 대한 생존을 목적으로 하는 노동이다. 대상으로부터의 분리는 자기 집착의 안내를 받는다. 그러나 그것이 아마도 애도작업에 있어서 나르시시즘의 유일한 기능은 아닐 것이다. 그보다 먼저 나온 언급은 주목받지 못한 채 흘러가 버렸는데, 이는 다음과 같다. 즉 우리는 현실을 따라 주어진 질서가 조금씩 시간과 투여 에너지의 막대한 지출을 현실화한다고 말한다. 프로이트는 "… 하는 사이에 잃어버린 대상의 현존은 심리적으로는 계속 지속된다"[42]고 덧붙인다. 우리 자신 내부의 잃어버린 대상의 배치, 즉 내면화의 과정은 다시금 우울증과 애도를 연결시키며, 따라서 나르시시즘과 애도의 연결은 조금 덜 충격적인 것으로 비춰진다. 나르시시즘은 더 이상 인간 자신의 생존자로서의 태도를 따라가지 않으며, 자아 안에서의 타자의 생존을 추구한다. 따라서 우리는 프로이트와 더불어 다음과 같이 말할 수 있다. "자아 안으로 도주함으로써

41_ *GW, 10*, p. 442 ; *SE, 14*, p. 255 ; tr. fr., p. 215 ; 전집 11권, p. 261.

42_ *GW, 10*, p. 430 ; *SE, 14*, p. 245 ; tr. fr., p. 193 ; 전집 11권, p. 246.

사랑은 소멸되지 않는다."[43] 더 나아가 죽음이 발생한 다음에 일어나는 강박적인 자기 비하는 몇몇 경우에 있어서 또한 애도가 사랑과 증오 사이의 양가감정이라는 측면을 드러낸다는 점을 보여준다. 따라서 이러한 양가적 리비도의 퇴행은 자기 비하의 형식 안에서 자아로 되돌아간다. 논문의 말미에서 리비도의 나르시시즘으로의 퇴행은 애도와 우울증 둘 모두의 근본적인 전제조건으로 정립된다.

여기서 우리는 이제 대상 리비도와 자아 리비도 간의 교환 및 관계에 대한 탐구를 진행할 것이다. 우리는 정신분석학의 자아가 우선 의식의 기술 안에서의 주체로 드러나는 것이 아니라는 점을 보여주고자 한다. '자아 충동'(*Ichtrieb*)이라는 관념은 '대상 충동'의 관념과 대칭적이며, 충동이라는 사실 자체는 주체-대상이라는 관계에 앞서 존재하는 하나의 구조이다. 충동이라는 개념은 따라서 '의식'의 증상 저편으로 올라가는 지점을 향하는 어떤 것으로 나타난다. 결론적으로 충동은 대상과 관련해서만이 아니라 주체와 관련해서도 사실상 자유롭다. 그 까닭은 '자아'가 그 자체로 타자의 측면을 벗어나 있기 때문이다. 자아 충동이라는 개념에서 자아는 더 이상 '어떤 누구'가 아니라 '어떤 것'이다. 자아는 우리가 말했던 목적의 다양한 기능이라는 의미에서 대상으로서의 충동과의 관계로 존재한다. 이제 자아는 대체를 통해서, 투여의 전위를 통해서, 대상과의 교환으로 그 자체로 존재할 수 있는 충동과의 관계를 통해서 그러한 하나의 장소에 존재한다. 아들러와의 논쟁에서 들여온 다른 언어를 도입하자면 자기(soi, *Selbst*)와 자기 감정(*Selbstgefühl*, 열등감 등)은 결코 리비도의 경제를 벗어나지 못한다. 그리고

43_ *GW, 10*, p. 445 ; *SE, 14*, p. 257 ; tr. fr., p. 219 ; 전집 11권, p 263.

자기 감정은 성애의 투여에 대한 거대한 재분배를 이용하여 일반화된 성애 안으로 돌아온다.[44]

내 생각에 지형학을 이해하기 위해서 우리는 선취되는 지시로서의 지향된 대상과 의식의 모든 지향의 지시축으로 선취되는 주체에 관한 이중적 파괴를 분명하게 생각해야 한다. 우리는 지형학이 비해부학적인 것이라고 말할 수 있다. 그것은 모든 '충동의 운명'의 가능성의 조건으로 정신분석 이론 안에 도입되는 심리적 장소이다. 그리고 그것은 자아 충동과 대상 충동이 서로 간에 교환되는 투여의 장(marché)이다.

이러한 역전된 **판단중지**에 이르러 의식은 이제 최소한으로 알려진 것이 된다. 의식은 자명한 것이 아니라 하나의 문제가 된다. 이 문제는 지형학에서 다루었던 바, 의식-되기의 과정과 관계하는 것이다.

이와 같은 것이 나에게는 '무의식 체계의 특별한 특징'이라는 제목을 단 「무의식에 관하여」 5장이 지닌 난점의 의미로 여겨진다. 우리는 이에 대한 탐구를 미뤄놓았다. 프로이트는 이 장을 하나의 기술(une description)로 제시하지만 그 의미는 실제로 기술에 반하는 것이다. 그보다 이 장은 반-현상학적인 결론을 지닌 유사 현상학적·기술적 개념의 편곡과 같은 것이다. 이것이 내가 여기서 5장을 하나의 결론으로 그리고 주어지지 않은 것으로 제시하는 이유이다.

"무의식 체계에서 일어나는 과정이 바로 위에 있는 체계, 즉 의식 체계에서는 볼 수 없는 독특한 특징을 보여준다는 점에 주목한다면 우리가 두 정신 체계를 구분하여 설명하려는 것이 더욱 설득력을 지

44_ *GW, 10*, 167 ; *SE, 14*, p. 99 ; tr. fr. *Introduire le Narcissisme*, p. 31 ; 전집 11권, p. 82.

닐 수 있을 것이다."[45] 그것은 우리가 다음과 같이 말하는 유사 기술적 용어로 존재한다. 무의식은 무시간적이며, 또한 무의식은 모순을 무시한다. 다시 말해 무의식은 쾌락원칙을 따르고 현실원칙을 따르지 않는다는 식 등으로 말해진다. 그러나 이러한 특성들이 결코 기술적인 것은 아닌데, 사실상 "직접적으로 우리에게 제시되는 유일한 심리적 과정의 특징인 의식의 속성이 체계 사이의 차이를 구분하는 기준이 될 수는 없다."[46] 그리고 더 나아가 "의식은 다른 두 체계나 억압과는 어떤 단순한 관계도 맺지 않고 있다고 보아야 한다."[47] 그렇게 해서 다음과 같은 결론이 나온다. "우리가 정신적인 삶에 대한 메타심리학적 견해를 계속 견지하려고 노력하면 할수록 '의식화'(*Bewusstheit*) 징후의 중요성에서 해방되는 법을 배우게 된다."[48] 지형학에서 우리가 옮겨적은 것은 바로 이 해방이다.

## 2. 대표와 표상

우리는 이제 반대 방향을 거쳐 돌아가야 한다. 「무의식에 관하여」 첫 장에서부터 다음과 같은 물음이 제기된다. 우리는 어떻게 무의식에 관한 인식에 도달하는가? 그리고 그 대답은 "우리는 그 무의식이 의식의 그 무엇으로 변화되거나 전이되고 난 뒤 의식화된 그 무엇으로서의

---

45_ *GW, 10*, p. p. 285 ; *SE, 14*, p. 186 ; tr. fr., p. 129 ; 전집 11권, p. 189.

46_ *GW, 10*, p. 291 ; *SE, 14*, p. 192 ; tr. fr., p. 139 ; 전집 11권, p. 197.

47_ *GW, 10*, p. 291 ; *SE, 14*, p. 192 ; tr. fr., p. 139 ; 전집 11권, p. 198.

48_ *Ibid.*

무의식을 알게 될 뿐이다."[49] 그리고 프로이트는 이렇게 덧붙인다. "정신분석의 작업을 통해서 우리는 그와 같은 무의식이 의식으로 치환될 수 있다는 점을 보게 되었다."[50]

그러한 가능성이 기반으로 삼는 것은 무엇인가? 이 지점이 우리가 가장 어려운 문제제기로 진입하는 지점인데, 그것은 우리가 **충동과 표상**이라는 장에서 지적했던 바이다. 어떤 점에서 힘에 대한 질문과 의미에 대한 질문은 서로 상응한다. 이것은 충동이 그 자체로 지시되고, 선언되며, 심리적 대표자 안에 주어지는, 다시 말해 충동을 '대표하는' 심리적인 어떤 것 안에 주어진다. 의식 안에서의 모든 발현은 이러한 심리적 대표, 근원적인 이 '대표하기 위한' 것의 치환이다. 이 지점을 지적하기 위해 프로이트는 **대표**(*Repräsentanz*)라는 절묘한 표현을 벼리어냈다. 그것은 에너지로서의 '충동을 대표하는' 심리적인 어떤 것이다. 그러나 우리는 이것을 여기서 '표상'과 같은 말로 보면 안 된다. 왜냐하면 우리가 표상이라고 부르는 것, 다시 말해 어떤 것**에 대한** 관념은, 실상 어떤 것을 표상하기 전에—세계, 고유한 신체, 비실재—순수하고 단순하게 **대표하는** 것으로, 충동을 알려주는 이러한 표지의 파생적 형식이기 때문이다. 이러한 대표의 기능은 「무의식에 관하여」의 첫 장만이 아니라 첫 문장에서도 언급된다. "우리는 억압과정의 본질이 충동을 대표하는 어떤 표상을 제거하거나 지우는 데 있는 것이 아니라, 그 표상이 의식의 영역에 나타나지 않도록 하는 데 있다는 것을 알게 되었다."[51]

49_ *GW, 10*, p. 264 ; *SE, 14*, p. 166 ; tr. fr., pp. 91–2 ; 전집 11권, p. 161.

50_ *Ibid.*

51_ *Ibid.*

표상만이 아니라 우리가 보게 될 것처럼 정동들도 또한 지배하는 이러한 대표의 기능은 무엇인가?

만일 우리가 여기서 제기하는 물음이 기본적으로 어떤 새로운 것이 아니라면[52] 그것은 프로이트의 입장과 프로이트의 입장에 관해서 그렇다. 프로이트의 근원성은 힘과 의미의 대응의 관점을 무의식 자체로 되돌려 놓은 데 있다. 그는 이러한 대응을 무의식에서 의식으로의 모든 '치환'과 '번역'을 가능하게 만드는 것으로 전제한다. 체계를 분리하는 장애물에도 불구하고 그것들은 공통적인 구조로 추정되어야 하며, 여기에 따라 의식과 무의식은 똑같이 심리적인 것이 된다. 이 공통적 구조가 바로 대표의 기능이다. 이 기능은 우리로 하여금 무의식의 작용을 의식 작용의 텍스트 안으로 '내삽하는' 것이다. 그리고 이는 의식과 무의식의 심리적 과정들 사이에 밀접한 "접촉"(*Berührung*)[53]을 보증하고, 무의식적 과정이 "상당한 양의 작업의 도움으로 의식적인 정신과정으로 변형될 수 있도록, 또는 그 과정으로 대체될 수 있도록 한다."[54] 결과적으로 이로 인해 "우리는 표상, 목적, 결의 등 우리가 의식적인 정신 활동을 묘사하기 위해 사용하는 여러 범주의 용어들을 그 잠재적인 상태에도 적용할 수 있다. 실제로 그러한 잠재적인 상태들에 관해 언급하면서 우리가 그것들을 의식 상태와 구별할 수 있는 것은 오로지 그 잠재적인 상태들이 의식에 부재(*Wegfall des Bewusstsein*)한다는 사실 때문인 것이다."[55]

52_ 이 책의 3부 2장에서 이러한 프로이트의 개념에 대해 논의하면서 우리는 그것이 스피노자와 라이프니츠에 있는 유사한 개념들과 관계한다는 것을 볼 것이다.

53_ *GW, 10*, p. 267 ; *SE, 14*, p. 168 ; tr. fr., p. 96 ; 전집 11권, p. 164.

54_ *Ibid.*

55_ *GW, 10*, p. 267 ; *SE, 14*, p. 168 ; tr. fr., p. 96 ; 전집 11권, pp. 164–5.

이러한 대표의 기능은 확실히 하나의 요청이다. 다시 말해 프로이트는 이에 대해 어떤 증명도 하지 않는다. 그는 대표를 의식으로 무의식을 옮겨적는 것, 그리고 비교될 만한 심리적 양상들로 둘을 묶어놓는 것으로 받아들임으로써 이 개념을 가정한다. 이것이 바로 그가 대표의 기능을 충동 자체의 정의 속에 기입하는 이유이다. 그는 어느 순간 "충동 이론은 말하자면 우리의 신화다"라고 할 것이다.[56] 사실상 우리는 그 역동 속에서 충동이 어떻게 존재하는지 모른다. 우리는 그것의 심리적 대표 속에서 충동에 대해 말한다. 또한 우리는 충동을 심리적인 어떤 것으로 말하지 생물학적인 실재로 말하지 않는다. 사실을 말하자면 우리는 충동을 '활동성의 파편'이라고 부를 수 있으며, 이 파편을 따라 충동을 에너지, 압력(poussée), 긴장 등으로 지정한다. 하지만 충동 에너지의 심리적 자격은 그 정의의 한 부분이다. 왜냐하면 충동은 유기적 에너지에 관해서, … 를 통해 현전하는 것이 아니라 … 에 대해 대표되는 것으로 존재하기 때문이다. "만일 우리가 생물학적 관점에서 정신적 삶을 생각해 본다면 '충동'은 정신과 신체 사이의 경계선에 있는 개념으로, 신체기관 내에서 발생하여 정신에 도달하는 자극의 심리적 대표자로 나타난다." 그리고 이 개념의 복합적 특성을 강조하기 위해 프로이트는 그것을 작업이라는 관념과 연관시키는데, 우리는 여기서 정신분석에서 요청하는 복합적 언어의 어떤 특권화된 표현을 발견한다. 즉 충동은 "정신이 신체와 연관된 결과로 정신에 부과된 일정 수준의 작업의 요구(*ein Mass der Arbeitsanforderung*)로 나타나는 것을 알 수 있다."[57] 그러므로 우리는 충동이 표상들에 의해 표현된다고

---

56_ *Nouvelles Conférences sur Psychanalyse*, tr. fr., p. 130 ; 전집 2권, p. 128.

57_ *GW, 10*, p. 214 ; *SE, 14*, pp. 121–22 ; tr. fr., p. 33 ; 전집 11권, p. 107. 용어상의 논의

간단히 말할 수 없다. 그것은 단지 충동의 기입 기능의 파생된 측면 중 하나일 뿐인 것이다. 좀 더 근본적으로는 충동들 자체가 정신의 차원에 대해 신체를 표현하고 표상하는 것이라고 말해져야 한다. 아마도 이것이 정신분석의 가장 근본적인 가정, 즉 정신분석으로 보증하는 것이라고 할 만한 것이다.

**모든 충동의 운명**은 충동들의 '심리적 대표'의 운명이다. 이것은 '전환'과 '전회'의 예에서 분명하게 나타나는데, 오로지 「충동과 그 운명」이라는 논문에서만 상세하게 다루어진다. 보는 것에서 보여지는 것으로, 그리고 타자에게 고통을 주는 것에서 스스로에게 고통은 주는

---

들을 따라가면서 프로이트는 상호 연관된 개념들 각각의 연결에 있어서 표상적이거나 대표하는 기능을 다시금 언급한다. "충동의 압력(*Drang*)을 통해서 우리는 충동을 움직이게 하는 동력적인 계기, 즉 충동이 표상하는(*repräsentier*) 힘의 양이나 작업 요구의 정도를 이해한다"(*Ibid.*). "충동의 원천은 신체의 한 기관이나 한 부분에서 발생하는 신체적 변화를 의미하는 것으로, 그 변화과정에서 생겨나는 자극이 정신적인 삶 속에 충동으로 표상된다." *GW, 10,* p. 215 ; *SE, 14,* p. 123 ; tr. fr., pp. 35–6 ; 전집 11권, p. 108. 이러한 일련의 과정들은 확실히 충동이라는 개념에서는 기본적인 애매성을 반영하고 있다. 즉 몇몇 텍스트들에서 충동은(정동과 표상에 의해) '나타나는' 어떤 것이고, 또 다른 곳에서는 그것은 그 자체로 아직 명확하게 알려지지 않은 기관의 힘에 대한 심리적 '대표'이다. 「충동과 그 운명」(*SE, 14,* pp. 111–16)의 서문에서 표준판 편집자는 프로이트 안에서 이 문제와 관련된 주요 저작들에 주의를 요구한다. 『성욕에 관한 세 편의 에세이』(1915년 재판)의 3부에 속한 슈레버(Schreber)의 경우(1911), 「나르시시즘 서론」(1914), 「무의식에 관하여」 및 「억압에 관하여」(1915), 「쾌락원칙을 넘어서」(1920), 그리고 브리태니카 백과사전의 기사(1926)가 그것들이다. 나는 그러한 애매성이 별로 중요하지 않다는 편집자의 말에 충분히 동의한다. 우리에게 중요한 것은 충동이 그 심리적 대표 안에서만 알려질 수 있다는 점이다. 이것들은 심리적 상태를 결정하는 것이다. 이 애매성의 해결책은 의심할 여지없이 충동에 대한 심리적 대표의 바로 첫 번째 '고정점'을 수립하는 최초의 억압이라는 관념 안에 놓여 있다. 우리는 이후의 각주에서 이 점을 더 논의할 것이다.

것으로의 역전은 표상들과 정동들 안에서 그 표현을 발견하는데, 여기서 정동은 심리적 장 안에서 순수하게 에너지의 전위를 대표하고, 또한 여기서 정동이 인식되며 의미를 부여받으며 어떤 특정 양의 작업의 도움으로 의식이 된다.

'심리적 대표'의 운명은 억압의 경우에 더욱 시사적인데, 그것은 상기되는 것으로 충동의 세 번째 운명을 구성한다. 억압은 충동의 세 번째 운명에서 모든 복잡함을 초래한다. 프로이트는 이를 '원격성'(*Entfernung*)과 '왜곡'(*Entstellung*)이라는 말로 표현했다(후자의 개념은 이미 알려진 것인데, 이는 꿈 작업을 구성하는 여러 과정들을 특성화하는 것이다). 사실상 억압은 의식으로부터 충동을 단절시키는 것이지만 의식의 심리적 대표에서 단절하는 것은 아니다. 의식은 이러한 일을 하지 못한다. 왜냐하면 충동들은 그 자체로 유기적인 것의 대표이기 때문이다. 이것이 바로 프로이트적 무의식이 심리적 무의식인 이유이다. (그러나 이러한 표현은 관념들—꿈 해석이 꿈 사고라고 부르는—만을 은폐할 뿐만 아니라 정동들, 즉 궁극적으로 좀 더 어려운 문제를 드러내는 일도 은폐한다.)

하지만 다른 면에서 억압은 우리가 충동의 원초적인 심리적 표현을 직접적으로 파악하는 것을 방해한다. 즉 우리는 그것을 요청할 수 있을 뿐이다. 인지되고 알려진 충동의 표현들의 '원격성'은 그 원초적 표현과 비교할 때 항상 우리가 상상하는 것보다 더 크다. 프로이트는 이를 본래적 억압이 원초적 억압에 비해 부수적인 억압이라고 말함으로써 표현한다. 그리고 "그것은 의식으로의 진입을 거절당한 충동의 심리적 대표자[표상화된 대표자, die psychische (Vorstellungs) Repräsentanz des Triebes]와 관계가 있다."[58]

---

58_ *GW, 10*, p. 250 ; *SE, 14*, p. 148 ; tr. fr., p. 71 ; 전집 11권, p. 140. 억압이라는 프로이

트의 개념에 관한 최근의 체계적인 연구는 피터 메디슨(Peter Madison)의 책에 주의를 기울이는 것이 좋다. *Freud's Concept of Repression and Defense*, Minnesota University Press, 1961. 여기서 저자는 카르납 학파의 인식론적 관심사를 응용하여 두 가지 단계, 즉 '관찰적 언어'와 '이론적 언어' 간의 상호 연관과 차이를 따라 프로이트의 개념을 명확하게 하려고 시도한다. 첫 번째 개념은 충동과 역투여 간의 상호작용에 관한 관찰 가능한 명증성에 관계하며, 두 번째 개념은 힘의 상호작용이라는 관찰 불가능한 특성을 언급하는 개념을 함축한다. 이러한 가정된 상호작용의 이러저러한 명증성들은 프로이트 정식들의 난해함을 설명한다. 1892년의 『히스테리 연구』 1장 '억압'은 환자가 잊기를 바라는 것들에 대해 무의식적으로 동기화된 망각이라는 의미를 띠는데, 이는 히스테리의 경우 관찰 가능하다. 따라서 억압은 특별히 히스테리성 기억상실을 지칭하는 것이며, 이는 프로이트 자신이 「억압, 증상, 그리고 불안」(1926)의 11장에서 중요하게 언급한 부분이다. 하지만 '저항'은 또한 억압과 유사하게 사용된다. "다시 말해 저항은 관념이 의식화되는 것을 억압하는 것이다." 두 번째로 복잡한 사항은 히스테리성 기억상실이라는 것 외에 다른 저항 메커니즘이 존재한다는 것이다. 그것은 압축, 투사, 대체 그리고 격리('쥐-인간'의 사례에 따르면 격리는 이상적인 내용이 의식에 진입하도록 허용하지만 그것의 정동적 투여를 빼앗는다)와 같은 것이다. 그래서 저항이라는 개념은 프로이트의 어휘목록에서 사라지고 1926년에 이르러 억압에 의해 대체된다. 그리고 1915년 논문에서 억압은 형식적으로 다음과 같이 정의된다. "억압의 본질은 단순히 어떤 것을 되돌려보내는 것이고, 그것을 의식과 거리를 두고 보존하는 것이다." 그 개념은 그것의 이론적 차원에서 여기서 취급된다. 그것은 신경증의 세 가지 다른 유형들에서 작동하는 여러 메커니즘을 지배한다. 그러나 한편으로 억압은 충동의 운명 중 하나일 뿐이다. 따라서 저항의 과정은 이러한 운명 전체를 지배하는 것처럼 보인다. 따라서 저항이라는 개념이 실천적으로 프로이트의 어휘목록에서 1926년 이후 사라진다 하더라도 그것이 억압이라는 개념에 의해 대체된다고 말하는 것은 정확하게 옳은 것은 아니다. 「억압, 증상, 그리고 불안」에서 신경증으로 이끌 만한 갈등에서 자아가 이용하는 모든 기술적인 것들을 지칭하기 위해 저항이라는 개념을 다시 찾는다는 점은 따라서 전혀 예기치 않은 것이다. 다시 한 번 프로이트는 강박신경증에서와 같이 보다 이른 시기의 리비도 단계로의 '격리'와 '퇴행'에 대해 언급한다. 이때 이러한 언급은 의식으로부터 멀리 떨어진다는 것을 의미하며, 이러한 증상은 히스테리에서의 억압에서 명확하게 보인다. 그는 또한 이미 행해진 것에 대해 마술적으로 '행위중지'하는 어떤 과정에 대해서도 언급한다. 이 모든 메커니즘들은 충동의 요청들에 반하여 자아를 보호한다는 의미에서 저항이라 할 수 있다. 그러나 억압 개념이 저항 개념보다 소홀히 취급될 뿐만 아니라 히스테리성 기억상실로 다시금 제한되는 것은 '보유'라고 이름 붙여진 장에서일 뿐이다. 저작의 주요 부분에서는 다른 저항 메커니즘들은 때때로 억압의 형식으로 다루어진다. 메디슨은 억압과 저항이 "용어상의 단순한 일치를 통해 분리를 허용하지 않는 방식으로 의식과 불가피하게 연결되어" 있다고 밝힌다. 인식론의 첫 번째 임무는 보이지 않는 내적 갈등에서 나오는 여러 관찰 가능한 결과들을 분류하고 불안에 반하여 자아의 예방적 저항을 통해 일반적으로 하나의 기초적인 목적을 가지는 그러한 메커니즘을 위한 저항 개념을 준비하는 것이다. 메디슨의 책 1부는 이러한 명확화에 바쳐진다. 정신분석은 주로 실패한 저항과 관련된다. 프로이트가 1915년에 말했던 성공적인 사례는 우리의 검토 범위를 벗어난다. 성공적인 저항 메커니즘 가운데 프로이트는 '오이디푸스 콤플렉스의 파괴'('억압 이상'이기에 충동 자체가 이드 안에서 파괴되는 바)와 판단에 근거한 거부, 그리고 특히 승화에 대해 인용한다. 그리고 우리는 이와 관련하여 탈성욕화에 대해 언젠가 논의할 것이다.『문명 속의 불만』에서 프로이트는 충동 자체는 흡수되거나, 승화되거나, 또는 억압됨으로써 변형된다고 밝힌다. 흡수의 예는 하나의 성격 특성의 형식이 되는 것이다. 실패한 저항의 경우 그것은 억압적 저항과 비억압적 저항으로 나누어질 수 있는데, 첫 번째 것은 위험한 충동에 덧붙여진 이상적인 것을 변경함으로써 자아가 보호되도록 한다. 그리고 기억상실은 단지 압축, 전위, 투사, 반응-형식, 격리, 행위금지, 그리고 거부와 같은 유형 중 하나이다. 억압의 단계에 대한 기준은 왜곡과 꿈, 증상, 그리고 퇴행적 충동의 여러 신호와 가면에 속한 무의식의 파생물들의 고립적 특성에 의해 주어진 것이다. 우리는 '비억압적 저항'에 대해 이야기할 수 있는데, 그것은 다른 대상에 대한 욕망의 대체물(이를테면 전성기기의 성적 관심으로의 퇴행)을 포함하는 경우에 가능한 것이지 부가된 관념의 어떤 대체를 가지고 이야기할 수 있는 것은 아니다. 그러나 몇몇 저항 메커니즘은 이러한 억압적이고 비억압적인 저항에 꼭 맞아 떨어지지 않는 것처럼 보인다. 이러한 것들은 순수하게 정동적인 방해들을 포함하는데, 프로이트는 정동들로부터 분리된 운명들을 예로 언급한다. 여기서 충동은 완연한 정동적 명증성으로 전개되는 것을 방해받는다. 프로이트는 정동적 방해가 이상적인 내용의 왜곡을 통해 이루어지지 않음에도 불구하고 이러한 것을 억압의 한 형태라고 부른다. 결과적으로 저항 개념이 말하고자 하는 것은 무엇인가? 억압 개념과 그것의 관계는 무엇인가? 어떤 특정한 텍스트에서는 저항이 억압의 명확한 표현 중 하나라는 것이 분명하다. 또 어떤 것에서는 치유활동은 그러한 저항의 과정을 하나의 장애물로 조우하기도 한다. 이러한 명증한 표현은 증상 구성과 동일한 것이다. 환자는 회복에 대한 하나의 방어기관으로 거기 참여한다. 그리고 자아는 이러한 회복을 어떤 새로운 위험으로 간주한다. 하지만 저항은 또한 여러 가지 직접적으로 관찰 가능한 행위들(침묵, 회피, 반복 등등)을 은폐한다. 하나의 가설적인 힘으로서 저항은 이론적 개념에 속한다. 그것은 분석상황 속에서 역투여의 대당이다. 그리고 역투여에 대한 생각은 명확하게 원초적 억압을 정의하는 데 기여한다. (두 번째 억압, 또는 본래적인 억압은 이 경우 전의식 투여의 철회로 나타난다.) 이러한 관념의 연쇄(저항–역투여–억압) 덕분에 저항 개념은 여러 수준에서 작동한다. 즉 가장 일반적인 수준에서 이것은 분석상황에서의 억압에 대해 주어지는 이름이다. 이론적 수준에서 이러한 분석상황에서의 반발력은 억압 이론이 역투여라고 부르는 것과 동일한 것이다. 또한 관찰 가능성의 수준에서 이것은 환자가 치료의 규칙을 회피하기 위해 사용하는 모든 기관들을 포함한다. 이러한 연결에서 가장 강력한 저항의 형식은 분석작업을 방해하는 전이를 사용하는 경우다. 따라서 억압 이론은 관찰 가능한 결과들에 대한 상당히 복잡한 망뿐만 아니라 보이지 않는 반발력의 체계도 포함한다. 이 체계는 프로이트의 이론 내에서 많은 변화를 노정했다. 왜냐하면 이것이 성적 조직화와 이어지는 충동에 관한 이론과 단절될 수 없는 것이기 때문이다. 이론의 매우 추상적 형식은 '원초적 억압'과 '후(後)–억압'(또는 '본래적 억압') 간의 구별에 의해 도달된다. 전자는 유아기 경험의 상당한 축적을 후자의 배치 안에 수립한다. 원초적 억압 때문에 모든 억압은 정동의 변형 상태에 놓이게 되는데, 이는 이를테면 혐오라는 형태로 이후 불쾌감을 발생시키는 쾌락을 형식적으로 생성시키기 때문이다. 원초적 억압 이론에 관한 가장 완벽한 분석은 3부의 슈레버 사례(1911)에서 나온다. 1915년의 짧은 논문은 이 분석에 관한 요약 형태의 재언급이다. 보다 이른 텍스트에서는 원초적 억압이라는 특성에의 고착은 본래적 억압의 조건이다. 후자는 두 가지 과정으로 나뉜다. 의식 체계에 따라 활동하는 반발과 무의식을 따라 활동하는 애착이 그것이다. 이론은 그것의 추상적인 형태를 역투여라는 개념을 통해 1915년에 획득한다. 이 생각은 충동의 힘과 그 반발력이 지속적으로 대립되는 압력으로 작동한다고 주장한다. 반발력은 단순히 충동에 대립하는 에너지로 정의된다. 이러한 체계 즉 현상적인 메커니즘은 현실적으로 '동기화' 체계이다. 이것은 억압과 저항 사이의 관계에 대한 논의의 전체 지점이다. 즉 전체 체계는 내적인 위험들(리비도적 또는 도덕적)에 대한 방어라는 생각으로 나아가는데, 이는 외적이고 신체적인 것에 대한 방어에 대한 지향보다 더 중요한 것이다. 불안은 억

이것이 바로 우리가 충동의 근원적 표현으로 고착이라는 말을 만들어낸 이유다. 그리고 표현과 충동 간의 관계는 지정된 것, 침전된 것, '고착된' 것 외에 다른 것으로는 드러나지 않는다. 직접적인 표현을 얻기 위해, 우리는 이러한 원초적 억압 너머로 돌아갈 수 있어야 할 것이다. (우리는 여기서 원초적 억압의 병리적 실재성에 의문을 가지는 것이 아니라, 그것의 인식론적 함의에 대해 물음을 던진다.) 그러나 내가 아는 한 프로이트는 우리가 원초적 억압 너머로 돌아갈 수 있는 그러한 조건을 결코 언급하지 않았다.

원초적 억압이란 우리가 항상 매개물 안에, 이미 표현된 것 안에, 이미 말해진 것 안에 존재한다는 것을 의미한다. 우리는 본래적 억압으로 인해 무엇보다 파생된 것만을 다루도록 강제될 뿐이다. "두 번째

---

압의 결과라는 아주 오래된 결론(1915년에 그것은 정동, 불안으로의 압축과 분리된 운명 중 하나였다)이 1926년에 어떤 예감이나 신호 기능으로 취해진다는 것은 이해할 만하다. 즉 외상으로서의 불안은 막대한 위험(외상적 상황)에 직면한 자아의 전반적인 수동적 무능력에 놓여 있는 반면 신호로서의 불안은 이러한 외상적 상황을 예감한다는 것이다. 이것은 실제로 약화된 형태로 외상을 반복하는 것이며, 그것의 경로를 바라보기를 희망하는 것이다. 이와 반대의 형식으로 원초적 억압은 우리가 지금 외상으로서의 불안이라고 불렀던 것과 연관된다. 「쾌락원칙을 넘어서」는 이미 자극에 대항하는 저항벽에 속하는 어떤 위반사항을 '외상적'이라고 기술했다. 그것이 예감으로서의 불안으로 사용되기 이전에 자아의 유일한 참조점은 어떤 평온했던 이전 시절을 보호하려는 내적 경향에 따라 행동하는 것이다. 원초적 억압은 단순히 유아적 욕구의 불만족과 관련되는 것처럼 보이는데, 이는 이제부터 초자아의 형성을 초래하는 모든 메커니즘과 날카롭게 구별된다. 그리고 프로이트는 이제 예감적 또는 신호적 불안으로 그것을 특성화한다. 그러한 불안은 하나의 경고로 기능한다. 즉 이는 유년기의 위험한 상황이 위협적으로 귀환한 것이다. 억압에 관한 프로이트의 개념을 특성화하는 뛰어난 이론들과 사례들이 많이 있다. 우리는 변증법 1장, pp. 355-58에서 피터 메디슨의 책과 그가 카르납 규칙을 프로이트에 적용하는 시도를 다룰 것이다.

단계의 억압, 즉 **본래적으로 말해지는 억압**은 억압된 대표의 정신적 파생물을 촉발하거나 다른 곳에서 생겨나서 그 억압된 표상과의 연계 관계를 맺게 되는 대표들을 촉발시킨다."[59] 그래서 무의식은 그러한 '파생물'의 무한한 가지들로 구성된 분기된 망으로 드러난다. 또한 그러한 것은 어떤 체계를 형성하고, 정신분석가들이 상호 체계적 탐구라고 부르는 것에 대해 개방된다. 그러나 여전히 그것은 심리적 표현의 체계이며, 전체 분석은 무엇보다 원격성과 왜곡의 수준에 따라 충동의 원초적 표현과 관계된 그 파생물들을 분석하는 기술에 놓여 있는 것이다.[60] 따라서 분석된 정신현상의 측면에서 원격성과 왜곡의 파생물들의 관계는 분석 그 자체의 측면에서 앞서 말한 번역(*Übersetzung*)과의 관계에 상응한다. 심리적 표현의 수준에서 억압 작업과 분석 작업 간의 이러한 상호관계 덕분에 '충동의 [에너지론적]* 운명'을 따라 우리가 취급할 수 있는 모든 것은 그것들의 심리적 표현들의 운명으로서의 언어로 드러난다.

---

59_ *GW, 10*, p. 250 ; *SE, 14*, p. 148 ; tr. fr., p. 72 ; 전집 11권, p. 140.

60_ "정신분석을 통해 우리는 정신 신경증에서의 억압의 영향을 이해하는 데 중요한 다른 사실들도 찾아낼 수 있었다. 예를 들자면 충동의 대표 표상은 만일 그것이 억압을 따라 의식의 영향권에서 벗어난다면 그 후로는 방해를 받지 않고 더욱 활발하게 발달할 수 있다는 사실이 그 가운데 하나다. 이 경우 그 충동의 표상은, 이를테면 어둠 속에서 더욱 확대되어 극단적인 표현의 형태를 갖춘다고 할 수 있다. 만일 그 내용을 번역하여 신경 증 환자 당사자에게 보여 준다면 그 환자는 자기도 모르는 것이라고 할 뿐만 아니라 오히려 그 내용상 상식을 넘어선 것 같은 모습(*durch die Vorspiegelung*) 및 위험한 충동의 힘(*Triebsträke*)으로 인해 스스로 놀라고 말 것이다. 사실 충동이 보유하고 있는 이와 같은 기만적 힘은 충동이 환각 속에서(*in der Phantasie*) 제멋대로 발달된 결과이며, 만족의 좌절(*Aufstauung*)에서 비롯된 결과이다." *GW, 10*, p. 251 ; *SE, 14*, p. 149 ; tr. fr., p. 73 ; 전집 11권, pp. 141-2.

그러므로 경제학과 해석학이 일치하는 것은 이러한 심리적 표현, 즉 심리적 기입의 관념 안에서이다. 그리고 담론의 두 가지 정신분석적 분야 간의 거리는 『꿈의 해석』의 수준에서 막대한 것으로 드러나는데, 이는 「메타심리학에 관한 논고」에서는 사라지는 것처럼 보인다.

우리는 아직 문제의 결론에 이르지 못했다. 만약 우리가 심리적 표현들(expressions, *Repräsentanz*)을 표상들(*Vorstellungen*), 특히 어떤 사물의 관념과 간단히 동일화할 수 있다면 좋을 것이다. 그러나 표상들은 단지 심리적 표현들 중 하나의 범주일 뿐이다. 우리는 어떤 다른 범주, **정동**과 같은 것이 존재한다는 것을, 그리고 그것들이 다른 운명이 존재하고, 이 고유한 운명이 정신분석에 대해 표상보다 더 중요하다는 것을 무시하는 듯하다.

우리는 표류하고 있는 것 아닌가? 정동들은 주해적 해석에서 떨어져 나간 경제적 해명의 반론이 되지 않을까? 정동은 순수하게 양적인 것이 아닐까? 간단히 말해 해석과 경제적 해명이 표상의 운명 안에서, 다시 말해 제일 가벼운 운명 안에서 단지 정동들의 운명으로 다시금 각기 분리되기 위해서만 일치하는 그런 것이 정동이 아닐까?

텍스트로 돌아가 보자.[61]

첫째, 프로이트가 정동의 문제를 괄호로 묶는 부분과 그의 무의식 이론을 심리적 표현과 표상들 간의 동등성에 기초하여 구성하는

* 괄호는 리쾨르.

61_ 「억압에 관하여」의 마지막 부분. *GW, 10*, p. 254 이하. ; *SE, 14*, p. 152 이하 ; tr. fr., p. 79 이하 ; 전집 11권, p. 146 이하. 그리고 「무의식에 관하여」 3장. *GW, 10*, pp. 275–79 ; *SE, 14*, pp. 176–79 ; tr. fr., pp. 111–118 ; 전집 11권, pp. 176–80.

일에 매우 신중했다는 점에 유의해야 한다. 이런 관점에서 질문에 있어서 두 텍스트의 최초 단계 간에 평행성이 존재한다.[62] 괄호 안에 있는 내용이 재도입되는 것은 오직 두 번째 구절에서 나타난다. "지금까지의 논의에서 우리가 주로 다룬 것은 충동 대표자의 억압에 관한 것이었다. 그리고 우리는 충동의 대표자를 충동에서 발산된 특정 양의 심리적 에너지(리비도 혹은 관심)가 집중적으로 발현된 하나의 표상 내지 표상 집단으로 이해했다."[63] 이 "일정한 몫의 정동"(Affektbetrag)은 심리적 표지의 "다른 요소"를 구성한다.[64] 그리고 억압이 다른 운명을 그것에 부여하는 한, 정당하게도 하나의 주제로 이를 연구하도록 강제하는 것은 바로 그 억압이다. 프로이트는 이 상이한 요소를 '충동의 대표의 양적 요인' 내지는 '표상에 속해 있는 정동의 할당량' 또는 '표상에 연결된 충동적 에너지'라고 부른다. 때때로 그는 심지어 '양적 부분'을 '표상적 부분'에 반대되는 것으로 말하기도 한다.[65] 이 두 번째 부분이 혹 순수 에너지는 아닌가? 그로 인해 우리는 물리학으로 환원되는 것은 아닌

62_ "이제 임상관찰을 통해 우리는 지금까지 우리가 하나의 단일체로 파악해 왔던 것을 분리해서 생각해야 한다는 점을 알게 되었다. 왜냐하면 그와 같은 대표 표상 이외에 충동을 대표하는 또 다른 요소가 있고, 그것도 고려해야 한다는 사실이 드러났기 때문이다. 그리고 그 다른 요소도 표상이 겪는 억압의 과정과는 사뭇 다를 수 있지만 어떻게 되었건 억압과정을 거친다는 점도 밝혀졌기 때문이다. 이 또 다른 정신적 대표자를 우리는 일반적으로 일정한 몫의 정동이라고 불렀다. 표상에서 분리된 충동과 감각적 정서(*als Affekte der Empfindung*)로 선별되는 과정 속에서 그 양에 비례하는 하나의 표현을 찾는다면, 이 경우 정동은 충동에 상응하게 된다." *GW, 10*, p. 255 ; *SE, 14*, p. 152 ; tr. fr., p. 79 ; 전집 11권, p 146.

63_ *GW, 10*, p. 255 ; *SE, 14*, p. 152 ; tr. fr., p. 79 ; 전집 11권, pp. 145−6.

64_ *Ibid*.

65_ 이 모든 표현들은 「억압에 관하여」의 세 번째 장에서 발견된다.

가? 아니다. 왜냐하면 표상으로부터 분리될 때조차 충동은 '양적 특성에 비례해서 표현을 발견하는' 정동에서 감각적으로 관찰될 수 있는 것이기 때문이다. 양의 운명이 정동의 운명이다. 프로이트는 그 셋을 구분한다. 즉 (샤르코가 말한 바와 같은) 그런 '아름다운 무관심'으로서의 정동은 없으며, '양적으로 물든' 그리고 궁극적으로 '불안'으로서의 정동이 존재한다. 충동의 심리적 에너지들의 '치환'(*Umsetzung*)이라고 일컬어지는 마지막 두 특성이 정동에 속한다.

따라서 우리는 다시 한 번 「과학적 심리학 초고」 이래로 우리를 혼란스럽게 했던 그 양적 문제로 다가서고 있다! 이와 같이 양은 척도에 종속되는 것이 아니라 진단과 해석의 과정에 종속된다고 말하는 것이 더 올바르다. 왜냐하면 그것은 관념의 운명과는 무관하게 오직 정동의 운명 안에서 파악될 수 있기 때문이다. 더 나아가 우리는 이미 항상성 원칙이 양의 관념을 구체화하는 것이며, 쾌-불쾌 규칙 외에 다른 것이 아니라고 언급했었다. 정동의 단절된 운명은 그 규칙의 의미를 발생시킨다. 그리고 쾌-불쾌의 원리와 관계하여 억압이 그 진정한 의미를 드러내는 것은 억압이 정동과 투쟁할 때이다.

> 우리는 억압의 동기와 목적이 불쾌의 회피 이외의 다른 것이 아니라는 사실을 상기한다. 따라서 충동 대표에 속하는 일정한 몫의 정동의 운명은 표상의 운명보다 더 중요하고, 이러한 사실은 억압 과정에 대한 평가를 위한 관건이 된다.[66]

이것이 프로이트가 '표상적 부분'의 운명과 '양적 부분'의 운명이라는

---

66_ *GW, 10*, p. 256 ; *SE, 14*, p. 153 ; tr. fr., p. 81 ; 전집 11권, p 147.

이중적 관점에서 신경증 이론에 대한 새로운 해석을 가하려고 탐구한 이유이다. 여기서 가져온 개념화 이외에 시도한 방법은 우리에게 중요하지 않다. 그 개념들은 다시 말해 '대체 형식', '증상', '억압된 것의 귀환' 같은 것들이다.

「억압에 관하여」라는 논문은 결정적으로 우리가 '양적 부분'이 오직 정동 속에서만 인지될 수 있다고 말할 수 있게 한다. 그러나 관념의 운명과 정동의 운명 간의 차이를 따라 다음과 같은 물음의 가능성을 열어놓는데, 그것은 정동의 경제학적 설명이 표상의 해석으로 환원될 수 있는지 아닌지, 또는 다른 말로 하자면 해석이 표상과 경제적 설명에, 그리고 정동에 고정되는가 하는 문제에 대한 가능성이다. 만약 '억압의 진정한 과제'가 '정동의 양을 다루는 것'에 있다면 억압의 경제학은 궁극적으로 어떤 의미를 통한 의미의 해석으로도 환원될 수 없는 경우가 아니겠는가?

「무의식에 관하여」의 3장은 이 방향으로 나아간다. 왜냐하면 그것은 표현상 정동에 대한 고려를 경제학적 관점과 연결시키기 때문이다.[67] 반대로 지형학적 관점은 심리적 표현과 관념들에 대한 동일시를 기반으로 2장에서 도입된다. 순수하게 지형학적이지만 아직 경제학적이지 않은 의미에서, 프로이트는 3장의 도입부에서 "충동은 결코 의식의 대상이 될 수 없으며 오로지 충동을 대표하는 표상만이 의식의 대상이 될 수 있다. 심지어는 무의식에서조차 어떤 충동도 표상에 의하

67_ 이 장은 정동적 해방의 정도에 따라 정동들에 대한 보다 체계적인 목록들을 포함하고 있다. 한편으로는 극단적 행동 내지 '추동'(*triebregungen*)이, 다른 한편으로는 '감각적 인상'(*Empfindungen*)이 있다.

지 않고서는 표현될 수 없다"는 점을 우리에게 상기시킨다.[68] 정동의 삼중적 운명은 특히 경제학적인 문제를 노정하는데, 이는 일종의 "방출과정"(*Aufuhrvorgängen*)이다.[69] 이런 의미에서 우리는 운동성으로의 접근에 대해 말할 때와 마찬가지로 '정동에의 접근'에 대해 말해야만 한다. 두 가지 모두의 경우에서 문제는 방출이다. 그리고 둘 모두에 있어서 의식은 방출의 안내자로 존재한다. 이것은 확실히 진실이다. 그러나 정동의 단절적 운명은 정동이 표상의 정동이라는 것을 잊지 말도록 해야 한다. 이것이 정동을 괄호에 넣으면서 시작하는 일이 가능하면서 필연적인 이유이다. 만약 우리가 표상과 정동 간의 엄격한 평행성을 수립하였다고 생각한다면 우리는 언어에 의해 속고 있는 것이다. 따라서 우리가 무의식적 느낌이나 감정—무의식적 불안, 무의식적 죄책감—에 대해 말할 때 엄밀한 의미에서 느껴진 것, 감각은 곧 깊이 느껴진 의식이라는 점을 망각하고 있다. "우리가 어떤 추동(*Triebregung*)을 언급할 때는 그것이 무의식적인 어떤 것의 관념적 표상을 의미할 뿐 다른 어떤 것을 고려할 수는 없다."[70] 우리는 항상 정동**으로서의** 표상을 따라 정동을 지칭한다. 그리고 우리가 부당하게 '무의식적' 정동들에 대해 말할 때, 그것은 우리가 본래적인 표상적 연결을 오해하고 정동을 그에 부합하지 않는 어떤 표상의 명증성으로 고려하기 때문에 그런 것이다.

그러나 이러한 어휘 사용상의 엄격함이 단지 서술적 관점만을 고려한다는 점은 거부해야 할 사안이다. 체계적 관점으로부터 양적 요인의 운명은 특유의 운명으로 남는다. 즉 무의식적 정동의 관념이 다시

68_ *GW, 10*, pp. 275–6 ; *SE, 14*, p. 177 ; tr. fr., p. 112 ; 전집 11권, p. 176.

69_ *GW, 10*, p. 277 ; *SE, 14*, p. 179 ; tr. fr., p. 115 ; 전집 11권, p. 179.

70_ *GW, 10*, p. 276 ; *SE, 14*, p. 177 ; tr. fr., 112 ; 전집 11권, p. 176.

요구되는데, 이제 우리는 정동의 방출에 대한 특별한 억압 효과들과 우리가 이미 위에서 언급한 바 있는 그 방출의 세 가지 운명을 고려해야 한다. 그런데 방해받는 정동이란 무엇인가? 하나의 억압된 표상은 "무의식 체계 안의 실질적 형식"(*reale Bildung*)으로 머무른다.[71] 다른 한편으로 억압된 정동은 그 전개를 방해하는 개입의 힘(*Ansatzmöglichkeit*)을 제외하면 불분명하게 말해질 뿐이다.[72] 우리는 이러한 '방출과정'에 대해 아무것도 알지 못하며, 억압된 정동은 심리적 표현이나 명증성과는 거리가 멀고, '감각적 인상'(*Emfindungen*)으로 지각될 뿐이다. 기껏해야 우리는 우리가 거의 알지 못하는 그러한 정동적 잠재성들로부터 시작하여 거기서부터 추동으로, 그리고 마침내는 명백한 정동으로 움직임으로써 단지 어떤 특정한 경로를 쫓아갈 뿐이며, 특정한 전개 과정을 확정할 따름이다. 이것이 우리가 운동성에 대한 의식의 우위성을 위해 사용하는 용어로 정동의 방출에 관한 의식의 체계적 조절을 말할 때 우리 자신이 일찍부터 정립했던 바로 그 경로다.

그러나 비록 그렇다 하더라도 우리는 무의식으로부터 직접적으로 나오는 어떤 정동, 즉 순수 정동—어떤 특정한 대상도 가지지 않는 불안과 같은 것이—그 자체로 수반할 수 있는 대체 표상을 기다리는 정동이라는 사실을 간과해서는 안 된다. 우리가 표상으로부터 다듬어지는 것으로 기술하는 하나의 정동은 새로운 표상의 지원을 갈구하는 정동이며, 이 표상은 의식 전체를 관통한다.

---

71_ *GW, 10*, p. 277 ; *SE, 14*, p. 178 (actual strucrtures) ; tr. fr., p. 115 ; 전집 11권, p. 178.
* 프랑스어본에는 SE의 경우 179면으로 되어 있으나 확인 결과 인용된 곳은 178면이다.

72_ *Ibid*.

따라서 우리는 정동과 그 양적 요인을 표상으로 환원하거나 판명한 현실로 다루지 못한다. 적어도 정동과 관념 간의 차이는 지형학과 경제학을 가르는 기반이다. 정동 이론은 경제학적 관점에 대해 어떤 자율의 가능성을 제공한다. 「무의식에 관하여」 4장은 역동적이고 지형학적인 것에 부가되는 경제학을 세 번째 관점으로 제시함으로써 이러한 가능성들의 극단적 한계에까지 이른다. 이 장에서 프로이트는 "자극(흥분)의 양이 어떻게 변화되는가를 추적하고 그 양의 규모를 상대적으로나마 평가하려고" 시도한다.[73] 프로이트는 이를 심리적 탐구의 완성이라고 말한다. "나는 우리가 어떤 정신과정을 **역동적인** 관점과 **지형학적인** 관점, 그리고 **경제적인** 관점에서 설명해낼 수 있을 때 이를 **메타심리학적** 서술로 부르자고 제안하고 싶다. 아울러 여기서 반드시 짚고 넘어갈 것은 현재 우리의 지식수준에 비추어서는 단지 몇몇 부분에서만 그런 전체적인 설명을 해낼 수밖에 없다는 사실이다."[74]

이러한 '소심한 시도'와 '고립된 논점'은 실제적으로 「억압에 관하여」라는 글의 노선을 따르는 신경증 이론에 관한 새로운 체계적 재연(reprise)이다. 그러나 이번에 프로이트는 관념과 정동의 분리된 운명을 따르는 대신 심리적 표현들의 두 가지 질서를 상이한 방식으로 결합함으로써 일종의 지형학 내지 결합체계를 구축한다. 나는 여기서든 다른 어떤 곳에서든 그와 같은 신경증의 임상적 목록에 관한 묘사에 들어가지는 않을 것이다. 나는 그저 언어와 이 영역에서 드러나는 개념화에 있어서의 이동사항을 지적하고자 할 뿐이다. 분석은 순수 경제의 방향 안에서 움직인다. 그것은 오로지 투여의 정립과 전위, 즉 투여의

73_ *GW, 10*, p. 280 ; *SE, 14*, p. 181 ; tr. fr., 121 ; 전집 11권, p. 183.

74_ *Ibid.*

철회 그리고 역투여에만 관련된다. "따라서 거기에는 전의식적 투여의 철회, 투여의 유지, 또는 무의식적 투여에 의한 전의식적 투여의 대체 등이 존재한다."[75] 여기서 프로이트가 주목하는 것은 지형학적 설명에서 경제적 설명으로의 진정한 대체이다. 이에 우리는 이중적 기입의 순수 지형학적 가설에서 초래된 해결책 속에 있는 특정 징후를 소유한다. 다시 말해 이전의 가설은 투여 상태의 변화에 관한 순수 경제학적 가설에 의해 대체된다. 그리고 그는 다음과 같이 부언한다. "여기서는 이런 기능적인 측면에서 설정된 가정이 지형학적인 가정을 쉽게 물리칠 수 있었다."[76] 투여의 철회, 유지, 전위의 지점에서 프로이트는 또 다른 경제적 메커니즘인 역투여를 덧붙인다. 이는 최초 억압의 유일한 메커니즘이고 전의식 체계가 무의식적 표상들을 통해 가하는 압박으로부터 스스로를 방어하는 수단이라고 프로이트는 말한다. 잠시 후에 그는 또한 과투여의 메커니즘을 추가할 것이다.

따라서 무의식 이론은 순수 경제학으로 이동하는 것처럼 보인다. 다시 말해 이것은 이 작용을 지배하는 의미의 역사 안에서의 표상의 운명이 아니다. 표상은 순수한 과정들을 위한 고정점 이외로는 존재하지 않는 것으로 보이며, 이러한 과정들은 본성적으로 경제학이고, 프로이트가 투여의 질서를 부과한 작용에서 도식화한 것이기도 하다.

우리는 여기에 멈추어 서서 결국 프로이트의 무의식이 의미를 통해서가 아니라 에너지를 통해서 더욱 특성화된다고 말해야 하는 것인가? 다섯 번째 대목('무의식 체계의 특징')에서 이미 우리는 그것을 반-현상학적인 주제이지만 아직 충분히 탐구되지 못한 것으로 암시적으로 언

75_ *GW, 10*, 279 ; *SE, 14*, 180 ; tr. fr., p. 119 ; ; 전집 11권, p. 181.

76_ *Ibid.*

급했는데, 거기서 우리는 무의식 체계를 표상들에 관해서라기보다 정동의 방출이라는 측면에서 더 특성화시켰다. "무의식 체계의 핵심은 투여를 방출하고자 하는 충동의 대표들로 이루어져 있다. 다시 말해 욕망의 충동(*Wunschregungen*)이 무의식 체계의 중심을 이루고 있다."[77]

우리가 이미 말한 것처럼 이것이 곧 무의식의 특성들 모두가 비의미의 표식을 함축하고 있는 이유인 것이다.[78]

만약 "이 체계 안에 어떠한 부정도, 의혹도, 확실성의 차원도 존재하지 않는다면" 그 이유는 충동들이 어떤 의미 연관도 없이 공존하기 때문이다. 즉 "무의식 안에는 보다 큰 또는 보다 작은 힘으로 압축된 그러한 내용물들만이 존재한다"는 것이다.

만약 최초 과정이 지배적이라면 그것은 투여가 여기서 보다 더 활동적이기 때문이며, 더욱 쉽게 촉발된 전위와 압축 때문에 그런 것이다. 만약 무의식이 무시간적(*zeitlos*)이라면 그것은 정확히 말해서 시간과 그 어떤 관련도 가지지 않기 때문이다. 즉 우리는 이미 초월적 감성론에 속해 있다. "프로이트가 말하길 시간적 관련은 의식 체계의 작업과 결부된다." 결국 쾌락원칙의 지배는 무의식적 과정들의 운명이 '얼마나 강한지 그리고 그것들이 쾌-불쾌 규칙의 요청들을 충족시키는지 아닌지의 여부에 달려 있다'는 것을 의미한다.

의식화, '의식-되기'에 대해 말하자면, 그것이 "단순한 지각작용이 아니라 정신기관의 또 다른 발전 국면을 보여주는 **과투여**이기도 하다는 것"이라고 한 데서 보듯, 역시나 이것도 경제적 방식으로 정의된

---

**77_** *GW*, *10*, 285 ; *SE*, *14*, 186 ; tr. fr., p. 129 ; 전집 11권, p. 189.

**78_** 「무의식에 관하여」, 5장.

다.[79]

우리는 이 모든 체계의 특징들을 통해서 투여 에너지의 두 가지 상태를 알기 위해 「과학적 심리학 초고」에 더 가까이 다가선다. 여기서 말하는 두 상태란 탄력적으로 결부된 상태와 움직이는 상태이다. 무의식과 전의식(전의식과 의식이 아닌) 사이의 경계적 비판에 관한 메시지는 지형학적 관점에 대한 경제학적 관점의 승리의 최종 공언이다.[80]

여기서 잠깐 멈추어서 문제를 전반적으로 조망해 보도록 하자. 우리가 거쳐온 경로는 최초의 것들에 대한 점진적인 역행 속에 구성되었다. 처음에 우리는 충동의 심리적 대표 문제를 제기했다. 그리고 우리는 정동을 괄호치고 무의식의 지형학적 구조 안에서의 표상들의 우위성으로부터 논의를 시작했다. 다음으로 우리는 정동으로부터 괄호를 걷어내고 정동의 몫을 표상에 종속시키려고 했다. 그리고 우리는 이러한 양적 요인에 적합한 운명을 고려했으며, 이 생각은 우리를 지형학적 관점에 경제학적 관점을 추가하도록, 그리고 의미를 넘어 일차적인 투여의 매개활동을 부여하도록 이끌었다.

나는 이러한 전체 논의로부터 두 가지 결론을 이끌어내면서 프로이트적인 체계화 작업에 대해 공평한 판단을 내릴 수 있을 것이라 생각한다.

1. 만약 우리가 우리의 현재 결론을 「과학적 심리학 초고」와 『꿈의 해석』에 대한 우리 논의의 결론들과 비교한다면 이는 경제학적 관점으로부터, 즉 투여의 상호작용이라는 관점으로부터 정동들의 환원

79_ *GW*, *10*, 292 ; *SE*, *14*, 194 ; tr. fr., p. 142 ; 전집 11권, p. 200.

80_ *GW*, *10*, p. 291 ; *SE*, *14*, p. 193 ; tr. fr., p. 141 ; 전집 11권, p. 199.

불가능한 특성이 어떤 상황, 즉 그 성격이 점점 더 정확해지는 그러한 상황을 드러낸다. 다시 말해 힘의 언어는 결코 의미의 언어에 의해 극복될 수 있는 것이 아니라는 것이다. 욕망이 '소멸될 수 없는', '불멸의' 것, 즉 언제나 언어와 문화에 선행하는 것인 경우에 한해 이러한 사실은 결국 이전의 논의에서 우리가 말했던 것과 다르지 않으며, 이 경우 지형학과 지형학의 자연주의적 소박성이 욕망의 본질 자체와 어울리게 된다고 우리는 확신한다.[81]

2. 표상 가능한 것과 말해질 수 있는 것과는 무관하게 이 순수 경제학적 측면을 **현실화하기**란 불가능하다. 그리고 우리는 '심리-학'(psycho-logie)에 미치지 못하게 되는 것을 각오하면서까지 이름붙일 수 없는 욕망을 실체화할 수는 없다. 이것이 바로 우리로 하여금 대표 이론을 구축하지 못하게 하는 이유다. 물론 대표 이론이 표상 이론으로 환원될 수도 없다. 왜냐하면 정동은 충동을 대표하고 충동 자체는 '영혼 속의' 신체를 **대표하기** 때문이다. 하지만 동일 모음의 반복은—당혹스러운 번역—**대표**(*Repräsentanz*)와 **표상**(*représentation*) 간의 심오한 친근성을 드러낸다. 어느 경우에도 경제학은 정동들이 표상의 짐이라는 이 정동의 구성요소를 무색하게 할 수 없다. 정동의 분열은 절대로 무효화되지 않는 무한정 늘어날 수 있는 지향적 관계 양상이다. 이것이 바로 정동이 의식의 접근을 강제하기 위한 또 다른 표상의 지원을 구하는

81_ 우리는 변증법 2장에서 욕망의 상태라는 주제로 되돌아올 것이다. 정동 안에서 표상되는 것과 관념들로 전환되지 않는 것은 욕망으로서의 욕망 자체이다. 정신분석은 말의 근저에 있는 이 이름붙여질 수 없는 것에 대한 경계적 인식이다. 그것은 우리가 철학적 반성의 맥락 안에서 '경제적 관점'에 대한 궁극적인 정당화를 구하는 그러한 요소들이다.

이유이다.

따라서 프로이트는 의미의 해석을 힘의 경제학으로 환원하지 않는다. 「무의식에 관하여」는 우리를 출발점으로, 즉 무의식을 그 '파생물' 속에서 판독되는 것으로 귀착시키는 중요한 순환운동으로 끝을 맺는다. 출발 지점으로의 이러한 퇴행은 그 논증구조를 위해 충분히 검토될 가치가 있다. 지형학은 다른 것들로부터 체계들을 분리시켰으며, 경제학은 각각의 체계가 그 고유한 법칙들(상호 체계적 관계)을 가진다는 이론으로 그러한 분리를 완성시켰다. 하지만 경제학은 또한 우리에게 결국 그 상호 체계적 관계들을 고려하라고 요청한다. 그리고 이는 곧 "무의식"이 "무의식 체계의 특징"으로 매듭지어지는 것이 아니라 "체계 간의 소통"이라는 검토 사안으로 종결되는 이유가 된다.[82] 오직 이 경우에만 진정한 "인정"이나 "평가"가 있게 될 것이다.[83] 그런데 체계들 간의 소통이란 오직 파생물들의 의미 있는 건축술 안에서 파악될 수 있다는 것이다. 다시 말해 "무의식은 요약하자면 파생물들로 알려진 것들 안에 존속한다고 말해져야 하는 것이다."[84] 프로이트는 특히 의식 체계와 무의식적 특징들에서 상당히 조직화된 요소들이 드러나는 그러한 파생물에 초점을 맞추었다. 우리는 이 혼합적 특성을 잘 파악하고 있는데, 이것은 정상인과 신경증적인 사람 둘 모두의 환상들과 대체 구성물로 인식된다. 환상의 복합적 특성은 무의식이 항상 우리가 이전의 분석에서 지칭했던 바대로 '의식적 증상'이라는 것으로 파악되고

82_ 「무의식에 관하여」 6장.

83_ *Die Agnoszierung des Unbewussten*, 「무의식에 관하여」 7장. 표준판은 이것을 다음과 같이 번역한다(*Assessment of the Unconscious*(*SE*, *14*, p. 196). 선집 4권 127면에는 이렇게 번역되어 있다. *Recognition of the Unconscious*.

84_ *GW*, *10*, p. 289 ; *SE*, *14*, p. 190 ; tr. fr., p. 136 ; 전집 11권, p. 195.

진단되어야 한다는 점을 확증한다. 나아가 이러한 무의식의 파생물들, 즉 "두 체계 사이의 매개요소들"은 무의식으로의 접근을 용이하게 해줄 뿐만 아니라, 무의식—정신분석적 치료가 기반하고 있는 것—에 영향을 미치는 길을 개방한다.[85]

이러한 논증의 순환운동이 의미하는 바는 무엇인가?

이러한 운동은, 만약 경제학적 관점이 그 자체로 의미를 통한 의미 해석으로부터 완전히 자유롭다면 파악불가능한 것이 된다. 정신분석은 결코 단지 벌거벗은 힘의 얼굴로만 등장하는 것이 아니다. 그것은 항상 의미를 찾는 와중에 힘과 더불어 등장한다. 힘과 의미 사이의 이러한 연결은 충동의 사실을 심리적 실재 자체로, 또는 더 정확히 말해 기관적인 것과 심리적인 것 사이의 경계에서의 한계-개념이라는 의미의 연결이다. 해석학과 경제학 사이의 연결은 가능한 한 확장될 것이고, 정동 이론은 프로이트의 메타심리학 안에서 이 팽창의 극단적인 지점을 표시한다. 이 연결은 경제학 자체가 정신분석학에 속하기를 그만두는 고통 하에서도 파기될 수 없는 것이다.

---

**85_** *GW, 10*, p. 293 ; *SE, 14*, p. 194 ; tr. fr., p. 143 ; 전집 11권, p. 200.

# 2부
# 문화 해석

분석론의 첫 번째 부분은 정신분석의 인식론과 관련이 있었다. 다시 말해 1부는 정신분석의 '언술' 및 그 담론의 한계 안에서 자리 잡고 있는 정신분석의 입지에 대한 탐색이었던 셈이다. 두 번째로 이제 문화 분석을 다룰 것이다. **문제제기**에서 우리는 일반적으로 성스러움 및 종교 현상학과 관련이 되는 프로이트의 문화 분석의 중요성에 대해 말했다. 이것은 탈신화화라는 기획의 일환으로 성스러움의 파괴라는 형식들 가운데 마르크스와 니체의 입장과 노선을 같이하며 이루어진다. 우리는 이제 분석론을 기반으로 해서 이 입지를 정당화시켜 볼 것이다. 그리하여 우리는 해석학의 거대한 이율배반—정립과 파면이라는 이율배반—속으로 돌입하고, **변증법**의 작업장에 마련된 새로운 문제를 재검토하기 위한 여지를 마련한다.

우리가 본장에서 문화 현상과 관련해서 할 수 있는 분석은 세 가지 측면으로 드러난다.

1. 문화의 발생은 꿈과 신경증의 해석에 대한 단순한 유비를 통해 설명된다. 이 첫 번째 측면의 설명방식으로 우리는 문화에 대한 정신분석적 해석의 가치와 더불어 그 한계까지도 특징을 짓게 된다. 정신분석학적 해석의 가치와 한계는 대상에서, 다시 말해 정신분석학이 주제화되는 대상에서 발견되어서는 안 되고 정신분석학적 관점, 그 유효한 개념들 안에서 발견되어야 한다. 정신분석이 적용될 수 있는 영역은 경계가 없다. 이런 의미에서 그 영역은 무한정하다고 하겠다. 그러나 정신분석에 그 권리를 부여하는 지형학적-경제학적 관점이야말로 허용범위의 전망을 결정한다. 그러므로 이런 의미에서 정신분석은 한계를 가지는데, 다른 모든 경우와 마찬가지로 이것이 정신분석의 가치를 결정한다. 정신분석이 예술과 도덕 그리고 종교에 대해 말하는 모든 것은 두 가지 방식으로 결정된다. 우선은 프로이트적인 '메타심리학'을 구성하는 지형학적-경제학적 모형을 통해서 결정되고, 다음으로는 꿈에서 승화에 이르기까지 무한정 확장할 수 있는 유비의 방식으로 일차적 항을 제공하는 꿈의 예를 통해서 결정된다.

이 두 가지 한계, 즉 모형의 한계 및 예시의 한계에 주목하자. 첫 번째 한계는 원래부터 마음을 불편하게 하는 문제를 인식하기 위해 그 한계가 주어지는 것을 금하는 일을 정신분석학에 요구해서는 안 된다는 것을 의미한다. 분석에서 '원초적인' 모든 것—원초적 진행, 원초적 억압, 원초적 나르시시즘, 그리고 이어서 원초적 마조히즘—은 초월적인 것과는 완전히 다르다는 의미에서 원초적이다. 다시 말해 원초적인 것은 근거에 대한 정당화의 문제가 아니라 왜곡과 위장의 질서에 선행하는 것에 관한 문제다. 따라서 원초적 진행이란 다른 모든 환상의 구성들에 선행하는 욕망의 환각적 충족을 표현한다. 또한 원초적 억압은 어떤 표상이 최초로 충동에 투여되는지를 결정하며, 원초 나르시시즘이란 모든 대상 투여 아래에 놓인 근원적인 저장소와 그로부터 유래하는 모든 충동의 원천을 나타내는 것이다. 하지만 분석에 있어서 첫 번째 것이 결코 반성에 있어서 첫 번째 것은 아니다. 원초적인 것이란 어떤 근거가 아니다. 그러므로 우리는 정신분석으로 하여금 현실의 질서 안에 있는, 또는 가치의 질서 안에 있는 근원적 지향에 대한 의문을 해결하라고 요구해서도 안 된다. 정신분석은 단지 이상과 환영이 대개 '거리를 둔', 즉 대체로 '변형된' 그러한 파생물인 충동의 운명으로, 다시 말해 충동의 심리적 표현들의 운명으로 간주될 것이라고 이해되어야 한다. 미적 창조와 쾌락, 도덕적 삶의 관념들, 종교 영역에서의 환상들은 단순히 충동들의 경제학적 대차대조표 위에 있는 일종의 변수들로, 쾌-불쾌의 비용계산으로 묘사될 것이다. 그리고 사람들은 단지 위에서 윤곽 잡힌 경제학적 조합 체계를 따라 투여, 투여의 물러남, 과투여, 그리고 역투여와 관련하여 그러한 일들에 대해 말할 것이며 또 그렇게 할 수 있다.

「메타심리학에 관한 논고」에서 탐구되었던 개념적 모형을 적용하는 것과 마찬가지로 문화에 대한 이러한 주해는 꿈의 예시를 일반화한다. 다시 말해 이런 주해는 오히려 꿈과 신경증을 통해서 형성된 틀을 일반화한다고 말해야 한다. 『정신분석 입문』에서 정신분석의 적용의 도입부에 현학적 표현양식을 배치한 것처럼 말이다. 꿈이 응용 정신분석에 제안한 것은 『꿈의 해석』에서 소원성취(*Wunscherfüllung*)라는 주제 하에 고집스럽게 방어했던 구조다. 그것은 이러한 충족과 충족의 삼중적 퇴행을 설명하기 위해 존재하며, 「과학적 심리학 초고」를 내놓은 시기부터 시작되어 지형학을 통해 완성된 것이다. 따라서 정신분석학은 '소원성취'라는 모형 하에서 문화 해석에 제시된 것이다. 문화에 대한 정신분석학적 해석은 이러한 모든 문화적 표상의 예를 일반화한다. 다시 말해 이 해석은 제한된 두 번째 의미 속에 존재한다. 다시 말해 정신분석학적 해석은 오직 꿈을 통해 예시된 '소원성취'의 유비로 간주될 수 있는 그런 차원 안에 있는 문화 현상을 인식할 뿐이다. 예술, 도덕 그리고 종교에 대한 프로이트의 논고를 평가하기 위한 가장 좋은 방법은 이런 분야들을 '응용' 정신분석의 진술로, 그리고 '유비적' 해석으로 파악하는 것이다. 우리는—적어도 아직은 아니지만—총체적인 설명을 접하지는 못해도 옹졸한 비난을 비범하게 견뎌낸 다음 비로소 단편적 설명을 접하게 될 것이다.

이러한 것이 문화 현상에 대한—외적인 경계가 없음에도 불구하고—이 해석의 이중적 내적 한계인 것같다.

2. 하지만 우리는 단순한 응용 정신분석으로, 그리고 유비적 해석으로, 문화에 대한 이러한 주해를 특징짓는 일로는 본질적인 것을 말하지는 못한다. 이러한 적용과 치환은 반발을 통해서 모형 그 자체, 경제학의 형식적 모형과 꿈이라는 물질적 모형이 변형되는 일에 대한 꼼꼼한 독해를 통해 나타난다. 그렇기 때문에 2부에서는 꿈과 신경증이라는 원래의 영역 바깥에 정신분석학이 적용됨으로써 정신분석학의 적절한 의미를 펼치고 새로운 독해를 통해 그 최초의 철학적 지평에 접근해 갈 것이다(p. 141 이하 참조).

본질적인 비판적 지점은 자아와 이드 그리고 초자아에 관한 이차 지형학으로의 이행이다. 그러나 이러한 이행은 어떤 특별한 난점을 드러내는데, 왜냐하면 그것이 새로운 삼중구조나 일차 지형학을 폐기하지는 않기 때문이다. 그것은 또한 하나의 부가사항이라고 할 수 없고, 적어도 동일한 개념적 틀 안에 있다고도 할 수 없다. 일차 지형학에서 이차 지형학을 구별하는 역할이나 심역에 관한 성찰은 세 체계(무의식, 전의식, 의식) 이론에 대한 단순한 교정으로부터 나오는 것이 아니다. 이차 지형학은 다른 질서에 속한다. 이것이 바로 우리가 정신분석학적 인식론이라는 표제 하에 이차 지형학을 도입하지 않았던 이유다. 만약 그렇지 않다면 적어도 일차 지형학으로부터 이차 지형학이 충분히 그 동기를 부여받았다고 간주될 것이다. 우리는 한편으로 문화 해석이 정신분석의 부수적 생산물 그 이상이라는 점을 강조하기 위해 문화에 대한 분석과 지형학을 짝지으려는 경향이 있었다. 왜냐하면 그것은 이차 지형학 개념에 결속되어 있기 때문이다. 다른 한편으로 이차 지형학은 일차 지형학의 단순한 재개정이 아니다. 왜냐하면 그것은 자신을 문화로 표명하는 비리비도의 요인과 리비도의 대면으로부터 발생하는 것이기 때문이다. 일차 지형학은 충동의 경제학에 묶여 있는데, 이 경우 충동이란 하나의 근본 개념이다. 또한 세 체계로 지형학을 분할한 것은 오직 리비도와의 관계에서 만들어진다. 이차 지형학은 새로운 종류의 경제학이다. 여기서 리비도는 그 자신과는 다른 어떤 것에 사로잡히는데, 이는 어떤 새로운 경제학적 조건을 창조하는 단념에서 요구된 것이다. 지형학은 이제 유아론적 리비도를 위한 체계들의 계열이 아니라 문화 안에 정초된 리비도의 역할들의 계열—인격적·비인격적·초인격적—을 작동시킨다. 우리가 2부의 결말에 이차 지형학을 예비한 이유는 문화의 주해와 그 친밀한 연결점을 강조하기 위해서다. 정신분석의 응용으로서의 문화론은 일차 지형학으로부터 나오지만, 반발을 통해서 그것은 그 정점에서 새로운 지형학을 발생시킨다고 말할 수 있다.「자아와 이드」는 정신분석의 이러한 확장을 표명하고 있다.

3. 하지만 우리는 그것을 이차 지형학에 연결시킴으로써 문화 해석을 충분하게 정당화시키지는 못했다. 문화에 대한 단편적이고 일면적이며 독단적인 유비적 관점으로부터 체계적 관점으로 이동하기 위해

충동 이론에 대한 훨씬 더 많은 근본적인 재검토가 요구된다. 문화 문제는 우리가 죽음 충동과 죽음에 반대하는 에로스로서의 리비도에 대한 재해석을 고려할 때 단일한 문제로 탐구될 것이다. 최종적인 해석은 「자아와 이드」에서 찾아야 하는 것이 아니라 「쾌락원칙을 넘어서」에서 찾아야 한다. 에로스와 죽음 사이에서 문화는 '거인들의 투쟁'라는 위대한 극을 연출한다.

하지만 이와 동시에 우리는 정신분석학이 과학에서 철학으로, 또는 어쩌면 심지어 신화로 전향하는 지점에 도달할 것이다. **분석론**의 2부는 그런 관점에서 '응용 정신분석'을 재확인하는 길과 모든 배역들이 신화적인, 다시 말해 에로스이며, 타나토스이고, 그리고 아낭케인, 새로운 극작법의 극치—또는 틈—사이의 중간 지점에 머물 것이다. 이 신화적-철학적 극작법은 분석론 제3부의 주제가 될 것이다.

# 1장 꿈의 유비

## 1. 꿈의 특권

문화적 유비 계열에서 꿈의 특권은 단순한 우연이 아니다. 우리가 꿈의 해석이 가지는 범례적 특징에 놀라지 않도록 해석의 진행과 그 전진적인 서술 간의 특유한 친밀성을 상기하는 것이 중요하다. 꿈을 하나의 모형으로 만들어주는 것은 다음과 같은 점에서 형식화될 수 있다.

1. 꿈은 하나의 의미를 가진다. 다시 말해 꿈 사고라고 할 만한 것이 있다. 그리고 이러한 사유들은 각성 상태의 그것과는 기본적으로 다르다. 꿈을 심리적 삶의 잔여로 동일한 흐름 안에 위치시키는 모든 것은 꿈을 또한 문화 유비 속으로 옮겨질 수 있게 만드는 것이다.

2. 꿈은 억압된 욕망 내지는 욕망의 위장된 충족이다. 이 두 번째 논제는 우리를 암호 해독의 해석이라는 해석의 정확한 유형으로 향하게 한다. 욕망이 스스로 꿈 안에 숨어 있기 때문에 해석은 반드시 욕망의 어둠을 의미의 밝은 빛으로 대체해야만 한다. 해석은 책략이라는 빛의 응답이다. 우리는 여기서 환상의 장악으로 이해되는 어떤 해석 이론의 원천을 건드리고 있다.

3. 위장은 작업, 즉 꿈 작업의 효과다. 이것은 일종의 메커니즘이라고 할 수 있는데, 성서 주해의 일반화나 심지어 니체의 방식으로 '도덕의 계보학'에 속하는 탐구를 통해 제안된 것 이상으로 훨씬 복잡하다. 전위, 압축, 감각적 형상화, 부수적 수정, 이러한 잘 정의된 과정들은 새로운 구조적 유비들에 대해 열려 있다. 만약 꿈 해석이 하나의 패러다임으로 모든 해석을 대표할 수 있다면 그것은 꿈이 사실상 모든 욕망의 전략이기 때문에 그런 것이다.

4. 꿈을 통해서 표상된 욕망은 필연적으로 유아적이다. 꿈은 심리적 기관들의 삼중의 퇴행을 유형화한다. 즉 심상으로 돌아간다는 형식적 의미에서, 유년기로 돌아간다는 시간적 의미에서, 그리고 욕망과 쾌락의 혼합으로 돌아간다는 지형학적 의미에서 그러하다. 그리고 이는 최초 과정이라고 일컬어지는 환각의 충족이라는 유형을 따른다. 따라서 꿈은 우리가 반복적으로 우리의 주의를 환기시키는 일반적 현상, 즉 퇴행 현상에 접근하게 한다. 꿈은 우리가 이 퇴행의 세 가지 다른 형식들을 파악할 수 있게 해준다. 더 나아가 우리는 가면에 대한 투쟁, 즉 숨겨진 의미의 암호 해독으로만 아니라 모든 종류의 시원성의 폭로로 유비적 해석을 특징지을 수 있다. 우리는 이것이 윤리적 영역에서 가지는 중요한 결과도 보게 될 것이다.

5. 마지막으로 꿈은 우리가 끊임없는 검토를 통해 욕망의 언어라

는, 즉 그 유형적이거나 보편적인 특징에 있어서 상징적 기능의 건축술이라고 할 만한 것을 탐구할 수 있게 한다. 우리가 알다시피 성애는 근본적으로 이러한 상징적인 것을 떠받치는 것이다. 또한 성애는 탁월하게 상징화된다. 성애 속에 **묘사 가능성**(*Darstellbarkeit*), '형상화의 소질'이 정점에 달한다. 꿈이 침전된 진부한 언어로, 프로이트가 이 말에 부여한 정밀하고 협소한 의미의 '상징'으로 마주하게 된 것은 민속과 신화학에 적용되는 민족집단에서 일깨워지는 거대한 꿈에서의, 그리고 개인의 심리현상 속에서의 흔적과 같은 것이다.

하지만 꿈꾸기 모형의 일반화가 천편일률적인 반복으로 간주되어서는 안 된다. 동시에 **깨어 있는 상태**에 대한 그러한 일반화의 확장은 하나의 문제를 제기한다. 우리가 목록화한 각각의 특징들은 **야상곡**으로서의 꿈의 특수성으로부터 꿈을 해방시키는데, 이는 이를테면 꿈이 꿈꾸기 일반이 된다고 말하기 위함이다.

1. 만약 꿈이 우리에게 의미에 관한 일반론을 제공한다면 잠자는 동안의 충동적 삶 속에서의 나르시시즘적 표현은 깨어 있는 삶이 세계를 표현되는 방식을 통해 통합되어야 한다.

2. 만약 꿈의 **소원성취**(*Wunscherfüllung*)가 하나의 예시로서의 가치를 가지게 된다면 우리는 깨어 있는 동안의 삶으로 그것을 전이시키는 동안에 수면 상태가 갖는 부수적 특성이나 꿈의 전이 불가능한 핵심으로 드러나는 소망을 극복해야만 한다. 마찬가지로 '수면'이라는 것은 깨어 있는 동안의 삶의 법칙에 내재하는 밤의 특징으로 은유적으로 일반화되어야만 하는가?

3. 더 결정적인 난점은 꿈 작업이 의미의 왜곡을 성취하는 과정이 상당히 독특하다는 것인데, 이는 프로이트가 『꿈의 해석』에서 강조했고 깨어 있는 상태에 관한 사유과정과 대조했던 바로 그것이다.[1] 그

러므로 문화 이론의 과제 중 하나는 '검열을 무력화하는' 일반 기능과 관련된 구조들을 꿈 작업에서 도출시키는 것이어야 할 것이다. 구조와 기능의 이러한 관계는 농담, 콩트, 전설 그리고 신화에서 반복되는 것으로 보이며, 꿈 그 자체에 있어 꿈의 발생 너머에서 형식화되는 몇몇 방식 안에서도 반복된다. 하지만 이로 인해 퇴행 개념은『꿈의 해석』에서 그 기초적인 표상 너머로 확장되어야만 한다. 왜냐하면 **지각**을 향한 지형학적 퇴행이 전체적으로 **환상의** 특징이 될지 분명하지 않기 때문이다. 이러한 관점에서 문화 해석은 처음부터 끝까지 프로이트가 항상 현실의 기억들과 연결시키려고 애쓰게 될 '원초적 장면'이라는 주제와 대립한다. 이것은 심지어 프로이트가 성인기를 통해서 유년기의 유혹을 추정하는 장면에서 비롯되는 그 주제에 관한 첫 번째 표현을 포기한 후에도 계속된다. 문화 현상에 대한 지형학적-경제학적 이론이 원초적 과정의 모형과 '지각 체계들의 환각적 투여' 가운데 구축될 수 있는지는 매우 불투명하다.

4. 동일한 난점이 꿈의 유아기적 본성이라는 주제 하에 다른 방식으로 제기된다. 여기서 퇴행의 시간적 측면이 전면에 나선다. 어떻게 해서 '진보'라는 주제가 해석에 도입될 수 있는 것일까? 이 경우 해석에서 가장 중요한 것은 심리적 기관들의 '퇴행성' 전개에 있는데도 말이다. 우리가 이해할 바와 같이 꿈꾸기 모형의 보편적 타당성을 견지하기 위해 프로이트는 가능한 한 멀리까지 진보라는 주제와 퇴행이라는 주제를 서로 대립시킨다. 초자아에 관한 그의 이론은 근본적으로 남성의 환상이 리비도에 관해 포기된 입장들에 관한 저장소, 즉 퇴행의 운동이라는 생각을 포기하지 않을 것이다. 이런 관점에는 프로이트 입장의

1_ 앞의 p.148과 각주 5, 그리고 p.175 참조.

어떤 특정한 문화적 비관주의가 뿌리박혀 있는데, 이는 죽음 충동의 발견을 통해서 강화될 것이다.

5. 문화 이론은 우리로 하여금 상징화의 문제, 즉 『꿈의 해석』에서 말해진 바 꿈 작업 외부에 합당하게 설정된 문제로 되돌아가게 할 것이다. 프로이트가 자신의 책에서 신화 해석으로 방향을 바꾸는 이유는 정확히 자유연상 방법에 저항하는 상징 해석을 용이하게 하기 위해서다. 문화사의 차원에서 일반화된 방법이 여기서 개인의 심리현상 차원에서의 해독방법에 길을 열어주어야 한다.[2] 발생적 관점은 원초적인 과정과 부수적인 과정 사이의 구별 때문에 촉발된 것이다. 문화 해석은 우리가 어떻게 그 관점이 지형학적-경제학적 관점에 이어져 있는지 이해할 수 있게 해준다.

이 모든 이유로 인해 문화 해석은 그 보편적 의미맥락 안에서 꿈 모형을 드러내게 될 탁월한 우회로가 될 것이다. 꿈은 단순히 밤에 이루어지는 삶의 신비한 측면 내지는 신경 충돌에서 발생하는 어떤 것과는 다른 것이라고 증명될 것이다. 꿈은 **정신분석으로 가는 왕도다.**[3] 꿈은 모형의 기능을 갖는다. 왜냐하면 내가 말했던 것처럼 꿈속에서, 또한 수면 상태에서의 인간의 모든 야상곡(夜想曲, le nocturne), 낮 동안의 야상곡이 드러나기 때문이다. 인간은 위장과 퇴행 그리고 유형화된 상징양식 안에서 자신의 욕망을 실현할 수 있는 존재다. 인간 안에서 그리고 인간을 통해서 욕망은 위장된다. 정신분석은 예술, 도덕, 그리고 종교가 유비적

---

2_ 앞의 p. 162 참조.

3_ 『꿈의 해석』 *GW*, *2/3*, p. 613 ; *SE*, *5*, p. 608 ; tr. fr., p. 330. "꿈의 해석은 마음의 무의식적 활동에 대한 지식을 얻기 위한 지름길이다."

형상 내지는 꿈꾸기의 가면의 변이인 경우에 한해 그 가치를 가진다. 꿈의 드라마 전반은 따라서 보편적 시학의 차원에서 일반화된다.

이것이 『꿈의 해석』의 방법에 대한 배반이 아니라 그 방법의 확장이자 심화라면, 그것은 『꿈의 해석』의 핵심 주제인 '위장'이라는 주제 자체가 충동이 그 대표자들과 파생물을 압박하는 그 모든 등록부 속에서 확장과 심화를 이루는 모습을 보기 때문에 그렇다. 이러한 욕망의 가면, 욕망의 밤의 꿈에 대한 유비 가운데 우리는 우리의 잘못된 숭배를 혼잡하게 하는 우상들과 마주칠 것이다. 인류의 백일몽으로서의 우상과 관련해서 이는 문화 해석학의 하위 주제가 된다고 볼 수 있다.

첫 번째 비교 검토—이것은 아직까지 초자아 개념에 부가된 막대한 난점을 명백하게 제기하지는 않는데—에서는 응용 정신분석의 본래적인 양식을 조명할 것이다. 예술작품은 백일몽의 첫 번째 형상이 될 것인데, 이는 꿈꾸기에 관한 첫 번째 유비다. 또한 예술작품은 우리를 이후의 작업에서 탐구될 주제인 승화와 환상으로 가는 길목으로 데려다 준다.

## 2. 예술작품의 유비

예술작품에 대한 지형학적-경제학적 관점의 프로이트적 적용점은 하나의 기획 그 이상의 것이다. 다시 말해 이것은 어떤 위대한 여행자이자 수집가, 그리고 탐욕스런 애서가나 고전문학 독서가—소포클레스로부터 셰익스피어와 괴테, 그리고 당대의 시인에 이르는—초보 연구자 및 종교사가인 임상의를 위한 하나의 위안거리다. 이렇게 자기 특유의 교설을 변호하기 위한 이러한 기획은— 제1차 세계대전 이전의 고립 시기 동안—비학문적인 많은 독자들이 접근하기 쉬운 정신분석학의 방어이자 예시다. 이는 심지어 **메타심리학** 이론가들에게서도 하나의 증명 내지 검증작업 이상의 것이 되었다. 그리고 마지막으로 예술작품은 거대한 철학적 구상 방향으로서의 하나의 기준이다. 이것은 정신신경증 이론을 통해서 표명된 관점과 시야를 절대 벗어나지도, 위장하지도 않는다.

이 거대한 구상 속에 미학의 정밀한 위치는 우리가 받아들이기도 하고 지지하기도 하는 정신분석 미학에 대한 논문들의 파편적 특징 때문에 명확하게 드러나지 않는다. 그러나 예술에 대한 프로이트의 감정이입이 종교적 환상에 대한 그의 가혹함과 대등하다고 고려될 때, 그리고 다른 한편으로 사랑, 죽음, 그리고 필연성 가운데에서 자신의 자리를 발견해 가는 미학적 **유혹**은 오직 과학만이 에누리 없이 제공하는 그러한 진리와 진실성의 이념을 완전하게 충족시키지 않는다는 점을 고려할 때 우리는 매우 불확실해 보이는 분석 아래에 놓인 상당한 긴장, 다시 말해 마지막에 이르러서야 밝혀지게 될 그러한 긴장들을 발견할 것이라고 기대할 수 있다. 프로이트에게서 예술은 강박적이지 않고 신경증적이지 않은 대리 만족의 형식이다. 즉 미학적 창조의 **매력**은 억압된 것의 귀환에서 비롯되지 않는다. 하지만 그렇다면 쾌락원칙과 현실원칙 사이에 있는 예술의 자리는 어디인가? 이 중대한 질문은 명확하게 밝혀지지 않은 채로 '응용 정신분석학에 관한 짧은 논문'의 배경으로 남겨질 것이다.

우리는 우선 프로이트의 미학에 관한 논문들의 체계적이지만 단편적인 특성들을 올바르게 이해해야 한다. 체계적 관점이 바로 단편적인 특성들을 강화하고 견인한다. 예술작품에 대한 정신분석학적 설명은 치료나 학습을 위한 정신분석학과 비교될 수 있는 것이 아니다. 왜냐하면 그것은 이 과정에서 자유연상법을 사용하지 않으며, 의사와 환자 사이의 이중 관계의 장에서 일어나는 해석도 여기서는 이루어질 수 없기 때문이다. 이런 측면에서 예술 해석에 유용한 전기적 문서들은 치료 기간 동안 부수적으로 풍부하게 쌓인 정보 정도의 의미만 있을 뿐이다. 예술에 대한 정신분석학적 해석은 그것이 단지 유비적이기 때문에 단편적인 것이 된다.

사실상 이것이 바로 프로이트 자신의 논고에서 파악했던 방식이다. 또한 그 논고들은 건축술적으로 구성된 구조물을 닮아 있다. 이 구조물은 건축적 세부사항에서부터 시작하여 어떤 가늠할 수 있을 만한 맥락을 부여함으로써 전체 기념물을 구상한다. 뒤에 우리는 프로이트의 문화작품에 대한 총체적 해석을 검토할 것인데, 심지어 이 부분에서도 우리는 그 단편적 논문들이 관점의 체계적 통일성에 의해 결합된다는 점을 보게 될 것이다. 이것이 이러한 논문들의 특수한 성격이 설명될 수 있다. 이 글들은 그 세세함과 엄격함—심지어는 완고한—에 있어서 놀라울 정도로 면밀한데, 이러한 특징은 단편적 연구들을 꿈과 신경증에 관한 거대한 묘사와 조응하는 것으로 만든다. 서로를 분리시킴으로써 각각의 연구들은 말끔하게 경계를 나눌 수 있을 것이다. 『농담과 무의식의 관계』는 희극과 유머 영역에서의 허구적인 만족, 그리고 꿈 작업의 법칙에 대한 화려하지만 성실한 일반화를 보여준다. 옌젠의 『그라디바』에 대한 해석은 소설에 관한 일반론을 제시하라는 요구를 하지 않는다. 그보다 이 해석은 오히려 정신분석에 익숙하지 않은 소설가가 그의 주인공에게 부여하는 허구적 꿈을 통해, 그리고 소설가가 주인공을 이끌어 가면서 드러내는 유사 분석적 치료과정을 통해 이를 꿈 이론에 다시 포함시키는 목적을 가지고 있다. 「미켈란젤로의 모세상」에서 조상(彫像)은 하나의 예술작품으로 다루어지지만 어떤 일반적인 천재론이나 예술창작론이 제시되지는 않는다. 레오나르도 다 빈치에 대해 말하자면, 그것은 겉보기와는 달리 「레오나르도 다 빈치의 유년의 기억」이라는 평범한 제목 그 이상으로 나아간다. 여기서 설명되는 것은 오로지 레오나르도의 예술적 운명의 몇몇 특징들, 이를테면 그늘진 장면을 그린 그림에서 번개 치는 모습 같은 것들이다. 번개, 즉 텅 빈 빛의 공간은 앞으로 보겠지만 레오나르도에게는 단지 텅 빈 암흑과도 같은 것일 뿐이다.

이러한 논문들 중 어떤 것도 작품 대 작품, 즉 꿈 작업 대 예술작업 및—그리고 달리 말해 운명 대 운명—예술가에게 운명으로 다가온 충동의 운명에 대한 단순한 구조적 유비 이상으로 나아가지 못한다.

이 불투명한 성찰양식을 설명하기 위해 나는 프로이트의 몇몇 분석을 세밀하게 파고들 것이다. 엄격한 역사적 순서에 얽매이지 않고 1908년에 나온 「작가와 몽상」이라는 짧은 논문에서부터 시작할 것이다.[4] 여기에는 우선 두 가지 이유가 제시되어야겠다. 일단 짧고 언뜻 보기에 별로 중요하지도 않은 것으로 보이는 이 논문은 점진적으로 밀접해지는 비교 분석들을 통해서 미학적 현상에 간접적으로 접근하는 하나의 완전한 설명이라고 할 수 있다. 창조적 작가란 놀이하는 아이와 같다. 즉 "그 역시 몽상적 세계를 창조하고 있는 것이고, 그 세계를 진지하게 여기고 있다. 다시 말해 현실(*Wirklichkeit*)과 자신의 몽상적 세계를 선명하게 구분하면서도 창조행위에 엄청난 양의 정동(*Affektbeträge*)을

---

4_ *Der Dichter und das Phantasieren*, *GW*, *7*, pp. 213−23 ; *Creative Writers and Daydreaming*, *SE*, *9*, pp. 143−53 ; tr. fr., *Essais de Psychanalyse Applique*, Gallimard, Coll, "Les Essais", pp. 69−81 ; 전집 14권, pp. 141−57.

쏟고 있다."[5] 이런 놀이로부터 우리는 몇몇 불분명한 유사성을 통해서가 아니라 필연적인 연결, 다시 말해 결코 어떤 하나를 포기하지 않으면서 오직 그것에 대한 다른 하나의 대체물을 형성함으로써 교환하는 방식을 통해 환상으로 나아간다. 이런 식으로 성인은 놀이하는 대신에 환상을 창조하는 쪽으로 나아간다. 그리고 대체물로서의 기능에 있어서 환상은 백일몽이며 허구이다. 이것은 우리를 시학의 문턱으로 데려가는데, 이 상호 매개적 요소는 소설, 즉 이야기 형식의 예술작품들에 의해 충족된다. 프로이트는 소설가의 주인공들의 역사에서 "자아 폐하"의 형상을 본다.[6] 그는 각기 다른 종류의 문학작품의 형식이 자연스러운 전이 계열들을 통해서 이 전형에 연결될 수 있다고 가정한다.

따라서 일반적으로 꿈꾸기라고 일컬어질 수 있을 만한 것의 윤곽이 그려진다. 프로이트는 사태를 충격적으로 단순화함으로써 두 가지 환상 계열—꿈과 시—의 끝을 이어놓는다. 이 둘은 동일한 운명, 즉 불행하고 불만족스러운 인간 운명의 표명이다. "충족되지 못한 욕망은 몽상을 움직이는 힘이고, 모든 몽상은 욕망의 완결이며, 동시에 만족을 주지 못하는 현실에 대한 교정이다."[7]

이것은 우리가 그저 『꿈의 해석』을 반복하는 것에 불과한 것인가? 두 가지 이유로 아니라고 말하고 싶다. 첫째로, 유비의 계열이 놀이 현상을 포함한다는 것은 우연이 아니다. 우리는 『쾌락원칙을 넘어서』에서 놀이가 부재에 대한 지배력을 의미한다는 것을 배울 것이다. 그리

---

5_ *GW, 7*, p. 214 ; *SE, 9*, p. 144 ; tr. fr., p. 70 ; 전집 14권, p. 144.

6_ *GW, 7*, p. 220 ; *SE, 9*, p. 150 ; tr. fr., p. 77 ; 전집 14권, p. 152. 「나르시시즘 서론」 참조. *GW, 10*, p. 157 ; *SE, 14*, p. 91 ; tr. fr., p. 21 ; 전집 11권, p. 69.

7_ *GW, 7*, p. 216 ; *SE, 9*, p. 146 ; tr. fr., p. 73 ; 전집 14권, p. 148.

고 그와 같은 지배는 욕망의 단순한 환각적 만족과는 다른 본성에 속한다는 사실도 배울 것이다. 둘째로, 비교되는 것은 의미가 결여된 몽상이 아니다. 몽상에서 환상은 일종의 '시간검인'(*Zeitmarke*)을 함축하는데, 이는 비시간적인 순수 무의식적 사유가 소유하지 못한 것이다. 순수 무의식의 환상과는 달리 상상력의 활동은 최근의 인상의 현전과 공상의 과거, 그리고 그것이 실현될 만한 조건을 가진 미래를 이어주는 힘이 있다. 앞으로 우리는 이러한 두 가지 언명 사이의 연결점을 쫓을 것이다.

다른 한편으로 이 짧은 연구는 맨 끝에서 어떤 중요한 제안을 담을 것인데, 그것은 우리를 단편적 측면에서 체계적 목표로 되돌아가게 할 것이다. 예술적 창조의 가장 내밀한 역동성을 주파할 수 없다면 우리는 적어도 그것이 야기하는 **쾌락**과 그것이 도입하는 **기예** 간의 관계에 대해 뭔가를 말할 수는 있을 것이다. 만약 꿈이 하나의 작품이라면 정신분석이 구조적 유비의 도움으로, 어떤 훨씬 중요한 기능적 유사성을 드러내기 위해 작품의 '장인적' 측면에서 예술작품에 접근하는 것은 당연한 일이다. 따라서 탐구는 저항을 극복하는 방향으로 나아가야만 한다. 예술작품의 가장 폭넓은 목표는 우리로 하여금 자책이나 부끄러움 없이 우리 자신의 환상을 즐길 수 있도록 하는 것이다. 두 가지 과정이 그러한 의도를 견인한다. 창조적 작가는 적당한 대안과 위장을 통해 몽상의 자아론을 부드럽게 해주며, 우리를 그의 환상의 현전에 부과된 순수 형식적 쾌락에 굴복시킴으로써 유혹한다. "이렇게 얻어진 즐거움은 깊은 정신적 움직임들에서 시작하는 보다 큰 쾌락에 대한 욕구를 상쇄시길 수 있는데, 바로 이것을 우리는 보통 상여 유혹 내지 사전 쾌락이라고 불러왔다."[8]

미학적 쾌락에 대한 심오한 해방의 기폭제로서의 이러한 포괄적인 개념화는 정신분석 미학 전반의 가장 과감한 성찰을 이루고 있다. 예술적 기예와 그 쾌락효과 간의 연결은 프로이트와 그 학파의 가장 철저한 탐구들 가운데서 하나의 참조사항으로 이용될 수 있다. 이는 분석적 해석에 요구되는 적절성과 일관성의 조건을 충족시킨다. 창조성에 관한 난해한 문제를 야기하는 대신, 우리는 쾌락효과와 예술작품의 생산에 도입된 기예의 관계라는 제한된 문제 영역을 탐색한다. 이런 합리적인 문제의식은 욕망의 경제학이라는 역량의 한계 안에 머무른다.

『농담과 무의식의 관계』(1905)에서 프로이트는 사전 쾌락의 경제 이론을 이끄는 몇몇 정확한 시도의 윤곽을 그린다. 이러한 훌륭하고 세심한 논문이 우리 앞에 내놓는 것은 전반적인 예술론이 아니라 어떤 정확한 현상, 즉 웃음소리가 터져나옴으로써 그 위상이 드러나는 어떤 정밀한 쾌락 효과에 관한 연구다. 그러나 이렇게 좁은 한계 내에 있다 할지라도 그 분석은 매우 심오하다.

**농담**의 언어적 기술에 관한 연구로 시작하면서 프로이트는 농담 내부에서 꿈 작업의 본질적 측면을 발견한다. 그것은 대립되는 것들에 의한 압축, 전위, 표상 등인데, 그는 이를 통해 반복적으로 요청되는 작품(이것은 경제학에 종속된다)과 수사학(이것은 해석을 허용한다) 사이의 상호성을 정당화한다. 그러나 농담이 꿈 작업의 언어적 해석을 정당화하는 반면에 꿈은 제 차례에 와서 희곡과 유머에 대한 경제 이론의 특성을 풍부하게 만든다. 이것이 프로이트가 테오도르 립스(Theodor Lipps)의 저작(『희극과 유머』, 1898)을 넘어서고 그것을 확장하는 지점이다. 그런데 무엇보다 이것은 우리가 사전 쾌락의 수수께끼와 조우하는 지점이기도 하다. 농담은 그 합당한 견지에서 봤을 때 분석, 즉 단순한 언어적 기

---

8_ *GW, 7*, p. 223 ; *SE, 9*, p. 153 ; tr. fr., 81 ; 전집 14권, p. 156.

술에 의해 발생한 사소한 쾌락을 기술적 쾌락에 의해 작용하는 더 심오한 쾌락으로부터 고립시키는 분리 과정을 열어놓는다. 이러한 과정은 불투명하고, 공격적이거나 냉소적인 말을 전면에 배치하는 것이기도 하다. 기술적인 쾌락과 충동적인 쾌락 사이의 연결은 프로이트 미학의 핵심을 구성하며, 이 미학을 충동과 쾌락의 경제학에 관계시킨다. 쾌락이 긴장의 완화와 연결된다고 가정한다면 기술적으로 발생하는 쾌락은 최소한도이며, 그 쾌락은 압축이나 전위 등에 의해 현실화되는 심리적 비용에 있어서 경제학과 연결된다. 이를테면 넌센스(non-sens)에 관한 쾌락은 우리를 논리학이 우리의 사유에 부과한 제한으로부터 벗어나게 만들며, 지적 훈육의 멍에를 더 견디기 쉽게 만든다. 그러나 이러한 쾌락이 사소하다 할지라도, 다시 말해 그 쾌락이 비용 계산으로 표현되는 경제학이라 하더라도 그것은 사전 쾌락의 형태로 성애적이고, 공격적이며, 냉소적인 경향들에 기여하는 주목할 만한 힘을 가지고 있다 하겠다. 프로이트는 여기서 쾌락의 수렴이나 '보조적 역할'에 관한 페히너의 이론을 이용하면서 이를 실상 페히너에게서보다는 헐링스 잭슨(Hughlings Jackson)으로부터 유래하는 기능적 해방의 도식에 통합시킨다.[9]

예술작품의 기술적 측면과 쾌락효과의 생산 간의 이러한 연결은 정신분석 미학에 엄격함을 부여하는 요소와 지침 둘 모두를 제공하는 중요한 맥락이라 하겠다. 우리는 심지어 『농담과 무의식의 관계』의 해

9_ *Der Witz und seine Beziehung zum Unbewussten*(1905), *GW, 6*, pp. 53–4 ; *Jokes and Their Relation to the Unconscious, SE, 8*, pp. 136–8 ; tr. fr. *Le Mot d'Esprit et ses Rapport avec l'inconscient*, Gallimard, Coll. "Les Essais," pp. 157–8 ; 전집 6권, p. 161.

석 모형에 일치하는 정도를 따라 미학 논문들을 분류할 수도 있을 것이다. 「미켈란젤로의 모세 상」이 여기에 좀 더 부합하는 논문일 것이고, 「레오나르도 다 빈치의 유년의 기억」은 덜 부합하는 논문일 것이다. (우리는 「레오나르도 다 빈치의 유년의 기억」 연구에서 애초에 우리를 혼란스럽게 만든 것이 또한 아마도 예술영역에서나 다른 영역에서 결정적으로 참된 분석적 설명으로 간주되는 가장 통찰력 있는 사유라는 것을 이해하게 될 것이다.)

「미켈란젤로의 모세 상」의 충격적인 특징은 걸작에 대한 해석이 꿈 해석에 있어서처럼 세밀하게 이루어진다는 점이다.[10] 이 적합한 분석방법은 우리가 꿈 작업과 예술 작업, 즉 꿈 해석과 예술 해석을 상호 일치시킬 수 있게 해준다. 총괄적인 일반화 안에서 예술작품이 불러일으키는 만족의 본성을 찾는 대신에—수많은 정신분석가들이 헤맸던 바—, 분석은 독특한 작품과 그 작품에서 창조된 의미에서 비롯된 우회적 경로를 통해서 미학의 일반적 수수께끼를 해결하려고 한다. 이 해석의 난점에 대해서는 잘 알려져 있다. 여기서 꿈 분석에서와 마찬가지로 고려되는 것은 분명 미세하면서도 관심이 잘 가지 않는 사실들이지, 전체적인 인상이 아니다. 다시 말해 그것은 예언자의 오른손 집게 손가락, 즉 나머지 손은 물러나 있는 데 반해 턱수염의 흐름에 잇닿아 어떤 효과를 발생시키는 그 하나의 손가락 같은 것을 말한다. 그리고 손아귀로부터 막 빠져나가려고 하는 석판에 가린 위치 따위다. 돌에 새겨져 그 자체로 얼어버린 이러한 섬세한 순간의 자세의 세부 모습으로부터 해석은 이 구속된 운동 안에서 일종의 불안정한 절충 형태를

10_ *Der Moses des Michelangelo*(1914), *GW, 14*, pp. 172–201 ; *SE, 13*, pp. 211–36 ; *Le Moïse de Michel–Ange*, in *Essais de Psychanalyse Appliquée*, pp. 9–42 ; 전집 14권, pp. 289–332.

발견하는 일련의 충돌하는 운동들을 재구성한다. 격분하는 몸짓으로 모세는 돌판이 떨어지려는 찰나, 처음에 그의 턱수염으로 손을 들어올리며 그와 동시에 그의 시선은 우상숭배에 젖은 군중의 광경 쪽으로 거칠게 쏘아 붙이고 있다는 식으로 작품이 해석된다. 그러나 첫 번째 움직임을 거두고 그의 종교적 사명에 대한 각성을 통해 촉발된 반대 동작은 모세의 손을 뒤로 당기는 것으로 드러나야만 한다. 우리가 목격했던 것은 일어난 움직임의 잔여인데, 이것은 분석가가 재구성한 것을 적용한 것이다. 분석가가 재구축한 것이다. 마치 그가 꿈, 신경증, 말실수와 농담의 타협물의 형성을 일으키는 대립된 표상들을 재구성하는 방식처럼 말이다. 이러한 절충적 구성을 더 깊이 파내려 가면서 프로이트는 명백한 의미의 겹 속에 여러 가지 것들을 발견한다! 극복되는 갈등을 예시하는 표현, 교황의 무덤을 호위하는 이 예술적 표현을 넘어서 분석가는 또한 죽은 교황의 폭력에 대항하는 비밀스런 접근과 여전히 예술가가 자기 자신에 건네는 비밀스런 힐난을 구분한다.

이 마지막 특징과 더불어 「미켈란젤로의 모세 상」은 단순한 응용 정신분석의 한계를 깨고 나간다. 이 글은 분석적 방법을 입증하는 것에 한정되지 않는다. 이 글은 「레오나르도 다 빈치와 유년의 기억」과 연관이 있다는 오해에도 불구하고, 그리고 바로 그 오해 때문에 「레오나르도 다 빈치와 유년의 기억」에서 더 명확하게 나타날 어떤 과잉결정을 지시한다. 이 조각 안에 새겨진 상징의 과잉결정은 분석이 설명할 수 없는 어떤 것을 가리키지만 더불어 의미의 밀도에 열려 있다. 미켈란젤로의 '모세'는 시각적 만족감 그 이상을 말한다. 그리고 그것의 과잉결정은 모세, 죽은 교황, 즉 미켈란젤로 자신과 관련된다. 아마 프로이트 자신도 모세에 관해 애매모호한 관계를 가질 것이다. 하나의 끝없는 해설이 시작되는데, 이는 작품을 수수께끼로 환원하는 것과는 별개로 다원화의 가능성을 연다. 이것은 예술의 정신분석이 본질적으로 끝이 없는 작업이라는 것을 인정하는 것이 아닐까?

이제 나는 「레오나르도 다 빈치의 유년의 기억」을 살펴볼 것이다.[11] 내가 이 저작을 탐구함으로써 오해의 계기나 원천을 불러일으키기 시작하는 까닭은 무엇인가? 그 까닭은 풍부하고 화려한 이 논문이 예술에 대한 정신분석의 잘못된 유형, 즉 전기적 정신분석으로 보인다는 단순한 점 때문이다. 일반적으로 프로이트는 한편으로는 성적 금지 및 왜곡과 관련해서, 그리고 또 다른 한편으로는 창조성으로의 리비도의 승화와 관련해서 미적 창조물의 메커니즘을 파악하려고 한 것은 아닐까? 그는 독수리 환상—공교롭게도 그것은 독수리가 아니었다!—에 대한 분석을 유일한 기반으로 해서 모나리자 미소의 수수께끼를 재구축하지 않았던가? 잃어버린 어머니와 그녀의 과장된 입맞춤의 기억이 어린아이의 입에서 독수리의 꼬리에 대한 환상으로, 즉 예술가 자신의 동성애적 취향으로, 그리고 모나리자의 예측 불가능한 미소로 변형된다고 말하지 않는가? "즉 그의 어머니는 그 신비한 미소를 갖고 있었는데, 이 미소를 레오나르도는 잊어버리고 있다가 피오렌티나 여인을 통해 다시 발견하게 되자 그 미소에 사로잡힌 것이다."[12] 이와 같은 것이 <성 안나>라는 작품 속에 있는 두 명의 어머니에게서 반복된다. 다시 말해 "만일 조콘다의 미소가 레오나르도에게 어머니의 기억을 환기시켰다면, 그것이 그로 하여금 모성을 예찬하고 그 귀부인에게서 발

---

11_ *Eine Kindheitserinnerung des Laonardo da Vinci*(1910), *GW*, *8*, p. 128–211 ; *Leonardo da Vinci and a Memory of his Childhood*, *SE*, *11*, p. 63–137 ; tr. fr. *Un Souvenir d'Enfance de Leonard de Vinc*i, Paris, Gallimard, Coll. "Le Essais." ; 전집 14권, pp. 161–262.

12_ *GW*, *8*, p. 183 ; *SE*, *11*, p. 111 ; tr. fr., p. 147 ; 전집 14권, p. 229.

견한 미소를 다시 어머니에게 돌려주도록 만들었을 것이라는 점은 쉽게 짐작할 수 있는 일이다."[13] 더 나아가 "이 그림에는 그의 어린 시절의 모든 것이 들어 있고, 그림의 세부적인 부분들은 레오나르도가 살면서 받았던 가장 개인적인 인상들로 설명이 가능하다."[14]

> 소년에게서 멀리 떨어져 있는 어머니의 얼굴, 즉 할머니라는 인물은 그 모습이나 소년과 맺고 있는 공간상의 관계를 고려할 때 첫 번째 어머니인 친어머니 카테리나에 해당한다. 예술가는 실제로 이 첫 번째 어머니가 자신보다 신분이 높은 경쟁자에게 처음에는 남편을, 그리고 이어서 아들을 양보하는 가운데 한 불행한 여인으로 느꼈을 그 아픔과 시기(la douleur et l'envie)를 성 안나의 행복한 미소를 통해 부인하고 있다.[15]

이러한 분석에서 의아스러운 것은 — 우리가 『농담과 무의식의 관계』로부터 취한 기준을 따르면 — 프로이트가 구성의 기술에 관한 분석에만 기대서 작품이 복원하고 감추기도 하는 충동이라는 주제에 이르면 구조적 유비를 넘어서 나아가는 것처럼 보인다는 점이다. 이것은 잘못된 정신분석, 즉 죽은 자인 작가와 예술가에 대한 분석을 촉진하는 요구사항이 아닌가?

문제를 더 상세하게 들여다 보자. 우선 프로이트가 실제로 레오나르도의 창조성에 대해서가 아니라 그의 탐구적 영혼이 금기시한 존재

---

13_ *GW, 8*, p. 183 ; *SE, 11*, p. 111–12 ; tr. fr., p. 148 ; 전집 14권, p. 230.

14_ *GW, 8*, p. 184 ; *SE, 11*, p. 112 ; tr. fr., p. 151 ; 전집 14권, p. 231.

15_ *GW, 8*, p. 185(*verleugnet und überdeckt*) ; *SE, 11*, p. 113–14(*to disavow and to clock the envy.*) ; tr. fr., 153–4 ; 전집 14권, p. 232. * 국역본 전집에는 원통함으로 표기되어 있음.

에 대해 말한다는 점을 주목해야 한다. 다시 말해 "우리의 탐구목적은 레오나르도의 성적인 삶과 그의 예술활동 속에 나타난 금지사항들을 설명하는 것이다."[16] 이 글 첫 장의 실재적 대상은 레오나르도의 창조적 결점들에 대한 것인데, 이는 인식과 욕망의 관계에 대한 프로이트의 가장 주목할 만한 몇몇 탐구들을 형성한다. 게다가 이러한 한정된 틀 내에서 호기심 충동의 변형이 억압이라는 환원 불가능한 운명으로 드러난다. 프로이트가 말하기를, 억압은 호기심 그 자체의 금지로 나아가고, 결과적으로 성애의 운명을 공유하거나 (이것은 신경증적 금지 유형이다) 사유 그 자체가 성애화하는 성적 허영에 대한 강박으로 나아간다. 하지만

> 가장 희귀하고 완벽한 유형이라고 할 수 있는 세 번째 경우는 독특한 기질에 힘입어 사고의 금지에서 자유로울 뿐만 아니라 신경증적 사고 강박에서도 벗어날 수 있다. (…) 리비도는 억압을 벗어나 처음부터 스스로를 알고자 지적 호기심으로 승화되고 탐구 본능과 연결되어 욕망을 강화하기에 이른다. (…) 신경증의 특징은 찾아볼 수 없고, 나아가 어린아이의 성적 탐구가 지니고 있는 원초적 콤플렉스에 복종하지도 않으며, 또한 본능은 지적 관심을 위해 자유롭게 작용하게 된다. 본능은 성적인 문제들을 다루지 않게 되었지만, 여전히 승화된 리비도를 통해 자신을 그토록 강하게 변화시켜 놓은 성적 억압의 영향권 내에 있게 된다.[17]

16_ *GW, 8*, p. 203–4 ; *SE, 11*, p. 131 ; tr. fr., p. 199–200 ; 전집 14권, p. 254.

17_ *GW, 8*, p. 148 ; *SE, 11*, p. 80 ; tr. fr., p. 61 ; 전집 14권, p. 185.

이 모든 것들을 가지고서 우리가 한 것은 아무것도 없고, 단지 사태를 묘사하고 분류했다는 것만큼은 매우 명백한 사실로 보인다. 또한 우리는 신비로운 승화 작용을 소환함으로써 단지 그것을 더 복잡하게 만들었을 뿐이다. 프로이트는 결론에서 이런 점들을 수월하게 받아들인다. 예술활동은 성적 욕망에서부터 파생된다고, 그리고 이러한 이 충동의 토대가 피오렌티나의 여인을 만남으로써 각성된 유년기 기억으로의 퇴행에 의해 분출된다고 말하는 것이 당연해진 것이다. "가장 오래된 성적 충동의 도움을 받아서 그는 다시금 예술 속에서 금지를 뛰어넘어 승리를 구가했다."[18] 그러나 이것은 단지 문제의 윤곽을 묘사한 것이다. 즉 "타고난 예술적 재능과 구체적인 제작능력이 승화과정과 긴밀한 관련을 맺고 있기는 하지만 우리들로서는 예술창작의 본질 또한 정신분석학적으로는 접근 불가능하다는 점을 인정하지 않을 수 없다."[19] 또한 잠시 후에는 다음과 같이 말한다. "비록 정신분석학을 통해 레오나르도가 예술가가 된 이유를 설명할 수는 없다고 해도, 우리는 적어도 정신분석학을 통해 그의 예술적 표출과 그 범위를 이해해 볼 수는 있었다."[20]

이 한정된 영역 안에서 프로이트는 철저한 규명을 향해 가는 것이 아니라, 고고학적 잔여로 취급되는 넷 또는 다섯 가지 특징 아래 한정된 시추작업을 진행한다. 여기서 독수리 꼬리에 대한 해석—정확히 어떤 잔존물로 취급된—이 중추적인 역할을 담당한다. 그와 같은 해석—진정한 정신분석이라고는 할 수 없는 그러한 해석—은 순전히

18_ *GW, 8*, p. 207 ; *SE, 11*, p. 134 ; tr. fr., p. 207 ; 전집 14권, p. 257.

19_ *GW, 8*, p. 209 ; *SE, 11*, p. 136 ; tr. fr., p. 212 ; 전집 14권, p. 260.

20_ *Ibid.*

유비적인 것으로 남겨진다. 그것은 분열된 원천들에서 비롯되는 일련의 통합적 기호들로 말미암는다. 첫째로 꼬리는 원천 자체의 주제 계열(어머니에 대한 성적 관계, 억압과 어머니에 대한 동일시, 나르시시즘적 대상 선택, 동성 대상에 대한 나르시시즘적 대상의 투사 등등)과 더불어 나오는 동성애에 대한 정신분석이고, 둘째로 그것은 모성적 페니스에 연결된 아이를 통해 시작되는 성 이론이며, 마지막으로 그것은 신화적 대응물(고고학적으로 드러난 독수리 여신의 팔루스)이다. 프로이트가 기술하는 것은 순전히 유비적인 방식으로 존재한다. 즉 "어머니의 페니스에 대한 어린아이의 가설은 이집트의 무트와 레오나르도의 어린 시절의 공상에 나오는 독수리의 '꽁지'(coda)에 공통된 원천이다."[21]

그렇다면 이러한 사실이 예술작품 그 자체에 대해 우리에게 시사하는 바는 무엇인가? 그것은 프로이트의 「레오나르도 다 빈치의 유년의 기억」의 의미에 대한 오해가 「미켈란젤로의 모세 상」에 대한 해석보다 우리에게 더 많은 도움을 줄 수 있다는 것을 의미한다.

일차 독해를 하는 동안 우리는 모나리자의 미소를 규명했고, 그 뒤에 숨어 있는 것을 드러냈다고 생각한다. 그리고 우리는 그 입맞춤이 레오나르도에게 과분했던 거부된 어머니라는 것을 보여주었다. 그러나 이 문장에 더 비판적으로 귀를 기울여 보자. "이 그림들 안에서 레오나르도는 아마도 그의 불행한 애정 생활을 부인하고 있었고, 나아가 어머니의 유혹을 받은 한 사내아이의 욕망이 남성과 여성이 행복하게 융합되어 있는 상태 속에서 충족되는 장면을 묘사함으로써 예술을 통해 불행한 애정생활을 극복한 것이다."[22] 이 문장은 우리가 '모세' 분석

21_ *GW, 8*, p. 167 ; *SE, 11*, p. 97 ; tr. fr., p. 106 ; 전집 14권, p. 209.

22_ *GW, 8*, p. 189(*verleugung und künstlerisch überwunden*) ; *SE, 11*, p. 111(*denied*···

에서 인용한 것과 상응한다. 여기서 '부인하고' 및 '극복한'이 의미하는 것은 무엇인가? 그 소년의 욕망을 충족시키는 표상이란 환상의 단순한 반복, 욕망의 전시, 숨겨진 것을 단순히 조명하는 것 이상의 무엇일 수 있는가? 모나리자의 미소를 해석하는 것은 대가의 작품 안에서 유년기 기억의 분석에 의해 폭로된 환상을 단순히 **보여준다**는 것 이상의 무엇을 함축하는가? 이러한 질문들은 우리를 지나치게 과신하는 설명에서 두 번째 차원의 의혹으로 이끌어간다. 분석은 우리를 더 나은 이해로 나아가게 하지 못한다. 소년의 입술에 퍼부었던 레오나르도 어머니의 입맞춤은 내가 출발점으로 사용할 수 있었던 하나의 실재적인 것, 즉 내가 예술작품에 대한 이해에 있어 기반으로 삼아 구성할 수 있는 견고한 근거가 아니다. 어머니, 아버지, 아이의 관계는 갈등적이며, 첫사랑은 상처를 받는다. 이 모든 것들은 의미를 나타내는 부재의 방식 이외의 것으로는 더 이상 존재하지 않는다. 만약 예술가의 붓질이 모나리자의 미소에서 어머니의 미소를 창조해낸다면 그의 기억은 조콘다의 미소 안에, 즉 비현실 자체, 그림의 형태 및 색깔의 현전에 의해서만 의미가 나타나는 그러한 것 이외의 다른 어디에도 존재하지 않는다고 말해져야 한다. 조콘다의 미소는 의심할 여지없이 우리를 '레오나르도 다 빈치의 유년의 기억'으로 데리고 가지만 이 기억은 모나리자의 미소 아래 깊이 새겨진, 상징화만이 가능한 하나의 부재로 존재한다. 어머니의 미소는 기억과 마찬가지로 상실되었기 때문에 그것은 실재에는 비어 있는 장소다. 이것이 바로 모든 실재의 흔적이 상실되는 지점, 삭제된 것이 어떤 것을 환상으로 한정하는 지점이다. 그러므로 이 지점은 더 잘 알려진 어떤 것이 아니고, 예술작품의 수수께끼를 설

---

*triumphed over*…) ; tr. fr., p. 163 ; 전집 14권, p. 237.

명하는 것도 아니다. 마찬가지로 그것은 최초의 수수께끼를 형태화하지 않고 그것을 오히려 증진하는 어떤 지향된 부재다.

**교설**(*doctrine*)—'메타심리학'이라는 의미가 있는—이 그 자체의 적용의 과도함에 대해 우리를 보호하는 지점이 정확히 여기다. 우리가 기억하는 것처럼 사람들은 결코 그런 식으로 충동에 접근하지 않는다. 반면 오직 심리적 표현들, 표상들과 정동에서 비롯되는 대표들로 충동에 접근한다. 그러므로 경제학은 텍스트 해독에 의존하며, 충동적 투여나 투여의 대차대조표는 오직 기표와 기의 간의 상호작용을 함축하는 주해를 통해서만 읽혀질 수 있다. 예술작품들은 프로이트 자신이 충동의 대표자들에 대한 '심리적 파생물'이라고 부른 특이한 형태다. 적절하게 말하자면 이것은 **창조된** 파생물이다. 우리는 이를 통해서 상실된 채로 주어지는 기표에 불과한 환상(유년기 기억의 분석은 정확히 상실의 장소를 가리킨다)이 문화라는 창고 속에 현존하는 작품으로 알려진다고 말할 수 있다. 어머니와 그녀의 입맞춤은 처음부터 사람들의 사유에 제공된 작품들 가운데 존재한다. 레오나르도의 붓은 어머니에 대한 기억을 재창조하는 것이 아니라 하나의 예술작품으로 그것을 창조하는 것이다. 이런 의미에서 프로이트가 "이 그림들 안에서 레오나르도는 아마도 그의 불행한 애정생활을 부인하고 있었고, 예술을 통해 불행한 애정생활을 극복한 것이다"라고 말할 수 있었던 것이다.

이 마지막 언급은 우리가 변증법적 탐구에서 관심을 가지게 될 몇몇 문제들을 예취한다.

1. 예술작품과 꿈을 충동의 경제학이라는 일의적 관점에 종속시킬 때 정신분석은 어떤 한계 내에서 정당화될까? 예술작품이 영속적이고 강한 의미에서 우리 시대의 기념비적인 창조물인 반면 꿈은 밤의 덧없는 불모의 산물이라고 할 때 말이다. 만약 예술작품이 지속되고

존속된다면 이는 예술작품이 새로운 의미를 가지고 문화적 가치의 전승을 풍부하게 하기 때문이 아닌가? 그리고 만약 예술작품들이 이러한 힘을 가진다면 이는 특정한 작품, 즉 굳은 재료 안에 의미를 새겨넣고, 이 의미로 대중과 소통하며, 작품 자체를 통해서 인간에 대한 새로운 이해의 장을 열어주는 일이 생겨나기 때문이 아닌가? 이런 가치상의 차이는 정신분석학에 의해 간과되지 않는다. 분석은 승화 개념을 통해 여기에 간접적으로 접근한다. 하지만 승화는 해법인 동시에 문제가 된다.[23]

우리는 정신분석학의 존재 근거가 꿈의 불모성과 예술의 창조성 간의 차이에서 주어지는 것이 아니고, 욕망의 독특한 의미론 내부에 문제를 일으키는 것이 차이로 취급된다고 말할 수 있다. 이를 통해서 정신분석학은 시와 사랑의 심층적인 통일성에 관한 플라톤의 관점, 정념의 정화와 정결의 지속성에 관한 아리스토텔레스의 관점, 그리고 괴테의 악마숭배(démonisme)를 결합한다.

2. 정신분석학과 창조의 철학에서의 공통 경계는 다음과 같은 다른 지점에서 나타날 것이다. 예술작품들은 단지 사회적으로만 가치가 있는 것이 아니다. 「미켈란젤로의 모세 상」과 「레오나르도 다 빈치의 유년의 기억」의 예에서 보았듯이, 그리고 소포클레스의 『오이디푸스 왕』에 관한 논의에서 파격적으로 그려질 것이지만, 이 작품들은 또한 그 자체로 단순히 예술가의 갈등의 투사만이 아니라 그러한 갈등의 해소에 대한 묘사다. 꿈은 유년기, 즉 과거를 회상한다. 그리고 예술작품은 예술가를 앞질러 간다. 그것은 예술가의 해소되지 않은 갈등에 대한

23_ 우리는 **변증법** 4장에서 승화에 관한 일반론을 전개할 것이다. 거기서 우리는 또한 이러한 논의 연기에 대한 이유도 댈 것이다.

퇴행적 상징이 아니라, 예술가의 인격적 종합 및 인간의 미래에 대한 상징이다. 그러나 이러한 퇴행과 진보(régression et progression)의 대립만이 진실에 가장 가까울 것이다. 그 표면적인 힘에도 불구하고 아마도 작품은 갈등을 넘어서기 위한 필수적인 것이 될 것이다. 예술작품은 우리를 상징기능 및 승화 그 자체와 관련된 새로운 발견들로 가는 샛길로 인도한다. 승화의 진정한 의미가 시원적 형태 안에 투여된 오래된 에너지들을 활성화함으로써 새로운 의미들을 증진시키는 것이라고 할 수 있을까? 이는 프로이트가 「레오나르도 다 빈치의 유년의 기억」에서 승화를 금지와 강박으로부터 구별할 때, 그리고 「나르시시즘 서론」에서는 심지어 보다 더 강하게 억압과 승화를 대립시킬 때 우리에게 보여주려고 했던 것이다.[24]

그러나 퇴행과 진보의 이러한 대립 너머로 가기 위해서 우선 이 대립을 탐구하고 대립이 그 자체로 파괴되는 지점까지 나아갈 필요가 있다. 이것이 바로 **변증법**의 주제들 중 하나가 될 것이다.

3. 정신분석을 다른 것들과 대면시킴으로써, 그리고 아마도 완전히 대립되는 관점을 대면시킴으로써 그것을 더 심화하는 일은 정신분석의 한계에 관한 진정한 의미에 대한 어떤 암시를 제공한다. 이 한계들은 절대로 고정된 한계가 아니다. 한계들은 유동적이고 무한정하게 넘어설 수 있는 것이다. 정확히 말하자면 한계들은 바로 이 정도 여기까지라고 표시하는 닫힌 문과 같은 완고한 경계가 아니다. 칸트가 가르쳐 준 바와 같이 하나의 한계는 외적 경계가 아니라 이론의 내적 정당성의 기능을 한다. 정신분석은 한계를 정당화하는데, 즉 문화 현상 안에서 오로지 욕망과 저항의 경제학에 관한 것만을 인지하기 위한 결

---

**24_** 앞의 p. 198 참조.

정을 따라 한계를 설정한다. 나에게는 이러한 경직성이 융보다 프로이트를 더 선호하게 만든다는 점을 인정해야겠다. 프로이트를 통해 나는 내가 어디에 있는지, 그리고 내가 어디로 갈 것인지 알게 된다. 그러나 융을 통해서는 정신현상, 영혼, 원형, 성스러운 것 등의 모든 것들이 혼돈스러운 위험 상태에 처한다. 이것이 바로 처음에 다른 설명의 관점, 곧 문화적 대상 그 자체의 구성에 보다 더 적합한 것으로 보이는 관점을 대조하기 위해, 다음으로 정신분석학 자체 안에서 한계를 넘어서기 위한 근거를 발견하기 위해 우리를 초대한 프로이트의 문제제기의 내적 한계 설정이다. 프로이트에게서 「레오나르도 다 빈치의 유년의 기억」의 논의는 그러한 운동의 단서를 제공한다. 리비도에 관련된 설명은 우리를 목적지로 데려가는 것이 아니라 어떤 문턱으로 데려 간다. 해석은 실재적 **사태**(*chose*) 및 심지어는 심리적 사태조차 은폐하지 않는다. 해석을 통해 우리가 관여하는 욕망은 그 일련의 '파생물들' 및 욕망 자체에 대한 무한정한 상징화에 관계한다. 이것은 현상학적인, 헤겔적인, 심지어는 신학적인 여타 방법들을 통한 탐구에 알맞은 상징의 팽창이다. 다시 말해 그것은 상징 그 자체의 의미론적 구조, 이 상이한 접근의 존재 근거 및 정신분석학과의 관계의 존재 근거 속에서 발견되어야만 한다. 차차 다뤄지겠지만 정신분석가 자신은 문화와의 이런 대면에 익숙해져야 하는데, 이는 물론 그 자신의 전공분야에 대한 외적 경계를 터득하기 위해서가 아니라, 자기 분야를 확장하고 **그 분야 안에서** 이미 도달한 경계를 확대하기 위한 근거를 찾기 위함이다. 따라서 정신분석학은 최초의 순수하고 환원적인 독해에서 물러나 문화현상에 관한 이차적 독해로 나아가게 된다. 이러한 이차적 독해의 과제는 오히려 기호들 간의 관계의 상호작용을 자유롭게 하고 은폐의 배후에 놓여 있는 것을 **보여주기** 위해 억압된 것과 억압자를 벗겨내는 작업이다. 욕망의 부재하는 기표를 찾는 와중에—잃어버린 어머니의 미소—우리는 바로 이러한 부재에서 비롯된 다른 부재, 즉 조콘다의 비현실적 미소로 되돌아간다. 예술가의 환상에 현전을 부여하는 유일한 것은 예술작품이다. 그리고 이를 통해 그 환상에 주어진 실재성은 문화영역 안에 있는 예술작품의 실재성 그 자체다.

## 2장 꿈꾸기에서 승화로

승화는 상당히 분화된 난점들의 복합물이 아닌 하나의 단일한 문제를 가리킨다. 프로이트는 숭고(sublime)에 대해서가 아니라 승화(sublimation)에 대해 말한다. 하지만 이 말을 통해 그는 인간이 욕망을 가지고 이념이나 최상의 어떤 것, 다시 말해 숭고(sublime)에 영향을 주는 그러한 과정을 의미한다.

1. 첫째, 이 말은 억압된 것에서 억압하는 것으로의 해석 중력의 중심이동을 가리킨다. 왜냐하면 이러한 '주제적 전위'를 통해 해석은 불가피하게 문화현상의 영역으로 가라앉기 때문이다. 다시 말해 억압의 사례는 선재한 사회적 사실, 권위의 현상, 역사적으로 구성된 형상, 곧 가족, 한 집단의 도덕으로 절충된 관습, 전통, 외적이거나 내적인 교육, 정치권력, 형사처벌 및 일반적인 사회적 처벌에 대한 심리학적 표현

으로 알려져 있다. 다른 말로 하면 욕망은 더 이상 그 자체로만 존재하지 않는다. 욕망은 그 타자, 즉 권위를 갖는다. 더욱이 욕망은 언제나 자신의 타자를 억압하는 것 안에 도래했다. 심지어 이후로 문화에 관한 정신분석을 꿈과 신경증 이론의 단순한 응용으로 간주하는 일은 더는 가능하지 않게 될 것이다. 물론 정신분석은 그 이전의 가설들을 따라 한계가 설정된 채로 남겨져 있다. 그리고 모든 문화현상을 포함하는 사건들과 상황들은 쾌와 불쾌의 비용 계산이라는 관점에서만 검토될 것이다. 문화는 정신분석의 범역 안에 들어오게 되는데, 그것은 오로지 개인적인 리비도의 투여나 투여의 대차대조표에 영향을 주는 만큼만 개입된다. 관념들에 대한 물음은 매우 정확히 경제학적 문제제기 안으로 이러한 문화적 주제를 끼워넣음으로써 정신분석 안에서 결정된다. 하지만 경제학적 문제제기가 이 마주침을 통해 상처를 입지는 않는다. 이차 지형학이라고 불리는 것은—그 가장 주목할 만한 표현은 「자아와 이드」(1923)에서 발견된다—이론적 차원에서 해석에 부여된 근본적 변화를 표명한다. 이차 지형학은 그 이전의 문제제기에 대한 새로운 주제의 반향을 표현한다. 그러므로 우리가 이차 지형학으로부터 [논의를] 시작할 수는 없지만 그것을 어떤 도착 지점으로 채택할 수는 있다. 이차 지형학은 문화에 대한 정신분석학의 적용을 통해 요구되는 메타심리학의 모든 재구성을 요약하고 있다. 그리고 이러한 재구성은 일차적인 체계의 상태를 통해 규제되고, 실제로는 곧 이차 지형학이라는 새로운 체계적 상태를 창조해내기에 이른다.

2. '이론'에 대한 문화 현상의 충격이 그 자체로 직접적인 것은 아니다. 해석 안으로 새로운 소재를 통합하기 위해 정신분석은 **발생적** 설명을 광범위하게 사용해야만 한다. 그 이유는 분명하다. 즉 우리가 말했던 것처럼 억압된 것은 어떠한 역사도 가지지 않는다. ('무의식은 무시간

적이다.) 그리고 작용하는 것은 억압하는 사례인데, 이것을 역사라고 할 수 있다. 즉 유년기로부터 성년기에 이르기까지의 그 개체의 역사 및 전-역사(pré-histoire)에서 역사에 이르는 인류의 역사가 바로 그것이다. 그러므로 주제적 전위는 하나의 방법론적 전위다. 그리고 해석은 이제 새로운 형태의 모형, 즉 발생적 모형의 구성에 속해야만 한다. 이 모형의 목표는 하나의 근본적 역사 안에서의 개체발생론(ontogenèse)과 계통발생론(phylogenèsis)일 것이고, 이 경우 역사는 욕망과 권위의 역사로 불릴 수 있다. 이 역사에서 중요한 것은 권위가 욕망에 영향을 주는 방식이다. 「토템과 터부」가 민족학에 관한 책이 아니고, 「집단심리학과 자아분석」이 사회심리학에 관한 책인 것도 아니며, 또한 오이디푸스 콤플렉스가 아동심리학 안에 있는 한 대목이 되는 것도 아니다. 이 모든 저작들은 그러한 방법 안에 구체화된 민족학적 또는 심리학적 문서들 및 발생론적 방법이라는 범위에서 정신분석학의 일부가 된다. 이러한 발생적 모형들은—오이디푸스 콤플렉스의 구성과 해소, 아버지 살해와 형제간의 계약들—개체발생론과 계통발생론의 협력을 도모하는 도구일 뿐만 아니라 모든 역사들을—관습, 신념, 제도들의 역사—권위와의 거대한 논쟁을 벌이면서 욕망의 역사에 종속시키기 위한 해석의 도구가 된다. 따라서 우리는 이러한 논쟁에서 더 근본적인 논쟁이 형성되고 매개된다는 사실을 보게 될 것인데, 이는 우리가 파악했던 대로 마지막에 이르러서야 비로소 구성될 것이다. 즉 그것은 쾌-불쾌의 원칙과 현실원칙 간의 논쟁이다. 혹자는 프로이트의 작업에서 민족지학의 참된 입지를 결정하기 어렵다고 할 것이다. 그리고 민족지학이 필수적 단계인 것은 맞지만 그 자체로는 아무런 의미도 없다고 할 수 있다. 또한 대체 정신분석학이 어느 수준까지 이르는가 하는 문제가 그 민족지학적 가설의 연약성—허약성이 보인다는 점—을 통해 촉발된다고 말하는 것은 그리 어려운 게 아니다.

3. 윤리적 현상[넓은 의미에서 **에토스**가 **관습**, **인륜성**(*Sittlichkeit*), 계약이나 실질적 도덕을 의미하는 지점]에 대한 검토를 통해 부과된 주제적 전위와 방법론적 전위가 단순히 [분석] '이론'의 새로운 구성을 도출시키는 단계인 것은 아니다. 우리는 이차 지형학이 어떻게 이러한 다양한 전위를 통합하는지 이해해야 한다. 이 새로운 지형학적 표현에 있어서 임상적으로 기술되고 반성적으로 설명되는 그 모든 과정들이 이전의 지형학적-경제학적 관점으로 환원된다는 사실과 새로운 사실들의 압력 아래에 있는 지형학의 변형 중 어느 것이 더 중요한 문제인가?

그것이 단순히 '충동의 운명' 중 하나로 묘사되는 한, 승화야말로 모든 논의의 결정체가 된다는 것을 우리는 쉽게 예견할 수 있다.

## 1. 해석의 기술적 접근과 임상적 접근

우리는 억압하는 것에 의거한 억압된 것의 주의력이라는 주제적 전위를 통해서 새로운 주제를 거칠게나마 특징지었다. 이러한 관점은 항상 존재했다. 심지어 이러한 관점은 정신분석의 시작부터 존재했다. 정신분석학의 초창기부터 분석은 저항과의 투쟁으로 이해되었다.[1] 따라서 우리가 '승화'라는 주제로 다루고자 하는 것은 분석적 경험이 항상 직면해 왔던 어떤 것이다. 동일한 주제가 방어나 검열이라는 주제 하에서 신경증과 꿈의 기호 속에 현저하게 드러난다. 그것은 곧 우리

1_ 1897년 10월 27일 편지 72, in *La Naissance de la Psychanalyse*, tr. fr., p. 200 ; 『정신분석의 탄생』, p. 169.

가 왜곡(*Einstellung*)이라고 부르는 과정의 기원에 존재했던 것이다. 마침내 승화가 억압이라고 불리는 충동적 운명 주변에서 조성되는 한, 메타심리학 전체는 억압된 것의 이론이라기보다는 억압된 것과 억압하는 것 간의 관계에 관한 이론이 된다.

또한 여기에는 우리가 주제의 전위에 대해 말할 수 있는 정당한 근거가 존재한다. 이차 지형학의 '심급'은 인격론에서 그리 큰 '역할'의 '자리'를 가지지 않는다. 자아, 이드, 그리고 초자아는 인칭대명사와 문법적 주어의 변환이다. 문제가 되는 것은 인격의 확립에 있어 익명 대 인격 및 초–인격 대 인격의 관계다.[2]

자아에 관한 물음이 실제로 의식에 관한 물음인 것은 아니다. 왜냐하면 의식 - 되기에 대한 물음이라는 일차 지형학의 중심주제는 자아 - 되기를 완전히 해결해 주지 못하기 때문이다. 이 두 물음을 프로이트가 혼돈하는 것은 절대 아니다. 또한 의식과 자아라는 두 단어가 동등하게 받아들여질 수 있는 것도 아니다. 지금까지 우리는 다음과 같은 두 가지 양극적 계열 속에 정립된 자아에 관한 물음을 보았다. 자아 충동과 성 충동(「나르시시즘 서론」에 앞서는), 곧 자아 리비도와 대상 리비도(「나르시시즘 서론」에서 시작되는)가 바로 그 양극이다. 후자의 이론에서(일반 리비도 이론이라고 불릴 수 있다) 자아는 주제화되고 대상과 상호 교환이 가능해진다. 따라서 그것은 사랑받을 만하거나 또는 증오받을 만한 것이 된다. 이런 의미에서 우리는 자아의 성애적 기능에 대해 말할 수

---

2_ 초자아에 대한 가장 이른 시기의 환상에 대해서는 1897년 텍스트 안에서 발견된다. "심리적 인격의 복수성, 동일시의 행위는 이 표현에서 문자 그대로 받아들일 수 있도록 허용될 수 있다"(원고 L, 1897년 5월 2일 편지 61에 포함됨). *La Naissance de la Psychanalyse*, p. 176 ;『정신분석의 탄생』, p. 139.

있다. 하지만 자아에 대한 진정한 문제는 아직 규정되지 않았다. 자아는 사랑받고 있는 것이거나 증오를 받는 것의 대체물 너머에 놓여 있는, 기본적으로 지배하거나 지배를 받는, 즉 통치자이거나 노예인 그러한 대체물에서 표현된다. 그런데 이 물음은 의식에 관한 물음이 아니다. 점진적으로 발생론적 측면을 따라 다루어지는 의식은 외재성과의 관계가 이루어지는 장소다. 프로이트는 의식을 하나의 '표면' 현상이라고 말한다. 의식은 바깥을 향한 존재이다. 그리고 이것은 이미 「과학적 심리학 초고」에서 다뤄진 바 있다. 거기서 의식은 현실의 표지들을 검사하는 것과 관련이 있다. 물론 의식이 된다는 것은 좀 다른 문제다. 하지만 바로 프로이트는 언제나 표면 현상의 모형에 대한 지각의 다양성으로 의식-되기를 이해하려고 했다. 프로이트에게 내적 지각은 외적 지각에 대한 유비다. 이것이 바로 그가 일반화의 관점에서 의식-지각에 대해 말하는 이유다. 「무의식에 관하여」에서 무의식의 특징에 반하는 의식의 모든 양상들은—시간적 조직화, 에너지의 연쇄 등—표면으로서의 그 기능에서 유래한다. 이러한 의식기능의 조직망은 프로이트의 저작에서 칸트의 그것과 비견할 만한, 더 나아가 '외재성'의 모든 조건들을 재편성하는 차원에서의 참된 초월적 감성론의 소고를 구성한다.

자아에 대한 물음, 즉 지배에 대한 물음은 완전히 다르다.

이 물음은 위험, 위협이라는 주제, 다시 말해 비지배라는 주요 현상에 의해 도입된 것이다. 자아는 위협받는 스스로를 발견하면서 스스로를 보호하기 위해 상황을 지배해야 한다. 특히 프로이트는 내적 위기보다 외적 위기에 대해 스스로를 보호하는 것이 더 쉽다는 점에 주목했다. 외적 위기라고 함은 종종 일탈의 가능성이며, 지각은 그 자체로 하나의 장막 또는 더 나아가 외부적 자극에 대조되는 장애로 해석될 것이다. 인간은 본질적으로 내적으로 위협받는 존재다. 이것이 바로 외적 위험에 본능의 위협, 불안의 원천, 그리고 양심, 죄의식의 원천이 부가되어야 하는 이유다. 이 삼중의 위험과 삼중의 두려움은 이차 지형학을 야기하는 문제제기를 구성한다. 스피노자와 마찬가지로 프로이트는 자아의 최초의 노예적 상황, 즉 비지배성을 통해 자아에 접근한다. 따라서 그는 마르크스주의자들의 소외 개념과 니체주의자들의 나약함이라는 개념에 동시에 결부된다. 자아는 애초부터 위협에 직면하는 나약한 존재인 것이다. 「자아와 이드」(5장)에서의 그 유명한 규정, 즉 실재, 리비도, 의식을 통해 위협당하는 '불행한 피조물'이라는 규정은 아주 잘 알려져 있다. 우리가 의식-되기의 과정과 자아의 도래 간에 만든 구별은 분명 너무 도식적이다. 감시와 지배의 두 과정들은 단지 추상적으로만 구별될 수 있다. 더욱이 이것은 일차 지형학에서 의식에 귀속되는 특징이 마찬가지로 이차 지형학에서는 자아에 전달되는 것으로 나타나고, 동일하게 무의식에 귀속된 특징은 '이드'에 존속되기에 이른다. "자아와 초자아의 거대한 부분이 무의식"이기 때문에 비록 무의식과 이드가 일치하지 않기는 하지만 말이다.[3] 그렇지만 다음과 같은 지침은 견지하는 것이 좋다. 자기 자신이 된다는 것은 자신의 역할을 유지한다는 것이며, 자신의 행위의 주인이 된다는 것은 지배한다는 것이다. 신경증 환자는 본질적으로 "자신의 집의 주인"이 아닌 사람인데, 우리는 이와 관련해서 차후 「정신분석 과정에서의 어려움」이라는 논문을 참조해야 할 것이다.[4]

---

3_ 「새로운 정신분석 강의」(*Nouvelles Conférences*), *GW 15*, p. 75 ; *SE*, *22*, p. 69 ; tr. fr., p. 97 ; 전집 2권, p. 95.

4_ 변증법 2장, p. 597 이하 참조.

하지만 이것이 가장 중요하긴 하지만 가장 당혹스런 사실은 아니다. 자신의 주인이 아닌 사람이 신경증 환자만 있는 것은 아니다. 또한 무엇보다 도덕적 인간, 즉 윤리적 인간도 이 부류에 속한다. 도덕현상과 관련된 모든 정신분석 탐구의 가치는 인간의 의무와의 관계가 나약함, 즉 지배의 무능력이라는 조건 안에서 처음 기술된다는 사실에서 비롯된다. 여기에는 분명 프로이트와 니체 간의 결정적이 친근성이 존재한다.

이 무능함, 위협, 두려움의 조건은 프로이트에 의해 초자아에 대한 자아의 관계로 기록된다. 프로이트의 어휘로 시작해 보자.

「자아와 이드」 3장에서 프로이트는 '자아 이상 또는 초자아'에 대해 이야기한다. 이 개념들은 동의어인가? 정확히 말하자면 그렇지 않다. 사실상 이 개념들의 차이는 이중적이다. 즉 자아 이상이 어떤 기술적(descriptive) 측면, 다시 말해 초자아가 해독되는 명징한 표지를 지칭하는 반면에 초자아는 기술적 개념이 아니라 하나의 구성, 즉 우리가 1부에서 탐구한 지형학적·경제학적 개념에 상응하는 하나의 실재다. 그러므로 우리는 초자아에 관한 질문을 뒤로 미루고 자아 이상에 대한 고려부터 할 것이다. 그러나 사태를 복잡하게 만드는 것은 차이가 나는 인식론적 층위들에서의 자아 이상과 초자아의 개념만이 아니라, 상호적 층위에서조차도 이 개념들이 동일한 외연을 가지지 않는다는 것이다. 『새로운 정신분석 강의』에서 프로이트는 자신의 어휘목록에 있어 가장 탁월한 순서를 도입하는데, 거기서 자아 이상은 자기 감시(auto-observation)와 도덕적 양심(*Gewissen*)이라는 개념을 따라 초자아의 세 번째 기능에 불과한 것으로 간주된다.[5] 이런 술어의 동요는 놀라운 것

5_ "하지만 다시 초자아로 되돌아가 보자. 우리가 이 초자아에게 귀속시키는 것은

이 아니다. 게다가 이러한 개념들이 전부 예비적 특징을 가지고 있다는 사실, 다시 말해 정신분석의 과정은 그 개념들이 근사치에 머무른다는 사실을 함축한다. 무엇보다도 이 개념들은 어떤 근원적인 기능을 나타내지 않는다. 정신분석학에서는 윤리적 현상에 적합한 인식 가능성이 존재하지 않는다. 다시 말해 초자아의 탄생을 이해하는 것이 바로 초자아를 이해하는 것이다. 그것이 지금까지 해왔던 일이다. 이것이 바로 우리가 초자아의 구성의 역사에 의거하지 않고서도 '초자아의 기능들'을 그 자체로 기술 안에서 제시할 수 있는 이유다. 다시 말해 기술의 어떤 비일관성이 우리가 발생적 설명에 준거하게 하는 것이다. 이에 대한 두 번째 이유로 기술(description) 아래 제거되는 현상들은 뿔뿔이 흩어진 채로 나타난다. 그리고 현상들을 통합할 수 있는 것—초자아—은 기술에 종속된 실재가 아니라 하나의 이론적 개념이다. 기술이 구별시키거나 그 자체로 대립시키는 것과 이론이 재통합하거나 그 자체로 확인시켜 주는 것은 너무나도 많이 분산되어 있는 현상들일 것이다. 결국 마지막 근거는 우리가 살펴볼 여러 현상들이 그 자체로 해석의 결과라는 점에 있다. 예를 들면 저항이 단순히 현상인 것은 아니다. 그것은 관념들의 부재, 즉 기억상실에 의해서도 밝혀지며, 또한 다음 주제로의 일탈 내지 고통스런 감각의 생산에 의해서도 드러난다. 따라서 억압된 것과 마찬가지로 저항은 추론을 거쳐 이르게 되는 것이다. 동일한 것이 '무의식적 죄의식'에도 적용된다. 그리고 이것은 어떤 현상적인 것이 아니라 추론된 실재에 가깝다. (나는 여기서 이 표현의 적실성

---

자기 감시, 양심(*das Gewissen*), 또 이상기능(*das Idealfunktion*)이다." *GW, 15*, p. 72 ; *SE, 22*, p. 66 ; tr. fr., p. 94 ; 전집 2권, p. 91.

을 논하지는 않을 것이다. 그것은 프로이트 자신의 문제다.[6]) 프로이트는 초자아 이론의 기원을 의식화에 관한 저항의 발견에서, 그리고 죄책감의 발견에서 정립하는데, 이 둘은 분석 안에서 서로를 치료에 대한 하나의 장애물로서 발견해낸다.

이러한 원천들을 탐구하면서 『새로운 정신분석 입문』에 서술된 초자아의 세 가지 기능들, 즉 자기 감시, 양심, 이상의 구성이라는 주제를 검토해 보자.

프로이트는 관찰을 통해서 감시를 받는다는 느낌을 받는, 즉 감시받고, 비판을 받으며, 비난을 받게 되는 자기 자신의 분열을 나타낸다. 초자아는 눈과 시선으로 자신을 알린다.

이와 더불어 도덕적 양심은 이 심역의 가혹함과 엄격함을 지칭한다. 양심은 '아니다'라고 말하는 소크라테스의 다이몬과 같이 특정한 행위들에 반대하고 일단 벌어진 행위는 질책함으로써 처벌을 가한다. 따라서 자아는 감시를 받을 뿐만 아니라 그 내적이고 우월한 타자에 의해 가혹하게 다뤄진다. 이러한 감시와 비난의 두 가지 특징은 선의지의 조건, 즉 의무의 **선험적**(*a priori*) 구조에 대한 반성이라는 칸트적 유형에서 유래할 뿐만 아니라 임상적 관찰에서도 유래한다는 것은 그리 놀라운 사실이 아니다. 자아는 감시받는 층과 자아의 잔여 간의 분열하에서, 괴물 같은 확대 아래 드러나는 감시의 정신착란 속에 존재하며, 그 잔인성을 언명하는 우울증 속에 존재한다.

---

6_ 무의식적 감각에 대해 말할 권리와 관련해서는 「무의식에 관하여」 3장을 참조하라. 우리는 위 문제를 pp. 145-46에서 논했다. '무의식적 죄책감'이라는 표현은 매우 이른 시기에 나왔다(*Actes obsédants et exercices religieux*, 1907, *GW*, *7*, p. 135 ; *SE*, *9*, p. 123) 그리고 이것은 「자아와 이드」의 2장 말미에 다시 나타나며, 죽음 충동의 맥락으로 5장에서 상당히 자세히 논의된다.

이상과 관련해서는 다음과 같이 말해진다. "초자아는 자아에 대해 하나의 이상을 나타낸다. 자아는 이 이상에 자신을 맞추려고 하며, 이상을 닮아가고…, 끊임없이 완전화를 추구함으로써 자아는 초자아의 요구에 복종하려고 노력한다."[7] 어떤 병리학적 모형은 일견 이 분석에 걸맞지 않은 것처럼 보일 수 있다. 여기서 자아는 … 모형과의 일치에 이르려는 욕망, … 모형의 이미지를 만들려는 욕망, 모형의 내용 자체를 가득 채우려는 욕망으로서의 도덕적 영감이 아닌가? 선행 텍스트는 이러한 해석을 허용한다. 그러나 프로이트는 자아가 초자아의 요구에 부여하는 응답의 자발성보다, 그리고 약동(élan)보다 복종에 더 많은 관심을 기울인다. 더 나아가 앞의 두 가지 특징의 언저리에서 재설정된 이 세 번째 특징은 임상적이고 칸트적인 의미에서 '병리적'이라고 부를 수 있는 경향을 부여받는다. 칸트는 '욕망의 병리학'에 대해 말한다. 마찬가지로 프로이트도 감시, 비난, 그리고 이상화라는 세 가지 방식으로 '욕망의 병리학'에 대해 말한다.

이러한 분석은 도덕적 양심을 근원성으로 인식하지 못하고 임상 진단의 일람표 속에서 해독하는 일이기 때문에 거부되어야만 하는 것인가? 프로이트적 '편견'의 장점은 절대로 그냥 얻어지는 것 없이 시작한다는 점이다. 도덕적 실재를 후험적(*a posteriori*) 실재로 취급함으로써, 다시 말해 구성되거나 침전된 어떤 것으로 다룸으로써 프로이트의 분석은 선험적인 것에 대한 호소의 일부에서 이뤄지는 방만함을 피한다. 임상적 접근에 관해 말하자면 그것은 유비를 통해서 평범한 양심의 비본래성을 기각할 수 있게 해준다. 병리학을 통한 접근은 도덕에

7_ *Nouvelles Conférences*, *GW*, *15*, p. 71 ; *SE*, *22*, p. 64–65 ; tr. fr., p. 92 ; 전집 2권, p. 89.

관해 최초로 소외되고 소외하는 상황을 보여준다. 또한 의무의 병리학은 욕망의 병리학만큼 유익하다. 궁극적으로 전자는 단순하게 후자의 연장이다. 초자아에 의해 억압된 자아는 어떤 상황, 즉 내면의 이방인과 관련되는 상황, 다시 말해 자신의 욕망의 압력과 대면하게 되는 낯선 자아의 상황과 유사한 상황 속에 존재한다. 초자아 때문에 우리는 우리 자신에 대해 일종의 '이방인'이 된다. 따라서 프로이트는 "내면의 이방인 거주지"로서의 초자아에 대해 말한다.[8] 욕망과 승화 간의 이 숨겨진 친화성은—지형학적 언어로 말하자면 이드와 초자아 간의 친화성—발생적 해석이 설명하려고 하며 이상화의 경제학이 체계화하려는 바로 그것이기도 하다.

물론 우리가 정신분석학이 줄 수 없는 것을 정신분석학에게 요구해서는 안 된다. 이를테면 윤리적 문제의 기원이라거나 그 문제의 근거와 원리 같은 것들 말이다. 하지만 정신분석은 윤리의 원천과 발생을 설명할 수 있다. 동일화라는 난제가 여기에 뿌리를 두고 있다. 물음은 다음과 같다. 어떻게 나는 타자로부터 시작해서—그러니까 아버지로부터 시작해서—나 자신이 되는가? 우선 윤리적 자아의 근원적 특징을 거부하는 사유의 장점은 우리에게 외적인 것을 내적인 것이 되게 하는 데서 비롯하는 내재화의 과정으로 우리의 모든 주의를 돌린다. 이를 통해 니체와의 유사성만이 아니라 헤겔과 그의 개념, 즉 자기 의식이 됨으로써 도달하게 되는 의식의 이중화라는 개념과 대면할 가능성도 나오게 된다. 물론 윤리적 현상의 근원적 특징을 거부함으로써 프로이트는 도덕성을 욕망의 굴욕으로, 영감이 아닌 터부로 대할 수

8_ *Nouvelles Conférences*, *GW*, *15*, p. 62(Inneres Ausland) ; *SE*, *22*, p. 57 ; tr. fr., p. 81 ; 전집 2권, p. 79.

있다. 하지만 그의 관점의 한계는 일관되게 이에 관한 반대항으로 나타난다. 만일 윤리적 현상이 무엇보다도 상처 입은 욕망 속에서 일어난다면 그것은 그 다양한 지배 요인들에 희생됨으로써 경제학에 밀접하게 결부된 하나의 해석 아래 처하게 됨으로써 일반적 성애론과 자아를 정당화하기에 이른다.

## 2. 해석의 발생적 방법

"그것 자체[초자아] 역시 부모나 보육자, 혹은 그런 역할을 하는 사람의 영향을 받게 되므로 그 근원에 주목하게 될 때 그 의미가 더욱 잘 인식될 것이다."『새로운 정신분석 강의』[9]에서 비롯된 이 말은 코기토의 근원적 특징, 또는 이 코기토의 윤리적 차원을 인식하지 못하는 발생적 설명이 갖는 기능을 잘 표현해 주고 있다.[10] 여기서 발생은 정초의 자리를 취한다.

그 기본적인 관심에 있어 프로이트주의가 단지 진화론이나 도덕 발생론의 변종이 아니라는 것은 분명하다. 하지만 텍스트 연구를 통해 우리는 정신분석학이 독단적인 출발을 하도록 강제되기 때문에 그 설명방식을 실제로 사용하면서 점점 더 문제적인 것이 된다는 점을 알게 될 것이다.

이를테면 제시된 발생론은 하나의 완전한 설명을 구성하지 못한

9_ *Nouvelles Conférences*, *GW*, *15*. pp. 72–73 ; *SE*, *22*, p. 67 ; tr. fr., p. 94 ; 전집 2권, p. 92.

10_ 이하 문제제기, pp. 76–79 참조.

다. 발생적 설명은 단지 강제와 열망이라는 선재하는 힘을 전해준 권위—부모—의 원천을 드러낼 뿐이다. 우리가 방금 인용했던 텍스트는 이렇게 말을 이어간다. "어린아이의 초자아는 사실상 부모의 초자아와 똑같은 내용으로 채워지며, 전통과 이런 식으로 세대를 넘어 전해진 모든 시간을 뛰어넘는 가치의 계승자가 된다."[11] 그러므로 의무와 책임의 정당화를 위해 발생적 설명을 찾는 것은 당연한 일이다. 그리고 이러한 것들은 문화의 세계 안에 주어진다. 그 설명은 최초의 권위의 현상을 모두 드러내지 않고 단순히 제한한다. 이런 의미에서 프로이트 정신분석학에 의거한 도덕발생론은 사실 하나의 공생(paragenèse)이다. 이것이 바로 그 무한한 특징으로 인해 도덕발생론이 이드처럼 같은 체계에 속하는 기관으로서 초자아의 경제학적 설명에 준거하는 이유다. 문제는 경제학적 설명이 개별적인 것과 초자아의 집단이라는 역사로부터 전수된 문제를 완전히 감당하는가 하는 것이다.

두 번째로, 우리는 발생적 설명에서 너무 많은 것을 기대하지는 말아야 한다. 심지어 임상적 묘사와 경제학적 설명 사이에서 매개의 역할로 환원될 때조차 발생론은 매우 복합적이며 궁극적으로 실망스러운 것이 될 것이다. 그것은 정신분석적 설명인가? 그렇다. 만약 우리가 이 점을 고려한다면 오이디푸스 콤플렉스는 잘 알려진 동일화 메커니즘, 각 자아의 인격적 구조를 따르는 결정적 위기다. 그러나 이러한 초자아의 개체발생은—의무 자체의 문제는 건드리지 않으면서—다음과 같이 사회학적 설명 특유의 역사적 차원에 의거한다. 오이디푸스 콤플렉스는 가족 및 일반적으로 권위라는 사회적 현상을 함축한다. 따

11_ *Nouvelles Conférences*, *GW*, *15*, pp. 72–73 ; *SE*, *22*, p. 67 ; tr. fr., p. 94 ; 전집 2권, p. 92.

라서 프로이트는 근친상간 금지제도 안에서, 그리고 일방적으로 오이디푸스 콤플렉스의 사회학적 반대자를 발견하기를 희망하면서 개체발생에서 계통발생으로 나아가는 것이다. 그러나 「토템과 터부」에 관한 검토가 매우 자명하게 보여준 것처럼 정신분석은 몽상적인, 이따금씩은 불가사의한, 그리고 어떤 식으로건 언제나 부수적인 민족지학에 호소한다는 비난을 받을 것이다. 결국 분석은 사회현상을 정신분석화하는 데 그친다. 초자아에서 파생되는 특징을 결여한 사실에 대해서만 사회적 현상에 주시하는 바로 그 순간에 분석은 그 신뢰성이 자리했던 흐름을 단절시키는 터부에 관한 심리학적 설명으로 환원되고 만다. 이런 이유로 무한 발생에서 경제적 설명으로 전환하게 되는 것이다. 이처럼 발생적 설명을 거친 이 우회로에 이르면 놀라움과 기만을 마주하게 된다. 그럼 개체발생에서 계통발생에 이르는 움직임, 그리고 그 반대의 움직임을 추적해 보자.

프로이트의 초기 저작의 독자들은 오이디푸스가 발현되는 결정적 방식에 충격을 받는다. 그러니까 그것은 개별자의 드라마인 동시에 인류 전체의 집단적 운명으로 드러난다. 즉 이것은 심리적 사실이자 도덕성의 원천이고, 신경증의 기원이자 문명의 기초이다.

개인적이고 인격적이며 암시적인 오이디푸스 콤플렉스는 프로이트 자신의 자기 분석으로부터 그 비밀스러운 특징이 발견된다. 오이디푸스 콤플렉스의 보편성은 세부적인 고유한 경험 안에서 드러난다. 처음에 오이디푸스 상황은 신경증의 병인론에서 자신의 위치를 간접적으로 받아들인다. 왜냐하면 그 상황이 그와 반대되는 선행하는 가정을 대체하기 때문이다. 우리는 성인에게서 비롯되는 유아기의 유혹 이론에 대해 프로이트가 가지고 있었던 믿음을 상기한다. 그 이론은 분석기간 동안 그의 환자가 자신과 연관되는 장면을 관찰하면서 제기된다. 오이디푸스 콤플렉스는 역으로 유혹 이론이다. 또한 아버지에 의한 유혹은 오이디푸스 콤플렉스의 왜곡된 현상으로 밝혀진다. 아버지는 아이를 유혹하지 않지만 아이가 그의 어머니를 소유하고자 하면서 아버지의 죽음을 욕망한다. 그 유혹장면은 오이디푸스 콤플렉스의 '상연기억'으로 간주되어야 한다. 오이디푸스 콤플렉스는 자연스럽게 예전 환상이 있던 자리를 대체한다.[12]

오이디푸스는 신경증 병인론에 속하면서 동시에 문화의 구조 안에도 위치한다. "내가 곧 도덕의 원천을 발견할 것이라는 예감이 든다. 마치 사실은 내가 전혀 모르고 있는데도 이미 알고 있는 것처럼 말이

12_ 1897년에 플리스에게 보낸 편지는 이 점에서 중요한 문서가 된다. 이전에 "비난은 아버지에 의한 그릇된 행위로 간주되었지만"(lettre 69), 이제 오이디푸스 콤플렉스는 "아버지의 결백함"(l'innocence du pére)과 성적 행동이 유아기 초기에 만들어짐에 틀림없다는 사실을 표현한다. 그리고 원초 상연의 환상은 이러한 유아기 성애를 덮어버리는 경향이 있다. (cf. *Contribution à l'Histoire du movement psychanalistique*(1914), *GW, 10*, pp. 55–61 ; *SE, 14*, pp. 17–18 ; tr. fr. in 1re éd. des *Essais de Pschanalyse*, Paris, Payot, 1927, pp. 274–6 ; 전집 15권, pp. 62–5.) 프로이트의 자기 분석과 그 자신의 오이디푸스 콤플렉스에 관해서는 편지 69, 70, 71을 보라. 아버지 편에서의 어떤 실질적인 역할의 부재, 경건한 체하면서 도둑질을 했던 그의 유년기의 간호사('성적 측면에서의 나의 교사'), 어머니에 대한 성적 호기심, 남자 형제에 대한 질투, 나이 많은 조카에 대한 애매한 입장 등등. 이 모든 것들은 다음을 참조하라. Jones, *o. c.*, I, 14장. 덧붙여 젊은 지그문트의 친구 플리스에 대한 감정의 변화와 동료 브로이어에 대한 그의 적개심의 변화과정에 대해서는 존스의 같은 책 pp. 305–08(tr. fr., I, pp. 336–9)을 참조하라. 마찬가지로 다음 책도 참조하라. Anzieu, *L'Auto-analyse*, pp. 59–73. 오이디푸스 콤플렉스에 대한 첫 번째 암시는 원고 N에서 발견되는데, 이는 1897년 5월 31일자 편지 64에 부속되어 있다. '상연 기억'에 대한 생각은 1899년에 나온 다음 논고에 체계적으로 다루어진다. *GW, 1*, pp. 531–54 ; *SE, 3*, pp. 303–22.

다."[13] 이 발견에 있어서 놀라운 것은, 그러므로 이 모험이 확신에서 비롯한 예시적 운명을 직접 수반한다는 점이다. 이것이 내가 프로이트의 자기 목적과 오이디푸스라는 그리스 신화 해석 간의 엄격한 평행성을 해석하는 방식이다. 스스로에게 충실하는 것은 보편적인 그리스 비극을 파악하는 것과 동일한 특성을 갖는다.[14] 그 관계는 상호적이다. 다시 말해 자기 분석은 그리스 전설의 '앎의 효과', '강박적 측면'을 드러낸다. 신화는 곧 개별적인 경험을 따라서 운명의 확실성, 그러니까 확고한 운명이라는 특징을 갖는다. 아마도 개별적 경험과 보편적 운명 간의 일치에 관한 이런 전체적 통찰 근저에 놓인 어떤 동기를 추적해야 한다. 이것은 개체발생, 즉 개인적인 비밀을 계통발생(phylogenesis), 보편적 운명과 연관시키려는 프로이트의 모든 시도들에 속하는 것이며, 어

---

13_ 1897년 5월 31일자 편지 *64, La Naissance*…, p. 182 ; 『정신분석의 탄생』, p. 147.

14_ "일반적인 가치가 있는 하나의 생각이 떠올랐다. 다른 경우와 마찬가지로 내 경우에도 어머니에 대한 사랑의 감정과 아버지에 대한 질투의 감정을 발견했다. 내가 생각하기에 그것은 히스테리 환자가 된 어린아이들만큼(편집증에 있어서 가문—영웅, 종교의 창시자들—의 '소설화'와 유사하게) 이르게 나타나지는 않았을지라도 모든 어린아이들의 공통된 감정이다. 그렇게 되면 가혹한 운명의 전제에 대한 합리적인 반박에도 불구하고 『오이디푸스 왕』의 그 매혹적인 힘을 우리는 이해할 수 있고, 또한 보다 최근의 모든 운명의 드라마들이 왜 그렇게 비참하게 실패해야 하는지를 이해할 수 있을 것이다. 우리의 감정은 그릴파르처(Grillparzer)의 비극인 『여자 조상』(*Ahnfrau*) 등이 설정하고 있는 자의적인 모든 개인적 운명에 대해 반발한다. 그러나 그리스 전설은 모든 사람이 느끼는 것이기 때문에 잘 알고 있는 강박을 제대로 포착하고 있다. 모든 관중은 언젠가 오이디푸스의 싹을 품었고, 상상 속에서 오이디푸스였다. 그들은 어린 시절의 상태에서부터 현재의 상태를 나누고 있는 억압의 정도를 따라 현실로 이식된 자신의 꿈의 실현 앞에서 몸서리친다." 1897년 8월 15일자 편지 *71, La Naissance*…, p. 198 ; 『정신분석의 탄생』, p. 167.

떤 민족지학적 탐구도 철저하게 다루지 못한 것이다.

이 보편적 드라마의 영역은 처음부터 확연하다. 즉 『오이디푸스 왕』에 관한 해석을 햄릿의 인격성으로 확장하면서 그 영역이 확실해진다. 만약 '히스테리가 있는 햄릿'이 그의 어머니의 정부를 죽이는 일을 망설인다면, 이는 자신 안에 "어머니에 대한 연정 때문에 아버지에 대해서도 똑같은 죄악을 범하고 싶어 했다는 희미한 기억"이 놓여 있기 때문이다.[15] 하나의 화려하고 결정적인 비교는 다음과 같다. 즉 만약 오이디푸스가 운명의 출현을 드러낸다면 햄릿은 콤플렉스에 결부된 죄의 측면을 드러낸다는 것이다. 프로이트는 햄릿의 구절을 1897년 초반에 주석하고 『문명 속의 불만』에서 다시 주석하는데, 이 두 작업은 일치하지 않는다. 후자의 경우 프로이트는 "따라서 양심은 우리 모두를 겁쟁이로 만든다"고 했고, 전자의 경우 프로이트는 "그의 양심은 무의식적 죄책감이다"라고 적고 있다.[16]

만약 개인적인 비밀이 제도들 안에 함축되지 않는다면 무엇이 그것을 보편적이면서 윤리적인 운명으로 만드는 것인가? 오이디푸스 콤플렉스는 근친상간의 꿈이다. 그러나 "근친상간은 문명이 조금씩 포기해야 하는 반사회적인 것이다."[17] 따라서 욕망의 개인사에 속해 있는 억압은 가장 거대한 문화적 제도들 중 하나, 즉 근친상간 금제와 일치한다. 오이디푸스적 상황은 문명과 충동 간의 거대한 충돌을 수반하는데, 이는 프로이트의 「문명화된 성도덕과 현대의 신경질환」(1908), 「토템과 터부」(1912-1913)에서부터 「문명 속의 불만」(1930)과 『왜 전쟁인가?』

15_ 같은 편지 71 (*ibid.*) ; 『정신분석의 탄생』, p. 168.

16_ 같은 편지 71 ; 『정신분석의 탄생』, p. 168.

17_ 원고 N, 1879년 5월 31일자, *La Naissance*…, p. 186 ; 『정신분석의 탄생』, p. 153.

(1933)에 이르기까지 반복적으로 언급될 것이다. 따라서 억압과 문화, 즉 상호 심리적 제도와 사회적 제도는 이와 같은 범례적 경우에는 일치를 이룬다.

이런 탐구과정의 착종에서부터 심리적 발생론이 한 방향을 형성하며, 다른 방향은 사회학적 발생론을 형성한다. 심리적 발생론의 방향은 『꿈의 해석』에서 시작되고 사회학적 발생론은 「토템과 터부」에서 시작된다.

『꿈의 해석』은 이전의 뛰어난 탐구들을 문자 그대로 옮겨적은 것인데, 우리는 그것을 「플리스에게 쓴 편지」를 통해 알 수 있다. 동시에 그러한 발견들의 문화적 중요성은 묻혀 있는 상태다. 오이디푸스 콤플렉스에 대한 해석은 사랑받는 친척들의 죽음이라는 꿈의 예 가운데 나타나 있었으며, 이는 이런 점에서 꿈의 전형이 되었다. 후자는 '꿈의 원천과 재료'의 한 대목에서 나타나며, 그래서 이것은 탁월한 '꿈 작업'이라는 위대한 대목에 앞서 등장한다.[18] 이와 같은 순서는 상당부분 잘못된 것이다. 그리고 이 순서는 심지어 오이디푸스 콤플렉스를 단지 꿈의 주제로만 다룬다. 그리스 전설은 "아동심리학과 관련하여 제기된" 가설의 "보편적 타당성"을 보장하는 데 머물 뿐이다.[19] 우리의 꿈은 비극에 대한 그 설명이 우리 각자 안에 존재한다는 것을 보여준다. "아버지 라이오스를 살해하고 어머니 요카스테와 결혼한 오이디푸스 왕은 우리 어린 시절의 소원성취일 뿐이다…. 우리는 유년기의 시원적(*urzeitlch*) 욕망을 성취한 인물 앞에서 우리 마음속의 욕망을 억압한 만

---

18_ 이 책의 p.163 각주 재 참조.

19_ *GW, 2/3*, p. 267 ; *SE, 4*, p. 261 ; tr. fr., p. 197(144) ; 전집 4권, p. 317.

큼 경악한다."[20] 또한 문명과 본능의 거대한 갈등은 심리내부적 차원 위에, 그리고 더 정확히 말해서 꿈의 화면 위에 투사되는 것이다. "오이디푸스 전설이 최초의 성적인 자극 때문에 부모와의 관계가 곤혹스럽고 불편해지는 내용의 태곳적(*uralt*) 꿈 재료에서 유래했다는 암시가 소포클레스의 텍스트 자체 안에 분명하게 존재한다."[21] 이오카스테는 오이디푸스에게 그의 이야기를 하나의 전형적이고 보편적인 꿈의 형태로 제시한다.

> 지금까지 많은 사람들이 어머니와 함께 자는 꿈을 꾸었기 때문입니다.
> 그러나 이런 일들을 대수롭지 않게 여기는 사람은 인생의 짐도 가볍답니다.

그리고 프로이트는 다음과 같이 결론짓는다. "오이디푸스 전설은 이 두 가지 전형적인 꿈(어머니의 욕망, 아버지의 죽음)에 대한 우리의 환상의 반응이다. 성인들은 이런 꿈에 거부감을 느끼기 때문에 공포와 자기 징벌의 내용이 전설에 포함된 것이다."[22]

어떻게 해서 이러한 오이디푸스 콤플렉스의 문화적 의미의 축소가 『꿈의 해석』에 나타나는 것일까? 게다가 이 책에서 프로이트의 기술이 진실을 증발시키고 그것을 반쯤 가린 채 제시한다 해도 나는 또한 그가 문화라는 우연한 조건으로 이탈하지 않았다고 말할 것이다. 마치 고대 로마의 **가부장적 가족의 힘**(*potestas patris familias*)에 해당하는 우리 중간계급 문화에 남은 잔여물과 같은 아버지-아들의 적대성이

---

20_ *GW*, *2/3*, p. 269 ; *SE*, *4*, p. 262-63 ; tr. fr., p. 198(144-5) ; 전집 4권, p. 320.

21_ *GW*, *2/3*, p. 270 ; *SE*, *4*, p. 263-64 ; tr. fr., p. 199(145) ; 전집 4권, p. 321.

22_ *GW*, *2/3*, p. 270 ; *SE*, *4*, p. 264 ; tr. fr., p. 199(146) ; 전집 4권, p. 321.

라는 어떤 특징을 지나치는 듯이 설명하는 것처럼 말이다.[23] 만일 우리가 스스로를 사회문화적 설명—이것이 바로 많은 신프로이트주의자들이 했던 일인데—에 제한하려 하지 않는다면 성욕의 원초적 내지는 최초의 구성으로 돌아가는 것은 필연적인 일이다. 이것이 바로 프로이트가 여기서 오이디푸스 콤플렉스의 제도적 측면을 환상적 측면에 종속시키고 신경증 환자와 정상 주체에 상응하는 환상적 양상을 꿈에서 찾는 이유이다.[24] 그러나『꿈의 해석』에 속하는 이 문맥에서 중요한 구절은 신화만이 드러내는 보편적 운명의 양상에 대한 것이다. 이것은 내가 신화의 초심리학적·초사회학적 차원이라 부르는 것이다. 근친상간 충동의 보편적 특성은 모든 인간이 오이디푸스의 운명을 공유한다는 충격적인 발견에 의해 강화된다. 그리고 그 공통의 운명은 자신의 차례에 이르러 전설 자체의 '근본적이고 보편적 힘'에 의해 강화된다. 물론 신화는 꿈 환상으로 환원된다. 그러나 이 환상은 보편적이다. 왜냐하면 그것이 '몇몇 원초적 꿈 재료로부터 나오기 때문이다.' 그러므로 이 콤플렉스는, 심지어 정신분석이 신화를 밤의 환상이라고 설명하는 것처럼 보이는 경우에도 신화라는 이름을 간직할 것이다. 신화만이 꿈을 즉각 '전형적'인 것으로 만들어 준다.[25]

---

23_ "이런 관계들은 누구나 분명히 알 수 있는 것이다. 그러나 예부터 부모에 대한 효성을 절대적인 것으로 여겨온 사람들이 부모가 죽는 꿈을 꾸는 경우, 그러한 관계들은 꿈의 해명에 별로 도움이 되지 않는다. 우리는 앞에서 논한 바를 통해 부모의 죽음을 바라는 소망이 유년기에서 유래한다는 사실에 어느 정도 준비가 되어 있었다." *GW, 2/3*, p. 263 ; *SE, 4*, p. 257 ; tr. fr., p. 194(142) ; 전집 4권, p. 313.

24_ *GW, 2/3*, pp. 263–67 ; *SE, 4*, pp. 257–61 ; tr. fr., pp. 194–7(142–4) ; 전집 4권, pp. 313–7.

25_ "『오이디푸스 왕』이 당시 그리스 사람들 못지않게 현대인들에게도 충격을 주는

『성욕에 관한 세 편의 에세이』는 오이디푸스 콤플렉스의 엄격한 심리학적 해석으로 가는 중요한 단계가 된다. 초자아의 형성에 있어서 오이디푸스 콤플렉스의 역할에 관한 이후의 논제들은 유년기 성욕의 존재를 가정한다. 그러므로 『성욕에 관한 세 편의 에세이』는 매우 중요한 것이다. 더 정확히 말해 『성욕에 관한 세 편의 에세이』는 두 개의 주제를 통해 오이디푸스 콤플렉스 해석을 지원한다. 즉 하나는 유아기 성욕의 구조이며, 다른 하나는 그것의 **역사** 또는 **단계**이다.

'성도착', '유아성욕' 또는 '사춘기의 변형'과 관련된 이런저런 특정한 주제 이상으로 이 작은 책이 본질적으로 보여주려고 하는 것은 인간의 성적 역사라는 전사(préhistoire)의 중요성이다. 이 전사는 그 자체

---

이유는 그리스 비극의 효과가 운명과 인간 의지 사이의 대립에 토대를 두고 있기 때문이 아니다. 그보다는 이 대립을 증명하는 소재의 특수성에서 답을 찾을 수 있다…. 오이디푸스에게 우리 내면의 목소리가 운명이라는 강요하는 힘을 인정하게 만드는 무엇인가가 존재하고 있는 것이 분명하다…. 그의 운명이 우리를 감동시키는 이유는 그것이 우리의 운명이 될 수도 있고, 출생 전의 신탁이 우리에게도 똑같이 저주를 내릴 수 있기 때문이다."*GW, 2/3*, 269 ; *SE, 4*, 262 ; tr. fr., p. 198(145) 전집 4권, p. 319. 몇 장 뒤에 『햄릿』과 『맥베드』를 언급하면서 프로이트는 다음과 같이 결론을 맺는다. "모든 신경증 증상과 대부분의 꿈이 과잉해석(*der Uberdeutung fähig*)될 수 있는 것처럼, 더 나아가 완전한 이해를 위해서는 그렇게 할 필요가 있는 것처럼 모든 진정한 문학적 창조물은 시인의 정신 안에 들어 있는 하나 이상의 자극과 동기에서 비롯된 것으로, 또한 하나 이상의 해석에 열려 있다"(*GW, 2/3*, p. 272 ; *SE, 4*, p. 266 ; tr. fr., p. 201 ; 전집 4권, p. 323). 여기서 '과잉해석'은 내가 보기에 압축이나 전위를 통한 보통의 '과잉결정'으로 환원되지 않는 것 같다. 과잉결정이란 하나의 단일한 해석을 이끌어내는 것이며, 이것이 바로 과잉결정에 대한 설명이다. 변증법 4장에서 나는 진정한 '과잉해석'을 탐구할 것이다. 우리는 과잉해석이라는 이 개념을 충분히 정당화하는 몇몇 새로운 측면을 소포클레스의 『오이디푸스 왕』에 대해 논하는 프로이트의 텍스트로부터 발견할 것이다. 변증법 4장 참조.

로 용의주도한 망각 기관에 의해 삭제된다. 우리는 나중에 이 주제로 돌아올 것이다. 유년기 성욕에 접근하는 것을 방해하는 금제 요청이 한번 제기되면 거대하고 끔찍한 진실이 발생한다. 우리가 문화의 지대 안에서 획득한 대상과 목표는 모든 종류의 '횡단'과 '도착'을 수행할 만한 훨씬 광범위한 경향이 갖는 두 번째 기능이다. 잔인함을 포함하여 변태성의 부정으로서의 신경증의 강제적 결합과 더불어 파편화된 충동의 묶음들은 심지어 곧장 형태화된다. 문명이 성적 충동의 사용 제한과 잠재적 도착의 위협에 대응하는 반응 속에서 그 충동은 확장되고 수립된다. (이 기간 동안 프로이트는 성 충동의 문화를 감당하기 위해 사회적으로 유용한 새로운 목표와 성충동의 목적으로의 승화라는 일반적인 개념을 서술한다.)[26]

이 전체적인 생각의 얼개가 오이디푸스 콤플렉스의 특정한 심리학적 배경이다. 사실상 『성욕에 관한 세 편의 에세이』의 세 가지 주제, 즉 유아기 성욕의 현존, 그 다형적 구조, 그 잠재적 도착 구성에는 오이디푸스 콤플렉스가 더 일찍 또는 더 늦게 수용되는 문제에 대한 어떤 논의도 나오지 않는다. 오이디푸스 콤플렉스에 의해 전제된 유아기 근친상간은 오직 이 일반적 주제의 특정한 예일 뿐이다.

그러나 오이디푸스 콤플렉스에 관한 해석은 리비도의 '단계' 내지 '조직화'라는 주제에 대한 세부적인 일차적 연구를 『성욕에 관한 세 편

26_ "문명사가들은 모든 종류의 문화적 성취가 있을 때마다 성 대상으로부터 벗어나 다른 대상으로 방향을 돌린—'승화'라고 이름붙일 만한—성 충동의 힘에 의해 얻어진 강력한 구성요소들이 존재한다는 데 일치된 견해를 보이는 것 같다. 여기에 우리는 당연히 개인의 발달에서도 같은 과정이 한 몫을 담당하며, 그 시작은 유아기의 성적 잠복기에 있다고 덧붙일 수 있을 것이다." 『성욕에 관한 세 편의 에세이』(*Trois Essais sur la Théorie de la Sexualité*), *GW*, *5*, p. 79 ; *SE*, *7*, p. 178 ; tr. fr., p. 81 ; 전집 7권, p. 72.

의 에세이』에 기대고 있다. 리비도의 단계와 조직화는 발생적 문제이며, 구조적 주제의 불충분성에 대한 보충이다. '단계들'의 차이가 두 번째 논문까지는 충분히 구현되지 않았다. 1915년판의 성적 조직화의 발전 정도를 다루는 대목에서는 여전히 두 개의 '전성기기 조직화', 즉 구강기와 항문기만을 인식하고 있다. 그런데 구조적 의미에서만이 아니라 역사적 탐구에 있어서도 성적인 것과 성기기의 근본적 구별이 수립되기에 이른다. 이러한 구별은 모든 결정적인 분석의 기초 조건이다. 나중에(1923) 『성욕에 관한 세 편의 에세이』 및 다른 판본에서 이러한 구별은 프로이트가 오이디푸스 콤플렉스를 다른 전성기기 조직화 과정, 즉 팔루스 단계로 그의 사유를 변경할 수 있게 해준다. 따라서 프로이트는 자가 성애의 다음 단계, 즉 리비도가 이미 지나왔지만 성욕이 조직화의 결여를 통해 실패했던 단계로 나아가는 것이다. 이를 통해서 1924년에 나온 결과물에서는 팔루스의 조직화 과정이 거세공포와 관련된 것이고, 오이디푸스 콤플렉스의 해소는 거세공포 및 그에 상응하는 단계의 조직화와 성숙의 결핍에 의해 설명될 수 있게 된다. 이 모든 것이 『성욕에 관한 세 편의 에세이』의 단계론에 맹아로 존재한다. 심지어 동일시 이론도 이 동일시의 '모형과 이미지'[27]가 구순기나 야만적 단계의 병합이나 소진인 경우에 단계론 속에서 그 거점을 찾는다.

오이디푸스 콤플렉스에 대한 해설 때문에 프로이트 자신이 높이 평가한 이 짧은 책의 중요함을 이해하기란 그리 어려운 일이 아니다. 이것은 프로이트 사유의 가장 지속적인 경향 중 하나, 즉 '전사'[28]에 대

27_ *GW*, *5*, p. 98(*Vorbild*) ; *SE*, *7*, p. 198(*prototype*) ; tr. fr., p. 110 ; 전집 7권, p. 97.

28_ *GW*, *5*, p. 73(*Vorzeit*) ; *SE*, *7*, p. 173(*the primaeval period*) ; tr. fr., p. 75 ; 전집 7권, p. 66.

한 주장을 따라 움직인다. 이 주제는 또한 마르크스와 프로이트가 공유하고 있는 것이기도 하다. 다시 말해 전사는 그 자체의 법칙 및 역사를 가진다.

이러한 전사의 중요성은 일종의 비관론을 발전시키는데, 이는 프로이트의 특징이기도 하다. 그리고 신프로이트주의의 모든 변종들은 이 특징을 완화하거나 삭제하려고 노력해 왔다. 우리는 이를 이미 다른 해석 안에서 본 적이 있다. 즉 이것은 『꿈의 해석』에서의 '욕망의 파괴 불가능성', 「메타심리학에 관한 논고」에서의 '비시간성'을 일컫는다. 『성욕에 관한 세 편의 에세이』가 기능적인 주제에 첨가한 것은 성욕의 원초적 변경, 대상에 관한 변경, 목적에 관한 변경이라는 관념이다. 결론부에서 프로이트는 이렇게 말한다. "도착성향은 인간 성 특징의 보편적인 소인이며 … 성숙의 과정 속에서 신체기관의 변화가 발생하고 심리적인 제한들이 생기기 때문에 이런 도착의 소인으로부터 정상적 성 행동이 발달하게 된다."[29] 따라서 인간의 성욕은 논쟁의 장소인데, 이는 소피스트들이 예전에 언어와 관련하여 논쟁을 벌인 것, 즉 **퓌지스**(*physis*)와 **노모스**(*nomos*) 간의 논쟁과 유사하다. 언어와 마찬가지로 성욕은 자연의 결과인 동시에 제도의 결과이기도 하다. 종종 평범한 도덕성의 결과로 간주되는 성적 도착이라는 주제는 우리로 하여금 '자연을 통해서' 리비도가 원천적으로 평범한 도덕의 모든 '위반'을 품고 있다는 점을 일깨운다. 성기기적 통합은 이성애라는 주된 흐름으로부터의 일탈로 취급되는 영역들, 목적들, 그리고 대상들로 향한 리비도의 원초적 분화에 대해 언제나 승리를 거둔다. 도착자들 그리고 신경증 환자들은 인간 성욕의 이러한 원초적 일탈의 인간적 증거인 셈이다. 어린

29_ *GW*, *5*, p. 132 ; *SE*, *7*, p. 231 ; tr. fr., p. 164 ; 전집 7권, p. 135.

시절로의 고착과 퇴행은 이 '전사'의 역사와 구조 안에 각인된 특별한 인간적 가능성이다.

그러므로 제도화는 필연적으로 고통스럽다. 즉 인간은 오직 원초적 행위를 그만둠으로써만, 예전의 대상과 목적들을 포기함으로써만 교화될 수 있다. 제도화는 그러한 '다형적으로 도착적인' 구조의 반대항이다. 성인은 예전의 유년기에 종속된 채 머무르기 때문에, 즉 그는 비틀거리고 퇴행할 수 있기 때문에, 원초적인 것의 가능성이기 때문에 갈등은 단순히 어떤 더 나은 사회 조직화나 더 많은 적절한 교육에 의해 대체 가능한 사건일 수 없다. 인간은 갈등의 양상 안에서만 문화에 입문하는 경험을 할 수 있다. 고통을 겪는다는 것은 운명과 마찬가지로 문화의 임무를 수반한다. 이때 운명은 오이디푸스 비극에 의해 묘사된다. 이탈의 가능성과 억압의 필연성은 상호 연관되어 있다.[30] 그리고 위에서 언급한 애도작업과 유사한 문화적 단념은 주인과 노예라는

---

30_ 이 글에서 우리는 "정신적 댐"이라는 표현과 자주 마주친다(tr. fr., pp. 80, 99, 100, 171 ; 전집 7권, pp. 73, 88, 89, 143). 이 개념은 지금 문제가 되고 있는 메커니즘과 부딪히지 않는다. 여기서는 세 가지 '소인'(*GW, 5*, pp. 138-41 ; *SE, 7*, pp. 237-39 ; tr. fr., p. 174 및 그 이하 ; 전집 7권, pp. 142-5)이 고려되고 있다. 즉 첫 번째는 성적 도착인데, 이는 성기영역이 여타의 목적영역을 지배하는데 실패한 결과다. 두 번째는 신경증인데, 이는 성욕이 억압을 겪고 지하에서 그 자신을 유지할 때 발생한다. 세 번째는 승화로, 그러한 성적 경향이 출구를 발견하고 다른 영역에서 사용될 때 나온다. "여기서 우리는 예술활동의 원천 중 하나를 발견할 수 있다. 특히 예술적으로 천재적인 소질이 있는 사람의 성격을 분석해 보면 이런 승화가 완전한 것인지 불완전한 것인지를 따라 성취능력과 도착 및 신경증의 양적 관계를 알 수 있다." *GW, 5*, p. 140 ; *SE, 7*, p. 238 ; tr. fr., p. 177 ; 전집 7권, p. 144. 억압, 승화 그리고 반응-구성(여기서 승화의 하부 유형으로 다루어진 것들이다. 변증법 3장 참조)은 폐쇄된 세 가지 메커니즘이며, 우리가 '성격'이라고 부르는 것으로 수렴한다.

헤겔 변증법 안에서 두려움의 지배를 받는 장소를 갖게 된다. 아버지와의 동일화는 즉각적으로 이러한 헤겔적 인정 개념과 비교해 볼 만한 것이 되기에 이른다. 죽음 충동은 이미 『성욕에 관한 세 편의 에세이』에서 발견되는 내용이다. 잔인성에 대한 수많은 암시들은 우리가 헤겔과 프로이트 간의 비교를 더 널리 수행할 수 있게 한다.

이것이 바로 오이디푸스 이야기가 펼쳐내는 어두운 토대다.

이 논의 국면이 왜 다른 것보다 더 중요한가? 이것이 프로이트가 신경증과 문화의 유사점을 밝히는 유일한 방식인가?[31] 오이디푸스 사건에 대한 이런 명백한 논의 확대에 반대하여 우리는 목적의 순서와 대상의 순서 양자 모두에서 그 모든 방향전환이 어떤 결정적 국면임과 동시에 포기의 순간들이라고 합당하게 주장할 것이다. 또한 오이디푸스 드라마는 프로이트가 "대상의 발견"[32]이라고 부른 일반적 드라마의 한 부분일 뿐이라고도 말할 수 있을 것이다. 아울러 이것은 보살핌을 받는 단계에서 젖을 떼기까지 사랑을 받는 대상들의 부재에 관한 경험이 함께 존재하는 드라마이기도 하다. 그래서 이 드라마는 단순히 '대

---

31_ 1920년에 추가된 한 각주는 매우 분명한 사실을 가르쳐 준다. "오이디푸스 콤플렉스는 당연히 신경증의 핵심적인 콤플렉스(*Kernkomplex*)이며, 그 내용의 본질적인 부분을 구성한다. 그것은 유아기 성욕의 절정을 의미하는데, 유아기 성욕은 그 여파를 통해서 성인의 성욕에 결정적인 영향을 미친다. 이 지구상에 새로 태어나는 사람들은 오이디푸스 콤플렉스를 극복할 임무에 직면한다. 거기서 실패한 사람은 누구나 신경증의 희생양이 된다. 정신분석 연구의 진전과 더불어 오이디푸스 콤플렉스의 중요성이 더더욱 분명해졌으며, 이에 대한 인식은 정신분석 지지자들을 반대자들에게서 갈라놓은 결정적인 시험대가 되었다." *GW*, *5*, pp. 127–28 ; *SE*, *7*, p. 226 ; tr. fr., 220 ; 전집 7권, p. 130, 각주 133.

32_ *GW*, *5*, p. 123 이하 ; *SE*, *7*, p. 222 이하 ; tr. fr., p. 151 이하 ; 전집 7권, p. 124 이하.

상 선택'과 '대상 포기[단념]', 즉 선택과 기만에 관한 하나의 긴 이야기인 것이다. 결국 근친상간의 장애물은 검열의 욕망 중 하나일 뿐이며, 다른 방법들(젖떼기, 부재, 정동의 철회)과도 비교가 가능한 것이다. 하지만 이러한 욕망의 무례한 학습 속에, 그리고 특별히 대상 선택에 관한 교육 속에 근친상간이라는 터부를 부여한 것은 바로 그 문화적 차원이다.『성욕에 관한 세 편의 에세이』는 이 점을 분명히 한다.

> 이 제한을 준수하는 것은 무엇보다도 사회의 문화적 요구다. 사회는 더 높은 사회적 질서를 형성하고, 이러한 질서에 대한 가족의 관심이 사라지는 것을 막기 위해 모든 방법을 동원해서 개인, 특히 청소년이 아이 때부터 갖는 가족과의 특별한 유대를 약화시키려 한다.[33]

이 텍스트에서 근친상간에 대한 제한은 만일 그것이 계승을 통해서 이미 고정되어 버린 것이 아니라면 각각의 새로운 개인이 자신에 전유해야만 하는 문명화의 습득으로 나타난다. 그러므로 그 기원에 대한 설명은 심리학에서 민족학으로 변경된다.

계통발생은 개체발생보다 우리를 더 먼 곳으로 데려가는 것인가? 이 문제는「토템과 터부」의 연구작업이 결정할 문제다. 가능한 한 지금까지 우리는 우리가 알고 있는 대로 토템적 제도로부터 프로이트

---

33_ *GW, 5*, p. 127(*die Inzestschranke*) ; *SE, 7*, p. 225 ; tr. fr., p. 155 ; 전집 7권, p. 129. 상호관계에 있어서의 단계를 명확하게 지칭하는 1915년의 각주는『성욕에 관한 세 편의 에세이』와「토템과 터부」사이에 배치되었다. '근친상간의 장벽'에 관한 이전 저작에서의 생각은 '터부'에 관한 이후 저작에 나오는 생각과 일치한다.

가 도출시킨 종교적 믿음, 신들의 현존에 대한 믿음이라는 선명한 문제를 등한시했다. 오래전 토템으로부터 터부를 분리시키는 것은 분명 불가능할 것이다. 왜냐하면 도덕적 금제가 원시적인 터부라는 금제들에서 도출된다고 했으며, 나중에는 도덕적 금제 자체가 역사적이고 집단적인 오이디푸스 콤플렉스로 해석되는 토템적 가계 속에 정초된다고 한 것 자체가 프로이트 자신의 논제이기 때문이다. 그럼에도 불구하고 가장 취약한 점, 즉 원시인들의 역사적 오이디푸스 콤플렉스를 가능한 끌어들이지 않고서 이 책을 검토하는 것은 적법한 일이다.[34] 원시인들의 역사적 오이디푸스 콤플렉스는 아마도 단순히 프로이트의 자기 분석과 환자에 관한 정신분석 배후에 있는 일종의 '원초적 장면'과 같이 소포클레스의 신화를 대체하고 투사하는 어떤 과학적 신화일 것이다.

그렇다면 토템의 과학적 신화의 차원, 말하자면 「토템과 터부」의 처음 두 대목(「근친상간의 공포」와 「터부와 정동의 양가성」)의 차원에 머무른다면 우리는 이 책에서 무엇을 발견할 수 있는가? 오로지 응용 정신분석의 차원에서 우리는 꿈과 신경증으로부터 터부로의 관점 이동을 할 수 있을 뿐이다. 이 두 대목에서 프로이트는 오히려 제한된 민족학적 주제

34_ 프로이트는 이러한 상대적인 분리를 승인한다. "이 작은 책의 표제가 된 두 가지 주요 주제, 즉 '토템'과 '터부'가 이 논문에서 동등하게 다루어지는 것은 아니다. 터부에 대한 분석은 문제 전반에 걸친 확실한 해명이 시도되고 있는 반면에 토테미즘에 대한 연구는 '정신분석학이 토템의 해명에 기여할 수 있는 성과가 지금으로서는 이 정도'라고 밝히는 데 머문다"(서문). 첫 번째 논문을 시작하면서 프로이트는 다음과 같이 언급한다. "족외혼이 본래—태초부터, 그리고 진정한 의미에서의 본래적으로—토테미즘과는 아무런 관계도 없는 것이고, 통혼을 제한할 필요가 있는 지경에 이르자 슬그머니 토테미즘에 합류하게 되었다고 가정하는 것도 무리는 아니다." *GW*, *9*, pp. 8–9 ; *SE*, *13*, pp. 4 ; tr. fr., p. 13 ; 전집 7권, pp. 28–34.

에 해당하는 정신분석학적 해석을 제안한다. 그것을 제도화의 문제에 대한 민족학적 해명으로 보는 것은 무익한 이해다. 이 문제가 제기되는 것은 맞지만 정신분석적 해석에 대해서는 미결인 채로 남겨진다. 단순한 응용 정신분석학(꿈과 신경증 모형이 터부로 확장되는)을 토템 이론—여기서 오이디푸스 콤플렉스의 심리학에 의해 드러난 수수께끼를 해결하는 것으로 간주된다—으로 만드는 것이 궁극적인 민족학적 신화의 기능일 것이다.

만약 「토템과 터부」의 처음 두 대목에서 터부에 관한 정신분석이 응용 정신분석을 전혀 넘어서지 못한다면 이는 그 책의 두 가지 요청 때문일 것이다. (그러나 이 요청이 책의 일부는 아니다.) 이 두 가지 요청이란 한편으로 고대인들이 우리 자신의 오래된 발전과정에 대한 잘 보존된 그림을 제공함으로써 우리의 전사에 대한 경험적 설명을 구성하며, 다른 한편으로는 그들의 매우 특출한 정동의 양가성으로 인해 그들이 신경증 환자와 흡사해 보인다는 점이다. 정신분석학을 민족학에 적용함으로써 프로이트는 자신이 이 두 가지 요청을 한꺼번에 수행하고 있다고 믿는다. 그는 민족학자에게 후자의 사안에 관한 이해되지 않는 설명을 제공하고 정신분석학의 진리에 대한 실험적 증명을 대중—또한 자신을 신뢰하지 않는 동료들!—에게 제시한다. 이러한 작위에 대한 반대는 토템 신화 없는 터부에 대한 정신분석학적 설명이 꿈과 신경증에 대한 설명보다 더 나아가지 못한다는 것과 금제와 그 금제 배후에 있는 제도화 내지 권위라는 것에 반한다는 것이다.

우리는 여기서 우리와 어떤 관계도 없는 그런 논증의 세부사항에는 신경을 쏟지 않고 논증의 움직임을 따라가 보고자 한다. 첫 번째 핵심은 근친상간의 금제다. 이 원시인들의 가장 원시적인 것—"이 비참한 벌거숭이 식인종들"—"우리가 알기로 이들은 지극히 엄격하고 세

심하게 근친상간이라는 성관계를 방지하는 데 온갖 힘을 쏟는다. 심지어는 이들의 사회 기구가 송두리째 근친상간을 방지하는 일에 봉사하고 있는 것으로 보이거나 그런 봉사의 성취와 무관해 보이지 않을 정도다."[35] 이 금제사항의 사회적 제도는 족외혼법이다. 이것은 『토템과 족외혼』(*Totem and Exogamy*)에서 프레이저가 심층적으로 다룬 것으로 "**동일한 토템에 속한 사람들이 서로 성관계를 가지는 것을 금지하고 결과적으로 그들의 혼인을 금지하는 법**"이라는 구절에서 비롯한다.[36] 그러므로 금제의 기초는 같은 토템에 속해 있다. 그래서 토템 신화를 괄호치고 터부만을 고려하려는 노력에도 불구하고 우리는 곧 터부의 기초인 토템 가계를 도입해야만 한다. 혈족관계를 토템 가계로 대체하는 것이 전체 구도를 지지해 준다. 하지만 이러한 분석단계에서 중요한 요인은 토템에 대한 믿음도 아니고, 심지어 토템 근친혈족의 신비한 본성에 대한 믿음도 아니다. 중요한 것은 성적인 난잡함을 '집단혼인'으로 대체한다는 사회적 사실이다. 족외혼은 이 대체를 촉진하는 수단이다. 다른 말로 하자면 터부란 성욕 단계의 변화의 반대항이다.[37] 다시 말해 이런

---

35_ *GW, 9*, p. 6 ; *SE, 13*, p. 2 ; tr. fr., p. 10–11 ; 전집 13권, p. 31.

36_ *Ibid*.

37_ 모건(L. H. Morgan)을 따라 프로이트는 '분류'가 이러한 새로운 관계들에 대한 언어라고 바로 말했다. 그리고 두 가지 부류 및 세 가지 하위 부류 체계에서의 결혼에 대해 다음과 같이 말한다. "토템 족외혼은 기왕에 설립되어 있는 성스러운 제도, 말하자면 관습이었을 것이다. 그러나 통혼 구분, 하위 구분, 그리고 이 두 가지가 상호 연관된 조건에서 발생한 복잡한 제도는 토템의 영향력이 쇠퇴하자 다시 한 번 근친상간을 방지하는 역할을 대신할 수 있게 하자는 목적의식이 분명한 취지에서 제정된 것으로 보인다." *GW, 9*, p. 14 ; *SE, 13*, p. 9 ; tr. fr., p. 20 ; 전집 13권, p. 41. 이렇게 해서 분류는 강화되고, 계속적으로 성스러운 기원이라는 금제사항을 대체하는 것이다. 프로이트는 이 지점에서 당시의 구조주의와 단절한다. 즉

최저형으로의 환원에 있어 「토템과 터부」에서의 근친상간 금제에 관한 해석이 『성욕에 관한 세 편의 에세이』에서의 오이디푸스 콤플렉스와 재결합된다.

이것은 「토템과 터부」의 처음 두 글의 엄정한 민족학적 기여사항의 확장이다. 이 지점에서 책의 방향은 역전된다. 이후에 나오는 것은 근친상간 공포에 대한 정신분석학적 설명이며, 그 부정적 측면이 근친상간 금제인데, 이것이 제도화에 대한 사회학적 설명이 되지는 못한다. 결국 제도화의 수수께끼는 이후 과학적 신화로 남겨지게 된다. "우리가 이해하고 있는 것에다 내가 보탤 수 있는 것이라고는 이러한 현상이 현저하게 '유아기적' 특징을 보여주는 것이며, 동시에 신경증 환자의 정신생활과 분명하게 일치하고 있다는 것을 강조하는 데 지나지 않는다."[38] 따라서 지배적인 사상은 신경증의 근친상간적인 주제에 대한 발견에서 비롯된다. 야만인들이 전개한 근친상간 금제에 관한 공포는 단순히 그 자체로 개방적인 분위기 속에 무의식 내에 현재 잃어버린 중심적인 콤플렉스가 존재한다는 증거를 제시한다. 금제라는 엄격하게 제도적이고 구조적인 기능은 맹목적인 것이다. 나는 두 가지 방식으로

---

명백하게 고려될 만한 이러한 차이란 토템의 신비로운 결속과 비교해서 부차적이라는 것이다. 하지만 그 차이는 과장된 것이 아니다. 심지어 이것이 토템 결속에 적용되는 가운데 고려되는 바는 문화의 성취이며, 이는 자발적인 성적 행위에서 사회적 관계로의 대체에 관한 문제다. 이러한 논의 수준에서 사회생물학적인 변화는 근친상간 금제에 관해 부정적이고 이차적인 성취라기보다 긍정적이고 우선적인 성취라고 할 수 있다.

38_ *GW*, *9*, p. 24 ; *SE*, *13*, p. 17 ; tr. fr., p. 30. 프로이트가 상(*Imago*)을 재평가하면서 「토템과 터부」에 관한 네 개의 논문을 분리해서 출판했을 때, 그는 그 논문에 '원시인의 신경증 환자의 정신생활에서 상당부분 일치되는 점에 관하여'라는 제목을 부여했다.

이 전환을 설명할 것이다. 우선은 일차 지형학의 시기, 즉 초자아의 발견에 앞서는 그 시기 동안 프로이트는 아직 동일시라는 이론적 개념을 가지고 있지는 않았기에 그 대신 더 높은 심리적 조직화의 영역에서의 반응-구성라는 다루기 어려운 관념에 더 의존해야만 했다.[39] 우리는 1921년에 나온 「집단심리학과 자아분석」이 이러한 연결에서 수행하는 결정적인 역할을 보게 될 것이다. 두 번째로 프로이트는 오이디푸스 콤플렉스의 병인론적 역할을 정당화하는 일에 더 많은 관심을 기울였다. 이에 비해 오이디푸스 콤플렉스를 구조와 제도적 역할 안에 정립하는 것에는 관심을 덜 기울였다. 여기서 민족학은 실험적 타당성의 역할을 한다. 이것이 프로이트적 민족학의 방어를 위해 말할 수 있는 전부다. 즉 그것은 단순히 신경증 이론의 부수적인 뼈대에 불과한 것이다. 이런 측면에서 「토템과 터부」는 여전히 '유비적' 해석의 영역에 속해 있으며, 이를 통해 우리는 응용 정신분석을 특징짓는다.[40]

---

39_ *Trois Essais.*, *GW*, *5*, p. 78–79 ; *SE*, *7*, p. 178 ; tr. fr., p. 81–2 ; 전집 7권, p. 73. 1915년판 각주에서 프로이트는 승화와 반응-구성을 구분하는데, 반면 1905년 텍스트는 이 두 가지를 다 '정신적 댐'(혐오스러움, 수치심과 도덕)에 귀속시킨다(*ibid*).

40_ 의심할 여지없이 융과의 논쟁은 중요한 것이었다. 융은 1912년과 1913년에 각각 다음 책들을 출간했다. 『리비도의 변환과 상징』(*Wandlungen und Symbbole der Libido*), 『정신분석 이론의 시도와 재연』(*Versuch einer Darstellung der Psychoanalytischen Theorie*). "따라서 이 네 편의 논문은 한편으로 비분석적 심리학 가설과 연구방법을 적용하는 빌헬름 분트의 방대한 저작과 대립하고, 다른 한편으로는 반대로 민족심리학적 소재를 채용함으로써 개인 심리학의 여러 문제를 해명하려는 취리히 정신분석학파의 연구성과와 대립한다"(*GW*, *9*, p. 3 ; *SE*, *13*, p. xiii ; tr. fr., Paris, Payot, p. viii ; 전집 13권, p. 27). 「나의 이력서」(1925)에서 프로이트는 융에 대해 자신이 진 빚을 깨닫고는 더 불안해하게 된다. "1912년에 융이 신경증 환자의 정신적 생산과 원시인의 정신적 생산 사이에 광범위한 유사성이 있

유비의 형태는 터부와 강박신경증 간의 구조적 근친성에 의해 풍부해진다. 집단 신경증으로서의 터부의 기능은 강박신경증에서 개별적 터부가 된다. 네 가지 특징들이 이러한 평행론을 보증한다. "(1) 금제에 동기가 없다는 점, (2) 내적 강제에 의해 금제가 확립된다는 점, (3) 쉽게 이전된다는 점, 금제되는 대상을 통하여 전염될 위험이 있다는 점, (4) 제의적 행위, 즉 금제에 기초한 계율을 발생시킨다는 점 등이다."[41] 그러나 이 비교에서 가장 중요한 것은 정동적 양가성의 분석에 놓여 있다. 여기서 터부의 해석은 터부가 매력적이면서 두려운 것이라는 특정 유형으로 부여된다. 이러한 욕망과 공포의 정동적 구성은 유혹의 심리학을 뚜렷이 표명하며 바울, 아우구스티누스, 키에르케고르, 니체를 상기시킨다. 금제가 설정된 지점에 우리를 배치하는 터부는 법이 욕정을 자극하는 바로 그곳에서 금제를 하기 때문에 우리를 자극한다."터부의 바탕은 특정한 행동에 대한 금제라는 것인데, 이는 말하자면 무의식 속에 강력한 경향으로 자리 잡고 있는 행동을 저지한다는 것이다."[42]

이 지점에서부터 한몫의 증명이 신경증 편에 놓이게 된다. 욕망이 직면해 있는 권위라는 현상은 명시적이지 않은 채로 전제된다. '댐'(『성욕에 관한 세 편의 에세이』에서 사용한 표현)은 이미 욕망에 맞서고, 욕망을 억압해 왔다. 그리고 이 욕망은 이미 위반의 욕망이 되었다. 결론적으로 터부에 대한 나머지 설명에서 프로이트는 그 조건과 전제들에 준거

---

다고 강조하여 지적한 것을 기회로 나는 이 주제에 관심을 갖게 되었다"(*GW, 14*, 92 ; *SE, 20*, 66 ; tr. fr., Gallimard, coll, "le Essais," p. 104 ; 전집 15권, p. 271). 그런데 이 빚은 바로 민족학에 관한 '심리학적' 해석에 반영되어 있다.

41_ *GW, 9*, p. 38–39 ; *SE, 13*, p. 28–29 ; tr. fr., p. 46 ; 전집 13권, p. 68.

42_ *GW, 9*, p. 42 ; *SE, 13*, p. 32 ; tr. fr., p. 50 ; 전집 13권, p. 73.

하는 대신 분석을 지속해 간다.[43] 해석은 금제된 것과 욕망하는 것이라는 양가성의 핵심으로부터 점점 더 멀어지는 특징들을 포괄하기 위해 확장된다. 또한 이는 대체로 프레이저의 『황금가지』로부터 받아들인 요소(적에 대한, 추장과 왕에 대한, 시체에 대한 양가적 태도)이다. 그것은 금제라는 제도적 요소가 절대 구상되지 못한 채로 여러 갈래로 나뉘어져 있는 터부 심리학 내지 심리병인론이다.[44] 심리병인론은 매우 자주 광범위한 결론을 제시한다. 왕의 제의의 경우 터부 의례와 강박적 의례 간의 비교는 과도한 존경이라는 것이 실제로는 금제된 것을 행하는 특정한 방법, 즉 공포의 위장된 표현이라는 것, 그리고 이러한 공포는 아이의 아버지 콤플렉스와 연결된다는 점을 드러낸다. 원시인들은 정신적 삶의 양가성을 잘 보존하는 증거 그 자체다. 불안은 궁극적으로 욕망의 힘과 "무의식적 과정의 파괴 불가능성 및 교정 불가능성"을 지시한

---

43_ 둘째 편(*Second Essai*).

44_ 다음 장에서 우리는 '투사'의 메커니즘이 금제와 공포의 종교적 원천에 연결된 초월의 외양이 어떻게 설명되는지 보게 될 것이다. 투입의 메커니즘, 즉 권위의 원천이 자아 안에 설립되는 이러한 메커니즘은 곧 투사의 메커니즘을 통해서 복잡해진다. 또한 이를 통해서 사유의 전능성은 현실적 힘들—악령, 영혼, 그리고 신—에게로 투사된다. 투사는 그 자체로 제도적인 어떤 것을 의미하는 것은 아니다. 하지만 투사는 영혼과 신, 다시 말해 인간보다 상위에 있는 실재 존재들에 대한 믿음에 부가된 초월의 환상이 된다. 투사는 경제적 의미를 가지고 있는데, 이는 그에 따라 정신적 갈등들이 만약 해소되지 않는다면 적어도 완화된다는 것을 의미한다. 그리고 권위의 외재성은 현실로 환원이 불가능할 것으로 보인다. 그것은 터부라는 정의 안에 미리 전제되어 있다. "터부는 외부에서 강제로 부과되어(권위 같은 것에 의해) 인간이 지니고 있던 가장 강력한 갈망과는 정반대되는 방향을 지향하는 시원적(uraltes) 금제이다"(*GW*, *9*, p. 45 ; *SE*, *13*, p. 34–35 ; tr. fr., p. 54 ; 전집 13권, p. 76.).

다.[45] 원시인들은 야생의 큰 어린아이이기 때문에 고도로 은폐되고 약해진 도덕적 의무의 형태 내지는 강박적 신경증의 왜곡된 특징 속에서만 볼 수 있는 우리의 현재의 조건이 안고 있는 환상의 과장을 분명하게 드러낸다. 따라서 정동의 양가성은 한편으로 공통적인 터부-의식(과 터부의 가책)과 같은 것으로, 다른 한편으로 칸트가 규정한 도덕적 의무(l'impératif moral)로 나타난다.[46]

프로이트는 이 정동적 양가성으로 양심을 설명했는가? 유비가 현실적인 관계로 교묘하게 변형된 특정 텍스트는 우리를 그렇게 믿게 만든다.[47] 그러나 그와 같은 양가성은 우리가 특정 인간적 관계들을

---

45_ *GW, 9*, p. 88 ; *SE, 13*, p. 70 ; tr. fr., p. 101, 전집 13권, p. 125.

46_ 이 지점에서 프로이트는 양심(*Gewissen*)과 지식(*Wissen*)을 연결한다. "그렇다면 '양심'이란 과연 무엇인가? 언어적 증거를 따르면 양심이란 사람이 '가장 확실하게 알고 있는 것'(*am gewissen weiss*) 중 하나와 연관되는 것이다. 많은 언어에서 '양심'과 [인식의 의미에서의] '의식'(*Bewusstsein*)에 해당하는 단어에는 구분이 거의 없다. 양심이란 우리 내부에서 작동하는, 특정한 욕망을 거부하는 내면적 지각이다. 그러나 중요한 것은, 이 거부가 다른 어떤 것에 근거하는 것이 아니라, '그것 자체에 대한 확신'(*gewiss*)에 근거하고 있다는 점이다." *GW, 9*, p. 85 ; *SE, 13*, p. 67–68 ; tr. fr., p. 97 ; 전집 13권, p. 122).

47_ "우리가 실수한 것이 아니라면 터부에 대한 설명은 양심의 본질과 기원을 이해하는 데도 도움을 줄 수 있을 것 같다. 개념을 확장하지 않고서도 우리는 터부적 양심이라거나 터부를 범한 이후의 터부적 죄의식 같은 말을 할 수가 있다. 터부-양심은 아마도 우리가 알고 있는 양심이라는 현상의 가장 오래된 형태일 것이다. … 실제로 조금 심하게 말하자면, 강박신경증 환자들이 보이는 죄의식의 근원을 더듬어내지 못하면 추적의 전망은 절망적이라는 단언까지도 할 수 있다. 하지만 이 작업은 개별 신경증 환자의 사례를 통해서도 직접적으로 이루어질 수 있고, 원시인의 사례에 대한 추정을 통해서도 유사한 결론에 이를 수 있다"(*ibid.*). 도덕성의 연이은 역사 전반은 그 자체로 양가성 자체의 역사로 환원되는 것처럼 보인다. "이제 금제는 더 이상 터부의 형태로 나타나지 않는데, 그

경험하는 방식이며, 욕망보다 우위를 점하면서 결부된 어떤 것의 현전으로부터 흘러나오는 금제가 주어질 때 드러난다. 다시 말해 오이디푸스 콤플렉스에서 아버지의 형상은 토템 체계 내의 생물학적 관계에서 '집단근친성'으로의 이행인데, 이는 권위나 제도화의 원초 형상으로 돌아가는 것이다. 그러나 이 점에서 「토템과 터부」는 욕망의 '외적' 기원보다는 좀더 정동적인 현상에 관한 감정적 반향을 해명하는 데 더욱 도움을 준다. 정동적 양가성이라는 주제가 속해 있는 유혹의 심리학은 정확히 말해서 우리에게 욕망과 법칙의 더 근원적인 변증법의 결여를 정확하게 깨닫도록 해준다. 이 두 글에서 말하지 않은 것은 제도화 자체라는 사실이다.[48]

이 간극을 메우기 위해 프로이트는 인류의 기원에 실제 오이디푸스 콤플렉스, 즉 본래적인 아버지 살해를 정립해둔다. 그렇게 해서 이

---

까닭은 이렇게밖에는 설명할 수 없다. 금제는 금제에 내재하는 양가성의 지배를 받는데, 이 양가성을 지배하는 상황이 변한 것이다." *GW, 9*, p. 88 ; *SE, 13*, p. 71 ; tr. fr., p. 101 ; 전집 13권, pp. 125-6.

48_ 프로이트는 "터부는 신경증이 아니라 어떤 사회적인 형식(*Bildung*)이다"(*ibid*)라는 것, 그리고 "성적 충동이 사회적 충동보다 우위를 차지한다는 사실이야말로 신경증의 특징적 요인이다"(*GW, 9*, p. 91 ; *SE, 13*, p. 73 ; tr. fr., p. 104 ; 전집 13권, p. 128)라는 점을 받아들일 때 어떤 비밀스러운 것을 드러내고 있다. 그러나 그는 즉시 다음과 같이 말한다. "문화 소산의 기초를 이루는 것은 이기적 요소와 성적 요소와의 결합에서 생겨난 사회적 충동이다"(*ibid.*, 전집 13권, p. 129). 또 다른 방식으로 차이점이 다시 등장한다. 즉 쾌락원칙의 하부에 놓임으로써 신경증은 현실을 피해 달아난다는 것이다. 그리고 그는 거기서 불만족을 발견한다. 하지만 신경증 환자가 자신을 배제하고 그로부터 물러나는 현실세계의 근본적인 정신적 특성 중 하나는 "인간과 사회가 만든 제도"(*ibid*)이다. 이 사회적 창조와 그 결과물로서의 제도들은 어떤 방식으로 현실원칙과 연결되는가? 「토템과 터부」에 대답되지 않고 남겨진 물음이 바로 이것이다.

후 오이디푸스의 모든 역사는 상처를 나타낸다. 「토템과 터부」의 마지막 글은 그 요소를 다양한 원천에서부터 빌려온 토테미즘을 전개한다. 이는 인류의 전사(préhistoire) 역사에 투사된 오이디푸스 콤플렉스를 통해 구성된다. 비록 프레이저 스스로가 많은 망설임과 의견 변화에 좌우되었고 토테미즘과 족외혼을 분리하려는 민족지학자의 일반적 경향을 거스르기는 했지만, 프로이트는 프레이저— 최소한 『토테미즘과 족외혼』에 있어— 와 분트로부터 터부의 사회적 기능이 토테미즘의 종교적 기능에 의존한다는 확증, 다시 말해 족외혼법이 토템 친족성에서 유래한다는 확증을 도출해낸다.[49] 프로이트에 의하면 토템에서 비롯된 실제 유산에 대한 야만인들의 믿음은 그들이 토템(또는 토템을 대표하는 어떤 것)을 죽이지 말아야 한다거나 동일한 그룹의 여인과 결혼하지 말아야 한다는 제약의 근거가 된다. 여기서 우리는 오이디푸스 콤플렉스의 두 가지 주요 터부를 발견한다. 남은 것은 오이디푸스 콤플렉스의 역사적 기원을 구출하기 위해 토템 안에서 아버지의 형상을 발견하는 것이다.

결정적인 연결점이 정신분석 자체에 의해서 부과된다. '꼬마 한스'와 페렌치의 어떤 환자의 경우, 프로이트는 아버지가 유년기의 동물 공포증에 관한 위장된 주제임을 알게 된다. "우리가 이 '꼬마 한스'의 분석으로부터 새롭게 알게 된 것은 토테미즘에 관한 중요한 사실, 즉 이 같은 조건에서는 아이가 감정의 일부를 아버지로부터 동물로 전위시

---

49_ *GW*, *9*, pp. 132, 146, 176 ; *SE*, *13*, pp. 108, 120, 146 ; tr. fr., p. 151(과 각주 1), 167, 201 ; 전집 13권, pp. 162, 181, 221. "그러므로 정신분석학은 토테미즘 제도의 새로운 해석에는 반대하고 해묵은 해석을 취하면서 우리에게 토테미즘과 족외혼속은 밀접한 관계가 있었으며, 이 양자가 동시대에 생긴 제도라고 가정한다."

킨다는 점이다."[50] 유아 신경증에서 탐구된 아버지에 관한 동물 형상으로의 이러한 전이는 곧 민족학적 설명의 혼동에 관한 일종의 지침 역할을 한다. 프로이트는 이 방향과 관련하여 양가성에 대한 실패에 가까운 해결책인 동물형상으로의 전위, 아이와 아버지 관계의 양가성과 터부를 향한 야만인의 감정적 양가성 사이에 강조된 평행으로 인해 긍정적 자극을 얻게 된다. 남겨진 과제는 꼬마 한스의 사례에서 나타난 환상의 전위와 같은 것을 역사에서도 발견하는 것이다. 다시 말해 이 사례가 짧은 글 속에서 나타낸 것이 이제 전역사라는 거대한 글 속에서 발견되어야만 하는 것으로 탈바꿈했다.

동물 공포증에서 아버지 콤플렉스를 발견한 데서 프로이트는 두 가지 결정적이고 매우 도전적인 특징을 토템 이론의 일차적 핵심(프레이저–분트의 핵심)과 결합하기 위해 도출시켰던 것으로 보인다. 다윈과 앳킨슨[51]으로부터 그는 최초의 무리 이론을 도출했다. 적어도 다윈에게 있어서는 힘이 어떻게 권리가 되고 질투가 어떻게 족외혼이 되는지 불분명한 것이긴 하지만, 이 이론에 의하면 수컷의 질투는 무리의 우두머리가 독점하려고 하는 암컷을 젊은 수컷이 공유하지 못하게 배제시키는 역할을 한다고 본다.[52] 하지만 보다 더 중요한 것은 그가 『셈족의 종교』

---

50_ *GW, 9*, p. 157 ; *SE, 13*, p. 129 ; tr. fr., p. 179 ; 전집 13권, p. 199. 페렌치의 기여는 본질적이다. 왜냐하면 그로부터 프로이트는 나중에 아주 중요한 역할을 하게 될 거세공포라는 아이디어를 가져오기 때문이다. "오이디푸스 콤플렉스와 직접적인 연관을 보이는 것이 아니라 이 콤플렉스의 자기애적 전제, 즉 거세공포증에 그 바탕을 두고 있다고 볼 수 있다"(*ibid.*). 이 주제는 「오이디푸스 콤플렉스의 해소」(1924)라는 논문에 다시 등장하게 된다.

51_ *Primal Law*(1903).

52_ 프로이트의 설명이 지칭하는 유일한 환상은 다음과 같다. "이런 식으로 추방당해 떠돌던 남성들이 배우자를 맞게 되면 동일한 가족 내의, 지나치게 가까운 친

(1889)의 저자인 로버트슨 스미스로부터 받아들인 이론이다. 스미스의 토템 식사 이론은 프로이트가 자신의 설명의 부족한 점을 보완하게 해 주었다. 대속적 희생제의는 모든 종교에서 동일한 부분으로 작동하는 것이고, 그것은 항상 신과 숭배자 간의 공통적 친분행위이다. 여기서 희생제의의 가장 오래된 형식은 동물 희생제의로서 희생물의 도살은 종족에게는 허용되는 것이지만 개인에게는 불법적인데, 결국 희생물은 고대 토템 동물과 동일시되기에 이른다. 따라서 토템 식사는 파악이 어려운 토템적 친족성에 대한 민족학적 '증명'을 풍부하게 해줄 것이다. 이미 상당히 단순화된 이 도식에 대해 "몇몇 개연적 특성"이 부가되어야 한다.[53] 토템 동물은 잔인하게 도살되었고, 날것으로 먹히고, 애도하게 되며, 축제의 쾌락의 서막에 사용된다.

이 자료들이 이제 결합되기에 이른다. 우리는 이제 아래의 이야기를 파악하기 위해 프레이저, 분트, 다윈, 앳킨슨 그리고 로버트슨 스미스를 결합하기만 하면 된다.

> 어느 날 문득 추방당했던 형제들이 힘을 합해서 아버지를 죽이고 그 고기를 먹어버림으로써 아버지 무리를 끝장내 버린다. 말하자면 아들 무리는 단결함으로써 혼자서는 도저히 불가능하던 일을 성취시키고 마침내 아버지 무리의 종결을 성사시킨다(문명의 발달로 인한 신무기 개발이 형제들에게 우월감을 고취시켰는지도 모른다). 그들은 식인종들이었으니 살해한 아버지의

---

척끼리의 동종 번식은 피하려고 했을 것이다" [Darwin, *The Decent of Man*(1871), 2, p. 362 ; *GW, 9*, p. 153 ; *SE, 13*, p. 125 ; tr. fr., p. 174–5 ; 전집 13권, p. 194에서 재인용]. 우리는 이 텍스트 안에서 우리가 후에 형제의 계약이라고 부르게 될 요소에 기여하는 하나의 미묘한 요소를 발견할 것이다.

53_ *GW, 9*, p. 169 ; *SE, 13*, p. 140 ; tr. fr., 193 ; 전집 13권, p. 214.

고기를 먹었을 것임은 두말할 나위도 없다. 폭력적인 원초 아버지는 아들 형제에게라면 누구에게든지 선망과 공포의 대상이자 전범(典範)이었다. 이 들 형제들은 먹는 행위를 통해 아버지와의 일체화를 성취시키고, 각자 아 버지가 휘두르던 힘의 일부를 자기 것으로 동화시켰다. 아마도 인류 최초의 제사였을 토템 향연은 이 기억할 만한 범죄행위로부터 사회조직, 도덕적 제 약, 종교 같은 것들이 비롯되었던 것이다.[54]

꿈과 신경증으로 해독되는 오이디푸스 콤플렉스는 프로이트가 역사의 시초에 일어난 실제 사건의 의미에서의 인류의 집단 오이디푸스 콤플렉스의 재구성에 용이한 요소들만을 민족학적 소재들에서 취사선택해서 형성되었다는 인상을 상당 부분 드러낸다. 이러한 관점에서 토템과 그 양가성과의 동일화가 구체화된다. 즉 그것은 이제 글자 그대로 상징적인 것이 아니라 해석이다. 만약 동물 공포증에서 꿈에 나타난 동물이 아버지를 대신한다면 민족학적 신화는 아버지와 그 동물을 대체하는 일을 허용한다는 것이다. 따라서 꿈과 신경증에서의 상징의 전위는 역사 안에 위치해야 하는 실제 대체물에 의해 균형을 유지하게 된다. "우리가 한 일이라고는 이들의 언어에 무지했던 민족학자들이 뒷전으로 밀어놓았던 언어를 문자 그대로 해석한 것에 지나지 않는다. 정신분석학은 그와는 달리 바로 이 점에 유념하고 이를 토테미즘을 해명하는 시도의 출발점으로 삼는다."[55]

따라서 오이디푸스 콤플렉스에 대한 정신분석학적 해석은 실재론적 고고학 속에 투사된다. 정신분석학적 해석은 토테미즘이 문자적

54_ *GW, 9*, pp. 171–2 ; *SE, 13*, pp. 141–2 ; tr. fr., pp. 195–6 ; 전집 13권, p. 215.

55_ *GW, 9*, p. 159–60 ; *SE, 13*, p. 131 ; tr. fr., p. 182 ; 전집 13권, p. 202.

해석에 도달한 것에 만족한다. 꿈과 신경증의 투명무늬 속에서 해독된 오이디푸스 콤플렉스의 의미는 다음과 같은 실재적인 동등성으로 고착된다. 토템은 아버지다. 그 아버지는 살해되었으며 잡아먹혔다. 그리고 현재 그 행위에 대해 어떤 양심의 가책도 존재하지 않는다. 아들들 자신과 아버지를 일치시키기 위해 그들은 도덕을 발명하게 된다. 우리는 이제 환상의 장소에서 실재 사건을 본다. 이 초석 위에서만 이후 해독되어야 하는 다른 모든 갈등상황을 수립하는 일이 가능해진다. 불행하게도 진실은 최초의 아버지 살해가 단지 분석에 의해 해독된 환상의 형태 위에 민족학적 흔적을 구축해내는 것이라는 점이다. 과학적 문서로 취급될 경우 「토템과 터부」는 그저 분석가의 환상이 분석 대상의 환상에 반응하는 일종의 거대한 악순환에 불과하다.

그러므로 나는 정신분석이 과학으로 그 과학적 신화를 변호하는 일이 아니라,[56] 단지 그것을 신화로 해석하는 일에 도움을 준다고 생각한다. 「토템과 터부」의 말미에 프로이트는 역사적인 토템 식사로부터 그리스 비극을 도출할 수 있다고 생각한다.[57] 그러나 실제로는 그 반대

---

56_ 프로이트는 사실상 많은 난점들을 이러한 심리적 유전, 즉 획득된 성격의 유전이라는 당혹스러운 생각에 포함시키고 말았다(*Totem et Tabou*, pp. 213, 216). 프로이트는 점점 더 집요하게 이러한 불편한 생각을 「인간 모세와 유일신교」에서도 견지한다. 이에 대한 민족학자의 비판으로는 다음 글들을 참조하라. B. Malinowski, *Sex and Repression in Savage Society*(1927), 특별히 3부 3장 ; Kroeber, *An ethnologic Psychoanalysis, in Am. Anthropologist* 22(1920), pp. 48–57, "Totem and Taboo in retrospect," *Am, J. of Sociology*, 45(1939), pp. 446–50 ; *Anthropology*, 1948 (éd. revue), pp. 616–7. Claude Lévi-Strauss, *Les Structures Élémentaires de la Parenté*, Paris : P.U.F., 1949.

57_ "그런데 왜 비극의 영웅은 고통을 겪어야 하며 그 '비극적 죄과'라고 하는 것은 또 대체 무엇인가? 나는 간단한 답을 제시함으로써 이 논의를 짤막하게 끝내고

다. 프로이트적 신화는 20세기 초의 민족학과 관련하여 행해진 비극 신화 자체에 대한 낙관적 변형이다. 이 낙관적 변형을 따라서 프로이트는 그가 실제 역사상 그의 환자와 자기 자신의 분석의 환상이 대면하고 있다고 믿는 다. 그러나 이러한 프로이트의 합리적 환상을 추후에 그의 학파가 변형시키는데, 이는 플라톤의 『국가』 4권에서의 체계화와 비교할 만하다. 거기서 이 철학자는 인간 영혼의 세 가지 능력을 영혼의 '소문자'로 읽으라고 하고, 도시의 세 계급은 도시의 '대문자'로 읽으라고 한다. 동일한 것이 「토템과 터부」에도 적용된다. 다원적인 유목민의 아버지와 아들에 관해서 프로이트는 아버지의 질투와 사회의 탄생을 탐색한다. 그리고 로버트슨 스미스 가설의 토템 식사에서는 사랑과 증오, 파괴와 참여의 양가성을 탐구하는데, 이는 가장 야만적인 식인 풍습의 표현을 통해 만찬의 상징론을 반복하는 것이다. 축제에 앞서는 애도 기간에서 그는 대상 상실, 즉 모든 사랑의 변형이라는 좁은 문을 발견한다. 양심의 가책과 지연된 복종에서 그는 범죄로부터, 그리고 권리 포기로부터 발생하는 이중의 고통을 통한 사회 조직화로의 이동을 탐구한다. 간단히 말해 이 새로운 비극적 신화를 가지고 그는 범죄의 유전으로 역사 전반을 해석한다. "동일한 범죄에 대한 공모관계가 사회의 바탕이 되었다. 종교는 죄의식을 바탕으로 성립되었는데 여기에 자

---

자 한다. 고통을 겪지 않으면 안 되는 까닭은 그가 원초적 아버지, 여기에서 반복되고 있고 태곳적 거대 비극의 영웅이기 때문에 고통을 겪지 않으면 안 되는 것이다. 그가 지은 비극적 죄과라는 것은 합창대원들을 그 죄로부터 사면시키기 위해서 자기가 대신해서 져야 하는 바로 그런 죄과이다." *GW*, *9*, p. 188 ; *SE*, *13*, p. 156 ; tr. fr., p. 214 ; 전집 13권, pp. 233–4. 합창단 자체가 형제단과 동일시되는 이 합창단의 구원자로서의 비극 영웅에 관한 해석은 프로이트를 그리스 비극을 토템 식사와 그리스의 수난 사이의 중간 지점 어딘가에 위치하게 해준다.

책의 감정이 가세했다. 도덕성에서 일부는 사회의 상황, 일부는 사회의 죄의식이 요구하는 참회의 감정에 근거를 두었다."[58]

이 새롭고 명확한 과학적 신화를 통해 프로이트는 헤겔이 말한 바 있는 '부정의 작업'이라는 것을 제거함으로써 역사에 대한 전체적 시각과 단절한다. 인간성의 윤리적 역사는 유용성의 합리화가 아니라 근원적 상처를 남기는 양가적 범죄의 합리화, 자유로운 범죄의 합리화이다. 이는 동시에 근원적인 상처로 남는다. 이것이 바로 토템 식사의 의미, 애도와 축제의 양가적 개념이 갖는 의미이다.

이와 마찬가지로 제도화의 문제 내지 사회 조직화의 문제가 상당히 심각하게 재등장한다. 신화적 개념으로 말하자면 이 문제는 '아버지 살해'에서 비롯된 '형제 살해'가 어떻게 기능하는가 하는 문제다. 당면한 토템에 있어서 아버지의 형상을 위장함으로써 프로이트는 그가 해결하고자 한 문제, 즉 외적 금제들의 자아의 채택 과정을 강조한다. 물론 해당 종족의 아버지에 대한 질투가 없이는 어떤 금제도 존재하지 않는다. 그리고 아버지 살해가 없으면 질투의 중단도 발생하지 않는다. 그러나 질투와 아버지 살해라는 두 암호는 여전히 폭력의 암호들이다. 즉 아버지 살해가 질투에 대한 하나의 휴전 상태라고 해도 도대체 반복되는 이 아버지 살해 범죄를 멈추게 하는 것은 무엇인가라는 질문이 제기된다. 이것은 아이스킬로스가 『오레스테이아』에서 이미 다루었던 문제이다. 애도와 지연된 복종은 우리가 아버지와의 계약에 대해 말할 수 있게 해준다. 하지만 이것은 기껏해야 살인 금지에 대한 설명일 뿐, 근친상간 금지에 대해서는 말해주지 않는다. 이것은 다른 계약, 즉 형제 사이의 계약을 요구하는 것이다. 그러니까 그러한 계약을 따

---

**58**_ *GW*, *9*, p. 176 ; *SE*, *13*, p. 146 ; tr. fr., p. 201 ; 전집 13권, p. 221.

라 형제들은 아버지에 대한 질투를 반복하지 않기로 하고 비록 그것이 살인의 동기를 이루고 있다 할지라도 폭력적 소유 주장을 포기하도록 한다. "따라서 이 형제들이 공존하려면(물론 무수한 위기를 넘겨야 공존이 가능하겠지만) 근친상간을 금지하는 법을 제정하지 않으면 안 된다. 그러니까 이 근친상간을 금지하는 법을 통하여 형제들이 갈망했던 대상이자 아버지를 축출하게 된 원인이었던 여자들을 함께 단념하게 된다."[59] 그리고 여기서 한 걸음 더 나아가 다음과 같은 진술이 나온다.

> 이렇게 상호 생명의 안전을 보장하면서 형제들은 서로를 대접하되 저희들이 아버지에게 했던 것과 같은 대접은 하지 않기로 선포한 것이다. 이로써 그들은 아버지의 운명이 재현될 가능성을 제거했다. 토템을 죽여서는 안 된다는 종교에 바탕을 둔 금제에는, 형제를 죽여서는 안 된다는 모듬살이에 바탕을 둔 또 하나의 금제가 덧붙여졌다.[60]

이러한 폭력의 단념과 더불어 불화의 강렬함 아래에서 제도의 탄생에 필연적인 것이 다음과 같이 주어진다. 법의 진짜 문제는 형제 살해이지 아버지 살해가 아니다. 형제 사이의 계약의 상징에서 프로이트는 분석적 설명의 기본적 요청과 마주하게 되는데, 이것은 홉스, 스피노자, 루소, 그리고 헤겔의 문제였던 전쟁에서 법으로의 변화라는 문제이다. 이 문제는 그러한 변동이 여전히 욕망의 경제로 드러나는가를 인식하는 것이다. 우리가 이제 검토하게 될 초자아 전반에 대한 문제제기는 이 지점에서 시작된다. 문제가 되는 것은 오이디푸스 콤플렉스의

---

**59**_ *GW*, *9*, p. 174 ; *SE*, *13*, p. 144 ; tr. fr., p. 198 ; 전집 13권, p. 218.

**60**_ *GW*, *9*, p. 176 ; SE, *13*, p. 146 ; tr. fr., p. 201 ; 전집 13권, pp. 220-1.

탄생이 아니라 그것이 어떻게 해서 초자아의 구축 속에서 소멸되는가 하는 것이다.

### 3. 메타심리학적 문제 : 초자아라는 개념

이 부분을 시작하면서 우리는 프로이트의 두 가지 개념, 즉 자아 이상이라는 개념과 초자아라는 개념을 구별하자고 제안했다. 전자는 기술적이고, 현상적이며, 증상을 이루는 차원이 부과된 것이고, 후자는 이론적이고, 체계적이며, 경제적인 차원이 부과된 것이다. 초자아는 결과적으로 우리가 일차 지형학의 맥락에서 고려했던 바에 상응하는 메타심리학적 구성물이다. 그런데 만일 자아, 이드, 그리고 초자아의 계열이 의식, 전의식, 무의식이라는 계열의 인식론적 관점과 비견할 수 있다면 그것이 어떻게 후자에 부과되는지 우리는 적법하게 물을 수 있다. 일차 지형학이 '정신의 지역성'과 관련되어 있고 이차 지형학이 '역할' 내지는 인격의 기능과 관련 있다고 말하는 것은 그리 구체적인 해명이 되지 못한다. 왜냐하면 그런 구별은 은유적 질서 안에 머무르고 말기 때문이다.[61] 하지만 이러한 은유가 실제로 올바른 방향에서 탐구될 수도 있을 것이다. 역할과 지역성 간의 차이는 경제학적 문제를 다루는 방식에서의 차이를 가리키기 때문이다. 물론 두 경우 모두 문제는 경제학적인 것이다. 일차 지형학과 마찬가지로 이차 지형학에서도

61_ 세 영역의 은유가 부분적으로는 지역적 분할에 상응하지만 부분적으로는 상응하지 않는 세 구성요소의 지배를 받는다. *GW, 15*, p. 79 ; *SE, 22*, pp. 72–3 ; tr. fr., pp. 102–3 ; 전집 2권, pp. 101–2.

언제나 문제는 투여의 변화에 관한 것이다. 그런 반면 일차 지형학은 의식으로부터의 배제 내지는 의식으로의 접근(이 접근이 위장된 방식으로 일어나건 대체의 방식으로 일어나건 인식된 형식으로 일어나건 인식되지 않는 형식으로 일어나건 간에)이라는 관점에서 이러한 투여의 변화를 다루지만 이차 지형학은 자아의 힘이나 무력함의 관점, 그러니까 지배나 굴종이라는 자아의 지위의 관점에서 투여의 변화를 다룬다. 「자아와 이드」의 한 대목의 제목을 따르자면 이차 지형학의 주제는 '자아의 의존관계'(5장)이다. 이러한 의존관계는 무엇보다도 주인-노예 관계를 일컫는다. 즉 이 관계는 이드에 대한 자아의 의존, 외부세계에 대한 자아의 의존, 초자아에 대한 자아의 의존관계다. 이렇게 서로를 배제하는 관계들을 통해 인격론이 그려진다. 자아의 역할, 즉 인칭대명사의 역할은 익명, 승화와 실재와의 관계로, 다시 말해 인칭대명사의 변양으로 구성된다.

이 경제학의 과제는 무엇인가?

그 과제는 현실적으로 욕망에 외재적인 것으로 남겨진 충동의 토대의 '분화'로 나타난다. 다르게 말해서 투여 분배의 경제적 과정을 형성하는 것은 권위 투입이라는 역사적 과정에 상응한다. 그리하여 하나의 새로운 연결점이 해석학과 경제학 사이에 수립된다. 오이디푸스 콤플렉스는 신화와 역사, 즉 꿈과 신경증 안에서 해독된다. 오이디푸스 콤플렉스는 이제 에너지 분배에 상응하는 지형학적이고 경제학적인 용어로 진술하는 문제가 된다. 이 두 지형학은 충동 토대의 두 가지 분화 형태를 표현한다. 자아의 분화와 나란히(프로이트가 외부세계의 영향에 기인한다고 하는, 그리고 의식-개념 체계에 할당하는) '표면적인 것'보다 '내재적인 것', 즉 지각이라기보다는 승화라고 하는 상이한 분화가 분명 존재한다. 이러한 분화와 충동의 변형을 프로이트는 초자아라고 부른다. 따라서 새로운 경제학은 일군의 임상적이고, 심리적이며, 민족학적인 자료를 전통적인 언어로 번역하는 일을 훨씬 넘어서는 것이 된다. 여기서 해결해야 할 문제가 서술적이고 역사적인 차원에서 풀리지 않은 채로 남겨진다. 문제는 권위의 실재성이 지속적으로 개별적이거나 집단적인 오이디푸스 콤플렉스의 전제로 출현해 왔다는 점이다. 권위의 실재성, 한계의 실재성은 개별적이고 집단적인 전역사로부터 성인 및 문명화된 인간 역사로 이행하기 위해 도입될 필요가 있다. 행위 주체에 대한 새로운 이론의 전반적인 시도는 권위를 욕망의 '분화'로 등장시키면서 동시에 그것을 욕망의 역사로 옮겨가는 것에 맞춰져 있다. 초자아의 수립은 이러한 요청에 대한 해답인 셈이다. 그러므로 발생과 경제의 관계는 상호적이다. 한편으로 새로운 심역 이론은 발생적 관점과 오이디푸스 발견이 일차 체계화에 준거함으로써 드러난다. 다른 한편으로 이 이론을 해결하지는 못하더라도 적어도 그 핵심 문제를 체계적 항으로 정립하기 위해 이론을 가능케 하는 하나의 개념적 구조를 발생에 제공한다. 문제가 되는 것은 어떻게 해서 욕망 안에 승화가 일어나는가 하는 것이다. 만일 초자아의 수립이 오이디푸스 드라마에 근거한다면, 문제는 어떻게 오이디푸스 사건과 초자아의 출현이 상호 관련이 되는가 하는 것과 어떻게 이 관계가 경제학적 용어로 진술되는가 하는 것이다.

이 문제에 대한 해법은—만약 정신분석학이 이를 해결했다고 말할 수 있다면—1923년 「자아와 이드」에서 매우 심도 있게 연구된다. 이 해법의 난해하고 심지어 문제가 되는 측면은, 이 텍스트가 여전히 일차 지형학 시기에서의 메타심리학적 계열의 종합으로 다루어질 때 더 명확하게 이해될 것이다. 우리는 이러한 종합의 주요 단계들 가운데 세네 가지 정도를 언급할 것이다.

1920년 『성욕에 관한 세 편의 에세이』의 세 번째 논고에 부가된 주석은 그 해결책이 어떤 방향에서 드러나는지를 보여준다. "이 지구상에 태어나는 모든 사람들은 오이디푸스 콤플렉스 극복이라는 임무에 직면하고, 거기서 실패한 사람은 누구나 신경증의 희생물이 된다."[62] 오이디푸스 콤플렉스의 해소는 이미 초자아 수립의 핵심 요건으로 제시되었다. 따라서 초자아의 경제학적 문제는 관심의 초점을 오이디푸스 콤플렉스 형성으로부터 그 해결(1924년 논문의 제목을 예견하면서)로 옮겨놓는다.

그 첫 시도가 「나르시시즘 서론」[63]에서 이루어진다. 이 논문은 동일시라는 차후에 등장하는 개념이 초자아 전체의 경제학을 담고 있지 않다는 점을 함축한다. 왜냐하면 내가 보기에 이 논문은 이후의 이론에서 폐기되거나 흡수되지 못하는 분화의 도식을 제기하기 때문이다. 이 도식을 따른 이상 또는 이상화의 형성은 나르시시즘에서의 분화이다. 그렇다면 어떻게 이런 일이 이루어지는가? 프로이트는 개인의 문화적이고 윤리적인 이상들의 한 축으로서의 억압이 자아에서 나타난다고 말한다. 그런데 만일 우리가 이 자아가 자아의 자기 존중(*Selbstachung*)이라는 점을 염두에 둔다면 억압에 조건을 부과하는 요인을 리비도 이론에 종속시키는 것이 가능하다. 다시 말해 "자신 안에 이상을 설정하여 이를 통해 자신의 실제적 자아를 측정하며 … 자아에게 이

---

62_ *GW*, *5*, p. 127, n. 2 ; *SE*, *7*, p. 226, n. 1(1920년에 첨가) ; tr. fr., p. 220 ; 전집 7권, p. 131, n. 133.

63_ 우리는 프로이트가 어떻게 나르시시즘을 정신분석 안으로 '도입'하는지 알고 있다. 본서 130면과 각주 31을 보라. 변증법에서 우리는 나르시시즘의 철학적 중요성을 보여줄 것이다. 이는 **유산된 코기토**(*cogito avorté*)로 이해된다. 따라서 프로이트가 어떤 방식으로 유산된 코기토로부터 승화, 보다 상위의 자아를 도출하고자 하는지를 간파하는 것이 중요하다.

상의 형성은 곧 억압의 전제조건이 된다."[64] 그렇다면 무엇이 이상화인가? "이 이상적 자아가 이제는 어린 시절 실제적 자아가 누렸던 자기애의 목표가 된다. 말하자면 주체의 나르시시즘이 이 새로운 이상적 자아로 자리를 옮겨 나타나게 되고, 따라서 이 이상적 자아는 유년기의 자아처럼 모든 가치와 완전성을 부여받게 된다."[65] 보다 어린 시절에 대한 만족, 즉 "그의 유년기의 나르시시즘적 완전성"을 포기할 수 없는 "그는 자아 이상이라는 새로운 형태에서 그 완전성을 회복하려고 노력한다. 그가 자기 앞에 하나의 이상으로 투사한 것은 어린 시절 그 스스로가 자신의 이상이라고 생각했던, 그러나 이제는 상실하고 없는 바로 그 어린 시절의 나르시시즘을 되찾게 해주는 대체물이다."[66] 따라서 이상화는 유년기 나르시시즘적 완전성을 새로운 형상으로 전위함으로써 그것을 유지하는 방법이다.

이와 같은 협소한 기반 위에 무엇을 구축할 수 있을까? 프로이트 자신도 이 점에서 불분명하다. 다시 말해 그는 두 가지를 언급함으로써 만족한다. 이상화는 승화가 아니다. 후자는 충동의 목적을 바꾸는 것이다. 그래서 충동 자체는 그 자발성 안에서 변한다. 반면 이상화는 충동의 기본적 지향에 대한 어떤 대체도 없이 오직 충동의 대상물만을 바꾸는 것이다. '자아의 요청을 드높이는' 이상화는 따라서 억압의 수위를 높이는 것이다. 승화는 억압과는 다른 운명이며, 그것은 충동의 진정한 내적 변형이다. 이 첫 번째 부가사항은 프로이트로 하여금 이상화가 단지 초자아를 형성하는 하나의 방법, 즉 나르시시즘적 방법에

64_ *GW, 10*, p. 161 ; *SE, 14*, pp. 93–4. ; tr. fr., p. 24 ; 전집 11권 p. 74.

65_ *Ibid*.

66_ *Ibid*.

불과하다는 확신을 가질 수 있게 한다.[67]

두 번째 언급은 이 방법이 다른 방법과 조응할 수 있어야 한다는 점을 지적한다. 프로이트가 말한 바를 더 살펴보자. "자아 이상을 통해 나르시시즘적인 만족감을 얻게끔 보장해 주고, 또 그런 목적으로 실제적 자아를 끊임없이 감시하고 자아 이상의 기준에 맞추어 평가하는 어떤 특수한 정신기관이 있다. 물론 이것이 무슨 대단한 발견이라고 놀라워할 일은 아니다."[68] 프로이트는 이 감시하는 심역을 감시의 망상 안에서만이 아니라 심지어는 꿈 작업 안에서까지, 적어도 꿈꾸는 사람이 꿈을 꾸고, 잠자고, 깨는 와중에 스스로를 관찰하는 그 꿈 안에서 발견한다. 프로이트가 지금 제안하는 것은 꿈의 자기 감시와 망상 분열, 꿈의 검열, 자아 이상 및 도덕적 양심이 단일한 심역을 구성해야 한다는 것이다. 그러나 전체적으로 이러한 하나의 심역에 대한 언급들은 나르시시즘에 외재적인 어떤 원천,[69] 즉 아버지 원천을 가리킨다. 만일 나르시시즘적 에너지의 일부가 현실보다 더 이상적인 자아로 치환된다면, 그것은 아버지 콤플렉스로부터 도출된 핵을 통해 '이끌린'

67_ 이 발견은 참으로 중차대한 것이다. 이것은 우리의 '더 나은 자아'가 어떤 의미에서 허위의 코기토, 유산된 코기토라는 노선에 속하는 특정한 양식이다.

68_ *GW, 10*, p. 162 ; *SE, 14*, p. 95 ; tr. fr., p. 26 ; 전집 11권, p. 76.

69_ "그러므로 양심이 감시자 역할을 하는 주체에게 자아 이상의 형성을 촉발시킨 것은 목소리를 통해 전달된 부모의 비판적 영향력이다. 그리고 세월이 흐르면서 그에게 이런 비판적 영향력을 행사하는 사람들의 수는 점점 더 늘어나기 마련이다. … 양심이라는 기관은 근본적으로 처음에는 부모의 비판, 나중에는 사회적 비판이 구체적으로 실현된 것이다. 그리고 그 과정은 외부에서 비롯되는 어떤 금지나 방해를 받아 자신의 의도나 생각을 억압하려는 성향이 나타날 때마다 계속 반복된다." *GW, 10*. p. 163 ; *SE, 14*, p. 96 ; tr. fr., pp. 26–7 ; 전집 11권, p. 77.

것이기 때문에 에너지가 존재한다는 생각에 관한 훌륭한 근거를 제공한다. 다른 식으로 말하자면 나르시시즘이 이상의 형식 안에서 제한되고 대체되기 위해서 권위를 통해 매개되어야 한다는 것이다. 따라서 이상화는 동일화의 이면을 가리킨다.

그럼에도 불구하고 그것은 동일화에 바탕을 제공하고 타자에게서 도래하는 영향이 어떻게 나-자신을 생성하는지를 설명하는 이상화의 자기애적 토대일 수 있다. 다시 말해 자아 이상을 형성하는 타인의 파편이 동일화를 성공적으로 수행하기 위해서 나르시시즘에 뿌리를 내린 이상적 자아에 응집되는 것은 필연적인 일일 것이다. 이러한 평가는 자아 이상과 프로이트 자신이 지지하는 이상적 자아를 구별하는 데 다소간 기여한다.[70] 만약 프로이트가 이를 전개시키지 않았다면, 이는 그가 자신의 근본주의(radicalisme)를 극한으로 수행하길 원했기 때

70_ 이상적 자아(*Idealich*—*moi idéal*)라는 표현은 매우 드물게 나타난다. 우리는 이 표현을 「나르시시즘 서론」(*GW, 10*, p. 161 ; 전집 7권, p. 75)에서 보게 된다. 또한 이것은 「자아와 이드」에서 이상-자아(*Ideal*–*Ich*)라는 형태로 다시 나타난다. 내가 아는 바에 의하면 이 표현은 다른 데서는 나타나지 않는다. 자아 이상(*Ichideal*)—idéal du moi—이란 표현은 반대로 거의 수백 번 등장한다(이 점에서 프랑스어 번역판은 *Ichideal*을 *moi idéal*으로 잘못 번역했다). 매우 드물게 등장함에도 불구하고 '이상적 자아'라는 표현은 의도된 것으로 간주해야 한다. 다시 말해 이 맥락은 프로이트가 이상적 자아에 대해 말하는 경우인데, 그것은 실제적 또는 '현실적 자아'와는 반대의 의미이다. 자아 이상은 전위된 나르시시즘적 자아이다. 이 표현은 엄밀하게 말해서 '나르시시즘적 자아 이상'과 동의어이다. 따라서 이 말은 나르시시즘적 맥락으로 한정된다. 이는 여기서 근본적으로 나르시시즘에 결부된 자기 존중에 대한 프로이트의 언급, 즉 프로이트가 *Selbstachtuung*이라고 부르며, 이는 곧 나르시시즘의 고유한 이상이다. '어린 시절의 나르시시즘'에서 주체는 "그의 고유한 이상이었다." *GW, 10*, p. 161 ; *SE, 14*, p. 94 ; tr. fr., p. 24 ; 전집 11권, p. 74.

문이다. 초자아는 외적인 원천에서 야기된다.

이상화가 우리에게 지시하는 동일화 과정도 긴 역사를 가지고 있다. 1915년 『성욕에 관한 세 편의 에세이』의 두 번째 논고에 첨가된 성욕의 연속적 조직화를 다루는 장에서 프로이트는 동일화와 이른바 구강기 내지 야생의 전성기적 조직화를 보여준다.[71] 그러나 전체 문제는 초자아 이론이 요구하는 동일화가 소유, 즉 먹는 것의 문제에 관한 것이라는 점이다. 이 경우 소유의 가장 거친 표현은 먹어치우는 행위다. 프로이트는 이 과정의 확장을 「애도와 우울증」에서부터 파악하기 시작했다. 애초에 동일화는 대상의 상실에 대한 반응, 즉 우울증과 애도의 대비 안에 드러나는 반응으로 파악된다. 애도작업에서 리비도는 실재의 질서에 복종하고 있는데, 이는 그 모든 부산물들을 하나씩 포기하기 위해 투여의 철회를 통해 애도 자체를 해방시키기 위한 것이다. 그러나 우울증에서 이 과정은 완전히 달라진다. 잃어버린 대상과 자아의 동일화는 리비도가 내재성에서의 그 투여 과정을 따르게 한다. 이 동일화 덕분에 자아는 사랑과 증오라는 양가적 대상이 된다. 그리고 대상 상실은 자아 상실로 변형되며 자아와 사랑받는 인격 간의 갈등은 자아의 비판적 능력과 동일화를 따라 대체된 자아 간의 새로운 균열을 일으킨다.[72]

---

71_ *GW, 5*, p. 98 ; *SE, 7*, p. 198 ; tr. fr., p. 110 ; 전집 7권, p. 97.

72_ "저항할 힘을 지니지 못한 대상 투여는 결국 사라지게 되고, 반면 자유로운 리비도는 다른 대상을 찾는 대신 자아 속으로 들어가고 만다. 그러나 자아 속에서도 그 리비도는 어떤 특별한 방식으로 이용되는 것이 아니라 오직 자아를 포기된 대상과 동일시하는 것에만 기여할 뿐이다. 그래서 그 포기된 대상의 그림자가 자아에 드리우게 되고, 그때부터 자아는 마치 그것이 떠나버린 대상이도 되는 것처럼 어떤 특수한 기관에 의해 대상으로 취급될 수 있다. 이런 식으로

이 동일화에 관한 텍스트는 나르시시즘과 우리가 더욱 필요로 하는 이상적 모형의 투입 사이에 다리를 놓는다. 경제학적 개념으로서의 동일화—적어도 우울증에 있어서—는 대상 리비도로부터 나르시시즘적 기반으로의 일종의 퇴행이다. 오토 랑크(Otto Rank)의 제안을 따라 프로이트는 나르시시즘적 동일화를 설명한다. "우울증은 … 그 특징의 일부를 애도에서 찾을 수 있으며, 또 다른 일부는 나르시시즘적 대상 선택이 나르시시즘으로 퇴행하는 과정에서도 찾을 수 있다."[73] 이 '나르시시즘적 동일시'가 병리학적 동일시라는 것은 분명 참이다. 여전히 리비도의 나르시시즘적 단계를 그 자체로 표상하는 그 탐욕스러움과의 친근성은 그것이 리비도의 시원적 조직화에 속한다는 점을 입증한다. 그럼에도 불구하고 이 병리학적 형태를 통해서 다음과 같은 일반적 과정이 그려진다. 자아 속에 상실된 대상의 연장선(prolongation).

또한 일차 지형학 시기 동안 나온 문제는 극단적으로 복잡하다. 첫째로, 프로이트는 다른 모든 것들, 특히 억압과 구별되는 충동적 운명으로서의 승화에 대해 말했다. 둘째로, 그는 나르시시즘을 기초로 하여 이상화라는 개념을 탐구하기 시작했다. 마지막으로 그는 리비도의 구강기 조직화에서부터 시작하는 동일화 개념의 윤곽을 짓는 데 이르는데, 나르시시즘과 동일화를 우울증에서의 나르시시즘적 동일화라는 모형으로 연결짓기 시작한다. 그러나 여기에는 여전히 불분명한 어떤 것이 존재한다. 그것은 승화, 이상화, 동일화라는 세 가지 주제 간의

---

대상 상실은 자아 상실로 전환되고, 자아와 사랑하는 사람 사이의 갈등은 자아의 비판적 활동과 동일시에 의해 변형된 자아 사이의 분열로 바뀌게 된다." *GW, 10*, p. 435 ; *SE, 14*, p, 249 ; tr. fr., p. 202 ; 전집 11권, p. 252.

73_ *GW, 10*, p. 437 ; *SE, 14*, p. 250 ; tr. fr., p. 205 ; 전집 11권, p. 254.

관계, 그리고 이 주제들과 오이디푸스 콤플렉스와의 공통적인 관계, 또한 특별히 우울증에서 잃어버린 대상과의 동일시와 오이디푸스 콤플렉스에서 아버지와의 동일시 간의 연결이 불분명하다는 것이다. 나르시시즘적 동일화의 퇴행적 성격이 어떻게 해서 초자아에서 초래되는 동일화를 구조화하는 기능과 일치할 수 있는가?

일차 지형학과 「자아와 이드」에서의 위대한 종합과 동시대에 존재하는 이 텍스트들 간의 간극은 『집단심리학과 자아 분석』(1921) 7장에도 지속된다. 「자아와 이드」에 앞서 나온 이 탁월한 텍스트에서 프로이트는 "하나의 집단을 특징짓는 리비도 결합"의 본성을 탐구해 들어간다.[74] 「토템과 터부」가 근친상간에 대립하는 금제의 토템적 기원에 관하여 분트와 프레이저가 제기한 문제를 정신분석학적 용어로 검토했던 것과 마찬가지로, 이 중요하면서도 상대적으로 다채로운 논문은 귀스타브 르 봉(Gustave Le Bon)의 '집단심리학'의 문제와 테오도르 립스(Theodor Lipps)의 모방과 정동의 전염에 관한 문제를 다룬다. 자신의 분석을 모방, 감정의 전염 그리고 '감정이입'(empathie, *Einfühlung*)에 적합하게 만들기 위해, 그리고 사회심리학에 도입하기 위해 프로이트는 동일화 개념을 다시 도입해서 처음으로 이 개념에 이전보다 훨씬 더 광범위한 함의를 부여한다. 하지만 동시에 동일화 개념은 어떤 해법이라기보다는 오히려 하나의 문제가 된다. 왜냐하면 이 개념이 이제 모방이나 감정이입과 같은 영역을 감당해야 하기 때문이다.[75] '동일화'라는 명칭이

---

74_ *Massenpsychologie und Ich–Analysis*. *GW*, *13*, p. 110 ; *SE*, *18*, p. 101 ; tr. fr., in *Essais de Psychanalyse*, Payot, 1951, p. 112 ; 전집 12권, p. 113.

75_ "동일시라는 문제에 대해서는 아직도 규명해야 할 것이 많이 남아 있으며, 심리

붙은 7장은 다음과 같이 시작한다. "정신분석학은 동일화를 타인과의 정서적 결합을 나타내는 초기 형태로 간주하고 있다."

이 중요한 텍스트를 음미해 보도록 하자. 애초부터 동일화는 오이디푸스 콤플렉스와 결합되기 시작한다. 하지만 놀랍게도 우리는 동일화가 오이디푸스 콤플렉스에 뒤이어 일어남과 동시에 바로 그만큼 그것에 선행한다는 사실을 알게 된다. 오이디푸스 콤플렉스에 선행하는 단계들에서 어린 소년은 자신의 아버지에게 어떤 특별한 관심을 보인다. 그는 "아버지처럼 자라기를 원하고 아버지처럼 되기를 원한다." 그리고 "이 동일시와 동시에 또는 조금 나중에" 리비도의 운동은 어머니에게로 향한다.

> 따라서 사내아이는 심리적으로 전혀 다른 두 가지 결합을 한다. 하나는 어머니를 향해 곧장 나아가는 성적 대상의 투여이고, 다른 하나는 아버지를 본보기(vorbildliche)로 삼고 아버지와 자신을 동일시하는 것이다. 이 두 가지 결합은 서로 영향을 주거나 간섭하지 않고 한동안 나란히 공존한다. 그러나 정신적 삶은 통일을 향해 나아가기 마련이고, 그 결과 두 가지 결합은 마침내 하나로 합쳐진다. 정상적인 오이디푸스 콤플렉스는 바로 이 결합에서 유래한다.[76]

---

학에서는 '감정이입'이라고 부르는 과정이 당면 과제로 등장했다는 점도 우리는 알아차릴 수 있다. 감정이입은 우리의 자아에 생소한 타인의 속성을 이해함에 있어 가장 중요한 역할을 맡고 있다. 그러나 여기서는 동일시가 감정에 미치는 직접적인 영향만 다루고, 그것이 우리의 지적 생활에서 갖는 의미는 논의에서 제외할 것이다." *GW, 13*, pp. 118-9 ; *SE, 18*, p. 108 ; tr. fr., pp. 120-1 ; 전집 12권, p. 119.

**76**_ *GW, 13*, p. 115 ; *SE, 18*, p. 105 ; tr. fr., p. 117 ; 전집 12권, p. 115.

자신의 어머니에 대한 소년의 욕망은 동일화를 질투의 다양성으로 만들도록 강제한다. 그리고 이 경우 동일화는 아버지를 대상화하고자 하는 욕망, 그의 죽음을 바라는 욕망으로 바뀐다. 이 단계에서 동일시는 오이디푸스 콤플렉스의 원천이 아닌 그 결과가 된다. 그런데 만일 우리가 이 동일시—결과로부터 동일시—조건으로 돌아간다면 후자는 어떤 굉장한 수수께끼로 드러날 것이다. 프로이트 스스로도 이 수수께끼를 다음과 같이 강력하게 표현한다.

> 아버지와 자신을 동일화하는 것과 아버지를 대상으로 선택하는 것 간의 차이를 하나의 정식으로 표현하는 것은 쉬운 일이다. 전자의 경우 아버지는 자기가 그렇게 존재하고 싶어 하는 대상이다. 후자의 경우 아버지는 자기가 소유하고 싶어 하는 대상이다. 다시 말해서 그 차이는 정서적 결속이 자아의 주체에 귀속되느냐 아니면 자아의 대상에 귀속되느냐에 있다. 따라서 전자의 결합은 성적 대상 선택이 이루어지기 전에 이미 일어날 수 있는 것이다. 이 차이를 메타심리학적으로 명쾌하게 설명하기란 훨씬 어렵다. 동일시는 모범으로 삼은 사람을 본받아 자신의 자아를 형성하려고 애쓰는 일이라는 것이 우리가 알 수 있는 전부다.[77]

프로이트는 동일화의 문제적 특징과 비독단적 특징을 절대 이 이상 격렬하게 표현하지 못할 것이다.

실제로 이 동일화는 욕망의 경제학에 어떤 식으로 관련되는 것일까? 거기에는 해답보다 더 많은 물음이 도사리고 있다. 첫째로, 동일시의 구강기적 기원은 어떤 것인가? 그것은 '무엇으로 존재하려는' 욕망

---

77_ GW, *13*, p. 116 ; SE, *18*, p. 106 ; tr. fr., p. 118 ; 전집 12권, p. 116.

이 아니라 단지 리비도 조직화의 구강기 단계에서 파생되는 '소유하는' 욕망으로 보일 뿐이다. (이때 이 단계는 우리가 그토록 바라고, 자부심을 갖는 그 대상이 먹는 것에 의해 융합되고 그런 식으로 대상 자체가 무화된다.) 둘째로, 동일시의 나르시시즘적 뿌리는 어떤가? 신경증적 동일화는 해당 장의 나머지 부분에서 다뤄지는데, 이 대목은 아버지와 닮고자 하는 욕망보다는 그에 대한 신경증적 의존성에 기반을 두고 구축되는 것으로 드러난다. 이 관련성은 도라의 경우에서 예시된다. 도라는 자신의 아버지의 헛기침 소리를 흉내 내는데, 프로이트는 이를 다음과 같이 분석·요약한다. "이 경우 우리는 **대상 선택 대신 동일화가 나타났고, 대상 선택은 동일화로 퇴행했다**는 말로 사태를 설명할 수 있을 뿐이다."[78] 그러므로 이것은 모든 대상 선택에 앞서는 최초의 동일화 상황이 아니라, 나르시시즘으로의 퇴행을 통한 리비도적 대상 선택으로부터 유래하는 파생된 동일화 상황이다. 우리는 「애도와 우울증」 및 「나르시시즘 서론」에서 설명된 나르시시즘적 동일화의 기반으로 되돌아간다. 프로이트는 만약 우리가 정신적 감염 현상으로서의 동일화가 모방되고 있는 인격에 대한 어떤 정동적 태도와 동떨어져 발생할 것이라고 생각한다면 거기에는 적어도 두 가지 동일화가 존재하는 것이라고 보고 있다. 다시 말해 그와 같은 동일화는 어떤 감정이입과도 상관없이 모방이 일어나는 히스테리 사례에서 자주 발견된다는 것이다. 이 세 번째 형식은 심리학자들의 감정이입과 재결합한다.

동일시에 대한 묘사는 우리가 생각했던 것보다 훨씬 복잡한 것으로 드러난다. 프로이트는 이것을 다음과 같이 요약한다.

---

78_ *GW*, *13*, p. 117 ; *SE*, *18*, p. 106–7 ; tr. fr., p. 119 ; 전집 12권, p. 117.

우리가 이 세 가지 원천으로부터 배운 것은 다음과 같이 요약될 수 있을 것이다. 첫째, 동일화는 대상과의 정동적 결합의 근원적 형식이다. 둘째, 동일화는 퇴행적인 방식으로, 즉 대상을 자아 속에 받아들이는 방식으로 리비도적 대상 결합의 대용물이 된다. 셋째, 동일화는 성적 충동의 대상이 아닌 타인과 공유하고 있는 공통된 성질을 새롭게 지각하면 일어날 수 있다.[79]

여기에는 오이디푸스 콤플렉스를 마감하는 많은 동일화가 이 다양한 동일화의 특성들을 드러낸다는 여러 표지들이 존재한다.

해당 부분의 말미에서 프로이트는 동일화에 관한 분석을 「애도와 우울증」 및 「나르시시즘 서론」에서 했던 설명들과 통합한다. 우울증이 잃어버린 대상에 대한 복수를 내면화하는 방식은 동일화에 관한 일종의 변종처럼 보인다. 그런데 증오의 대상과의 동일화를 통해 자아는 자아 자신에 대한 증오의 중심으로 변모된다. 그리고 이것은 우리가 감시하고, 판단하며, 비난하는 자아 안의 심역으로 묘사했던 것과 비교될 만한 것이다. 하지만 프로이트는 이 텍스트에서 외적 이상의 채택이 한편으로는 우울증 모형에 기초한 잃어버린 대상의 투입과 어떻게 연결되며, 또 다른 한편으로 나르시시즘의 분화와 어떻게 연결될 수 있는지 말하지 않는다. 그 구성 자체를 통해서 텍스트는 체계적 구성보다는 일련의 인접한 예시들을 통해서 전개된다. 오로지 오이디푸스 콤플렉스의 해소에 관한 경제학만이 다음과 같은 단절된 주제들의 상호 연관을 가능하게 할 것이다. 외적 이상과의 동일화, 잃어버린 대상의 자

79_ *GW, 13*, p. 118 ; *SE, 18*, p. 107–8 ; tr. fr., p. 120 ; 전집 12권, p. 118.

아로의 투입, 이상의 형성을 통한 나르시시즘의 분화가 바로 그 주제들이다.

「자아와 이드」[80]는 분명 그 지형학–경제학적 성격[81] 때문에 이 주제들의 통합에 있어서 결정적인 하나의 진보를 표시해 준다. 또한 더 나아가 이러한 사실은 이 텍스트를 극단적으로 난해하게 만든다. 우리는 일단 모든 방면에서 「자아와 이드」의 첫 장에서 언급된 의미에서 그것이 현상적인 것이 아닌 '체계적' 실재들의 문제라는 점을 단번에 스스로 확신하는 바이다. 이 저작은 1895년 「과학적 심리학 초고」, 『꿈의 해석』의 7장, 그리고 1915년 논문인 「무의식에 관하여」라는 메타심리학적 수준에서의 초기 주제들과 통합된다. 따라서 위에서 설명된 과정들을 통합하는 원리는 체계들 간의 관계들의 상호작용 안에서 관찰될 것이다.

---

80_ *Das Ich und das Es(1923). GW, 13*, pp. 237-289, *The Ego and the Id, SE, 19*, pp. 12-66 ; tr. fr., *Le Moi et le Soi(sic)*, in *Essais de Psychanalyse, Payot*, pp. 163-218. *Das Buch vom Es*(1923)의 저자인 조지 그로덱(George Groddeck)에 의하면 이 중성대명사는 니체로부터 온 것이며, '무의식'이라는 말을 통해 지시된 힘들의 익명적이고, 수동적이며, 은폐되고 조절 불가능한 측면을 의미하는 데 아주 유용하다. 『새로운 정신분석 강의』에서 프로이트는 "이드는 우리 성품 속에 있는, 도달할 수 없는 어두운 부분이다. 이들에 대해서 우리가 알고 있는 것은 모두 꿈 작업과 신경증적 질환에 대한 연구를 통해서 알려진 것들로, 그 대다수는 부정적인 특징을 갖고 있으며 자아에 대한 대응물로 설명될 수 있다. 우리는 이드에 유비적으로 다가갈 수 있다. 즉 우리는 그것을 일종의 카오스라 부르기도 하고, 들끓는 흥분으로 가득 찬 용광로로 부르기도 한다." *GW, 15*, p. 80 ; *SE, 22*, p. 73 ; tr. fr., p. 103 ; 전집 2권, p. 101. 이 저작의 나머지 부분은 명시적으로 이드가 이전에 무의식에 딸려 있던 모든 특징들, 즉 쾌락원칙, 무시간성, 원초적 과정의 파괴 불가능성 등을 지배한다고 기술한다.

81_ 우리가 지형학을 어느 수준까지 다룰 것인가? 좀 더 강조되어야 할 것은 일차

「자아와 이드」의 세 번째 장을 점유하고 있는 문제가 바로 이것이다. 즉 역사적 관점에서 보면 초자아는 부모의 권위로부터 유전되지만 경제학적 관점에서 보면 이드로부터 그 에너지를 받아들인다. 이 일은 어떻게 가능한가? 권위의 내면화가 어떻게 해서 심리 내적 에너지의 분화가 될 수 있는가? 이 두 과정의 상호 교차는 방법론적으로 두 가지 상이한 차원에 속한 것인데, 다음과 같은 것이 설명될 수 있다. 즉 결과적인 의미에서 승화와 방법론적 의미에서의 투입작용은 경제학적 관점을 따르면 어떤 퇴행과 비교될 수 있다. 그러므로 동일화를 통한 '대상 투여의 재배치'라는 문제는 가장 일반적인 의미에서 어떤 정립, 대체, 그리고 재배치로 다루어진다. 따라서 제시된 바와 같이 동일화는 강한 의미에서 어떤 요청, 즉 애초에 받아들여져야만 하는 하나의 요구사항으로 나타난다. 아래의 텍스트를 검토해 보자.

> 어떤 사람이 성적 대상을 포기해야 하는 일이 발생하면 그의 자아의 변화가 뒤이어 일어나는 일이 자주 일어나는데, 이것은 우울증에서 보듯이

---

지형학보다는 이차 지형학의 유비적이고 은유적인 특성이다. 즉 우리는 그것의 현실성을 어느 정도 정당화했다. 이차 지형학과 더불어 우리는 명확하게 어떤 도식화된 것을 보다 많이 다루게 된다(cf.「자아와 이드」 2장). 더 나아가 초자아가 이러한 도해 안에서는 형태화되지 않는다는 것에 주목해야 한다. 이 도해는 실존의 영역의 심연에서 이드와 자아 사이의 억압의 장벽을 표상함으로써 두 지형학을 결합하려고 한다. 이 경우 전의식과 청각적인 것은 표면으로 가는 도중에, 곧 결국에는 표면에서의 전의식-의식 체계로 거슬러 올라간다. 따라서 이 도해는 두 가지 표상 체계 사이의 타협, 승화에 관해서, 그 장소를 갖지 못한 내재성의 다른 차원에서의 타협이다. 1933년의 『새로운 정신분석 강의』에 있는 31번째(프랑스어 번역으로는 33번째) 강의의 끝무렵에 프로이트는 초자아까지 포함하는 보다 완전한 도해를 그려내려고 한다.

자아 내에 그 대상을 설치하는 것이라고 말할 수 있다. 이러한 대체의 정확한 성격은 아직 알려지지 않고 있다. 구강기의 메커니즘을 향한 일종의 퇴행인 이러한 투입을 통하여 자아는 대상의 단념을 더 쉽게 만들며, 그 과정을 가능한 것으로 만들고 있는지도 모른다. 이러한 동일화는 이드가 그 대상을 단념할 수 있는 유일한 조건일 수 있다. 어떤 식으로건 이러한 과정은, 특히 발달의 초기 단계에 있어서는 매우 빈번하게 일어난다. 그리고 자아의 성격은 단념한 대상 투여의 침전물(Niederschlag)이고, 따라서 그것은 대상 선택의 역사를 포함하고 있다는 생각을 가능하게 하는 것으로 이러한 과정을 통해서이다.[82]

따라서 욕구된 대상의 단념은 승화의 시작이며 어떤 퇴행 현상과 일치한다. 만약 리비도 조직화의 더 초기 단계로의 시간적 퇴행이라는 의미에서가 아니라면 이것은 적어도 나르시시즘적 리비도로의 대상 리비도의 퇴행이라는, 경제학적 의미에서 에너지의 원천으로 고려된 지점으로의 퇴행이다. 만약 자아의 대체물로 성적 대상 선택의 변형이 실제로 이드를 지배하는 방법[83]이라면 그 값어치는 다음과 같다. "자아가 대상의 특징을 자기 것으로 삼을 때, 그것은 사랑의 대상으로서의 이드에게 자신을 강요하면서 '아마도 너는 또한 나를 사랑할 수 있어

82_ *GW, 13*, p. 257 ; *SE, 19*, p. 29 ; tr. fr., p. 183 ; 전집 11권, 369.

83_ 나는 이 '방법'이라는 단어를 프로이트가 3장에서 사용한 그 의미대로 사용한다. 거기서 프로이트는 다음과 같이 언급한다. "다른 관점에서 볼 때 이처럼 자아의 대체로의 이 성적 대상 선택의 변형(*Umsetzung*)은 또한 자아가 이드에 대한 통제력을 획득하고 이드와의 관계를 심화시킬 수 있는—상당 부분 이드의 경험을 묵인하는 대가를 치르고—하나의 방법(*in Weg*)이기도 하다고 말할 수 있을 것이다." *GW, 13*, p. 258 ; *SE, 19*, p. 30 ; tr. fr., p. 184 ; 전집 11권, p. 369.

—나는 대상과 매우 닮았어'라고 말함으로써 이드의 상실을 유용하게 하려고 한다."[84]

우리는 앞으로 이 문제를 지배하는 일반화를 예비할 것이다.

> 그렇게 해서 발생하는 대상 리비도를 자기애적 리비도로 변형시키는 일은 분명히 성적 목적의 포기, 탈성욕화, 일종의 승화를 암시한다. 실로 이것이 승화에 이르는 보편적 일이 아닌지, 모든 승화는 자아를 매개로 발생하는 것—이 과정은 우선 성적 대상 리비도를 자기애적 리비도로 바꾸고 그 다음에는 성적 대상 리비도에 다른 목적을 부여하는 방향으로 진행된다—이 아닌가 하는 의문이 생기고, 이 의문은 또한 세심하게 고려할 가치가 있어 보인다![85]

이 중요한 가설에 대한 유일한 정당화는 다음과 같은 사항들을 이해할 수 있게 해준다는 점에 있다. 그것은 (목표로 간주되는) 승화, (방법으로 간주되는) 동일화, (투여의 경제학으로 간주되는) 나르시시즘으로의 퇴행이다.

우리가 이 도식을 오이디푸스 상황에 적용하면 동일화는 구체적인 역사적 의미를 획득한다. 즉 그것은 "아이 자신의 개인적 전역사 안에 있었던 아버지"와 아이의 동일화다.[86]

프로이트가 대상 투여의 단념을 통해 동일시의 이론적 도식으로

84_ *Ibid*.

85_ *GW*, *13*, p. 258 ; *SE*, *19*, p. 30 ; tr. fr., pp. 184–5 ; 전집 11권, p. 370.

86_ *GW*, *13*, p. 259 ; *SE*, *19*, p. 31 ; tr. fr., p. 185 ; 전집 11권, p. 371.

아버지와의 동일시를 통합하는 것은 어느 정도 성공적인 일이 되는가?

처음부터 프로이트는 『집단심리학과 자아 분석』에서 연구된 이러한 난점에 직면한 자신을 발견했는데, 여기서 난점은 대상 투여로부터 발생하는 동일화가 “직접적이고 즉각적인 동일화임과 동시에 어떤 대상 투여보다도 더 일찍 발생한다”[87]는 것이다. 게다가 이 첫 번째 동일시는 어린아이의 아버지와의 관계에서의 증오와 사랑이라는 양가감정을 설명한다. 아버지는 아이의 어머니에 대한 욕망에 있어서 하나의 장애물인 동시에 닮고자 하는 모형이다. 만약 동일시가 이런 식으로 이중화되지 않는다면 오이디푸스 콤플렉스의 경제학은 이해될 수 없는 것이 될 것이다. 사실 대상의 단념을 통한 동일시라는 도식을 따르면 예상될 수 있는 것은 어머니와의 동일화이지 아버지와의 동일화가 아니다. 어머니는 소년이 포기한 대상이며, 그러므로 그녀는 그가 동일시할 대상이어야만 했다. 프로이트는 사실이 이론에 부합하지 않는 것처럼 보인다는 점을 인정한다. 결론적으로 그가 ‘완전한 오이디푸스 콤플렉스’라고 부르는 것은 오직 이중적 동일화를 가정함으로써, 즉 경쟁자라는 부정적인 측면에서와 모방이라는 긍정적 측면에서의 동일화로 드러나는 이러한 방식에서의 동일화의 대조를 갈등 속으로 도입함으로써만 사유될 수 있다. 여기에는 양성애적 요소가 부가되어야만 하는데, 이 주제는 플리스와 프로이트가 우정을 쌓고 있었던 시간으로 돌아가게 한다.[88] 만약 이것이 단순히 플리스로부터 가져온 주제가 아니라면 말이다. 양성애는 다시 한 번 이중화된 이 각각의 관계들을 요구

87_ *Ibid.*

88_ 편지 113 : “그리고 나는 네 사람이 포함된 하나의 과정으로서의 모든 성적 활동이라는 생각에 익숙해져 있다.” *La Naissance de la psychanalyse*, p. 257.

하는바, 이것은 소년이 소년처럼 행동하는가 소녀처럼 행동하는가의 여부에 관한 문제다. 그리고 이것은 두 가지 동일화를 생산하는 '네 가지 경향'을 만드는데, 아버지–동일화, 어머니–동일화, 그리고 그 각각에 있어서의 긍정적·부정적 경향이 바로 그 네 가지다.

과연 우리는 대상의 단념을 통해 동일화와 일치하는 초자아를 발생시키는 데 성공했는가? 언뜻 그것은 성공한 것처럼 보인다. 그리고 뒤이서 등장하는 본문에서 프로이트는 해석의 성공을 자축하듯이 강조체로 이렇게 말한다. "**오이디푸스 콤플렉스의 지배를 받는 성적 단계의 보다 일반적인 이점은 이 두 가지 동일화로 구성되며, 서로가 통합된 어떤 방식으로, 자아 속의 침전물의 형성하게 되는 것으로 나타난다. 이 자아의 변형은 나름의 특별한 입장을 가정한다. 다시 말해 자아의 변형은 자아 이상 내지 초자아의 자격으로 자아의 다른 내용과 맞선다.**"[89] 이와 같은 포기된 대상 투여의 촉진은 우리에게 종종 칸트의 자기 촉발(*Selbstaffektion*) 개념을 불러일으킨다. 자아는 그 자신의 단념에서 비롯되는 대상 선택을 통해 스스로를 촉발한다. 이러한 자아의 변형은 이드 쪽에서는 하나의 상실이면서—이드는 이를 내버려 둔다. 즉 그것은 자아가 넘겨받기 위해 그 대상을 제거하는 것이다—동시에 이드의 확장인데, 왜냐하면 이런 새로운 구성이 이드가 채택할 수 있는 유일한 방식이고, 또한 이 방식이 잃어버린 대상처럼 자신을 사랑하게 만들기 때문이다.

그러나 초자아가 이드의 첫 번째 대상 투여나 오이디푸스 콤플렉스에서 유래했다는 사실은 그 초자아에게 더 많은 의미를 부여한다. 이 초자아

**89_** *GW*, *13*, p. 262 ; *SE*, *19*, p. 34 ; tr. fr., p. 189 ; 전집 11권, p. 375.

> 의 성격은 우리가 이미 살펴보았듯이 초자아를 이드의 계통 발생적 성취와 연결시키며, 또한 다시 이전의 자아 구조의 화신으로 만든다. 이 자아 구조는 이드 속에 침전물을 남겨놓은 바 있다. 그래서 초자아는 항상 이드와 가까이 있고 자아와 직면해서는 이드의 대리인(Vertretung)으로 행동할 수 있다. 초자아는 이드의 심층에 도달하며, 이런 이유로 자아가 그런 것보다 의식에서 더 멀리 떨어져 있다.[90]

따라서 모든 흩어진 요소들이 결합된다. 즉 포기된 대상으로 말미암는 자아의 변형인 아버지—또는 어머니—동일화, 즉 최초의 나르시시즘에서 두 번째 나르시시즘으로의 확장이 형성된다.

하지만 이 도식은 혼란스럽기 때문에 문제의 요구를 만족시키기에는 여전히 부족하다. 게다가 아버지, 어머니와의 동일화와 대상-관계 (또는 닮고자 하는 욕망으로서의 동일시), 즉 두 번째 동일화 간의 구별을 고스란히 유지한다는 사실은 여러 합당한 문제를 제기한다. 어떻게 동일화의 촉발이 자아의 '반대항'으로 작동할 수 있는가? 우리는 어떤 더 복잡한 것, 즉 '반응 형성'이라는 것을 도입해야만 한다. 이러한 과정은 다시 『성욕에 관한 세 편의 에세이』로 돌아가게 만드는데, 이는 아들러의 남성적 저항과 과잉충족 개념에 대한 어떤 대안을 제시하고 비판하기 위해 「나르시시즘 서론」에서 추론된 것이기도 하다. 그 기능은 오이디푸스 콤플렉스에 대한 초자아의 다음과 같은 이중적 관계를 설명할 것이다. 초자아는 오이디푸스 콤플렉스로부터 그 에너지를 빌려옴으로써 생겨나고 그 반대로 돌아간다. 그러므로 초자아는 이중적 의미에서 오이디푸스 콤플렉스의 유산인데, 초자아가 오이디푸스 콤플렉스로부

**90**_ *GW*, *13*, p. 278 ; *SE*, *19*, pp. 48–9 ; tr. fr., p. 206 ; 전집 11권, p. 393.

터 나오면서도 이를 억압한다는 점에서 그러하다. 이 이중적 의미가 바로 오이디푸스 콤플렉스의 쇠퇴(déclin, *Untergang*)라는 표현 안에 함축되어 있다. 쇠퇴는 리비도의 퇴행적 조직화(남근기)의 소진을 지시하고 동시에 대상 투여의 폐기, 붕괴, 파괴(*Zerstrümmerung*)를 가리키는 것이기도 하다.[91] '반응 형성'을 탐구하기 위해 프로이트는 자아가 동일시하는 부모 형상의 공격적이고 가혹한 특성을 강조하게 된다.

「자아와 이드」를 쓴 지 일 년 후에 프로이트는 '동일화의 침전'이라는 억압적 기능을 강조하는 「오이디푸스 콤플렉스의 해소」[92]라는 독립적인 논문을 쓰게 된다. 오이디푸스 콤플렉스가 자연스럽게 사라지리라는 것은 의심의 여지가 없었다. 즉 오이디푸스 콤플렉스는 확실히 '기만'을 경험하는 리비도 조직화의 단계에 속하는 것이다. (소년은 결코 어머니를 소유하지 못하고, 소녀는 아버지의 연인이 되기를 거절당한다.) 게다가 오이디푸스 콤플렉스는 스스로 반응하는 리비도 조직화가 다음의 발전된 단계에 길을 열어줄 때 애초의 '질서를 따르는 지양'(dépassement selon l'ordre, *programgemäss*)이 이어진다. 하지만 남근 조직화의 파괴를 촉진하는 거세 공포가 다른 모든 단절의 경험에 의해 전개되고 준비된다. 거세 공포가 비록 남근기 전에 발생한다고 하더라도, 어린 소녀들의 성기 상실에 관한 유아기 이론이 이러한 위협에 유사 경험적 지원을 제공할 때까지는 영향을 주지 않는다.

따라서 공격적이고 가혹한 형벌에 대한 부모의 위력을 강조함으로

---

91_ "오이디푸스 콤플렉스의 폐기와 더불어 아이의 어머니에 대한 대상 투여는 포기된다." *GW, 13*, p. 260 ; *SE, 19*, p. 32 ; tr. fr., p. 187 ; 전집 11권, p. 372.

92_ *Der Untergang des* (*Œdipuscomplex*. *GW, 13*, pp. 393-402 ; *SE, 19*, pp. 173-9 ; (Coll. Papers II, 269, traduisait : *the passing of the Œdipus complex*) ; tr. fr., *Rev. Fr. Psychanal*, 1937, n° 3, pp. 394-9 ; 전집 7권, pp. 291-9.

써 프로이트는 여러 방면에서 자신의 해석을 향상시킨다. 우선 그는 나르시시즘과 부모의 대상 리비도 투여의 단념 간의 결합을 강조한다. 사실상 어린아이의 자아가 오이디푸스 콤플렉스로부터 '멀어지는' 것은 자아의 나르시시즘을 보전하기 위해서다. 따라서 이런 대상 투여는 동일시에 의해 '포기되고' 또한 '대체되는' 것이 된다. 대상의 단념과 나르시시즘을 연결함으로써 프로이트는 자신의 주제를 강화한다. '자아 이상은 … 가장 강력한 충동과 가장 중요한 리비도 운명의 표현이다.' 다른 한편으로 초자아가 자아의 나머지 부분과 재결합한다는 점이 더 명백해지는데, 이는 자아가 아버지의 잔인함을 '차용하고'(*entlehnt*) 자아 안에서 근친상간에 대한 그의 터부를 유지하기 때문이다. 심지어 우리는 나르시시즘적 투여와 초자아의 음성이 이 점에서 일치한다고 말할 것이다. 왜냐하면 초자아의 위협이 리비도적 대상 투여의 귀환에 대항하여 자아를 '보증하기' 때문이다. 결국 이런 '폐기'가 우리가 승화와 억압을 상호 연관시키는 한, 초창기의 텍스트는 상호간 대립적인 채로 남겨져 있었던 것이다. 한편으로 이러한 폐기는 탈성욕화 과정이라고 할 수 있다. 다른 한편으로 이 폐기는 승화의 정의에 대한 해답이다(알다시피 이것은 대상뿐만 아니라 목적의 변경이기도 하다). 충동은 그 '목적에 있어서 금지'되며 정동의 충동으로 변화된다. 그리고 잠복기가 시작된다. 일반화하자면 이러한 경제적 관계들은 오이디푸스 콤플렉스의 폐기에 의해 드러난다. 우리는 탈성욕화와 승화가 '동일시로의 변경 전반'을 야기한다고 말할 수 있다. 다른 한편으로 오이디푸스 콤플렉스에서 자아를 격리시키는 일에 억압이라는 명칭을 거부할 만한 이유는 없을 것이다. 비록 차후의 억압은 억압이 설정하는 기능에서 소유하게 된 초자아에서 비롯된 것이라고 해도 말이다. 하지만 평범한 오이디푸스 콤플렉스에서 이 억압이 성공적으로 수행된다면 승화와 구별되지 않을 것이다. 왜냐하면 억

압은 콤플렉스를 '파괴하고' 또한 '없애기' 때문이다.[93]

우리는 과연 목표에 도달했는가? 우리는 정말 '내적' 차이에 대해 '외적' 권위를 보여 주었는가?

「자아와 이드」의 마지막 장들(4장과 5장)은 최종 결론들의 부적합성에 대해 의심의 여지를 남기지 않는다. 동일시는 전적으로 스스로의 힘으로 초자아의 경제학의 무게를 견디게 된다. '반응형식'이나 **대립**에 의해 이드 안에서 발생되는 **차이**를 단순히 강화하는 것으로는 충분치가 못하다. 뿐만 아니라 우리는 또 다른 충동의 원천으로부터 받아들인 요소인 **부정성**의 요소를 도입해야 한다. 이에 대해서 우리는 지금까지 아무 말도 하지 못했고, 프로이트는 그것을 '죽음 충동'(pulsion de mort)이라고 불렀다. 이제부터 초자아의 경제학이 일차 지형학의 개정이자 리비도 분화의 새로운 유형일 뿐만 아니라, 그 새로운 토대의 수준에 있는 충동이론에 대한 개정이기도 하다. 따라서 우리는 「자아와 이드」가 『쾌락원칙을 넘어서』를 통해 교체되는 문턱에서 초자아의 경제적 발생을 중단한다. 다시 말해 다음과 같이 통과해야 하는 경로에 대한 이념을 부과하기 위해 이 결합을 소묘하는 데 만족해야 한다. 우리는 이 죽음 충동이 에로스와 '융합' 내지 '분리'[94]되는 어떤 상태로

---

93_ 나는 프로이트가 다음 글에서 자주 다루었던 여성 오이디푸스 콤플렉스에 대한 논의는 생략했다. 「자아와 이드」 3장, 「오이디푸스 콤플렉스의 해소」의 마지막 부분, 「성의 해부학적 차이에 따른 심리적 결과」(1925), 1931년의 「새로운 정신분석 강의」 33강.

94_ 엄밀하게 말해서 융합(*Mischung*)과 분리(*Entmischung*)라는 개념은 「쾌락원칙을 넘어서」에 의하면 삶과 죽음 충동 그리고 그 조합에만 적용된다. 이것들이 하나의 기초를 이루지만 『성욕에 관한 세 편의 에세이』가 나온 이후로 리비도 개념에 속

움직일 수 있다고 가정한다. 리비도의 가학적 구성요소는 그러한 움직임의 첫 번째 방식의 한 예이며, 도착과 사디즘은 두 번째 방식의 한 예가 될 것이다. 또한 이전 단계로의 퇴행은 그러한 충동의 '분리'로 귀착되는 결합으로 나아갈 수 있다. 만일 지금 우리가 세 심역의 분화와 —자아, 초자아, 이드—두 충동의 분리를—에로스와 죽음—결합한다면 우리는 초자아의 발생에서 하나의 새로운 복잡성을 어렴풋이 보게 된다. 우리가 우리의 탐구의 기술적 단계와 임상적 단계에서 강조했던 초자아의 잔혹성은 죽음 충동의 또 다른 '대표'일 수 없는가?

우리는 아직 정신분석 체계의 완전한 구성이라는 함축을 파악할 위치에 있지 않다. 죽음 충동에 직면하면서 리비도는 스스로 새로운 차원들을 드러내며, 이름을 바꾼다. 이제부터 프로이트는 에로스에 대해 말할 것이다. 이것이 쾌락원칙, 즉 나르시시즘에 대해 가지는 의미는 무엇인가? 더 나아가 "본성상 말이 없는"[95] 죽음 충동과 특수한 문화적이거나 반문화적 대표로서의 죽음 충동의 대표들 간의 관계는 무엇인가? 사디즘과 마조히즘의 관계 및 「마조히즘의 경제적 문제」에서 말하고 있는 마조히즘 자체 내에서의 '도덕적' 마조히즘과 다른 형태의 마조히즘 간의 관계는 무엇인가? 우리가 초자아의 '죽음'이라는 구성요소를 이해하지 못하면 초자아 이론은 불완전한 채로 남겨진다는 점을 사실상 인정해야만 한다.

---

에서 하나의 분리된 방향으로 나아갈 준비가 되어 있는 각 경향들을 느슨하게 연결하게 된다.

95_ *GW*, *13*, pp. 275, 289 ; *SE*, *14*, pp. 46, 59 ; tr. fr., p. 203, 218 ; 전집 11권, pp. 390, 406.

# 3장 환영

프로이트의 종교에 관한 해석에서 정확하게 어떤 것이 정신분석학적인지를 지적하는 것은 힘든 일이다. 하지만 신자와 불신자를 통해 이루어지는 검토가 주는 이점에 첨예한 경계선을 긋는 것은 본질적인 일이다. 위험한 것은 프로이트가 단순히 과학주의와 자신의 불가지론의 불신을 표현한다는 구실을 가지고 신자들이 종교를 철저하게 의문시하는 일을 회피하는 데 있다. 그러나 또한 여기에는 불신자들이 이러한 불신앙과 불가지론 및 정신분석학을 혼동하는 위험도 존재한다. **문제제기**에서 언급된 나의 작업가설은 정신분석을 신뢰하건 신뢰하지 않건 간에 필연적으로 우상파괴적인 이러한 종교의 '파괴'가 모든 우상으로부터 정화된 신앙의 반대항일 수 있다는 것이다. 정신분석학 자체는 우상파괴주의의 필연성을 넘어설 수 없다. 이런 필연성은 이중적 가능성, 즉 신앙과 불신앙의 가능성에 열려 있지만 이 두 가능성 사이에서의 결단, 이 두 가능성에 대한 결정은 정신분석학에 속하는 일이 아니다.

우리의 연구과정은 승화에 대한 분석과 동일할 것이다. 첫 번째 단계에서의 승화에 관한 '서술적 임상적 접근'이라고 일컬어지는 것에 상응해서 우리는 정신분석학에 적절하게 속하는 두 가지 주제, 즉 감시와 환영에 논의를 제한할 것이다. 다음으로 우리는 '해석의 발생적 방법'으로 들어가서, 앞서 우리가 남겨두었던 지점에서 신들의 발생을 살펴볼 것이다. 그런 다음 또한 종교에 대한 정신분석학적인 계통발생의 의미를 엄격하게 규명할 것이다. 마지막으로 우리는 '억압된 것으로의 회귀'라는 경제학적 주제로 들어설 것이다. 즉 종교 정신분석학 전반은 사실상 종교의 이러한 퇴행적 본성에 대한 폭로를 담고 있다. 동시에 환상의 순환은 중단될 것이다. 다시 말해 꿈에서 감각적 유혹으로, 유혹에서 윤리적 이상화로, 승화에서 환영으로, 곧 우리는 우리의 출발지점인 욕망의 유사 환각적 충동으로 돌아올 것이다. 환상이 더 이상 개인적인 환상이 아니라 공적인 환영인 것처럼, 이것은 종교를 위한 어떤 단계의 변화와 연관될 것이다. 꿈과 환영 사이에 우리는 문화 자체를 끼워넣어야 할 것이고, 어떻게 욕망의 환영적 충족이 우리의 밤의 개인적인 꿈과 사람들의 백일몽이라는 두 가지 다른 단계들에서 조응하여 움직일 수 있는지를 이해하게 될 것이다. 문화경제학의 과제는 환상들의 나선구도가 시작되는 지점으로의 귀환을 설명한다.

## 1. 환영과 욕망의 전략

종교에 관한 프로이트의 모든 언급들은 두 가지 주제를 중심으로 돌아간다. 그 둘 모두 신경증과 꿈의 유비의 영역 안에 존재한다. 첫 번째 주제는 실천 내지 감시와 연관되며, 두 번째 것은 믿음, 다시 말해 현실에 대한 진술과 관계한다. 두 번째 주제가 환영, 종교에 고유한 주제를 구성한다. 하지만 기본적으로 종교에 대한 정신분석학적 접근 의 유비적 성격을 더 잘 드러내는 첫 번째 주제로 우리는 논의를 시작할 것이다.

이러한 순서는 텍스트 연대를 통해 역전되는데, 왜냐하면 종교에 관한 프로이트의 첫 번째 저작은 1907년에 쓰여진 「강박행동과 종교행위」[1]이며, 여기서 이 둘 간의 유사성을 다루기 때문이다. 비록 이 논문이 환영이라는 주제를 도입하지 않는다 하더라도 그것은 이후의 종교 이론 전반의 싹을 담지하고 있다고 말할 수 있다. 이후의 논의에서 잊어서는 안 되는 것으로서 정밀한 비교의 차원은 행동 및 몸짓, (제목 자체가 증명하는 것처럼) 행위에 대한 것이다. 프로이트는 자신이 일전에 꿈 작업과 농담의 메커니즘 사이에서 일종의 유사성을 발견했던 것과 마찬가지로 두 가지 유형의 종교의식 간의 유사성을 발견한다. 이 첫 번째 접근은 단순한 유비 이상으로 나아갈 수 없다.[2] 그것은 정확히 어떤 동일화 안에서 유사성을 근거 짓는 「토템과 터부」 및 「인간 모세와 유

1_ *Zwangshandlung und Religions bungen*(1907), *GW, 7,* p. 129–39 ; *Obsessive action and religious practice, SE, 9,* pp. 117–127 ; tr. fr., : *Acteséobs dants et exercices religieux*, in *L'Avenir d'une Illusion*, Denoël et Steele, pp. 157–183 ; 전집 13권, pp. 7–21

2_ 다음 책에서는 종교에 관한 정신분석학적 묘사가 지닌 유비적 성격이 강하고 강조된다. Philip, *Freud and religious belief,* London : Rockliff, 1956.

일신교」에서 행했던 위대한 민족학적이고 역사적인 건축술에 대한 야심일 것이다. 그러나 처음에는 유비 단계에 머무르는 것과 그것이 두 가지 방식으로 작동한다는 점을 아는 것이 중요하다. 우리는 프로이트가 신경증이 어떤 의미를 가진다는 점과 강박증 환자의 행위가 마찬가지로 어떤 의미를 가진다는 점을 발견한 인물이라는 사실을 잊지 말아야 한다. 그러므로 이러한 비교는 하나의 의미에서 다른 의미에 이르도록 작동하는 것이다. 따라서 많은 수의 유사성을 지정하는 것은 규제적이며 동시에 설명적이다. 즉 양심의 가책은 몇몇 의례행위의 생략에 따른 것이다. 그것은 어떤 외적 방해에 대항하여 의례의 수행을 방어할 필요를 지녔으며, 일종의 세분화된 양심, 즉 점차로 복잡화되고 은폐되며 심지어 사소해지는 어떤 기념비적 경향을 의미한다. 덧붙여 의례와 관련하여 '죄의식'에 대한 최초의 성찰이 도입된다. 의례들—그리고 여기 포함된 것은 참회와 탄원의 행위다—은 예상된 두려운 처벌과 관련이 있는 어떤 방해작용이라는 의미를 갖는다. 따라서 종교적 감시는 '방어적이고 수세적인 방식'이라는 의미를 함축한다.

이러한 유비들은 상당히 교훈적이다. 즉 이러한 많은 의미들은 여전히 문제로 남겨져 있다. 물론 프로이트는 믿음의 의미가 유비들 안에서 완전히 소진된다고 믿어 의심치 않았다. 그러나 우리는 여기서 멈추지 말아야 한다. 심지어 모든 종교 정신분석의 주요 동기가 되는 유명한 정식조차도 단일한 의미 그 이상을 담고 있다. 프로이트는 이렇게 적고 있다. "이러한 유사성과 분석의 관점에서 우리는 강박신경증을 종교의 병리학적 내용물로 파악하고 신경증을 개인의 종교성으로, 종교를 보편적인 강박신경증으로 파악하려고 할 것이다."[3] 이 진술은 드러나지 않은 것만큼이나 많은 것을 공개한다. 인간이 종교와 신경증의 능력 둘 다를 가지고 있다는 것, 즉 이것들의 유사성이 실제로는 상호 모방을 하는 그런 방식으로 가능하다는 것은 놀라운 일이다.[3]이 모방의 결과 인간은 **종교적 인간**(*homo religiosus*)이라는, 곧 신경증적 인간이며 신경증적인 인간인 이상, 그는 종교적 인간이라는 결론에 도달한다. 이 정식의 문제적 성격은 이와 밀접한 다른 진술들에서도 드러난다. "강박신경증은 반은 희극적이고 반은 비극적인 사적 종교의 서투른 흉내다."[4] 따라서 종교는 신경증적인 의례로 묘사될 수 있다는 것이다. 이런 상황은 종교에 대한 중대한 강조점에 의존하는 것인가? 또는 종교가 자신의 현실성을 잃어버리기 시작할 때 나타나는 쇠락과 쇠퇴의 결과인 것인가? 또한 종교적 감시에서 의미의 망각이 종교의 본질에 속하는 것인가? 그것은 훨씬 더 근본적인 변증법, 즉 종교와 믿음의 변증법에 속하는 것인가? 이 물음들은 비록 프로이트가 제기하지 않았다고 하더라도 이 논의의 배후에 필연적으로 남겨져 있는 것들이다.

오직 하나의 문제만이 프로이트를 괴롭혔다. 그것은 '신경증 환자의 종교'라는 개인적 특징과 '종교적 인간의 신경증'이라는 **보편적** 특징 사이의 틈새다. 개체발생론의 기능은 어떤 동일성 안에서 유비를 가능하게 할 뿐만 아니라, 명백한 내용이라는 측면에 존재하는 이런 차이들을 고려하는 것이기도 하다.

종교에 대한 프로이트 정신분석학의 두 번째 임상적 주제는 환영이다. 여기에는 첫 번째 주제와는 상당히 이질적인 점이 상당수 존재한다. 왜냐하면 종교적 문제제기가 승화의 문제제기와 구분되는 지점이

---

3_ *Actes obs dants et exercises religieux*, *GW*, *7*, pp. 138–9 ; *SE*, *9*, pp. 126–7 ; tr. fr., p. 181 ; 전집 13권, p. 20.

4_ *Ibid*. *GW*, *7*, p. 132 ; *SE*, *9*, 119 ; tr. fr., p. 164 ; 전집 13권, p. 12.

바로 여기이기 때문이다.

물론 프로이트에게 윤리와 종교는 공통의 핵심, 즉 오이디푸스 상황에서 유래하는 아버지 콤플렉스라는 것을 지닌다. 이런 의미에서 환영론은 이상론의 한 항목이며, 초자아의 환상, 다시 말해 금제 요인과 연결된 이야기 생산 기능이라는 것을 구성한다. 그러나 윤리와 종교적 분야들로의 오이디푸스 콤플렉스의 분화는 두 가지 과정, 즉 이상의 투입이라는 것과 전능한 힘의 투사라는 것—후자는 분명 발생적 설명의 중심에 있을 것이다—사이의 구별을 포함한다. 따라서 이런 기술적이고 임상적인 지점에서의 구별의 의미를 파악하는 것이 중요하다. 사실상 두 가지 구별되는 문제제기가 존재한다. 이상과 환영이 바로 그것이다. 이상들은 명령의 비인격적 틀 내에서 권위의 내면화를 표상한다. 권위의 원천에 대한 실재적 표지는 격하되고 명령의 표지가 외적 표지로 등장한다. 환영으로 간주되는 종교적 믿음과 관련하여 당면한 문제는 아버지를 닮은 형상의 실재성 안에 놓여 있는 어떤 것이다.

나는 넓은 범위에서 환영에 대한 이러한 문제제기가 정신분석학에 속하지 않는 문제라는 것을 깨닫는다. 프로이트의 언급 속에 당대의 상황에 해당하는 합리주의와 과학주의의 반향을 발견하는 것은 어렵지 않다. 그 합리주의에 의하면 사실적 정보를 주지 않는 언어는 의미를 충족시키지 못한다. 종교적 교의와 과학 정신의 양립불가능성은 타당성을 넘어서 버린 종교를 비난하는 것이다. "이성의 법정 외에 다른 법정은 어떤 것도 타당하지 않다"고 프로이트는 「환영의 미래」에서 말한다.[5]

---

5_ *Die Zukunft einer Illusion*(1927), *GW, 14*, pp. 325–380 ; *The Future of an Illusion, SE, 21*, pp. 5–56 ; tr. fr., *L'Avenir d'une Illusion*, Denoël et Steele ; 전집 12권, pp.

프로이트는 그의 지속적인 종교비판이 정신분석을 기반으로 삼지 않는다는 점을 받아들인다.[6] 그리고 거기에는 바로 환영에 관한 분석적 문제가 남아 있다. 이 문제는 믿음과 욕망 간의 숨겨진 관계에 관한 탐구와 관련한다. 즉 종교에 대한 분석적 비판에 합당한 대상은 종교적 주장에 숨겨진 어떤 욕망의 전략이다.

우리의 두 번째 문제가 감시의 문제와 동일한 유비적 구조를 가진다고 할 만한 이유가 여기에 있다. 환영의 고유한 특징은 그 말이 가진 인식론적 특징에서와 같이 어떤 오류를 뜻하는 것이 아니다. 오히려 그것은 욕망의 의미론 안에서 환상과의 관계를 내포한다. 환영의 이런 정당한 분석적 차원은 「환영의 미래」 6장에서 프로이트에 의해 매우 정확하게 규정되어 있다. "환영의 특징은 바로 그것이 인간의 욕망에서 유래한다는 점이다 …. 따라서 우리는 어떤 믿음을 갖게 된 주요 동기가 욕망의 충족일 때 그 믿음을 환영이라고 부르고, 환영 자체가 입증을 중요시하지 않기 때문에 환영과 현실의 관계는 고려하지 않는

165–230. "우리가 외부 현실을 인식할 수 있는 길은 오직 과학적 연구뿐이다… . 무지는 무지다. 모르니까 믿을 권리가 있다는 논리는 성립될 수 없다." *GW, 14*, p. 345–6 ; *SE, 21*, 31–32 ; tr. fr., pp. 85–6 ; 전집 12권, pp. 199–200.

**6_** "내가 행했던 모든 것들은 … 단지 위대한 선배들의 비판에 심리학적 근거를 약간 추가한 것에 불과하다…. 나는 앞에서 종교의 진리값을 부인하는 말을 했지만 그 발언 가운데 정신분석학의 뒷받침을 필요로 하는 것은 하나도 없었다. 내가 한 말은 정신분석학이 등장하기 오래전에 이미 다른 사람들이 말한 것이다. 정신분석학적 방법론을 이용하여 종교의 진실성에 대한 새로운 반대 논리를 찾아낼 수 있다면 종교는 그만큼 더 불리해진다. 그러나 종교 옹호론자들도 종교적 교리가 갖고 있는 정서적 의미에 충분한 가치를 부여하기 위해 정신분석학을 이용할 수 있는 동등한 권리를 가지고 있다." *GW, 14*, p. 358, 360 ; *SE, 21*, 35, 31 ; tr. fr., p. 95, 100 ; 전집 12권, pp. 204, 206.

다."[7] 이렇게 해서 환영은 욕망 충족과 정당성의 결여 간의 복잡한 성격에 의해 구성된다. 따라서 환영과 망상(délire)의 차이는 매우 미미하다. 즉 환영 안에서 현실과의 갈등은 은폐되고, 망상에서 그것이 드러난다. 프로이트는 바로 이런 의미에서 몇몇 종교적 믿음이 망상과 같다고 본다.

두 번째 유비적 유형은 다음과 같이 드러난다. 즉 종교적 감시가 강박증적인 종교제의를 상기시키는 것처럼 욕망으로 가득 찬 믿음은 꿈의 모형을 따라 욕망 충족을 지시한다. 「환영의 미래」에서 언급한 바를 따르면 "여기서도 꿈의 삶과 마찬가지로 욕망이 한몫을 했다."[8] 환영은 그 최초의 표현을 향하는 환영의 역행을 나타낸다.

욕망과 두려움의 종교적 관계에 관한 주제도 오래된 것이다. 정신분석학 특유의 역할은 **숨겨진** 관계를 통해서 이 관계를 해독하는 것과 이 해독을 욕망의 **경제학**과 관련시키는 것이다. 그 기획은 정당하고 필수적이기까지 하다. 그렇게 하면서 정신분석은 어떤 합리주의의 파생물로 작용하는 것이 아니라 그 본래적인 기능을 발휘한다. 한편 많은 사람들은 이러한 탐구과정이 하나같이 우상파괴가 아니냐고 물으려고 한다. 그런데 이 의문은 정신분석학의 맥락에 놓이는 것이 아니다. 왜냐하면 프로이트는 유일신에 대해 말한 것이 아니라 인간의 신들에 관해 말했다고 할 수 있기 때문이다.[9] 여기 함축된 의미는 종교적 관념의 기초에 관한 진실이 아니라 인간이 **가혹한** 삶을 견뎌내기 위해 만족과 단념을 적절히 맞추어 나가는 어떤 기능에 대한 것이다.

---

7_ *GW*, *14*, pp. 353–54 ; *SE*, *21*, p. 31 ; tr. fr., pp. 82–4 ; 전집 12권, pp. 198–9.

8_ *GW*, *14*, p. 338 ; *SE*, *21*, p. 17 ; tr. fr., p. 45 ; 전집 12권, p. 181.

9_ Ludwig Marcu*SE*, *Sigmund Freud*, Rowohlts deutsche Encyclopedie, 1956, p. 63.

우리는 이제 어떻게 해서 환영의 경제학이 초자아의 경제학 그 이상으로 매개적인 발생론의 단계, 다시 말해 개체발생 모형의 단계를 요구하는지 살펴봐야 한다. 우리는 이미 신경증 환자의 개인적 종교와 종교의 보편적 신경증 간의 미묘한 차이를 강조했지만, 아마도 개인 심리학이 고려할 수 없는 다른 차이도 있을 것으로 본다. 꿈의 환상—꼬마 한스의 경우 동물공포에 관한 꿈과 연관된—과 신이라는 거대한 형상 사이에는 의미론적으로 커다란 간극이 존재한다. 이 지점에서는 개인적인 오이디푸스 콤플렉스만으로는 부족하다. 여기서는 어떤 종 전체의 오이디푸스 콤플렉스가 요구되는 것이다. 역사의 시간적 계기들과 인류의 긴 유년기는 종교 현상의 힘과 장엄함 및 신성함을 통해 생각될 필요가 있다. 따라서 이것은 『인간 모세와 유일신교』[10]의 말에 의거하면 "종교적 현상에서 볼 수 있는 강박적 특징"[11]이 된다.

이것이 바로 1907년부터 1939년까지 프로이트가 동일한 인식론적 지수를 유지하지 못하는 이유다. 1907년에 프로이트에게 유비가 갖는 의미란 그리 뚜렷하지가 않다. 하지만 1939년에 이르면 프로이트는 신경증과 종교 간의 유비가 역사적으로 증명된 종교의 정체성이라고 주장한다. 두 텍스트에 흩어져 있는 민족학적이고 역사적인 탐구는 단지 한 가지 목표만을 가진다. 한편으로 그것은 신경증과 종교의, 다른 한편으로는 꿈꾸는 동안의 욕망 충족과 종교의 이중적 유비를 동일성으로 변형시킨다.

---

10_ *Der Mann Moses und die Monothéisme*, *GW*, *16*, pp. 101–246 ; *SE*, *23*, pp. 7–137. tr. fr., *Mo se et le Monothéisme*, Galimard, Coll. "Les Essais" ; 전집 13권, pp. 253–444. 이 작품의 첫 두 논문은 제2차 세계대전 전에 나온 『이마고』(1937)의 리뷰로 수록되었다. 그리고 세 번째 논문은 1939년 런던에서 출간되었다.

11_ *GW*, *16*, pp. 208–9 ; *SE*, *13*, pp. 101 ; tr. fr., p. 101 ; 전집 13권, p. 384.

## 2. 설명의 발생적 단계 : 토테미즘과 유일신교

종교의 발생은 단순히 정신기관의 발생이 아니라 현실에 대한 단언으로써 금지의 발생과는 다르다. 이것이 바로 **투사** 개념이 초자아의 발생에서의 **투입** 개념과 동일한 위치를 갖는 이유이다.

「토템과 터부」의 세 번째 논고에서 프로이트는 오귀스트 콩트의 **삼단계 법칙**을 상기하게 하는 방식으로 종교사를 읽어낸다. "우리가 앞서 언급했던 논자들을 따른다면 인류는 세월의 흐름을 따라 지적 체계, 즉 세 가지 거대한 세계 구성을 발전시켰는데, 애니미즘(또는 신화적)의 세계관, 종교적 세계관, 과학적 세계관이 바로 그것이다."[12] 왜 세 단계인가? 처음부터 역사적 계열에 관한 선택이 정신분석학적 검토의 지시를 받는다는 점에는 의심의 여지가 없다. 사실상 이 세 가지 단계는 욕망의 역사에 있어서의 세 가지 확장의 계기, 즉 나르시시즘, 대상선택, 현실원칙에 상응한다.

민족학적 소재의 선택에서 정신분석학의 매개 역할은 매우 분명하다. 종교의 역사와 욕망의 역사 간의 대응이라는 첫 번째 단계를 정립하기 위해 프로이트는 아직은 정신에 믿음을 표현해내지 못하고, 또한 그렇기 때문에 초월적 형상 속으로의 투사가 되지 못하는 애니미즘의 전-애니미즘 내지는 애니마티즘의 단계를 요청해야만 한다. 프로이트는 민족학적 뒷받침이 보잘것없다고 공언한다. 하지만 그는 이 첫 번째 단계가 일련의 두 단계 간의 대응을 처음으로 허용해 준다고 본다.

---

12_ 「토템과 터부」(Totem et tabou), *GW*, *9*, p. 96 ; *SE*, *13*, p. 77 ; tr. fr., p. 109 ; 전집 13권, p. 133.

"이 인류 최초의 세계 개념이 심리학적 이론이 되었다."[13] 이런 확신에 의거해서 첫 번째 세계 개념이 오늘날에도 주술 속에서 여전히 발견된다고 가정한다. 프로이트는 "주술이 애니미즘 기술의 보다 근원적이고 보다 중요한 부분"이며, 욕망의 기예(technique du désir)라고 주장한다.[14] 프레이저에게서 빌려온 원리적 서술인 이 기술은 모방 주술과 전염 주술이라는 이중적 형식에서 『꿈의 해석』과 강박신경증 이론이 '사유의 전능성' 내지 '정신과정의 과대평가'라고 일컬었던 것의 분명한 사례가 된다. "이제 요약해 보면 이렇게 된다. 주술, 즉 애니미즘적 사고 방법을 지배하는 원리는 '사유의 전능성'의 원칙이라고 할 수 있다."[15] 우리가 살펴보았다시피 이 기술은 『꿈의 해석』 7장에서 단지 요청만 되었던 원초과정의 지체된 증거이다. 욕망이 현실을 간섭하는 곳이 바로 이 지점이다. 즉 욕망의 유사 환각적 만족이 현실에 대한 욕망의 원초적인 침투 흔적인 것이다. 따라서 현실의 진정한 의미는 이러한 욕망의 잘못된 결과 안에서 또 욕망을 통해서 획득되는 것이다.

이러한 평행론이 난점을 해결하지는 못한다. 나르시시즘과 사유의 전능성 간의 관계는 완전히 납득될 수가 없다. 사실 나르시시즘에는 자아의 가치에 대한 과대평가가 있지만 엄격히 말해서 그것이 나르시시즘 효과에 대한 과대평가는 아니다. 부분적으로 주술 수행은 그 자신에 대해서보다는 외부세계와 더 관련성이 깊다. 그러나 주술이 행

13_ Ibid.

14_ *GW, 9*, p. 97 ; *SE, 13*, p. 78 ; tr. fr., p. 111 ; 전집 13권, p. 134.

15_ *GW, 9*, p. 106 ; *SE, 13*, p. 85 ; tr. fr., p. 120 ; 전집 13권, p. 143. 이 표현은 프로이트가 '쥐-인간' 사례에서 제안한 것이다. (cf. Remarques sur un cas de n vrose obsessionnelle, 1909.) *GW, 7*, pp, 450–3 ; *SE, 10*, pp. 233–6 ; tr. fr., in Cinq Psychanalyses, p. 251–3 ; 전집 13권, pp. 87–90.

위의 특징이 "원시인의 경우 사고의 과정은 여전히 성욕화되어 있다고 할 수 있는데, 바로 이것이 원시인들이 지니고 있는 사유의 전능성에 대한 믿음"의 확신을 정당화한다는 점은 분명해 보인다.[16] 다른 한편으로 프로이트의 최초의 성찰에서 매우 큰 관건이 되는 것은 종교의 첫 번째 종교적 문제인 전능성의 문제인 것으로 보인다. 종교에 대한 정신분석이 욕망들의 상호작용에서 이 문제들의 공통성을 탐색한다는 것은 그래서 자연스러운 일이다.

이론이 기초하고 있는 동등한 계열—전-애니미즘, 사유의 전능성, 나르시시즘—이 일단 주어지면 발전의 법칙이 명백해진다. 본질적으로 그것은 우선 욕망에 속하는 전능성의 **치환**으로 나타난다. 애니미즘의 정령들, 종교의 신들, 세계의 과학적 관점에 의거한 별것 없는 필연성은 나르시시즘으로부터 시작하고 부모에게 결부됨으로써 특징지어지는 대상화 단계에서 일어나며, 대상 선택이 규칙과 현실의 요구에 적응하는 생식기에서 종결된 리비도라는 또 다른 역사를 표시해준다.[17] 이 평행론은 전능성의 탈취 내지 단념의 역사로 간주된 종래 역사와 상응하게 된다. 이런 의미에서 종교의 역사는 인간의 나르시시즘에 반하는 **아낭케**, 즉 **필연성**의 진전을 표시하는 것이다. 그러나 어째서 이런 포기가 자연의 이익, 즉 현실의 이익에 대한 탈취가 되지는 못하는가?

새로운 메커니즘, 즉 편집증을 따라 유형화된 투사의 메커니즘이 도입되어야 할 지점이 바로 여기다.[18] 프로이트는 여기서 우리에게 리가

---

16_ *GW, 9*, p. 109 ; *SE, 13*, p. 89 ; tr. fr., pp. 126–7 ; 전집 13권, p. 148.

17_ *GW, 9*, p. 109 ; *SE, 13*, p. 90 ; tr. fr., pp. 126–7 ; 전집 13권, p. 149.

18_ *GW, 9*, p. 113–15 ; *SE, 13*, p. 92–94 ; tr. fr., p. 129–132 ; 전집 13권, pp. 152–5. 프

완전한 투사 이론을 제공하지는 않는다. 그런데 프로이트는 그것을 우

---

로이트는 슈레버의 사례에 대해 논하는 글의 세 번째 절에서 투사 이론에 대한 작업을 수행했다. Cf. Remarques Psychanalyses sur le récit autobiographique d'un cas de paranoïa(d mentia parano de, 1911.) *GW, 8*, pp. 294-316 ; *SE, 12*, pp. 59-79 ; tr. fr., in Cinq Psychanalyses, pp. 304-321 ; 전집 9권, pp. 137-65. 이 텍스트가 투사 이론에 대한 그의 가장 지대한 공헌을 보여준다. 그리고 보다 정확하게는 종교 주제에 있어서의 투사라 할 수 있다. 하지만 편집증의 발생에 대해 여기서 제안된 바는 투사의 메커니즘이라기보다 그 기능에 더 많은 이해를 얻게 해준다. 메커니즘은 오히려 프로이트에게 혼란스러운 어떤 것으로 남아 있다. 그 기능은 명백하다. 만약 우리가 슈레버 사례의 최초의 핵심이 아버지를 향한 동성애 충동이라고 가정한다면, 그리고 여기서 비롯된 의사에 대한 전이 과정이라면 거기서 작동하는 원리적 메커니즘은 '그 반대 국면 속으로의 역전'이며, 그 증오하는 한 대상으로 사랑받는 대상을 바꾸는 것이고, 또한 성적인 피해의식(거세 환상)에 대한 망상으로 성적 충동을 전위시키는 것이다. 또한 이는 하나의 '투사'기도 한데, 이는 (그의 의사인) 플렉지히를 "신이라는 상위의 형상"(tr. fr., p. 295 ; 전집 9권, p. 152)으로 대체하는 것이기도 하다. 이 전위의 경제학적 기능도 분명한 것이다. 즉 이 형상이 불러일으키는 '변신론'은 거세 환상을 어떤 여성적 환상으로 변형하여 관능성을 통해 그 자신인 주체를 구세주로 만드는 것이기도 하다. 따라서 "그의 자아는 과대망상 안에서 만족을 발견했으며, 여성적이기를 바라는 환상은 겉으로 드러나 받아들여진 것이다"(o. c., p. 296 ; 전집 9권, 152). 투사 기능은 그러므로 **화해**에 이른다. 즉 "플렉지히에게서" 신으로 "올라가는 과정"은 그가 "억압되어야만 했던 욕망으로 가득찬 환상을 받아들이게 해준 … 그의 과대망상에서 화해를 이루게 된"(ibid., 전집 9권, p. 153) 것이다. 하지만 투사의 메커니즘은 독특하게도 그것의 역할보다 더 모호하다. 플렉지히와 '슈레버의 신'이 같은 등급에 속한다는 사실은 어떤 분할에 의해 도출되는 것인데, 이는 피해의식이 두 가지 인격체, 즉 신과 플렉지히(그들 자체로 신성한 양자관계라고 언급하는 것이 아니라)로 분리된다는 것이다. "이런 식의 분해과정은 편집증에서는 매우 특징적인 것이다. 편집증은 분해하고 히스테리는 압축한다. 아니 편집증은 무의식이 압축하고 동일화해 놓은 것을 그 성분요소로 다시 분해하는 것이다"(p. 297 ; 전집 9권, p. 154). 연구의 나머지 부분은 더 이상 메커니즘을 설명하지 않는다. 3절은 다른 방면에서 관심을 나타낸다. 다시 말해 3절은 편집증에 관한 성의 병인론에 대한 이론의 수립이다. 이를 위해 우리는 대상 선택의 나르시시즘적 단계와 이 성적 요인들을 연결하며, 따라서 피해의식에 대한 망상과 '모순되는 명제'를 발견하는 것

이다. 그리고 본래 명제는 '나(한 남자)는 그(한 남자)를 사랑한다'이며, 피해의식 안에서 그것은 '나는 그를 사랑하지 않아. 나는 그를 미워해'로 변형된다. 그것은 본래 명제가 모순에 처하게 되는 셋 내지 넷의 가능한 길들 중에 하나이다. 따라서 놀라운 솜씨로 프로이트는 본래의 명제가 모순에 처하는 여러 방식들 가운데 피해의식을 심어놓는다. 질투의 망상은 주체와 모순된다. 피해의식의 망상은 동사와 모순되며, 색정광은 대상과 모순되고, 성적 과잉가치화는 명제 전체와 모순된다. 하지만 그가 이와는 반대로 투사에 그것의 반대항을 포함시켜가는 그것의 본성에 대해 우리에게 막 말하기 시작할 때 프로이트는 그의 난삽함을 인정한다. 우리는 물론 투사에 대해 묘사할 수 있다. "편집증의 증상 형성에서 가장 두드러지는 특징은 **투사**라고 불러야 하는 과정이다. 내부의 인식이 억압되고 그 내용이 왜곡되어 외부의 인식으로 의식 세계에 나타나는 것이다. 피해망상에서 왜곡은 정동이 변형되는 것이다. 즉 내면에서 사랑으로 느꼈어야 할 정동이 외부에서 도래하는 미움으로 인식된다"(p. 311 ; 전집 9권, p. 174). 하지만 투사는 편집증과 일치하지 않는다. 그것의 개념 연관은 더 좁아지기도 하고 넓어지기도 한다. "모든 형태의 편집증에서 투사의 역할이 동일하지"(*ibid.*, 전집 9권, p. 175) 않기 때문에 더 좁으며, "그것이 그 외양을 편집증 안에서 뿐만 아니라 다른 심리적 상태 아래서도 마찬가지로 형성하기 때문에"(*ibid*) 더 넓다. 예를 들면 우리가 우리의 주관적 인상에 대해 외적 원인을 귀속시킬 때가 그런 경우이다. 그 순수한 결과가 다음과 같은 말 속에 전개된다. "따라서 우리는 투사의 속성에는 일반적인 심리적 문제들이 포함되어 있다는 점을 알게 되었다. 다음 기회가 올 때까지 당분간 이것을(또 일반적인 편집증 증상 형성 메커니즘도 함께) 조사하는 일을 연기하도록 하자. 지금은 편집증에서 억압의 메커니즘에 대해 어떤 개념을 얻을 수 있는지를 생각해 보도록 하자. 투사와 증상 형성 메커니즘에 대해 조사하는 일을 미루어두는 이유는 억압이 일어나는 과정이 증상이 형성되는 과정보다 리비도의 발달 역사와 더 밀접하게 연관이 있으며 또 억압 때문에 생기는 기질과도 관계가 더 깊기 때문이다"(p. 311 ; 전집 9권, p. 175). 정신분석학은 사실상 투사에 의한 증상의 형성보다 억압 메커니즘과 더불어 더 수월하게 이해된다. 그것은 사실상 프로이트가 억압에 관한 세 가지 단계의 명확한 분석을 드러낸 그 계기에 놓여 있다. 고착, 역투여 그리고 고착의 본래 지점에 대한 억압(위 p. 141 각주 58을 보라), 곧 **슈레버 사례** 분석의 가장 명백한 결과는 "편집증을 지배하는 적절한 억압의 메커니즘"(p. 313 ; 전집 9권, p. 177), 즉 나르시시즘 단계에서의 사전 고착과 "승화된 동성애에서 나르시시즘으로 뒷걸음질한 거리"(p. 316 ; 전집 9권, p. 182)에 의해 애도 행위에서 발견한 것과 비교될 만한 양가성의 갈등의 경제적 해결책을 풍부하게 하는 지점에 이르기까지 발전시킨다. 그러나 우울증이 사랑과 뒤섞인 증오에 개입하면서 그것을 다시 자아에 반하여 되돌리는 반면 편집증은 자아의 정신 과정을 외부에 투사한다. 따라서 영혼은 창조된다. 그것은 우리의 심리적 과정, 즉 드러나기도 하고 은폐된 것이기도 한 것, 의식이기도 하고 무의식이기도 한 것의 현실에 서의 투사에서 비롯된다.[19]

---

측정되는 퇴행과 관련된다. 증상 형성에 관해서 프로이트는 우리가 그것이 "억압과 동일한 경로를 따른다"(p. 310 ; 전집 9권, p. 174)고 가정할 아무런 권리도 없다고 주의를 준다. 우리는 그 이유가 다음과 같다는 것을 알 수 있다. 즉 억압된 것의 귀환은 또 다른 투사라는 것이다. "망상의 형성을 우리는 병적이라고 하지만 실상은 회복하려는 시도이고, 이는 곧 재구성의 과정"(p. 315 ; 전집 9권, p. 180)이다. 이 과정은 외재성이나 초월성, 즉 잃어버린 대상이라는 우회로를 거쳐 외부로부터 회복됨으로써 '억압작업을 해소한다.' 결론적으로 프로이트는 다음과 같이 말한다. "편집증에서 이 과정은 투사라는 방법에 따라 수행된다. 내부적으로 억제되었던 인식이 바깥으로 투사된다고 하는 것은 틀린 말이다. 사실은 이제 보는 것처럼 내부적으로 없앴던 것이 외부로부터 돌아오는 것이다. 다음 기회로 미루었던 투사과정을 끝까지 조사하는 일을 마치면 이 주제에 대해 남아 있던 의심도 사라질 것이다"(p. 315 ; 전집 9권, p. 180-1). 따라서 슈레버 사례가 투사를 설명한다고 말할 수는 없다. 그것은 단지 투사의 대강만을 가르쳐 줄 뿐이다. 그것은 또한 '슈레버의 신'으로서의 그러한 신의 대강의 모습의 발생이 그 논문의 후기에서 제안한바, '종교를 건립하는 힘들'에 대한 완전한 비밀을 드러내는지 아닌지에 관한 온전한 질문을 남겨놓는 것이기도 하다. 인간이란 종교의 가능성인데, 그것은 그가 신경증에 속해 있기 때문이다. 우리는 또한 인간이 편집증적인 한에서 종교가 가능하다고 말했다. 여기서 정말 고려될 만한 이 명제는 열린 질문에 대한 어느 정도 밀접한 대답에 불과하다.

19_ 이 연결은 한편으로 애매함에 귀속된 역할에 따라 우리가 터부의 해석에서 보았던 그러한 중요성을 입증한다. 또 한편으로 그것은 '영혼'과 시체 사이의 친밀성의 따라 그렇게 한다. 하지만 우리는 마찬가지로 애매한 정동적 갈등들, 즉 사랑받는 것들의 죽음이 살아남은 자들 가운데서 드러내는 그러한 갈등들의 심각성을 알고 있다.

투사가 세계 최초의 완성된 이론으로서의, 애니미즘의 체계적 특징을 고려하지 않는다는 점은 분명 사실이다. 그러므로 우리는 어떤 부차적 메커니즘을 환기할 것인데[20] 이는 꿈 작업에서 받아들인 것이기는 하지만 또한 편집증에서도 나타나는 것이기도 하다. 게다가 이것은 두 번째 '개정'(*Bearbeitung*)이기도 하다. 이것을 수용할 만한 것으로 만들기 위해 꿈 작업에 내재하고, 통합과 연합 그리고 인식가능성의 외양을 꿈에 부여하는 것을 목표로 하는 이러한 합리화는 종교에 관해 대응하는 것을 우리가 미신이라고 부르는 정당화 작업 안에서 찾는다. 두 가지 경우에 있어서 그것은 지식과 현실 사이에 들어선 장벽인데, 이것은 우리가 근원적인 갈등에 도달하기 위해 통과해야 하는 잠정적 구성물이다. 이것은 그 자체로 욕망의 전략의 한 도구이며, 왜곡의 부가적 요인이 된다.[21]

이러한 기초적인 메커니즘—사유의 전능성과 이 전능성의 현실로의 투사—을 따라 오이디푸스 콤플렉스의 진행에 부합된 새로운 메커니즘이 생겨난다.[22] 토테미즘의 특정한 기여는 화해라는 주제에 있

20_ *GW, 9*, pp. 116-19 ; *SE, 13*, pp. 94-7 ; tr. fr., pp. 132-6 ; 전집 13권, pp. 155-60.

21_ 「토템과 터부」의 세 번째 논문의 마지막 페이지에서 프로이트는 그의 애니미즘에 관한 증상적 해석을 다소 누그러트린다. '만약 우리가 충동적 억압을 우리가 도달한 문명의 단계에 대한 측정치로 간주한다면' 미신적인 동기들은 동시에 문화의 본래적 요인들, 특히 금지들을 '가린다'는 것이다. 이와 흡사하게 주술적 합리화는 감각적이면서 위생적인 여러 목적들을 은폐한다.

22_ "이 모호함에 한 줄기 빛을 던져주는 것이 바로 정신분석학적 관찰이다." *GW, 9*, p. 154 ; *SE, 13*, p. 126 ; tr. fr., 176 ; 전집 13권, p. 196. 이 부분에서 필수적인 연결 지점은 바로 '꼬마 한스'이다. cf. "*Analyse der Phobie eines F nfj hrigen Knaben*"(1909). *GW, 7*, pp. 243-377 ; *Analyse d'une phobie chez un petit garçon de cinq ans(Le petit Hans)*, in *Cinq Psychanalyses*, pp. 165-197 ; 전집 8권, pp. 7-183. 정신분석적 자료들

다. 우리는 「토템과 터부」의 네 번째 논문을 따라 이 주제의 민족학적 핵심이 토템식사에 의해 구성되고 또한 이것이 신적 교류와 신앙의 표현이라는 점을 상기한다. 프로이트는 토템 식사가 "사회조직, 도덕적 제약, 종교"라고 말한다.[23] 따라서 더 나아가 우리는 심층심리학의 심역의 형식 속에 내면화될 수 있는 그러한 제도의 측면들만을 고려했다. 그러나 토템 식사에 합당한 종교적 요소는 무엇인가? 본질적으로 그것은 죄책감이며, 이는 오이디푸스 콤플렉스에서 비롯된다. 최초의 불분명함으로부터 세 개의 중대한 영역이 도출된다. 즉 형제들 간의 계약으로부터 사회제도가 나타났고, 계약의 결과인 위임된 복종으로부터 조직의 제도가 나왔다. 종교에는 죄가 위임되었다. 이런 관점에 입각해서 우리는 종교를 살인자와 죄로 인해 드러난 정동의 문제를 해결하기 위한 시도들, 그리고 방어적인 아버지와의 일치를 야기하는 그런 시도라고 정의한다.[24]

그러나 이것이 전부는 아니다. 토템 식사는 그러한 특성에 부가적

---

은 심지어 연결 지점이 없는 것처럼 보인다. 한편으로 편집증이 있고 다른 한편으로는 공포증이 있다. 하지만 이것들은 간격을 메우는 여러 증상들이다. 페렌치의 환자들 중 하나인 동물 공포증 환자는 거세 공포에 의해 작동하는 어떤 부분에 대한 증거라고 할 수 있는데, 이는 오이디푸스 콤플렉스의 나르시시즘적 요소들과 관련성이 있다. 그리고 나르시시즘은 애니미즘에서 사유의 전능성과 연관되는 것처럼 보였다. 다른 한편으로 오이디푸스 콤플렉스의 애매성은 편집증적 투사가 하나의 해결책이었던 그러한 애매성과 가까운 것으로 보인다. 이런 방식으로 「토템과 터부」의 세 번째와 네 번째 논문 사이에 이동을 안정적으로 만들어갔다.

23_ *GW*, *9*, p. 171 ; *SE*, *13*, p. 142 ; tr. fr., p. 196 ; 전집 13권, p. 215.

24_ "이후의 종교도 모두 동일한 문제를 해결하려는 시도로 보인다. … 모든 종교는 같은 목표를 겨냥한 것이고, 문화의 발단이 되었던 그 사건(*Begebenheit*), 문명이 시작된 이래 단 한 번도 인류를 가만히 내버려두지 않았던 동일한 대사건에 대한 반응이다." *GW*, *9*, 175 ; *SE*, *13*, p. 145 ; tr. fr., p. 199–200 ; 전집 13권, p. 219.

인 특성을 부여한다. 종교는 단순히 회개일 뿐만 아니라 또한 아버지를 이긴 가장된 기억이기도 한다. 따라서 그것은 일종의 은폐된 자식의 반란인 셈이다. 이 자식들의 반란은 종교의 숨겨진 다른 특성인데, 원칙적으로 그것은 자신을 아버지-신 자리에 놓으려는 이들의 노력에 의거한다. 모든 아들의 종교들 중에서도 기독교는 명백히 어떤 특별한 위상을 갖는데, 기독교에서 '그리스도는 그의 일생을 희생함으로써 형제들의 원죄를 대속하는' 아들이 된다. 이 희생에는 애매한 두 가지 특징이 함께 존재한다. 한편으로 아버지를 살해한 죄는 용서되고 보상받지만 동시에 아들 자신은 신이 되고, 그로써 아버지의 종교는 아들의 종교로 대체된다. 이 명시적인 양가적 표현은 성찬식에서 나타나는 토템 식사의 표상이다. 그 의미는 아버지와의 일치임과 동시에 아들의 살과 피를 충실하게 요구함으로써 드러나는, 아버지의 아들로의 대체이다.[25]

이 역사에서 충격적인 것은 이 역사가 진보, 발견, 발전을 구성하지 않는다는 것이 아니라 그 자신의 기원의 영원한 반복이라는 것에 있다. 엄격히 말하자면 프로이트에게 종교의 역사란 존재하지 않는다. 즉 종교의 주제는 그 자신의 기원에 대한 파괴불가능성이라고 할 수 있다.[26] 그리고 종교는 정확히 가장 극적인 정동의 특징들이 탁월하게 드러나는 영역이다. 그 주제는 탁월하면서도 고전적이다. 그것은 아버지와 아들, 즉 살해되고 애도를 받는 아버지와 반역을 도모하면서 뉘우치는 아들에 대해 말한다. 그 자체로 그것은 정동의 반응의 영역이

25_ *GW*, *9*, p. 184–86 ; *SE*, *13*, p. 152–55 ; tr. fr., 209–213 ; 전집 13권, pp. 228–32.

26_ "이렇게 해서 저 최초의 대 희생제의 행위에 대한 기억은 파괴 불가능한 것으로 증명되었다." *GW*, *9*, pp. 182 ; *SE*, *13*, pp. 151 ; tr. fr., p. 208 ; 전집 13권, p. 228.

다. 이것이 바로 이 역사에서 원칙적으로 그 간극이 비본질적인 이유이다. 「토템과 터부」는 이 중 두 가지를 간과한다. 즉 프로이트는 토템에서 신으로의 이행이 "정신분석학이 밝히지 못하는 … 어떤 다른 원천이나 의미"를 함축한다는 점을 인정한다.[27] 그리고 이 이론은 『인간 모세와 유일신교』에서 부분적으로 완성된다. 다른 한편 어머니-신성의 역할은 가부장적 어머니와 관련해 「레오나르도 다 빈치의 유년의 기억」에서 이미 설명되었는데, 이는 여전히 불분명한 채로 남아 있다. "나는 이 발전과정의 어느 단계에서 일반적으로 아버지-신에 선행하는 것으로 보이는 위대한 어머니-여신의 지위가 어느 자리에 위치하는지 설명할 수 없다."[28] 프로이트는 종교의 반복적 측면에 더 많은 관심을 가지고 있었다. 사유의 전능성, 편집증적 투사, 아버지를 동물로 대체하기, 아버지 살해와 자식들의 반란에 관한 제의의 반복은 종교의 '파괴 불가능한' 기초를 이룬다. 프로이트가 순전한 종교가 진정한 종교라고 여러 번 언급한 이유는 이해될 만하다. 그러나 이는 이성과 현실에 더 가깝게 종교를 결부시키는 일과는 달리 합리적이고 교조적인 신학을 더 왜곡시킬 수 있을 따름이다.[29]

그러므로 프로이트가 토테미즘의 수준에서가 아니라 유일신교,

---

27_ *GW, 9*, pp. 177–78 ; *SE, 13*, p. 147 ; tr. fr., p. 203 ; 전집 13권, p. 신의 형상의 인간화, 다시 말해 최초에는 동물 형상으로 드러났던 그것은 이미 아버지 형상으로 회귀한다. 그리고 여기서 바로 그 복잡한 문제가 드러난다. 프로이트는 형제 부족이 생존을 위해 아버지 사회체로 대체되어야 했을 때 발생하는 아버지에 대한 증가하는 갈망의 유출로 그것이 되돌아간다고 본다.

28_ *GW, 9*, p. 180 ; *SE, 13*, p. 149 ; tr. fr., p. 205 ; 전집 13권, p. 225.

29_ *Das Unbehagen in der Kultur*(1930), *GW, 14*, p. 431 ; *Civilization and its Discontents, SE, 21*, p. 74 ; tr. fr., *Malaise dans la civilisation, Denoël et Steele*, p. 12 ; 전집 12권, p. 244.

그리고 더 정확히 하자면 유대인들의 윤리적 유일신론의 새로운 역사에 관심을 기울였고, 많은 시간을 들였다는 것은 놀라운 일이다. 그러나 우리는 「인간 모세와 유일신교」를 「토템과 터부」에 관한 일종의 개정으로 보아서는 안 된다. 차라리 후자의 이론에 관한 반복적이고 회고적인 완성이며 강화라고 볼 수 있다. 나아가 이 책은 엑소시즘을 대변한다. 그것은 프로이트의 나르시시즘이 여전히 올바르게 주장될 수 있다는 것을 의미하고, 모세를 내세우면서 윤리적 유일신론을 발생시키는 가치에 대한 유대인 프로이트의 단념을 의미한다. 그러나 만약 모세가 이집트인이고 야훼가 단순히 유목민족 아버지를 재생시킨 승화라면 거기에는 나르시시즘과 쾌락원칙의 주장에 반하는 어떤 가혹한 필연성에 대한 양보 외에 아무것도 남는 것이 없게 된다. 아마도 프로이트 자신은 아버지 상으로 모세가 수립되었다는 점을 첨가해야 할 것이며, 그가 이미 다루었던 동일한 상을 「미켈란젤로의 모세 상」에서 대면했다고 해야 할 것이다. 이 모세는 일종의 미학적 환상으로 영화롭게 되어야 했고 종교적 환상으로 순화되어야 했다. 우리는 프로이트가 나치의 광풍이 몰아쳐 그의 책이 불태워지며 출판사가 소멸되는 그 순간, 그리고 비엔나를 떠나 런던으로 가야만 했을 그 순간에 유대인의 자존감을 이해하기 위해 어떤 대가를 치러야 했는지를 추측할 수 있다. 이 모든 것이 한 인간으로서의 프로이트에게는 끔찍한 "애도작업"이었음에 틀림없다.[30]

30_ 「인간 모세와 유일신교」는 이러한 애도의 표명으로 시작된다. "한 민족이 자신들의 자손들이 가장 자랑스럽게 여기는 사람을, 그 민족에 속하지 않는다고 주장하는 행위는 잘 하는 행위도 아니고 함부로 할 만한 행위도 아니다." *GW*, *16*, p. 103 ; *SE*, *23*, p. 7 ; tr. fr., p. 9 ; 전집 13권, p. 257.

『인간 모세와 유일신교』의 주제는 무엇인가? 그 주제는 "유일신교 일반의 기원의 해명"과 연관된다.[31] 이 책에서 프로이트는 어떤 살인 사건에 대해 납득할 만한 재구성을 시도하는데, 그것은 유일신론에 있어서 최초의 아버지 살인이 토테미즘을 위한 것이었고, 이는 곧 그 최초의 살인의 지속, 강화, 확장이라는 것이다.

이 책은 위태로운 가설들을 상당수 담고 있다. 그 첫 번째 가설은 이집트인 모세에 대한 것으로서 아텐(Aten), 즉 윤리적이고 보편적이며 관용적인 한 신에 대한 제의 의식에 관한 것이다. 불행하게도 모세의 이름으로부터 나온 가설, 그의 탄생에 대한 그러한 가설들 및 심지어 할례의식의 이집트 기원설도 이집트인 모세라는 가설을 충분히 뒷받침 해주지 못한다.

두 번째 가설은 아텐의 유일신론에 대한 것인데, 이는 막강한 통치자인 유명한 파라오 아케나텐(Akhenaten)의 모형을 따라 모세가 만들어졌다고 주장하는 입장이다. 그리고 모세가 셈족 부족들에게 그러한 신화를 전달했다는 것이다. 그런데 비록 아텐 종교도 아케나텐의 매혹적인 인격도 과대평가되지는 않았다고 추정된다 하더라도, 이것이 히브리 종교와 모종의 연관성이 있다는 것은 분명 의심스러운 문제다.

세 번째 가설은 '영웅' 모세—오토 랑크(Otto Rank)가 부여한 의미에서 그의 영향력은 이 방면에서 매우 크다—가 사람들에 의해 살해되었고 모세의 신에 대한 숭배가 야훼 신앙과 뒤섞인다는 것이다. 야훼는 일종의 화산신으로서의 모세 신이 자신의 기원을 감추는 가면이 되었으며, 사람들은 그 영웅의 살해를 잊어버리려고 했다. 불행히도 모

31_ *GW, 16*, p. 113 ; *SE, 23*, p. 16 ; tr. fr., p. 22 ; 전집 13권, p. 269.

세 살해의 가설—1922년에 셀린(Sellin)이 완전히 다른 지리적·역사적 맥락에서 이를 제기했는데—은 이후 그 저자 자신에 의해 기각되었다. 나아가 여기서 두 명의 모세가 있었다는 가정도 생겨나는데, 하나는 아텐의 제의에서의 그 모세이고 다른 하나는 야훼 제의에서의 모세라는 것이다. 이 가설은 전문가들 사이에서 어떤 동의도 얻지 못했다.

네 번째 가설은 유대 선지자들이 모세라는 신의 귀환을 촉발시켰고 윤리적 신의 이름으로 모세에 관한 외상적 사건을 다시 작동시켰다는 것이다. 모세라는 신의 귀환은 억압된 외상의 귀환일 것이고, 따라서 우리는 감정의 차원에서의 억압된 것의 귀환이라는 것과 표상 차원에서의 재출현이 일치하는 그 지점에 도달하기에 이른다. 다시 말해 유대인들이 그러한 자기 비하의 모형을 서구 문화에 부여한다면, 그것은 그들의 죄책감이 그들 모두 잊으려고 하는 살인의 기억을 먹고 자라기 때문이라는 것이다.

이 네 번째 가설이야말로 프로이트 사유의 메커니즘이 아마도 가장 잘 드러나는 지점일 것이다. 프로이트는 종교적 감성의 전개에 대해서는 완전히 무관심했다. 그는 아모스나 호세아, 이사야, 에스겔의 신학에도 신명기의 신학 및 예언자 기능과 문화적이고 성직자적 전통 간의 관계, 예언자주의와 랍비주의와의 관계에도 전혀 관심이 없었다. 그는 '억압된 것의 귀환'이라는 생각을 **텍스트 주해**라는 순환의 경로를 받아들임과 동시에 처음부터 신경증 모형에서 유형화된 **신자의 심리학**으로 가는 지름길로 들어서게 해주는 해석학으로 발산해낸다. 그러나 가장 놀라운 것은 그 기획 자체를 이끌어가는 이념이다. 만약 프로이트 자신이 절대 전문가가 될 수 없는 영역에서 역사적 재구성의 경로로 접어든다면 (『인간 모세와 유일신교』는 단순히 프로이트가 정신분석학적 방법을 성경 전체에 적용하기를 원했던 어떤 거대한 기폭의 단편을 드러낸다.) 그 이유는 우리가 보았던 바와 같이 그 교섭이 어떤 실재적인 살인을 요구하기[32] 때문이다. 그에게 유일신교로의 이행은 살해 그 자체의 갱신을 요청했으며, 따라서 아버지 형상은 강화되고 승화되었으며 죄의식이 증가함과 더불어 아버지와의 일체감이 고양되기에 이른다. 그리고 이후 기독교 내부에서 확장된 아들의 형상이 그것을 대체하게 된다.

억압된 것의 귀환의 역사에서 유대 유일신교는 토테미즘이 떠난 자리를 계승한다. 유대민족은 아버지의 탁월한 대체자이자 최초의 재산 몰수자인 모세라는 인격 위에서 다시 활동하기 시작한다. 그리스도 살해는 그들의 기원의 기억을 더 심대하게 강화시켰으며, 모세를 다시 살해한다. 마침내 바울의 종교가 이 억압된 것의 귀환을 완성하고 거기에 원죄라는 명칭을 부여함으로써 그 전역사의 기원과 관련시킬 것이다. 즉 범죄는 신에 대항하여 저질러졌으며, 죽음만이 그것을 보상할 수 있다. 동시에 프로이트는 이 지점, 즉 아들들의 반란이라는 그의 최초의 가설로 돌아온다. 즉 구속자는 원죄의 편에 있어야 했고, 그리스 비극에서의 반란 영웅처럼 형제집단의 으뜸이어야 했던 것이다. "그는 … 원시 시대 무리의 원초적인 아버지가 아들의 형상을 빌려 아버지 자리에 오른 바로 그 자이다."[33] 프로이트가 토템으로부터 신으로 옮겨 놓은 이 강화 효과는 실재 살인의 역사가 다시 활성화됨으로써만 얻어질 수 있다.

이것이 바로 프로이트가 외상적 사건들의 연쇄의 역사적 실재성

---

32_ "유대인의 모세 살해는 … 이로써 우리가 구축하는 가설의 불가결한 부분이 되는 동시에 지금은 잊혀진 태고의 사건과 유일신교 형태로 이것이 후대에 재현된다는 사실과의 중요한 연결 지점을 형성한다." *GW, 16*, p. 196 ; *SE, 23*, p. 89 ; tr. fr., p. 137 ; 전집 13권, p. 368.

33_ *GW, 16*, p. 196 ; *SE, 23*, p. 90 ; tr. fr., p. 138 ; 전집 13권, p. 369.

을 최소화하지 않으려 한 이유이다. "집단의 경우에도 과거의 인상은 무의식적인 기억 흔적 안에 보존된다."[34] 프로이트에게 "언어에서의 상징의 보편성"은 인류의 거대한 외상에 대한 기억의 흔적들에 대한 아주 분명한 증거다.[35] 그것은 언어, 상상 그리고 신화의 다른 차원을 탐구하는 것보다 더 많은 것을 가져다 준다. 이러한 기억의 왜곡은 탐구되고 있는 상상력의 유일한 기능이다. 이 유산 자체에 관해 말하자면 이는 어떤 직접적인 소통으로도 환원되지 않는데, 상속이란 실상 당혹스러운 것이긴 하지만 요청되어야만 한다. "우리가 개인 심리학과 집단 심리학 사이에 다리를 놓기를 바란다면 우리는 한 민족을 다룰 수 있음과 동시에 개인적인 신경증까지도 다룰 수 있게 된다. … 그렇지 않다면 분석에서도 집단 심리학에서도 우리가 가기로 한 길로는 한 걸음도 전진할 수가 없다. 이 시도는 무모할 수밖에 없다."[36] 따라서 이것이 어떤 보조적인 가설과 관련해서 다뤄진다고 말해질 수는 없다. 프로이트는 이를 체계의 동일성을 보장하는 연결지점들 중 하나라고 이해한다. 다시 말해 "전달이라는 수단에만 그 바탕을 두고 있는 전승은 종교적 현상에 부가된 강박의 특징을 유발시키지 못한다."[37] 만약 외상적 사건이 발생하지 않는다면 억압된 것의 귀환도 있을 수 없다.

---

34_ *GW, 16*, p. 201 ; *SE, 23*, p. 94 ; tr. fr., p. 144 ; 전집 13권, p. 374.

35_ "증거자료로서의 가치는 우리가 다루고 있는 주제에서 한 걸음 더 나아가 인류가 지니고 있는 태고의 유산이 소질만이 아니라 내용, 즉 옛 시대의 체험에 대한 기억의 흔적도 포함하고 있다고 주장할 수 있는 힘도 충분히 지니고 있는 것으로 보인다. 이로써 태고의 유산의 규모나 의의는 상당한 수준까지 확장될 수 있다." *GW, 16*, p. 206 ; *SE, 23*, p. 99 ; tr. fr., p. 152 ; 전집 13권, p. 381.

36_ *GW, 16*, p. 207 ; *SE, 23*, p. 100 ; tr. fr., p. 153 ; 전집 13권, p. 382.

37_ *GW, 16*, p. 208 ; *SE, 23*, p. 101 ; tr., fr., p. 155 ; 전집 13권, p. 384.

## 3. 종교의 경제적 기능

종교에 대한 프로이트적 해석은 우리에게 어떻게 해석학과 경제학이 프로이트의 메타심리학 안에서 상호 연관되는지를 보여주는 최종적인 기회를 부여할 것이다. 프로이트의 후기 저작에서는 새로운 주제의 출현, 즉 문화라는 주제를 가능하게 하는데, 이는 그가 여러 개념을—미학, 윤리학, 종교—그 주제 하에 모은 것이다. 이 개념들은 또한 현상학이 대상의 지향성을 따라서 다른 여러 영역으로 나누어 놓은 것이기도 하다. 프로이트가 종교의 경제적 기능을 살펴보려고 하는 것은 바로 이러한 문화 개념에 대한 탐구에서이다. 개인적 종교로서의 신경증과 보편적 신경증으로서의 종교 간의 차이는 본질적으로 사적인 것에서 공적인 것으로의 이행에 놓여 있다. 이 이행은 따라서 우리에게 인식되지 않는 것으로 훨씬 더 많이 남아 있다. 다른 한편으로 토템으로의, 즉 정령과 악령, 신들, 곧 궁극적으로 아브라함과 이삭과 야곱의 신, 예수 그리스도의 신이라는 아버지 상으로의 연속적인 전위는 하나의 단순한 꿈과 현실 그리고 문화적 대상 간의 거리를 드러내는 역사적이고, 제도적이고, 언어적이며 문헌적인 맥락 내부에서 환상의 생산을 재정립하도록 강제한다. 따라서 만약 억압된 것의 귀환이 경제적 기능을 갖는다면 그것은 집단적인 영역을 취하면서 문화적 기능을 통해서 그런 경제적 기능을 갖게 된다. 결과적으로 어떤 전능성, 즉 유사편집증의 전위, 아버지와의 일치 그리고 아들들의 비밀스런 복수가 발생하여 의미를 가지는 것이다.

우리가 여기서 문화에 관한 문제를 적절하게 다룰 수는 없다. 다만 계속되는 독해를 따라 이 지점에서 우리 탐구의 적합한 수준에서 종교적 문제제기를 충분히 설명할 것이다. 더 나아가 우리는 죽음 충동 및 죽음에 대항하는 에로스의 투쟁에 대한 성찰의 문화 자체가 갖는 충만한 의미를 보게 될 것이다. 다시 말해 그것은 에로스와 타나토스 간의 거대한 충돌의 교차점에 위치한다. 현재 우리는 이 중간 지점에 서 있는데, 여기가 바로 「환영의 미래」의 차원이다.

문화란 무엇인가? 첫째로 문화는 문명과 문화를 구별하는 근거가 존재하지 않는다는 부정의 방식으로 말해질 수 있다.[38] 고전적인 방식이 되어버린 길로 들어서는 이러한 구별을 거부하는 이유는 매우 분명하다. 다시 말해 한편으로 자연의 힘을 지배하는 공리주의적 과업이 문명(civilisation)으로 존재하고, 다른 한편으로 가치를 실현하려는 무사심적이고 이상적인 과업이 문화(culture)가 되는 것은 아니다. 이 구별은 정신분석학적 관점과는 상이한 관점에서 의미가 있기는 하지만, 이 결의는 리비도의 투여와 역투여라는 대차대조표의 관점에서 문화에 접근하는 그 즉시 더 이상의 의미를 갖지 못한다. 문화에 관한 프로이트의 탐구는 모두 이 경제학적 해석의 지배를 받는다.

프로이트에게 문화 개념은 부분적으로 초자아 개념과 같은 것을 나타내고, 또 부분적으로는 새로운 더 확장된 어떤 것을 나타낸다. 그 주요 과제가 사회질서와 비견될 만한 성적이거나 공격적인 욕망의 금지 규정이라고 말해지는 한, 문화는 초자아의 다른 이름일 뿐이다. 다시 말해 경제학적 언어로 문화는 충동의 단념을 함축한다. 즉 우리는 세 가지 가장 보편적인 금제들, 다시 말해 근친상간 금지, 식인풍습, 살

---

38_「환영의 미래」(*L'Avenir d'une Illusion*), *GW*, *14*, 326 ; *SE*, *21*, p. 6 ; "나는 문화와 문명을 구별하는 것을 경멸한다." ; tr. fr., p. 11–2 ; 전집 12권, p. 168. 이와 유사한 언급이 「왜 전쟁인가?」(1933)의 말미에도 등장한다. 「환영의 미래」의 첫 두 장은 이러한 일반적인 문화 현상의 '경제학'에 할애된다.

인을 상기해야만 한다. 문화와 초자아는 함께 존재하지만 동일한 현실에 관한 두 가지 이름이라는 점은 투사 메커니즘을 통해 확실해진다.

도중에 프로이트는 두 가지 보충사항을 부가한다. 하나는 미학적 만족이 한층 더 내면화된 문화를 확증하는데, 이는 단순한 금지로서가 아니라 하나의 승화된 욕망으로 느껴지게 된다. 다른 한편으로는 개인적 자부심과 집단과의 호전적 동일시로 느껴지게 된다. 인간이 채택한 모든 증오심들은 그 자신에게 문화에 대한 공포에 상응하고, 사회적 모형과의 상호작용을 강화하는 나르시시즘적 형태를 유발시킨다. 그러나 이 두 가지 만족감—미학적이고 나르시시즘적인—은 모든 이상적 형성 배후에 숨겨진 친숙한 충동의 맥락에서 우리를 분리시킨다.

우리는 초자아에 관한 고전적 분석의 저편에서 그 문화를 이해하고 그 금지 및 교정기능에 더하여 자연의 우월한 힘에 대항해 개인을 방어하는 의무를 지게 된다. 우리가 이제 보게 될 바와 같이 환영은 이 후자의 임무에 결부되어 있다. 이 과제는 세 가지 주제로 나누어진다. 첫째, 인간에게 부여된 충동적 희생의 짐을 덜어 주는 것, 둘째 그러한 불가피하게 포기된 개인들을 협력시키는 것, 셋째 개인들에게 그와 같은 희생에 대한 만족스러운 보상을 제공하는 것. 이러한 것들이 프로이트가 "문화의 정신적 자산"이라고 부르는 것이며,[39] 우리가 탐구해야 하는 문화의 참된 의미는 이러한 자산들에 관해서이다.

그것은 「환영의 미래」가 문화현상의 분석에서 수행하는 분야에

39_ *Der seelische Besitz der Kultur*, *GW*, *14*, p. 331 ; *SE*, *21*, p. 10 ; tr. fr., p. 24 ; 전집 12권, p. 173. 이와 유사한 논의가 더 진행된다. "문명의 원칙적 임무, 그 실질적 존재 이유는 인류를 자연으로부터 보호하는 것이다." *GW*, *14*, p. 336 ; *SE*, *21*, p. 15 ; tr. fr., p. 39 ; 전집 12권, p. 179.

관한 것이다. 그리고 「문명 속의 불만」은 죽음 충동의 도움을 받아 더 멀리까지 나아간다. 우리는 초자아에 관한 끝나지 않은 분석을 재개할 때 죽음 충동으로 돌아갈 것이다.

이러한 문화적 기반의 경제적 함의는 그것이 프로이트의 여타 친숙한 주제들과 관계될 때, 즉 삶의 가혹함이라는 주제와 관련될 때 우리 시야로 들어온다. 이 주제는 여러 측면에서 전개된다. 그것은 무엇보다도 자연의 위력과 질병 및 죽음과 직면할 때의 인간의 본성적인 무능함을 지칭한다. 그것은 동료 인간들 가운데 놓인 인간의 위험한 조건과도 관련한다. [「문명 속의 불만」은 그 유명한 인간은 인간에게 늑대(*homo homini lupus*)라는 방향으로 더 멀리 갈 것이다. 즉 인간은 그의 동료 인간을 고통스럽게 하고, 노동자로서 그를 착취하며, 성적 대상으로 노예화한다는 것이다.] 그러나 삶의 가혹함이란 그 세 지배자들, 즉 이드, 초자아, 현실로의 투사라는 원초 상황에 있는 자아의 무능함의 다른 이름이다. 그래서 삶의 가혹함이란 공포의 원초적 근원성인 것이다.[40] 「문명 속의 불만」의 더 심오한 특징은 이 삼중의 고통, 즉 현실의 공포, 신경증적 공포, 양심의 공포가 더욱 심각한 특징으로 더해질 것이라는 점이다. 즉 인간은 근본적으로 '불만족하는' 존재이며 그것은 인간이 나르시시즘적인 방식으로 행복을 성취할 수 없기 때문이고, 동시에 인간의 공격성이 방해를 함으로 인해 문화의 역사적 임무를 만족시킬 수 없기 때문이다. 인간이 스스로의 자존감을 위협 받으면서도 애써 사랑에 다가가려고 하는 이유가 바로 이것이다.[41] 여기서 문화가 인간의 취향을 충족시키기 위해 등장한다. 개인적

40_ 「자아와 이드」(*Le Moi et le Ça*), chap. 5. *Nouvelles conférence*, 19(3).

41_ '삶의 가혹함'이라는 주제에 관해서는 「환상의 미래」를 또한 보라. *GW, 14*, p. 337 ; *SE, 21*, 16 ; tr., fr., p. 41 ; 전집 12권, p. 185.

측면에서 문화라는 이 새로운 면모는 더 이상 금지의 대상이 아니라 보호의 대상이 되며, 이 너그러운 겉모습은 종교의 모습을 취한다.

따라서 기술적이고 발생적인 관점만이 아니라 경제적인 관점에서 종교는 도덕과 구별된다. 종교와 인간의 접점은 우리가 문화에 부여한 세 가지 과제의 차원에서 인간의 충동의 단념이 있은 다음 나오게 된다. 또한 종교는 인간에게 자신의 충동의 압박감을 덜어줄 것과 불가피한 운명과의 화해 및 희생에 대한 보상을 약속한다. 그러나 단념을 넘어선 이 행보는 마찬가지로 다른 방향으로의 돌아섬이다. 왜냐하면 그것은 여전히 위로를 전하는 욕망으로 존재하기 때문이다. 인간이 지닌 모든 무능함의 조건 및 의존성이 유년기 억압의 조건을 반복하는 것과 마찬가지로 위로는 모든 종류의 위로의 형상의 원형인 아버지 형상을 반복함으로써 지속된다. 이것이 그가 영원한 어린아이처럼 무능해지는 이유이며, 아버지를 희구하고 그에게 강하게 매달리는 이유이다. 바로 인간이 아버지를 희구하며 그에게 매달리는 힘없는 **한 어린아이처럼** 존재하는 이유다. 어린아이-인간은 자연에 직면하여 아버지 상(l'image)에서 신들을 불러낸다.

이 자애로운 표정이 곧 우리가 이미 기술했던 경제적 과업을 충족시킬 수 있다. 인간이라는 형식 아래 자연의 적대적 현전을 표상함으로써 개인은 자연을 진정시킬 수도 있고 영향을 줄 수도 있는 존재로 취급한다. 자연과학이 심리학으로 치환됨으로써 종교는 인간의 가장 심원한 욕망을 충족시킨다. 이런 의미에서 심지어 두려움을 넘어서 종교를 만들어낸 것이 곧 욕망이라고 할 수 있다.[42]

따라서 문화의 경제적 기능이 우리에게 가능케 한 것은 곧 섭리

---

**42**_ *Ibid.*, *GW, 14*, p. 352 ; *SE, 21*, p 30 ; tr. fr., 79 ; 전집 12권, pp. 197–8.

의 정신분석학이다. 그리고 이러한 과제에 부합하는 신은 모든 가혹함을 넘어선 어떤 자애로운 표징임에 틀림없다. 만약 자연이 인간의 욕망과 함께 간다면 그것은 반드시 우호적이며, 현명하고, 정의로운 의지와 같은 것의 지배를 받아야 한다.

프로이트가 종교의 가장 높은 형식이라고 믿었던 것에 관한 직접적 연역은 다음과 같이 분명한 이점을 갖는다. 곧 그것은 신의 이념이라는 역사적 기원으로 돌아감으로써 종교의 최종적 계기를 놀라울 정도로 짧은 지름길 속에서 나타나게 한다. 다시 말해 신성은 특별한 인격이 된다. 이후로 신과 인간의 관계는 아이와 아버지와의 관계에서 비롯하는 친밀성으로 다시 파악될 수 있게 된다. 나아가 신성은 이내 문화의 맥락 속에 종교의 자리를 만들어서 개별적 신경증의 개인적 순환으로부터 종교를 구출한다. 종교는 이제 문화의 상이한 기능과 같은 필요에서 비롯된다. 여기서 필요란 자연의 우월성에 대항하여 인간을 지켜낼 필요성을 뜻한다.

다른 한편으로 이러한 유일신교에 관한 직접적 연역, 즉 토템 동물로부터 다신교의 신들에 이르는 연역은 더 선행적인 표징을 통해 긴 우회로를 거치면서 나타나게 되는데, 이는 프로이트가 「토템과 터부」의 아버지 콤플렉스를 인간의 무능함의 모티브로 대체한다는 인상을 준다. 그러나 이러한 모티브가 따로 고찰될 경우 그것은 아버지 콤플렉스보다는 "덜 깊이 감춰진다."[43] 따라서 "보다 깊은 모티브와 표면적인 모티브, 즉 아버지 콤플렉스와 인간의 무력함 및 보호에 관한 필요 간

43_ 「토템과 터부」와의 이러한 대면에 대해서는, cf. *GW, 14*, pp. 344–46 ; *SE, 21*, pp. 22–24 ; tr., fr., pp. 61–4 ; 전집 12권, pp. 187–91.

의"[44] 연결 지점을 지적할 필요가 있다. 내가 도입한 언어로 말한다면 정신분석학에서의 문화 해석학은 언제나 욕망의 경제학의 상대항이다. 즉 종교가 제공하는 애도의 문화적 기능과 아버지에 대한 은폐된 소망 사이에는 꿈에서 은폐된 것과 표명된 것 사이에 존재하는 관계와 동일한 어떤 것이 존재한다. 두 관점 간의 연결은 무능함이 유년기의 지속과 반복인 한, 성인의 무능함도 바로 그런 의미에서 담보된다. 인간은 "영원히 어린아이로 남을 운명이다."[45] 그러므로 그는 자신의 아버지 형상에 관해 알려지지 않은 두려운 어떤 권능을 투입한다.

이와 같은 것이 종교에 관한 정신분석학적 해석이다. 즉 종교의 '숨겨진' 의미는 아버지에 대한 향수의 영원한 반복이다.

우리는 이제 이 경제학의 틀 내에서 임상적 기술—꿈 유비와 신경증 유비—안으로 우리를 이끌어 가는 이중적 유비를 수립할 수 있다.[46] 이 유비는 이제 일종의 동일성이 되었다. 만약 종교가 그 자체로 합당한 진리를 가지지 못한다면 그 힘과 영향력의 원천은 무엇인가? 종교적 이념은 "경험의 침전물이 아니고 사유의 최종 결과도 아니다. 이 이념들은 환영이며 인류의 가장 오래되고 가장 강하며 가장 절박한 욕망의 충족이다. 그 힘의 비밀은 그러한 욕망의 힘에 놓여 있다."[47] 경제적 관점에서 환영과 꿈의 환상의 이 근본적 동일성은 우리가 프로이트의 현실원칙의 의미를 논할 때 이미 결론을 내린 바 있는 하나의

---

44_ *Ibid.*

45_ *Ibid.*

46_ *GW, 14*, pp. 367–68 ; *SE, 21*, pp. 42–5 ; tr. fr., pp. 119–122 ; 전집 12권, pp. 213–6.

47_ *GW, 14*, p. 352 ; *SE, 21*, p. 30 ; tr., fr., p. 79 ; 전집 12권, p. 197.

중요한 따름정리를 갖는다. 만약 종교가 욕망 충족이라면 그것은 본질적으로 도덕을 뒷받침하지 않는다. 사실 역사는 "종교가 도덕성 못지않게 비도덕성도 지원해 주었다"는 점을 입증한다.[48] 만약 그렇다면 문화와 종교 간의 연결에 관한 근본적인 재조명이 요청된다. 만일 애도에서처럼 종교가 궁극적으로 금지보다 욕망과 더 많은 연결점을 가진다면 문화는 종교의 바깥에 머무르게 된다. 이 탈종교적인 문화에서 문화적 터부들은 단지 특정한 사회적 정당성만을 가진다. 다시 말해 법과 제도는 오직 인간적인 기원만을 갖는다.

그러나 다른 한편 종교는 그것이 "중요한 역사적 기억들"을 포함하기 때문에 순전한 현상만은 아니다.[49] 「인간 모세와 유일신교」는 이런 의미에서 '종교의 진리란 무엇인가'에 대해 말한다.[50] 이런 회상의 **실재성**에 대한 프로이트의 주장은 종교와 강박신경증 간의 유비를 위한 역사적 기반을 제공한다. 만약 환영과 꿈의 유비가 아버지 콤플렉스의 유년기 특성에 기반하고 있다면 신경증과 종교의 유비는 동일한 기초를 가진다. 만약 "한 어린아이는 신경증 단계를 거치지 않고서는 문명적 단계로의 발달을 무사히 마칠 수 없다"는 말이 참이라면 말이다.[51]

이 논지는 「환영의 미래」에서 그 윤곽이 제시되었고 「인간 모세와 유일신교」의 주요 관념을 형성한다. 원칙적으로 이 사례는 신경증에 속하는 잠복현상과 유대교 역사 속에서 발견된다고 프로이트가 생각한

48_ *GW, 14*, p. 352 ; *SE, 21*, p. 38 ; tr. fr., p. 103 ; 전집 12권, p. 207.

49_ *GW, 14*, p. 366 ; *SE, 21*, p. 42 ; tr. fr., p. 116 ; 전집 12권, p. 213.

50_ *Moïse et le Monotheisme, GW, 16*, p. 230 ff. *Der Wahrheitsgehalt der Religion* ; *SE, 23*, 122 ff ; tr. fr., p. 183 ff ; 전집 13권, 409 이하.

51_ *L'Avenir d'une Illusion, GW, 14*, pp. 366–7 ; *SE, 21*, pp. 42–5 ; tr. fr., p. 111 ; tr. fr., pp. 116–8 ; 전집 12권, pp. 213–6.

'잠복현상', 즉 모세 살해에서부터 선지자 살해의 시대에 다시 출현한 모세 종교에까지 확장된 잠복현상 사이에 대응점을 통해 주어진다. 따라서 우리는 임상적 묘사, 발생적 설명 그리고 경제적 설명의 교차점을 건드린다. "외상적 신경증 문제와 유대 유일신교 문제 사이에는 … 공통점이 존재한다. 즉 그 지점은 바로 '잠복기'라고 할 수 있는 특징이다." 프로이트는 이 유비가 "매우 완벽하고 동일성에 근접한다"고 강조한다.[52] 이제 신경증의 전개를 위한 공식—예전의 외상, 방어기관, 은폐, 신경증의 발생, 억압된 것의 부분적 회귀—이 주어지면 인간 종의 역사와 개인들의 역사 간의 비교 문제가 남게 된다.

> 종으로서의 인간의 삶에서 발생하는 어떤 것은 개인들의 삶에서 발생하는 것과 유사하다…. 여기에는 또한 성적 · 공격적 성격을 내용물로 하는 사건이 일어나 인류에게 영속적인 흔적을 남길 수 있지만 이러한 내용물은 내적인 방어에 직면하거나 망각되었다가 긴 잠복기를 거쳐 작용을 시작하면서 그 구조나 목적으로 보아 신경증 증후와 유사한 것을 만들어낸다.[53]

이와 같은 것이 종교 정신분석학이 목표로 하는 바를 잘 근거짓는 유비이다. 이는 프로이트의 저작에서 의심할 바 없이 꿈의 해석과 신경증, 그리고 문화 해석 간의 상호작용의 가장 놀라운 예를 구성하고 있다. 우리는 변증법의 말미에 그 타당성을 논할 것이다.

---

**52_** *Moïse et le Monotheisme*, *GW*, *16*, p. 176–7 ; *SE*, *23*, p. 72 ; tr. fr., p. 111 ; 전집 13권, p. 339.

**53_** *GW*, *16*, p. 186 ; *SE*, 23, p. 80 ; tr. fr., p. 123 ; 전집 13권, p. 356.

# 3부
# 에로스, 타나토스, 아낭케

이제 우리의 프로이트 읽기는 1920년에 나온 기념비적인 저작인 「쾌락원칙을 넘어서」를 조명하는 더 거대한 격변의 지점에 들어서게 된다.[1] 이 저작에서 다시 이루어진 작업은 1914년 「나르시시즘 서론」에서 주체와 대상 개념 및 인간 정신현상의 총체에 관한 경제학에 부과했던 내용을 확장시킨 것이다. **충동** 이론으로서의 죽음 충동의 도입은 대대적인 진정한 혁신이다. 이는 우리가 앞서 1부 인식론에서 밝혔던 바와 같이 무엇보다도 정신분석학적 담론 그 자체에 영향을 미친 일종의 개정이다. 따라서 그것은 욕망의 의미론을 점진적으로 구성하는 모든 기

1_ *Jenseits des Lustprinzips*, *GW*, *13*, p. 3–69 ; *Beyond the Pleasure Principle*, *SE*, *18*, p. 7–64, tr. fr., *Au-delà du principe de plasir, in Essais de psychanalyse*, p. 5–78 ; 전집 11권, pp. 267–343.

호들(*signes*)에 대한 해석이다. 그리고 이것은 결국 문화 개념 자체, 즉 우리가 2부에서 잠정적으로 그려본 일반적인 형태에 대한 해석이기도 하다.

사실상 충동 이론은 최초의 프로이트 가설에 의문을 제기하는 것이었고, 특히 심리적 기관에 관한 개념은 항상성 원칙에 속하는 것이었다. 우리는 프로이트가 쾌락원칙과 항상성 원칙 사이의 평형을 요청함으로써 정신분석학을 헬름홀츠와 페히너의 과학적 전통 안에 정립하고자 했다는 사실을 알고 있다. 정신분석학은 심리적 기관과 관련한 유사 물리학 및 해석 작업의 저변에 놓인 경제적 현상의 개량화 덕분에 하나의 과학으로 공표될 수 있었다. 1부에서 우리는 정신분석학의 고유한 천성이 해석과 설명 사이, 즉 해석학과 경제학 사이의 상호작용 어딘가에 놓여 있다는 점을 보여주었다. 그러나 동시에 우리는 양적인 가설을 기반으로 하는 그러한 성찰이 분석적 논의의 현실적 본질과 완전히 일치하지는 않는다는 점도 알아야만 한다. 이 새로운 충동 이론은 삶과 죽음에 관한 한 유형의 성찰을 포함하는데, 이는 양적 이론과는 매우 다른 것이다. 그것은 괴테와 낭만주의적 사유, 그리고 심지어 엠페도클레스와 소크라테스 이전에 있었던 위대한 철학적 관점에 더 근접해 있다. 「쾌락원칙을 넘어서」라는 이 제목이 바로 그러한 개념적 혁신을 수행해야 하는 단계—삶의 기능과 연관된 가장 일반적인 가설의 단계—라는 것을 충분히 강조하고 있다. 이러한 이론적 색조의 변화, 즉 이 과학주의에서 낭만주의로의 이행을 고려하기 위해 나는 3부에 에로스, 타나토스, 아낭케라는 매우 상징적인 제목을 붙였다. 죽음과 마주하면서 리비도는 그 의미를 바꾸어 에로스라는 신화적 이름을 얻는다. 그리고 에로스-타나토스라는 한 쌍의 사태에 직면하여 쾌락원칙에 반하는 현실원칙이 마찬가지로 아낭케라는 신화적인 이름 아래로 들어가면서 의미 전체의 위계를 설정한다.

우리의 선결과제는 프로이트의 전 저작을 관통하는 커다란 양극성, 즉 쾌락원칙과 현실원칙 간의 양극성을 정립하는 것이다. 이것이 첫 번째 장의 문제 대상이다. 이 반정립은 항상성 가설과 양적 가설, 자기 규제 기관으로서의 정신현상의 표상 등과 같은 프로이트의 최초 가설에 밀접하게 연관되어 있다. 쾌락원칙과 항상성 가설의 결합은 최초 가설의 물음이 '쾌락원칙의 저편'만이 아니라 '현실원칙의 저편'까지 내포하는가 하는 문제를 적법하게 물을 수 있는 거대한 것이다. 그러므로 현실원칙의 의미를 정확하게 지정하는 일과 초기의 프로이트 가설이 제공한 의미 변양의 확대를 측정하는 일이 중요하다. 의식 및 자아의 기관과 연합된 것으로 나타나는 지각기능과 불가피한 것에서 의단념 사이에는 분명 상당한 의미의 여백이 존재한다. 문제는 새로운 충동 이론이 한 축으로부터 다른 축을 향하는 현실 개념의 무게 중심을 전위하기 위해 자리를 잡는 지점을 아는 것이다.

우리는 죽음 충동에 대한 세부적인 해석을 제시할 때까지는 이 물음에 대한 확정적 답변을 줄 수 없을 것이다. 따라서 우리는 3장에서 프로이트의 현실 개념에 대한 새로운 최종적 검토를 하게 될 것이다. 거기서 우리는 그 이론에 대한 새로운 독해를 통해 제기되는 몇 가지 비판적 물음들을 묶어낼 것이다. 우리가 이러한 다시 읽기에서 너무 많은 것을 기대해서는 안 된다는 점을 미리 말해주어야겠다. 욕망과 환영의 세계에 관한 현실 개념의 비판적 기능에 긴밀하게 결부된 근거들에 대해서 초창기 현실원칙의 형성은 죽음 충동의 도입에서 비롯된 교설에서 야기된 격변에 대해 가장 큰 저항을 제공할 것이다.

이제 어떻게 우리는 2장의 문제인 삶과 죽음에 대한 거대한 가설을 정당화시킬 수 있을까?

1부는 프로이트 이론에서의 사변적 가설이 그 자체로 정당화될 수 없다는 점을 우리에게 가르쳐 주었다. 그 의미는 해석과 설명 간의 상호작용 속에서 규정된다. 사변적 가설은 투여, 전위, 대체, 투사, 투입 등의 경제적 개념과 해석학적 개념들—나타난 의미와 숨겨진 의미, 증상 및 환상, 충동의 표상물, 표상 및 정동—을 서로 연관시키는 그 수용성을 통해 입증된다. 분석적 담론은 궁극적으로 일차 에너지 개념으로서의 충동과 일차 해석학적 개념으로서의 충동의 대표 간의 관계 속에 놓여 있다. 다시 말해 그러한 담론은 욕망의 의미론 속에서 힘과 의미라는 두 보편자를 통합한다. 그래서 우리의 첫 번째 질문은 다음과 같다. 삶과 죽음에 대한 보다 낭만주의적인 사변형태가 항상성 가설 및 그 심리학적 등가물인 쾌락원칙에 관한 보다 과학적인 사변형태와 결합했을 때 이 욕망의 의미론과 담론에 어떤 일이 일어나는가?

우리의 **분석론** 1부는 훌륭한 단서를 제공한다. 즉 충동은 언제나 판독되는 현실성이다. 그것은 충동의 '대표' 속에서 판독된다. 그렇다면 죽음 충동의 '대표'는 무엇인가? 이 질문과 더불어 해독작업의 새로운 단계가 열리고 욕망과 그 기호 간의 새로운 관계가 드러난다. 해석학과 경제학 간의 이러한 새로운 연결에서 시작함으로써 우리는 삶의 기능과 관련해서 근본적인 가설을 일으키는 혁신의 확대를 평가할 수 있다.

위에서 우리가 말했던 충동 이론에 부과된 개정은 절정으로서의 정초에 대한 개정이다. 토대의 개보수는 「쾌락원칙을 넘어서」에서 나타난다. 이는 우리가 **분석론** 2부에서 해명을 시작했고, 완전하지는 않지만 「문명 속의 불만」에서 적어도 확장된 전개를 발견할 수 있는 문화 이론의 체계를 만들어내는 일에 대한 답변이다.[2]

죽음 충동, 탁월한 '조용한' 충동이 역사의 '함성'으로 출현하게 되는 것은 문화의 차원에서이다. 따라서 죽음 충동의 경제학과 해석학 간의 기본적인 연결은 1920년 논문의 메타생물학적 가설과 1929년 논문의 메타문화 이론에서 수행된다. 이러한 연결은 두 가지 경로로 이루어진다. 한편으로 전쟁에 관한 그의 원고에서 문화 이론이 마무리되면서 프로이트는 죽음 충동의 의미를 깨닫는다. 다른 한편으로 죽음 충동을 충동 이론에 도입함으로써 그는 문화의 의미를 예술, 도덕, 그리고 종교에 관한 부분적 현상에 속해 있는 어떤 통합된 수고로 파악한다. 다시 말해 문화의 기획은 그 급진적이고 보편적인 의미를 주장하는 '거인들의 전쟁', 즉 에로스와 타나토스의 관계 속에 존재한다.

충동 이론에 대한 새로운 독해는 미학적이고 윤리적이며 종교적인 현상이 단번에 다시 독해되기를 요구하는데, 이 현상들은 우리가 이미 개별적으로 2부에서 분석한 바 있다. 앞서 시행한 독해에서는 이 분석을 전반적으로 확장하는 일에 치중했다. 따라서 그것은 하나의 유비적 독해로 유비의 단편적인 미완의 특징과 같은 길을 간다. 왜냐하면 과연 차이가 유사성보다 더 의미 있는 것인가 하는 의문을 남기기 때문이다. 에로스와 타나토스 간의 투쟁영역에 문화의 소임을 지정하는 가운데 프로이트는 그의 해석을 어떤 유일하고 강력한 이념으로 제기한다. 첫 번째 독해, 즉 단편적이고 유비적인 독해가 사유의 훈련으로서의 정신분석학을 특성화한다면 두 번째 독해는 보편적이고 특수한 어떤 것으로, 즉 정신분석학을 하나의 세계관으로 특성화한다. 유비 이후에 점차 모습을 드러내는 것은 독수리의 시선이다….

---

2_ *Das Unbehagen in der Kultur, GW, 14*, pp. 421–506 ; *Civilization and its Discontens, SE, 21*, pp. 64–145 ; tr. fr., *Malaise dans la Civilisation*, Denoël et Steele ; 전집 12권, pp. 231–329.

그런데 동시에 프로이트의 교설은 더 단호한 확실성에 준거하는 더 철저한 문제로 궤도를 장식한다. 내가 세 개의 제목으로 3장에서 취합하고자 한 것은 다음과 같이 해결되지 않은 문제들이다. 부정성은 무엇인가? 쾌락이란 무엇인가? 현실이란 무엇인가?[3]

---

3_ "우리는 그처럼 막강하게 쾌 작용과 불쾌의 감정(*Lust und Unlustempfindungen*)의 의미(*die Beduetungen*)를 우리에게 알려줄 수 있는 어떠한 철학적·심리학적 이론에 대해서도 기꺼이 감사를 표할 것이다. 그러나 우리는 이 점에 대해서 유감스럽게도 우리의 목적에 부합할 아무것도 제공받지 못하고 있다. 쾌와 불쾌의 감정은 인간의 마음 중 가장 불투명하고 접근하기 어려운 부분이다. 그러나 우리는 그 감정들과 접촉을 피할 수 없기 때문에 가장 유연한(*lockerste*) 가설을 세우는 것이 최선이라고 생각한다. 최소 가설이 최상의 것처럼 보인다." *GW*, *13*, pp. 3–4 ; *SE*, *18*, p. 7 ; tr. fr., p. 5 ; 전집 11권, p. 270.

# 1장 쾌락원칙과 현실원칙

「쾌락원칙을 넘어서」… 이 글은 1920년에 죽음 충동을 충동 이론에 도입한다고 말한다. 그러나 프로이트의 이론은 항상 쾌락원칙을 넘어서는 어떤 것, 즉 현실원칙을 가지고 있었다. 그러므로 바로 우선 현실과 쾌락이라는 이 양극성 자체를 배치하지 않고서 충동 이론에서 죽음 충동을 통해 부과된 혁명의 범위를 판단하는 일은 불가능하다.

프로이트의 현실 개념은 겉으로 보이는 것처럼 그렇게 간단하지가 않다. 이 개념의 전개양상은 대강 아래와 같다.

1. 우선 1911년의 중요한 짧은 논고에서 사용되는 말들을 살펴보면 '정신기능'의 두 가지 원칙은 '최초의 과정'과 '두 번째 과정'으로 묘사된다. 우리는 이미 이러한 표현들의 의미를 분석했던 것처럼 여기서 우리에게 흥미를 일으키는 대립의 용어로 이 분석을 번역하는 것으로

만족한다. 따라서 최초의 현실 개념은 우선 꿈과 신경증 이론의 임상적 맥락 안에서 탐구된다. 그리고 1914–1917년의 메타심리학 논문은 이 현실 개념을 일차 지형학을 따라 무의식, 전의식 및 의식에 할당된 의미와 일치하는 경제적 의미를 부여함으로써 확장시킨다. 이렇게 해서 일반적으로 현실은 의식기능과 상호 연관을 이룬다. 따라서 서술적이고 임상적인 의미로부터 체계적이고 경제적인 의미로 옮겨감으로써 우리는 최초의 개념을 그 실질적으로 변형시키지 않고 새로운 핵심 사항으로 옮겨적을 것이다.

2. 현실원칙에 대한 심도 깊은 충실화는 대상적 관계에 대한 탐구에서 발견된다. 우리는 여전히 일차 지형학(정신기관으로서의 특정 장소의 개념을 표상하는 것, 즉 무의식, 전의식, 의식)과 일차 충동 이론(성 충동과 자아 충동 간의 대립)의 수준에 머문다.

3. 현실 개념의 더 결정적인 변형은 앞선 장에서 고려된 이론의 두 가지 중요한 재검토 작업과 연결되면서 드러난다. 이것은 나르시시즘의 도입과 이차 지형학과의 교환이다. 상이하지만 수렴된다는 이유로 이 두 가지 개정은 쾌락원칙과 현실원칙의 대립의 점진적인 극화 안에서 그 표현을 발견한다. 현실적인 것은 더 이상 단순한 환각의 반대가 아니다. 그것은 가혹한 필연성이며, 나르시시즘의 단념 이후에, 즉 오이디푸스 시기에 절정에 이르는 실패와 기만과 갈등이 있은 다음에 드러나는 것이다. 이 지점에서 현실성은 필연성으로 일컬어지며, 이것이 동시에 아낭케이다.

우리가 다음 장에서 검토할 충동 이론의 위대한 '재신비화'(re-mythisation)는 에로스와 타나토스를 통해 상징화된 것으로, 이 극화의 과정에서 중요한 역할을 담당한다. 우리는 이 문턱에서 프로이트의 현실 개념을 단념하는데, 이것은 죽음에 관한 우리 연구의 막바지를 찾기 위함이다. 다시 말해 죽음 충동 전과 죽음 충동 이후로 말이다. 정신기관의 '과학적' 상에서 사랑과 죽음의 상호작용에 관한 보다 '낭만적인' 해석으로의 전환은 현실 개념이 프로이트 이론에서 획득한 의미에 영향을 주지 않을 수 없다. 죽음 충동에 앞서 현실은 쾌락원칙과 같은 수준에서 규제적 개념이다. 마찬가지로 현실이 '원칙'으로 불리는 이유도 동일하다. 죽음 충동 이후의 현실 개념은 세계라는 제국을 나눠 갖는 유사 신화적 힘의 차원으로 격상되어 다루어진다. 이러한 형태의 변화는 아낭케 개념으로 상징화되는데, 이는 그리스 비극에서의 운명만이 아니라 스피노자와 르네상스 철학에서의 자연이라는 개념도 상기시킨다. 또한 마찬가지로 그것은 니체의 영원회귀 개념 또한 떠올리게 한다. 요약하자면 처음에 단순히 '심적 규제'의 원칙이었던 것이 이제 어떤 가능한 지혜의 암호가 된 것이다.

## 1. 현실원칙과 '이차 과정'

현실에 관한 프로이트의 언급들이 임상적 관찰에서 시작되었다는 것은 분명한 사실이다. 우리는 이 사실을 1911년의 짧은 논문인 「정신적 기능의 두 가지 원칙」의 서론에서 알 수 있다.[1] 피에르 자네가 신경증을 '현실 기능'의 상실이라고 주장했던 것처럼 말이다. 하지만 프로이트는 신경증 환자들이 현실로부터 멀어지는 것이 그들이 그것을

1_ *Formulierungen über die zwei Prinzipien des psychischen Geschehens*(1911), *GW, 8.*, pp. 230−238. *Formulation on the two principle of mental functioning, SE, 12*, p. 218−26, C.P. 4, pp. 13−21 ; 전집 11권, pp. 7−22. Cf. *Jones*, *o. c.* 2, pp. 332−5.

견딜 수 없어 하기 때문이라고 주장한다는 점에서 자네와 좀 다르다. 따라서 처음에는 어떤 철학적 의미도 현실 개념에 부가되어 있지 않았다. 현실은 어떤 문제도 아니었던 것이다. 현실은 기존에 알려진 어떤 것으로 취급된다. 정상인과 심리치료사가 현실의 척도다. 또한 현실은 물리적이며 심리적인 적응 환경인 셈이다.

그러나 여전히 이 초보적인 수준에서조차도 쾌락과 현실의 대립 안에서의 동질성의 결여를 주목하는 것이 중요하다. 대립을 동질적으로 만들기 위해서는 처음부터 쾌락원칙이 환상의 원천으로 현실에 개입한다고 해야 할 것이다. 마이네르트가 말하는 **정신박약증세** 내지 극심한 환각증세는 여기서 기본적인 도식을 보여주는데,[2] 프로이트는 이를 모든 신경증으로 확대한다. 다시 말해 프로이트는 "실제로 모든 신경증 환자들은 현실의 어떤 부분에서는 그런 환각성 정신증 환자들과 동일한 행동을 취한다고 할 수 있다"고 단언한다.[3] 본래 환각증세의 해석에 필요했던 도식을 신경증으로 확장하는 것은 우리가 이미 살펴보았던 초기 논문을 기반으로 삼는다. 즉 신경증과 꿈에서의 욕망 충족이 환각증세와 같은 방식으로 작동한다는 것이다. 이 최초의 핵심 사항에서 시작해서 이제 과제는 "신경증 환자와 모든 인간의 현실과의

---

2_ 두 원리의 첫 번째 정식은 플리스에게 보낸 편지 105에서 발견된다. "나의 마지막 일반화는 유효하다. 그리고 그것은 무한히 발전할 것처럼 보인다. 꿈만이 아니라 히스테리 발작도 욕망의 실현이다. 히스테리 증상에 대해서도, 아마 모든 신경증에 대해서도 그것은 마찬가지이다. 왜냐하면 나는 얼마 전 망상에서도 그것을 발견했기 때문이다. 현실과 욕망의 실현, 그것이 바로 우리의 정신적 삶을 만드는 대립쌍이다." *La Naissance de la Psychanalyse*, p. 246 ;『정신분석의 탄생』, p. 189. Cf. Jones, *o. c.* 1, p. 396.

3_ *GW*, *8*, p. 230 ; *SE*, *12*, p. 219 ; 전집 11권, p. 12.

관계가 어떻게 전개되는지 살펴보는 것"이 되며, 이것은 "현실의 외부 세계가 지니는 심리학적 의미를 우리의 이론적 구조 내부로 편입시키는 것"이다.[4]

쾌락원칙과 욕망의 유사 환각기능 간의 상호관계는 프로이트가 「과학적 심리학 초고」 시기 동안, 그리고 『꿈의 해석』 7장에서 '일차 과정'이라고 불렀던 것의 기초가 된다. 그리고 그것은 현실원칙과 '이차 과정'을 연관시킬 수 있게 한다. 이 두 가지 연관성은 1911년 논문의 나머지 부분에서 실마리로 제공된다. 비록 이차 지형학과의 연관성을 제외하고는 알려지지 않는 것으로 나타나긴 하지만 말이다.

일차 과정과 이차 과정의 관계는 단순한 것이 아니다. 이 관계는 쾌락원칙과 현실원칙 간의 두 가지 종류의 관계를 드러낸다. 한편으로 현실원칙은 쾌락원칙의 정반대가 아니라 욕망의 충족으로 가는 우회로 내지 에움길이다. 사실상 심리적 계기는 결코 단순한 이차 과정의 도식으로는 기능하지 않는다. 쾌락원칙이 그 순수한 상태에서 고려된다면 그것은 하나의 근본적인 환상이다. 이와 관련하여 현실원칙은 이차 과정의 지배를 받는 정신기관의 정상적 기능을 지칭한다. 그러나 다른 한편으로 쾌락원칙은 이러저러한 위장을 통해 그 영향력을 연장한다. 꿈에서부터 종교의 환영에서 비롯되는 이상에 이르기까지 환상을 그 모든 정상적이고 증후적인 형태에서 현존하게 하는 것은 쾌락원칙이다. 따라서 위장된 형식으로 쾌락원칙을 넘어서는 것은 불가능한 일이다. 이것을 기준으로 현실원칙은 도달하기 어려운 어떤 현존의 체제(régime d'existence)를 가리킨다.

「과학적 심리학 초고」에 대한 연구에서 우리는 쾌락원칙이 절대

---

4_ *Ibid*.

적인 것으로 받아들여질 때, 그것이 결코 인간적인 현실 조건이 아닌 어떤 가상이라고 할 수 있는 여러 근거들을 언급했다. 한 가지 점에 있어서 내적인 충동은 항상 균형을 흩어버리고 긴장의 총체적 해방을 불가능하게 만든다. 따라서 정신기관들은 항상성 원칙을 따라 표상된 단순한 에너지 기능으로부터 파생된 것으로 현실원칙을 강제한다. 둘째 만족의 경험은 타자의 도움, 대상관계, 그리고 결과적으로 현실 전반의 순환과정을 분명하게 포함한다. 우리는 「과학적 심리학 초고」에 나오는 다음과 같은 중요한 구절을 상기할 수 있다.

> 인체는 처음에는 그러한 특수 행동을 할 수 없다. 그것은 외부의 도움을 통해 실현될 수 있다. 즉 그것은 경험 있는 사람이 내적인 변화의 길을 따라 방출하는 어린아이의 상태에 주목할 때 일어난다…. 이러한 방출의 길은 가장 중요한 이차적인 기능, 즉 의사소통 기능을 획득하게 되고, 인간 존재의 근원적인 무력함은 모든 도덕적 동기의 최초 원천이 된다.[5]

결국 「과학적 심리학 초고」의 여타 공식을 따르면 불쾌감은 "유일한 교육 수단"이다.[6] 다시 말해 불쾌감은 현실원칙 자체에 쾌락주의적 의미를 부여하며, 쾌락원칙의 연장선상 안에 자리한다. 사실상 환각적인 만족감은 생물학적인 난관이다. 다시 말해 환각적 만족감은 필연적으로 궁지에 다다른다. 이것이 곧 현실원칙의 수립이 그 자체로 쾌락원칙의 요구가 되는 이유이다.

---

5_ *La Naissance de la Psychanalyse.*, p. 336 ;『정신분석의 탄생』, p. 244.

6_ *Ibid.*, p. 381 ;『정신분석의 탄생』, p. 310.

이 경우 만일 현실원칙이 이차 과정과 일치한다면 모든 인간 정신현상은 환각을 벗어나는 한 그 원칙에 복종한다.

「과학적 심리학 초고」의 세 번째 부분은 위에서 언급한 의미로 이해되는 이차 과정에 대한 도식적 설명을 제시한다. 여기서 현실원칙은 계산되거나 이성적인 쾌락주의라고 일컬어질 수 있는 한계 안에 존속된다. 이차 과정의 이 도식은 결코 심원하게 개편되지 않았다. 우리는 다음과 같은 주요 주제를 알고 있다. 현실에 대한 질적 검토(「과학적 심리학 초고」는 특별한 '신경증' 집합에 할애된다), 환각과 지각의 분별, 새로운 자극에 대한 적극적 탐색, 그리고 판단의 수단을 통해 예전의 것과 새로운 것을 동일시하기(칸트에게서는 지각 판단에 가까운 도식에 의해서). 또한 이해된 말에 관한 기억 흔적을 기반으로 해서 관찰된 현실에서 사고된 현실로 이행하기, 현실에서의 운동력, 근육의 지배적 영향, 이상화를 향한 관점을 가지고서 방출 지연을 통제하기 등이 주요 주제다. 『꿈의 해석』 7장은 이차 과정에 대한 이 도식적 분석에 아무것도 보태지 않는다. 심지어 우리는 그 연구의 전반적인 관심에서 비롯한 구조 때문에 『꿈의 해석』이 「과학적 심리학 초고」 이상으로 나아가지 않는다고도 말할 수 있다.

「과학적 심리학 초고」의 주요 주제는 1911년 논문에서 현실원칙에 대해 고찰된 여덟 개 단락 중 첫 번째 단락에서 다시 다루어진다.[7] 다시 한 번 주의력은 예취된 채택으로 파악된다. 다시 말해 과거 묘사의 통합으로서의 기억, 새로운 성질과 기억의 흔적 간의 비교와 동일시로서의 판단, 에너지에 활력을 주는 결합으로서의 운동력의 영향, 끝으로 동일한 역할을 견지하는 사고나 운동력의 억제. 우리는 「과학적 심

7_ *GW, 8*, pp. 230-1 ; *SE, 12*, pp. 219-21 ; 전집 11권, pp. 14-6.

리학 초고」라는 텍스트가 이 모든 것과 관련해서 더욱 명시적인 언급을 남겨두었다고 말할 수 있다.

우리가 이차 과정이라는 이러한 개념에 우리 자신을 제한하지 못한다면 현실원칙에 대한 분석은 불완전해질 것이다. 그러나 『꿈의 해석』은 이미 역설적인 방식으로 어떻게 해서 우리가 쾌락원칙을 **넘어설 수** 있는지를 알려주었다. 우리가 기억하는 정신기관은 진보하거나 퇴행하는 방향으로 기능할 수 있는 것으로 묘사되었다. 이 도식적 도해는 많은 측면에서 오도된 것인데, 적어도 그 도해는 역으로 작동하는 정신 구조, 쾌락원칙으로의 현실원칙의 대체를 거부하는 정신 구조 개념을 제안하고 있다. 그러므로 쾌락원칙은 더 이상 단순히 초기의 허구적 단계를 지시하는 것이 아니라 전도된 기관의 운동을 지시한다. 이 기관들은 7장에서 지형학적 퇴행 내지는 소원성취의 원초적 환각 형태를 복원하기 위한 정신기관의 경향이라고 불렸다. 이렇게 해서 프로이트는 **욕망**(*Wunsch*)을 정의할 수 있었다. 우리는 이를 욕망 충족의 환각적 형식을 보존하는 경향이란 뜻에서 거칠게나마 '욕망'(desire)으로 번역한다.

> 같은 욕구가 다음에 또 일어나는 즉시 이미 형성된 결합에 힘입어 지각의 기억 상(image)에 에너지를 투여하여 지각 자체를 다시 불러오려고 하는, 즉 이전의 충족상황을 표상하려는 심리적 충동(*Psychische Regung*)이 발생한다. 이러한 충동(*Regung*)을 우리는 '욕망'(*désir, Wunsch*)이라고 부른다. 지각의 재출현은 욕망의 성취이며, 욕구 충동에 의한 지각의 충분한 투여는 욕망의 성취(*Wunscherfüllung*)에 도달하는 가장 빠른 길이다. 실제로 이 길을 따라 욕망이 환각으로 끝나는 정신기관의 원시 상태를 가정하는 것은 그다지 어려운 일이 아니다. 이러한 최초의

심리적 활동은 지각 동일성(identité de perception), 즉 욕구 충족과 결합된 지각의 반복을 목표로 삼는다.[8]

충족으로 가는 최고의 지름길은 분명 우리에게 닫혀 있다. 하지만 충족은 비유와 대체의 방식으로, 우리가 환상의 모든 기록부 속에 받아들이는 길이다. 다시 말해 신경증적 증후, 낮과 밤의 꿈은 현실원칙의 패권과 그 힘의 검토 증거다.[9]

이 두 번째 관점에서 보자면 쾌락원칙은 실제적인 기능방식을 나타내는 반면에 현실원칙은 성취되어야 하는 의도나 과제를 표현한다. 이 과제의 난점은 나머지 분석에서 강조되고 있다. 쾌락원칙은 비용이 덜 드는 데 반해 현실원칙은 욕망과 환각 사이의 지름길의 단념을 내포한다.

이 극적인 관계는 1911년 논문의 두 번째 단락에서 매우 간략하게 요약되고 있다.

> 비용절감이라는 경제 원리까지 거슬러 올라갈 수 있는 정신기관의 일반적 경향은 우리 마음대로 쾌락의 근원을 붙들고 늘어지려는 데서, 그리고 그런 쾌락의 근원을 단념하기 어렵다는 데서 찾을 수 있을 것 같다. 그러나 현실원칙의 도입과 더불어 사고활동의 한 부류가 떨어져 나가게 된다(*wurde eine Art Denkbarkeit abgespalten*). 그것은 현실성 검사에서 벗어나게 되고 오로지 쾌락원칙만이 추구된다. 이 사고활동이 바로 어린아이들의 유희에서 시작되어 나중에 백일몽의 형태로 지속되다가 현

---

8_ *GW 2/3*, p. 571 ; *SE, 5*, pp. 565–66 ; tr. fr., pp. 463–4(308) ; 전집 4권, 654.

9_ *GW, 8*, p. 234 ; *SE, 12*, p. 222 ; 전집 11권, pp. 16–7.

실 대상에 대한 의존을 포기하게 만드는 환상(*Phantasieren*)이다.[10]

이 명료한 언급 뒤에 『꿈의 해석』 7장에서 말하는 유년기 욕망의 파괴 불가능성, 즉 환상의 체제에서 현실성의 체제로 이행하지 못하는 무능력함에 대한 모든 것—요컨대 인간 정신 현상이 하나의 사태를 형성하고 지형학에 준거하는 모든 것—이 자리한다. 현실로 가는 길은 실질적으로 더 어려운 경로다. 「과학적 심리학 초고」와 지금 다루는 이 텍스트에서 비롯된 많은 언급들은 실제로 과학적 작업에 몰두하는 사유를 통해서만 이를 수 있다는 점을 함축하고 있다.

이러한 것이 1895년의 「과학적 심리학 초고」로부터 1911년의 논고에 이르는 정신기관의 이중적 기능 개념이다. 프로이트가 기본적으로 이 개념을 대체하지는 못하지만 이 개념에 일종의 첨가는 한다. 「메타심리학에 관한 논고」는 이 개념의 지형학적 경제적 번역 및 우리가 일차 지형학이라고 부르는 정신기관의 일차적 표상과 이 개념을 조화시키는 작업을 보여준다.

따라서 「무의식에 관하여」에서 쾌락원칙과 현실원칙의 대립은 체계들(Ics, Pcs, Cs) 간의 큰 대립들 속으로 구체화된다. 우리는 마땅히 이러한 전환에 주목해야 한다. 왜냐하면 처음에 그것은 현실원칙을 의식 체계와 관련시키는 것을 가능하게 하며, 그 현실성을 의식들 간의 상호 관련성으로 정의할 수 있도록 해주기 때문이다.

이러한 '체계적' 문자화는 '무의식 체계의 특수성'에 할애된다.[11]

---

10_ *Ibid*.

11_ "지금까지의 설명을 요약하자면, 상호 갈등과 충돌 가능성에서 벗어나 있음, 일차 과정(투여의 유동성), 무시간성, 외부 현실을 정신적 현실로 대체함 등이 바로 무의식 체계에 속하는 정신 과정들에서 찾아볼 수 있는 주요 특징들이다." *GW, 10*, p. 286 ; *SE, 14*, p. 187 ; tr. fr., in *Métapsychologie*, p. 131 ; 전집 11권, p. 191.

쾌-불쾌의 원칙은 모순의 부재(부정, 의심, 확실성 정도의 부재), 투여의 운동 가능성 및 시간 관계의 부재로 분류된다. 역으로 현실원칙은 부정과 모순, 에너지에 활력을 주는 연결로 분류된다.

프로이트의 모든 이론적 작품 가운데 「꿈 이론과 메타심리학」(1916)은 의식 체계와 현실원칙의 이 상호 연관성에 관한 가장 정확한 공식을 담고 있다.[12]

『꿈의 해석』 7장을 고쳐 쓰면서 프로이트는 지형학적 퇴행—기억 이미지로 충족을 해결하는 것은 초기의 충족 경험 및 이미지의 재생에서 유래한다—은 환각에 수반되는 현실에 대한 믿음을 적절하게 설명하지 못한 것이라는 점을 인정한다. 환각은 더 나아가 지각 판단의 분별하는 기능에 대한 폐기를 요청한다. 그러므로 이러한 분별 기능은 몇몇 특수한 심리적 기관, "그런 소원 지각을 현실적인 충족(*von einer realen Erfühlung*)과 구분하게 하고 다시는 그런 소원 지각을 하지 않게 하는 어떤 장치(*Einrichtung*)"와 연결된다.[13] 프로이트는 이와 같이 환각이 포기되는 이 계기를 "현실성 검사" (l'épreuve de la réalité *Realitätsprüfung, testing of reality*)라고 부른다.[14]

이 기능을 검토하면서 우리는 '의식-되기'와 '현실성 검사'를 규제하는 '체계' 자체가 존재한다고 말하게 된다. 왜냐하면 대상이 나타나고 사라지게 되는 것은 그러한 체계의 작동이 존재하기 때문이다. 따

12_ *Metapsychologische Ergänzung zur Traumlehre, GW, 10*, pp. 412-26 ; *Metapsychological Supplement to the Theory of Dreams, SE, 14*, pp. 222-235. C. p. 4, pp. 137-51. tr. fr., *Compléments métapsychologiques à la doctrine des rêves, in Métapsychologie*, pp. 162-188 ; 전집 11권, pp. 215-37.

13_ *GW, 10*, p. 422 ; *SE, 14*, p. 231 ; tr. fr., p. 181 ; 전집 11권, p. 232.

14_ *Ibid.*

라서 우리는 독특한 전-의식의 체계를 상정한다. 이것은 그러한 고유한 투여나 리비도적 침투에 저항하는 방어능력을 가진다. 현실성 검사는 곧 의식 체계 및 그 특유의 투여와 긴밀하게 연결된다. 프로이트는 다음과 같이 말한다. "우리는 현실성 검사를 우리의 심적 체계 사이에 존재하는 것으로 확인한 **검열**과 더불어 거대한 자아의 기관들 가운데 하나로 볼 것이다."[15] 현실성 검사에 수반하는 검열은 리비도 투여에 대항하여 전의식과 의식 체계를 방어하는 것들이다. 그러나 검열은 현실로부터의 '우회'(Abwendung)와 '물러섬'(Entziehung)을 통해 욕망의 정신병에 굴복하고, '자발적 단념'을 통해 수면 중에 그러한 활동을 하기도 한다. 수면 상태에서의 자기애적(narcissique) 도주는 따라서 의식 체계의 입장에서는 투여의 상실에 해당한다.[16]

모든 지형학적 퇴행, 현실성 기능의 상실이라는 특징은 곧 의식 체계 그 자체의 대체자로 가정된다. 그러나 프로이트는 의식-전의식 체계의 지형학적-경제학적 이론이 마침내 구성되었다고 공언한다. 이 원리는 결정적 결론을 도출하지는 않지만 탐구를 위한 틀을 마련한다고 할 수 있다. 심리적 기관에서 '표면'으로서의 의식과 관련해서 앞서 제기한 우리의 논의는 (「자아와 이드」 2장을 따라) 의식-전의식 체계에 관한 연구에 해당한다. 그렇다면 우리가 이제 알고 있는 바는 현실원칙에 관한 연구의 상대항이다. 프로이트가 전의식 체계가 자아의 핵심이라고 말했을 때[17] 이것은 사실상 현실원칙을 언급하고 있는 것이다. 따

15_ *GW, 10*, p. 424 ; *SE, 14*, p. 233 ; tr. fr., p. 184 ; 전집 11권, p. 234-5.

16_ *GW, 10*, p. 425 ; *SE, 14*, p. 234 ; tr. fr., p. 185-6 ; 전집 11권 p. 236.

17_ 「애도와 우울증」은 이와 동일한 내용을 말한다. "우리는 이 '양심'을 의식의 검열 및 현실성 검사와 더불어 자아의 주요 기관에 포함시킬 것이다." *GW, 10*. p. 433 ; SE, 14, p. 247 ; tr. fr., p. 199 ; 전집 11권, p. 250.

라서 우리는 이제 윤리적일 뿐만 아니라 충동적인 요구들, 즉 내적 세계의 요구에 저항하는 '외재성'에 관한 탁월한 체계를 구축할 수 있다. 그리고 이것은 우리가 차후 초자아를 현실성과 대면시킬 때 「자아와 이드」에서 했던 것과 같은 말을 할 수 있게 해준다.

> 자아가 근본적으로 외부 세계나 현실 대표(*Repräsentant*)인 반면 초자아는 그것과는 대조적으로 내부 세계나 이드의 대리인(*Anwalt*)으로 존재한다. 자아와 이상 사이의 갈등은 우리가 예측할 수 있듯이 궁극적으로 현실적인 것과 정신적인 것, 외부 세계와 내부 세계 사이의 대조적 성격을 반영한다.[18]

## 2. 현실원칙과 '대상 선택'

쾌락원칙은 짧고 쉬운 길이다. 다시 말해 모든 퇴행적인 것은 이 길로 돌아간다. 하지만 현실원칙은 길고 어려운 길이다. 또한 현실원칙은 시원적 대상에 대한 단념과 애도를 동반한다.

이 단순한 도식은 근본적으로 대체자가 없이도 우리가 자주 욕망의 역사라고 불렀던 것과 관련된 모든 분석을 따라 전개된다. 이 욕망의 도식적 '연대기'가 쾌락원칙과 현실원칙 간의 심오한 관계를 드러낼 것이다.

리비도에 관한 그의 첫 번째 이론에서 프로이트는 잠정적으로 자아 충동과 대조를 이루는 성 충동의 영역으로 충동에 대한 탐구를 제

18_ *GW*, *13*, p. 264 ; *SE*, *19*, p. 36 ; tr. fr., p. 191 ; 전집 11권, p. 378.

한시킴으로써 두 가지 기능들 간의 갈등의 역사에 대한 선택의 장의 경계를 설정한다. 실제로 현실원칙을 통해서 쾌락원칙을 대체하는 일은 단번에 이루지지 않는다. 또한 그것은 충동의 전선을 따라 완전히 동시적으로 일어나지도 않는다. 즉 리비도의 영역은 주도권의 변화가 가장 어렵게 일어나는 곳이다. 리비도는 다른 어떤 충동보다 더 오랫동안 쾌락원칙의 지배 아래 놓인다. 왜냐하면 원초적인 자기애가 얼마 동안 스스로의 무능함, 즉 결과적으로 불쾌에서 비롯되는 교육의 경험을 벗어나게 해주며, 또한 잠재된 영역이 사춘기까지 현실과의 대면을 더 오랫동안 지연시키기 때문이다. 따라서 성욕은 시원성(archaïsme)의 자리이다. 반면 자아 충동은 직접적으로 현실에 대한 저항으로 파악된다.[19] 쾌락원칙은 그 지배를 주로 환상의 영역에서 지속한다. 그것은 **욕망**(*Wunsch*)의 구조가 가장 오랫동안, 심지어는 아마도 무한정 지속되는 곳이다. 우리는 이미 성욕의 의미론의 이러한 특성을 강조한 바 있다. 식욕이나 심지어는 자아 방어와도 다르게 성욕은 단지 탈현실적인 존재 방식으로만 상상하고 말하는 것으로 주어진다. 여기서 욕망의 의미론은 망상의 의미론이 된다. 이것이 바로 현실원칙이 더 이상 단순히 욕망의 하부 구조에서가 아니라 수많은 환상 영역의 줄기들에서 발생하는 전투의 결과가 되는 이유다. 이러한 것은「메타심리학에 관한 논고」가 표상, 정동 그리고 욕망의 언어 표현이라는 모든 영역에서 충동의 '파생물들' 내지 '부산물'이라고 부른 그 차원에서 존재한다.

리비도 '단계들'에 관한 이론에서 프로이트는 환상과 현실 간의 전투가 벌어지는 이 욕망의 역사의 주요 단계들을 강조했다. 따라서 그는 1911년 논문에서 "현실원칙에 의한 쾌락원칙의 억압"이라고 부른

19_ *Formulations concernant les deus principés*. *GW*, *8*, p. 234, *SE*, *12*, p. 222.

것과 단계 이론을 상호 연관시킴으로써 현실원칙과 '대상 선택' 간의 흥미로운 연결점을 수립한다.[20] 그리고 이는 리비도의 역사에 있어서 중심적인 주제를 형성한다.

이 연결은 우리가 위에서 현실원칙과 이차 과정 사이에 수립했던 연결보다 더 정확하고 설명 가능한 것이 된다.

이것은 충동이 특정한 '목적'을 가지면서 여러 '대상들'을 가진다는 것에 대한 중요한 언급이 있는 『성욕에 관한 세 편의 에세이』에서 시작되는 논의이기도 하다. 그것은 쾌락원칙의 지배를 지속 가능하게 해주는 욕망의 근원적 방황이다. 대상과의 연결이 주어지지 않으므로 그것은 획득되어야 한다. 다시 말해 이 문제는 **대상 선택**(*Objektwahl*, choix d'objet)이라는 말을 통해 분석적 교설 안에서 제시된다.

이 간결한 전망 안에 자리하게 된 현실원칙은 성기기의 수립과 일치하고, 더 정확히 말해서 생식성으로의 대상 사랑의 종속과 일치한다. 이 지점에서는 프로이트가 절대로 변하지 않는다. 현실원칙에서는 규정된 심리-내적 조직화, '재생 기능에서의 조직화와 종속의 형식'에 일치하게 된다. 『성욕에 관한 세 편의 에세이』의 이러한 반복되는 진술과 1911년 논문의 진술은 일치한다.[21] "자아가 **쾌락자아**에서 **현실자아**로 변화를 겪는 동안 성 충동은 여러 가지 중간 단계를 거쳐 최초의 자가 성애에서 생식에 기여하는 대상의 사랑으로 전환되는 변화를 겪는다."[22] 따라서 현실은 쾌락의 외적 원천으로서의 타자의 신체에 대해

20_ *Die Absösung des Lustprinzip durch das Realitätsprinzip*, *ibid*.

21_ *Tois Essais*. *GW*, *5*, pp. 99, 109, 139 ; *SE*, *7*, pp. 199(1915), 237(1905) ; tr. fr., pp. 111, 128, 175 ; 전집 7권, pp. 98, 107, 142.

22_ *GW*, *8*, p. 237 ; *SE*, *12*, p. 224 ; 전집 11권, p. 20.

서만이 아니라, 타자의 욕망 및 마침내 인간 종들의 운명의 관계 속에 머무르게 된다. 성적 리비도의 범위 내에서 동일한 종의 보충적 동반자 관계와 종에서의 개체의 종속 간의 상호관계는 현실원칙의 우위성에 대해서 결정적인 부분이다. 이런 측면에서 정신분석학의 기본적인 기여는 조직화의 가장 복잡한 형식이 우연한 사회적 조건 때문이 아니라 구조적 필연성 때문에 난해하고 복잡하다는 것을 보여주었다는 점이다. 이것이 바로 프로이트가 현존하는 사회 환경의 주변 상황으로 돌아가 삶의 난점을 추적하려고 하는 모든 문화론자들과 구별되는 지점이기도 하다. 프로이트에게 성욕의 연속적 국면은 집요하면서도 '포기'하기가 힘든 부분이다. 따라서 현실의 경로는 최초에 어머니의 가슴으로 있었던 잃어버린 대상에 남겨진다.[23] 자기-성애 자체는 이 잃어버린 대상에 부분적으로 연결된다. 결과적으로 '대상 선택'은 전망과 상실이라는 두 가지 본성을 지닌다. 즉 "대상의 발견은 사실상 대상의 재발견이다."[24] 리비도에 있어서 미래는 과거 속에, 즉 "상실된 행복"[25] 속에 존재한다. 프로이트는 자주 대상 선택이 말하자면 어떤 선택도 아니라고 언급했다. 어떤 내적 숙명에 의해 그것은 그 인격 자신의 신체 모형이나 아이의 보살핌에 책임이 있는 누군가의 모형으로 유형화된 것이다. 이것은 자기애 내지는 의존이다.[26]

---

23_ *Troi Essais*. *GW*, *5*, 123 ff. (*die Objektfindung*) ; *SE*, *7*, p. 222 ff ; tr. fr., p. 151 ff ; 전집 7권, p. 124 이하.

24_ *Ibid*.

25_ *Ibid*.

26_ *Ibid*. 각주는 1915년에 첨가되었다. 프로이트는 따라서 그의 텍스트를 「나르시시즘 서론」이라는 논고의 2부에서 수행된 발견들과 조화롭게 만든다. 이 논문에서는 '대상을 발견하는' 두 가지 '방법'—의존적 방법과 나르시시즘적 방법—이 구분되어

욕망의 역사에 관한 이 극적인 해석은 오이디푸스 콤플렉스가 야기하는 수많은 환상들을 따라 우리의 현재 연구와 연관되어 이 콤플렉스와 함께 절정에 이른다. 오이디푸스적 위기는 시간 안에 위치를 정하지 않는다. 다시 말해 그것은 꿈과 신경증의 근친상간적 환상의 형식으로 표면에 이르기를 지속한다. 신경증의 근친상간적 핵심에 대한 프로이트의 주장은 잘 알려져 있다. 곧 그것은 정신분석의 성패가 이 지점에 달려 있다는 것이다. 하지만 오이디푸스적 드라마의 본질은 그 자체가 환상이라는 점에 있다. 그것은 제정되고 꿈꾸어진 드라마다. 하지만 오이디푸스 드라마는 보다 심각한 드라마다. 왜냐하면 그것은 욕망의 부분에 대한 불가능한 요청에서 비롯되기 때문이다. 욕망은 불가능한 것(이 교설은 다음과 같이 충격을 받아 걸림돌이 되어버린 것으로 표현된 상황을 뜻한다. 아들은 어머니를 통해 아이를 가지고자 했고, 그녀의 아버지를 통해서 딸을 가지기를 원함)을 원함으로써 시작된다. 불가능한 것을 바라기 때문에 욕망은 필연적으로 좌절을 맛보고 상처를 받는다. 그러므로 현실로 가는 경로는 잃어버린 대상을 따라갈 뿐만 아니라 금지되고 거부된 대상들을 또한 따라간다. 초자아의 형성에 대해서는 이러한 포기와 폐기의 중요성에 대해 말하는 것으로 충분하다. 우리는 이제 현실원칙에서의 그 효과에 대해 이야기해야 한다.

1911년 논문에서 프로이트는 현실자아와 쾌락자아(*Lustich*)[27]를 대조한다. 만약 욕망(*Wunsch*)이 쾌락자아의 핵심적인 모티브라면 유용성을 위한 투쟁은 현실자아의 중심 모티브이다. "쾌락자아가 단지 욕망할(*wünschen*) 뿐이고,… 불쾌는 회피하려고 노력한다면 마찬가지로 현실

있다.

**27_** *GW*, *8*, p. 235 ; *SE*, *12*, p. 223 ; 전집 11권, p. 18.

자아는 유용한 것만을 추구하고 손상을 당하지 않으려고 스스로의 경계를 늦추지 않는다."[28] 여기서 프로이트는 친숙한 기반 위에 선다. 소크라테스의 초기 대화들은 이 유용성이라는 의미 주위를 맴돈다. 칸트적 비판이 유용한 것에 대한 이러한 반성의 긍정적 의미를 감추는 것은 아니다. 프로이트는 욕망의 협잡과 대조시킴으로써 그 현실의 표지를 유용한 것으로 복원시킨다. 이 대조는 더 복잡한 구상의 수준에서 우리가 앞서 일차 과정과 이차 과정 사이에 발견했던 대립을 요약해 준다. 한편으로 유용성은 쾌락의 진실이다. 이런 의미에서 현실원칙은 사실상 쾌락원칙의 호위병이다. "실제로 쾌락원칙의 현실원칙으로의 대체(*Absetzung*)가 쾌락원칙을 완전히 폐기해 버리는 것을 의미하는 것은 아니며, 오히려 그러한 현실원칙의 대체가 쾌락원칙의 안전판(*Sicherung*)이라고 할 수 있다."[29] 다른 한편으로 쾌락자아는 무의식으로부터의 파생물이라는 점에서 자신의 가방에 너무 많은 속임수와 잔가지들을 가지고 있고, 여기서 유용한 것에 대한 존중, 윤리의 관점에서 나올 수 있는 야심에 대한 겸허함은 이미 훈육의 형태로 나타난다.

유용한 것의 교정 가치는 우리가 욕망이 환상의 무한한 원천이자 환영의 원동력이라고 간주한 것을 현시하게 된다. 욕망은 주술화된다. 곧 현실원칙은 탈주술화된 욕망이다. 원초 대상에 대한 포기는 이제 혐의 추궁, 환멸, 우상의 죽음으로 표현된다.

여기서 욕망의 '민족학적' 역사는 욕망의 심리학적 역사를 가로지르고 풍부하게 한다. 그것은 우리가 리비도 단계의 역사와 일치하는 믿음의 전형적인 역사를 만들 수 있는 경우 욕망의 역사를 가로지른

28_ *Ibid.*

29_ *Ibid.*

다. 우리는 「토템과 터부」에서 이러한 일치에 영향을 주려고 한 생각을 기억한다.[30] 즉 나르시시즘적 단계는 사유의 전능성, 전 애니미즘적 특성과 주술적 기능에 조응한다는 생각 말이다. 그리고 대상 선택이 사유의 전능함의 탈취를 악마, 영혼, 신들의 이익에 조응시킨다는 점, 또한 리비도의 성기기가 자연의 전능함에 대한 인식에 조응한다는 점을 말이다. 하지만 이 욕망의 민족학적 역사는 그것이 상징적인 것이건 어떻건 간에 리비도 조직화 단계의 역사를 관통하며 전능함이라는 본질적 주제를 부가한다. 이 주제는 쾌락원칙의 '종교적' 핵심이다. 그리고 욕망 안에는 '무한한 악'의 요소가 있으며, 현실원칙—그것이 비록 유용성 원칙의 속물적인 형식 안에서 언급될 때에도—은 기본적으로 '무한한 악'의 상실, 즉 유한한 것의 재배치를 표현한다.

바로 이것이 「토템과 터부」에서 신들의 이익에 대해 욕망의 '전능성'의 탈취가 현실원칙의 첫 번째 승리를 표현한다고 말할 수 있었던 이유다. 이러한 관점에서 신화는 이와 같은 대체의 상징적 표현 내지는 1911년 논문에서 말하는 것처럼 "바로 그런 정신적 혁명을 신화적으로 투사한 것과 같다."[31] 역설적인 말로 하자면, 프로이트에게 종교는 오직 신화적인 방식으로 쾌락원칙에 대한 현실원칙의 승리를 증거하는 것이라고 말할 수 있다. 따라서 종교는 욕망의 단념에 관한 최고의 형상이며, 동시에 욕망 충족의 최고의 형상이다.

분석가이자 과학자인 프로이트에게는—나는 종교 비판에서의 프로이트의 개인적 '편견'과 정신분석학의 긍정적 성취를 구분하려고 시도하는 어려운 문제로 돌아가지 않는다—현실원칙을 완전히 만족

---

30_ 본서 p. 343 이하 참조.

31_ *GW, 8*, p. 239 ; *SE, 12*, p. 223 ; 전집 11권, p. 19.

시키고 쾌락에 대한 유용한 것의 승리, 쾌락자아에 대한 현실자아의 승리를 충족시키는 것만이 오직 과학이라고 일컬어질 수 있다. 과학만이 끊임없이 복잡해지고 승화된 대체 형상들에 대해 승리를 거둔다. 이 형상 속에서 쾌락자아는 전능성과 불멸성의 꿈을 추구한다.

따라서 현실원칙은 성인이 자기애적이거나 의존적인 형태의 잃어버린 시원적 대상, 근친상간적 형태의 금지된 대상만이 아니라, 이를 통해서 욕망이 보상이나 위안이라는 대체 방식으로 만족을 추구하는 주술적 대상까지 단념할 수 있게 할 때까지는 완전하게 승리를 거두지 못한다. 현실원칙은 상실되고 금지되며 놓쳐버린 대상에 대한 '애도'라는 우회로를 통해 진정한 유용성으로의 접근을 상징화한다고 할 수 있을 것이다.

나는 프로이트의 '과학주의'가 현실에 대한 그의 관점을 관찰 가능한 사실로 환원했다거나 우상에 대한 그의 비판이 현실성의 또 다른 차원을 간과했다는 점에 대해서는 논의하지 않는다. 이런 프로이트 이론의 편협성은 탐구의 지점에서 나에게는 잃어버린 대상과 그 파생물들에 대한 애도를 다루는 일보다 중요하지 않은 것에 속한다. 사실상 이런 상실 또는 단념은 환상의 영역에 속하는 모든 배제된 것들과 더불어 현실성이라는 주제를 필연성이라는 주제로 돌려놓는다.

### 3. 현실원칙과 자아의 경제적 과제

우리가 자아의 심역과 현실원칙 간에 수립했던 연결점은 우리에게 마지막 탐구 지점을 열어 보여준다. 만약 현실이 자아에 대립하여 정립해 있는 어떤 것이라면 이 말의 지형학적 의미에서 '자아의 경제적 과제'와 관련된 모든 것은 또한 현실원칙에 관련된다.

우리가 무분별한 확장으로 현실 개념을 흩어버리고 있는 것은 아닌가? 우리가 만약 '내적인 것'과 '외적인 것' 사이의 차이를 지침으로 삼지 않는다면 그럴 것이다. 즉 '내부 세계'에 대한 각각의 새로운 복잡성에 대응하는 '외부 세계'의 표상으로서의 자아가 존재한다.

프로이트는 두 가지 방면에서 내부 세계를 풍부하게 한다. 첫째, 욕망 이론의 재검토를 통해, 다시 말해 나르시시즘의 도입을 통해 그렇게 한다. 둘째, 일차 지형학에서 이차 지형학(자아, 이드, 초자아)으로 전환함으로써 그렇게 한다. 이 두 경로를 통해 그는 내재성의 심연으로 더 깊게 진입하는 동시에 그는 현실에 대한 관계를 극화했다.

나르시시즘은 직접적으로 현실에 대한 관계를 함축하는데, 이는 자기에의 배려가 타자에 대한 무관심인 한에서 그러하다. 메타심리학의 언어에서 이러한 타자에의 접근 불가능성은 나르시시즘이 리비도의 '저장소'라고 한 용어로 표현된다. 이 나르시시즘의 경제학을 따르면 각각의 대상 투여는 어떤 일시적인 정동적 투여가 된다. 우리의 사랑과 증오는 나르시시즘이라는 친숙한 기반에서 파생된 철회될 수 없는 사랑의 형상들이다. 다시 말해 바다의 파도처럼 이러한 표징들은 토대의 대체가 없이는 삭제된다. 승화가 그 자체로 가능해지는 '이기적' 리비도의 토대에 끊임없이 준거함으로써 우리는 회상을 한다. 이로 인해 우리는 목적을 포기할 수 있고, 포기된 대상 선택을 '자아의 변형'으로 전환할 수 있다. 결론적으로 이를 통해 우리의 연속적인 동일시는 이차적 나르시시즘으로 흡수될 수 있는 어떤 '침전물'을 형성하는데, 이는 동일화, 승화, 탈성욕화 및 나르시시즘의 경제적 관계로 인해서 일어난다.

따라서 이 결합된 내재성은 더 풍부해지고 더 많이 심화된다. 나르시시즘의 이러한 간접적인 강화의 상대항은 분명 우리의 세계 검토 속에서 우리 자신을 분리시키는 부적합성이다. 여기서 우리는 어떤 충격적인 분석과 마주하는데, 이는 프로이트가 「정신분석의 도상에 있는 난점」이라는 제목의 짧은 논문에서 밝혔던 바이다.[32] 다시 말해 나르시시즘은 코페르니쿠스적 발견의 방해물이 되는데, 왜냐하면 그것이 세상의 중심을 점유한다는 환상을 우리에게 적나라하게 드러내기 때문이었다. 그리고 그것은 다윈의 진화론에도 반대되는 것이다. 진화론은 우리를 광범위한 삶의 흐름 속으로 밀어넣는다. 그렇게 해서 마침내 그것은 정신분석학에 저항하는데, 왜냐하면 정신분석이 의식의 우위성과 특권을 흔들어 놓기 때문이다. 쾌락원칙과 현실원칙 간의 갈등에 관한 새로운 관점이 조명된다.[33] 나르시시즘은 우리 자신과 현실 사이에 걸쳐져 있다. 이것이 바로 진실이 항상 우리의 나르시시즘에게 상처를 주는 이유이다.

진실에 저항하는 나르시시즘의 힘에 대한 이러한 언급들은 우리가 초자아라고 부르는 내부 세계에 대해 알고 있는 모든 것에 의해 확증된다(사실상 두 번째 나르시시즘 개념은 초자아를 근원적인 내부 세계나 최초의 나르시시즘에 관련시킨다).

---

32_ *Eine Schwierigkeit der Psychanalyse*(1917), *GW, 12*, pp. 3–12 ; *SE, 17*, pp. 137–44 ; tr. fr., in *Essais de Psychanalyse appliquée*, pp. 173–181.

33_ 변증법(2장)에서 우리는 이와 같은 용법을 사용할 것이다. 즉 허위의 코기토는 그 자체로 우리와 현실 사이에 놓이게 된다. 그리고 그것은 세계와 우리의 관계를 막아놓고 우리가 현실 자체를 끌어 오지 못하도록 방해한다. 만약 그렇다면 나는 토대적 코기토라는 것이 우선은 이러한 장막-코기토, 저항-코기토의 정립을, 애초의 목적에 맞게 발견되는 코기토에 도달하기 위해 포기하는 것이 필연적인 일이라고 믿는다.

프로이트는 초자아와 현실 간의 관계를 유별나게 취급하지 않았다. 하지만 그는 「자아와 이드」에서 "초자아는 언제나 이드와 가까이 있고 자아와 직면해서는 이드의 대변자로 행동할 수 있다. 그것은 이드 깊숙이 미치고 있다. 그런 이유로 초자아는 자아보다도 더 의식에서 멀리 떨어져 있다"[34]고 말하면서 이 경로를 탐구하자고 우리를 초대한다. 그 논고의 마지막 장은 '자아의 의존관계'를 다루는데, 이는 이러한 탐구의 첫 번째 기여이자 후기 프로이트 학파가 '자아 분석'이라고 부르는 것을 예취하는 것이다. 프로이트의 간결한 분석은 이제는 옛것이 되어버린 기능들을 환기함으로써 시작한다. 시간 질서, 현실성 검사, 운동력의 금지와 규제가 바로 그것이다. 그러나 지금부터 이러한 기능들은 자아의 힘과 약함의 관점에서 탐구된다. 따라서 그것은 현실을 자아만이 아니라 자아의 힘과의 상호 관련성으로 탐구하게 한다. 즉 현실은 강한 자아에 반하여 직면하게 되는 어떤 것이다. 따라서 우리는 자아에 관한 특정한 문제제기를 구성하는 것처럼 보이는 어떤 주제로 되돌아간다. 다시 말해 이 문제제기는 스피노자가 『에티카』에서 제시했던 지배와 예속 상태의 문제와도 같은 것이다.

그런데 「토템과 터부」에서 말하고 있는 '전능한' 환상적인 것과 대립되는 자아의 힘은 본질적으로 협력적이고 타협적인 입장으로 나타난다. 이드와 초자아를 매개하고, 이드와 현실을 매개하며, 또한 리비도와 죽음 충동을 매개하는 일에서 "자아는 너무나도 자주 아첨꾼이나 기회주의자, 거짓말쟁이가 되려는 유혹에 노출된다."[35] 그러나 이 유혹은 중재자보다는 아첨꾼에 가까운 중간적 존재에게 적합하며, 이

---

**34**_ *GW, 13*, p. 278 ; *SE, 19*, pp. 48–9 ; tr. fr., p. 206 ; 전집 11권, p. 393.

**35**_ *Ibid.*, *GW, 13*, pp. 286–7 ; *SE, 19*, p. 56 ; tr. fr., p. 215 ; 전집 11권, p. 403.

존재는 이드를 세계의 명령에 복종시키기 위해 이드를 통해 스스로를 사랑받는 존재로 만들어야만 한다. 또한 발레 연기를 하듯이 이 존재는 이드를 억제하기 위해 주인의 사랑에 호소한다. 그렇지 않으면 자아는 초자아의 위협에 굴복할 것이고, 리비도를 장악하기 위한 투쟁 안에서 다시 한 번 죽음 충동에 호소하게 될 것이다.

현실원칙의 새로운 의미는 표면적으로 구성되기보다 내면화되면서 나타난다. 나는 이를 아리스토텔레스가 말한 의미 그대로 '실천적 지혜'(prudence)의 원리라고 부를 것이다. 다시 말해 이것은 초자아의 허구적 이상주의, 그 파괴적 요구, 그리고 일반적으로 승화의 모든 과장 및 선한 양심에 대한 자기 기만과 대조를 이룬다.

내가 현실원칙의 절정으로 간주하고자 하는 이 실천적 지혜의 원리가 요약하자면 정신분석학의 윤리다. 텍스트 안에서 우리는 프로이트가 표면적으로 자아의 경제적 임무와 분석가의 임무를 비교한다는 점을 논해야겠다.

"사실상 자아는 마치 분석치료 중의 의사처럼 행동한다. 자아는 현실 세계에 주목하는 가운데 자신을 이드에 대한 리비도적 대상으로 제공하고 이드의 리비도를 자신에게 결부시키려고 한다."[36] 동일한 사유의 행보가 「문명 속의 불만」의 말미에 이르러 발견되는데, 여기서 프로이트는 초자아의 과장된 요구가 자아를 효과적으로 변경할 수 없다는 점에 대해 논의한 후 다음과 같이 부언한다. "결론적으로 우리는 치료를 위해 자주 초자아와 싸워야 하고, 초자아의 요구 수준을 낮추려고 애쓴다."[37]

---

36_ *Ibid*.

37_ *GW, 14*, p. 503 ; *SE, 21*, p. 143 ; tr. fr., p. 77 ; 전집 11권, p. 326.

자아의 경제적 과제와 정신분석학의 과제 간의 이러한 비교는 우리에게 알려주는 것이 많다. 환자에게 정신분석가는 몸소 행위로 현실원칙을 나타낸다고 말할 수 있다. 하지만 그는 판단하지 않고 윤리적 처방을 하지 않는 차원에서 그렇게 한다. 모든 도덕적 처방에 관한 이러한 회피와 이 분석적 무관심은 우선 윤리의 부재를 가정하게 한다. 이는 우리가 쾌락원칙과 현실원칙의 대립의 장 속에 자리할 때 심오한 함의를 일으킨다. 초자아는 쾌락의 존재로서의 인간을 공격하지만 이는 인간에게 너무 많은 것을 요구하고 타인보다 더 낫다고 스스로 믿게끔 자아에게 나르시시스적 만족을 제시함으로써 그 과도함을 숨긴다. 분석가에 관해서 그는 반대로 현실에의 교육을 받은 내면세계로 향하는 시선이다. '가치를-말함'에 관한 판단중지는 자기 인식의 근본적 단계가 된다. 다시 말해 이로써 인해 현실원칙은 의식-되기의 규제가 된다.

윤리는 전부 폐기되었는가? 누구보다도 분석가는 인간이 항상 윤리적 상황 안에 있다는 것을 알고 있다. 그는 이 사실을 매 단계에서 전제한다. 그가 오이디푸스 콤플렉스에 대해 말하는 것은 인간의 도덕적 운명을 강력하게 증명하는 것이다. 하지만 의식의 교묘한 책략에 직면해서, 그리고 죽음 충동의 그 유별난 복잡성에 직면해서 현실원칙은 비난의 자리를 중립적 시선으로 대체하기를 제안한다. 따라서 여기에 이상과 우상의 허구성을 곧장 명확히 드러내고 욕망의 전략 속에 있는 그 불가사의한 역할의 위장을 벗겨낸다. 이러한 진실성이 윤리학 전체가 아님에는 의심의 여지가 없다. 하지만 적어도 이것은 하나의 문턱이다. 확실히 정신분석학은 숭배가 아니라 오로지 지식만을 부여한다.[38]

---

38_ Jean Nabert, *Elément pour une éthique*, Paris, P.U.F., 1943, chap. 11, "les sources de la

그런데 왜 이것이 요구되어야 하는가? 여기서 정신분석학은 아무것도 제시하는 것이 없다.

---

vénération."

# 2장 죽음 충동 : 사변과 해석

## 1. 삶과 죽음에 대한 프로이트적 '사변'

죽음 충동의 대표는 무엇인가? 이 물음은 두 가지 방식으로 제기된다. 우선, 죽음 충동이 소멸성의 요소를 설명하기 위해 도입되지 않았다는 점을 언급하자. 문화에 관한 후기 논문들, 특히 「문명 속의 불만」에서 우리는 이러한 점을 신뢰할 수 있다. 그것은 반복 강박을 둘러싼 일련의 사실들을 설명하기 위한 것이다. 메타생물학적 검토에서 메타문화적 검토 지점으로 이행한 것은 이 다음에 일어난 일이다. 따라서 죽음 충동의 여러 대표 사이의 연결은 어떤 물음을 도출해낸다. 그러나 더 중요한 것은 이러한 충동과 그 대표들 사이의 연결이 프로이트의 주요 관심사가 아니라는 것이다. 「쾌락원칙을 넘어서」는 프로이트의 논고 가운데 해석학이 최소화된 가장 사변적인 글이다. 나는 그 논고들의 근저에 있는 가설들, 구성물들을 들여다 본다고 말하고 싶은데, 이것들은 극단적인 결과로 밀어넣는 힘이 된다.[1] 죽음 충동은 처음에는 그 대표 안에서 해독되지 않고 대신에 가설이나 심리 과정의 기능과 규칙에 관한 '사변적 전제'로 내세워진다. 이 충동이 인식되고 몇몇 임상적 현상에서 해독되는 것은 오직 이차적 운동 안에서이다. 그런 다음 세 번째 운동에서 그것은 개인적 차원 및 역사·문화적 차원에서 소멸 가능성으로 인식되고 해독된다. 따라서 우리는 항상 죽음 충동의 단편적이고 부분적인 정당성과 비교되는 가설들의 과잉이 존재한다는 점을 명심해야 한다.

죽음이라는 개념이 「쾌락원칙을 넘어서」에 도입되는 단계들을 충실하게 따라가 보자.

이 개념의 사변적 측면은 논고의 첫 번째 행간과 심지어는 제목에서도 자명하게 드러난다. 이 개념은 에로스와 마주한 채로 정립된다. 반대로 에로스는 그 자체로 리비도 이론의 개정, 죽음 충동 도입을 통해 부과된 개정으로 도입될 것이다. 제목이 제시하는 것처럼 죽음 충동이라는 가설은 쾌락원칙의 정당성의 한계와 연관된다. 이와 동시에 이 논문은 가장 이른 시기에 나온 1895년 「과학적 심리학 초고」의 가

1_ "다음에 나오는 것은 하나의 사변으로 견강부회적 요소도 간혹 있을 것이다. 따라서 독자들은 개인의 취향을 따라 이를 고려하거나 버리거나 할 것이다. 더욱이 이것은 하나의 생각을 그것이 어디로 가는지 보고 싶은 호기심에서 일관성 있게 따라가 보는 시도다." *GW, 13*, p. 23 ; *SE, 18*, p. 24 ; tr. fr., in *Essais de Psychanalyse*, p. 26 ; 전집 11권, pp. 291-2. 더 나아가 이렇게 말하고 있다. "우선 당장은 모든 충동이 이전의 상태를 복원하려는 경향이 있다는 가설을 논리적 결론으로 추적해 보고자 하는 것이다." *GW, 13*, p. 39 ; *SE, 18*, p. 37 ; tr. fr., p. 43 ; 전집 11권, p. 309.

설들과 연관된다. 반면 리비도 개념은 프로이트가 '정신분석학의 이론'이라고 부른 다른 종류의 가설에 속하는 그러한 쾌락원칙, 즉 쾌락원칙의 대표 안에서 충동을 해독해내는 일에서 비롯된다.

우리는 이러한 가설들이 정신과정의 자동적 규제와 관련된다는 점을 상기한다. 이 가설들은 다음과 같이 에너지 체계의 유형들 가운데 기능하는 기관들을 지칭한다. 즉 그 기관은 긴장의 생산을 통해서 작동하고, 이러한 긴장의 일반적인 저하로 나아가는 경향이 있다. 이 가설은 쾌와 불쾌의 현상이 마음속에 현전하는 흥분량과 연관된다는 점에서 양적인 것으로, 여기서 불쾌는 흥분량의 증가에 상응하고 쾌는 감소에 상응한다.[2] 그러므로 여기에는 두 가지 가설이 존재한다. 첫 번째 가설은 쾌감과 불쾌감 사이의 상호 반응 및 흥분량의 증가분과 관련된다. 그리고 두 번째 가설은 현전하는 흥분량을 가능한 한 낮게 유지하려는, 또는 적어도 그것을 꾸준하게 유지하려는 정신기관의 노력과 관련된다. 두 번째 가설은 정신기관들과 그 방향성의 작동과 관련되며, 항상성 가설의 작동과 연관된다. 그리고 첫 번째 가설은 우리가 항상성 가설을 쾌락원칙으로 번역할 수 있게 하며, "쾌락원칙은 항상성의 원칙으로부터 나온다"고 말할 수 있게 해준다.[3]

---

2_ 이 책 분석론 1부, 1장 참조. 「쾌락원칙을 넘어서」의 첫 번째 장에서 이 가설들을 상기한 후 프로이트는 쾌와 불쾌의 느낌들의 강도와 자극의 양에 있어서 조응하는 변형들 사이에 어떤 단순한 관계도 없다는 것, 그리고 시간 요인들이 고려되어야 한다는 것을 계속해서 이야기한다. "느낌을 결정하는 요인은 아마도 주어진 시간 영역 안에 있는 흥분량의 증가나 감소 정도일 것이다." *GW, 13*, p. 4 ; *SE, 18*, p. 8 ; tr. fr., p. 6 ; 전집 11권, p. 270. 이에 관해서는 다음 글을 참조하라. *Naissance de la Psychanalyse*, p. 329 ; 『정신분석의 탄생』, p. 234.

3_ *GW, 13*, p. 5 ; *SE, 18*, p. 9 ; tr. fr., p. 7 ; 전집 11권, p. 272.

그런데 만일 항상성 가설이 정신기관들에 관해서 형성될 수 있는 가장 일반적인 가설이라면 '쾌락원칙을 넘어서'는 것에 대해 말하는 것이 어떻게 가능한가? '쾌락원칙을 넘어서'라는 표현이 지시하는 것은 정확히 무엇인가? 그것은 "쾌락원칙보다 더 원초적이고 독립되어 있는 … 경향들의 운용"(*Wirksamkeit*)을 지시한다.[4] 논문의 전체 진행은 이러한 경향들을 드러내기 위한 신중하고 교묘한 움직임이다. 독자들의 저항과 타당한 공격을 피하면서 프로이트는 사실상 쾌락원칙으로 설명할 수 있지만, 또한 다른 방식으로도 설명할 수 있는 사실들을 배치한다. 매우 이상하게도 프로이트는 그가 쾌락원칙을 사실에 입각해서 적합하게 설명한다고 말하는 그 순간에 쾌락원칙의 지배적 영향력을 결정적으로 잠식해 간다. 따라서 고려해야 할 것은 이것이다. 우리는 이러한 항상성 원칙에 반하며, 또한 이 원칙이 지배적인 것이 되는 일을 막고 하나의 경향성이 되는 역할로 제한되는 그러한 요인들을 언급하지 않고서는 사람들의 정신적 삶을 설명할 수 없다는 것을 보여주는 데까지 나아가야 한다(2장).

놀라운 것은 쾌락원칙이 단지 최초의 과정을 지배할 수 있을 뿐이라는 것이다. 즉 『꿈의 해석』 7장에 의거해서 쾌락원칙은 욕망과 그 유사 환각적 충족(remplissement) 간의 짧은 순환과정만을 점유한다. 외부 세계에서 도래하는 어려움들에 직면했을 때 쾌락원칙은 무능하며, 심지어 위험하기까지 하다. 자아의 자기 보존 충동 아래 쾌락원칙은 현실원칙에 의해 대체된다. 따라서 우리는 어떤 이상한 상황에 처하게 된다. 즉 정신 기능의 가장 일반적인 원칙은 동시에 쾌락원칙과 현실원칙이라는 양극의 개념 중 하나가 되고 만다. 인간은 오직 만족이 지연되

---

4_ *GW, 13*, p. 15 ; *SE, 18*, p. 17 ; tr. fr., p. 17 ; 전집 11권, p. 283.

는 한에서, 즉 즐거움의 가능성들을 포기함으로써만, 그리고 잠정적으로는 쾌락으로 가는 긴 우회로 위에서 일정 정도의 불쾌를 견뎌낼 경우에만 인간이다.

이것이 바로 프로이트가 서둘러 메우려고 한 첫 번째 결손 지점이다. 우리는 여전히 쾌락원칙 너머의 어떤 것에 대해서는 말할 수가 없다. 왜냐하면 우선 성애는 인간의 정신현상의 전 부분이 끊임없이 교육에 대해 저항한다는 것을 입증하기 때문이다. 그 다음으로 인간 행동 안으로 불쾌를 용인하는 것은 쾌락원칙이 궁극적 지배력을 얻기 위해 받아들인 우회로로 간주될 수 있기 때문이다.

우리는 이에 대해 엄밀하게 말하고 싶다.

우리는 여전히 쾌락원칙에 부과된 다른 종류의 대조사항을 엄밀하게 말할 수 있다. 1895년의 「과학적 심리학 초고」는 이미 불쾌가 인간을 교육하는 것이라고 진술했다. 이 교육의 가장 주목할 만한 부분은 이와는 다른 훨씬 복잡한 정도에서 리비도적 조직화의 대체가 형성된다는 데 있다. 연속적인 성애의 조직화는 『성욕에 관한 세 편의 에세이』에서 연구되었으며, 심지어 프로이트 학파 내에서 보다 더 명쾌하게 규정되고 구분되는 것으로, 그 조직화는 이러한 전개 법칙의 가장 확장된 설명이다. 신경증 환자가 우리에게 가르쳐 주는 중요한 것들 가운데 하나는 이 전개방향의 초기 단계가 단순히 연속되는 것들에 의해 대체되지 않고 전자의 흔적들과 후자의 요청들 사이의 갈등이 발생한다는 점이다. 만족의 가능성으로부터 분리된 충동의 부분들은 자아에 의해 불쾌로 느껴지는 만족감의 대체 양상을 찾는다. 이러한 불쾌는 그 자체로 느껴질 수 없는 쾌락의 한 형태다. 왜냐하면 이 불쾌는 리비도를 넘어선 조직화에 속하기 때문이다. 다시 말해 우리는 신경증의 고통이 쾌의 범주에 속한다고 말한다. 그러므로 정신분석학은 자아가 불쾌로 느낀 것 속에서 쾌락원칙을 선별하게끔 우리를 가르친다.

따라서 쾌락원칙에서 두 가지 예외사항은 각기 쾌락원칙의 변형으로 간주될 수 있다. 엄밀히 말해서 현실원칙은 결국 쾌락원칙을 전면화하기 위해 쾌락원칙에 의해 채택된 우회로로 간주될 것이다. 그리고 이것은 다른 모든 것에도 불구하고 스스로를 내세우기 위해 가장 원초적인 쾌락이 채택한 하나의 위장으로서의 신경증적 경험이라고 할 수 있다. 하지만 현실원칙이 확증하는 것은 또한 동요가 일어나게 한다. 왜냐하면 현실원칙은 반대되는 것과의 대립으로만 파악될 수 있기 때문이다.

섬세한 전복의 작업을 진행하면서(3장) 프로이트는 몇몇 새로운 사실들을 전면에 내세우는데, 그가 우리에게 일깨우듯 쾌락원칙의 지배와 현전을 전제하면서 그 원칙의 자립적 특성 및 보다 더 원초적인 경향의 현존에 대한 어떤 증거도 이전에는 드러내지 않았다. 이 사실들 중 몇몇은 병리적인 것이며, 나머지는 정상적인 것들이다. 전자 가운데 프로이트는 외상적 신경증의 사례, 특별히 전쟁 신경증에 대해 생각한다. 그리고 그와 같은 경우에 꿈은 환자를 반복적으로 그 사고의 상황으로 데려가는 효과를 가지는바, 환자가 자신의 외상에 고착되어 있다는 것을 보여준다. 우리는 이미 반복하는 충동의 영역 안에 있으며, 이는 논문의 핵심적인 관심사가 될 것이다. 하지만 프로이트는 이로부터 능숙하게 물러나 유년기의 놀이에서부터 도출한 어떤 새로운 사례를 제시한다.

우리는 한 살 반 정도의 어린 소년의 사례를 접하게 될 것이다. 그는 부모들이 잠이 들 수 있게 하는 훌륭한 아이이며, 특정한 물건에 손대지 말라는 명령에 복종하고, 무엇보다도 자신의 어머니가 그를 내버려 두었을 때도 울지를 않는다. 그는 나무 실패를 사라지게 했다가 나타나게 하면서 놀라운 기색으로 '포르트(*fort*) … 다(*da*)'(가버렸어! 여기 왔어!)를 되풀이하는 놀이를 한다. 이 놀이가 의미하는 것은 무엇인가? 그것은 분명히 그가 착한 아이라고 말하게끔 하는 충동적인 포기 행동과 연관된 것이다. 그것은 포기 행위의 반복이지만, 또한 그가 더 이상 과할 정도로 활력이 넘치지도 않고 그렇다고 수동적이지도 않다는 것을 보여준다. 아이는 그의 권역 내에 있는 대상의 상징적 형상 아래에서 어머니의 사라짐과 나타남을 연출하고 있는 것이다. 따라서 그 자신의 불쾌는 놀이에서의 반복의 지배를 받는데, 이는 사랑받던 인간의 상실감의 연출을 통해서 가능해진다.

그럼에도 불구하고 이 에피소드는, 몇몇 프랑스 정신분석가들에 의하면, 프로이트의 눈에 결정적인 사안이 되지 못하는 것이다. 다시 말해 그는 독자들을 놀라게 하는 강의자이자 작가의 전략으로 자신의 발견들을 과소평가한 것이다. 그가 제시한 아이의 노력은 회상의 유쾌함이나 불쾌함과는 무관하게 지배에의 경향으로 나아가는 일을 암시하고 있는 것은 아닐까? 혹 아이의 노력은 어린 괴테가 접시를 창문 너머로 던짐으로써 그랬던 것처럼 아이가 어머니를 멀리 보내버림으로써 그녀에 대해 스스로 복수한다고 생각하는 그런 일은 아닐까? 따라서 지배와 복수는 우리가 이러한 추동 안에서 쾌락원칙을 넘어서는 어떤 것을 찾도록, 불쾌의 경험을 반복하도록 필연적으로 우리를 이끌어가지는 않는다.[5]

---

5_ "이것은 심지어는 쾌락원칙이 지배적인 상황 아래서도 그 자체로는 불쾌한 것을 마음속에서 상기해 보고 작동시켜 볼 주제로 만들기에 충분한 수단과 방법이 존재한다는 것과 관련해서 설득력 있는 증거다.… [이러한 사례 및 상황들은] 우리의 목적에 별 쓸모가 없다. 그것들은 쾌락원칙을 넘어서는 경향, 즉 이 원칙보다 더 원초적이고 독립되어 있는 어떤 경향의 운용에 대해서 아무런 증거를 제공해 주지 못하고

그런데 프로이트가 이러한 예를 수용하지 않았던 까닭은 그것이 지배와 복수의 동기와 혼합되고, 보다 본질적인 경향이 현시되며, 상징적이고 리비도적인 형식 하에 불쾌의 반복으로 밀어넣는 것을 보았기 때문이 아닐까? 이 제안은 그 진가를 인정받아야 한다. 왜냐하면 포르트-다 놀이의 사례는 단순히 외상적 신경증의 꿈의 예를 확증하는 것이 아니기 때문이다. 외상적인 꿈은 '쾌락원칙을 넘어서'는 보다 원초적인 경향을 반복 강박 안에서만 그 자체로 표현해낸다는 점을 발견했다고 그는 제안한다. 그러나 상징과 놀이는 또한 불쾌감을 반복하는데, 이는 충동적으로 그러는 것이 아니라 부재를 넘어선 상징을 만들어냄으로써 반복한다. 아이의 포르트-다 놀이는 반복 강박 내지 심지어는 파괴적 충동과도 구별되는 표현의 장을 죽음 충동을 위해 보존하도록 우리를 인도한다. 부정적인 것 너머, 부재와 상실 너머 이러한 지배력이 놓여 있는 죽음 충동의 비병리적 측면의 또 다른 특징이 상징과 놀이의 의존성에 함축되는 것은 아닌가? 이것은 프로이트가 죽음 충동에 대한 이론을 발전시킨 바로 그 방향에서가 아니라 반복 강박 및 소멸의 특징이라는 방향에 서 있다는 점을 받아들이게 한다. 아마도 눈에 보이는 시끄러운 하나의 형상이 이 침묵의 충동에 주어짐으로써 이러한 두 가지 대표들이 자신의 영역을 제한받게 된다고 말할 수 있겠다.

프로이트가 죽음 충동으로 나아가게 된 결정적인 경험은 저항에 반하는 투쟁과 연관되는 분석적 치료 속에서 지속적으로 반복되는 어떤 특정한 난점으로부터 비롯된다. 다시 말해 이것은 환자가 억압된 대상을 하나의 과거의 기억으로 떠올리는 대신 최근의 경험으로 반복하는 경향을 통해서 나온다. 이러한 강박은 의사에게는 적이면서 동지

---

있다." *GW, 13*, p. 15 ; *SE, 18*, p. 17 ; tr. fr., p. 17 ; 전집 11권, p. 283.

이다. 다시 말해 동지라는 것은 그것이 전이 안에서 유전되기 때문에 그런 것이고, 적이라는 것은 환자로 하여금 망각된 과거에 대한 하나의 반성으로 반복을 인지하는 것을 방해하기 때문에 그런 것이다. 이제 만일 기억에 대한 자아의 저항이 쾌락원칙에 기여한다면(불쾌는 억압된 것의 해방을 통해 산출된다), 그리고 만약 기억의 불쾌감을 견뎌내는 능력이 현실원칙에 기여한다면 반복 강박은 실제로 이 두 원칙 가운데 하나의 바깥에 놓인 것처럼 보인다. 환자가 반복하는 것은 정확히 스트레스 상황 및 어린 시절, 특히 오이디푸스기에 겪었던 실패의 상황이다. 더 나아가 이 경향은 이러한 사람들의 이상한 운명 안에서 확증된다. 이들은 자기들 스스로를 동일한 불행의 시간으로 소환하고 또한 반복 강박이라는 가설, 즉 그것이 기반하고 있는 "쾌락원칙보다 더 원초적이고, 더 기초적이며, 더 충동적인" 가설을 정당화하는 것 같다.[6]

이러한 것이 사실의 기초이자—더 좁게는 우리가 그렇게 부를 수 있는—죽음 충동에 관한 최종적인 사변(4장)을 구축하게 하는 요소다. 프로이트는 이 새로운 탐구의 면면을 초창기 메타심리학의 요소와 연관시킴으로써 독자들이 자신의 사변의 새로운 양상으로 나아가도록 그들을 위한 예비작업을 시행한다. 그는 초기에 쓰여진 「과학적 심리학 초고」와 『히스테리 연구』로 소급해 가려고 한다. 이제 프로이트가 이미 브로이어로부터 심적 에너지의 두 심역, 즉 '자유' 에너지와 '구속' 에너지라는 가설을 빌려왔다는 점이 상기될 것이다. 그는 이제 이러한 개념을 앞서 언급된 의식 이론, 즉 유사 해부학적 의미에서 기능하는 하나의 '피상적' 기능인 의식을 따라 자신의 사변 속으로 편입시킨다. 개체발생에 근거하는 이러한 비교는 내적 지각 및 외적 지각이 갈라지

6_ *GW*, *13*, p. 22 ; *SE*, *18*, p. 23 ; tr. fr., p. 25 ; 전집 11권, p. 291.

는 운명을 비교하게 해준다. 실제로 외적 자극의 수용은 방어장치의 설립을 통해 조건을 부여받게 된다. "자극에 대한 방어는 자극의 수용보다 살아 있는 유기체에게 더욱 중요한 기능이다."[7] 하지만 "내부에 대해서는 그러한 방패가 존재할 수 없다."[8] 이러한 자극에 맞서는 방패의 결여에 관해 프로이트는 이것을 브로이어의 구속 에너지 개념과 결부시킨다. 동시에 그는 쾌락원칙으로 심리적 기관들의 자기 규제라는 자신의 개념의 한 영역을 열어보인다. 쾌락원칙은 그 이전의 과제가 확실해진 이후에야 효력을 발생하기 시작한다. 그것은 정신기관으로 흘러들어 가는 구속 에너지인데, 특히 자유로운 유동 상태에서 정지 상태로 그것을 변화시킨다. 프로이트는 이것이 쾌락원칙에 앞서는 기능이라고 언급한다. 우리는 아직 죽음 충동의 어떤 진실에 대해 말하지 않았다. 그러나 적어도 우리는 중요한 지점에서, 즉 방어라는 지점으로 쾌락원칙의 지배를 한정시켰다.

이러한 환원 불가능한 선결적(préalable) 기능은 그것이 실패할 때 명백하게 드러난다. 만일 일상적으로 유효한 반-자극의 장벽에 틈이 있다면, 이 경우 정신적 외상(traumatisme)은 과연 무엇인가? 쾌락에 앞서 무너진 댐, 에너지 침입에 대한 반응, 즉 경제적 용어로 말하자면

---

7_ *GW, 13*, p. 27 ; *SE, 18*, p. 27 ; tr. fr., p. 30 ; 전집 11권, p. 296.

8_ *GW, 13*, p. 28 ; *SE, 18*, p. 29 ; tr. fr., p. 32 ; 전집 11권, p. 298. (「과학적 심리학 초고」 1부, 10절의 시작 부분 참조). 외적 방어와 내적 방어 사이의 평행성은 프로이트가 투사와 관련된 하나의 가설을 설정할 수 있도록 한다. 외적 자극들이 너무 막대하게 불쾌의 증가를 생산할 때, "즉 그 흥분이 안에서가 아니라 바깥에서 작용하는 것처럼 그것을 다루는 경향이 있다는 것이다. 이렇게 되면 자극에 대한 방패가 그 흥분에 대한 방어 수단으로 작동하도록 할 수 있게 된다. 이것이 병리과정의 인과론에서 큰 역할을 하는 투사의 기원이다." *GW, 13*, p. 29 ; *SE, 18*, p. 29 ; tr. fr., p. 32 ; 전집 11권, p. 298.

역–투여와 과투여가 에너지를 지배하는 운명을 결정짓는 절차다.

반–자극 장벽 및 방패에서의 틈에 대한 이러한 사변은 절대 헛된 일이 아니다. 왜냐하면 이러한 사변은 방어와 불안 사이의 관계를 탐구할 수 있도록 하기 때문이다. 프로이트는 불안(angoisse, *Angst*)을 "그것이 알려지지 않은 것이라 하더라도 어떤 위험을 예취하거나 예비하는 특수한 상태"로 설명한다.[9] 반면 경악(*Schreck*)은 우리가 예상치 못한 상태에서 만나는 어떤 위험으로 인해 대두된 상태와 관련된다. 즉 공포는 경이라는 사실에 의해 특성화된다.

공포(*Furcht*)에 관해서 그것은 한정적인 위험과의 현실적인 대면에서 일어난다. 위험과 불안에서의 적극적이고 고유한 기능이 갖는 예비적 특성은 따라서 자극에 대한 방패와 대등한 관계를 가진다. 다시 말해 그러한 예비적 특성이 결여된다면 그것은 방패나 외상을 가지게 된다. 방어와 쾌락의 관계에 대한 이러한 탐구에 의거해서 우리는 이제 외상적 신경증 안에서 발생하는 꿈을 해석할 수 있다. 그러한 꿈은 욕망 충족 및 나아가 쾌락원칙에의 종속으로 분류될 수 없다. 왜냐하면 그것들은 방어라는 과제와 관련되며 쾌락에 대한 지배에 이르기 때문이다. 즉 "이러한 꿈들은 불안을 촉발함으로써 그 자극을 소급하여 다스리고자 노력하는 것이다. 그 불안의 부재가 외상성 신경증의 원인이 되었던 것이다."[10] 따라서 반복 강박은, 외상적 압박이 그 자체로 쾌락을 추구하고 불쾌를 피한다는 그 목적에 앞서 존재하는 한, 쾌락원칙에 있어서 하나의 예외가 되는 것이 분명하다.[11]

---

9_ *GW, 13*, p. 10 ; *SE, 18*, p. 12 ; tr. fr., p. 12 ; 전집 11권, p. 276.

10_ *GW, 13*, p. 32 ; *SE, 18*, p. 32 ; 전집 11권, p. 302

11_ "만약 '쾌락원칙을 넘어서'라는 것이 가능하다면 꿈이 소망의 성취라는 목적을 갖기

그러나 '구속'과 결부된 자유 에너지를 운명으로 삼은 방어기관이 쾌락원칙에 (또한 그것의 변형인 현실원칙에 대해서도) 대해 갖는 이 우위성이, 영속적인 죽음 충동과 아무런 관계가 없다고 말할 수도 있다. 이것이 바로 아주 노련한 전략가가 재빨리 자신의 카드를 내보이는 지점이다. 반복 강박에 있어서 설명되지 않고 남은 요소는 그것의 '충동적인'(*triebhaft*) 심지어는 '악마적인'(*demonisch*) 특징이다. 여기서 프로이트가 결정적인 해결점을 성취하는 문단 전반을 인용할 필요가 있다. 이 문단은 뒤따르는 모든 충실한 예비지점과 관련해서 중요한 하나의 결론을 내리고 있다.

> 그런데 충동적인 측면(*das Triebhafte*)을 어떻게 반복 강박과 관련시킬 것인가? 이 지점에서 우리는 충동의 보편적 특징과 지금까지 분명하게 인식되지 않았거나 적어도 명시적으로는 강조되지 못한 유기적 생명체 전반의 문제와 마주치고 있다는 생각을 피할 수 없다. 충동은 이전의 상태를 회복하려는 유기적 생명체 속에 내재한 어떤 요구(*Drang*)인 것으로 보인다. 이 이전의 상태는 생명체가 불안을 일으키는 외부의 힘이 가하는 압력 때문에 버리지 않을 수 없었던 것이다. 다시 말해서 충동은 일종의 유기적 신축력이고, 다른 말로 하면 유기적 생명체 속에 내재한 관성(*Trägheit*)의 표현이다.[12]

또한 이러한 모든 예비적 사안들은 이미 방어수단 가운데 하나로

---

이전의 어떤 시간(*Vorzeit*)이 있었다는 점을 인정해야 할 것이다." *GW, 13*, p. 33 ; *SE, 18*, p. 33 ; tr. fr., p. 36 ; 전집 11권, p. 303.

12_ *GW, 13*, p. 38 ; *SE, 18*, 36 ; tr. fr., p. 42 ; 전집 11권, p.

다루어졌고, 이를 통해 쾌락원칙의 지배에서 철회된 반복 강박의 충동의 성격을 단순히 고립시키기 위해 만들어졌다. 이러한 충동의 성격은 결정적으로 우리가 삶의 충동에 관해 동일한 흔적을 내면에 위치하게끔 해주는 것이다.

논문의 나머지 부분은 한편으로는 터질 것 같은 가스처럼 극단적인 가설들로 일관함으로써, 또는 스스로를 확장하도록 함으로써 전개된다. 그리고 다른 한편으로 그것은 수렴 표지라는 방법을 통해 그럴듯한 가설로 들어오게 한다.

그러면 극단으로 가보자! 그것은 다음과 같다. 생명체들은 스피노자가 말했던 것처럼 자신들을 넘어서는 외부의 힘에 의해 죽음에 이르지 않는다.[13] 생명체들은 내적인 운동에 의해 죽음에 이른다. 그리고 "모든 것은 내적인 이유로 인해서 죽는다…. 모든 생명체의 목적은 죽음이다."[14] 좋은 것인가 나쁜 것인가? 생명은 변화하고 발전하려는 의지가 아니라 스스로를 보존하려는 의지다. 만약 죽음이 삶의 목표라면 모든 생명체 기관의 발전은 죽음을 향해서만 우회하고, 소위 말하는 보존의 충동은 오로지 그 자신의 죽음에의 경향을 방어하는 기관들의 노력, 즉 죽음으로 가는 특정한 통로일 것이다. 변화는 외부 요인, 대지와 태양, 예를 들자면 생명의 비활성적 환경의 제약을 받는다. 진보는 생명이 이 새로운 차원으로의 그 보수적 지향을 추구하기 위해 채택된 혼잡함이자 분산이다. 죽음은 끊임없이 난점이 된다. 왜냐하면

---

13_ Spinoza, 『윤리학』(*Éthique*) III, 명제(proposition) 4 : "외적 원인에 의하지 않고서는 어떤 것도 파괴될 수 없다." 그리고 정리 6의 증명은 다음과 같다. "모든 것은 그것이 그럴 수 있는 한(*quantum in se est*) 존재를 보존하려고 노력한다."

14_ *GW, 13*, 40 ; *SE, 18*, 38 ; tr. fr., p. 44.

죽음으로 가는 길이 더 복잡하고 순환적인 성장을 하기 때문이다. 이른바 '완성을 향한 충동'이라는 것은 의무적인 적응의 결과로 비춰짐에 틀림없다. 그리고 만약 모든 돌아가는 경로가 억압에 의해 막혀 있다면 오직 도주하는 일만이 남는다. 이는 지적인 성취와 윤리적인 승화의 길이다. 하지만 이러한 것들 중 어느 것도 생명의 보존 경향과 구별되는 '완성을 향한 충동'을 요구하지는 않는다.

증명과 같은 것을 원하는가? 특정한 종이 예전 소재지로 돌아가는, 특정 물고기와 새의 이주, 가장 초기의 생명 단계인 배아를 통한 재연, 기관의 재생이라는 사실들을 탐구해 보자. 이 모든 것들은 생명의 보존 본성, 즉 반복이라는 유전하는 생명의 강박 성향을 확증해 주지 않는가?

독자들은 이 모든 것들이 목적하는 바가 무엇인지 물을 것이다. 그 목적은 죽음을 필연성의 표징으로 보는 데 익숙해지도록 하는 것이다. 즉 그것은 우리가 "엄연한 자연의 법칙, 숭고한 아낭케"에 복종하도록 도와준다.[15] 하지만 무엇보다 그것은 우리가 삶과 리비도와 에로스의 찬가를 부를 수 있게 만든다![16] 왜냐하면 삶은 죽음을 향해 가지만 성은 죽음을 향한 삶의 행진에서의 위대한 예외이기 때문이다. 타

15_ *GW, 13*, p. 45 ; *SE, 18*, 45 ; tr. fr., p. 51 ; 전집 11권, p. 317. 우리는 이 신화적인 아낭케라는 단어로 다시 되돌아올 것이다. 프로이트는 자신의 비평을 시작하면서, 다음과 같이 관찰한다. "그러나 이러한 죽음의 내적 필연성에 관한 믿음은 오로지 우리가 현존의 무게를 감내하기 위해(*um die Schwere des Daseins zu ertragen*) 지어낸 또 다른 환상에 불과할지도 모른다." 강조는 프로이트가 다음 글에서 인용한 것이다(Schiller, *Die Branut von Messina*, I, 8) (*pour supporter le fardeau de l'existence*). *Ibid.*

16_ "성 충동 이외에 이전의 상태를 복원하려고 하지 않는 충동은 없는 것일까? 그리고 아직 획득된 적이 없는 상태를 목표로 하는 충동은 없는 것일까?" *GW, 13*, p. 43 ; *SE, 18*, 41 ; tr. fr., p. 47.

나토스는 죽음에 저항하는 요소로서의 에로스의 의미를 드러낸다. 성충동은 "진정한 삶[생명]의 충동이다. 그것은 그 기능상 죽음에 이르는 다른 충동들의 목적에 역행해서 운행한다. 이 사실은 삶 충동과 다른 충동 사이에 어떤 대립 상태, 그것의 중요성이 이미 오래전에 신경증 이론에 의해서 인식된 바 있는 어떤 대립 상태가 존재한다는 점을 지적해 주고 있다."[17]

이 심각한 논의의 결론은 그러므로 충동의 **이원론**으로 곧장 향하고 있다. 이 이원론은 도대체 무엇인가? 그리고 이것은 충동의 이원론을 표명한 이전의 방법들과 어떻게 연관되는가?

에로스에 의한 리비도의 대체는 새로운 욕망 이론의 매우 특별한 목적을 가리킨다. 만약 생명체가 내적 움직임을 따라 죽음에 이른다면 죽음과의 투쟁은 삶에 있어서 내적인 어떤 것이 아니라 두 가지 필멸하는 실체의 접합이다. 프로이트는 이러한 접합을 에로스라 부른다. 타자에 대한 욕망은 직접적으로 에로스의 정립 안에서 암시된다. 그것은 항상 생명체가 죽음에 맞서 싸운다는 다른 사실과 함께 존재한다. 반면 욕망이 독립적으로 행동할 때 그것은 자연과 문화적 조건에 적응하는 우회로를 거쳐 죽음의 뒤를 따르게 된다. 프로이트는 각각의 생명체 내에 각인된 삶에 대한 어떤 의지에서는 생명에 대한 추동(impulsion)을 찾지 않는다. 즉 생명체 안에서는 오로지 죽음만을 발견한다.[18]

---

17_ *GW, 13*, p. 43 ; *SE, 18*, p. 41 ; tr. fr., p. 47 ; 전집 11권, p. 313.

18_ 프로이트는 그의 이론을 아우구스트 바이스만(August Weismann)의 그것과 비교한다. 그는 신체로 대변되는 유기체의 필멸의 부분들과 생식질로 대변되는 불멸의 부분을 동등하게 취급한다. 그러나 그는 원생동물이 죽지 않는다는 것, 그리고 죽음이 유기적 구성체들의 어떤 뒤늦은 획득 사항이라는 바이스만의 견해에 동의하지 않는다. 만일 죽음 충동이 원초적이라면 그에 따라 원생동물들조차 죽지 않는다고 할 수

프로이트는 이러한 성찰을 넓은 범위와 좁은 범위로 파악한다. 먼저 넓은 범위에서 보자면, 1921년의 「집단심리학과 자아 분석」에서 프로이트는 에로스, 즉 리비도적 결속 관계를 이전보다 더 넓은 인간 집단 및 보다 특별하게 조직화되어 있는 인위적인 집합, 이를테면 교회와 군대 같은 것에 할당한다. 좁은 범위에서 보자면, 단세포적인 유기체의 연합은 리비도 에너지가 세포들 자신의 상호 관계에 적용된 것이라는 제안을 내놓는다. 따라서 성애의 형식은 세포들까지 적용되어야 하며, 이를 통해 세포 각각은 부분적으로 다른 것들의 죽음 충동을 중성화한다. "이런 식으로 성 충동의 리비도는 시인들과 철학자들이 말하는 살아 있는 모든 것들을 함께 거머쥐려는 에로스와 일치할 것이다."[19]

성의 이러한 일반화는 상황을 단순화시키는 것이 아니라 오히려 복잡하게 한다. 두 영역에 대한 명확한 한정 대신에 에로스와 타나토스라는 이원론은 극적인 **향방의 전도**(*renversement du pour ou contre*)로 나타나게 된다. 어떤 점에서 모든 것은 생명이다. 왜냐하면 나르시시즘 그 자체가 하나의 에로스의 표징이기 때문이다. 즉 우리는 에로스가 신체 세포들의 상호 유착으로부터 개별자의 자기 보존이 유래하는 모든 것들에 이르기까지 그것을 보존하는 것이 된다. 따라서 새로운 이원론은 두 공존하는 영역의 중첩을 표현하는 것이다.

충동의 이원론에 대해 선재하는 표현들과의 대면은 이러한 혼란을 확증한다. 프로이트는 언제나 이원론자였다. 다만 그의 이원론은 끊

---

없다는 것이다. 프로이트는 쇠퇴가 신진대사 활동의 보편적 성격이라고 밝히는, 그리고 '변형'을 통해 원형질의 '재생'에 관해 사유하는 사람에 더 가깝다.

19_ *GW, 13*, p. 54 ; *SE, 18*, p. 50 ; tr. fr., p. 58 ; 전집 11권, p. 325.

임없이 변화하는 대립된 항과 대립의 본성 자체에 대한 분할에 관한 것이었다. 성 충동과 자아 충동을 구분하면서 그는 충동들의 적대관계가 아니라 사랑과 갈망에 대한 잘 알려진 구분 및 대상과 자아의 양극성의 안내를 받는다. 나르시시즘이 이론 안으로 도입될 때 그 구분은 지형학적이고 경제학적인 것이 되며, 투여 사이의 갈등으로 지시된다.[20] 새로운 이원론은 초기의 것을 대체하지 않으며 오히려 그것을 더 강화한다. 실제로 만약 자아의 자기애적 리비도가 에로스의 표징이라면 그러한 리비도는 삶의 편에 서는 것이다. 우리는 이미 죽음 충동이 삶 충동과 대립되는 것처럼 자아 충동이 성 충동에 대립된다는 점을 얘기했다.[21] 이러한 비교는 거부할 수 없다. 우리는 오직 새로운 이원론이 목적, 의도 및 대상의 층위가 아니라 힘 그 자체의 층위에 정립된다는 것만을 고려할 필요가 있다. 그러므로 우리는 자아 충동과 성 충동의 이원성을 삶 충동과 죽음 충동에 억지로 대응시키려고 하지 않아야 한다. 후자의 이원론은 리비도 각각의 형식들을 가로지른다. 이것은 죽음

20_ *GW, 13*, p. 56 ; *SE, 18*, p. 52 ; tr. fr., p. 60 ; 전집 11권, p. 328.

21_ "지금까지 우리가 탐구해 온 연구의 결과는 '자아 충동'과 성 충동, 즉 죽음을 향하는 자아 충동과 생명의 연장을 위해 압력을 가하는 성 충동을 뚜렷하게 구분하는 것이었다." *GW, 13*, p. 46 ; *SE, 18*, p. 44 ; tr. fr., p. 50 ; 전집 11권, p. 316. 그리고 몇 쪽 뒤에서 다음과 같이 언급한다. "그와 같은 결론은 우리의 의도가 전혀 아니었다. 우리는 논의의 출발점으로 죽음 충동과 동일시하게 된 자아 충동 및 삶 충동과 동일시하게 된 성 충동, 이 양자를 엄격히 구별했다. 우리는 어느 지점에서 죽음 충동 가운데 이른바 자아의 자기 보존 충동을 포함시키려고 했었다. 그러나 곧이어 이 점에 관한 우리의 견해를 정정하고 철회했다. 우리들의 견해는 바로 처음부터 이원론이었고, 오늘날은 이전보다 더 확실하게 이원론적이다. 이제 양극성을 자아 충동과 성 충동 사이에서 보지 않고 삶 충동과 죽음 충동 사이에서 보고 있기 때문에 그러하다." *GW, 13*, p. 57 ; *SE, 18*, p. 53 ; tr., fr., 61 ; 전집 11권, p. 328.

충동의 '대표자'에 관한 우리의 연구에서 정당화될 것이다. 대상에 대한 사랑은 삶 충동임과 **동시에** 죽음 충동이다. 자기애적 사랑은 자기 자신에 대해 자각하지 못함과 동시에 죽음의 비밀스런 문화를 자각하지 못하는 에로스이다. 성애는 죽음이 활동하는 어느 곳에서나 활동한다. 그런데 이 지점에서 충동의 이원론은 진정한 적대관계로 변한다. 왜냐하면 그것은 충동에 관한 최초의 이론에서와 같이 갈망과 사랑 사이의 질적 차이에 관한 물음이 아니며, 충동에 관한 두 번째 이론에서와 같이 리비도가 자아로 가는가 대상으로 가는가 하는 투여의 차이에 대한 물음도 아니기 때문이다. 또 이러한 이원론은 진정 「문명 속의 불만」이 '거인들의 싸움'이라고 부르는 그런 싸움이 되고 만다.

## 2. 죽음 충동과 초자아의 파괴성

위에서 우리는 그것이 어떤 차원이건 또는 어떤 질서이건 간에 죽음 충동을 이 충동의 '대표'를 통해 해독하는 일과 비교함으로써 '사변'이 죽음 충동에 부여하는 의미의 과잉에 대해 논했다. 우리는 이러한 불일치를 이론의 어떤 환원 불가능하게 주어진 것으로 취급했다. 우리는 이제 그것을 이해하려고 해야 한다. 왜 삶의 해석학과 죽음의 해석학 사이의 대칭의 부재가 존재하는가? 우리가 이 두 가지에 대한 구상단계에서 받아들인 리비도 이론에서 삶 충동과 죽음 충동으로 이행할 때 왜 해석상의 추측이 수반되는 것일까?

프로이트 자신의 강력한 주장이 우리의 출발점에 도움을 줄 것이다. 여러 기회에—「쾌락원칙을 넘어서」에서, 이미 「자아와 이드」 및 「문명 속의 불만」에서 특히—프로이트는 죽음 충동을 삶의 "외침"과는 반대되는 "침묵하는" 에너지로 언급한다.[22] 죽음 충동과 그 표현 사이, 즉 욕망과 발화 사이의 이러한 분리—"침묵하는"이라는 말에 의해 지시된 분리—는 욕망의 의미론이 더 이상 동일한 의미를 가지지 않음을 경고한다. 죽음을 향한 욕망은 삶을 향한 욕망과 다르게 말해지지 않는다. 죽음은 침묵 속에서 움직인다. 그러므로 두 지시 체계, 즉 충동과 의미를 기반으로 하는 해독의 방법은 그 자체로 어려움 속에 나타난다. 하지만 정신분석은 해석 이외에, 다시 말해 증상의 상호작용 안에서 힘의 상호작용을 읽어내는 일 이외의 다른 것에 의존하지 않는다. 그러므로 프로이트는 자신의 최종 연구에서 하나의 부분적인 판독 작업을 따라 몇몇 탐구를 시도하는 일에 자신을 제한한다. 어떤 주어진 '대표자'도 오직 죽음 충동의 '일부분'만을 나타낼 뿐이다. 그러나 여기에 판독된 것과 추정된 것들 사이에는 어떤 동등성도 존재하지 않을 것이다.

「쾌락원칙을 넘어서」에서 일궈낸 돌파구를 보여주는 여러 논고들을 연구할 때 명심해야 하는 사항이 바로 이것이다. 우리는 이중적 강조점의 전환을 목격한다. 첫째로, **반복하는** 경향성에서 **파괴하는** 경향성으로의 전환, 두 번째로는 보다 **생물학적인 것**으로부터 보다 문화적인 표현들로의 전환이다. 그러나 죽음 충동의 이러한 표현들은 사유가 제시한 의미의 무게를 소진하지 않는다. 그런데 이러한 침묵이 외침 안으로 옮겨 적힐 때는 본질적인 의미가 심지어 상실되기까지 한다. 게다가 프로이트는 한 죽음 충동보다는 죽음 충동**들에 대해** 더 쉽게 이야기한다. (우리는 이 요소를 프로이트의 사유에 대한 우리의 재구성 작업에서 무시했었다.)

22_ "죽음 충동은 그 본질상 침묵을 통해 존재하고…삶의 외침은 주로 에로스에서 나온다." *GW, 13*, p. 275 ; *SE, 19*, p. 46 ; tr. fr., 203 ; 전집 11권, 390.

따라서 그는 표현의 막대한 다양성 및 소진되지 않는 그 현시들의 열거 가능성의 여지를 남긴다.

강조점의 첫 번째 전환은 「쾌락원칙을 넘어서」에서 이미 매우 두드러진다. 죽음 충동은 반복 강박에 의해 도입된다. 하지만 그것은 사디즘과 마조히즘이라는 공격성의 두 가지 형식 안에서 정당화되고 확증된다. 이 마지막 두 가지 예들이 동일한 의미 함축을 가지지는 않는다. 즉 사디즘은 새로운 이론 안으로 단순히 흡수되지만 마조히즘은 새로운 이론의 조명 아래 재해석된다.

사디즘에 관한 이론은 매우 일찍 형성되었다. 『성욕에 관한 세 가지 에세이』 이래로 이 개념은 세 가지 현상을 설명해 주었다. 첫째로 그것은 어떤 정상적인, 그리고 통합된 성 충동에서 다소간 지각 가능한 요소로 지칭된다. 두 번째로 그것은 성적 요소로부터 독립적인 어떤 존재방식, 특히 사디즘이란 말에 합당한 변태적인 것을 지칭하기도 한다. 그리고 마지막으로 또한 그것은 성적 요소가 지배적인 역할을 담당하는 전성기기 조직화, 즉 사디즘적 단계를 대표하기도 한다.

마조히즘의 경우는 이와는 상당히 다르다. 왜냐하면 지금의—『성욕에 관한 세편의 에세이』 및 「충동과 그 운명」에서의—마조히즘은 최초의 마조히즘으로 회귀하는 것으로 자아 주위를 '배회하는' 사디즘일 뿐이기 때문이다. 반면 프로이트는 이제 마조히즘의 형식을 최초의 마조히즘으로 돌아가는 어떤 것, 즉 파생된 현상으로 취급한다. 우리는 곧 초자아, 양심 그리고 죄의식에 관한 이론에서 이 논의가 가지는 중요성을 보게 될 것이다.

이 모든 것은 단지 몇몇 부분에 대한 대략적인 묘사일 뿐이다. 1920년의 프로이트는 아직 융합(*Vermischung*)과 분해(*Entmischung*) 개념에 주의를 기울이지 않았다. 이 두 개념은 이후 성욕과 죽음 충동의 협력 및 분리 기능으로 간주될 것이다.[23] 결국 이 두 예들은 명백하게 죽음 충동과 그 현시의 분리를 야기하는 것이고, 여기서 현시는 대상관계 측면에서 충동의 출현을 표시하는 것이다. 애초의 관점에서 죽음 충동의 경우는 삶 충동과 달라보이지 않는다. 왜냐하면 그 둘은 특정한 목적—'파괴'—과 확고한 '대상'—성적인 대상 또는 자아—을 가지기 때문이다. 그러나 죽음 충동이 삶 충동과 비교해서 이러한 표현들 안에서 충분히 드러난다고 할 수는 없다. 또한 포르트-다 놀이나 심지어 반복 강박도 파괴적 본성으로 환원될 수는 없다. 파괴 충동은 오직 죽음 충동에만 속할 뿐이다.[24]

이 이중의 운동—반복 강박의 파괴 충동으로의 대체와 메타생물학에서 메타문화론으로의 전환—은 오직 「문명 속의 불만」에서만 완성될 것이다. 「자아와 이드」 4, 5장은 「쾌락원칙을 넘어서」의 메타생물학과 「문명 속의 불만」 간의 불가결한 이행에 대해 말한다.

「자아와 이드」에서의 천재적인 통찰은 세 가지 심역—자아, 이드, 초자아—에 관한 이론을 「쾌락원칙을 넘어서」에서의 충동 이원론과 짝을 맞추게 하는 것이다. 이 대립항은 단순한 사유로부터 실제적인 판독작업으로 나아가는 것을 가능하게 만든다. 더 나아가 죽음 충동을 교조적인 신화론 안에서 직접 다루는 대신 우리는 이드, 자아 그리고 초자아라는 밑도 안에서 죽음 충동에 접근할 수 있게 된다.

엄밀하게 말해서 충동의 이원론은 오직 이드와 관련된다. 즉 그

---

23_ 「자아와 이드」 4장, '두 종류의 충동.'

24_ "따라서 죽음 충동은 외부 세계와 다른 유기체들을 향하는 파괴의 충동으로 자신을 표현하는 것 같다." *GW, 13*, p. 269 ; *SE, 19*, p. 41 ; tr. fr., p. 197 ; 전집 11권, p. 383.

것은 이드의 내전(guerre intestine)이다.[25] 그러나 충동의 내부성에서부터 시작해서 전쟁은 그것이 마침내 인간 정신의 고차원적인 내용들, 즉 '승화'로 분출할 때까지 확장된다. 이 분해 과정은 생물학적 사변으로부터 문화적 해석으로의 이행을 확증하며, 우리가 죽음 충동의 모든 대표자를 죽음 충동의 내면의 처벌이 일어나는 지점으로 밀어넣는 일을 가능하게 한다.

이제 융합과 분해 개념에 대해 숙고해 볼 필요가 있다. 확실히 이 두 개념은 투여, 억압 그리고 심지어 변태성욕 개념이 그런 것처럼 경제학적이다. 프로이트는 이 개념들에 에너지 기초를 부여하기 위해 '기능적 해방'이라는 존 헐링스 잭슨(John Hughlings Jackson)의 개념과는 전혀 상관이 없는 하나의 가설을 끌어 들인다. 충동의 분해는 "어떤 대체 가능한 에너지, 즉 그 자체로 중립적이라서 질적으로 분화된 성적 충동 내지는 파괴적 충동에 부착되어 그 전체 투여의 총합을 증가시키는 그런 에너지"를 해방시킨다.[26] 우리는 순수하게 그리고 단순하게 양적인 것, 즉 자유롭고, 또한 구속된 에너지에 관한 사유로 돌아온 것일까? 추측된 측면들을 거부할 필요는 없다. 그리고 프로이트 자신이 이 점에 주목한다. "나는 이 논의에서 어떤 가설을 제시하고 있을 뿐, 아무런 증거도 가지고 있지 않다. 이 치환이 가능하고 중립적인 에너지는 의심의 여지없이 자아와 이드 양쪽에서 활동하고 있는 것으로, 그것은 나르시시즘적 리비도의 저장소로부터 나오는 탈성욕화된 에로스이

25_ 『새로운 정신분석 강의』가 이차 지형학과 충동의 이원론을 결합하는 것은 이 개념 안에서이다.

26_ *GW, 13*, p. 272–73 ; *SE, 19*, p. 44 ; tr. fr., p. 200 ; 전집 11권, p. 387.

다."[27] 이 조짐은 최초 과정의 특징적 '치환'에서 비롯된 운동성으로 존재한다.

따라서 융합과 분해라는 개념, 에너지에 관한 언어로 언술해 보면, 충동이 그 에너지를 상이한 체계 안에 있는 힘들에 힘입어 정립할 때 일어나는 일을 언급하기 위해 구성되었던 것이다. 결론적으로 이 개념들은 이들이 작동할 것으로 추정되는 에너지 단계에서 정당화될 수 있는 어떤 것을 기반으로 삼지 않는다. 융합과 분해는 단순히 에너지 언어 안에서, 충동의 대표들의 영역에 초점을 맞출 때 일어나는 해석작업을 통해 발견되는 현상과 상관한다.

죽음 충동의 다양한 대표들의 계열을 이해하기 위해서, 이것들을 근저에서부터, 예를 들면 보다 생물학적인 차원에서 문화적인 차원으로 전개되는 바를 검토하는 일이 필수적으로 제기된다.

가장 낮은 단계에서 우리는 마조히즘의 성애적 형식, 고통 속에서의 쾌락(*Schmertzlust*)이라는 형식과 만나게 된다. 이는 「자아와 이드」에서 매우 간결하게 다뤄지며, 「마조히즘의 경제적 문제」에서는 보다 심도 있게 다뤄진다.[28] 인간은 어떻게 해서 고통 속에서 쾌락을 얻게 되는 것인가? 『성욕에 관한 세 편의 에세이』에서 그것은 고통이나 불쾌의 과잉의 수반 효과에서 비롯되는 리비도적 감정이입 자극(*libidinöse Miterregung*)을 유발하는 것이라고 설명되는데, 이것만으로는 충분치 않다. 또한 이러한 메커니즘이 존재한다는 것, 그것이 오직 생리적인 기반을 제

27_ *GW*, *13*, p. 272–73 ; *SE*, *19*, p. 44 ; tr. fr., p. 200 ; 전집 11권, p. 388.

28_ 「마조히즘의 경제적 문제」(*Das ökonomische Problem des Masochismus*), *GW*, *13*, pp. 371–83 ; *SE*, *19*, pp. 159–70 ; tr. fr., in Rev. fr. de Psychanalyse II, 2, 1928 ; 전집 11권, pp. 415–32.

공한다고 보는 것으로도 충분치 않다. 본질적인 것은 다른 곳에 있는데, 그것은 분명 충동적 측면이다. 파괴 충동은 두 경향으로 나누어지는 것임에 틀림없다. 하나는 삶 충동에서 비롯되는 압력 아래, 그것을 해롭지 않게 만들면서 남성 기관의 경로 쪽으로 방향을 틀어놓는 것이다. 이러한 파괴적 본성의 경로는 성욕에 기대어 그 자신을 정립하며 사디즘을 알맞게 구성한다. 또 다른 경향은 유기체 안에 머물러 있게 된다. 그리고 그것은 '위에서 묘사한 성적 자극에 수반되는 것들의 도움으로 리비도적으로 그곳에 속박된다.' 이것은 성적 마조히즘, 즉 고통 속의 쾌락을 구성하게 된다. 그러므로 성애적 마조히즘은 '잔여물', 즉 원초적인 사디즘이나 원초적 마조히즘 둘 중 하나로 밝혀지게 될 파괴적 충동에 속하는 그러한 잔여물이다. 하지만 여기에 혼란스러운 것들도 많다는 점은 분명하다. 다시 말해 우리는 어떻게 리비도를 따라서 죽음 충동이 '예속화'(*Bändigung*)되는지 알지 못한다. 우리는 단지 리비도가 사디즘, 즉 외부 대상을 향해 방향을 전환한 죽음 충동의 내용물 안에서만이 아니라, 이를 통해 마조히즘 자체 안에 남겨진 잔여물 내부에서도 작동하는 것, 곧 사랑과 죽음의 가장 원초적인 '혼합'(*Legierung*, coales)으로 출현한다는 것을 단지 추측할 수 있을 따름이다. 마조히즘은 그 모든 발전단계들에 있어서 리비도를 수반하며, 그런 단계들로부터 연속적인 '위장'(*Umkleidungen*) 속에 비춰진다. 다시 말해 먹히는 것에 대한 공포(구강기), 두들겨 맞기를 바람(사디즘적 항문기), 거세 환상(남근기), 성교에 대한 환상(성기기)이 그것이다. 따라서 융합과 분해는 문제에 대한 답을 제공한다기보다는 하나의 난점을 지적하는 것이다.

「자아와 이드」(5장)에서 죽음의 관점으로부터 이 심역을 재독해하는 데서 얻는 이점은 분명 기본적으로 초자아 이론이다. 우리는 정신분석학을 위해 초자아를 아버지 콤플렉스로부터 이끌어낼 것이고, 따라서 그것이 지각적 자아가 초자아보다는 이드에 더 가까운 구성물이라는 것을 알게 될 것이다. 그러나 초자아에 관해 한 가지가 설명되지 않은 채로 남아 있다. 초자아의 가혹함과 잔혹함이 바로 그것이다. 이 기묘한 특성은 처음에 저항이 재생과의 관계에서 그러한 것처럼 그것과 무관해 보이는 다른 현상과 다시금 연결된다. 우리가 어떤 '도덕적' 측면에서 이러한 저항을 이해할 때, 즉 고통을 겪음으로써 자기 처벌의 형식을 취하고, 이렇게 해서 그것이 고통 가운데 만족감을 발견하는 무의식적인 죄의식을 포함할 때 이런 지속적인 유형이 강박신경증, 우울증, 재생 저항, 정상적인 의식에서의 학대와 같은 것을 담게 된다는 점을 드러낸다. 중요한 것은 죄의식과 죽음 간에 발견된 연결점이다. 우리는 여기서 초자아와 이드의 연관성이라는 가장 중요한 결론에 도달한다. 초자아의 충동적 성격은 초자아가 오이디푸스 콤플렉스에서 유래하는 리비도 잔여물을 포함하고 있다는 것뿐만 아니라, 그것이 죽음 충동의 분해 덕분에 파괴적 본성을 관리하게 된다는 것 또한 함축한다. 이런 논의는 매우 심오한 지점까지 도달하는데, 심지어 훈련이나 독해의 중요성을 감퇴시키는 지점, 의식의 발전과정에 있어서 '듣는 것'—간단히 말해서 단어 형성—아래에서 발생하는 불확실한 힘들의 이점이라는 지점에까지 이른다. 프로이트는 묻는다. 어떻게 해서 초자아가 본질적으로 죄의식으로 자신을 현시하고, "이드가 그럴 수 있는 것만큼 잔인하게" 되는 그런 차원에서 자아를 향한 비범한 잔혹함이 전개되는 것인가?[29] 우울증의 경우는 초자아가 허용이 가능한 모든 사디

---

29_ *GW, 13*, p. 284 ; *SE, 19*, p. 54 ; tr. fr., p. 212 ; 전집 11권, p. 400. 프로이트는 죄의식은 일종의 강박신경증의 '소음'(*überlaut, over–noisy*)이라고 부른다. 이것은 실제로 그 자체로는 '꺼진' 충동의 '외침 소리' 중 하나인 것이다.

즘을 소유하고, 파괴적 특성은 초자아 안에서 스스로를 확장하면서 자아에 대립한다는 점을 생각하게 만든다. "이제 초자아 속의 지배적인 세력은 말하자면 죽음 충동이라는 순수한 문화 그 자체이다."[30]

따라서 초자아의 출현단계에서 죽음 충동은 돌연 그것의 순수 문화적 차원을 열어보인다. 살기가 그득한 이드와 전제 군주적이고 스스로 처벌을 일삼는 양심 사이에 붙잡힌 채로 자아는 이러한 것들에게서 공격성을 전환시켜 타자를 고문하거나 자신을 학대하는 것 이외에는 다른 존재방식을 가지지 못하는 것처럼 보인다. 따라서 하나의 역설이 여기 존재한다. 즉 "어떤 사람이 그의 외부에 대한 공격성을 억제하면 할수록 그의 자아 이상에서는 더욱 심각한, 더욱 공격적인 사태가 벌어진다는 점은 주목할 만하다."[31] 마치 타자에 대해서나 자기 주변에 대해 가하는 공격성처럼 말이다. 우리는 연민 없이 처벌하는 우월한 존재의 투사 속에서 일어나는 이러한 윤리적 잔혹성의 종교적 연장성을 직접적으로 지각한다.

만일 우리가 초자아의 잔혹성과 이전에 나온 '성애적 마조히즘'의 기술을 비교한다면 이는 일견 성욕과의 연결에 결여가 있는 것으로 여겨진다. 다시 말해 우리는 파괴성과 독립적으로 성애적 요소를 갖는 초자아 간의 직접적 연결이 존재한다고 가정할 수 있다. 「마조히즘의 경제적 문제」에서 프로이트는 자신이 '도덕적 마조히즘'이라고 부른 것과 에로티즘 간의 숨겨진 연결을 재구성하려고 한다. 여기서 도덕적 마조히즘이 초자아의 전 영역을 지배하지는 못한다.

무의식적 죄의식의 의미는 회복에 대한 집요한 저항 속에서 발견

---

30_ *GW, 13*, p. 283 ; *SE, 19*, p. 53 ; tr. fr., p. 211 ; 전집 11권, p. 399.

31_ *GW, 13*, p. 283 ; *SE, 19*, p. 53 ; tr. fr., p. 211 ; 전집 11권, p. 400.

되며, 보다 정확하게는 처벌의 필요(*Strafbedürfnis*)를 요청하는 것으로 도덕적 마조히즘과 에로티즘의 이 감춰진 연결을 조망해 준다. 양심의 불안이 성애로 왜곡되어 나타나는 연결은 초자아가 금지의 부성적 원천과의 리비도적 연결을 근거로 해서 이드를 보존하는 심오한 친족성과 결부된다. 그것은 다음과 같이 반복되는 장소이다. 다시 말해 초자아는 '이드의 대표'(*Vertreter des Es*)이다. 이러한 리비도적 결속은 무한정 계속되는데, 아버지 '형상'이 점점 더 멀리 떨어진 것과 비인격적인 모습에 의해 대체됨으로써 강화된다. 운명의 어두운 힘이 막바지에 이르면 극소수의 사람들만이 이러한 부성적인 연결로부터 분리된다.

그러나 동시에 이러한 비교는 「자아와 이드」에서 조망되어 드러난 특정한 분위기, 특히 초자아의 사디즘과 자아의 마조히즘('도덕적 마조히즘')이라는 것을 도입하는 계기를 마련한다. 「자아와 이드」에서 서술된 것은 초자아의 사디즘인데, 이는 '도덕의 무의식적인 확장'(*ein solche unbewusste Fortsetzung der Moral*)이다. 처벌에 대한 자아 그 자신의 열망이 욕망과 정확하게 동일한 것은 아니다. 그리고 그와 같은 욕망은 아버지에게 구타당하는 욕망과 연결된다. 이것이 우리가 '성애적 마조히즘'(masochisme érogène)이라고 표현했던 것 중 하나로 취급했던 것이다. 이 욕망은 도덕적 양심의 정상적 운동에 대한 반대 의미로 오이디푸스 콤플렉스의 탈성욕화, 곧 폐기로 전개되는 도덕의 재성욕화를 표현한다. 도덕의 재성욕화 과정과 함께 사랑과 죽음의 괴상한 혼합 가능성이 발생한다. '승화'로 향하는 혼합은 그 적대적 항을 가지게 되는데, 이것이 고통 안에서의 쾌락이라는 현상에 존재하는 '변태 성욕'이다.

우리는 여기서 이 모든 것, 즉 정상적 도덕, 잔혹성(초자아의 사디즘), 처벌에 대한 요청(자아의 마조히즘)을 뒤섞는 것이 얼마나 위험한 일인지 알 수 있게 된다. 이 세 가지 경향—충동의 문화적 압박, 자기 자신에 대항하는 사디즘으로의 회귀, 그리고 자아 자신의 마조히즘의 강화—은 실제 서로에 대한 보충물이며, 동일한 효과를 생산하기 위해 통합된다. 그러나 적어도 원칙적으로 그것들은 구별되는 경향이다. 죄책감은 여러 방면에서 이러한 경향들의 조합으로부터 발생한다.

만약 우리가 「마조히즘의 경제적 문제」에서 제안된 구별들을 따라 「자아와 이드」의 분석을 재검토한다면 위에서 기술된 내용은 자아의 마조히즘이나 '도덕적 마조히즘'이라기보다는 초자아의 사디즘과 연관된다고 말해야 한다. 분명히 마조히즘으로서의 정상적 의식과 대립되는 초자아의 사디즘은 위에서 오이디푸스 콤플렉스의 재성욕화를 통해 특징지어지는가? 이는 더 대답하기 어려운 문제다. 그러나 「자아와 이드」 5장에서 프로이트가 두 가지 죄책감을 질병, 즉 강박신경증과 우울증으로 기술함으로써 스스로를 제한하고 있다는 점에 주목해야 한다. 그는 강박신경증과 우울증이 정상적인 도덕과 공유하는 유사성보다 그 차이에 대해 더 많은 관심을 기울인다. 우울증에 있어서 초자아는 자살이라는 관점에서 죽음 충동의 순수한 문화로 드러난다. 강박신경증에서는 반대로 자아가 자신의 사랑하는 대상을 증오의 대상으로 변화시킴으로써 자기 파괴로부터 스스로를 보호한다. 여기서 자아는 이러한 증오와 투쟁하는데, 이러한 증오는 외부로 향해지고, 자아가 증오를 스스로에게 채택하지는 않는다. 반면 이와 동시에 자아는 스스로를 책임지고 있는 초자아의 공격을 견뎌낸다. 그리고 거기에 자아의 끝없는 고뇌가 있으며, 이 두 가지 선행하는 것들에 대해 자신을 지켜내야 할 필요가 생긴다. 강박증과 우울증에 대한 죽음의 배양이라는 이 고통스런 상태는 마조히즘이 그러한 것과 마찬가지로 정상적인 양심의 탈성욕화와 과연 명백하게 반대되는 것일까? 그렇게 보이지는 않는다. 하지만 논란은 더욱 가라앉지 않을 것이다. 왜냐하면 초자아의 사디즘이 어떤 성애적 요인에 의존한다 할지라도, 우리는 죽음 충동이 직접적으로 초자아의 사디즘에 포함된다는 어떤 관점을 발견하기 때문이다. 이 결과 초자아의 사디즘이라고 일컬어지는 것이 탄생한다. 이와 같은 관점은 분리, 탈성욕화 그리고 승화의 상호 연관성을 통해 제안된다. 따라서 초자아의 사디즘은 파괴적 성향의 어떤 승화된 형태를 표현한다. 그리고 파괴성이 분리에 의해 탈성욕화되는 것과 마찬가지로 그것은 초자아의 이익을 따라 활성화된 존재를 가능하게 한다. 그리고 이 점에서 그것은 '순수한 죽음의 문화'가 된다. 그러므로 사디즘의 탈성욕화는 마조히즘의 재성욕화만큼이나 위험하다.[32]

이는 놀라운 발견이다. 즉 죽음 충동 또한 승화될 수 있다는 말이다. 이 어두운 전망을 완성하기 위해 이 과정 전체의 충동의 토대가 본질적으로 거세 공포라는 점이 첨언될 것이다. 인용된 마지막 텍스트와 관련해서 나는 프로이트가 거세와 양심의 공포 간의 관계에 대해 언급한 부분에 주목하고자 한다. (만약 우리가 '오이디푸스 콤플렉스의 분리'에서 거세 공포에 부여한 역할을 기억한다면, 이것은 지대한 영향을 미치는 언급이다.) 그 언급은 결국 「자아와 이드」의 마지막에 드러난다. "자아 이상으로 변신한 바 있는 우 월한 존재는 한때 거세를 시키겠다고 위협한 적이 있는 존재이다. 거세에 대한 이러한 두려움이야말로 확실히 차후의 양심 공포증을

32_ "하지만 자아의 승화작업이 충동의 분열과 초자아 속에 있는 공격 충동의 해방이라는 결과를 낳으므로 자아의 리비도에 대한 투쟁은 자신을 학대와 죽음의 위험에 노출시킨다. 초자아의 공격 하에서 고통을 겪거나 심지어는 그 공격에 굴복하는 과정에서 자아는 원생생물과 비슷한 운명을 맞이하게 된다. 이 원생생물은 그 자신이 만들어낸 분해 산물로 인해 죽음을 맞는다. 경제적인 관점에서 볼 때 초자아 속에서 기능하는 도덕성은 이것과 비슷한 분해의 산물처럼 보인다." *GW*, *13*, p. 288 ; *SE*, *19*, pp. 56–7 ; tr. fr., p. 215 ; 전집 11권, pp. 403–4.

형성하는 핵일 것이다."[33]

따라서 우리가 환상의 발생, 인간에게 고유한 두려움, 즉 양심의 두려움(*Gewissenangst*)과 관련되는 이러한 것은 죽음 충동이 없이는 이해될 수 없는 것으로 남아 있다.

## 3. 에로스와 타나토스 사이의 문화

우리는 아직 문화 해석에 있어서 충동에 관한 새로운 이론이 갖는 광범위한 영향력을 생각하지 않았다. 초자아의 파괴성은 정상적인 것과 병리적인 것 사이, 그 경계선에 있는 개인적 양심의 요소들 중 하나일 뿐이다. 하지만 죽음 충동은 문화 자체에 대한 재해석을 함축하고 있다. 「환영의 미래」의 첫 번째 장을 기반으로 삼아 우리가 위에서 제시한 문화에 관한 정의와 「문명 속의 불만」의 3–5장에 전개된 그 정의에 관한 재검토 사이에 일어나는 대조점은 어떤 더 심오한 논의 및 죽음 충동과 마주한 문화 이념의 통합을 입증해 준다.

물론 「문명 속의 불만」에서 프로이트는 문화의 순수한 경제적 정의를 도입했던 「환영의 미래」에서 만큼이나 염려의 뜻을 내비친다. 하지만 문화 현상의 경제학은 그 보편적 전략, 즉 에로스 대 죽음이라는 전략의 관계를 통해 완전히 새로워진다.

「문명 속의 불만」에 나오는 문화에 관한 새로운 경제적 분석에 주목해 보도록 하자.

이 분석은 두 측면으로 전개된다. 첫째는 죽음 충동에 기대지 않

33_ *GW*, *13*, p. 288 ; *SE*, *19*, p. 57 ; tr., fr., p. 216 ; 전집 11권, p. 405.

고서 이야기될 수 있는 측면이고, 둘째는 오직 죽음 충동의 개입 이후에만 이야기될 수 있는 부분이다.

논조의 변화는 이미 문화의 비극 속에서 종결되고 해당 논고는 미리 계산된 우직함으로 논의를 전개한다. 문화의 경제학은 일반적 '성애론'이라고 불릴 만한 것과 일치하는 것처럼 보인다. 문화를 활성화하는 요인들과 개별적인 것에 의해 추동되는 그러한 목표는 동일한 에로스에 속한, 때로는 수렴하고 또 때로는 발산하는 그러한 표징들로 나타난다. "문명의 과정은 에로스가 할당하고 아낭케가 촉발시킨 과제의 영향 하에 삶의 과정이 경험하는 변화라고 주장하는 것으로 만족할 수밖에 없다. 그리고 … 그 과업이란 개개의 인간을 리비도적 유대로 묶인 공동체로 통합하는 것이다."[34] 따라서 동일한 '에로티즘'이 집단들의 내적 결합을 형성하면서 개인들이 쾌락을 추구하고 고통을 회피하려고 한다. 여기서 고통은 삼중의 고통인데, 이는 그 개인을 외부 세계, 자신의 신체, 그리고 다른 인간들에 의해 상처받는 것을 말한다. 유년기로부터 성인에 이르기까지 개인의 성장과 마찬가지로 문화의 발전은 에로스와 아낭케, 즉 사랑과 노동의 결실이다. 우리는 심지어 노동보다는 사랑이 더 중요하다고 말해야 한다. 왜냐하면 자연을 정복하기 위한 노동에서의 통합의 필요성은 하나의 단일한 사회체에서 개인들을 통합하는 리비도적 결속에 비해서는 작은 요인에 불과하기 때문이다. 따라서 동일한 에로스가 개인들로 하여금 행복을 위해 투쟁하게 하고, 더 큰 집단들 안에서 인간들을 결합하기를 원하는 것처럼 보인다. 그러나 여기서 역설이 드러난다. 자연에 대항하는 조직화된 투쟁으로서

34_ *Malaise dans la civilisation*, *GW*, *14*, pp. 499–500 ; *SE*, *21*, p. 139 ; tr. fr., p. 73–4 ; 전집 12권, p. 322.

의 문화는 인간에게 힘을 부여하는데, 이것은 신에 의해 주어진 것이다. 하지만 이러한 신과의 유사성은 인간을 불만족스러운 채로 남겨둔다. 즉 이것이 바로 문명 속의 불만….

왜 그런가? 오로지 일반적 '에로티즘'을 기반으로 삼아서 우리는 분명 개인과 사회 간의 어떤 긴장을 설명할 수 있지만, 그것으로 문화적 비극성을 조장하는 중대한 갈등을 설명할 수는 없다. 예를 들면 우리는 가족의 유대가 보다 큰 집단으로의 확장에 저항한다는 사실을 쉽게 설명할 수 있다. 삶의 더 넓은 순환으로 진입하기 위해 모든 젊은이들은 최초의 그리고 가장 밀접한 이러한 결속들을 부숴야 한다. 마찬가지로 여성의 성애에서 어떤 것은 사적인 성으로부터 사회적인 목적으로 나아가는 리비도 에너지의 이행에 저항한다. 우리는 갈등 조건들의 다른 많은 예들을 제시할 수 있다. 그리고 아직 어떤 근본적인 모순에 봉착하지는 않고 있다. 또한 문화가 모든 성적인 쾌락에 있어서 희생을 요구한다는 것도 잘 알려진 사실이다. 근친상간 금지, 유아 성욕 금지, 일부일처제와 합법성으로 통하는 좁은 길로의 성욕의 일방적 조정 등이 바로 그것이다. 그러나 여기에는 고통스러운 희생과 갈등을 복잡화하는 과정이 존재하며, 그것들은 아직도 실제적 적대로 귀결되지 않았다. 가장 중요하게 언급되어야 하는 것은 첫째로 리비도가 그 모든 타성의 힘을 따라 그 오래된 지위를 포기함으로써 그 위에 형성되는 문화에 저항한다는 것이고, 둘째로 사회성을 형성하는 그 리비도적 결속이 사적인 성욕을 위축시킴으로써 이로부터 에너지를 끌어낸다는 것이다. 그런데 이 모든 것은 우리가 어떤 갈등의 휴전 상태를 꿈꿀 수 있다거나 개인적인 것과 사회적인 결속 사이를 일치시키는 일을 꿈꿀 수 있기 때문에 절대 비극적인 것이 아니다.

그리고 여기서 다시 의문점이 발생한다. 어떻게 해서 인간은 행복해지는 일에서 실패하는가? 어떻게 해서 문화적 존재로서의 인간은 불만족하는가?

여기서 분석은 결정적 지점에 도달한다. 인간이 당면하고 있는 것은 일종의 불합리한 계명이다. 이를테면 우리의 이웃을 우리 자신처럼 사랑하는 것과 같은 것이 그런 것인데, 이는 불가능한 요청이다. 우리의 적을 사랑하는 것, 이것은 위험한 명령이다. 그것은 단지 애써 참아내는 것일 뿐이다. 이러한 계명들은 사랑을 낭비하는 것이고, 어떤 가치 있는 것들을 나쁘게 만드는 것이며, 지키면 지킬수록 신실한 누군가를 파멸로 몰아넣는다. 하지만 이러한 **명법의 불합리함** 배후에 있는 진실은 순전히 성애 바깥에 놓인 충동의 불합리함이다.

> 사람들은 이 모든 것 뒤에 숨어 있는 진실을 수인하는 경향이 있지만, 인간은 사랑받기를 원하고 공격을 받아도 기껏해야 자신을 방어할 수 있을 뿐 상대를 반격하지도 못하는 유순한 동물이 아니다. 반대로 인간은 강력한 공격 충동을 타고난 것으로 추정되는 동물이다. 따라서 이웃은 그들에게 잠재적인 협력자나 성적 대상일 뿐만 아니라 그들의 공격 충동을 자극하는 존재이기도 하다. 인간은 이웃을 상대로 자신의 공격 충동을 만족시키고, 아무 보상도 주지 않은 채 이웃의 노동력을 착취하고, 이웃의 동의도 받지 않은 채 이웃을 성적으로 이용하고, 이웃의 재물을 강탈하고, 이웃을 경멸하고, 이웃에게 고통을 주고, 이웃을 고문하고 죽이고 싶은 유혹을 느낀다. 인간은 인간에게 늑대다(*Homo homini lupus*).[35]

35_ *GW, 14*, pp. 470–1 ; *SE, 21*, p. 111 ; tr. fr., p. 47 ; 전집 12권, p. 289.

따라서 인간과 인간의 관계를 방해하는 충동은 정의에 대한 치환 불가능한 기관으로 등장하는 사회를 요청한다. 물론 여기서 죽음 충동은 인간의 인간에 대한 원시적인 두려움과 동일시된다.

죽음 충동에 관해 프로이트는 이제부터 그것을 '반문화적 충동'이라고 부르게 될 것이다. 이제 사회적 결속은 「집단 심리학과 자아 분석」에서처럼 단순히 개인 리비도의 확장으로 간주될 수 없다. 그것은 충동들 간의 갈등의 표현이다.

> 인간의 본성적인 공격 충동, 즉 만인에 대한 개인의 적개심과 개인에 대한 만인의 적개심은 문명의 이러한 기획을 반대한다. 이 공격 충동은 에로스와 나란히 세계를 지배하고 있는 죽음 충동에서 유래했으며, 그 충동의 주요 대리인이다. 이제 문명의 발달이 갖는 의미는 분명해졌다고 생각한다. 문명은 인류를 무대로 에로스와 죽음, 삶의 충동과 파괴의 충동 사이의 투쟁이라는 형태를 보이는 게 분명하다. 이 투쟁은 모든 생명의 존질적인 요소이며, 따라서 문명 발달은 인류의 생존을 위한 투쟁이라고 요약할 수 있다. 그리고 어린이를 돌보는 유모들이 '하늘의 자장가'(Eïapopeïa du Ciel)를 부르는 것은 거인들의 이 싸움을 진정시키려는 노력이다.[36]

문화 자체는 이제 삶과 죽음이라는 거대한 우주적인 무대로 옮겨졌다. 그에 대한 보답으로 '침묵의' 충동이 그 주요한 '파생물'과 '대

---

36_ *GW, 14*, p. 481 ; *SE, 21*, p. 122 ; tr., fr., p. 57 ; 전집 12권, p. 302. 천국의 자장가(*Eiapopeïa vom Himmel*)는 하이네(Heine)의 다음 글에서 인용된 것이다. *Deutschland*, chant 1, strophe 7.

표자' 안에서 말을 한다. 문화 이론에 앞서서 죽음이 표명되는 것은 아니다. 즉 문화는 죽음이 표명되는 하나의 공간이다. 이것이 바로 죽음에 대한 순수한 생물학적 이론이 사변으로 남아야 했던 이유이다. 그리고 죽음에 관한 사변이 해독과정으로 가는 것은 순전히 증오와 전쟁의 해석 안에서다.

따라서 죽음 충동에 관한 어떤 점진적인 폭로는 세 층위, 즉 생물학적·심리학적·문화적 층위에 존재한다. 에로스의 복잡성이라는 것에 천착했을 때 죽음 충동은 그 사디즘적 요소 안에 은폐된 채로 남겨진다. 때로 그것은 대상 리비도를 강화하며, 때로는 나르시시즘적인 리비도를 과도하게 부과한다. 다시 말해 죽음 충동은 그 자체로 삶의 문제에 통합되고, 이 경우 자아는 그 대상과 통합하며 마침내 개인은 더 넓은 집단으로 통합되어 죽음 충동의 적대관계는 에로스가 전개되면서 점점 침묵해 간다. 이 마지막 단계에서 에로스와 타나토스 사이의 투쟁은 공공연한 전쟁이 된다. 프로이트의 말을 바꾸어 본다면 우리는 전쟁이라는 것이 죽음의 함성일 것이라는 점을 알 수 있다. 그러나 이러한 사유의 신화적 측면이 축소되는 것은 아니다. 이제 죽음은 악마적일 뿐만 아니라 악마와 같다. 프로이트가 에로스를 묘사하기 위해 플라톤의 『향연』을 빌려온 것처럼 죽음을 이야기하기 위해서는 메피스토펠레스의 음성을 이용하는 것이다.

생물학적 탐구에 있어 죽음 충동의 문화적 해석의 반향은 중요한 효과를 갖는다. 결론적으로 이것은 「자아와 이드」에서 표명된 개인 심리학에 관한 해석과는 상당히 상이한 죄책감에 관한 하나의 분석이다. 이 논고에서 죄책감은 초자아의 잔혹성, 그리고 우울증과 강박신경증의 사도-마조히즘적 특성으로 인해 병리적인 것에 기대고 있는 반면에 「문명 속의 불만」의 7장과 8장에서는 죄책감의 문화적 기능을 강조한다. 이제 죄책감은 더 이상 리비도에 반하는 것이 아니라, 문화가 인간의 공격적 성향에 반하여 활용하는 것으로 비춰진다. 이러한 변화는 중요하다. 문화란 이제 이기주의의 한 가운데 서서 스스로에 반하여 에로스의 관심을 표상하게 된다. 그리고 이것은 타인에 대한 나의 폭력적 성향을 무화하기 위해 나-자신에 관한 나의 고유한 폭력을 사용한다.

죄에 대한 새로운 해석은 강조점의 완전한 이동을 수반한다. 자아의 관점으로부터, 그리고 자아의 '의존관계'(「자아와 이드」 5장)라는 구성 안에서 본다면 초자아의 엄격함은 과잉 내지는 위험한 것으로 드러난다. 그리고 이것은 어떤 진실의 여지가 있으며, 정신분석학의 임무는 이 관점에서 변하지 않은 채로 남겨진다. 즉 문화는 항상 그러한 엄격함을 약화시키는 지점에서 성립된다. 하지만 문화의 관점에서 보았을 때, 그리고 인간성에 대한 일반적인 탐구에서 말하는 그러한 엄격성은 대체 불가능한 것이다. 따라서 여기에는 죄책감에 관한 두 가지 독해의 상호 연관이 요구된다. 고립된 양심이라는 관점에서의 죄책감의 경제학과 문화의 역할이라는 관점에서의 죄책감의 경제학은 상보적이다. 「문명 속의 불만」의 7장 첫 부분에서 프로이트가 언급한 두 번째 경제학에 의해 첫 번째 독해가 소용없어지는 것은 아니다. 하지만 두 번째 독해에서 비롯되는 문화가 개인에게 요구하는 주요한 포기사항은 욕망 그 자체가 아니라 공격성이다. 결론적으로 양심의 두려움을 자아와 초자아 사이의 긴장으로 정의하는 것으로는 충분하지가 않다. 그것은 사랑과 죽음이라는 더 광범위한 장면으로 옮겨져야만 한다. 우리는 이제 "죄책감이란 양가감정에서 비롯된 갈등, 즉 파괴 또는 죽음 충동과 에로스 사이에서 벌어지는 영원한 투쟁의 표현이다."[37]

이 두 가지 독해는 단순하게 중첩된 것이 아니라 서로 간에 완전히 뭉쳐져 있는 것이다. 즉 죄의 문화적 기능은 필연적으로 양심의 두려움이라는 심리적 기능을 포함한다. 개인 심리학의 관점에서 죄책감—적어도 유사 병리학적 형식 하에서—은 내면화된 공격성향, 즉 초자아가 받아들인 잔혹성의 결과로 나타나며, 이는 자아에 반하는 것이다. 하지만 죄책감의 경제학은 처벌에 대한 필요성이 문화적 전망 안에 정립될 때만 나타난다. "따라서 문명은 개인의 공격성을 약화시키고 무장을 해제시키는 한편, 마치 정복한 도시에 점령군을 주둔시키듯 개인의 내부에 공격성을 감시하는 주둔군을 둠으로써 개인의 위험한 공격 욕구를 통제한다."[38]

따라서 우리는 문화라는 삶에 있어서 특이한 '불안' 또는 '불만'의 심장부에 존재한다. 죄책감은 이제 충동의 이원론 안에 뿌리 박힌 양가성의 갈등을 내면화한다. 따라서 죄책감의 암호를 해독하기 위해 우리는 모든 갈등들의 가장 근원적인 부분을 통찰해야 한다. 즉 "결국 문명의 소산인 죄책감도 죄책감으로 인식되지 않고 대부분 무의식 상태로 남아 있거나 일종의 '불쾌감'(*Unbehagen*), 다시 말해 불만(*Unzufriedenheit*)으로 드러난다."[39] 죄책감의 독특한 복잡성은 충동들 사이의 갈등이 심역들의 영역에 있는 하나의 갈등에 의해 표현된다는 사실에 놓여 있다. 그러므로 바로 이것이 「자아와 이드」의 독해가 폐기되는 것이 아니라 두 번째 독해 속으로 녹아들게 되는 이유가 된다.

동일한 것이 개인 또는 종의 영역에 있어서 오이디푸스 콤플렉스에 관해 이야기될 수 있다. 오이디푸스 상황에 특유한 양가감정—아

37_ *GW, 14*, p. 492 ; *SE, 21*, p. 132 ; tr. fr., p. 67 ; 전집 12권, p. 314.

38_ *GW, 14*, p. 483 ; *SE, 21*, pp. 123–24 ; tr. fr., pp. 58–9 ; 전집 12권, p. 303.

39_ *GW, 14*, p. 495 ; *SE, 21*, p. 135 ; tr. fr., p. 70 ; 전집 12권, p. 317.

버지 형상에 대한 사랑과 증오의 감정—은 그 자체로 삶과 죽음의 충동들 사이의 폭넓은 양가감정 가운데 한 부분이다. 이 자체로 본다면 여러 발생적 고려들, 즉 프로이트가 이런저런 영역에서 탐구했고 최초의 아버지 살해와 가책의 제도들에 대해 탐구했던 것은, 만약 어떤 "숙명적 불가피성"[40]으로 동시에 스스로를 현시하는 죄책감에 의해 역사 속으로 도입된 우연성이라는 근거에서 비롯되는 것이 아니라면, 다소 문제적인 것으로 남는다. 발생적 설명에 의해 재구성됨으로써 이 발전적 과정의 우연적 성격은 이러한 설명이 문화 과정을 지배하는 거대한 갈등에 종속되자마자 약화되고 만다. 그리고 오이디푸스 이야기로 인해 하나의 문화적 틀로 제공된 가족이라는 것은 이제 그 자체로 묶어주고 결합시키는 에로스라는 거대한 기획의 단순한 하나의 표징이 되었다.

따라서 「문명 속의 불만」의 말미에 있는 죄책감에 대한 재해석은 죽음 충동의 여러 형상들 안에서 절정에 이르는 것처럼 보인다. 개인에게 굴욕감을 선사함으로써 문화는 사랑의 봉사 활동에 죽음을 정위하고 삶과 죽음의 최초 관계를 역전시킨다. 우리는 「쾌락원칙을 넘어서」의 비관적인 정식을 기억한다. '모든 삶의 목표'는 죽음이다. 그리고 자기 보존 충동의 기능은 '유기체가 죽음으로 향하는 자신의 길을 따를 것이라는 사실을 확증한다…. 따라서 이러한 삶의 지침들은 분명 근원적으로 죽음의 앞잡이다.' 하지만 이 비관적인 지점에 도달했던 그 동일한 텍스트는 다시 자신에게로 돌아온다. 다시 말해 죽음에 대한 삶의 충동의 투쟁이 존재한다는 것이다. 그리고 이제 문화는 죽음에 대

---

40_ *Die verhängnisvolle Unvermeidlichkeit des Schuldgefüls*, *GW*, *14*, p. 492 ; *SE*, *21*, p. 132 ; tr., fr., p. 67 ; 전집 12권, p. 314.

항하여 삶의 우위를 만들어내기 위한 거대한 기획으로 드러나게 된다. 그 최상의 무기는 외재화된 폭력에 반대하여 내재화된 폭력을 들여오는 것이다.

죄책감에 대한 재해석에서 비롯된 문화 이론의 이러한 성취는 표면적으로 프로이트가 원하는 바이다. 죄책감에 관한 논의의 예기치 않은 장황함에 대해 프로이트는 다음과 같이 말한다. "이는 내 논문의 구성을 망쳤을지는 모르지만 죄책감이 문명 발달에 가장 중요한 문제임을 지적하고, 문명의 진보를 위해 우리가 치르는 대가는 죄책감의 고조를 따르는 행복의 상실이라는 점을 보여주려고 한 내 의도에 완전히 부합한다."[41]

프로이트가 햄릿의 독백이라는 유명한 말을 자신의 해석에 적용시키기 위해 인용함으로써 예증하고자 하는 것이 바로 이 문화의 책략이다. '그러므로 양심은 우리 모두를 겁쟁이로 만든다.' 하지만 이러한 '비겁함'이 곧 죽음의 죽음이다. 나시 말해 에로스의 도움으로, 문화는 정복당한 도시와 같은 개인의 심중에 '수비대'(garnison)로 자리하게 된 첩자의 성과(l'ouvre de l'espion)이다. 왜냐하면 최종 분석에서 "문명 속의 불만"은 다름 아닌 "문명이 낳은 죄책감"이기 때문이다.[42]

41_ *GW, 14*, pp. 493-4 ; *SE, 21*, 134 ; tr. fr., p. 70 ; 전집 12권, p. 316.

42_ *GW, 14*, p. 495 ; *SE, 21*, p. 135 ; tr., fr., p. 70 ; 전집 12권, p. 317.

# 3장 심문

나는 여기서 프로이트가 제시는 했지만 완전히 해결하지 않은 몇몇 문제들을 한데 모아 그에게 경의를 표하고자 한다. 불화와 의견 대립을 거의 용납하지 않은 이 대가의 예리하고 심지어 완고하기까지 한 어조에도 불구하고, 프로이트 교설의 최종 국면은 우리가 예비적인 방식으로 접근하려고 할 몇몇 해결되지 않는 의문들에 도달한다.

1. 과연 우리는 죽음 충동이 더 명백해지고 파괴 본능의 형식 아래, 결국 문화의 층위에서 드러나는 차원에서의 죽음 충동에 대해 더 잘 알고 있는가? 문화적 해독 속에서 여과되지 않고 여전히 사유에 주어진 과잉이 생물학적 사변 속에 존재하지는 않는가? 결국 프로이트의 교설에서 부정성은 대체 무엇인가?

2. 쾌락에 관해 보증된 우리의 확증에서 의심은 필요 없는 것인

가? 지금까지 우리는 쾌락을 '삶의 수호자'로 간주했다. 하지만 이것 자체만으로 긴장의 환원을 표현할 수 있는가? 만약 쾌락이 삶과 연결된다면, 그리고 죽음과 독자적으로 연결되지 않는다면 긴장의 환원은 심적 기호 그 이상의 어떤 것이어야 하지 않는가? 우리는 궁극적으로 쾌락이 의미하는 바를 알고 있는가?

3. 마지막으로 현실원칙이란 무엇인가? 현실원칙은 실제로 환상과 위로 저편에 존재하는 어떤 지혜로 나타나는 것처럼 보인다. 이 투명성, 그리고 후광이 비취는 비관적 고행은 어떻게 해서 사랑과 죽음의 드라마를 나타내는 인간의 사랑과 궁극적으로 일치하게 되는가? 프로이트의 교설에서 마침내 논조의 철학적 통일성을 발견하게 되는가, 아니면 최초 가설의 과학주의와 아마도 욕망의 우주에 대한 이러한 집요한 탐사의 힘에 끊임없이 활력을 불어넣는, 에로스를 돌아오게 하는 자연철학 사이의 분열이 결정적으로 남겨지게 되는가?

내가 보기에는 이러한 것이 프로이트 읽기가 종결되는 다음 세 가지 물음의 의미이다. 죽음 충동이란 무엇이며, 그것은 어떻게 부정성과 연결되는가? 쾌락이란 무엇이며, 또한 그것은 어떻게 필연성과 연결되는가?

### 1. 부정성이란 무엇인가?

죽음 충동은 여러 측면에서 문제적인 개념이다.

무엇보다 문제가 되는 것은 그것이 사변과 해석의 관계라는 데 있다. 이러한 사변과 이해를 돕는 일련의 가설이 지닌 불특정하고, 뒤틀려 있으며, 심지어 '균형을 잃어버린'[1] 특징에 무심할 수 있는 독자들은 없을 것이다. 프로이트 자신은 자기가 믿는 것을 어느 정도는 잘 모른다는 점을 인정한다.[2] 때로 그는 두 가지 알려지지 않은 성질에서의 오차(équation)에 대해 이야기한다.[3] 다시 말해 어둠 속의 빛과 비교할 수 있다면 사물의 초기 상태를 복원하려는 경향이라는 가정은, 그럼에도 불구하고 "과학적 설명이라기보다는 신화"라고 그는 말한다.[4] 어떤 프로이트의 논문도 「쾌락원칙을 넘어서」처럼 도전적이지 않다. 이유는 명백하다. 즉 충동에 관한 모든 직접적인 사변이 충동의 대표와는 별개로 신화적이기 때문이다. 따라서 충동에 관한 세 번째 이론은 앞선 이론보다 더 신화적이다. 왜냐하면 그것은 충동의 바로 그 근저 자체에 도달하기 위해 요구되는 것이기 때문이다. 첫 번째 리비도 개념은 자아 충동과는 첨예하게 구분되는데, 이것은 충동들의 운명이나 여러 운명에 의해 가정된 통합 개념이었다. 그리고 두 번째 개념은 대상 리비도와 자아 리비도를 모두 포함하는 것이며, 리비도 투여의 여러 분배를 조정함으로써 첫 번째보다 더 광범위한 것이었다. 삶과 죽음에 관한 사변은 리비도의 이 두 개념 아래로 나아가기 위한 시도다. 이 가설에 포함된 "유비, 상호 관련성 및 연결"의 망은 그 전보다 훨씬 느슨하다.[5] 하

---

1_ 「쾌락원칙을 넘어서」의 마지막 줄에서 프로이트는 알-하리리의 『마카마트』(*Maquâmât*)라는 책의 한 부분에서 두 개의 동양 운문을 인용한다. "우리가 날아서 도달할 수 없는 것은 균형을 잃은 채로 절뚝거리면서 도달해야 한다.… 그 책은 우리에게 발을 절뚝거리는 것이 죄가 아니라고 말해주고 있다."

2_ *Au delà…*, *GW*, *13*, p. 64 ; *SE*, *18*, p. 59 ; tr. fr., in *Essais de Psychanalyse*, p. 68 ; 전집 11권, p. 337.

3_ *GW*, *13*, p. 62 ; *SE*, *18*, p. 57 ; tr. fr., p. 66 ; 전집 11권, p. 335.

4_ *Ibid.*

5_ *GW*, *13*, p. 66 ; *SE*, *18*, p. 60 ; tr. fr., p. 70 ; 전집 11권, p. 339.

지만 이 사변은 이를 드러내는 현상과의 비례 없이 존재한다. 프로이트는 죽음 충동의 가설 자체가 반복 강박에 관한 사실들의 의미를 과대평가하도록 이끌었을지 모른다는 점을 인정한다.[6] 우리는 이 중심적인 현상에 기여하는 다른 모든 사실들이 또한 다른 방식으로도 해석될 수 있다는 것을 확인했다.

따라서 우리 연구의 나머지 부분은 유비적 해석 영역과 추론 영역에 첫 번째로 정립되었던 것에 관한 점진적인 재해석에 놓여 있다. 하지만 우리는 해석 추론의 최초 초과에 주목해야 한다. 인식론의 관점에서 이것이 해당 논고의 가장 충격적인 특징이다. 이러한 사변적 의미의 초과는 본질적으로 현재의 가설이 직접적으로 그 본질상 메타생물학적이라는 사실을 기반으로 삼는다. "생물학은 실로 무한한 가능성의 땅이다."[7] 그러나 메타생물학은 바이스만(August Weismann)과 원생동물의 죽음에 관한 논의에도 불구하고 그 자체로 과학적이라기보다는 신화적인 것이다. 에로스의 신화적 명칭은 우리가 과학사보다는 시인에, 즉 비평가라기보다는 관조적인 철학자에 더 근접해지는 수월한 증명을 가능하게 한다. 유일하게 인용된 철학 텍스트가 플라톤의 『향연』의 신화적 장면(원초적 자웅동체 인간에 관한 아리스토파네스의 논의)이라는 점은 우연이 아니다. 에로스는 악마가 갈라놓은 것을 재결합하기를 원한다고 가르치는 자는 일종의 '시인-철학자'다. 더 나아가 에로스가 "여러 세포를 통합시키는 것", "모든 것의 보존자"라고 일컬어질 때 우리는 소크라테스 이전 철학자 중 한 사람의 말을 듣는 것과 같은 느낌을 갖게

---

6_ *GW*, *13*, p. 66 ; *SE*, *18*, p. 59 ; tr. fr., p. 70 ; 전집 11권, pp. 338–9.

7_ *GW*, *13*, p. 66 ; *SE*, *18*, p. 60 ; tr. fr., p. 70 ; 전집 11권, p. 339.

되지 않는가?[8]

그렇다면 프로이트는 어떻게 주저하면서도 고집스럽게 메타생물학, 사변, 그리고 신화의 영역에 도전했던 것인가? 프로이트의 이론적 작업이 탐구의 전 영역에서 언제나 해석의 초과 안에 있었다고 말하는 것으로는 충분치 않다. 드러난 문제는 이러한 메타생물학이 갖고 있는 유사 신화론적 본성이다. 아마도 우리는 프로이트가 그의 최초의 바람 중 하나—심리학에서 철학으로 가고자 하는 바람—를 충족시켰다고, 그리고 이런 방식으로 그가 자신의 최초 가설의 기계론적 과학주의가 은폐하려고만 했던 낭만적 요청들을 해방시켰다고 해야만 한다.

따라서 이 논문에서 가장 의심스러운 것이 동시에 가장 많이 드러나 있다. 즉 과학의 외형 아래 또는 과학적 신화학의 가장 심층에 젊은 프로이트가 괴테를 통해 숭배했던 그러한 자연철학이 드러난다.

하지만 모든 리비도 이론이 이미 자연철학의 통제 하에 있었다거나 프로이트의 교설 전체가 의식철학에 대항하는 자연철학의 항변자라고 말해야 하는가? 증상, 환상 그리고 일반적으로 그 기호 안에 있는 욕망에 관한 끈질긴 **독해**는 리비도, 충동 그리고 욕망의 **가설**과는 결코 동등하지가 않다. 프로이트는 인간이란 말하는 존재이기 전에 욕망하는 존재라고 믿는 여러 사상가들의 행렬에 속해 있다.[9] 인간의 욕망에 관한 첫 번째 의미론이 왜곡이고 이 최초의 왜곡을 완전하게는 극복하지 못하기 때문에 인간은 발화를 한다. 그렇다면 프로이트의 교

---

8_ *GW, 13*, pp. 54, 56 ; *SE, 18*, pp. 50, 52 ; tr. fr., pp. 58, 60 ; 전집 11권, pp. 324, 328.

9_ **변증법**에서 우리는 프로이트의 리비도와 스피노자의 코나투스, 그리고 라이프니츠의 욕구를 비교해 볼 것이다. 그리고 또한 쇼펜하우어에서의 의지와 니체에게서의 힘에의 의지도 비교해볼 것이다.

설은 「과학적 심리학 초고」에서 그 특유의 내용을 통해 대두된 이후로 그가 언제나 진정으로 견지하고 있었던 '욕망의 신화학'과 '심적 기관의 학' 간의 갈등을 통해 처음부터 끝까지 활성화될 수 있었다.[10] 이러한 은밀한 갈등은 최초 가설의 차원이 아니라 최종적 지혜의 차원에서 본장의 말미에서 다시 나타날 것이다.

그런데 죽음 충동의 의미 초과는 모든 생물학적·심리적·문화적 표현들과 비교되었을 때 가장 이론적인 표현들로 받아들여지는 것인데, 이제 이 낯선 개념의 다른 문제적 측면이 드러나게 된다. 과연 죽음 충동이 담아내는 모든 의미가 문화 해석 안에서 완전히 드러나는 것이 확실한가? 해석과 비교할 때 의미에 대한 사유의 초과는 이론 안에 있는 어떤 결점을 가리키는 것처럼 보인다. 반대로 우리가 부정에 관한 탐구에서 제안하겠지만 결국은 반-문화적 파괴성으로 간주되는 죽음 충동이 또 다른 가능한 의미를 감추고 있을 것이라고도 볼 수 있다.

만약 우리가 반대방향으로 죽음 충동의 여러 '대표자들'을 읽어낸다면 세 가지 주제들의 분열을 깨달을 것이다. 즉 삶의 타성, 반복강박, 그리고 파괴적 본성이 바로 그것이다. 우리는 죽음 충동이 하나의 집합적 개념, 다시 말해 일치되지 않는 혼합물이라는 혐의를 갖기 시작할 것이다. 즉 생물학적 타성이란 병적인 강박이 아니며 반복도 파괴적인 것이 아니라고 말이다.

우리의 혐의 추궁은 우리가 파괴적 본성으로 환원되지 못하는 부정의 다른 표현들을 검토할 때 더 강해진다.

어린아이의 **포르트-다** 놀이의 예로 다시 돌아가 보자. 이 놀이는

---

10_ 앞의 **분석론** 1부, 1장 참조.

어머니가 나타나고 사라지는 것을 상징적으로 드러내고 있는데, 의심의 여지없이 이것은 정동적인 단념의 반복 안에 놓여 있다. 하지만 외상적 신경증을 유발하는 꿈과는 달리 이 반복 놀이는 강제되거나 강박적인 어떤 것이 아니다. 부재와 더불어 놀이하는 것은 이미 그 부재를 지배하는 것이며, 상실된 것으로서의 잃어버린 대상을 향한 능동적인 행위 안에서 작동하는 것이다. 따라서 우리가 어린아이의 놀이에 관한 프로이트의 분석을 밝혔을 때 물었던 것처럼 부정, 부재 및 상실에 대한 우리의 극복을 구성하는 죽음 충동의 또 다른 양상, 곧 비병리적 양상을 발견한 것은 아닌가? 그리고 이러한 부정성은 상징화하고 놀이하는 모든 방면에 함축되어 있는 것은 아닌가?

이 물음은 우리가 이전에 레오나르도에 관해 던진 물음과도 일치한다. 프로이트와 더불어 우리에게서 상실된 시원적 대상은 다른 대상을 재창조하거나 오히려 맨 먼저 그 대상을 하나의 대상으로 감상하기 위해 제공되도록 창작된 예술작품에 의해 단번에 "부인되고 극복된다."[11] 예술작품도 환상으로서의 시원적 대상의 사라짐 및 문화적 대상으로서의 재출현이 이루어지는 **포르트-다** 놀이다. 따라서 죽음 충동은 환상에서 상징으로의 고양 속에서 그 규범적·비병리적 표현, 사라짐-재출현으로 나타나는 것이 아닌가?

이러한 해석은 프로이트의 저작들 안에서는 어떤 뒷받침도 찾을 수 없다. 죽음 충동에 관한 마지막 고찰로 우리는 프로이트의 가장 주목할 만한 짧은 논고들 가운데 하나인 「부정」(*Die Verneinung*)을 살펴보기로 했다.[12] *Verneinung*이라는 말은 보통 긍정(*Bejahung*)의 반대를 지칭

11_ 앞의 p. 257, 각주 22 참조.

12_ *Die Verneinung*(1925), *GW*, *14*, pp. 11–5, *SE*, *19*, pp. 235–9 ; tr. fr., *Rev. fr. Psychanal*,

한다. 따라서 논문의 제목 '부정'(*Negation*)은 합당한 것이다. 왜냐하면 그 개념은 순수하면서도 단순하게 네(*Oui*)와 반대되는 아니오(*Non*)의 의미를 지칭하기 때문이다. 프로이트는 난해한 방식을 통해 명시적으로 이 부정, 즉 아니오를 죽음 충동과 연결시킨다.

그런데 이것은 어떤 유형의 부정인가? 이것이 무의식의 영역에 위치하지 않는다는 것은 매우 확실하다. 무의식이 부정도 시간도 현실성의 기능도 함축하고 있지 않는다는 점을 상기해 보자. 따라서 부정은 모든 사유 과정에 포함되는 시간 구성과 행위의 조절, 활동적인 습성과 현실원칙 그 자체를 따르는 의식 체계에 속해 있다. 그러므로 우리는 예기치 못한 결론에 부딪힌다. 즉 충동에 속하지는 않지만 의식을 규정하고, 시간에 연결되며, 통제의 동력이 되어 현실원칙을 규정하는 부정이 존재한다는 결론 말이다.

이 의식에 속해 있는 부정에 관한 첫 번째 표현은 억압된 것을 깨닫게 되는 과정에서 드러난다. 논고의 도입부에서 프로이드가 적시하는 바에 의하면, 환자가 관념들의 연상이나 '그것은 나의 엄마가 아니야'와 같은 저항에 관련된 꿈의 단편들에 대한 연상을 수행할 때 부정은 실질적으로 의식에 떠오르기만 하는 연상에 속하는 것이 아니다. 그보다 부정은 억압된 관념이 의식 안으로 관통해 들어오는 하나의 방식이다. "부정은 억압된 것을 인정하는 방식이다. 사실 그것은 이미 억압을 푸는 방식(*Aufhebung*)이다. 물론 부정이 억압된 것의 승인(*Annahme*)이 아닐지라도 말이다."[13] 프로이트는 다음과 같이 말한다. "'난 그렇게 생각하지 않았어', '난 절대 그렇게 생각하지 않았어'라고 환자가 말할

---

1934, n 2, pp. 174–7 ; 전집 11권, p. 443–51.

13_ *GW, 14*, p. 12 ; *SE, 19*, pp. 235–6 ; tr. fr., 175 ; 전집 11권, p. 446.

때 우리는 무의식에 이르는 이보다 더 큰 증명을 할 수 없다. '아니오'는 억압의 검증 각인이고, 독일산이라는 표현과 같이 일종의 원천 증명서이다. 부정의 상징(*Verneinung symbol*) 덕분으로 사고는 억압의 질곡에서 벗어나 그 자신의 고유한 기능에 맞는 자료들로 비옥하게 된다. 부정적 사유는 억압의 지적 대체물이다."[14]

부정의 두 번째 기능은 현실성 검사와 관련한다. 이 새로운 기능은 실제로 이전에 있었던 기능의 연속이다. 우리는 사실상 '의식-되기'의 조건과 '현실성 검사'의 조건이 동일하다는 것을 알고 있다. 왜냐하면 그 둘은 내적인 것과 외적인 것 사이의 차이를 지배하는 조건이기 때문이다. 'A는 B라는 속성을 가지고 있지 않다'는 부정 판단은 쾌락자아의 관점을 넘어설 때에만 진정한 현실 판단이 된다. 여기서 쾌락자아가 네라고 말하는 것은 좋은 것을 흡수하기를 원한다는 것, 즉 그것을 '탐하는' 것을 의미하며, 아니오라고 말하는 것은 싫어하는 것을 자신으로부터 제거하길, 즉 '뱉어내길'를 바란다는 의미이다. 현실 판단은 '최초의 쾌락자아(*anfängliches Lustich*)'가 '최종적인 현실자아'(*endgültiges Real-Ich*)에 의해 재정립되었다는 표식이다. 문제는 자아 속에 어떤 것이 '지각되는'(*wahrgenommen*) 것인지 '포착될'(*aufgenommen*) 수 있는지 하는 것이 아니라 표상에 결부된 자아 속에 현전하는 것이 현실 속에서도 재발견되는가 하는 것이다. 그러므로 '내부에서'만 존재하는 표상과 '바깥에서' 존재하는 현실의 식별이 이루어진다. 이 현실성 검사에서 아니오의 계기는 어디인가? 부정의 기능, 모든 판단, 심지어 긍정 판단에까지 함축되는 이 기능은 '발견하다'와 '재발견하다'(*wiederfinden*) 사이의 간격에 존재한다. 실제로 표상은 사물의 직접적 현전화가 아니라 부재

---

14_ *GW, 14*, p. 12 ; *SE, 19*, pp. 236 ; tr. fr., 175 ; 전집 11권, p. 447.

하는 사물을 새롭게 현전하게 하는 재생이다. "현실성 검사를 설정하는 전제조건은 한때 진정한 만족감을 안겨주었던 대상들을 잃었다는 데 있다." 현실성 검사는 표상이 현실성 검사에 제공하는 부재, 상실의 토대 위에 존재한다. "현실성 검사의 첫 번째 직접적인 목적은 표상에 일치하는 대상을 **발견하는** 것이 아니라, 그것이 기억에 아직도 존재한다는 것을 확신하기 위해 **재발견**하는 것이다."[15] 표상의 원초적 현전이 분리되는 부정의 간격은 **현실** 세계와 **현실** 자아가 동시에 나타나는 비판적 검사를 가능하게 한다. 만일 우리가 세 가지 분석—「쾌락원칙을 넘어서」에서의 **포르트-다**, 「레오나르도 다 빈치의 유년의 기억」에서의 미학적 창조, 「부정」에서의 지각의 판단—을 비교한다면 부정의 기능이 가지는 특징이 선명하게 나타난다. 놀이의 사라짐-재출현, 미학적 창조행위의 부인-극복, 지각 판단의 상실-재발견, 이 모두가 동일한 작동방식을 공유한다.

이 부정이 죽음 충동과 관련하는 시점은 어디인가? 이것이 바로 프로이트가 「부정」의 말미에 쓴 내용이다.

> 이 판단에 대한 연구는 아마도 사상 처음으로 일차적 충동의 상호작용에서 오는 지적 기능의 기원에 대한 통찰을 제공해 준다. 판단한다는 것은 자아가 쾌락원칙을 따라 사물을 자기 안으로 끌어들이거나 격퇴하는 원래의 과정을 편의의 노선(*zweckmässige*)에 맞추어 지속하는 것이다. 판단의 양극성은 우리가 그 존재를 가정한 두 집단의 충동 반

15_ *GW, 14*, p. 14 ; *SE, 19*, p. 238 ; tr. fr., p. 177 ; 전집 11권, p. 449. 이와 동일한 정식이 『성욕에 관한 세 편의 에세이』에서도 발견된다. "원래 대상의 발견은 일종의 재발견이다." *GW, 5*, p. 123 ; *SE, 7*, p. 222 ; tr. fr., p. 152. * 한글판에는 이 문장이 없다.

대급부와 일치하는 것처럼 보인다. 결합의 대표 표상으로서의 긍정은 에로스에 속하고 격퇴의 계승자인 부정은 파괴 충동에 속한다. 부정하고 싶은 일반적 욕망, 정신병자들이 드러내 보이는 부정주의는 아마도 리비도적 구성요소의 철회로 발생한 충동 분열의 한 신호로 간주되어야 할 것이다. 그러나 사고가 부정적 상징의 창조를 통해 억압의 결과와 쾌락원칙의 강박에서 벗어날 수 있는 최초의 수단을 얻기 전에는 판단기능의 수행이 이루어지지 않는다.[16]

프로이트는 부정이 죽음 충동의 또 다른 대표라고 말하지 않는다. 그는 오직 부정이 현실원칙이 일반적으로 쾌락원칙을 대체했던 것처럼(또는 예를 들면 하나의 성격적 특성으로서의 탐욕이 항문기처럼 시원적 리비도 구성을 대체하듯이) 본래 '대체'에 의해 죽음 충동으로부터 그것이 파생된다고 말할 뿐이다. 그리고 우리는 이 텍스트를 직접적인 헤겔적 편곡으로 제시하고 정당화하는 일 이상의 것을 할 권리를 가지고 있지 않다. 우리는 위험을 무릅쓰면서 프로이트를 해석자로서가 아닌 우리의 것으로 소유할 수는 없다. 프로이트는 부정의 '경제학'을 전개한 것이지 『정신현상학』 1장에서 나타나는 진리와 확실성의 '변증법'을 전개한 것이 아니다. 그럼에도 불구하고 엄격한 한계 내에서 이 짧은 구절은 다음과 같은 중요한 기여를 하고 있다. 의식은 부정을 함축한다. 부정은 감추어진 그 특유의 풍요로움을 지닌 '의식화' 속에, 그리고 현실의 '인정' 속에 함축되어 있다.

부정이 대체의 방식을 거쳐 죽음 충동으로부터 파생된다는 것은 놀랄 만한 일이 아니다. 반대로 놀라운 것은 죽음 충동이 소멸성과 아

---

16_ *GW, 14*, p. 15 ; *SE, 19*, pp. 238-9 ; tr. fr., p. 177 ; 전집 11권, p. 450.

무런 관련이 없고 오히려 놀이의 상징화, 미학적 창조 및 그 현실성 검토 그 자체와 관련하는 그러한 중요한 기능을 통해 표상된다는 것이다. 이 발견은 충동에 관한 모든 분석을 유동적으로 만들기에 충분하다. 죽음 충동은 우리가 이야기 했듯이 외침이다. 그것은 소멸성으로 폐쇄되지 않는다. 그리고 아마도 그것은 '부정의 작업'이라는 다른 측면으로 열어주는데, 이는 그 자체 특성상 '침묵'으로 남게 된다.

## 2. 쾌락과 만족

논고 말미에 넘어서기를 요구하는 쾌락원칙은 결국 무엇이 되는가?

이 물음은 다음과 같은 것을 요구한다. 바로 「쾌락원칙을 넘어서」면 그 다음 무엇이 존재하는가? 하지만 여기에는 어떤 명확한 대답도 없다. 이것은 우리가 이 논고 자체의 제목을 생각할 때 매우 놀라운 상황이다. 사실상 '넘어서'면 아무것도 발견되지 않는 것으로 드러난다. 이것은 거기에 어떤 궁극적인 대답이 없다는 것뿐만 아니라, 이런 식으로 해서 심지어 잠정적인 대답조차 우리가 잃어버렸다는 것을 의미한다. 이것이 이 논고의 최소한의 '문제적' 측면인 것은 아니다.

최초의 질문과 죽음 충동의 소개에 앞서 제기되었던 잠정적인 답변을 상기하도록 하자.

항상성 원칙과 쾌락원칙 사이의 동등성을 수용하는 한, 분명 이 물음은 어떤 명확한 의미를 가지고 있었다. 그리고 프로이트가—「쾌락원칙을 넘어서」에서 심각하게 질문하는 것이 아니라 오직 「마조히즘의 경제학적 문제」에서—쾌락원칙 너머에 있는 어떤 것을 탐구하기로

한 것은 "쾌락원칙 및 쾌락원칙에 의존하고 있는 것보다 더 원초적인 경향성",[17] 즉 그 긴장을 축소하고 이를 낮은 수준으로 유지시키는 정신 기관들의 노력으로는 환원할 수 없는 경향성의 존재 여부 때문이다.

그런데 우리는 죽음 충동의 도입 이전에 그러한 경향성을 찾았다. 한편으로 그 경향성은 반복이 재생되는 불쾌에도 불구하고 작동하는 반복 강복을 통해 현시되었다. 다른 한편으로 그 경향성은 쾌의 추구에 앞서 존재하는 과제, 자유로운 에너지를 '묶는' 과제와 경향성을 연결하는 일을 가능하게 했다. 분명 이 경향성과 과제는 쾌락원칙과 대립되는 것이 아니다. 다만 적어도 이 경향성과 과제가 쾌락원칙에서 도출되지는 않는다.

그런데 이제 죽음과 삶의 거대한 역할이 그 모습을 드러낸다. 첫 번째 결론을 강화하는 대신 죽음 충동의 도입은 결론을 파괴한다. 죽음 충동은 쾌락원칙이 단순한 심리학적 이중체로 간주되는 항상성 원칙의 가장 현격한 예증으로 판명된다. 바로 여기서 죽음 충동을 정의하는 '이전 상태를 복원하려는 경향'과 가능한 가장 낮은 차원 내지는 적어도 항상 이 차원을 유지하려는 데서 나타나는 흥분량을 유지시키기 위한 정신기관의 경향을 관련시키는 일이 가능해진다. 우리는 항상성 원칙과 죽음 충동이 일치한다고 말하는 데까지 나아가야 하는가? 하지만 그렇다면 반복 강박의 충동적 특성을 고려하기 위해 도입된 죽음 충동이 쾌락원칙 너머가 아니라 반복 강박과 정확히 일치하는 어떤 것이 된다.

나는 이보다 한 발 더 나아가는 단계가 적어도 쾌락원칙과 항상

---

17_ 앞의 p. 403, 각주 4 참조.

성 원칙의 동등성을 가정하는 경우에는 받아들여져야 한다고 믿는다. 만약 쾌락이 긴장의 축소를 표현한다면, 그리고 죽음 충동이 삶의 소재를 비유기체로 되돌리는 일의 표지라면 쾌락과 죽음은 동일한 것의 두 측면이라고 말해져야 한다. 다시금 프로이트는 이 역설을 건드린다.

> 정신적 삶 및 신경적 삶 전반의 지배적 경향은 자극에서 비롯된 내적 긴장을 줄이거나 일정한 상태로 유지하는 것, 혹은 그것을 제거하는 것이다(이는 바바라 로의 용어를 빌리자면 '열반원칙'이다). 이러한 경향은 쾌락원칙에서 발견된다. 우리가 이 사실을 인정한다. 다시 말해 그것이 죽음 충동의 존재를 믿는 가장 강력한 이유 중 하나다.[18]

더 나아가 "쾌락원칙은 실제로 죽음 충동에 봉사하는 것처럼 보인다."[19] 동일한 역설이 「자아와 이드」에도 나온다. 여기서 완전한 성적 만족을 수행하는 조건은 죽어가는 과정과 비교된다.[20]

그렇다면 또한 무엇이 쾌락원칙 너머에 존재하는가? 따라서 서로 간에 상당히 상반된 우리의 모든 말들은 동일한 측면, 즉 죽음이라는 측면 너머로 가버린다. 즉 항상성, 사태의 초기 상태로의 회귀, 쾌락, … 만약 우리가 자유로운 에너지를 "묶어내는" 과제가 "쾌락원칙의 지배성을 도입하고 확증하는"[21] 예비적인 작용으로 간주한다면 그 과제는 그 자체로 쾌락원칙 및 결과적으로는 죽음 충동에 달려 있다. 모든 차

18_ *Au-delà*…, *GW, 13*, p. 60 ; *SE, 18*, pp. 55-6 ; tr. fr., p. 64 ; 전집 11권, pp. 332-3.

19_ *GW, 13*, p. 69 ; *SE, 18*, p. 63 ; tr. fr., p. 74 ; 전집 11권, p. 342.

20_ *Le Moi et le Ça*, *GW, 13*, p. 276 ; *SE, 19*, p. 47 ; tr. fr., pp. 203-4 ; 전집 11권, p. 391.

21_ *Au delà*…, *GW, 13*, p. 67 ; *SE, 18*, p. 62 ; tr. fr., pp. 72-3 ; 전집 11권, p. 340.

이들은 무화로의 일반적 경향 안에서 무화된다.

그런데 여기에 가능한 하나의 답변이 존재한다. 즉 만약 쾌락원칙이 항상성 원칙 외에 다른 것을 의미하지 않는다면 오직 에로스만이 쾌락원칙 너머에 있다고 말해야만 하는 것은 아닌가? 에로스는 항상성 원칙의 위대한 예외다. 나는 프로이트가 모든 충동이 보수적이라고 한 것을 잘 알고 있다.[22] 하지만 그는 삶 충동이 더 높은 차원에서, 다시 말해 그 고유한 외적 영향에 대해 저항하는 바로 그 차원에서 보수적이라고, 다른 말로 하면 삶의 충동이 비교적 긴 시기로 보면 스스로를 보존한다고 덧붙인다.[23] 더 나아가 '세포들의 성애'라는 가설은 우리가 자기 보존과 심지어 신체 전체의 좋음을 위하는 각 세포들의 '성애적' 희생으로, 따라서 에로스의 현시로 '성적' 나르시시즘을 해석하게 해준다. 무엇보다 만약 에로스가 '모든 것들의 보존자'라면 이는 에로스가 '모든 것을 통합하기' 때문이다. 하지만 이 과제는 다음과 같이 죽음 충동과 마주한다. "다른 개체의 살아 있는 실체와의 결합은 이러한 긴장을 고조시켜 이른바 생명을 통해 개발되는 생명을 고취시키는 차이를 도출해낸다."[24] 따라서 우리는 하나의 답변에 대한 윤곽을 그려볼 수 있다. 즉 항상성 원칙을 벗어나는 것은 에로스 자체이며, 이것은 잠의 방해꾼이자 '평화의 파괴자'이다. 그런데 이 명제는 정신분석학의 기원에 놓인 가설, 즉 정신기관이 항상성 원칙을 따라 유사 자동적으로 규제된다는 그 가설을 파괴하는 것은 아닌가?

분명 최초 이론의 핵심 개념에 대한 의문은 이보다 더 멀리 나아

---

22_ *GW, 13*, pp. 42–3 ; *SE, 18*, p. 40 ; tr. fr., p. 46 ; 전집 11권, p. 313.

23_ *Ibid.*

24_ *GW, 13*, p. 60 ; *SE, 18*, p. 55 ; tr. fr., p. 64 ; 전집 11권, p. 332.

간다. 가장 문제적인 것은 쾌락 그 자체의 의미다. 「쾌락원칙을 넘어서」에서 프로이트는 쾌락원칙과 항상성 원칙으로서의 전체 메타심리학의 시원적 동등성에 대해 명확하게 질문하지 않는다. 하지만 그가 죽음 충동을 소개한 후에 이로부터 끌어낸 결론은 그 동등성을 단순히 유지할 수 없게 만든다. 죽음의 측면에 있는 것은 해탈원칙이다. 이것은 항상성 원칙을 인간 정동의 측면으로만 충실하게 번역한 것일 따름이다. 하지만 쾌락원칙이 해탈원칙 안에 완전히 함축될 수 있는가? 삶과 죽음이라는 거인들이 벌이는 전투에서 쾌락과 사랑이 동일한 것이 아닐 것이라는 가정은 끝까지 유지되기 힘들어진다. 어떻게 쾌락이 긴장의 창조에, 다시 말해 에로스에 외적인 것으로 남을 수 있는가? 이런 창조는 긴장의 방출을 통해 느껴지는 것이 아닌가? 그러면 우리는 아리스토텔레스를 따라 쾌락이 활동, 기능, 작용을 완성하는 어떤 결과적 목적이라고 말해서는 안 되는가? 그러나 이때 의심되는 것은 단순히 자극에 기인한 긴장으로 기술되는 양의 증가나 감소의 기능과 같이 순수하게 양적인 용어로 이루어지는 쾌락에 대한 정의이다. 프로이트는 이러한 결론을 1924년 「마조히즘의 경제적 문제」에서 서술하기 시작했다. 그는 쾌락원칙이 해탈원칙과 동일한 것이 아니라는 점에 동의한다. 다시 말해 해탈원칙만이 "전적으로 죽음 충동에 봉사하는" 것이다.[25] "일련의 긴장감 속에서 우리는 자극량의 증가와 감소를 직접 느낄 수 있는 것 같다(*Zunahmme und Abnahme der Reizgrössen direkt in der Reihe der Spannungsgefühle empfinden*). 그런가 하면 유쾌한 긴장과 불쾌한 긴장

25_ *Le Problème économique du Masochism*, *GW*, *13*, p. 372 ; *SE*, *19*, p. 160 ; tr. fr., *Rev. fr. Psychan.* II, 2, 1928, p. 212 ; 전집 11권, p. 418.

완화도 있다는 것에는 의심의 여지가 없다."[26] 쾌락은 이때 흥분 그 자체의 질적인 특성, 아마도 그 리듬과 그 시간적 흥망성쇠에 연결될 것이다.

하지만 프로이트는 쾌락원칙을 해탈원칙과 결부시킴으로써 그것을 다음과 같은 범위에 한정시킨다. 즉 쾌락원칙은 삶 충동에 의해 강제된 하나의 변형이다. 이런 식으로 쾌락원칙은 삶에 대한 '감시자'로 남게 된다. 감시자 내지 수호자로서의 쾌락원칙의 임무는 항상성 원칙과의 결부를 표현하지만 그것은 삶에 대한 감시자이지 죽음에 대한 감시자는 아니다.

또한 사랑과 죽음이라는 거대한 이원론이 쾌락을 가로지른다는 것은 수긍할 만한 것인가? 아울러 우리가 쾌락원칙 너머에 무엇이 있는지를 모른다는 것이 무엇이 쾌락인지를 모른다는 생각의 근거를 함축하지는 않는가?

프로이트의 저술 안에는 쾌락의 본성에 관한 우리의 지식에 대해 의심을 갖게 하는 수많은 근거들이 존재한다. 첫째로, 쾌락원칙에 관한 최초의 정식화가 우리가 반복해서 강조해 왔던 것처럼 그 본질상 유아론적인 신체기관들의 어떤 표상과 밀접하게 연관되어 있다는 점을 잊어서는 안 된다. 지형학적-경제학적인 가설은 그 구성상 유아론적이다. 하지만 이러한 특징은 그 가설이 번역하는—어머니의 가슴, 아버지, 가족 무리, 권위와의 관계—임상적 사실들에는 절대 결부되지 않으며, 전이 안에서, 해석이 일어나는 데서 극화되는 분석적 경험에도 결부되지 않는다. 충동이라는 개념 자체는 지형학의 모든 부수적 표상들보다 더 근본적인데, 이는 프로이트적 의미에서의 충동이 다른 타자

26_ *Ibid.*

들을 포함하지 않는 한 일상적인 충동 개념과는 구분된다. 그러므로 고립된 기관 '속에서의' 긴장의 방출이 쾌락의 궁극적 의미라고 할 수 있는 것은 아니다. 그러한 정의는 오직 자기애적 성애의 고립적 쾌락에만 적용될 수 있다. 심지어 「과학적 심리학 초고」 이래 프로이트는 타자의 도움을 요청하는 쾌락의 이러한 성질을 '만족'(*Befriedigung*)이라고 명명했다.

그런데 만일 우리가 쾌락의 순환 속으로 타인을 끌어들인다면 이런저런 난점이 출현한다. 욕망(*Wunsch*)의 구조는 하나의 소망 내지 욕망이 방출될 수 있는 긴장이 아니라는 점을 알려주었다. 프로이트 자신이 묘사한 바에 의하면 욕망은 만족될 수 없는 어떤 구성요소를 드러낸다. 오이디푸스 드라마는 아이가 감당할 수 없는 것(즉 어머니를 소유하는 것, 또는 그의 어머니로 하여금 자신의 아이를 가지게 하는 것)을 욕망한다는 사실을 함축한다. '무한한 악'이 그의 내면에 자리하면서 만족으로부터 그를 단절시킨 것이다.

더 나아가 만약 인간이 만족할 수 있다면 그는 쾌락보다 더 중요한 어떤 것을 끌어낼 것이다. 이를테면 불만족의 반대항으로서의 상징화 같은 것 말이다. 욕망은 만족할 줄 모르는 요구로 언어를 발생시킨다. 우리가 여기서 초점을 맞추고 있는 욕망의 의미론은 이러한 만족의 지연, 즉 쾌락의 끝없는 중재와 결합되어 있는 것이다.

참으로 이상한 것은 프로이트가 쾌락에 관한 개념보다는 '실존의 짐'이라는 악에 관한 개념을 보다 섬세하게 전개했다는 것이다. 그는 긴장의 방출로서의 쾌락에 관해 계속 이야기하는 동안 매우 날카롭게 불쾌—쾌락의 단순한 반대로서—와 고통의 여러 형식 사이를 구분한다. 즉 그것은 두려움, 공포, 불안이라는 삼중의 구도를 형성한다. 이 삼중의 두려움은 외부 세계, 충동 그리고 양심으로부터 유래하는 위험에 기반을 둔다. 심지어 죽음에 대한 공포는 생물학적 두려움 및 양심의 두려움과 구분되는데, 후자의 경우 거세에 대한 위협과 연관된다. 프로이트는 또한 인류의 문화적 실존에 유전되는 불안감이나 불만(*Unbehagen*)을 강조한다. 인간은 타자의 죽음을 추구하기 때문에 문화의 일원으로서는 만족할 수 없으며, 문화는 인간이 타자에게 가했던 고통을 그에게 되돌려주는 것이다. 문화의 임무에는 어떤 모순과 불가능성이 있다. 즉 그것은 자아의 자기중심적 충동과 협력하는 것이며, 생물학적으로는 죽음으로 돌아가는 것이기도 하다. 그리고 조직을 향한 이타적 특성은 공동체 안에서의 타자와의 연합을 향하고 있다. 궁극적으로 끝없는 만족을 추구하는 것은 사랑과 죽음 간의 해결 불가능한 투쟁이다. 에로스는 협력을 원하지만 관성화된 평화를 깨트려야 한다. 죽음충동은 무기물로 돌아가기를 원하지만 그것은 또한 살아 있는 유기체를 파괴해야만 한다. 이 역설은 높은 수준의 문명적 삶에 이르기까지 계속된다. 즉 사실상 문명을 위한 낯선 투쟁이 그 자체로 죄책감을 이용하여 우리를 살리기 위해, 그리고 우리 자신에 대적하여 우리를 죽이는 것이다. 반면 동시에 우리는 살기 위해, 또한 즐거움을 발견하기 위해 문명에 관한 포용력을 가져야 한다.

따라서 고통의 왕국은 단순한 불쾌의 왕국보다 더 확장된 것이다. 즉 그것은 삶의 가혹함을 구성하는 모든 것으로 확장된다.

프로이트의 저작에서 이러한 고통의 다양성과 즐거움의 단조로움 사이에 존재하는 불일치는 무엇을 의미하는 것인가? 프로이트는 이 지점에서 어떤 완성의 필요성을 내세우는가? 우리는 고통의 등급들이 존재하는 것과 마찬가지로 만족에 존재하는 수많은 등급 역시 구별해야만 하는가? 우리는 플라톤이 『필레보스』에서 이야기했고 아리스토텔레스가 『니코마코스 윤리학』에서 이야기했던 것과 같은 쾌락의 변증법을 복원해야 하는 것인가? 그래서 쾌락의 비관론은 고통에 대한 인간의 수용능력이 향유의 힘보다 더 풍부하다는 점을 받아들일 수 있게 해주는가? 다양한 고통에 직면하게 되는 인간은 오로지 단일한 향유와 잔여물—말하자면 향유에 대한 고통의 초과—속에서 포기를 하며 인내하고 견뎌내는 힘에 의지하고 있는 것이 아닌가? 나는 프로이트의 작업 전반이 두 번째 가설을 향하는 경향이 있다고 믿는다. 이 가설은 우리를 현실원칙으로 인도한다.

### 3. 현실이란 무엇인가?

결과적으로 현실원칙이란 무엇인가? 우리는 이 물음을 죽음 충동의 도입을 통해 부과된 쾌락원칙의 개정에 상응할 수 있는 현실 개념의 새로운 차원을 발견하리라는 희망을 가지고 첫 번째 장의 끝에서 유보시켜 두었다.[27]

이제 앞에서 제시한 분석을 다시 명확하게 설명해 보도록 하자. 우리는 '정신기관들의 기능'에 관한 기초적인 반론에서부터 시작했다. 쾌락원칙이 단순한 의미를 가지는 한, 이와 흡사하게 현실원칙은 의심의 여지가 없는 것이 된다. 프로이트의 현실원칙에 대한 직간접적인 해석은 모두 1911년 「정신적 기능의 두 가지 원칙」이라는 논고에서 묘사

27_ *Ibid.* "이런 식으로 우리는 작기는 하지만 흥미로운 일련의 연결 고리를 얻게 되었다. 열반원칙은 죽음 충동의 흐름을 표현하고 쾌락원칙은 리비도의 요구를 나타낸다. 그리고 쾌락원칙의 변형인 현실원칙은 외부 세계의 영향을 나타낸다." *GW, 13*, p. 373 ; *SE, 19*, p. 160 ; tr. fr., p. 213 ; 전집 11권, p. 428.

된 한 구절, 유용한 것이라는 구절의 확장이다. 반면 쾌락원칙은 생물학적으로 위험하며, 유용성은 유기체의 참된 적절한 관심들을 표상한다. 우리가 계속 고려해 왔던 현실원칙의 모든 다양한 의미의 차원들은 이러한 유용성이라는 이념의 한계 안에 놓인다. 따라서 우선 현실은 환상의 반대다. 정상인이 이해하는 것처럼 현실은 사실이다. 그것은 꿈의 타자, 환각의 타자다. 더 특별하게 분석적인 의미에서 현실원칙은 시간에 대한 적응, 그리고 사회적 삶의 요청을 지시한다. 따라서 현실은 의식, 그리고 자아의 상관자가 된다. 무의식—이드—은 시간에 대한 경시이자 모순이며, 오로지 쾌락원칙에만 복종한다.

우리가 이해한 대로 이 분석에는 비극적 강조와 관련하는 것이 전혀 존재하지 않는다. 다시 말해 여기에는 에로스와 죽음 간의 투쟁에 의해 지배되는 세계관이 암시되지 않는다.

이제 물음이 다음과 같이 제대로 정립된다. 우리가 충동이라는 새로운 이론의 장으로 대체했을 때 욕망과 현실 사이의 이 단순한 대립에서는 어떤 일이 일어나게 되는가? 분명 이 물음은 적법하다. 우선 한 쌍의 용어로, 쾌락이 더 근본적인 의미작용 속에 요동치는 그 차원에서 또한 현실이 죽음을 내포한다. 그러나 반대로 현실을 붙잡고 있는 죽음은 더 이상 죽음 충동이 아니라 단지 나 자신의 죽음, 운명으로서의 죽음일 뿐이다. 이것은 현실에게 냉혹하고 비극적인 의미를 부여하는 것이다. 죽음의 운명 때문에 현실은 필연성으로 일컬어지며, 아낭케라는 비극적인 이름을 가지게 된다. 그러면 이제 프로이트주의의 가장 오래된 주제—정신기관들의 이중적 기능—가 프로이트의 후기 저작들의 거대한 극작법의 차원에서 일으켰던 발자취와 요구들을 우리 스스로에게 제시해보자.

이는 프로이트의 후기 철학이 진정으로 그것을 변형시키지는 않았지만 현실원칙의 오랜 특징을 강화시키고 지속시켰다는 점을 보여준다. 에로스라는 '낭만적' 주제가 현실원칙으로 변형되었다고 말할 수 있는 것은 매우 협소하고 상당히 엄격한 한계 안에서만 그렇다. 그러나 에로스의 상대적 신화화와 현실에 대한 냉정한 고려 사이의 이러한 괴리는 주의와 반성을 요한다. 이 명백한 불일치는 아마도 프로이트주의의 철학적 기질의 본질적인 요소를 드러낸다고 볼 수 있다.

에로스와 죽음이라는 이원론을 강조하면서 프로이트는 또한 쾌락원칙의 마지막 보루, 즉 환영에 대한 투쟁을 강조했다. 따라서 그는 '세계라는 과학적 개념', 즉 '환영과 위로의 저편'이라고 불렀던 명구를 다시금 강화시켰다.

「환영의 미래」의 마지막 장은 이런 측면에서 매우 의미심장하다. 프로이트는 종교에 미래는 없다고 이야기한다. 종교가 통제와 위로라는 그 원천을 소진했다는 것이다. 따라서 「토템과 터부」에서 이미 리비도의 무대와 동일하게 인간 역사의 무대로 인식했던 현실원칙은 문화의 탈-종교 시대를 주관하는 원칙이 된다. 이 다가올 세기에 과학적 지성은 종교적 동기와 도덕적 금지를 대체할 것이고, 오직 사회적 이해들에 의해서만 활동할 것이다. 초자아의 과도한 요구에 대한 초기의 관점으로 돌아가서 보면 프로이트는 그 명령의 신성함과 더불어 그 명령이 엄밀함과 불관용과 마찬가지로 없어질 것이라고 주장한다. 명령의 폐지라는 꿈을 꾸는 일 대신에 인간은 결국 이를 합리적이면서도 친밀하게 발견해내서 자신들의 삶의 개선을 향해 일하게 될 것이다.

이 모든 것이 우리로 하여금 지난 세기의 합리주의적이고 낙관적인 전망들을 사유하도록 만들었을 것이다. 그러나 프로이트 자신은 금제들이 이성에 기초한 것이 아니라 원초 살해를 후회하는 것처럼 강력한 감정적 힘에 기초하고 있다는 것에는 반대한다. 이와 더불어 프로이트는 윤리에 대항하는, 그리고 심지어는 윤리적인 것 안에 있는 가장 나쁜 것에 대항하여 작동하는 파괴적 힘들의 능력을 드러내고 있지 않은가? 프로이트는 이 모든 점을 염두에 두면서 몇 년 뒤 「문명 속의 불만」에서 이런 면모를 더 강력하게 표현하기에 이른다. 그의 은밀한 소망은 단 하나의 지점을 향해 있다. 즉 만약 종교가 인류의 보편적 신경증이라면 그것은 부분적으로 인류의 지적 성숙의 지연에 책임이 있다. 다시 말해 종교는 교육자와 같은 것으로, 밑에서부터 일어나는 강력한 힘들의 표현과 같다. 비종교적인 인류의 가능성이 인류의 성장과 개인의 성장의 평행론을 통해 지지를 얻고 측정이 된다. "그러나 분명 유아상태는 극복될 수밖에 없는 운명이다. 인간은 영원히 어린아이로 남아있을 수 없다. 결국에는 '적대적 삶' 속으로 나아가야 한다. 우리는 이것을 **현실에 대한 교육**으로 부를 것이다. 이러한 진보의 필요성을 지적하는 것이 이 책의 유일한 목적이라고 굳이 고백할 필요가 있을까?"[28] 이와 같은 것이 이 긍정적인 시대의 예언을 떠받치고 있는 겸허하면서도 위험한 낙관론이다. 종교란 일종의 유효한 환상으로 유지된다고 주장하는 가설적 반대자들에 대해 말하면서 프로이트는 냉철한 예언의 이념—로고스 신—에 신의 이름을 부여하기를 주저하지 않는다. 하지만 나는 이것이 **인신공격의 오류**(*ad hominem*)에 삽입된 사소한 역설로 간주되어야 한다고 생각한다.

> 지성의 목소리는 낮고 부드럽지만 주인이 들어줄 때까지 쉬지 않는다. 수없이 퇴짜를 맞은 뒤에도 말이다. … 우리의 신인 로고스는 이

28_ *L'Avenir d'une Illusion*, *GW*, *14*, p. 373 ; *SE*, *21*, p. 49 ; tr fr., p. 135 ; 전집 7권, pp. 221–2.

런 소망들 가운데 외부의 자연계가 허용하는 것은 무엇이건 실현하겠지만, 예측할 수 없는 미래 안에서, 그리고 새로운 세대를 위해서만 그 소망을 점진적으로 실현할 것이다. 로고스는 삶의 고통에 시달리고 있는 우리에게는 어떤 보상도 약속하지 않는다.…우리의 신인 로고스는 아마 전능한 존재는 아닐 것이며, 그 이전의 신들이 약속한 것을 극히 일부밖에 실현하지 못할 것이다. 이 사실을 인정해야 한다면 우리는 체념하고 받아들일 것이다.[29]

로고스와 아낭케—네덜란드 작가 물타툴리의 쌍둥이 신—의 이런 친화성은 전체성의 모든 서정성을 배제한다. 게다가 자신감에 찬 마지막 언명은 이 책 전체의 논조를 결정짓는다. “아니, 우리의 과학은 결코 환영이 아니다. 그러나 과학이 우리에게 줄 수 없는 것을 다른 데서 얻을 수 있으리라고 생각하는 것은 환영이다.”[30]

이 텍스트는 의심할 여지를 남기지 않는다. 현실은 프로이트 생애의 마지막에 처음의 것과 동일한 의미를 가지게 된다. 즉 현실은 신이 없는 세계의 요약이다. 그 최종적 의미는 모순적인 것이 아니라 욕망이 만들어낸 허구에 오래전에 반발한 유용성 개념을 확장한 것이다. 이 최종적 의미와 최초의 의미 사이에 존재하는 일치는 「환영의 미래」의 마지막 장을 끝맺는 것으로, 이 세상에 대한 긍정을 통해 입증된다. 이 세계를 긍정함으로써 나타난다. 또한 이것은 프로이트가 「환영의 미래」의 마지막 장들 중 하나를 끝맺는 말이기도 하다. 프로이트는 하이네로부터 빌려온 2행의 시구(詩句)를 언급한다. 따라서 그들은 우리의

---

**29_** *GW, 14*, pp. 377–9 ; *SE, 21*, pp. 53–4 ; tr. fr., pp. 145–9 ; 전집 7권, pp. 227–8.

**30_** *GW, 14*, p. 380 ; *SE, 21*, p. 56 ; tr. fr., p. 154 ; 전집 7권, p. 230.

불신자(*Unglaubensgenossen*) 동료 한 사람과 함께 후회없이 이렇게 말할 수 있을 것이다.

> 우리는 천국을
> 천사와 참새들에게 맡긴다.[31]

이런 종교 비평에서 도출되는 현실의 이념은 에로스라는 항과의 소통이 존재하지 않는 최소한의 낭만이다. 심지어 아낭케—이 맥락 안에서 전개된—는 현실이 아버지 형상과의 유비에서 벗어난 다음 현실의 얼굴을 나타내는 것처럼 보인다. 만일 종교적 환상이 아버지 콤플렉스로부터 나온다면 오이디푸스 콤플렉스의 '해소'는 익명적·비인격적 질서에 속하는 어떤 부성적 지수에서 벗어난 사물의 질서의 표상 안에서만 달성된다. 아낭케는 그러므로 탈환상의 상징이다. 이는 내가 「토템과 터부」에 앞서 이 말이 「레오나르도 다 빈치의 유년의 기억」에서 맨 처음 등장한다고 했던 바로 그 의미를 갖는다.[32] 아낭케는 '아버지에 대해 단념'한 자들을 위한 이름 없는 현실의 이름이다. 자연법칙과 우리의 욕망 내지 환영 간의 관계의 부재 또한 우연이다.

이것이 프로이트의 마지막 언급인가? 아낭케에 대한 '단념', '굴복'이라는 표현은 단순한 현실원칙 그 이상의 어떤 총체적 지혜를 가리키는 것이며, 심리학적 관점으로는 감각적인 검토로 간주된다. 이것은 오직 현실이 아낭케가 되는 단념으로 수용되는 경우에만 존재하는 것이

---

31_ *GW, 14*, p. 374 ; *SE, 21*, p. 50 ; tr. fr., p. 136 ; 전집 7권, p. 222.

32_ *Un souvenir d'enfance de Léonard de Vinci*, *GW, 8*. p. 197 ; *SE, 11*, p. 125 ; tr. fr., p. 182 ; 전집 14권, p. 246.

아닌가?

아낭케는 내가 보기에 한 세계관의 상징이며, 그저 정신적 기능 원칙의 상징이다. 아울러 그것은 삶의 가혹함과 마주하려고 하는 지혜로 요약된다. 이러한 지혜는 「쾌락원칙을 넘어서」에 인용된 쉴러의 언급에 의하면 '실존의 짐을 견뎌내는' 기예다.

따라서 우리는 프로이트에게서 현실 개념의 스피노자적 의미의 대략을 발견할 수 있다. 이 의미는 위대한 철학자에게는 신체의 조망에 구속된 욕망에 대한 금욕 및 그 조망으로부터 생겨나는 상상적 지식의 금욕과 연관된다. 그렇다면 필연성은 이종지, 즉 이성에 의거한 지식인가? 그리고 만일 프로이트 안에—우리는 이 점을 논의해야 한다—단념이라는 형태의 화해의 첫 번째 단계가 존재하면 이는 삼종지의 반향이 아닐까? 이에 대한 서술이 철학적으로 전개되지 않았기에 우리는 마찬가지로 니체적 의미에서의 운명애에 대해서도 말할 수 있다. 따라서 철학적으로 해석되는 현실원칙의 시금석은 나의 나르시시즘의 죽음의 두려움에 대한, 유년기적 위로가 내 안에서 다시 용솟아나는 사태에 대한 사랑의 승리가 될 것이다.

플라톤이 말했던 것처럼 이 '제2의 항해'에 대해 논해보자. 이전의 분석은 현실성에 대한 단순한 지각의 검사와 자연의 무정한 질서에 대한 단념 사이—의미의 연속성에도 불구하고—를 파고들어 갈라놓고자 한다. 텍스트에 강요하지 않고서도 나는 단순하게 에로스와 죽음이라는 주제와 현실원칙이 더욱 조화를 이룬다는 의미에서 자연에 대한 존중을 확장하는 특정 언급, 특정 징후, 특정 암시들을 모아보고 싶다.

아마도 단념이라는 주제에 관한 가장 직접적인 접근은 죽음의 문제 내지 더 나아가 죽어가고 있음이라는 문제를 경유하는 것이다. 단념은 기본적으로 죽어감의 필연성을 욕망 안에서 구체화하는, 욕망에 가해지는 어떤 작업이다. 현실이란 나의 죽음을 예견하는 경우에 한해 욕망 그 자체 안에 진입한다.

1899년에 프로이트는 셰익스피어의 한 구절을 따온다. 이 구절은 다음과 같다. "그대는 자연에 죽음을 빚졌다."[33] 그는 제1차 세계대전이 발발한 후 짤막하게 써낸 「전쟁 죽음에 대한 고찰」라는 논고의 첫 부분에서 이를 다시 언급한다.[34]

그는 욕망의 자연스런 경향이란 죽음을 한쪽으로 제쳐두는 것, 즉 삶의 전 영역에서 그것을 배제하는 것이라고 설명한다. 욕망은 그 자체의 불멸성으로 인해 유죄에 처해진다. 이와 같은 경향이 바로 무의식 안에 있는 모순의 부재라는 측면이다. 그래서 우리는 죽음을 필연성으로부터 우연한 사건으로 환원하면서 그것을 무수한 방식으로 위장시킨다. 그러나 다시 한 번 "이 생명이 내기에 걸려 있지 않으면 삶은 빈곤해지고 무기력해진다."[35] 따라서 우리가 삶으로부터 죽음을 제외시키면서 그것을 불완전하게 할 때, 우리는 더 이상 한자 동맹의 다음과 같은 신조를 이해하지 못하게 될 것이다. **항해하는 것은 꼭 필요하지만 사는 것이 꼭 필요한 것은 아니다!** 우리는 우리의 삶을 온전히 보전하면서 문학과 극장의 영웅들과 함께 허구적으로 죽어가는 자신에 대해 만족하게 된다.

프로이트가 이렇게 말했을 때 그는 죽음에 대한 이런 관습적 취

---

**33_** 편지 104. 실제 구절은 다음과 같다. "Thou owest God a death", *Henry IV*, v, I.

**34_** *Zeitgemässes über Krieg und Tod*, *GW*, *10*, pp. 324–55 ; *Thought for the times on war and death*, *SE*, *14*, pp. 275–300 ; tr. fr., in *Essais de Psychanalyse*, Payot, pp. 218–50 ; 전집 12권, pp. 35–69.

**35_** *GW*, *10*, p. 343 ; *SE*, *14*, p. 291 ; tr. fr., p. 238 ; 전집 12권, p. 56.

급을 관장하는 거짓 전쟁을 염두에 두고 있었다. 그리고 그는 기꺼이 다음과 같이 말한다. "사실상 삶은 다시 한 번 흥미로워졌고, 그 충만한 내용을 회복했다."[36] 물론 프로이트는 전투에 참전하지 않은 채 후방에서 내뱉는 독설이 얼마나 추악할 수 있는지 알고 있었다. 그에게 문제가 된 것은 충만한 진실의—잔혹한 말을 통해서—달성이었다. 죽음이 삶의 종결로 알려질 때 궁극의 삶은 그 입체감을 발견한다.

하지만 죽음에 대한 인정은 우리 자신의 죽음에서의 무의식에 대한 불신만큼이나 죽음에 대한 두려움에 의해 불분명해진다. 죽음에 대한 두려움은 상이한 근원을 가진다. 그것은 죄책감의 부산물이다.[37] 「자아와 이드」의 마지막 부분에서, 프로이트는 다음과 같이 보다 강하게 주장한다. "나는 죽음에 대한 두려움이 자아와 초자아 사이에서 일어나는 어떤 것이라고 믿는다.…이러한 고려를 통해서 우리는 죽음에 대한 두려움, 양심의 두려움과 마찬가지로, 거세불안의 발전(*Verarbeitung*)에서 비롯된 것으로 볼 수 있다."[38] 그러므로 죽음에 대한 두려움은 죄, 즉 살해의 충동으로부터 나온다. 이러한 것들은 죽음에 관한 결정적인 의미와 우리 자신 사이에 너무 많은 차단막을 형성한다. 우리는 따라서 죽음의 수용이 하나의 과제라는 것을 이해한다. **삶을 원한다면 죽음을 준비하라**(*Si vis vitam, para mortem*).[39]

그렇다면 과연 단념이라는 것은 무엇인가?

---

**36_** *GW, 10*, p. 343 ; *SE, 14*, p. 291 ; tr. fr., p. 239 ; 전집 12권, pp. 57–8.

**37_** *GW, 10*, p. 350 ; *SE, 14*, p. 297 ; tr. fr., p. 246 ; 전집 12권, p 63.

**38_** *Le Moi et le Ça*. *GW, 13*, p. 289 ; *SE, 19*, p. 58–9 ; tr. fr., p. 217 ; 전집 12권, pp. 405–6.

**39_** *Considérations actuelles* …, *GW, 10*, p. 335 ; *SE, 14*, p. 300 ; tr. fr., p. 250 ; 전집 12권, p. 69.

죽음을 삶으로 통합시키는 것은 상징적으로 「세 상자의 모티브」에서 우리에게 제안된 것이다.[40] 그리고 이것은 어네스트 존스(Ernest Jones)가 매우 마음에 들어할 만한 짤막한 논고다. 세 번째 장식함은 금도 은도 아니라 단지 납으로 되었을 뿐인데, 여기에는 신부의 초상화가 들어 있다. 그것을 선택한 구혼자는 아름다운 여성을 그의 아내로 받아들일 수 있게 될 것이다. 그런데 만일 잘 알려진 꿈 상징에 의해서 그 상자가 여성이라면 이 재미난 주제가 실제로 리어왕을 사랑한 유일한 인물인 그의 셋째 딸 코르델리아를 선택하지 않아 파멸에 이른 늙은 리어왕이라는 비극적 주제와 연관될 수는 없을까? 민담 연구 및 문학 연구는 '세 번째 여성의 선택'이라는 계열을 다음과 같이 들춰낸다. 파리스의 판정을 받은 아프로디테, 신데렐라, 아풀레이우스의 프시케 … 그런데 누가 세 번째 여인인가? 물론 가장 공정하면서도 '사랑스럽고 조용한' 여인이 그 여인이다. 이제 꿈에서 침묵은 일반적인 죽음의 상징이 된다. 그러므로 운명의 형상인 세 자매, 모이라, 파테스, 셋째 딸 아트로포스는 일종의 불가피함이 아닌가? 만일 이 비교가 정확하다면, 세 번째란 인간이 죽음을 받아들임으로써 강제적으로 복종할 때만이 자연법의 진정성을 실현하게 된다는 것을 함축하고 있다.

하지만 죽음을 선택하는 사람은 없고, 파리스도 죽음을 선택하지 않지만 가장 아름다운 여인을 선택하겠다고 한다! 이에 대해 프로이트는 '대체'로 응답한다. 우리의 욕망은 죽음을 그 대립항으로, 무의식에서의 대립항의 혼합물이라고 할 수 있는 아름다움으로 대체한다.

---

40_ *Das Motiv der Kästchenwahl, GW, 10*, pp. 24-37 ; *The Theme of the three casket, SE, 12*, pp. 291-301. tr. fr., in *Essais de Psychanalyse Appliquée*, pp. 87-103 ; 전집 14권, pp. 263-85.

하지만 무엇보다 삶과 죽음의 시원적 정체성은 위대한 여신들의 신화와 일치할 수 있다. 그런데 만일 가장 아름다운 여인이 죽음의 대체물이라면 죽음을 선택한다는 것은 무엇을 의미하는가? 다시 말해 그것은 욕망의 지배 아래 있는 하나의 대체물이다. 즉 가장 나쁜 것을 수용하는 대신 우리는 가장 좋은 것을 선택하여 대체한다. 다음과 같은 프로이트의 답변은 인용할 만한 가치가 있다.

> 이번에도 역시 욕망이 역전된 것이다. 선택의 여지가 존재하지 않는 필연성과 숙명성의 자리에 대신 선택이 위치하게 된 것이다. 그렇게 함으로써 인간은 사고 속에서 인정했던 죽음을 극복해냈던 것이다. 욕망이 이보다 더 찬란하게 승리를 거둔 경우를 달리 찾아보기 어려울 것이다. 실제에 있어서는 벗어날 수 없는 속박에 복종해야만 하는 그곳에서 선택하는 것이고, 또 그렇게 선택된 여인은 끔찍한 여인이 아니라 가장 아름답고 사랑스러운 여인이기도 하다.[41]

그래서 만약 셰익스피어가 『리어왕』에서 우리에게 어떤 근원적인 영향을 끼친다면 그것은 그가 원초 신화로 되돌아가는 법을 알았기 때문이다. 만약 우리가 가장 합당한 여인을 선택하지 않는다면 필연적으로 세 번째 것, 즉 불행과 죽음으로 치달아 갈 것이다. 하지만 이것이 전부는 아니다. 죽음과 여성과의 관계는 여전히 확실하지 않다. 이를 다시금 폭로한 사람이 셰익스피어이다. 리어는 사랑을 하는 사람이면서 죽어가는 사람이다. 리어는 죽을 운명에 처해 있으면서 자신이 얼마만큼 사랑했는지를 말하게 된다. 우리는 세 번째 여인이 죽음이라

41_ *GW, 10*, p. 34 ; *SE, 12*, p. 299 ; tr. fr., p. 100 ; 전집 14권, pp. 281–2.

고 말했다. 그런데 만약 세 번째 여인이 죽음이라면 우리는 역으로 죽음이 세 번째 여인, 즉 여성의 세 번째 형태 내지 형상이라고 말해야만 한다. 어머니 다음으로, 사랑했던 동료 다음으로 결국 선택되는 것은 어머니 표징, "그를 자신의 품속으로 다시 받아들이는 대지라는 어머니"이다.[42]

이는 인간이 어머니 표징으로 퇴행함으로써만 "죽음을 선택하고 죽음의 필연성을 친구로 만들" 수 있다는 것을 의미하는가?[43] 또는 환상과 퇴행을 멈추기 위해 여성의 특징이 남성에게 죽음의 형상이 되어야 한다고 이해되어야 하는 것인가? 프로이트의 마지막 말은 명확한 답을 제공하지 않는다. "늙은 사내가 이전에 어머니에게 받았던 사랑을 다시 한 번 그대로 손에 넣으려 해도 소용없는 일이다. 오직 운명의 여인 중 세 번째 여인만이, 이 침묵하는 죽음의 여신 파테스만이 그를 품속으로 안아들일 것이다."[44]

물론 우리는 「환영의 미래」를 통해서 죽음의 진정한 수용이란 단지 그 수용이 세계에 대한 과학적 전망의 시험을 견뎌내기만 하면 어머니의 가슴으로 퇴행하는 것과는 거리가 멀다고 부언할 수 있다. 나는 이것이 프로이트의 실질적인 생각이라고 본다. 그럼에도 어떤 프로이트주의자의 관점에서는 그 대답이 의문을 완전히 해결하는 것은 아니다. 불가피한 것에 대한 단념 행위는 필연성의 단순한 인식, 이를테면 우리가 지각의 현실성 검사라고 불렀던 순수 지성의 확장으로의 환원이 아니다. 그리고 단념은 하나의 정동적 임무로 리비도의 바로

42_ *GW, 10*, p. 36 ; *SE, 12*, p. 301 ; tr. fr., p. 103 ; 전집 14권, p. 285.

43_ *GW, 10*, p. 36 ; *SE, 12*, p. 301 ; tr. fr., p. 103 ; 전집 14권, p 284.

44_ *Ibid.*

그 핵심, 나르시시즘의 중심에 적용되는 교정작업인 것이다. 결론적으로 과학적 세계관은 욕망의 역사 안에서 구체화되어야 한다.

셰익스피어의 『리어왕』에 대한 관심은 우리로 하여금 프로이트와 똑같이 친숙한 또 다른 길, 즉 예술로의 길을 볼 수 있게 한다. 우리가 예술가적 창의성이라는 입장에서 예술작품을 다룰 때 프로이트 미학의 원천을 다 소진시키지는 않았다.[45] 왜냐하면 그 유비적 특성, 다시 말해 미적 현상에 대한 탐구가 단편적이고 진중하게 남아 있기 때문이다. 예술작품은 꿈과 신경증의 유비로 정신분석학의 영역에 진입했다. 그럼에도 불구하고 우리는 예술작품의 특수성에서 두 가지 성찰을 가져왔다. 예술가의 기예가 우리에게 제공하는 전희 행위를 통해 긴장의 근원적 요소들이 방출된다. 그리고 다른 한편으로 상징의 작용을 통해 폐기된 과거가 현재의 불빛 아래 환하게 재창조된다.

만일 우리가 이제 위에서 정의된 문화의 사명이라는 관점—즉 충동의 부담을 감소시키고, 개체와 불가피한 것을 화해시키며, 대리만족을 통해 치유가 가능한 상실에 보상을 해주는 것—에서 단편적인 통찰들을 받아들인다면, 이제는 관찰자나 수용자의 관점에서 검토된 예술이 자신의 의미를 종교에 의해 표상된 환영과 과학에 의해 표상된 현실 간의 상호매개적 위치에서 이끌어내지는 않는지 물어야 한다. 종교에서 퇴거되어 버린 화해와 보상이라는 과제가 갑작스레 튀어나와 상호 매개의 기능이 된 것은 아닌가? 예술이란 1911년에 나온 「정신적 기능의 두 가지 원칙」에서 말한 현실성 교육이라는 측면에서 비롯된 것은 아닌가?

45_ **분석론** 2부, 1장, pp. 243-263 참조.

프로이트에게서의 미학적 기능을 이해하기 위해 우리는 쾌락원칙으로부터 현실원칙으로 이행해가는 궤도 가운데 예술작품이 지닌 **유혹**과 **매력**의 정밀한 위치를 설정해야 할 것 같다. 종교에 대한 프로이트의 가혹한 처우가 예술에 대한 공감을 통해서 동등해진다는 점은 확실하다. 환영은 퇴행의 길이며, '억압으로의 회귀'이다. 반대로 예술은 비강박적이고, 비신경증적인 대리만족의 형식인 것이다. 그리고 미학적 창작물의 '매력'은 존속살해의 기억에서 비롯된 것이 아니다. 우리는 우리가 이전에 시행한 전희에 대한 분석을 알고 있다. 예술가들의 기예는 금지의 문턱을 낮춤과 동시에 수치심 없이 나타낼 수 있는 우리의 환상 덕분에 하나의 형식적 쾌락을 만들어낸다. 아버지에 관한 어떤 허구적인 보존형식도 여기서는 유년기의 순종적인 상태로 퇴행하게 하지 않는다. 대신에 우리는 저항과 충동과 더불어 활동하며, 이런 식으로 갈등의 일반적 완화를 얻게 된다. 프로이트는 여기서 플라톤과 아리스토텔레스 전통에 매우 가까워진다.

그렇다면 미적 유혹과 현실원칙 간의 관계는 무엇인가? 프로이트는 이것을 1911년 논문에서 분명히 다룬다. 여섯 번째 절에서[46] 그는 예술이 그 특유의 방식으로 두 원칙을 화해시킨다고 말한다. 즉 예술가는 신경증 환자처럼 현실로부터 등을 돌리는 사람인데, 왜냐하면 그는 현실이 요구하는 충동적 만족의 단념에 찬성하지 않고 허구와 연극의 영역으로 그의 성애적인 야심찬 욕망을 전이시키는 사람이기 때문이다. 그러나 그의 특별한 재능으로 인해 그는 이 환상의 세계로부터 현실로 돌아가는 길을 발견한다. 즉 그는 새로운 현실, 즉 예술작품을 창조하는데, 여기서 그는 외부 세계에 실재 대체물들을 만드는 우회로

46_ *GW*, *8*, p. 236 ; *SE*, *12*, p. 224.

를 따르지 않고 그 자신이 직접 욕망하는 영웅, 왕이 된다. 이 새로운 현실 안에서 다른 사람들은 편안함을 느낀다. 왜냐하면 그들은 "현실에 의해 요청된 포기에 대해 예술가와 마찬가지로 동일한 불만족을 느끼며, 현실원칙에 의한 쾌락원칙의 대체에 의해 야기되는 그 만족이 그 자체로 현실성의 한 부분이기 때문이다."

이미 보았던 것처럼, 만약 예술이 쾌락과 현실원칙간의 화해를 추구한다면 그것은 주로 쾌락원칙을 기반으로 삼는다. 예술에 대한 상당한 관심에도 불구하고 프로이트는 이를 위해 미학적 세계관을 기술하지는 않았다. 종교적 환상과 미학적 매혹을 구분한 것처럼 동시에 그는 미학이—보다 정확하게는 미학적 세계관—삶의 끔찍함과 죽음에 대한 지식을 통해서만 요청된 필연성에 관한 교육, 즉 우리의 부적절한 나르시시즘과 우리의 유년기에 대한 갈망으로 인해 방해를 받은 교육을 향해 나아가고 있는 중이라고 이해한다.

나는 이와 관련해서 하나 내지 둘 정도의 지침을 줄 것이다. 유머에 관한 그의 해석, 즉 그의 『농담과 무의식의 관계』(1905)의 말미에서 프로이트는 쾌락을 만들어내는 능력의 상당수를 고통스런 정동의 완화로 다루는 것 같다. 눈물을 통해서 웃음을 자아내는 유머, 심지어는 아주 심각한 상황에서 나오는 그런 유머는 (월요일에 처형될 죄수가 '자, 이번 주는 아주 훌륭하게 시작하는군'이라고 말할 때의) 그의 눈에 어떤 신뢰를 선사하는 것이었다. 경제적으로 해석될 때 유머의 즐거움은 고통스런 감정의 지출이라는 경제적 요인에서 비롯된다. 1905년 텍스트에서의 간략한 언급은 이미 우리에게 지침을 제공해 주고 있다.

> 누군가가 세상의 거대함과 자기 자신의 하찮음을 대립시킴으로써 고통스러운 감정을 무시할 수 있을 때, 거기서 우리가 보게 되는 것은

> 유머의 성과가 아닌 철학적 사유의 성과물이며, 우리는 그의 사고과정에 우리를 대입시킬 때 아무런 쾌락도 얻지 못한다.[47]

1927년에 프로이트는 「유머」라는 짧은 논문을 썼다.[48] 여기서 그는 더 심각하게 유머를 승화에 속한 모든 감정들로 확장한다. 유머는 우리의 나르시시즘을 재난으로부터 구출함으로써만 불운에서 우리를 고양시킨다.

> 위대함이라는 특징은 분명 나르시시즘의 승리에, 다시 말해 자아의 불가침성을 성공적으로 주장한다는 데서 비롯된다. 자아는 현실적인 이유들 때문에 마음 상하고 고통받기를 거부하며 외부 세계로부터 오는 외상이 자신에게는 문제가 될 수 없다고 주장한다. 더 나아가 자아는 그것들이 자신에게는 쾌락 획득의 계기일 뿐이라는 점을 보여준다. … 유머는 단념되는 것이 아니라 도전적이다. 유머는 자아의 승리를 의미할 뿐만 아니라 쾌락원칙의 개가, 즉 현실적 조건의 불리함에도 불구하고 자신을 관철시킬 수 있는 쾌락원칙의 개가를 의미한다.

또한 유머는 이런 물러남과 반발의 힘을 어디에서 얻는가? 자아에게 쾌락의 근소한 양보를 허용하도록 스스로를 낮추는 것이 바로 초자아로부터다. 프로이트는 다음과 같이 결론을 맺는다. "유머러스한 태도를 취한 초자아가 현실을 무시하고 환상을 품게 한다는 것도 사실이다.

47_ *Le Mot d'esprit*, *GW*, *8*, 266, *SE*, *8*, p. 233 ; tr. fr., p. 272 ; 전집 6권, p. 287.

48_ *GW*, *14*, pp. 383–9, *SE*, *21*, pp. 161–66 ; tr. fr., en Appendice : *Le Mot d'esprit*, pp. 277–283 ; 전집 14권, pp. 507–16.

… 만일 초자아가 자아를 위로해 주고 고통에서 보호해 주고자 한다면 이는 부모가 어린아의 정신 속에 차지하고 있던 심역에서의 초자아의 기원과 모순을 일으키지는 않는다."

나는 우리가 이러한 유머와 같은 협소한 감정을 통해 예술 전반 및 예술의 모든 것을 판단할 수 없다는 점을 잘 알고 있다. 여전히 우리는 유머가 미적 유혹의 쾌락이 철학적 단념의 경계를 맞대고 있는 그 지점이 되는 것으로 여겨진다는 사실을 발견했다. 프로이트가 강한 부정을 반대하는 것이 바로 이 지점이다. 그는 마치 우리에게 이렇게 묻는 것 같다. 삶과 죽음의 수용? 그렇다. 그런데 이는 너무나 손쉬운 대답이다! 프로이트에게 모든 것은 필연성에 대한 진정한 단념, 즉 능동적이고 인격적인 단념이 곧 삶의 거대한 작업이며, 이러한 작업이 미적 본성에 속하는 것은 아니라는 점을 함축하고 있다.

그런데 만일 예술이 지혜의 자리를 획득할 수 없다면 그것은 제대로 자신의 길을 찾을 수 없다. 예술을 통한 갈등의 상징적 해결, 즉 연극과 백일몽과 시로 욕망과 증오를 전이하는 것은 단념과 인접해 있는 것이다. 지혜에 앞서, 지혜를 기다림으로써 예술작품에 합당한 상징적 양상은 견디기 힘든 삶을 인내하고, 환상과 현실 사이를 떠다니면서 우리가 운명을 사랑하도록 도와준다.

이제 프로이트의 작업에서 아직 밝혀지지 않은 지점에 도달하기 위한 최후의 노고를 들이도록 하자. 이는 현실원칙과 관련된 그의 초기부터의 변하지 않는 관점이 에로스와 죽음의 투쟁이라는 후기의 관점과 재결합되는 지점이다. 우리는 이 결합되지 않은 두 노선, 즉 내가 탈환상화 과정이라고 부르고자 하는 하나의 노선과 삶의 사랑을 향한 과정이라고 부를 또 다른 노선은 그대로 두어야 하는 것인가? 현실의 수용이 '거인들의 투쟁'과 아무런 관련이 없다고 말하는 게 가능한가?

만일 문화의 의미가 생존을 위한 인간 종의 투쟁이라면, 다시 말해 사랑이 둘 중 더 강한 쪽이라면 에로스의 기획과 관련하여 죽음의 수용이라는 것은 무엇을 뜻하는가? 죽음의 수용은 정확히 죽음 충동, 죽음을 원함, 에로스가 목표로 하는 것에 반하는 것이 될 만한 어떤 궁극적 대립자를 극복해야 하지 않는가?

나는 「레오나르도 다 빈치의 유년의 기억」에서의 몇몇 설명과 「자아와 이드」 및 「문명 속의 불만」에서의 몇몇 언급들을 제외하고는 프로이트의 저작들에서 이 주제와 관련한 어떤 특별한 점을 볼 수 없었다. 레오나르도의 지적 호기심으로의 외부 세계에 대한 과학적 탐구로의 리비도 전환은 우리에게 반성의 힘이 사랑의 힘을 표현하고 있음이 분명하다는 가르침을 준다. 왜냐하면 그것이 아니라면 그것들은 리비도를 죽이고 스스로 퇴거되어 버릴 것이기 때문이다. 레오나르도 자신은 **자연의 숭고한 법칙**(*o mirabile necessità*)이라고 한 자신의 규준을 정확하게 따라 창작하거나 살아가지는 않았다.[49] 파우스트가 지적 호기심을 삶의 쾌락 쪽으로 돌려 변형시킨 반면에 레오나르도는 사랑보다는 탐구에 그 열성을 바쳤다. 그리고 프로이트는 다음과 같이 관찰했다. "레오나르도의 발전은 스피노자의 사유방식에 근접해 있다."[50] 이는 프로이트가 스피노자의 지적 사랑에 만족하지 못했다는 점을 함축하고 있다. 그는 계속 다음과 같이 말한다.

찬미의 상실 및 참된 겸손함으로 가득 찬 그는 너무나도 쉽게 바로

---

49_ *Un souvnir d'enfance dé Leonard de Vinci*, *GW*, *8*, pp. 141–2 ; SE, 11, p. 75 ; tr. fr., p. 45 ; 전집 14권, p. 179.

50_ *Ibid.*

그 자신이 이 움직이는 힘들의 한 부분임을 잊을 것이고, 자신의 개인적 힘이 허락하는 한도 내에서라도 우주의 필연적인 흐름의 한 부분을 바꿀 수 있다는 것도 잊고 살기 쉽다. 우주란 작은 것이 거대한 것보다 결코 덜 아름답지도 그리고 덜 찬미를 일으키는 것도 아닌 그런 세계다.[51]

이것은 에로스와 분리된 필연성에 관한 인식이 곤경 속에 처하게 되었다는 것을 뜻하는가? 레오나르도의 경우처럼 탐구 충동으로의 리비도 승화는 이미 에로스에 대한 일종의 배반인가? 어느 쪽이 아낭케의 진정한 쌍둥이인가? 그것은 「환영의 미래」의 마지막에 묘사된 로고스인가? 아니면 「레오나르도 다 빈치의 유년의 기억」에서 암시한 에로스인가? 우리는 다시금 「레오나르도 다 빈치의 유년의 기억」에서 밝혀진, 자연의 원초적인 창조를 의미하는 고대의 자웅동체 신화에 주의를 기울여야 하지 않을까?[52] 이 신화는 「쾌락원칙을 넘어서」에서 길게 인용된 『향연』의 바로 그 신화, 즉 양성의 원초적 혼합이라는 신화와 동일한 것을 이야기하고 있지 않은가? 간단히 말해서 에로스는 그것이 쾌락원칙으로 변형되는 것과 마찬가지로 현실원칙으로도 전환되고자 분투하는 것이 아닌가? 「레오나르도 다 빈치의 유년의 기억」에 다시금 귀를 기울여 보자.

우리 모두는 (햄릿의 행간을 연상시키는 레오나르도의 모호한 말을 따라) 여전히 자연이란 '결코 경험해보지 못한 무수한 원인들로 가득 찬 것'(*La*

51_ *Ibid.*

52_ *GW*, *8*, pp. 162-8 ; *SE*, *11*, pp. 93-98 ; tr. fr., pp. 97-107.

*natura piena d'infinite èragioni che non furono mai in isperienza*)으로 여기며 자연에 일말의 존경심만을 보여주고 있다. 이 자연의 원인들(*ragioni*)이 우리들의 수많은 시도들을 통해 인간의 경험을 향해 길을 내는 힘으로 다가올 때, 인간 존재인 우리들 각자는 무수한 실험들 가운데 하나로 대응한다.[53]

이는 「레오나르도 다 빈치의 유년의 기억」의 마지막 진술이다.

만약 이 행간이 의미를 갖는다면 이는 세계에 관한 과학적 관점으로 이해되는 현실원칙보다 더 큰 무엇이 곧 자연에 대한, 그리고 '경험을 향해 길을 내는 힘'과 '무수한 원인들'에 대한 존경이라고 말하고 있지 않은가? 그런데 프로이트가 우선 시원적 대상과 환영에 반대로 향해 있는 본질적으로 비판적인 주제, 그 다음으로는 삶에 대한 사랑에 속하는 본질적으로 서정적인 주제, 따라서 죽음 충동의 반대로 향해 있는 주제에 대해 궁극적으로 에로스라는 주제와 현실원칙이라는 주제를 조화시키는 특정한 언급을 하지는 않는다. 프로이트주의에는 의심할 여지없이 '현실원칙 너머'에 아무것도 존재하지 않는다. 그것은 마치 '쾌락원칙 너머'에 아무것도 존재하지 않는 것과 마찬가지이다. 하지만 여기에는 과학주의와 낭만주의의 상호작용이 있다. 프로이트의 철학적 기질은 아마도 환영 없는 투명성과 삶에 대한 사랑 사이에 있는 섬세한 평형 상태—또는 미묘한 갈등?—로 나타날 수 있을 것이다. 이러한 평형 상태는 그 가장 연약한 표현을 찾아내는 죽음에의 단념 속에 존재할 것이다. 그런데 여기서 죽음이라는 표징은 두 가지 다른 의미를 가진다. 환영 없는 투명성은 나의 죽음을 수용하게 한다. 다시

53_ *GW, 8*, pp. 210–1 ; *SE, 11*, p. 137 ; tr. fr., pp. 215–6 ; 전집 14권, pp. 261–2.

말해 그것은 죽음을 맹목적인 자연의 필연성 가운데 하나로 간주하게 만든다. 하지만 모든 것을 통합하기를 희망하는 에로스는 나에게 인간의 공격 충동과 자기 파괴에 대항해서 투쟁할 것을 요구하며, 이에 나의 죽음에도 불구하고 절대 죽음을 사랑하게 하는 것이 아닌 삶을 사랑하게 한다. 프로이트는 처음에 쾌락원칙과 현실원칙의 대체라고 표현했던 초기의 세계관과 에로스와 타나토스의 투쟁이라고 표현한 새로운 세계관을 절대 통합하지 않았던 것으로 볼 수 있다. 이것이 바로 그가 스피노자도 아니고 니체도 아닌 이유이다.

이제 프로이트가 「문명 속의 불만」에서 결론으로 제시한 말을 되새겨 보도록 하자.

"이에 우리는 두 개의 '천상의 권력' 가운데 하나인 영원한 에로스가 그와 똑같이 불멸적 존재인 적수와의 투쟁에서 열심히 버텨주기를 기대할 수밖에 없다."[54]

---

54_ *GW*, *14*, p. 506 ; *SE*, *21*, p. 145 ; tr. fr., p. 80 ; 전집 12권, p. 329. 1931년 히틀러에 의해서 위협적인 분위기가 등장하기 시작했을 때 프로이트는 이 저작의 재판 마지막 부분을 한 문장으로 끝내고 있다. "하지만 어느 쪽이 성공하고 어떤 결과가 초래될 것인지를 누가 예측할 수 있겠는가"(*Ibid.*).

## 3권

# 변증법:
# 프로이트에 대한 철학적 해석

우리의 프로이트 강해가 거의 끝나가고 있다.[1] 우리의 논의는 프로이트와 더불어 시작한다. 우리가 적법하게 기대할 수 있는 것은 무엇인가? 1부의 말미에서 미결 상태로 두었던 문제에 대한 해답을 줄 수 있는가? 분명 그렇다. 그런데 우리는 이제 그 질문이 얼마나 광범위한 것이며, 이에 대한 답을 곧바로 마련하겠다는 기대가 얼마나 순진한 것이었는지를 보게 되었다. 우리는 이제 두 가지 과업을 동시에 실행하기 위해 철학에 대한 다음과 같은 요구사항을 제시한다. 대립되는 두 해석학 간의 전쟁과 해석의 전 과정을 철학적 반성 안에 통합시키

1_ 나는 정신분석의 '기예', 그리고 승화와 같은 어떤 문제들에 관한 몇 가지 중요한 텍스트들에 대한 연구가 변증법이라는 새로운 맥락에서 보다 명확하게 대두될 수 있다는 믿음에서 이를 변증법 장에서 다루고자 남겨두었다.

는 일을 중재시키기 위한 요구가 바로 그것이다. 또한 여기서 두 가지 과업이란 다음과 같다. 대립되는 두 항으로 남아 있는 이 두 항의 반정립을 어떤 다른 외적인 매개를 통해 다른 것으로 대체하는 것. 이는 두 항을 서로 연관시키는 변증법을 통해 이루어진다. 이와동시에 변증법을 통해서 추상적 반성에서 구체적 반성으로 나아가는 것이 또다른 과업이다. 하지만 우리에게 통합의 원칙을 줄 수 있는 언어 및 상상력의 위대한 철학은 우리의 범위 내에 있는 것이 아니다. 철학은 상징의 과잉결정된 의미론적 조직, 다양한 해석의 가능성, 그리고 충동의 토대로 환원시키는 해석과 상징의 상징적 의미에 대한 완벽한 지향을 전개하는 해석 안으로, 바로 그 내부로 상징을 들여와야 한다고 너무 쉽게 주장했다. 이러한 명제는 자명한 진술이 아니다. 그것은 오히려 한 가지 과업을 설정한다. 그 명제의 진리를 나타내기 위해 우리는 이 종합을 이해할 수 있는 사유의 차원으로 나아가야 한다. 그것이 바로 내가 이 변증법을 일련의 위계적 관점을 거쳐 진행되는 인내의 진보로 간주했던 이유이다.

우선 본장은 프로이트적 정신분석학의 **인식론적** 지위에 대한 검토에 할애될 것이다. 철학적 해석은 경험 논리학의 차원에서의 중재(arbitrage)로 시작해야만 한다. 여기서 위험한 것은 정신분석학의 타당성 및 한계와 관련이 있는 정신분석학의 문장 자체의 의미이다. 만일 분석적 설명의 한계가 그 이론의 구조 안에 주어진다면, 그리고 인간 경험의 영역이 정신분석학의 확장을 가로막는 어떤 법령 안에 있는 것이 아니라면 정신분석학의 철학적 위상에 대한 탐구는 그 이론적 구조에 대한 이해에 종속되고 만다. 우리가 한편으로는 과학적 심리학과 관련하여, 그리고 다른 한편으로는 현상학과 관련하여 시작하게 될 비교는 차이의 방법을 통해 인간 경험의 전 분야에서의 **분석적 경험**의 위치를 규정하는 것을 목표로 한다.

둘째로, 특유의 철학적 차원으로 진입해서 우리는 반성철학이 프로이트 이론에서의 이 **고유한**(*sui generis*) 경험을 지배하고 있는 실재론적이고 자연주의적인 개념을 설명할 수 있는지를 우리 스스로에게 물어볼 것이다. 이러한 **반성**의 단계로 우리를 인도해 주는 개념이 바로 **주체의 고고학**(*archéologie du sujet*)이 될 것이다. 주체의 고고학은 정신분석학 그 자체에 의해서 고안된 개념이 아니다. 이 개념은 오히려 반성적 사유가 분석적 담론에서의 철학적 지반을 마련해주기 위해 형성된 것이다. 동시에 반성적 사유는 정신분석학 특유의 고고학적 담론 안으로 통합됨으로써 그 자체로 변화를 겪게 된다. 추상적 반성이 되는 대신 그것은 구체적 반성이 되기 시작한다.

셋째로, 하나의 고고학이 **목적론**, 다시 말해 그 각각의 의미가 헤겔적 현상학의 모형을 따라, 더 고차원적인 표징이나 범주의 의미를 따라 분류되는, 표징 내지 범주의 진보적 종합과 관련하는 상보적 대립(opposition complémentaire) 관계 안에 포함되는 한, 그것은 추상으로 남게 된다. 그러므로 이 세 번째 차원은 철저히 변증법적인 것으로 형성된다. 여기서 변증법은 대립되는 것으로 보이는 두 해석학의 상관 가능성이라는 차원에서 존재한다. 따라서 퇴행과 진보는 상보적으로만 대립되는 해석의 두 가지 가능한 방향으로 이해된다. 이러한 사유의 차원은 이 책 3부의 제목에 **변증법**이라는 명칭을 부여하는 데 있어 매우 중요한 점이다. 여전히 그 중요성이 과소평가되어서는 안 된다. 이러한 차원에서 제시된 관점은 실제로도 핵심적이다. 단, 이것은 아직 과도기에 머물러 있다. 퇴행과 진보, 고고학과 목적론 간의 변증법이 지닌 기능은 고고학을 이해하는 반성으로부터 고고학과 말의 기원 속에 있는 목적론의 분할할 수 없는 통일성을 파악할 수 있게 하는 상징적 이해에 이르도록 이끌어 준다. 물론 변증법이 전부는 아니다. 변증법은 반성을 그 자체로 구체적이거나 완전한 것으로 만들면서 추상을 극복하기 위해 사용되는 절차일 뿐이다.

넷째로, 나는 마지막 장에 **상징에의 접근**이란 부제를 달고자 한다. 이러한 부제는 **해석학**이란 주제를 설명한다. 나는 우리가 여기서 대립하는 해석들을 화해시킬 수 있는 일반적 해석학을 작성할 수 있다는 인상을 주고 싶지는 않다. 나는 승화와 같은 정신분석학적 해석이 안고 있는 일종의 아포리아를 해결함으로써 일반적 해석학에 기여할 수 있기를 소망한다. 이 아포리아에 대해 내가 제안하는 해결책은 설명을 위한 것일 따름이다. 하지만 적어도 그 해결책은 나에게 이 책의 시작점에 놓인 문제, 즉 신앙의 상징 속에서 하나의 가능한 소명이나 케리그마를 파악하려고 하는 해석학과 종교를 탈신화화하려는 해석학들 사이에 일어나는 갈등—이는 나 자신 안에 있는 갈등이자 내 바깥의 현대 문화 속에 일어나는 갈등이다—의 새로운 정식화를 형성시켜 줄 것이다. 따라서 그것은 결국 내가 연구의 시작점에서 제기했던 문제의 해결책으로 접근하는 일을 희미하게나마 엿보게 해줄 따름이다. 끝으로 이 해결책은 이 문제가 얼마나 큰 지를 깨닫게 해줄 뿐만 아니라, 이 문제의 답변에 대한 우리의 요구가 얼마나 순진한 것인지를 깨닫게 해준다. 만일 출발점으로의 여정이 너무 고되다면 그것은 사유의 최종 정복 지점이 구체적이기 때문에 그런 것이다.

# 1장 인식론 : 심리학과 현상학 사이

이 장에서 나는 **분석론** 1부에서 논의했던 방법의 문제로 돌아간다. 우리는 인간 경험에 대한 담론의 전(全) 범위 속에 방법의 문제를 지정하려고 애쓰지 않고서 프로이트적 담론에 대한 내부적 검토를 시행했다. 우리는 이제 프로이트의 담론의 핵심적 역설과 관련하여 이를 정당화시키면서 프로이트의 담론을 다른 담론 형태와 연관시켜서 마주하게 될 위치에 서게 되었다.

우리는 한편으로는 과학적 심리학, 다른 한편으로는 현상학을 정신분석학에 대한 두 가지 외적인 참조사항으로 삼고자 한다.

이는 정신분석학이 두 축 사이에서 갈피를 잡지 못하는 문제와 균형 잡힌 비교를 해야 하는 그런 문제들을 제기하고자 함이 아니다. 이러한 비교의 두 가지 양상은 한정적인 진보와 관계가 있다. 만일 현상학과의 비교를 잘 이해하려면 우리는 우선 두 가지 주제의 구분, 정신분석학과 과학적 심리학 간의 차이를 이해해야만 한다. 이 첫 대면은 무엇보다 오해를 없애자는 의도에서 이루어진다. 그것은 일반심리학에서도 행동주의 진영을 따라 정신분석학을 융합하려는 유혹에 저항하는 문제다. 내가 이해한 바에 의하면 그러한 융합은 거부되어야만 하는 혼합이다. 두 번째 대면은 완전히 다른 목적을 가지는 것으로 대단히 멀리 나아가는 것이다. 이 두 번째 대면은 현상학적 방법을 통해서 정신분석학에 진정으로 합당한 점진적 접근을 가능하게 한다. 현상학은 이러한 분석적 경험과 같은 것을 만들어내는 데는 실패한다. 하지만 이러한 실패는 오해를 일으키는 대신에 접근의 말미에 이르러 하나의 차이를 불러일으킨다.

## 1. 정신분석학의 인식론적 과정

정신분석학의 과학적 지위는 특별히 영미 문화권에 속한 국가에서 제기한 격렬한 비판에 종속되어 왔다. 인식론주의자, 논리학자, 기호학자, 언어철학자들은 정신분석학의 개념, 명제, 논변, 그리고 이론으로서의 구조 및 일반적으로 과학 이론의 가장 기초적인 요구를 정신분석학이 만족시키지 못한다는 결론에 이른다는 사실을 면밀하게 검토 해왔다.

분석가들은 회피를 통해서, 아니면 그들의 규율에 부수하는 학문적 비판에 대한 근거 제시를 통해서, 혹은 학계에 속한 사람들이 받아들이기를 의도하는 '재정식화'(reformulations)를 통해서 그러한 비판에 답변해 왔다. 이 답변을 통해서 정신분석가들은 논리학자들의 비판과 내가 그 추종자들이라고 표현하는 사람들이 요구한 '격심한 개정'을 겨우 피해갔다. 하지만 이들은 다음과 같이 말한다. "아니, 정신분석학은 관찰학문이 아니야. 왜냐하면 정신분석학이란 심리학보다는 역사에 더 비견할 만한 하나의 해석이기 때문이지."

이제 논리학자들의 비판, 정신분석학 내부의 재정식화, 그리고 마지막으로 외부에서 제안한 재정식화를 하나씩 생각해 보도록 하자.

### a) 논리학자들의 비판

나는 의도적으로 가장 곤혹스러운 비판에서부터 논의를 시작하려고 한다. 이 비판은 『정신분석학, 과학적 방법과 철학』이라는 주제로 1958년 뉴욕에서 거행된 학술회의에서 어네스트 네이글(Ernest Nagel)이 제시한 것이다.[1]

만일 정신분석학이 기체의 분자 이론(théorie moléculaire des gaz)이나 생물학의 유전자 이론(théorie des gènes)의 의미에서, 예를 들어 체계화되고 설명적인, 그리고 어떤 관찰 가능한 현상을 예견하는 일련의 명제들로 이루어진 이론이라면 정신분석학은 자연과학이나 사회과학에서의 여타 이론들과 동일한 논리적 규준을 만족시켜야만 한다.

우선 정신분석학은 경험적 입증이 가능해야만 한다. 이것은 정신분석학이 그 명제로부터 규정한 결과를 추론하는 일이 가능하다는 것을 가정한다. 그렇지 않으면 이 이론은 규정적인 내용이 없게 된다. 게

1_ Ernest Nagel, "Methodological Issues in Psychoanalytic theory," in *Psychoanalysis, Scientific Method and Philosophy*. A Symposium edited by Sidney Hook, Grove Press, N. Y. 1959, pp. 38–56.

다가 여기에는 절차에 관한 어떤 특정한 규칙[이는 대응규칙(règles de correspondance, 조정적 정의(définitions coordinatrices), 또는 조작적 정의(définitions opératoires)로 다양하게 일컬어진다]이 존재해야만 한다. 그러기 위해서는 적어도 어떤 이론적 개념이 한정적이면서도 모호하지 않은 사실들로 제한되어 있는 것이 좋다.

그런데 프로이트 이론의 에너지 개념은 너무 모호하면서도 은유적이다. 또한 이 개념으로부터 어떤 결정적인 결론을 추론하는 일은 불가능한 것처럼 보인다. 그러한 개념들이 잘 제시될 수는 있다. 하지만 이 개념들이 경험적으로 입증될 수 있는 것인지는 확실치가 않다. 더 나아가 행동관계(comportement)의 사실과 관련하는 어떤 등위관계는 극복할 수 없는 애매성을 더욱 흐릿하게 만든다. 그 결과 우리는 이론이 논박될 수 있는 어떤 조건에 대해 말할 수 없게 되었다.[2]

두 번째로, 만일 그 이론이 타당한 것으로 간주된다면 그에 대한 경험적 입증은 증거의 논리라는 요구를 만족시켜야만 한다. 우리는 해석이 원리적 방법이라고 말한다(아동발달 연구와 민족학에 의한 확증을 따라서). 그런데 조건들에 대해 타당한 해석이란 무엇인가? 해석이 일관성이 있기 때문에 타당한가, 환자에 의해 수용되었기 때문에 타당한가, 환자의 조건을 개선시켰기 때문에 타당한가? 하지만 주어진 해석은 먼저 객관성을 통해 특징지어져야 하는 것임에 틀림없다. 이는 독립적인 탐구자들이 표준화된 상황 아래서 얻어낸 동일한 소재에 접근한다는 것을 의미한다. 다음으로 여기에는 경쟁적 해석들을 결정짓기 위한 어떤 객관적 절차가 존재해야만 한다. 더 나아가 해석은 입증 가능한 예측을 향

2_ 이 논변은 다음 논문에 의해서 발전된 것이다. Micheal Scriven, "The Experimental Investigation of Psychoanalysis," *ibid.*, pp. 226–51.

해 나아가야만 한다. 그런데 정신분석학은 이러한 요구들을 만족시킬 만한 상태에 있지 못하다. 정신분석학의 소재는 정신분석을 받는 사람과 분석가 사이의 개인적 관계에 말려들게 된다. 이것은 비교의 절차와 통계적 연구가 없기 때문에 해석자에 의해 데이터들이 무의식적으로 선택되어서 해석이 이루어지는 것은 아닐까 하는 의구심을 떨쳐낼 수 없게 만든다. 마지막으로, 치료의 효율성에 관한 정신분석가들의 주장은 최소한의 입증 규칙도 만족시키지 못한다. 왜냐하면 치료를 통한 회복의 확률이 엄밀하게 측정될 수 없거나 심지어는 치료 '이전과 이후'에 대한 연구를 통해서도 정의될 수 없기 때문이다. 정신분석학의 치료적 효율성은 어떤 다른 방법이나 치료, 혹은 임의적 치료율과 관련지어도 비교될 수 없는 것이다. 이런 이유에서 치료 성과에 대한 기준은 사용할 수가 없다.[3]

### b) 재정식화의 내적 시도

관찰을 통해 이루어지는 과학분야 속에 정신분석학의 위치를 규정하려고 하는 한, 정신분석학에 반대하는 가운데 대두되는 위에서 언급한 공격들에 관해 어떤 답변도 해줄 수 없는 것처럼 보인다. 그러한 요구와 마주하기 위하여 몇몇 정신분석가들은 '학술적 심리학'(psychologie académique)이라는 용어로 이론을 재구성시키고자 했다. 심리학에 그 이론적 기저를 제공한 몇몇 지지자들에게는 그런 소망과 의심이 뒤섞이는 면이 있다. 또한 이따금씩 과학적 심리학 안에 정신분석학의 특정 사실들과 개념들을 통합시키기 위한 진실어린 욕망은 '조작적인

---

3_ *Ibid.*, pp. 228, 234–35.

개정'으로 일컬어지는 대가(代價)를 지불해야 했다. 이러한 시도는 이론의 종식이 인문학에서의 일반적 현상일 경우 즉각적으로 나타나게 된다.

그러므로 이는 본래의 프로이트 이론이 개정 시도에 저항하는 바로 그 지점에 이르러 매우 위험한 일이 되고 만다. '재정식화'를 거부하는 것은 정신분석학의 혼합적 성격 때문이다. 즉 여기서 혼합적 성격이란 오로지 해석을 거쳐야지만 정신분석학의 에너지 개념에 이른다는 사실이다. 우리는 모든 것을 결과적으로 인문학과의 협력 속에서 분석적 해석을 구성하는 '변칙'으로 귀착시킨다.

이제 이러한 영역에서 얼마나 멀리 나아갈 수 있는지를 알아보도록 하자.[4]

---

4_ 정신분석적 운동 내에서 이 방법론적 개정의 기원은 다음의 중요 저작으로 돌아가게 한다. H. Hartmann, "Ichpsychologie und Anpassungsproblem," *Int. Z. Psychoanal.*, 24 (1939). 이 책은 D. Rapaport에 의해 다음 책에 부분적으로 번역되었다. *Organization and Pathology of Thought*(New York, Columbia University Press, 1951), 이 논문의 완역은 다음 책에서 볼 수 있다. *Ego Psychology and the Problem of Adaptation*, tr. D. Rapaport(New York, International Universities Press, 1958). 나는 다음 여러 책을 참조했다 : Hartmann, Kris, Loewenstein, "Comments on the Formation od Psychic Structure," *The Psychoanal. Study of the Child*, 2(1946), pp. 11–38. Kris, "The Nature of Psychoanalytic Propositions and Their Vaildation," in S. Hook and N. R. Konvetz, eds., *Freedom and Experience*(Ithaca, Cornell University Press, 1947). L. Kubie, "Problem and Techniques of Psychoanalytic Validation and Progress," in E. PumpianMindlin, ed., Psychoanalysis as Science(Stanford, Stanford University Press, 1952). 그 밖에도 Frenkel–Brunswik, "Meaning of Psychoanalytic Concepts and Confirmation of Psychoanalytic Theories," *Scientific Monthly*, 79 (1954), pp. 293–300 ; "Psychoanalysis and the Unity od Science," *Proc. of the Am. Acad. of Arts and Sciences*, 80(1954). Loewenstein, "Some Thoughts on Interpretation in the Theory and Practice of Psychoanalysis," *The Psychoanal. Study of the Child*, 12 (1957). David Rapaport and

무엇보다도 재정식화는 심리학을 실제적인 과학으로 만들어내는 가장 일반적인 전제의 차원에서 실행되어야만 한다. 라파포트(Rapaport)는 과학적 심리학의 "관찰 가능한 것들" 가운데 정신분석학을 자리매김하는 일에서 나타나는 문제를 세 가지로 진술한다.[5]

1. 우리는 정신분석학의 주요 대상을 **행동**(*conduite*)이라고 말해야 한다. 곧 이런 점에서 정신분석학은 근본적으로 이차적인 것을 제외하면 여타 심리학의 '잠재적' 행동이 갖는 특징으로서의 '경험적 관점'과 구별되지 않는다.

2. 정신분석학은 현대 심리학 전반을 장악했던 '게슈탈트 관점'(point de vue gestaltiste)을 공유한다. 이러한 관점을 따르면 모든 행동은 통전적이면서 불가분의 것이다. 그래서 '체계'와 '체제'[이드(Ça), 자아(Moi), 초자아(Surmoi)]는 '실재들'이 아니라 행동의 양상이다. 행동은 여러 가지 구조와 연관될 경우, 그리고 분석의 복합적 차원에 종속될 경우 '과잉 결정'된다고 말해진다.

3. 모든 행동은 내적 인격성에 대한 것이다. 원자론과 기계론의 비난에도 불구하고 정신분석학은 체계와 주체의 행위자 사이에서 성립한 모든 상호 연결의 근거를 통해 '유기체적' 관점을 만족시킨다.

---

Merton Gill, "The Points of View and Assumptions of Metapsychology," *Int. J. Psychoanal.*, 40 (1959). 또한 특별히 Rapaport, "The Structure of Psychoanalytic Theory : A Systematizing Attempt," in S. Koch, ed., *Psychology : A Study of a Science*, 3 (New York, McGraw-Hill, 1958), pp. 55–183.

5_ Hartmann, in Hook, ed., *Psychoanalysis, Scientific Method and Philosophy*, pp. 3–16. Rapaport, "The Structure of Psychoanalytic Theory," in Koch, ed., *Psychology, 3*, pp. 82–104. 라파포트의 연구는 매우 중요하다. 왜냐하면 그는 코치의 문제 개요를 따르기 때문에 '정신분석학의 법칙이라는 양화'와 '독립적, 중재적인, 또한 의존적인 변수들'의 역할과 같은 규칙과 관계가 없는 정신분석학의 어떤 문제점을 제기한다.

만일 우리가 정신분석학이 '사실' 그 자체의 차원에서 과학적 심리학에 의해 평범하게 가정된 이 세 가지 '견해'로 흡수될 수 있다면, 정신분석학이 분석 이론을 통해 활용된 '모형'에 대한 재정식화와 과학적 심리학의 널리 알려진 관점에 이 세 가지 견해를 흡수하는 일이 가능해진다.[6] 정신분석학이 하나의 '결합 모형' 안에 그러한 견해들을 다시 통합시키고자 하는 의도와 더불어 '구별 모형'을 통해 프로이트의 메타심리학이 쪼개진다는 것은 흥미로운 일이다.

따라서 이것은 지형학적 관점의 반사궁(l'arc-réflex) 모형과 비교된다. 즉 물리적 기관은 구별되는 부분에 의해서 반응한다는 것 말이다.

다음으로 경제적 관점은 그 차례에 있어서 다음과 같은 엔트로피 모형의 양상을 보인다. 곧 긴장에서 긴장의 축소로 나아가는 모형 말이다. 동기가 부여된 모든 행동은 이러한 모형 아래 자리매김할 수 있다. 이 모형의 첫 번째 적용점은 현실원칙이 쾌락원칙을 통해 도입된다는 단순한 우회로 남겨지는 경우에 한해 **소원성취**(*Wunscherfüllung*)와 쾌락원칙, 그리고 간접적으로는 현실원칙 자체에 속해 있다.

'단계' 이론과 병적 집착의 역할, 그리고 퇴행은 유전적 관점의 관할 아래 있다. 더 나아가 헤켈(Haeckel)의 발생반복설(bio-génétique)의 법칙을 이용하는 것은 「토템과 터부」에서 보여준 바와 같은 계통발생과 개체발생의 일치를 가능하게 하고, 이러한 유전적 모형 때문에 정신분석학은 **학습** 이론과 비교될 수 있다. 비록 정신분석학이 인간 경험에 있어서 어릴 적 경험의 역할의 비중을 더 크게 강조한다는 점에서는 유전 이론들과 구별되기는 하지만 말이다. 그러나 그 특유의 방식에 있어서 정신분석학은 학습 이론의 대상 선택 연구와 자아 특유의 체계와

6_ Rapaport, pp. 67–82.

초자아의 진화 역사의 경우에서처럼 학습 이론과 평행적으로 발전하게 된다.

마지막으로, 프로이트가 잭슨의 모형(modèle jacksonien)을 사용했던 것을 논의할 수 있다. 체계는 보다 상위의 체계가 억제하는 것 내지는 보다 하위의 체계를 통제하는 것과 관련한 통합의 위계를 형성한다. 확실히 이러한 모형은 근본 체계 위에 부차적 체계를 겹쳐놓기 위한 근간으로, 그리고 검열기능, 방어, 억압이라는 관련 개념의 근간으로 지지를 받게 된다. 이런 점에서 그것은 더 중요한 모형이다. 지형학적·경제적·유전적 관점은 갈등 개념과 관련한 모든 프로이트적 개념에 있어서 바로 이 잭슨의 모형과 결합된다.[7]

이러한 모형들은 오늘날의 심리학자들에 의해서 보편적으로 추정되고 있는 어떤 관점에 견줄 수 있다.

1. 우리는 모든 행동이 일련의 유전의 일부라고 말해야 한다. 레

---

7_ 라파포트는 엔트로피 모델과 경제적 모형에서 출발하여, "결합모형"(pp. 71ff.)을 실행시켰다. 잭슨의 모형은 경제적 모형의 일차적 형식과 이차적 형식 사이의 위계원칙의 도입을 허용한다. 다음으로 쾌락원칙은 원초적형식의 특성을 지닌 것으로, 행위(충동적 행위), 지각(환영으로서의), 그리고 영향(영향의 유출)이라는 세 영역속에 있는 안내 지침을 제공할 수 있다. 다음으로 우리는 그것의 통제와 방어구조로 첨가된 부차적 체계를 지닌다. 따라서 반-투여(contre-investissement)는 잭슨의 모형을 통합하는 통제에 대한 또 다른 이름이다. 근원적 발단의 역투여를 통해 고양된 것은 프로이트가 체계나 매개라고 부르는 것과 느린 변화율이라는 것을 가지는 이러한 '구조'에 대한 '기능적 자율성'—알포르의(Allport)의 용어 사용을 따름—을 가진다. 동시에 구조적 관점은 엔트로피적 관점에 대해서 반응한다. 왜냐하면 보다 높은 구조의 유지와 그 구조의 자율성은 모든 긴장들의 체계적이고 일반적인 환원을 요구하지 않고 다만 통제 구조의 유지에 적정한 긴장의 유지와 양립 가능한 것을 이행하기 때문이다. 따라서 여기에는 1895년의 「기획」, 『꿈의 해석』, 「메타심리학에 관한 논고」, 그리고 「억제, 증상 그리고 불안」의 주된 논점이 보존되고 있다.

빈(Lewin)의 유전자형과 표현형은 동일한 유전적 관점의 관할 아래 들어간다. 프로이트의 공헌은 경제적 관점에다 유전적 관점을 연관시킨 것이다.

2. 모든 행동은 무의식적인 '중대 결정인자'(déterminants cruciaux)에 연관되어 있다. 모든 심리학은 주목받지 못한 조건들을 다룬다. 그런데 프로이트는 주목받지 못한 것을 주제화하며 연구방법을 통해서 주제를 추론해내고, 이러한 요소들이 지닌 독특한 법칙들을 발견한다. 그리하여 심리학의 영역과 생물학에 속하지 않는 영역 속에 있는 일군의 요소 둘 다를 붙잡음으로써 할 수 있는 일과 주목할 수 없게 된 일 사이를 구별해낸다.

이는 프토이트가 '지형학적'(topique) 관점[무의식(Inconscient), 전의식(Préconscient), 의식(Conscient)]을, 그리고 나서 구조적 관점[이드(Ça), 자아(Moi), 초자아(Surmoi)]을 작동시켰다는 사실들을 해명하기 위해 제기한 것이다. 하지만 일차적인 체계와 이차적인 체계라는 개념 자체는 갈등에 대한 기술(technique)처럼 이미 이러한 추이를 함축한다. 다음으로 구조적 관점은 역투여(contre-investissement)의 활용과 관련해서 최근의 자아심리학의 발전의 전조가 되고 있다.[8]

8_ "정신분석 이론이 지닌 유전적 성격은 정신분석 문학 도처에서 그 모습을 드러낸다. '보충계열'이라는 개념은 그에 대한 가장 명백한 표현이다. 각 행동은 후성적인 법칙과 경험을 통해서 형성된 역사적 연속체의 부분이다. 이 연속체의 각 단계는 행동의 형태에 기여하게 되고 역동적·경제적·구조적, 그리고 그 연속체에 대한 맥락적-적응적 관계를 지닌다. 그러한 보충계열은 '무한퇴행"을 구축하지 않는다. 그 계열들은 충동의 요구에 대한 특별한 해결책으로 맨 처음 이루진 것 속에서 하나의 역사적 상황에 대한 자기자리로 되돌아가거나 하나의 특별한 기관이 어떤 활용방식으로 먼저 놓이게 된다"(Rapaport, p. 87).

3. 모든 행동은 궁극적으로 충동에 의해서 규정된다. 이러한 역동적 관점은 낡은 경험적 심리학과 경험적 심리학의 **백지설**(*tabula rasa*)이라는 선입견을 극복하게 된다. 심리학은 칸트에게, 그리고 흄에게 반대하는 방향으로 나아가려고 도입된 것이다. 프로이트의 공로는 이 충동의 역동, 그리고 모든 문화적 발전에 앞서 존재하는 길들여지지 않은 뿌리의 재발견 가운데 제기된 성의 특권에 대한 인식으로 나타난다.

4. 모든 행동은 심리적 에너지에 대한 활용을 이끌어내며 그것을 통해서 조절된다. 여기서 이해의 주된 요점은 충동의 에너지 성격이 아니라 충동 조절의 에너지 성격이다. 사실 프로이트가 한계 에너지, 에너지의 최소량과 관련한 심리현상의 작동, 극한치의 고양을 통해서 실행하는 경향의 감소, 중립화와 거세화, 그리고 탈공격성과 승화에 대해서 말했던 모든 것은 레빈과의 비교나 확인을 통해 발견된다. 인공두뇌학의 **동력학**과 **정보공학**이라는 개념마저도 그렇게 나타난다. 프로이트에게 특별한 것은 이러한 규정이 충동의 파생물로부터 빌려온 에너지와 관련하여 어떻게 작용하는지를 보여준다는 점이다.

5. 모든 행동은 현실[(실재, réalité)]을 통해서 규정된다. 이러한 적응적 관점은 심리학에서만 발견되는 것은 아니고 자극-반응이라는 기본 도식과 관련해서 현실이 환경의 역할을 행한다고 보는 생물학에서도 발견되는 관점이다. 이것은 심지어 현실을 객관성이라고 일컫는 인식론에서도 발견되는 관점이다. 정신분석학은 그 고유한 현실 개념으로 말미암아 이러한 관점들과 조화를 이루게 된다. 첫째로, 현실은 새로운 경계를 거부하고, 충동의 단계의 대상과 이차적 과정과 관계한다. 그 과정은 궁극적으로, 그리고 특별히 자아의 전적응성(Préadaptation)의 영역이다.[9]

이러한 '적응'(adaptatif)이라는 관점은 미국식 심리학의 독특한 관점에 잘 어울리는 다음과 같은 하나의 따름정리(un corollaire)를 야기한다. "모든 행동은 사회적으로 결정된다." 그런데 보다 고전적인 프로이트주의의 사례를 보면 반대자들, 그러니까 문화주의 학파의 신프로이트주의를 환기시키기 위함이 아니라 사회심리학(오이디푸스 콤플렉스, 동일시 등의 의존적 대상 선택 이론들)과 관계를 맺는 이러한 주제를 이미 내포하고 있다.

이러한 모든 관계들 덕분에 정신분석학은 과학적 심리학의 적응, 구조화, 그리고 진화라는 주요 주제와 관련하여 재해석될 수 있는 방식을 보여준다. 정신분석학의 공로는 엔트로피적 모형에 대한 강조 및 원초적 과정과 연관된 충동의 효과에 특별히 초점을 맞추었다는 점에 있다. 반면 과학적 심리학에서는 그 강조점이 감각적 경험과 학습에 놓여 있다. 그런데 이러한 역할은 상호 교환의 과정 속에 존재한다. 한편으로 동기에 대한 현대 심리학의 입장은 정신분석학의 영역 면에 속해 있는 학술적 심리학의 구역으로 널리 확산되고 있다. 또 다른 한편으

---

9_ 라파포트(pp. 97–101) 정신분석학 이론에서의 일련의 현실 개념을 다섯 가지로 구분한다. 1900년 이전, 현실은 방어의 표적으로, 방어자는 그 반복을 막는 만큼 그 실제 사건의 기억 쪽으로 향하게 된다. 1900년에서 1923년까지(1911년 논문을 예외로 하고) 현실 개념은 충동 대상의 핵심이 되며 이차적 과정(지연, 우회판단 )을 통해서 정의된다. 세 번째 현실 개념은 1911년 나온 「두 가지 원칙」(*Deux Principle*)에서 자아심리학에 대한 첫 번째 규정과 연결된다. 현실은 더 이상 단순히 방어적–대립적이지 않은 구조의 대응자이다. 자아라는 것은 고유한 기능을 지닌다. 즉 화해와 중재의 기능 말이다. 네 번째 개념에서—하르트만의—자아는 자아의 원초적 자율성의 기관이라는 근거를 따라서 전적응하게 되거나 혹은 잠재적으로 적응하게 된다. 에릭슨에 의해 발전된 다섯 번째 개념은 인간이 평균적으로 예측할 수 있는 환경뿐 아니라 환경의 진화적 계열 전체에 전적응하게 된다. 그것은 더 이상 '객관적'인 것이 아니다. 그것은 사회적인 것이다.

로 유전적 적응력과 점진적 구조화에 관한 정신분석학의 재구성은 일반심리학 분야 안에 자리매김하고 있다. 자아심리학의 의미에서의 정신분석학의 발전은 1939년 하르트만의 위대한 저작(cf. n. 4)이 나온 이래로 빠르게 진화하고 있으며, 자아의 기능은 본질적으로 적응의 기능이 되고 있다.

그러므로 정신분석학과 과학적 심리학 사이의 관계는 끊임없이 더욱 강하게 엮이게 되었다.

### c) '조작적' 재정식화

불행한 것은 정신분석학이 이러한 관찰 심리학으로 동화되는 작용이 정신분석학자들을 만족시키지 못하고 정신분석학의 고유한 구성을 존중하지도 않는다는 점이다.

정신분석학자들이 인식론으로 더 잘 흡수된다고 말하는 것이 정신분석학과 심리학 간의 어떤 모호한 동류관계를 일컫는 것은 아니다. 정신분석학이 과학 이론의 최소한의 요구를 만족시키기 원한다면 그것은 브리지먼(Bridgeman)[10]이 '조작적 언어'(langage opérationnel)라고 부른 데서부터 전체적인 '재정식화'로 나아가야만 한다.

실제로 엄밀한 조작주의(opérationnalisme)를 만족시키는 유일한 것은 행동주의(Behaviorisme)뿐이다. 스키너에게서[11] 우리는 조작적이면서도

---

10_ P. W. Bridgman, "Operational Analysis", *Philosophy of Science*, 5(1938), 114–31 ; "Some General Principles of Operational Analysis", *Psychological Review*, 52 (1945), pp. 246–49. 또한 E. Frenkel–Brunswik, "Meaning of Psychoanalytic Concepts and Theories", *Scientific Monthly*, 79(1954), pp. 293–300을 보라.

11_ B. F. Skinner, *Science and Human Behavior*(New York, Macmillan, 1953) ; "Critique

행동주의적인 제약의 엄밀한 접합을 발견한다.

이 엄밀한 조작주의의 눈으로 보면 정신분석 이론과 정신적 기관의 관념 주변으로 가라앉는 모든 개념은 연소 형태의 위험한 은유로 간주될 뿐이다. 인식론적 관점에서 정신분석 이론은 애니미즘과 애니미즘의 발명품(악마, 정신, 난쟁이, 성격)과 관련하는 결정적 진보를 나타내지 않는다. 스커너는 "프로이트의 설명도식"이 "유기체론 내부에서 인간 행동의 원인을 탐구하는 전통적 형태를 따른다"며, 이것은 "정신적 삶에 관한 전통적 허구"라고 적고 있고[12]—라일이 『기계 속의 유령』(*The ghost in the machine*)이라고 불렀던 그것—이것이 프로이트에게서 관찰할 수 없고 조작될 수도 없는 어떤 것을 정립하게끔 했다고 본다. 하지만 조작주의에서 고립된 탐구 대상은 환경적 변이와 관련하는 유기체의 변화다. 스키너도 정신적 과정의 표현으로 간주될 수 있는, 그리고 정신적 과정의 표현에 의해서 매우 좁은 관찰영역으로 간주될 수 있는 행동의 양상들에 배타적 관심을 지녔던 프로이트를 비난하는 가운데 논의를 진척시킨다. 그는 프로이트가 부여했던 정신기관의 표상이 정신분석학을 적절한 과학의 표상에 소속되는 분야로 편입시키는 일을 지연시켰다는 결론을 내린다. 정신기관의 표상이 본성의 능력과 동질적인 것이 된다면 추정된 모든 힘들이 양화된다는 점에 의문을 던지는 스

of Psychoanalytic", *Scientific Monthly*(1954). 이 글은 다음 잡지에 재발행 되었다. Herbert Feigl and Michael Scriven, eds., *The Minnesota Studies in the Philosophy of Science, 1* (Minneapolis, University of Minnesota Press, 1956), 77–87. 이 책은 엄청난 중요성을 지닌다. 여기서 허버트 파이글과 루돌프 카르납은 논리 실증주의의 관점에서 과학의 이론적 언어의 일반 이론에 대해 논한다. 또한 그것은 각주 13 ff에 더 자세히 인용되는 알버트 엘리스와 앤터니 플루의 논고를 포함하고 있다.

12_ *Minnesota Studies, 1*, p. 79–80

키너의 말이 옳다. 하지만 정신분석학의 모든 용어에 대한 조작적 정의란 말하자면 분석적 해석작업과는 전적으로 상이한 조작을 통한 사유작용에서 비롯하는 행동주의 심리학의 편집이라는 편의주의의 결과일 뿐이라는 점에서 그는 완전히 틀렸다. 우리는 이 지점으로 되돌아가야 한다. 왜냐하면 이 지점이 우리 논의의 주요 쟁점이기 때문이다.

정신분석학에 대한 재정식화는 조작주의의 변형된 형식 속에서 시도될 수 있는 것이다.[13] 후자는 '조작적 용어로서의 의미를 부여하기 위해서는, 어떤 지점에서 관찰 가능한 것과 연결되어 있어야만 한다'고 요구한다. 따라서 여기에는 한 가지로 환원할 수 있는 다음과 같은 요구사항만이 존재한다. 진술이나 가설은 어떤 법칙 내에서 확증이 가능해야만 한다. 다시 말해 그것은 관찰이 가능한 어떤 부류와 연관되어야만 한다.[14]

이를 통해서 조작주의는 가설적 구성의 배제와 저차원적 수준의 추상이 아니라 보다 고차원적인 수준의 추상을 지향한다. 여기서 후자에 대한 입증은 불완전하거나 간접적인 것일 수 있다. 이것은 **매개변수**나 **성향적 개념**으로 일컬어지는 것의 도입을 허용한다. 본질, 연소

13_ Albert Ellis, "An Operational Reformulation of Some of the Basic Principles of Psychoanalysis", *Minnesota Studies, 1*, pp. 131–54.

14_ "실제로 근대 경험주의는 하나의 동일한 요구만을 지니는 것처럼 보인다 : 즉 어떤 최종적 분석에 있어 비록 가장 간접적으로, 그리고 중재를 시도하는 구성, 진술 내지는 가설의 기나긴 망을 통한다 해도 특정 법칙(또는 원칙) 안에서 확증할 수 있어야만 한다. 다시 말해 일종의 관찰 가능한 것과 상관되거나 연결될 수 있어야 한다. 그것은 이에 따라 순전한 형이상학적 사변을 배제하면서도 다른 모든 가설을 위한 문을 넓게 열어준다"(Ellis, *Ibid.*, p. 135).

(phlogistique), 에테르(éther), 이드, 리비도와 같은 가설적 구성물은 사실 발견에 도움이 되는 바람직한 것일 수 있다. 하지만 이 개념들은 과학에 장점보다는 해악을 더 많이 끼친다.[15]

만일 프로이트적 이론의 '재정식화'가 가능하다면—또한 이것이 제한된 수준으로 이루어진다면—그것은 전적으로 다음과 같은 '관찰 가능한' 두 가지 파생적 언어나 '사실들'로부터 도출되어야만 한다. 그 두 가지가 곧 지각과 반응이다. 이 지시 언어를 구성하기 위해서는 인간 행동의 설명에서 필연적이거나 유용한 다른 구성물들을 지각과 반응이라는 이러한 경험적 개념들 속에 '정착시키는' 것으로 충분히 가능하다. 그러므로 의식적인 지각과 무의식적인 지각 간의 구별은, 무의식적 지각이란 우리가 지각한 것을 지각하지 못할 경우에 일어난다고 말함으로써 이루어진다. 우리는 우리의 지각들과 반응들의 조직과 재조직을 학습에 대해 적절한 것으로 간주하며, 이를 평가, 감정, 그리고 욕망이라는 요인들의 도식 속에 도입하기 위해 좋음이나 나쁨, 쾌나 불쾌, 유익하다거나 해롭다는 서술들을 지각과 결합시킨다.

나는 '조작적 재정식화'[16]를 프로이트 자신의 해설서 가운데 가장 학술적인 『정신분석학 개요』라는 책에서 비롯되는 그의 가설에 대한 대안이나 대체물로 요약하진 않을 것이다. 이드, 자아, 초자아, 에로스, 죽음충동, 성생활, 항문성애와 구강성애, 남근기, 억압, 리비도, 성적 리비도, 오이디푸스 콤플렉스, 자기 방어 등의 개념은[17] 처음 두 가지 관

15_ *Ibid.*, pp. 136, 150–52.

16_ *Ibid.*, 140–50.

17_ 프로이트의 주요 개념을 의도적으로 고치지 않고서 다음의 두 그룹으로 나누어 살펴보는 것은 흥미로운 작업이다. (a) 정신, 정신적 삶, 정신적 성질이라는 개념과 (b) 정신 에너지 개념과 에너지 투여 개념. 이 개념들은 시대에 뒤떨어진 19세기의 구성

찰 가능한 것에서 전적으로 파생된 언어로 번역된다.

이러한 재정식화 속에서 완벽하게 조망되는 것은 '관찰된 것'이 아닌 모든 것, 심지어는 간접적으로나마 자극에 대한 반응으로 존재하는 것들이다. '재정식화'의 가능성에 앞서서 그것들은 분석적 상황, 다시 말해 언어의 상황 속에서 전부 해석된다.

재정식화라는 과제와의 연결에 있어서 매디슨의 중요 저작 『프로이트의 억압 개념과 방어 개념』이 언급되어야만 한다.[18] 우리는 앞서 프로이트의 억압 개념에 대한 다양한 수용의 모습을 정리해 보기 위해서 본서를 참조했다. 하지만 우리는 저자의 정확한 의도를 고려하지 않았다. 그 의도는 억압 개념을 카르납과 네이글의 인식론적 요구에 관한 검토에다가 종속시키는 것이다. 매디슨은 이 모든 이론적 술어에 관한 일의적이고 일관된 정의를 제시하는 가운데 논의를 시작한다. 방어와 억압 간의 관계, 성공적인 방어와 그렇지 못한 방어 간의 구별, 억압적 방어와 비억압적 방어 간의 하위 구분, 원초적 억압과 적절한 억압 간의 관계(우리도 역시나 억압 개념에 대한 분석에 있어서 이 경로를 따라갔다) 설정이 바로 그것이다. 그의 중요한 과업은 이론적 언어와 관찰적 언어 간의 상호관계를 정립하는 것으로 나타난다. 전자는 대응규칙과 조화 혹은 조작적 정의의 의도와 연관될 수 있다. 충동과 역투여 간의 갈등, 억압과

---

들이며 '행동의 개입적 변양'과 관련해서 '중복되는' 것들이다(*ibid.*, p. 151). 하지만 내가 이 개념들을 이해한 대로 이 개념들은 해석과 설명이라는 담론의 두 가지 영역을 지배하는 본질적인 개념들이다. 정신분석학은 해석과 설명이라는 담론의 두 가지 혼합된 담론 속에 결합되어 있다.

18_ Peter Madison, *Freud's concept of repression and defense, its theoretical and observational language*, Minnesota University Press, 1961.
이 책에 관한 간략한 정리에 대해서는 본서의 p. 219, n. 58을 보라.

방어에 대한 표현은, 곧 '고체에서의 원자의 흔들림' 내지는 '액체나 가스의 분자운동의 변칙 속도', 열에 관한 표현일 것이다. 관찰 언어의 차원에서 보면 증상, '왜곡된' 표현과 '희미한' 표현(꿈, 환상, 농담 등), 감정과 행동에 대한 다양한 금지, 그리고 치료에서의 저항이라는 것은 열에 대한 주관적이고 객관적인 '지표'(indicateurs)에 비유할 수 있다. 결국, 이러한 지표로 양을 측정하는 특별한 기술은 저항행동이라는 양화시킬 수 있는 양상(자유로운 연합 속에서의 침묵의 시기, 다른 이야기를 지닌 꿈이라는 텍스트의 변질)으로 대응시킬 수 있다. 매디슨은 저항의 형태를 정확하게 세분하는 조건을 억압(억압에 대한 저항, 변형에 대한 저항, 질병의 이차적 확장에 의한 저항, 무의식의 저항, 죄의식의 감각에 의한 저항)의 '표지'로 채택하기 위해서 억압에 대한 다양한 표현들이 열에 대한 표현과 같은 관찰의 언어로 번역하는 일을 쉽게 일으킨다고 평가한다.

매디슨의 작업이 여타 재정식화의 시도들과 구분되는 지점은 다음과 같은 억압 표지의 선택을 통해서 분석적 작업의 차원이 정확하게 설정된다는 점이다. 억압 표지, 저항, 다양한 방어기관(건망증, 전환, 고립 등), 정동과 행동의 억제, 왜곡의 정도나 무의식에서 나온 파생물에 대한 원거리성 등. 이 모든 '지표'는 정확하게 세분화된 것으로 매디슨은 이를 양적인 절차로 전유하자고 제안한다. 그는 "전유하는 기술의 부족이나 순간적인 것이 아니라면 억압이란 원칙상 측정할 수 있는 것"이라는 결론을 내린다.[19] 그렇지만 관찰자에게 예방책이란 일종의 치료적 상황에 속하는 것이 아니며, 실험적 상황은 시원적 동기나 연상에 의해서 동기들을 밀접하게 연결시키는 동기에서의 억압과 같은 것을 절대 인위적으로 산출할 수 없다. 그런데 매디슨은 억압 이론의 일부분

19_ *Ibid.*, p. 189.

이 관찰되거나 측정될 수 없다는 점을 인정한다. 이에 대해 그는 유아기의 억압, 거세의 외상, 그리고 꿈에서 일어난 충동들의 표현을 예로 들고 있다. 이러한 과정은 가정이지 관찰 가능한 것이 아니다. 거세의 두려움과 말에게 물릴 것 같다고 느낀 꼬마 한스의 두려움를 등식화시킨 프로이트의 연구가 그 한 가지 예이다. "분석가들이 그러한 상징적 기초에 대해서 오이디푸스 콤플렉스를 추론해내는 경우, 그것은 안정적인 관찰 조건이 되지 못한다. 심지어는 원칙상 측정조차 가능하지가 않다."[20] 더 나아가 그는 이렇게 말하고 있다. "만일 거세 외상이 언제나 상징 내지는 프로이트의 다양한 해설 규칙에 연관된 이론적 가정을 더욱 진전시키는 데 의존하는 여타의 간접적 기초를 따라서 추론된다면 그것은 관찰 가능한 것이 아니다."[21] 번역의 규칙을 통해서 저자는 상징 및 일반적인 꿈작용의 모든 메커니즘을 지향하고 있다. 매디슨이 인정하는 이러한 한계는 사실상 우리를 해석의 문제로 되돌아가게 한다. 해석은 관찰이나 측정이 불가능한 경우에만 개입하는 것이 아니다. 해석은 관찰의 언어로 번역될 수 있는 부분에도 작용한다. 즉 해석은 탐구영역 전반에 개입한다. 한 예로 오이디푸스 콤플렉스는 매디슨이 결국에 가서 "성애에 관한 프로이트의 독단론"이라고 일컫는 바를 문제로 제기하지 않고서도 억압 이론의 관찰 불가능하고 측정 불가능한 단면으로 간주될 수 있는 프로이트의 핵심 이론이다.[22] 매디슨은 프로이트 체계의 중요한 부분을 구제할 수 있는 길이 실재적 성, 관찰에의 종속, 프로이트의 해설 규칙의 구조로 단순하게 진술해낼 수 있

20_ *Ibid.*, p. 190.

21_ *Ibid.*, p. 192.

22_ *Ibid.*, p. 191.

는 성의 문제와 관찰 언어에 종속되지 않는 성의 문제를 구분하는 것이라고 주장한다. 하지만 관찰된 성과 해석된 성이라는 구분은 프로이트 이론의 몰락의 증거가 되는 것이 아닌가? 메디슨의 과업은 매우 흥미로운 것이며 그의 프로이트 강해와 프로이트에 대한 관찰 언어로의 부분적 번역이 극도로 신중한 것이긴 하지만, 매디슨의 저서는 결국 기표와 기의의 관계와 같은 것을 제공하는 실증주의적 영감을 지닌 심리학이 해석학적 학문 사이에 정신분석학의 자리를 마련하기에는 무능하다는 점을 보여주고 있다.

## 2. 정신분석학은 관찰의 학문이 아니다

이제 역으로 정신분석학에 반대하는 이러한 인식론적 과정의 측면을 차례대로 파악해 보도록 하자.

a) 조작주의자의 비판과 그들의 재정식화에 대한 요구는 논의를 시작하는 데 있어 훌륭한 토대를 제공해 준다.

b) 정신분석학이 조작론자의 요구를 만족시킬 수 없는 이유를 발견한 다음에야 비로소 우리는 정신분석학의 독특한 천재가 저지른 기묘한 배반과 연관되는 행동주의와의 타협이 왜 정신분석학적 운동 자체의 내부에서 비롯되는지를 이해할 수 있다.

c) 마지막으로 우리는 가장 근본적 비판인 과학의 논리에서 비롯되는 비판으로 돌아가야 한다. 우리는 과학의 논리가 주장하는 바를 인정해야 한다. 그것은 다음과 같다. '정신분석학은 관찰의 학문이 아니다.' 이러한 반격은 승인으로 변형될 것이다.

### a) 조작론과의 대면

나는 조작적 용어로 정신분석학을 재구성하는 작업의 정당성을 논박하지는 않겠다. 이 작업은 피할 수도 없고 오히려 바람직하기까지 하다. 특별히 정신분석학이 여타 학문의 타당하거나 혹은 타당하지 않은 결과로 만들어진 시도, 다른 인문학, 그리고 심리학과 마주했을 경우에는 더욱 그러하다. 하지만 재정식화라는 것은 그것이 단지 재정식화로만, 다시 말해 프로이트적 개념에서 야기된 토대의 경험과 연관되는 이차적 조작으로 실현되어야 한다. 재정식화는 분석의 경험에서 이탈한, 다른 경험에 고립되어 있는 정의이고, 해석이라는 기원에서 단절되어 있는, 그리고 단순한 주술의 측면이라는 차원으로 퇴락하여 학문적 진술로부터 추방되어 버린 죽음이이라는 것의 결과로만 다루어져야만 한다.

만일 우리가 행동주의 심리학의 개념과의 관계를 통해서 이 개념의 근원적 기원을 인식하는 데 실패한다면 행동주의 심리학의 독특한 가치들을 통해 정신분석학을 구제할 가능성은 차후에라도 없어지고 말 것이다. 특별히 단계적으로 우리는 정신분석학을 관찰 이론의 뒤처진 형태로, 그리고 정신분석학의 가설을 연소 형태의 은유로 간주해 버리는 가장 급진적인 조작론자들에게 동의를 표해야 한다. 차이점은 시작점에서부터 존재하거나 아니면 전혀 없거나 둘 중 하나다. 심리학은 행동의 사실들을 다루는 관찰의 학문이다. 정신분석학은 대체 대상과 근원적인(또는 상실되어버린) 충동의 대상 사이의 의미관계를 다루는 주해의 학문이다. 두 분과는 사실에 대한 시원적 개념이라는 차원과 사실들로부터의 추론이라는 차원에서 그 시작점 자체가 확연히 갈라지게 된다.

정신분석적 언어가 지닌 독특한 성격과 언어의 타당성이라는 차원을 인식하는 데 있어서 이 문제에 가장 가깝게 다가가는 사람들이 언어분석에 천착하는 앵글로-색슨 철학자들이라는 사실은 주목할 만한 점이다.[23]

이들 가운데 툴민(Toulmin)이라는 사람은 정신분석적 언어의 비정상성에서 논의를 시작한다. 그가 보기에 정신분석가의 진술은 '나는 ~ 때문에 이런 일을 한다'라는 식의 '진술된 이유'(명제 $E_1$), 혹은 '그는 이런 일을 한다, 그는 말한다, 왜냐하면' 이라는 식의 '보고된 이유"(명제 $E_2$), 혹은 '왜냐하면 그는 코카인을 주입했기 때문에'라는 식의 '인과적 설명' (명제 $E_3$) 등을 따라 인간 행위를 '설명하는' 진술로는 분류가 되지 않는다. $E_1$은 오류일 수도 있고, 또는 증거를 통해 입증될 수도 있다. $E_2$도 오류가 있을 수 있다. 단, 그것은 명제 $E_1$을 통해서만 입증될 수 있다. $E_3$도 오류가 있을 수 있으며 이것은 사실의 관찰을 통해서 입증된다. 분석적 설명은 진술의 또 다른 형태이다. $E_4$의 경우도 $E_1$, $E_2$, 그리고 $E_3$와 동등한 간극이 있다. 다시 말해 정신분석학의 명제는 이 명제들이 진술되거나 전달되는 동기만큼이나 인과적 설명과 구분된다.[24] 분

23_ 정신분석학의 "논리적 지위"에 대한 이러한 논의는 『분석(*Analytic*)』이라는 저널을 통해서 시작된 것이다. 또한 이를 통해 자극과 원인이라는 개념이 핵심이 자리 잡게 되었다. Stephen Toulmin, "The Logical Stattus of Psychoanalysis", *Analysis 9*, No 2(1948) ; *Philosophy and Analysis*, Margaret Macdonald. ed.(New York, Philosophical Library, 1954), pp. 132–39에서 재발행. Antony Flew, "Psychoanalytic Explanation," *Analysis, 10*, No. 1(1949) ; in *Phil. and An.*, pp. 139–48 재발행. Richard Peters, "Cure, Cause and Motive," *Analysis, 10*, No. 5(1950) ; in *Phi. and An.*, pp. 148–54 재발행. 여기에다 다음의 논고를 첨가시킬 수 있겠다. Flew, "Motives and Unconscious," *Minnesota Studies, 1*(1956), 155–73.

24_ 매우 미묘하면서도 엄밀하게 툴민은 우리가 세 가지 명제($E_{14}$, $E_{24}$, $E_{34}$)의 혼합된 형

석적 치료의 결론에서 진술 $E_4$는 주체를 위해 그럴듯하게 전달된 동기가 된다. 전달을 수용하는 다른 주체에게는 그것이 그럴듯하게 전달된 동기가 된다. 분석가에게는 진술된 동기가 환자의 심리적 영역 안에 재통합되지 않는 한, 그것은 단순히 그럴듯한 하나의 인과적 역사(une histoire causale)에 불과하다. 정신분석학 명제의 인식론적 지위에 대한 이러한 접근방식은 동기에 의한 설명을 원인에 의한 설명으로 환원시킬 수 없다는 점을 가정하고 있다. 여기서 동기와 원인은 완벽하게 구분된다.

나는 이 분석과 관련하여 다음과 같은 점에 동의한다. 정신분석학에 대한 진술은 자연과학의 인과적 담론이나 현상학의 계기가 되는 담론 안에서는 정립될 수가 없다. 왜냐하면 정신분석학은 마음의 실재성을 다루기 때문에 원인에 대해서가 아니라 동기(motif)에 대해서 말해준다. 지형학적 영역은 의식적인 자각과정과 일치하지는 않지만 그에 대한 설명들은 인과적 설명을 닮아 있는데, 이는 정신분석학이 자기의 모든 개념들을 구체화할 수 있고 그 자체로 해석을 신비화시킬 수 있기 때문에 가능한 일이다. 정신분석학에서는 진술되거나 전달된 동기에 대해 말하는 것이 가능하다. 이러한 동기, 즉 동기나 자극이라는 것은 유비적 영역 속으로 '치환된' 물리적 실재성을 제공하게 된다. 이것

---

태를 통해서 명제 네 번째 형태, 즉 $E_4$에 투여할 수 있다는 것을 보여준다. $E_{14}$는 "진술된 근거" 형태에 가장 가깝다 (예컨대 "나는 그녀와 단 둘이 있었으면 하는 소망이 있음을 나에게 알게 되었다") ; $E_{24}$는 "보고된 근거" 형태에 가장 가깝다 (예컨대 "그는 잠시나마 그녀의 시각을 증오하는 듯이 행동했다") ; $E_{34}$는 "인과적 설명" 형태에 가장 가깝다 (예컨대 "그는 그의 아버지가 그를 가혹하게 때렸기 때문에 아이처럼 행동한다"). 이 명제 가운데 어떤 것도 정신분석적 명제는 아니다. 다만 세 가지 모두 핵심에 초점을 맞추고 있다 : "프로이트의 발견이 지닌 핵심은 신경계의 행동원인에 대한 것이 아니라, 정신분석치료가들이 자극에 대한 연구를 통해서 시작한 기술의 도입이다"(Toulmin, in *Philosophy and Analysis*, p. 138).

이 바로 프로이트의 지형학이 하는 일이다. 하지만 만일 인식론적 토대로서의 정신분석학적 진술의 이러한 혼합된 구성을 받아들이지 못한다면 우리는 『철학과 분석』에서 이루어진 이 논쟁의 선구자들이 논의한 다음의 세 가지 대안들을 따라가면서 이 가운데 하나의 대안으로 환원되고 만다.

첫 번째 대안은 앤터니 플루(Antony Flew)가 제안한 것이다. 그는 프로이트적 실천과 프로이트적 이론 사이에 있는 모순을 지적한다. 전자는 동기(예를 들어 강박관념에 사로잡힌 행위에 관한 것), 의도(예를 들어 성취하지 못한 행위에 관한 것), 의미(징후, 꿈 등)에 호소한다. 반면에 프로이트적 이론은 콜럼버스가 아메리카 대륙을 발견했던 것과 같은 미지의 대륙으로 발견되는 '마음에 앞서는 것'으로서의 현상을 다룬다. 이 실질적 사실에 관한 '실질적 원인'이라는 것은 생리학의 사실, 관찰과 입증을 열어주는 유일한 사실과 경쟁하는 '의심스러운 실재의 근거 없는 증식'으로 전개될 수 있다.

두 번째 대안은 원인이 아닌 전적으로 동기의 영역으로 흘려보냄으로써 분석적 담론을 단순화시키기를 시도한다.[25] 프로이트의 공로는 그러므로 동기, 욕망, 그리고 주체에게 알려지지 않은 영역과 비의지적인 영역이라는 두 가지 새로운 영역에서의 지향 내지 의도라는 개념 등으로 확장될 수가 있다. 하지만 이러한 확장은 사실상 심리적이거나

---

25_ Flew, "Psychoanalytic Explanation," *in Phil. and An.* 논문의 결론부에서 플루는 다음과 같이 적고 있다. "나의 두 가지 논지는 이렇게 이루어진다. 첫째, 제일 심역에 대한 정신분석학적 설명 내지는 고전적인 프로이트적 설명이라는 것은 '자극'에 대한 것이지 '인과'에 대한 것이 아니다. 또한 두 번째 설명의 이 두 가지 종류가 경쟁적인 것은 아니지만 근본적으로 다른 것이라는 사실은 확실하다"(p. 148). 실제로 플루는 1954년 판 서문에서 이 근본적 차이라는 주장을 누그러뜨리고 만다(p. 139).

정신적인 것, 지향적인 것, 동기나 자극이라는 흐름의 성격으로 변화할 수가 없다. 만일 그러한 경우가 있다면 '무의식적'이라는 말은 형용사적인 의미로 남아있어야만 하고, 실체적 무의식은 무의식적 동기에 대해 요약해서 말하는 방식에 불과하다. 이러한 남용으로 인해 논리학자들은 프로이트를 용서할 수 없는 지경에 이르렀고, 마음의 영역에 대한 이름은 형용사적인 것이 되었다. 진정한 실재가 진정한 효과를 만들어내기 때문에 이런 일이 발생한 것이다. 반대로 우리는 '지향'이라는 말이 지닌 강한 의미를 보존해야만 한다. 여기서 지향이란 목적을 의도하는 것으로 가능성과 관련해서는 적어도 원칙상 언어의 차원에서 제기되는 것으로 정의된다. 이 지향이라는 요소 때문에 프로이트의 개념은 논리적으로 봤을 때 물리적 용어로 환원시킬 수가 없다. 프로이트의 근원성은 생리학에 남겨두었던 낯선 현상을 지향적 이념을 통해서 설명할 수 있다고 주장함으로써 나타난다. 자극과 언어의 관계는 원칙적으로 그러한 현상에 대해 문자적 설명을 전달하는 것이 가능하다는 것을 의미한다. 이는 합리적이지 않은(non rationnel) 존재로부터—그렇지만 비합리적인(irrationnel)—어떤 합리적 동인을 구별해내는 작업이다.

분석적 치료의 대상은 통제된 행위로 추동적 행위를 대체하기 위해 주체의 합리성의 영역을 확장시키는 것이다. 만일 그렇다면 정신분석학은 행동관계의 심리학보다는 인간 행위의 배후를 이해하려고 하는 역사적 연구에 더 밀접하게 연관된다.[26]

---

26_ 플루가 『미네소타 연구』(*Minnesota Studies*)를 통해 발표한 두 번째 논고인 「동기와 무의식」(Motive and the Unconscious)에서 그는 동기, 목적, 욕망, 소망, 바램, 지향과 같은 용어의 환원 불가능한 심리학적 성격을 강조한다. 그는 의미라는 개념을 다음과 같이 구분하고 있다. "이 개념의 중요성은 전에 『분석』(*analysis*)이란 저널에 실린 논쟁이나 본 논고에서나 주목을 받지 못했다. 특별한 검토를 통해 그 빛을

앤터니 플루의 이 논고보다 나의 입장에 가까운 주장을 하는 논고는 없다고 해도 무방하다.

하지만 이에 대한 나의 비평은 그가 분석적 담론의 특별한 성격을 보지 못하고 있다는 점에 주목한다.[27] 만일 여기에 동기가 되는 언어와 그 반대의 언어에서 인과 언어에 대한 번역이 가능하지 않다면 결합된 언어의 오류에 대해서는 어떻게 설명할 수 있다는 말인가? 확실히 결합이라는 것은 정신분석학에서의 탐지의 절차(탐지 조정이라는 말은 하지 않기 위해) 및 행동의 변화를 형성해내려는 의도로 고안된 기술 이론적 명제에 속한 것으로 여겨지며, 여기서 근본적 해명이라는 식의 유형은 배제되어야만 한다.[28]

세 번째 대안은 경험적 명제로 분석적 담론을 환원시키려고 시도하는 것이다. 이는 피터스(Peters)가 『철학과 분석』에 실은 논고에서 취한 입장이다. 동기와 원인 간의 차이는 우선 비본질적인 것으로 치부되고 일반성의 차원이나 정도상의 단순한 차이로 다뤄진다.[29] 동기가 **'만약 그렇다면 … 그러하다'**(이러저러한 상황에 처한 그룹은 어떤 형태의 반응을 보일 것이

---

갖고자 한다. 이와 연관된 개념은 극단적인 것, 단순한 적합성, 동기에 대한 해석이라는 일반적인 가능성에 의한 이러한 다양한 수준에서 그 명암의 스펙트럼에 따라 펼쳐지게 되는 것처럼 보인다. 다른 극단에서 보면 의미 개념은 실현, 꿈, 완전한 언어의 요소이다"(*Minnesota Studies*, 1, 159).

27_ 플루는 그의 논고 「동기와 무의식」은 크리스가 쓴 문장으로 시작하고 있다. "여기에 한 예로 훈련된 운영자의 결여가 존재한다. 여기서 훈련된 운영자란 정신분석학 언어의 불평등함을 제거하려고 노력하거나 각 사람의 다양한 명제를 적절하게 조합시킬 수 있는 그런 사람을 말한다"(*ibid.*, 1, 155).

28_ Peters, "Cure, Cause and Motive", in *Philosophy and Analysis*, pp. 148–50.

29_ *Ibid.*, pp. 151–54. Cf. G. Ryle, *The Concept of Mind*, Ch. 4.

다)는 형태의 관계로 정의된다면, 또한 원인이 '이것은 … 때문이다'(컵이 깨진 이유는 그 컵이 바닥에 떨어졌기 때문이다)라는 식의 관계로 정의된다면 동기와 원인 간의 차이는 단지 정도상의 차이일 뿐이다. 그것은 일반적인 법칙과 최초 조건 간의 구별, 이론적 설명과 역사적 설명 간의 구별(포퍼), 체계적 설명과 역사-지리적 설명 간의 구별(레빈)로 환원된다. 정신분석학은 그 복잡한 구조 때문에 두 가지 종류의 명제를 포함한다. 하나는 일반적인 명제, 예를 들어 초기의 성적 기질(항문기에서의)에서의 특징적인 특색(축적)을 할당할 때의 명제를 뜻하며, 다른 하나는 역사적 명제, 즉 '탐지적으로' 작동할 때의 명제를 말한다.

이러한 인식론적 논쟁과 나의 입장은 다음과 같은 점에서 이중적이다. 한편으로 나는 아리스토텔레스적인 형상인을 통해 처음으로 사용되었고 기능적 의존성이라는 개념을 통해 현대 인식론에서 예증된 설명의 형태로 동기를 환원시키는 것이 "~에 대한 이유로(raison pour…)"[30] 라는 의미로 이해되는 동기 개념과는 전혀 관계가 없다고 주장한 툴민과 플루의 입장을 지지한다. "~에 대한 이유로"라는 의미에서의 동기와 관찰적 사실들 간의 관계라는 의미에서의 원인 개념 간의 구별은 명제들의 일반성의 정도와는 무관한 것이다. 이는 브렌타노, 딜타이, 그리고 후설이 영혼 내지는 역사적 지성과 자연에 관한 설명을 날카롭게 구별했을 때의 그 구별법과 같은 것이다. 즉 이런 점에서 동기는 **역사적** 차원에 있는 것이며, 자연의 '영역'과 구별되는 **존재의 영역으로 이해되는데,** 여기서 역사적이란 이러한 시간적 연속체의 일반성이나 독특성에 의해 존재 자체를 이해할 수 있다는 것을 말한다. 다른 한편, 동기와 원인의 순수하고 단순한 대립은 프로이트적 담론에 의해 정립된 인식론적 문제

**30**_ Toulmin, Postscript(1954), in *Philosophy and Analysis*, pp. 155-56.

를 풀어내지 못한다. 이러한 담론은 내가 욕망의 의미론이라고 부르는 독특한 존재 형태를 따라 통제된다. 즉 그것은 대안적 동기-원인의 바깥으로 떨어져 나간 혼합된 담론이다. 이 논의에서 분석의 담론이 부분적으로 동기 개념의 영역 안에 포함되었다는 것은 자명한 사실이다. 이는 정신분석과 관찰학문 간의 분열을 처음부터 일으키기에 충분한 것이다. 만일 우리가 정신분석의 '장'의 차원 그 자체에, 다시 말해 차이가 정립된 지점에, 그리고 그 지점을 거쳐 분석적 경험의 차원에 이르지 못한다면 이러한 최초의 차이의 의미를 결여하고 말 것이다.

### b) 내적 재정식화와의 대면

결국 과학 이론의 요구를 만족시키기 위해 특정 몇몇 분석가들이 제시한 재정식화라는 것이 조작주의자들을 만족시키지 못하는 것 이상으로 우리를 만족시키지 못하는 이유는 무엇일까? 우리가 보기에 그 이유는 재정식화를 시도하는 사람들이 분석 경험의 본질 자체를 저버리기 때문이다.

심리학자들은 환경적 변이에 대해 이야기한다. 환경적 변이가 분석 이론 내에서 어떻게 조작적 활동을 하는가? 분석가에게 있어서 환경적 변이는 관찰자 외부에 의해 알려진 사실이 아니다. 분석가에게 중요한 것은 주체가 '믿게 된' 바로서의 환경의 척도이다. 즉 이들에게 타당한 것은 사실이 아니라 주체의 역사 속에 가정된 사실의 의미이다. 그러므로 이를 "성적 행동에 대한 초기의 훈육이 변화된 유기체 배후에 남아 있는 관찰적 사실"이라고 말해서는 안 된다.[31] 분석가의 연

31_ Skinner, "Critique of Psychoanalytic Concepts and Theorie," in *Minnesota Studies*, 1,

구 대상은 심리학자가 관찰자로 간주하고 환경적 변이로 설정하는 동일한 사건에서 비롯되는 주체에게서의 의미이다.

그러므로 분석가에게 있어서 행동이란 외부에서 관찰할 수 있는 변이에 의존하지 않는 것이다. 분석가들은 단지 분석적 상황 속에 드러난 주체의 역사의 의미의 변화에 대한 표현에 의존한다. 물론 우리는 여전히 '행위의 확률에서의 변화'에 대해 말할 수 있다. 이런 점에서 프로이트가 다룬 것은 행동심리학을 통해서도 다룰 수 있다. 하지만 이것이 행동의 사실이 분석에 적절한 것이라는 의미를 담지하지는 않는다. 그것은 관찰 가능한 것으로서의 기능이 아니라 욕망의 역사에 대한 기표로서의 가치를 지닌다.[32] 이러한 의미화(signification)는 바로 스키

---

81.

32_ 하르트만은 이러한 차이점을 확실하게 인식하고 있다. "정신분석학에 도움이 되는 것과 관련하여 정신분석학적 상황 속에서 수집된 자료는 근본적으로는 행동에 관한 자료이다. 아울러 그 의도는 명백히 인간 행동에 대한 탐구이다. 이 자료는 대개 환자의 언어적 행동과 관련된 것이지만 다른 종류의 행동도 포함하고 있다. 그 자료는 환자의 침묵, 환자의 태도, 그리고 환자의 운동 일반, 특별히 환자의 운동을 보다 더 나타내는 그런 측면들을 포함한다. 반면에 인간 행동, 이에 대한 자료를 설명하려는 의도를 지닌 분석은 다만 정신의 과정, 동기 부여, '의미'에 대하여 분석을 통해 해석된다. 그러므로 여기서는 이러한 접근과 '행동적'이라고 일컬어지는 것 간의 차이가 명확하게 구분된다. 그리고 이러한 차이는 만일 우리가 행동주의의 시초, 그보다는 보다 최근의 규정을 고려해 본다면 더욱 두드러진다"(in Hook, ed., *Psychoanalysis, Scientific Method, and Philosophy*, p. 21). 그런데 그는 필연적인 결론을 도출하는 쪽으로 나아가지 않는다. 그래서 그는 일반 심리학 안에서, 그리고 과학적 심리학의 다른 형태로부터의 확증과 관련하여 정신분석학을 통합시키는 지점을 선점하게 된다. 하지만 문제는 정신분석학이 "심리학적 관찰"의 학문이건 아니건 간에 여전히 존재한다는 것이다. 관찰이 "임상적 배경에서"(p. 25) 이루어진다는 사실, "심리학적 대상"이 "실제 삶의 상황 속에서" 연구된다는 사실은 본질적인 차이를 만들어내지 않는다. 심지어는 정신분석학이 이로 인해서 "인간의 동기, 인간 욕구와 갈등"을

너가 외부의 어둠 속에, 즉 정신적 삶에 대한 이론과 선과학적 은유에서 비롯하는 일반적인 잡다(fourre-tout) 속에 내던져 버린 것이기도 하다.[33] 그러나 이러한 역사의 의미는 행동주의의 독특한 궤도에서 얼마간 진전된 단계와는 관계가 없다. 일반적으로 말해서 정신분석에서는 '사실'이라는 것이 존재하지 않는다. 왜냐하면 분석가는 관찰하는 자가 아니라 해석하는 자이기 때문이다.

내 입장에서 보면 이것이 바로 분석가가 행동주의 심리학자에 대해 할 수 있는 유일한 대답이다. 만일 분석가가 행동주의의 공리로 성립된 방법론을 받아들인다면, 그리고 '반응의 확률'을 따라 자신의 연구를 형성하기 시작한다면 분석가는 비과학적[34]이라는 낙인이 찍히거

---

발견하는 데 있어서도 별 차이가 없다(p. 26). 보다 중요한 것은 프로이트의 "문제사" 가운데 관찰과 이론적 고심이 함께 이루어지면서 서로 분리될 수 없다는 사실이다(p. 27). 하르트만은 임상적 작업이 "기호들"에 의한 안내를 받게 된다는 점에 주목했을 때 이에 대한 본질적인 근거를 제시하는 방향으로 나아간다. "정신분석적 작업 가운데 고려할 만한 부분은 기호들의 활용으로 기술될 수 있다. … 이런 점에서 우리는 해석의 방법으로서의 정신분석적 방법에 대해 이야기한다"(p. 28). 그러므로 우리는 기호, 신호, 표현적 기호, 상징, 그리고 기타 이와 같은 것들 개념에 대한 탐구에 있어 실험적 자연과학으로부터 취해지는 인식론적 구조를 관통할 수 없다.

33_ 이러한 의미작용 기능은 스키너에 의해서 형성된 요구, 즉 행동을 자료로 취급하는 것과 원칙적으로 양화시킬 수 있는 행동의 속성으로서의 '반응의 확률'과 학습상태, 그리고 '확률 변화'에서 비롯되는 여타의 과정이라는 요구에서 도피해 버린다(*Minnesota Studies*, 1, 84). 이 기능은 또한 "심리적 학문이라는 구조 안에서" 자기 관찰이라는 작용을 표상하는 것으로부터 우리를 막아주는 것이다(p. 85).

34_ 양화(quantification)의 문제는 스키너가 학문의 세계에서 정신분석학을 배제시키기 위한 목적으로 제시한 결정적 논변으로(*ibid.*, p. 86), 앞에서 언급했던 이유로 인해 (n. 5) 라파포트를 상당히 당혹스럽게 만들었다. 우리는 라파포트가 그의 인식론적 연구를 통해서 이 부분에 대해 의견을 피력한 장과 절을 인용해야만 한다(in Koch,

나, 아니면 스키너가 '술어에 대한 조작적 정의라는 단순한 방책'이라고 부른 부분적 재평가에 호소하게 된다는 점에서 비난을 받게 될 것이다. 전초기지와 논점을 통해 확장된 방어선은 다음과 같은 기초적인 문제를 정립하게 된다. 무엇이 정신분석학에 적절한 것인가? 이에 대한 대답이 있다면 다음과 같다. '관찰 가능한 행동'으로, 조작적 용어로 형성된 인간 실재라는 것에는 피할 수 없는 비난이 뒤따르게 된다.[35] 만

---

ed., *Psychology* : *A Study of a Science*, 3, 79–82, 124–33). 라파포트는 장애물이 우연적인 것이 아니라 "마음 내부의 변양에 적용시킬 수 있는 양적 방법의 결여"에 기인하는 것이라는 점을 정확하게 이해하고 있다(p. 80, n. 32). 하지만 이러한 결점의 탓을 그는 정신분석학이 다른 학문에 비해 상대적으로 발전되지 않은 상태에 있다는 사실에 돌리고 있다(pp. 81–82). 진정으로 그는 수학화가 필연적으로 측정규준이 되지 못한다는 점과 "레빈이 지형학을 도입하려고 시도했던 것과 피아제가 비측정적 수확화로서의 심리학 안에 그룹 이론을 동입하려고 시도했던 바를 말하기 위해 논의를 전제한다"(pp. 124ff). 그러나 그는 이러한 사유형태를 투여(cathexis) 개념이 지닌 유사 양화적 성격으로 돌아가기 위해 포기해 버리고 만다. 투여 이론은 이동성, 경계, 혹은 중립화된 에너지와 관련하는 불평등이라는 형태(p. 128) 속에 유사 양화적 명제를 포함시킨다고 그는 적고 있다. '치수의 양화' (dimensional quantification)라는 말에서처럼 이것은 우리가 구조 형태 일반의 과정을 이해하면서 어떻게 구조로 들어가는가 하는 그 과정을 설명하게 될 경우에만 가능하게 될 것이다. "이 설명은 특별히 정신분석, 그리고 심리학 전체에서의 치수의 양화를 위한 선행조건으로 제시되어야 한다"(p. 132). 그런데 이 방향에서의 과정은 문제시되는 것을 전제한다. 즉 우리가 본성상 실험적인 입증에로 프로이트적 명제를 종속시킬 수 있고 종속시켜야 한다는 문제 말이다.

35_ 이것이 바로 마이클 스크리븐의 답변이 무기력한 이유이다 ("A Study of Radical Behaviorism," in *Minnesota*, *1*, 105, 111, 115). 행동주의가 정신분석 역시 경험적 내용을 지니며, "정신적 상태"에 대한 명제도 실천적 유용성을 지닌다는 이 두 가지 고유한 기준에 부응하지 못한다는 것은 사소한 문제이다. 결국 스크리븐은 심리학이라는 과학적 언어 안에서 살아가는 일상 언어의 술어에다 정신분석학의 운명을 연결시킨다. 두 번째 논고에서("The experimental investigation of psychoanalysis," in Sidney

일 우리가 의미와 이중 의미에 대한 물음이 지닌 특성을 인정하지 않는다면, 그리고 해석방법이라는 것에 이 물음을 연관시키지 않는다면 이 물음의 지점을 통해서 드러난 정신분석학의 '심리적 실재'는 언제나 쓸데없이 중복되는, 과도한 원인에 대해 말하게 될 것이다. 이 경우 원인은 행동주의자가 행동이라는 것으로 충분하게 기술한 내용과의 관계를 통해서 생긴 잉여물이다. 이는 결국 스키너의 가혹한 표현을 따르자면 "**제의적 형태 내지는 정신적 연금술**"이 될 뿐이다.[36] 이 특성은 정신분석학을 실험과학에 흡수시키려고 시도하는 데 활용되는 모형에 집중함으로써, 이제 우리가 숨김없이 털어내야 하는 어떤 것이다.

이러한 시도는 본질적인 요점을 오해하고 있다. 즉 분석적 경험이라는 것은 말하기의 영역에서 펼쳐진다. 이 영역 안에서 또 다른 언어가 나타난다는 것은 공통의 언어와 구분지어 생각되어야 한다. 또한 이것은 의미로 가득 찬 효과들—징후, 꿈, 다양한 계통 등—을 통하여 해독되는 것으로 나타난다.[37] 이 특이한 특징을 인식하는 일이 분석

---

Hook, ed., *Psychoanalysis, Scientific Method and Philosophy*, pp. 226–51) 스크리븐은 더 나아가 정신분석학에 대한 과학적 요구에 대해 보다 회의적이고 가혹한 입장을 피력한다.

36_ Scriven, in *Minnesota Studies, 1*, 128. Hartmann, in *Psychoanalysis, Scientific Method and Philosophy, Scientific Method and Philosophy*, pp. 18–19, 24–25. 경험주의의 입장에서 보면 "이론"은 그 이론의 학습적이거나 종합적인 성격, 혹은 의학, 아동심리학, 인간학, 그리고 다른 인문학과의 심리학의 줄기를 상호 연관시키는 능력에 의해 정당화된다.

37_ J. Lacan, "Fonction et champ de la parole et du langage en psychanalyse," Rapport de Rome, 1953, in *La Psychanalyse, 1*, 81–166. 정신분석학에 대한 행동주의자의 "재구성"에 대한 나의 비평은 라캉의 논문에서 도출시킬 수 있는 바와 매우 가깝다. 하지만 내가 언어학을 위한 에너지 개념을 제거하는 한 개념을 비판하길 시도할 때 우리는 갈라지고 만다. 프로이트적 이론의 인식론과 관련이 있는 프랑스어 논문의 수는

이론에 있어서 해석학과 에너지론의 상호관계의 변칙과 같은 것을 제거하는 방향으로 이끌어주지는 않는다.

우리는 실제로 라파포트(Rapaport)가 경험적 관점, 게슈탈트 관점, 그리고 유기체적 관점이라고 부른 것을 정신분석학 안에서 발견한다. 하지만 이것은 분석 개념의 의미를 적절하게 변경하는 번역의 대가를 지불하게 한다. 나는 '과잉결정'(surdétermination)이라는 개념을 시금석으로 여길 것이다. 즉 행동주의와 인과성의 언어로 편곡된다는 것, 이것은 모든 행동이 하나의 **이드 행동, 자아 행동**으로 단번에 기술될 수 있다는 것을 의미한다. 그것은 행동이 '복합적으로 규정되는' 방식이다.[38]

---

아직까지도 너무 빈약한 수준에 머물러 있다. Cf. D. *Lagache*, *L'Unité de la psychologie*(Paris, P. U. F., 1949) ; "Définition et aspects de la psychanalse," *Rev. fr. de psychan.*, 14, 384–423 ; "Fascination de la conscience par le moi," *La Psychanalyse*, *3*(1957). 33–47. Lacan, "Propos sur la causalité psychique," *Évolution psychiatrique*, 1947, fasc. 1 ; "L'Instance de la lettre dans l'inconscient ou la raison depuis Freud," *La Psychanalyse*, *3*(1957), 47–81. M. Gressot, "Psychanalyse et connaissance," *La Psychanalyse*, *2*(1956), 9–150. S. Nacht, *De la Pratique à la théorie psychanalytique*, Paris, P.U.F., 1950 ; A. Green, "L'Inconscient freudien et la psychanlyse française contemporaine," *Les Temps modernes*, XVIII, 195, pp. 365–379 ; W. Huber, H. Piron, A. Vergote, *La Psychanalyse science de l'homme, Bruxelles, Dessart*, 1964, I^re^ Partie er IV^e^ Partie.

38_ "모든 행동은 의식, 무의식, 자아, 이드, 초자아, 실제 등의 구성요소를 가진다. 다시 말해 모든 행동은 다중적으로 규정된다(과잉결정). 왜냐하면 행동이란 언제나 다면적이고(또한 심지어는 행동에 속한 어떤 양상의 확실한 결여에도 설명이 요구된다) 다중적인 규정(혹은 과잉결정)이라는 개념은 순수하게 개념화의 방법이라는 형식적 결과로 간주될 수 있다.… 내 생각에 과잉결정은 엄밀하게는 독립성의 결여와 충만한 원인을 내포하며 사건들의 상태에 의해 필수적인 것이 되어버린 분석의 다중적 차원과 필연적으로 연결되어 있다"(Rapaport, in Koch, ed., *Psychology*, 3, 83–83). 복잡한 인과율을 통해서 해석된 과잉결정은 그 특성을 상실한다. "과학적 심리학은

우리는 이중 의미의 문제를 은밀하게(subrepticement) 제거하고 다중적인 인과적 규정으로 편곡한다.

그러므로 과학적 심리학의 세 가지 '선결 관점'의 도입에서 유래한 정신분석적 '모형'과 심리학적 '관점' 사이의 상호관계는 의미 문제에 대한 근본적 단절과 관계가 있다.

표면상의 의미와 관계에 의해서 중심을 벗어난 의미의 '자리'에 관한 탐구를 옆으로 제쳐버리는 지형학적 관점이 갖는 중요성은 무엇인가? 소원성취(*Wnuscherfüllung*)에 의해서 정립된 문제가 이와 관련한 예시가 된다. 왜냐하면 원초적 과정에 대한 이론 전반은 이를 토대로 해서 만들어진 것이기 때문이다. 그러므로 이 소원성취의 본질적 요소는 환상 **잃어버린** 욕망의 대상과 관련해서 대체관계를 맺는다는 점이다. 그런데 만일 이 요소가 무엇보다도 그 자체로 잃어버린 것으로 주어지는 어떤 것에 대한 의미관계를 지니지 않는다면 이것은 '파생물', '멀리 떨어져 있는', '왜곡된' 파생물이 아니다. 그러므로 꿈, 징후, 기만, 그리고 환상은 의미론과 수사학에 속하는 것이다. 다시 말해 이것들은 위에서 열거한 모형이나 관점을 통하지 않고서도 설명되는 의미와 이중 의미의 작용에 속한다. 인지적 현상에서 경제적 관점의 확장을 말하는 것은(라파포트[39]), 암시적 간과법(prétérition)에서 비롯하는 분석적 해석 안에서 의미 관계의 문제를 다루자는 것이다. 즉 우리가 환각의 관념을

---

발전하지 않는다고 말하는 것이 적절한 이유는 아마도 그 탐구방법이 다중적 규정을 드러내기 보다는 배제하는 경향이 있기 때문이 아닐까?"(p. 84). 하르트만도 같은 방향으로 나아간다(H. Hartmann, in *Psychoanalysis*, pp. 22 ; *ibid.*, 43).

39_ 결합된 모형에 대한 그의 묘사에 있어서 라파포트는 이러한 결여의 기능에 대해 반복적으로 접근하고 있다.원초적 모델의 차원에서조차 충동 대상의 결여는 환영적 관념의 생산이나 정동의 이행에서 본질적인 것이다(Rapaport, pp. 71–73).

대체하는 부재하는 충동의 대상을 다루건 원초적 과정에서의 정동의 방출을 다루건, 원칙적으로 이러한 의미의 문제는 각 단계마다 부과하는 대상의 부재에서 비롯된다. 이차적 과정에서도 잭슨의 모형(modèle jacksonien)은 구조화의 사실, 자동화의 사실, 역투여(contre-investissement)에서 비롯하는 통제의 사실들을 깔끔하게 설명한다. 그러나 이 모형은 다음과 같은 것은 설명하지 못한다. 언어를 구별하고 현전과 부재가 서로 연관됨으로써 부재하는 대상의 지배와 대상의 현전과 부재 간의 차별화 자체를 언어의 탄생 그 자체를 통해 입증하는 일은 설명하지 못한다. 그러므로 정신분석학에서 부재라는 것은 과학적 심리학에서, 특별히 헌터(Hunter)와 쾰러(Köhler) 이래로 우회와 지연이라는 작용을 사용하는 것과 같은 방식으로는 활용되지 않는다.[40] 정신분석학에서 부재는 행동의 이차적인 양상이 아니라 정신분석학이 거주하는 장소 그 자체이다.

왜 그런가? 그 이유는 정신분석학 자체가 환자에게 말을 건네는 작업이기 때문이다. 과학적 심리학은 그렇게 하지 못한다. 정신분석학은 환자의 '역사'가 표현되는 말의 영역 안에 존재한다. 그러므로 정신분석학의 적절한 대상은 의미—징후, 망상, 꿈, 환상—의 효과이다. 경험적 심리학은 이러한 의미들을 행동의 파편으로 고려할 뿐이다. 분석가에게 행동은 의미의 파편이다. 이것이 바로 잃어버린 대상과 대체적 대상이 정신분석학의 직접적인 주제가 되는 이유이다. 행동주의 심리학은 다음과 같은 '독립적인 변양'의 양상으로만 대상의 부재를 주제화할 수 있다. 그것은 자극의 측면에서 어떤 것을 결여하고 있다. 즉 분석

40_ "여기서 대상의 정신분석학적 결여는 원초적 모형에서 실재적 결여가 하는 것과 동일한 역할을 수행한다"(*ibid.*, p. 74).

가에게 있어서 이것은 관찰된 변양의 사슬 안에 있는 파편이 아니라, **말하기 치료**로서의 분석가의 발화라는 폐쇄된 영역 내부에서 드러나는 이 상징적 세계의 단편이다. 이것은 곧 부재의 대상, 잃어버린 대상, 대체의 대상이 분석적 대화 속에서 일어난다는 점을 받아들이지 않는 메타심리학의 재정식화로 인해 오해를 받는 이유이기도 하다.

여타 '모형'의 목록과 학술적 심리학에 널리 알려진 '관점'의 대응은 미묘하면서도 중대하며, 유사한 몰이해의 실례(l'occasion)이기도 하다.

프로이트에게서 '발생적 관점'은, 가장 과학적이거나 과학만능주의적 규정에서조차도 환상에 관한 해석이 그에게 부여한 특성을 결코 상실하지 않는다. 물론 프로이트가 '모든 행동은 역사적 연속체의 일부'라고 말한 것은 옳다. 또한 발생적 학문의 언어와 분석적 언어와의 동질성을 표현하기 위하여 다음과 같은 측면을 이야기한 것도 옳은 판단이다. 분석에 있어서 실재 역사는 주체가 스스로를 이해한다는 점에서 비롯되는 비유적 역사의 표지 그 자체일 뿐이라는 점이 망각되어서는 안 된다는 말이다. 즉 분석가에게 중요한 것은 비유적 역사이다.

프로이트가 무의식에서 지역화한 '행동의 중대 결정인자'에서와 같이, 정신분석학은 충동의 '대표' 같은 것과 결코 조우할 수 없는데, 그것은 적절하게 말해진 표상이나 정동에서 비롯하며, 대체로 표상이나 정동의 왜곡된 파생물 가운데서 해독되는 기표와 같은 것이다.[41] 만일 이러한 중대 결정인자로부터 의미화의 차원을 제거한다면 우리는

41_ 정신분석학에서 "주목하지 않은 것"에 대해서 라파포트는 다음과 같이 진술한다. "여타 심리학이 비심리학적 술어(뇌의 영역, 신경계 연결 등)로 주목하지 않는 것을 다루는 반면에 정신분석학은 동기부여, 정동, 사유 등의 심리학적 용어를 다루고 있다"(*ibid.*, p. 89).

쾌락원칙이 현실원칙을 어떻게 쥐락펴락할 수 있는지를 결코 이해할 수 없다. 즉 쾌락원칙과 현실원칙의 만남은 환상의 차원에서 일어난다. 다시 말해 현실 영역 속에 그 파생물을 배치함에 있어서, 쾌락원칙은 스피노자의 일종지 역할, 즉 '허위의식'(conscience fausse)의 역할을 한다. 쾌락의 물음이 진리와 비진리의 물음의 시초에서 비롯되는 것이기 때문에 위장과 환상도 가능해지는 것이다.

사실 이것은 라파포트가 지적한 것처럼 '지형학적 관점'이 '구조적 관점'을 불러일으킨 이유이다. 그런데 만일 이드, 자아, 그리고 초자아 간의 구조적 갈등이 무엇보다도 '귀에 들리는 것', '목소리'에서 비롯하는 '아버지 콤플렉스', 터부, 금지와 같은 의미의 지참물을 초래하지 않는다면 어떻게 해서 이러한 움직임을 설명할 수 있을까? 심지어는 『꿈의 해석』 이후에도 검열은 의미의 삭제이자 의식이라는 공식적인 텍스트에서는 금기시 된 무의식의 영역에 대한 거부이다.

그것은 여전히 정신분석학에 고유한 '역동적 관점'을 특성화하는 의미화의 역할이다. 『꿈의 해석』에서 제시한 욕구와 소망(vœu, *Wunsch*) 간의 차이는 절대로 과도하게 강조되지 않는다. 곧 이러한 차이는 「메타심리학에 대한 논고」가 충동과 충동의 대표 사이에 설정한 것과 같은 것이다. 충동이 행동의 궁극적 기원이라고 하더라도 정신분석학은 그와 같은 궁극적인 것과 연관되는 것이 아니라, 분석적 상황에서 말해지는 이치에 맞는 역사와 무분별한 역사 속으로의 충동의 기입과 연관된다.

따라서 '경제적 관점'이라는 기호 아래 위치하는 모든 에너지 교환, 투여, 탈투여의 작업은 충동의 대표에서 행해지고, 의미의 왜곡 속에서 비로소 분석에의 접근이 가능해진다. 『꿈의 해석』이라는 책은 이 지점에서 다음과 같은 안내자 역할을 한다. 꿈의 해석이라는 영역은

**꿈 왜곡**(*Traumenstellung*)이라고 일컬어진다. 예를 들어 꿈이라는 특징이 **소원성취**의 형태인 경우에 이를 그 자체로 현시하는 것은 전환과 왜곡의 효과를 낳는다. 이는 왜곡의 효과라고 할 수 있는 허구의 실현이다. 이것은 치환, 압축, 비유의 공간 아래서 왜곡을 '작동시키는' 의미의 효과 속에 존재한다. 경제학이 수사학적 표현과 분리되면 메타심리학은 분석적 대화 속에서 일어나는 것을 더 이상 체계화시키지 않는다. 만일 이것이 부조리한 수력학(hydraulique)이 아니라면 메타심리학은 환상적인 악마론을 발생시키고 만다.

중대한 차이점은 '적응적 관점'의 차원에서 발견된다. 정신분석학의 현실원칙은 자극이나 환경과 같은 개념과는 근본적으로 구분된다. 왜냐하면 문제가 되는 현실이라는 것은 구체적 상황 속에 있는 개인의 역사의 진리이기 때문이다. 현실은 심리학에서처럼 실험주의자들을 통해 알려진 자극의 질서가 아니라 환자가 환상이라는 모호한 미궁을 거쳐서 도달하는 참된 의미이다. 즉 현실은 환상이 지닌 의미의 전환 속에서 의미를 감당하게 된다. 이러한 환상과의 관계는 분석적 발화의 폐쇄된 영역 속에서 그 자체로 이해되는 것으로, 분석적인 현실 개념의 특성을 구성한다. 현실은 언제나 충동의 지향을 통해서 드러나거나 감추어지는 충동의 대상에 대한 지향성을 통해서 해석되어야만 한다. 우리는 프로이트가 나르시시즘을 진리에 대한 원칙적 저항으로 제시했을 때를, 다시 말해 1917년 당시 그가 일구어낸 나르시시즘 개념에 대한 인식론적 적용을 상기해야만 한다. 이것이 현실 검토, 이차적 과정의 특징적 특색이 심리학에서 일컫는 적응이라는 것과 완벽하게 대응하지 못하는 이유이다. 이차적 과정은 분석적 상황의 구조 내에 위치하게 된다. 이 맥락에서, 현실 검토는 **심화작업**(*Durcharbeiten*, *Working Through*)에 상관한다. 이것은 프로이트 자신이 우리에게 말해준 바와 같이 오이디푸스의 비극을 구성하는 자기 인식을 위한 투쟁과 무관하지 않은, 참된 의미를 지향하는 고단한 작업이다.[42]

우리는 현실원칙이 실제적인 **자아심리학**의 보다 견고한 토대를 실현시킨다고 말했다. 진정 우리는 언제나 다음과 같은 프로이트의 규정이 지닌 함축을 반성해야만 한다. "자아란 버림받은 대상에 대한 투여를 재촉한다." 이 버림받은 대상, 다시 말해 애도작업은 자아에 대한 구성 자체에 있어서의 부재를 도입한다. 이렇게 내재화된 부재는 현실, 즉 힘든 현실에 상관하는 것이다. 자아의 압축, 자아의 자율적 구조는 정신분석학이 말하기라는 고유의 작업을 전개하는 일종의 영역 자체가 지닌 고통 아래 있는 이 애도작업과 분리되지 않는다.

마지막으로, 이것은 우리가 '적응의 관점'과 구별시키는 '사회심리적 관점'이 지형학적이고 경제적인 관점과 다른지 않다는 점을 상기시키는 기초적인 요인으로 나타난다. 왜 그런가? 그 이유는 모든 것이 스스로 말하는 데 이르는 말하기의 이중적 관계 속에 존재한다. 분석의 영역은 분석적 상황 자체에서 비롯되는 상호주관적인 것이며, 또한 분석적 상황 속에서 스스로 말을 하는 데 이르는 흘러간 드라마 자체가 곧 상호 주관적 본성을 지니고 있다. 게다가 이것이 바로 해결된 드라마가 전이라는 우회로를 통해서 분석의 이중적 관계 속에 이항될 수 있는 근거이기도 하다. 이항의 가능성은 이러한 상황 속에서 해독되는 욕망과 욕망의 상호 주관적 조직(texture) 속에 거주한다. 이러한 타자에

42_ "희곡의 줄거리는 오이디푸스가 라이오스의 살해범이며 살해된 라이오스와 요카스테의 아들이라는 사실이 폭로되는 과정으로 이루어져 있다. 이 과정은 한발 한발 고조되는 동시에 정교하게 지연되면서 서서히 폭로되는데, 이는 정신분석 작업과 연결될 수 있다"(*GW*, *2/3*, 268 ; *SE*, *4*, 261–62 ; tr. fr., p. 238, 전집 4권, p. 318–319).

대한 지시가 욕구와는 구별되는 것으로서의 욕망 속에, 예를 들자면 소망 속에, 그리고 심지어는 생물학적인 것과는 구별되는 물리적인 것 속에, 말하자면 충동의 대표자들 속에서 나타난다는 점에는 의심의 여지가 없다. 왜냐하면 소망은 사람들이 거부, 금지, 터부가 존재하는, 즉 좌절된 요구가 존재하는 '사회심리적' 영역 안으로 들어갈 수 있는 타자에 대한 요구, 말의 전달, 담화이기 때문이다. 상징적인 것으로의 횡단은 인식되는 않는 것을 욕망이 요구하는 교차점이다. 오이디푸스 이야기 전체는 요구, 거절, 그리고 상처 입은 욕망이라는 이 삼중구도 속에서 자신을 바라보며 시연된다. 이 이야기의 언어는 규정되지 않은 언어이자 시연된 언어이긴 하지만 동시에 이 드라마에서 분석은 팔루스, 아버지, 어머니, 죽음에 이름을 부여함으로써 신화화하는 역할을 수행할 수 있으며, 이를 통해 드라마는 실존의 주요 기표들을 결정지을 수 있는 유의미한 드라마가 된다. 그런데 이는 '적응'이라는 문제제기와는 일정한 거리를 두는 것으로, 접합(l'articulation)이 정신분석학의 고유한 과제라는 신화를 이루고 있다. 문제가 되는 것은 이러한 이치에 맞는 신화라는 수단 자체를 통해서, 정신분석학의 걸림돌을 없애고 분석이 사회적으로 수용할 만한 것이 되게 하려는 데 있어 지나치게 서두르는 경향을 갖는 '적응'이라는 것과는 매우 다른 어떤 진정한 담화으로의 접근이다. 정립된 질서와 관련하는, 다시 말해 정립된 무질서라는 이상화된 담화와 관련하는 지점으로 이끌어 주는 사람은 누구인가? 적응의 물음은 사회의 정화된 이상을 기반으로 해서, 그 사회의 신념에 관한 이상화된 언명과 그 실천적 관계의 효율적 현실성 간의 잘못된 관계를 기반으로 삼는 현존하는 사회가 정립해낸 것이다. 즉 정신분석학은 이러한 물음을 괄호치기로 규정했다.

이와 관련해서 문화주의에 대한 정통주의적 정신분석가들의 저항은 근본적으로 정당하다. 사회적 적응이라는 현행적 요소에 힘입어서 충동에 관한 문제제기를 포기하는 것에 대해 정통주의적 정신분석가들은 이것이 검열과 초자아를 공고하게 만드는 일과 같은 것이라고 말한다. 그렇다면 이러한 대립의 결과가 견지되어야 한다. 결과적으로 사회적 요구와 충동의 요구 사이에서의 정신분석가의 중립성이 잘 지속된다. 그런데 정신분석가의 문제가 적응에 대한 것이 아니라 참된 담화에 대한 것이라면 왜 분석가는 사회의 편을 들지도, 또는 유아기적 요구의 편을 들지도 않는 것일까? 자아의 자율성이 진실의 의미에 대한 문제제기 속에 뿌리를 두고 있지 않다면, 자아의 자율성은 어떻게 문화주의와 같은 악습으로 귀착되지 않을 수 있을까?

### c) 인식론과의 대면

우리는 이제 어네스트 네이글(Ernest Nagel)이 시행한 정신분석학에 대한 인식론자들의 공격이라는 우리의 논의의 출발점으로 돌아갈 수 있게 되었다.

만일 정신분석학을 관찰의 학문으로 가정하고 분석적 관계라는 그 특이한 본성을 잘못 이해한다면 이러한 공격에 답을 할 수 없을 것이라는 점이 너무나도 명백해진다. 우리는 역순으로 네이글의 두 가지 주장의 요지를 재검토해 보고자 한다. 이는 다음과 같다. 논리적 증명의 입장에서 비롯되는 진술의 증거와 관련한 문제, 그리고 그 증거의 타당성과 관련한 이론적 명제의 본질에 관한 문제가 바로 그것이다.

만일 우리가 이와 같은 분석적 상황이 있다는 사실을 용인한다면 관찰 가능한 것으로의 기술로 환원시킬 수 없는, 자연주의적 형태의 사실과학이라는 것과는 다른 맥락 속에 있는 정신분석학적 주장의 타당성에 관한 물음을 개정해야 한다. 분석적 경험은 자연적 설명보다 역사적 설명과 더욱 큰 유사성을 나타낸다. 독립적인 탐구자에 의해서 다루어지는 일련의 표준화된 임상의학적 자료를 쥐고 있는 인식론이 제시하는 요구사항은 이 문제의 시급성을 파악할 수 있게 해준다. 이 요구사항은 하나의 '사례'가 역사와는 다른 어떤 것이라는 사실을 전제한다. 역사는 수많은 관찰자에 의해서 관찰된 것을 받아들일 수 있는 사실들의 연속체일 뿐이다. 물론 해석의 기술은, 만일 사례들 간의 유사성이 없고 이러한 유사성 가운데서 그 형태를 선별해내는 일이 불가능하다면 전혀 가능하지가 않을 것이다. 만일 이러한 유형들이 더욱 근접해있는 어떤 것이라면, 이 물음은 하나의 학문일 수가 없는 역사를 제외시킨 채 인식가능성의 특징을 역사적 이해에 부여한 막스 베버의 유형의 인식론적 관점에서 나온 것이다. 이 유형은 독특성으로 지정되는 이해라는 지적 도구다. 이 도구의 기능이 법칙의 고유한 질서 속에 있는 기능에 비견할 만한 것이긴 하지만 관찰 학문 내에서의 법칙으로 환원시킬 수 있는 것은 아니다. 역사가 하나의 학문으로 일컬어질 수 있는 근거는 자연과학에 있어서 '이해'로 이끌어주는 '규칙'들과 같은 '유형의 체계'라는 것이 역사에서의 이해로 이끌어준다는 점에 있다. 그러나 역사학의 문제제기는 자연과학의 문제제기와 어울리지 않는다. 정신분석학에서 빚어낸 해석들의 타당성은 역사적이거나 주해적인 해석의 타당성 문제와 같은 종류의 문제를 만들어낸다. 마찬가지로 이 문제는 딜타이, 베버, 그리고 불트만에게 놓여 있는 것임과 동시에 프로이트에게 제기되는 문제이다. 반면에 물리학자나 생물학자에게는 이 문제가 제기되는 않는다.

그러므로 다른 방법들을 통해서 얻어진 근거와 관련한 개선수치, 혹은 자발적 개선의 근거와 관련한 개선수치를 비교하도록 분석가에게 요구하는 것은 정당한 일이다. 하지만 그것은 동시에 '역사적 유형'이 '자연적 종'으로 이항되어야 한다는 요구가 실현되어야 가능하다. 이런 일을 실행함에 있어서 우리는 하나의 형태가 하나의 '역사적 사례'의 토대 위에서 구성되고, 그 다음 각 단계에 대한 해석을 통해서 근원적인 분석적 상황이 일어난다는 사실을 망각한다. 다시 말해 정신분석학은 주해 그 이상으로 해석의 타당성 문제를 회피할 수가 없다. 또는 일종의 예측 문제에서도 이러한 시선을 피해갈 수 없다(예를 들어 '한 환자가 치료를 받았을 때 효과적으로 치료될 수 있는 확률이 얼마일까?'라는 식의 예측). 즉 비교라는 것은 확실히 분석가의 숙고 영역 안으로 들어가야만 가능해진다. 하지만 비교란 정확히 말해서 역사학의 문제와 같은 것이지 자연과학에 속하는 문제는 아니다. 분석은 문제와 조우하고 문제를 정립한다.

해석의 타당성에 대한 이러한 요구들은 정신분석학의 이론에 선행하는 문제를 새로운 용어로 다시 검토하게 한다. 사실적이거나 관찰적인 학문의 맥락에서 문제를 제기하는 것은 완전히 잘못된 길로 들어서는 것이다. 이론 일반은 입증의 방식과는 분리되는 연역 가능성의 규칙과 입증의 어떤 영역 속에 들어가게 해주는 변형의 규칙을 만족시켜야 한다. 하지만 이와 별개로 하나의 역사적 해석을 가능하게 만드는 것과는 상이한 경험적 입증에 적합한 어떤 것이 존재한다. 그것은 말의 영역 속에서 전개되는 것으로, 분석 개념이 판정해야만 하는 분석적 경험의 가능성의 조건의 자격으로 존재한다. 그러므로 분석적 이론과 비교되는 것은 유전자 이론이나 기체 이론이 아니라 역사적 동기부여의 이론이다. 역사적 동기부여의 여러 다른 유형으로부터 분석을 차별화시키는 작업은 욕망의 의미론에 대한 탐구에 제한된다. 이런 점에서 이론은, 예를 들면 인간에 대한 정신분석학적 관점을 열어주고 한계를 설정하는 이 두 가지 일을 모두 결정한다. 이를 통해서 나는 정신분석학적 이론이 갖는 기능이 욕망의 영역 안에 해석의 과제를 배치하는 것이라고 말하고 싶다. 이런 점에서 정신분석학적 이론은 이 영역 속에 나타나는 모든 특수한 개념을 정초함과 동시에 한계도 설정한다. 만일 원한다면 우리는 '형식적' 의미에서가 아니라 단지 '초월적' 의미에서 '연역'에 대해 말할 수가 있다. 즉 여기서의 연역은 칸트가 **권리상의 문제**(*quaestio juris*)라고 일컬은 연역 개념과 연관된다. 분석 이론의 개념들은 분석 경험에 질서를 부여하고 체계화할 수 있게 하기 위해서 세심하게 구상해야 하는 개념들이다. 나는 이를 욕망의 의미론의 가능성의 조건이라고 부를 것이다. 이 개념들은 이런 점에서 관찰적 학문의 이론적 개념들과 같은 것은 아니지만 비판받을 수 있으면서 동시에 비판을 받아야만 하며, 세련되게 다듬어질 수 있고 또한 다듬어져야만 하며, 심지어는 거부될 수 있고 또한 거부되어야만 하는 것이다.

### 3. 정신분석학적 영역에 대한 현상학적 접근

앞에서 이루어진 논의는 우리의 마음을 관찰적 학문의 논리를 부여할 수 없는 인식론을 뒷받침하기 위해 후설의 현상학으로 우리의 마음을 기울어지게 한다. 이러한 새로운 비판은 더 이상 분석적 경험의 결과와 관련하지 않으며, 그보다는 비판의 가능성의 조건, '정신분석학적 영역'의 구성과 관련한다. 이런 점에서 우리가 연역해내려고 하는 것은 말해진 것을 나타나게 한다는 의미에서 그것 없이는 분석적 경험을 생각할 수 없는 그런 개념들이다. 그러므로 이것은 이론을 재정식화하는 문제, 즉 이론을 또 다른 지시 체계로 변형시키는 문제가 아니라, 의도적으로 철학적이고 반성적인 또 다른 경험을 통해서 분석적 경험의 근본 개념으로 접근하는 문제이다. 이에 우리는 프로이트의 개념을 후설 현상학의 원천들(ressources)과 대면시킬 것이다. 반성철학이 후설의 현상학과 특정 후설 추종자들, 특히 원칙적으로는 메를로-퐁티(Merleau-Ponty)와 드 발른스(de Waelhens)처럼 프로이트적 무의식과 더 가까워지려고 하지는 않는다. 이러한 시도는 처음부터 실패다. 하지만 이러한 실패가 앞에서 논의했던 것과 같은 형태로 이루어지는 것은 아니다. 이러한 시도는 실수나 오해의 문제라기보다는 진정 근사치의 문제이며, 프로이트적 무의식에 가까워지려고 하는 것은 결국 길을 잃어버리는 것이 되고, 단지 무의식에 대한 대략적인 이해만을 제공해줄 뿐이다. 이는 의식을 포착함으로써 현상학에 의거하는 무의식과 프로이트적 무의식을 분리시켜 떨어트리는 일이다. 이와 관련하여 우리는 근사치적 헤아림과 차이의 방법을 통해서 프로이트적 개념의 특성을 파악하게 될 것이다. 만일 반성이 고고학에 대한 이해에 그 자체로 도달할 수 없다면 반성은 이 고고학을 말하기 위한 또 다른 담론을 필요로 한다.

|1| 현상학이 직접적으로 정신분석학을 향하게 된다는 것은 하나의 한정적인 주제에 대한 일종의 구상에 앞서서 일어나는 것으로, 후설이 '환원'(réduction)이라는 주제 하에 설정하고 개시한 철학적 행위이다. 현상학은 의식과의 관계에서 비롯되는 이러한 의미의 치환, 의미의 탈중심화와 관련하여 어떤 것을 이미 이해하게 만드는 방법론적 치환으로 시작된다.

실제로 환원은 의미의 기원과 의미의 장소로서의 직접적 의식의 탈취와 관련한다. 다시 말해 현상학적 괄호침이나 현상학적 판단중지는 단순히 즉자적인, 확고한 의미와 관련하여 사정권 안에 들어온 현

존, 현전의 기능 정지로서의, 나타나는 것의 급작스런 멈춤과 같은 사태들의 나타남의 '자명성', '자기명증성'(*Selbstverständlichkeit*)과 관련하는 것이 아니다. 의식이 세계의 현존을 인식하는 차원에서 의식은 또한 그 자신을 인식한다고 믿는다. 더 나아가 소위 말하는 직접적 의식의 앎에 대해 프로이트는 그것이 「무의식에 관하여」란 논고 첫머리에서 지적한 앎, 무의식의 일부인 사이비-앎에 속한다고 본다. 이를 우리는 기억의 소멸이나 표상, 정념의 돌발적인 폭력성과 관련하는 수면의 경험이나 무의식의 상태와 평범하게 연결시킨다. 직접적 의식은 자연적 태도와 더불어 퇴거하게 된다. 그러므로 직접적 의식에 속하는 지식의 상처나 굴욕을 통해 현상학이 시작된다. 또한 현상학이 확실하게 표현하려고 하는 그 험난한 자기 인식이라는 것은 마지막에야 알려지는 제일 진리로 나타난다. 만일 코기토가 시작점이라면, 시작점이 도달하려는 목적은 존재하지 않는다. 당신은 출발점에서 시작하는 것이 아니라 시작점에 앞서 존재한다. 현상학 전반은 시원을 향한 운동이다. 진정한 시원에서의 시작, 또는 자연적 태도로부터의 시작을 분리해냄으로써 현상학은 직접적 의식에서 유래하는 자기 오해(la méconnaissance de soi)를 현시한다.

이러한 오해는 후설이 『데카르트적 성찰』 9절에서 다음과 같이 제시한 진술을 언급하게 만든다. "충전성과 필증성은 반드시 일치하지 않는다." 분명 원초적 경험의 핵은 현상학에 의해 전제된다. 즉 그것은 반성적 규율을 제시함으로써 존재한다. 다시 말해 그러한 핵이라는 전제가 없이는—'자기 자신에 대한 자기의 살아있는 현전'(*die lebendige Selbstgegenwart*)—현상학이 존재하지 않는다. 이것이 또한 현상학이 정신분석학이 아닌 이유가 된다. 그런데 이러한 핵을 넘어서 "본래적으로 비-경험적인"(eigentlich nicht erfahren) 지평, "필연적으로 서로-지향된"(notwendig mitgemeint) 지평이 펼쳐진다. 이러한 함축적 요소는 이전까지 사태에 적용된 명증에 대한 비판을 다음과 같이 코기토 자체에 적용하는 일을 가능하게 만든다.[43] 코기토 역시 추정된 확실성에 불과하다. 또한 코기토는 그 자체로 기만당할 수 있다. 아울러 우리는 어떤 지점에 있는지 알지 못한다. '나는 존재한다'의 단호한 확실성은 자기 자신에 대한 환상의 가능한 범위에 대한 해결되지 않는 문제와 관련한다. 이러한 균열 속에서, 나는 '존재한다'의 확실성과 자기 기만의 가능성 사이의 이 불일치 속에서 무의식이 지닌 특정한 문제점이 제기될 수 있다. 하지만 동시에 우리는 특유의 양식을 인식함으로써 문제를 제기한다. 현상학이 드러내는 일차적 무의식은 다음과 같이 함축적인 것, 서로-지향된 것과 관련한다. 이러한 함축의—혹은 서로 함축된—모형은 우리가 탐구해야 하는 지각의 현상학 안에 존재한다.

**|2|** 프로이트적 무의식의 두 번째 단계는 진부하면서도 헤아릴 수도 없는 지향성이라는 이념 자체를 통해 표상된다. 의식은 자기에의 현

---

43_ "그러므로 이와 유사하게 초월적 경험의 필증적 확실성은 나의 초월적인 '나는 존재한다'에 관련되며, 이 '나는 존재한다'에는 개방된 지평의 규정되지 않은 일반성이 연루되어 있다. 따라서 우선 최초의 인식 토대가 현실적으로 있다는 사실은 절대적으로 확립되어 있지만 그 인식 토대의 존재를 좀 더 상세히 규정하는 것, 그리고 '나는 존재한다'의 생생한 명증성이 유지되는 동안 그 자체로 주어진 것이 아니라 단지 추정되어 있는 것은 즉각적으로 확립되어 있는 것이 아니다. 그러므로 필증적 명증성 속에 함께 함축되어 있는 이 추정은 그것이 충족될 가능성에 관해서는 추정의 유효범위, 경우에 따라서는 필증적으로 한정할 수 있는 유효범위에 대한 비판을 받아야 한다. 초월적 자아는 어느 범위까지 자기 자신에 대해 기만할 수 있는가? 그리고 이렇게 기만할 수 있음에도 불구하고 절대로 의심할 수 없는 요소들은 어디까지 이르는가?" *Méditations cartésiennes*, § 9.

전이나 자기 소유가 아니라 무엇보다도 타자에 대한 지향인 것으로, 이 의식의 지향성은 무의식에 대한 우리의 성찰과 연관된다. 타자에게 몰두한다는 것, 그것 자체로는 우선 지향함이 아니다. 자기 바깥으로의 이러한 분열(éclatement)에 이르는 무의식은 반성되지 않은 것에 속하는 것이다. 다시 말해 『이념들 1』에서부터 코기토는 다음과 같은 '삶'(vie)[44]으로 나타난다. 코기토는 발화된 존재 자체에 앞서 작동하며, 반성된 존재에 앞서서는 반성되지 않는다. 이 외에도 『위기』를 살펴보면 활동하는 지향성(*die fungierende Intentionaltät*)은 자기의 대상을 인식하면서 동시에 스스로를 인식하는, 주제적 지향성보다 더 넓은 개념이다. 전자는 절대로 후자와 똑같은 것일 수 없다. 활동으로서의 의미는 언제나 반성적 운동에 앞서며, 또한 그것은 반성적 운동에 의해 결코 압도당할 수가 없다. 총체적 반성의 불가능성, 즉 헤겔적인 절대지(savoir absolu hégélien)의 불가능성, 반성의 유한함이라는 것은 핑크(Fink)와 드 발른스가 추론했던 것처럼[45] 반성에 대한 비반성적인 것의 우위, 발화에 대한 운동의 우위, 주제적인 것에 대한 실질적인 것의 우위 속에 기입된다.

---

44_ "세계와 관계 맺는 자연적인 삶 속에서 나는 코기토를 언표하건 그렇지 않건 간에, '반성적으로' 자아와 자아의 작용에로 향하건 향하지 않건 간에 늘 모든 '현실태적인' 생의 근본 형식으로서의 이러한 코기토 속에서 살아가고 있다. 내가 그렇게 존재하고 있는 한 이 새로운 코기토는 생생하게 활동적이고 그것은 비반성적인 것이면서도 또한 나에 대하여 대상적인 것이 아니다." *Ideen* Ⅰ, § 28.

45_ E. Fink, *Krisis*, § 46 Appendix XXI(*Husserliana*, 6 La Haye : Nijhoff, 1954, 473–75). '주제적인 것'과 '작위적인 것' 및 '유한한 철학적 활동' 간의 차이에 대해서는 cf. Fink, "Les concepts opératoires dans la phénoménologie de Husserl," in *Husserl*, Cahiers de Royaumont, Paris : Éditions de Minuit, 1959, pp. 214–41, 또한 A. de Waelhens, "Réflexions sur une problématique husserlienne de l'inconscient : Husserl et Hegel", in *Edmund Husserl*, 1859–1959, La Hayev : Nijhoff, 1959, pp. 221–38.

이러한 비반성적인 것에서 움직이는 비의식(insciencee)은 프로이트적 무의식을 향한 새로운 단계를 표시해 준다. 이것은 '서로-함축적'이거나 '서로-지향된 것'이 엄밀하게 보면 의식작용의 짜임새 때문에, 활동으로서의 지향성을 갖는 자기(soi)가 어떻게 해볼 수 없는 비의식 때문에 의식의 투명성에 완벽하게 도달할 수 없다는 사실을 의미한다.

이러한 두 번째 정리의 따름정리는 다음과 같은 결과를 초래한다. 우선 자기의식에 의거하지 않고서도 정신현상을 직접적으로 정의하는 일이 가능해진다. 그런데 우리가 말했던 것처럼 프로이트의 모든 발견은 다음과 같이 전개된다. "심리적인 것은 의미를 통해 정의되고, 이러한 의미는 역동적이며 역사적이다."[46] 후설과 프로이트는 이 둘을 학생으로 두고 지도했던 브렌타노의 후예인 것으로 밝혀졌다.

그 다음으로 표상 안에서의 표상의 굴절에서 비롯되는 실제적으로 체험된 관계를 분열시키는 일이 가능해진다. 직접적 의식의 철학에서 주체는 무엇보다도 인식의 주체이다. 다시 말해 이는 결국 시선이 보이는 것을 그 자체로 정립한다는 것을 뜻한다. 사실상 보이는 것은 동시에 사물의 거울에 비치는 자기의 신기루이다. 즉 그것은 자기 의식의 우위성과 표상의 우위성 간의 결속(solidarité)이다. 세계에의 관계가 자기에 대한 앎을 형성하게 되는 것은 표상을 형성함에서 비롯된다. 그러므로 현상학은 인식적 주체라는 유서 깊은 전통 속에 있는 후설에 의해서 개방된 틈을 더 넓게 확장한다(비록 후설이 개인적으로는 정동적, 실천적, 그리고 세계 내의 사태에 대한 가치론적 술어의 파악에 대한 대상화 작용의 우위성을 주장하기는 했지만 말이다). 무엇보다도 인간에게 있는 '사태에 접근하려는

46_ A. Vergote, "L'Intérêt philosophique de la psychanalyse freudienne", *Archives de philosophie*(Jan.–Feb. 1958), p. 38.

관심', '욕구', 만족에 대한 욕망과 추구함이라는 가능성이, 심리적인 것은 더 이상 의식을 통해 정의되지 않고 표상을 통한 실제적 체험 관계를 통해서도 정의되지 않는다는 사실로부터 새롭게 열리게 된다.

더 나아가 반성에 대한 지향적인 것의 우위성의 결과는 다음과 같다. 조작적인 의미의 역동(활동 혹은 작용하는 의미)은 발화되거나 표상된 의미의 정역학(statique)보다 더 근본적이다. 여기서 다시 후설은 네 번째 데카르트적 성찰에서 의미의 '수동적 발생'에 관한 문제를 도입함으로써 자신을 계승하려는 프랑스인들을 위한 길을 열어주었다. 후설은 다음과 같은 선결되어야 할 물음의 우회로를 통해서 전적으로 새로운 문제로 접근한다. 경험의 다양성이 동일한 자아 속에 어떻게 '공존할'(compossibles) 수 있는가? "공존 가능성의 본질적 법칙"[47]은 자아영역에서의 발생의 문제를 규정한다. 공존 가능성이라는 형태란 실은 자아에게는 시간이다. 즉 이 시간은 세계의 시간이 아니라 일련의 사유들이 연속적인, 한 장면을 형성시키는 데서 비롯되는 시간성이다. 다시 말해 현상학에서의 발생은 과거, 현재, 미래라는 시간적 흐름의 다양한 차원들 간의 연결을 수행하는 방식을 가리킨다. "자아는 자기 자신에 대해서 자기 자신을, 말하자면 역사의 통일성 안에서 자신을 구성한다."

여기서 '수동적 발생'의 이념은 프로이트적 무의식을 '향하는 지시'라는 새로운 길로 들어선다. 능동적 발생에 있어서 "자아는 자아의 특정한 작용의 도움을 힘입어 창조적이고 구성적인 작용을 일으킨다." 이러한 실천은 논리적인 근거에서 보면 논리적 대상들은 셈하기, 서술, 추론 등과 같은 작용의 '산출'(*Erzeugnisse*)이라는 의미로 작용한다. 그러므로 이는 '습관적' 작용과 마주함으로써 이러한 대상들의 즉자(l'en-soi)

47_ *Méditations*, § 37.

를 보존하는 일이 가능해지게끔 한다. 다시 말해 즉자는 보존되고 포착되는 하나의 '습득'(acquis)이며, 단지 새로운 하나의 작용 속에서만 '재-생'될 수 있다. 그런데 후설은 "능동성의 부분에 대한 모든 구성은 필연적으로 대상을 미리 부여하는 수동성을 가장 낮은 단계로 전제한다"고 말한다.[48] 다시 말해 능동적 산출의 재구성은 수동적 발생 속에서의 선결적인 구성과 충돌한다(stossen wir). 수동적 발생이란 무엇인가? 후설은 수동적 발생에 대해 이것이 지각의 차원에 속한 것이 아니라고 말한다. 다시 말해 수동적 종합은 '모든 사실', 유년기 지각의 반복적 학습들의 잔여(résidu des apprentissages)로서의 사태 자체다. 다시 말해 이러한 잔여들은 자아라는 '촉발된 존재'를 구성하고, 사태 자체는 이미 알려진 것으로서의 우리의 지각의 영역 속에서 발견된다. 그런데 역사의 흔적은 반성이 설명할 수 없는 의미의 층을 감추지 않으며 "따라서 [선재하는] '역사'로 이끌어 가는 지향적 '지시들'(renvois)을 발견한다." 이러한 지시들로 인해 '원초적 건립'(*Urstiftung*)을 다시 나타내는 일이 가능하게 된다.

증상에 대한 프로이트적 주해와의 만남은 이러한 기초 위에서 가능해진다. 실제로 그 발생방식을 따라 그 고유한 기반으로 지시되는 '목적의 형식'(*Zielform*)은 항상 존재한다. 모든 것은 "근원적인 습득성"을 지시하는 것으로 알려진다.[49] 따라서 후설식의 해명과 프로이트적 주해는 그 퇴행적 방향 설정을 통해서 명백한 친족관계를 이룬다. 더 나아가 '수동적 발생의 보편적 원리로서의 연합'을 정립해냄으로써 후설은 비논리적 구성만이 아니라 그럼에도 불구하고 본질적인 다른 법칙

48_ *Méditations*, § 38.

49_ *Ibid.*

들에 종속된 구성, 논리적 대상들에 속하는 것으로 환원시킬 수 없는 구성방식을 발견한다. 연상이 일반적으로 전통 심리학에 의해 정의된 것이긴 하지만, 후설은 이러한 낡은 개념이 "지향적이고 본래적인 상응하는 개념들에 대한 자연적 변형"이라는 점을 스스로 인정한다.[50] 그러므로 후설은 지각의 영역을 넘어서는 일반화를 제시한다. 이런 점에서 연상은 엄밀하게는 비합리적인(*irrational*) 조잡한 사실(*factum*)과 같은 우리의 실존과 관계가 있다. "하지만 이 경우 **사실**과 그런 사실의 **비합리성** 자체가 **구체적인 선험의 체계 내에 있는 하나의 구조적 개념**이라는 점이 간과되어서는 안 된다"(39절의 마지막 부분).

정신분석학이 전개하는 이러한 의미의 수많은 우연성에 관한 해명은 존재하지 않는가? 의미의 층들에 대한 이러한 해명과 '원초적 건립'에 대한 탐구를 욕망과 욕망의 대상으로 확장시키는 것은 적합한 일인가? 여러 리비도의 단계들을 가로지르는 리비도의 역사는 지시 안에서의 지시들에 대한 해명과 같은 것이 아닌가? 우리가 욕망의 의미론이라고 불렀던 기표들의 연결은 후설 스스로가 완벽하게 인식하고 있었던 지향적 의미작용의 연상이라는 진부한 주제 아래서 감지했던 바를 실현시킨다. 요컨대 현상학은 수동적 발생, 자아 없이 성취되는 의미를 말함으로써 다름 아닌 정신분석학을 드러내 보여주고 있다.[51]

지향성의 정리에 대한 마지막 따름정리는 다음과 같다. 현상학적 신체(corps) 개념, 메를로-퐁티의 후기 저술의 언어로는 살(chair)이라는 개념이 의식의 존재 없이 어떻게 존재함의 의미가 가능하냐고 물었을 때 현상학자들이 내놓는 답이다. 그 존재방식은 신체에 대한 것이다.

---

50_ § 38.

51_ Vergote, *ibid.*, p. 47.

신체는 자아도 아니고 세계의 사물도 아니다. 현상학자는 프로이트적 무의식이 신체라고 말하지 않는다. 다시 말해 현상학자는 단순히 신체의 존재방식을 말한다. 신체는 자아 안의 표상 내지 자아 바깥의 사물이 아니다. 신체는 어떤 파악할 수 있는 무의식에 대한 존재적(ontique) 모형이다. 이 모형은 신체의 생생한 규정이 아니라 예화하는 그 존재방식의 애매성이다. 존재함의 의미는 하나의 신체 속에 포착되는 의미이고, 의미를 나타내는 행동관계(comportement)이다.

만일 사정이 이러하다면 의미를 나타내는 행동관계를 통해서 의미의 발생, 그 심리적 성격, 그리고 마지막으로 지향성이라는 개념 자체에 대해 말한 것을 점진적으로 재검토하는 일이 가능해진다. 문제시되는 모든 의미는 신체 안에서 평가된다. 다시 말해 신체가 "우리 자신의 바깥에서 존재자로서의 존재를 만들어낸다"는 말이 참이라면 의미에 연루된 모든 실천(praxis)은 살이 만든 하나의 의미화, 하나의 지향이다.[52]

이러한 정립을 통해서 현상학은 프로이트적 무의식을 향해 나아간다. 즉 그것은 한 걸음 더 나아가 육화한 의미로서의 신체 해석을 야기한다. 이것은 인간의 성 충동의 의미—적어도 행동으로서의 성 충동

---

52_ De Waelhens, "Réflexions sur les rapports de la psychanalyse," *Existence et signification*, Nauwelaerts, 1958, pp. 191–211. "신체는 우리 자신의 한 측면인데, 이는 원초적으로 바깥을 향하도록 조정된 척도로서, 여기서의 바깥은 이것이 우리 자신에 대해 바깥이라 하더라도 우리에게서 만들어진 바깥이다"(p. 200). "사물과 우리 사이의 이러한 극도의 가까움은 매개 안에서 발전되고 형성된다. 이러한 매개하는 요소는 자아나 사물이 아니다(혹은 이 둘 모두를 가리키는 것도 아니다) : 신체. 정신분석학이 확실히 신체를 형성시키건 형성시키지 않건 간에 이러한 동일한 논지는 모든 정신분석학의 기초로, 현상학은 확실히 정신분석학과 마주할 수밖에 없다"(p. 192).

—를 해명하는 일을 가능케 한다. 다시 말해 성 충동은 지각 및 발화된 의사소통의 불완전성과 전적인 대조를 이루는 완전성의 경험 속에서 우리를 우리와 우리 자신 간의 간극이 전혀 없는 신체로 존립시킨다.[53] 그것은 신체라는 의미에서 총체적으로 현시를 생성하고, 세계 안에서의 행동에 대한 모든 지시를 폐기하는 완전성의 경험이다. 현상학은 정신분석학의 방향으로 나아갈 뿐만 아니라, 분할되지 않는 총체성으로 간주되는 인간 실존과 특수한 존재방식으로서의 성 충동 간의 관계를 설명하는 만족스런 도식을 제공해 준다. 이 관계는 부분 대 전체의 관계가 아니다. 성 충동은 다른 것들 가운데 고립된 기능이 아니다. 성 충동은 모든 행동관계를 촉발시킨다. 그렇다고 그것이 인과관계는 아니다. 왜냐하면 한 의미가 다른 의미의 원인일 수 없기 때문이다. 다시 말해 성적 행동관계와 총체적 행동관계 사이에는 양식의 동일성만이, 말하자면 대응관계가 있을 수 있다. 즉 성 충동은 삶의 특수한 한 방식이며, 현실을 향한 총체적인 하나의 참여(engegement)이다. 따라서 이 특수한 존재방식은 두 명의 상대자가 신체 이외의 다른 것이 아닌, 곧 신체로 존립하기를 시도하는 것이다.

|3| 환원은 현상학적 **태도**를 정의하는 방법론적 치환(déplacement)이다. 지향성은 현상학의 **주제**이다. 이 주제는 우리가 정신분석학과 관련해서 더 적합한 것으로 채택한 다양한 함축들을 지니고 있다. 이 두 새로운 명제는 분리시켜 받아들일 필요가 있다. 즉 이 두 명제는 지향적 의미라는 현상학적 개념에 관한 단순한 따름정리 그 이상의 것이

53_ 성욕에 대해 너무나 훌륭하게 서술한 다음 논고의 일부를 살펴보라. De Waelhens, *Existence et signification*, pp. 204-11.

다. 첫 번째 명제는 언어의 변증법적 양상과 관계한다. 두 번째 명제는 상호 주관성과 관계한다.

언어라는 현상학에 대한 첫 번째 관점은 단순히 지각의 현상학의 확장으로 나타난다. 여기서 또한 중요한 것은 그것이 말해진 의미로부터 실행된 의미로 다시 나타난다는 점이다. 인간은 언어다. 즉 이러한 확신 속에서 현상학은 훔볼트(Humboldt) 및 카시러(Cassirer)의 견해와 일치한다. 그러나 말함(le dire)의 행위가 의미를 정립하는 차원에서 포착될 때, 그리고 말함의 행위가 모든 명시적 부정 이외에, 예를 들어 진술이나 말해진 의미에 앞섬으로써 뚜렷하게 존재하는 의미를 만들어내는 차원에서 포착되는 바로 그때 실제적으로 언어의 현상학적 문제가 나타나기 시작한다. 다시 말해 지각이 초래하는 문제, 실제로 체험되는 관계에서 표상을 다시 나타내는 문제는, 언어의 차원에서 다시금 일어나는 문제다. 다시 말해 이 문제는 언어가 정신의 현존이라고 한 헤겔과 관련해서 재발견되어야 한다. 즉 정신분석학과 같이 현상학은 이러한 '언어의 실재'를 행동관계를 통해 성취하는 의미이다.

작용하는 의미로서의 지각의 분석에 관한 언어로 논의를 확장하는 것은 단순한 확대 적용이 더 이상 아니다. 다시 말해 이것은 말해진 기호들의 차원에서만 명료해질 수 있는 지각의 특성을 반발을 통해서 나타나게 해준다. 이러한 특성은 프로이트적 무의식에 대한 깨달음을 간접적으로나마 던져준다. 나는 현전과 부재의 변증법이라는 주제 아래서 이 문제를 취합한다.

이 변증법은 적어도 세 가지 양상을 갖는다. 우선 언어로의 진입은 일반적으로 인간에 대해 사물들에서의 부재를 받아들이는 방식이자 '공허한' 지시이며, 동시에 기호의 공백 자체를 통해 나타나는 사물을 받아들이는 방식이다.

모든 기호들에 적절한 이 현전과 부재의 변증법은 우리가 발화를 말하는 주체의 행위로 간주하느냐, 언어를 말하는 주체들의 각각의 의식 및 지향과는 다른 차원에서 조직된 의사소통의 도구로 간주하느냐 하는 문제를 따라 이중적으로 특성화된다. 한 언어는 다음과 같이 그 고유한 변증법적 존재방식을 갖는다. 각 기호는 오로지 기호들의 총체 속에서의 기호들의 위치에 근거해서 실재에 속해 있는 어떤 것을 지향한다. 다시 말해 하나의 대응하는 사물과의 일대일 관계를 통해서 의미를 나타내는 기호는 없다. 각 기호는 다른 모든 기호들과의 차이를 따라 정의된다. 더 엄밀하게 말하자면 기호는 우리가 세계를 말하는 음소들과 형태소의 이중적 결합 작용을 시행으로써 음소들의 차이와 어휘들을 구성하는 총체 속에 존재한다.

다음으로 말하는 주체의 발화에 의한 언어 실행은 기호 전체의 애매성을 불러온다. 일상 언어에서 각 기호는 의미의 무한정한 잠재성을 내포하고 있다. 말하자면 사전을 힐끗 훑어보는 것은 다른 모든 기호들의 의미론적 영역에 대한 끝없는 확장, 일종의 점진적 미끄러짐을 드러낸다. 말하는 행위는 각각의 말의 맥락(contexte)으로 기능하는 하나의 텍스트를 제정한다. 비록 의미 부과의 여지가 이를 통해 제거되긴 하지만 의미에 대해 가중된 말의 잠재성은 맥락을 따라 제한되고 규정된다. 그리하여 가능한 의미의 여지의 은폐(l'occultation)를 통해서 의미의 일부만이 현전하기에 이른다.

이러한 현전과 부재의 세 가지 변증법적 형태로 인해 언어의 현상학은 정신분석학과 무의식을 향해 나아간다.

첫째로, 기호 자체의 특징인 현전과 부재의 상호작용은 정신분석학이 말해진 기호에 관해서 제시하는 발생이라는 것 속에서 적절하게 예시된다. 현상학자들은 프로이트가 포르트-다(*fort-da*)* 놀이의, 상실의 제어에서 나오는 기호의 발생을 제시한 「쾌락원칙을 넘어서」의 해당 대목에 대해 특별한 호의를 표한다. *fort*의 *o*와 *da*의 *a*를 대체시킴으로써 아이는 하나의 유의미한 대조 속에서 현전과 부재를 규정한다. 이와 동시에 아이는 치워지면서 포화한 현전으로 대체된 거대한 공포로서의 부재를 더 이상 겪지 않는다. 언어의 지배를 받는 상실—그러므로 또한 현전—은 지향성으로 의미화되고 변형된다. 다시 말해 어머니의 상실은 어머니를 지향하게 된다.[54]

포르트-다 놀이라는 예가 예외적인 것은 아니다. 「애도와 우울증」이란 글은 단순히 시원적인(archaïque) 상황의 반복이 아닌 대상과의 관계를 정립할 수 있는 시원적 대상 너머에 존재하는 어떤 것을 우리에게 가르쳐준다. 이런 대상에 대한 애도의 양식은 보편적으로 부재 속에 있는 잔인한 현전과 현전의 지향을 단념케 하는 기호의 제정을 다시 요구한다.

이렇게 언어에 의거하는 것은 현상학과 정신분석학 간의 평행론을 강화시킨다. 언어가 작용하는 현전과 부재의 변증법은 이제 인간의

---

* 앞서도 리쾨르가 설명했던 것처럼 이것은 프로이트가 자기 손주를 관찰하다가 그 손주가 노는 것을 보고 붙인 놀이 이름이다. 혼자서 실패를 가지고 놀던 아이가 실패를 멀리 던지면서 '포르트'라고 외치고, 다시 잡아당겨 손에 잡은 다음에는 '다'라고 외치는 놀이를 일컫는다. 실패는 아이에게 어머니에 대한 하나의 상징적 대체물로 작용한다. 포르트는 엄마가 없어졌다는 것을 뜻하고 다는 엄마가 나타났다, 다시 살았다는 것을 뜻한다. 어머니의 현전과 부재에 대한 충격을 완화하기 위해 아이가 벌이는 미래 상황에 대한 일종의 예행연습인 것이다. 이것은 곧 현전과 부재의 변증법의 한 예시가 된다.

54_ De Waelhens, "Sur L'Inconscient et la penseé philosophique," *Journées de Bonneval sur l' inconscient* (mimeograph, 1960), pp. 16–21 ; "Réflexions sur une problématique husserlienne de l'inconscient : Husserl et Hegel," *o. c.*, p. 232.

모든 경험과 그 경험의 차원에서 함축과 서로-지향됨의 모든 형태 속에 사후적으로(apres coup) 발견되는 것처럼 보인다. 따라서 언어는 무의식의 지각 모형을 일반화시키는 일을 가능케 한다. '사물'의 애매성은 주체성 일반과 모든 지향성의 형식이 갖는 애매성의 모형이 된다.

게다가 현전과 부재의 변증법은 직접적 의식이 지닌 최초의 허위의식을 흔들리게 만든다. 이제부터 의식에 대한 물음은 존재와 비존재에 관한 플라톤의 기념비적인 텍스트의 장황한 설명처럼, 무의식처럼 모호한 것이 되고 만다. 다시 말해 현상학도 자기 자신에 대한 직접적 지식과 관련하여 정신분석학만큼이나 철저한 이의 제기를 하게 된다. 모든 의식적 존재방식은 주체성에 대한 무의식적 존재방식이다. 모든 나타남의 방식이 나타나지 않음, 더 나아가 사라짐, 의미화된 총체, 사물 자체에 대한 추정 속에서 서로-의미화된 것에 상관한다. 언어는 부재와 같은 함축적인 것의 서로-의미화함을 드러내고, 소리 없는 지각의 현상학 그 이상의 일을 행한다. 그러므로 언어는 현상학과 관련하여 무의식의 지각 모형의 충만한 의미를 유발시킨다.

|4| 현전과 부재의 변증법으로 파악되는 언어에 관한 정리(théorème)는 다음과 같은 상호주관성 이론에 의해 보충되어야만 한다. 세계와 우리의 모든 관계는 하나의 상호주관적 구성이다.

[나에게] 지각되는 것이 타자들에 의해서도 지각 가능하다는 사실은 추정된 것으로서의 사물에 대한 구성 그 자체에 있어서 타인(autrui)에게로의 지시를 초래한다. 이것이 바로 타인을 지시하는, 보이는 것의 보이지 않는 다른 측면, 지각 가능성의 지평이다. 이는 지각함으로서의 타인에 대한 정립과 사물의 보이지 않는 다른 측면에 대한 추정, 상호적 관계 사이에 존재한다. 모든 의미는 결국 상호 주관적 차원

들을 갖는다. 다시 말해 모든 '객관성'(objectivité)은 함축적인 것이 한 타자를 명시적인 것이 되게 할 수 있다는 점에서 상호 주관적이다.

이 상호 주관성에 대한 일차적 의뢰는 정신분석학과 별 관련이 없어 보인다. 그럼에도 불구하고 현상학이 함축적인 것에서 본래적인 무의식과 상호 주관성을 구별하는 이 원초적 연결은 상호 주관적 관계들 속에서는 애초부터 함축되지 않은 무의식을 정의하는 일이 얼마나 무익한 것인지를 알려주는 경고로서의 역할은 충분히 하고 있다. 즉 이 경고는 정신분석학의 인식론이 구성되고, 근본적으로는 유아론에 불과한 일차 지형학의 범위 속에 있는 정신분석학 이론과 연관된다. 이 지형학은 구성된 인식론에 대한 것으로 기본적으로 유아론적이다. 다른 한편으로 이차 지형학은 현상학의 요구를 철저하게 만족시킨다. 왜냐하면 이차 지형학의 심역과 역할이 상호 주관적 영역 안에 뚜렷하게 설정되기 때문이다. 하지만 무엇보다도 그 근본적이면서도 절대적인 원초적 역할은 우리의 두 번째 정리의 제안을 따라 표상과는 다른 영역으로 확장될 때에야 비로소 그 완전한 의미가 드러나게 된다. 만일 현상학이 말하는 의미가 표상된 것보다 더 생생하고 발화보다 더 잘 '실행되는' 것이라고 한다면, 현상학은 이 조직이 더 잘 드러나는 욕망의 의미론 속에 존재한다. 만일 지향하는 것이 단지 타자에 대한 욕망일 뿐만 아니라 다른 욕망들에 대한 욕망, 즉 요구(demande)에 대한 욕망이라면, 존재들에게 근접해 있는 존재방식으로서의 욕망이란 다름 아닌 인간의 욕망으로 나타나는 것 같다. 여기서 우리가 다룬 주제는 다음과 같다 : 의미, 신체, 언어, 상호주관성.

욕망의 상호 주관적 구조는 프로이트적 리비도 이론의 심오한 진리이다. 「과학적 심리학 초고」와 『꿈의 해석』 7장에서 프로이트는 결코 상호 주관적 맥락을 벗어나서 충동을 기술하지 않았다. 만일 욕망이 상호적인 상황 안에서 설정된 것이 아니라면 억압, 검열, 혹은 환상을 통한 소원성취와 같은 것은 존재할 수 없을 것이다. 타자와 타자들이 우선은 금지의 전달자라는 사실은 거부된 욕망이라는 형식 하에서 욕망이 다른 욕망과 마주한다고 말하는 또 다른 방식이기도 하다. 이차 지형학에 있어서 역할의 변증법 전반은 억압관계의 내면화, 인간 욕망의 구성요소를 표현한다. 오이디푸스 콤플렉스의 근본적인 의미는 다음과 같다. 인간의 욕망은 역사이고, 이 역사는 거절 및 상처와 연관되어 있으며, 욕망은 거부된 다른 욕망이 가한 특이한 불쾌를 통해서 현실에 길들여지게 된다.

이 점에서 대면은 두 항—후설과 프로이트—으로 환원되고, 다음 인물들의 삼각관계, 즉 헤겔, 후설, 프로이트에서, 무엇보다 헤겔은 프로이트와의 비교에 더 적합한 인물로 일컬어져 왔다.[55] 욕망의 욕망 속으로 나아가는 이중화를 거친 자기 의식으로의 운동은, 인정투쟁 안에서의 욕망의 도야(l'éducation)이고, 불평등한 상황에 대한 투쟁의 시작이다. 이 모든 헤겔적 주제들은 후설에게서 지각의 상호 주관성이라는 고심어린 이론과는 달리 정신분석학적 주제와의 더 풍요로운 유비를 맺는다. 헤겔적인 의미에서 주인과 노예의 투쟁과 프로이트적 오이디푸스 콤플렉스 사이에는 명백한 유사성이 존재한다.

그런데 만일 이러한 요약이 일차적 접근으로서 참된 것이라면, 또한 헤겔과의 대면이 갖는 그 교육적 이점을 부정할 수 없다면 헤겔과의 더 섬세하고 꼼꼼한 대면은 아마도 깊이 은폐되어 있는 어떤 것을 드러내는 유의미한 일이 될 것이다. 드 발른스는 적어도 프로이트적 주

---

55_ Jean Hyppolite, “Phénoménologie de Hegel et psychanalyse,” *La Psychanalyse*, 3, 17 sq.,225 sq. De Waelhens, “Réflexions sur une problématique husserlienne,” pp. 225 sq.

제가 가진 분석의 최종 의도에 있어서 두 가지 측면에서 헤겔보다 후설이 정신분석학에 더 가깝다고 보고 있다. 후설 이후 우리는 진보의 과정으로 구성한 내용을 종결지을 수 있는 절대적 담론에 관한 의미 구축의 완결점을 제시할 수 없다. 각 주제에 성취되지 않은 것이 남아 있는 것처럼 또한 모든 것에 있어서 성취되지 않은 것이 남아 있다. 드 발른스가 주장한 것처럼 "분석의 관점으로 보면 절대지는 아무런 의미가 없다."[56] 게다가 전지적 해석가라 할 수 있는 헤겔적인 사상가가 구성한 절차는 정신의 원형적 역사가 펼쳐지는 방향으로 나아간다. 이러한 운동은 분석적 경험에서 배제되는 것이다. 현상학적 반성의 산파(maïeutique)에 더 가까운 위치에 있는 분석가는 인정이라는 과제에 도움이 되는 주체성의 운동에 별다른 진전을 일으키지 못한다. 현상학자과 분석가 둘 다 대화는 끝이 없다는 것을 알고 있다.

현상학과 정신분석학이 이러한 차원에서 만나야 한다는 사실은 그리 놀라운 게 아니다. 우리가 과학적 심리학에 대한 논의를 하면서 말했던 것처럼, 그것은 모든 논의를 시작해야만 하는 언어 관계로서의 분석적 상황 그 자체에서 비롯한다. 무의식의 담론은 분석의 대화적 담론 속에서만 유의미한 것이 된다. 욕망에서 욕망의 단념을 통한 언어로의 이행에 대해서 우리가 말했던 모든 것은 정신분석학적 **이야기 치료** 속에 존재한다. 말함에서의 주체의 구성과 상호주관성에서의 욕망의 구성은 동일한 현상이다. 욕망은 오직 "타자에게 전달된 말에 의해 구성된 것"인 한에서 유의미한 인류역사로 진입하게 된다.[57] 그 대신에

56_ De Waelhens, "Réflexions," p. 226.

57_ 드 발른스가 쓴 일련의 논고들을 보면 무의식의 문제에서 언어의 문제로, 또한 상호주관성의 문제로 논의의 변경이 이루어지고 있음을 알 수 있다. 드 발른스의 가장

욕망은 욕망에 대한 욕망, 즉 요구이기 때문에 타인에게 전달된 언어에 의해서 구성된다. 여기서 분석적 대화가 가능하다. 왜냐하면 그것은 이미 말해진 드라마인 요구로서의 욕망의 드라마를 탈현실화된 담론의 영역 속으로 전이시키기 때문이다. 그러므로 욕망의 구성이 지닌 모든 문제가 분석적 관계 안에서 다시 나타난다는 점은 그리 놀라운 일이 아니다. 다음과 같이 그 관계는 상호적이다. 한편으로 욕망의 상호주관적 구조는 욕망을 전이관계로 연구할 수 있게 해준다. 역으로 분석적 관계는 욕망의 역사를 반복할 수 있다. 탈현실화된 담론 영역 안에서 말하기를 원한다는 것은 근원적으로 타자에 대한 요구로서의 욕망이다.

우리가 도달한 지점에는 현상학과 정신분석학 간의 차이가 거의 없는 것 같다. 다시 말해 양쪽 모두 동일한 것, 즉 상호주관적 담론 안에 본래적으로 내재해 있는, 욕망의 피조물로서의 주체의 구성을 지향하고 있지 않은가?

우리가 도착점에 비추어서 출발점을 검토한다면 이 두 방법이 유사하다는 주장의 근거를 더 명확하게 이해하게 될 것이다. 현상학적 환원과 프로이트적 분석은 양쪽 다 동일한 의도를 지닌다는 점에서 일치한다. 환원은 하나의 분석과 같은 것이다. 왜냐하면 환원은 자연적 태도의 주체를 다른 주체로 대체하는 것을 의도하는 것이 아니기

---

최근의 정신분석학 관련 저술을 참조하라. *La Philosophie et les expériences naturelles*, La Haye : Nijhoff, 1961. 여기서 그는 "타인들"이라는 장을 일부러 할애하고 있다(pp. 135-67). 우리는 분석가의 역할에 대해 이야기하고 있는 부분에 주목해야 한다. 여기서 분석가는 반복과 회상이 발생할 수 있는 탈현실화된 상황, 현실에 관한 고립, 혹은 "이탈"의 상황을 불러오는 데 도움을 주는 대화자로서 인식된다.

때문이다. 또한 환원은 다른 곳으로의 도주를 야기하지 않는다. 반성은 언명되고 발화된 의미로서의 비반성적인 것의 의미이다. 이를 더 매끄럽게 표현해 보자. 환원을 실행하는 주체는 자연적 주체와 다른 주체가 아니라 그와 동일한 주체다. 이런 점에서 환원은 다음과 같이 말하는 분석과 동질적인 것이다. '이드가 존재했던 곳에 자아가 존재해야 한다.' 이러한 방법들 간의 최초의 동질성은 마지막에 가야만 완전하게 이해된다. 현상학은 무의식의 지각 모형에서 시작하여 모든 체험된, 육화된 의미를 점진적으로 일반화시키고, 동시에 언어라는 요소 속에서 작동하는 가운데 욕망의 실제 역사에 **비스듬히**(*latéralement*) 접근하고자 한다. 정신분석학은 전이라는 탈현실화된 영역 속에 부분적으로 표현되는 역사로 인해 욕망의 역사 속에 **직접적으로** 뛰어들게 된다. 하지만 현상학과 정신분석학은 '참된 담론으로의 귀환'(le retour au discours vrai)이라는 동일한 의도를 갖고 있다.[58]

## 4. 정신분석학은 현상학이 아니다

그럼에도 불구하고…

그럼에도 불구하고 현상학은 정신분석학이 아니다. 그 편차가 미세한 것이긴 하지만 없는 것은 아니다. 현상학은 그 차이를 줄임으로써, 자신의 한계에 대한 일종의 이해 부여함으로써 정신분석학을 따라잡으려고 하지 않는다.

프로이트적 무의식에 대한 현상학적 근사치를 다시 검토해보자.

---

58_ De Waelhens, *ibid.*, p. 154.

|1| 현상학은 반성의 분야에 속해 있다. 현상학이 실행하는 방법론적 치환은 직접적 의식과의 관계에 의거한 반성 자체의 치환이다. 정신분석학은 반성의 분야에 속하지 않는다. 정신분석학이 일으키는 탈중심화는 프로이트가 두 가지 다른 주제 하에 지정한 것을 포괄하는 분석적 기술이라고 부른 것을 통해서 매우 정밀하게 구성된다. 그 두 가지 주제란 탐구방법과 치료기술이라고 불린다.[59] 프로이트적 무의식은 정신분석학의 기술을 통해서 접근이 가능하다. 그런데 이러한 고고학적 발굴 방식은[60] 현상학이 보충할 수 없는 것이다. 이것이 바로 의식의 환상에 관하여 공언된 의심이 자연적 태도의 판단중지와는 다른 본질을 갖는 것이 되는 이유이다.[61] 만일 현상학이 현존에 대한 데카르트적 의심의 변형이라면 정신분석학은 임의적 자유에 대한 스피노자주의의 비판의 변형이다. 현상학은 심원한 동기부여를 인정하지 않음으로써 의식의 명확한 임의성을 부정함으로써 입장을 개진한다. 이것이 바로 현상학이 주체의 자유로운 성향에 존재하는 에포케라는 '판

---

59_ S. Freud, *Psychanalyse und Libido Theorie*, *GW*, *13*, 211 : "정신분석학은 1. 다른 어떤 방식으로도 접근이 거의 불가능한 정신 과정에 대한 탐구 절차, 2. 신경증 문제에 대한 치료방법, 3. 이 두 가지 길을 통해 획득된, 새로운 과학적 분야 속으로 점진적으로 흡수되고 있는 심리학적 개념들의 계열이다."

60_ Vergote, "L'Intérêt philosophique de la psychanalyse freudienne," *Archives de Philosophie* (Jan.–Feb. 1958), pp. 28–29.

61_ Vergote : "자유는 의식의 임의성에 상관한다"(p. 29). 또한 이외에도 "자유의 문제제기라는 본래의 법칙은 동시에 창조적인 충만함의 재인을 향한 제일의, 그리고 사적인 개념을 넘어서 나아간다. 그런데 이 후자는 결정과 동기부여가 자유 안에 통합된다는 것을 전제한다"(p. 30).

* destin(s)은 운명이나 숙명을 뜻하는 Schicksal의 프랑스어 번역어이다. 영어권에서는 변모, 변천, 변이를 뜻하는 vicissitude로 번역한다.

단중지'를 통해서 시작되고, 정신분석학이 스피노자의 표현을 빌리자면 참된 예속과 같은 노예 상태에 다다른 의식의 통제라는 판단중지를 통해 시작되는 이유이기도 하다. 이러한 예속의 새로운 차원에서 시작함으로써, 다시 말해 심원한 동기부여라는 오만한 흐름에 정체시키지 않고 자기 자신을 새로의 넘겨줌으로써 의식의 참된 상황이 발견된다. 동기부여의 부재라는 허구는 의식이 자기를 규정한다는 환상을 중지시킨다는 점에서 허구로 인정된다. 다시 말해 동기부여의 충만은 의식의 공허함과 임의성의 장소에서 드러난다.

더 나아가 우리는 이 환상의 실행과정 방식이, 스피노자에게 그러했던 것처럼, 자유에 대한 새로운 문제제기가 더 이상 임의성과 결부되는 것이 아니라 규정으로 이해되는 길을 얼마나 크게 열어주고 있는지 말해야 한다. 여기서는 우선 명백한 유사성을 기준으로 하여 자유가 힘 속에서 확증되었다는 점이 중요하다.[62]

---

62_ 우리는 나중에 너무나 중요하면서도 섬세한 다음 논고에 대해 이야기할 것이다. "L'Inconscient, une étude psychanalytique," *Journées de Bonneval* (mimeograph, 1960). 라플랑슈와 르클레르는 의식에 대한 현상학적 해석과 정신분석적 치료에서 "의식이 되는 과정" 사이를 날카롭게 구별한다 : "후자에 있어서 의식이 되는 과정은 무의식에 대한 폭로가 단일한 계기나 의식의 분야에 위치할 수 있는 현상으로 발생해야 하는 드물면서도 예외적인 것이다. 일반적으로 그것은 개별적인 것에서 또 다른 것으로 이동하는 환자 치료의 과정이다. 그 가운데 관점의 개정은 '드러냄'이라는 용어를 제시할 수 있는 의미의 총체라는 갑작스러운 재전환에 의해 특성화된 것은 아무것도 없는, 그리고 다른 것들과는 완전히 단절되어 버린 의식의 불연속과 의식의 고립된 계기를 통해서 일어나게 된다"(p. 10). 의식 생성과정은 의식의 지형학적 성격을 근거로 한 돌연한 유사성이나 조명과 다르다. 의식 생성 과정은 체계의 재형성의 문제이다. 이는 "계기의 다원성, 결코 전체적으로 실현될 수 없는 일관성 있는 담론을 포함하는 자기 이해의 조직화된 구조로 편입되는 것을 의도로 한다"(*ibid.*, p. 11). 이것이 바로 추후 우리가 진력으로서의 무의식의 생성에 대해 이야기해야 하는 이유이다.

|2| 현상학에서 무의식의 지각 모형이 분석적 무의식을 가리킨다는 점은 부인할 수 없다. 물론 무의식이 하나의 의미인 한, 후자는 내용의 저장고가 아니라 지향, 방향설정, 의미의 중심이라는 뜻을 갖는다. 이러한 의미화하기의 성격은 원초적 표상들의 다양한 파생물에 의해 입증되고, 그 파생물들이 그 가운데서, 그리고 그 기원과 더불어 갖게 된 의미 대 의미의 관계를 통해서 입증된다. 이것은 참된 것으로 남게 된다. 하지만 분석에서 중요한 것은 이 의미가 하나의 장벽을 통해 의식화와 **분리된다**는 점이다. 이것이 억압 이념의 본질적인 요소이다. 지형학은 다음과 같은 보조적인 도식을 통해서 표상되는 본질적인 요소다. 가장 중요한 장벽이 전의식과 의식이 아닌, 무의식과 전의식을 분리시킨다는 점을 이해할 때 우리는 현상학에서 정신분석학으로 넘어간다. 다시 말해 의식/전의식, 무의식(Cs./Pcs., Ics.)이라는 규정을 의식, 전의식/무의식(Cs., Pcs./ Ics.)이라는 규정을 통해 대체한다는 것은 현상학적 관점에서 지형학적 관점으로 넘어간다는 것이다. 현상학의 무의식은 정신분석학의 전의식, 다시 말해 기술적(decriptif) 무의식이지 지형학적 무의식이 아니다. 무의식이 접근 불가능하다는 것은 다르게 말해서 전유하는 기술을 통해서 장벽이 의미하는 바에 이르러야 한다는 것을 말한다. 이로부터 모든 충동의 운명들(destins)은 외재성의 관계에 의해서 표상될 것이다.* 다시 말해 모든 운명 가운데 억압은 지형학이 묘사하기를 가장 꺼리는 것이다. 억압은 함축이나 서로-지향됨의 현상학

현상학은 영속적 모델에 속하는 "영역 현상"만을 설명한다(암시의 외변, 지각적인 것의 지평, 보이는 것의 보이지 않는 다른 측면). 다시 말해 전의식과 무의식 사이의 경계영역에서의 현상에 대해 프로이트가 "기술되기 시작한 것은 거의 없다"고 말한 것은 옳다(*ibid.*, p. 12).

이 결코 도달할 수 없는 현실적 배제점이다. 이러한 욕망들은 심리적인 것의 질서, 동기부여의 질서, 의미의 질서와 관계가 있다. 이것은 또한 현상학적 접근이 일정 부분 유용한 이유가 된다. 욕망은 실제로 의식이라는 텍스트 아래에서 정신분석학이 해독하는 또 다른 **텍스트**이다. 현상학은 이 텍스트가 **다르다**는 것만이 아니라 그것이 또 다른 텍스트임을 보여준다. 지형학의 실재론은 의식이 텍스트로 드러나는 접근의 한계에서 이러한 텍스트의 타자성을 표현한다.

만일 내가 두 번째 요점의 따름정리의 행렬을 복습한다면 한계치를 통한 이러한 이해는 다음과 같이 더욱 분명하게 규정될 것이다. 정신 현상은 무엇보다도 의미를 통해서 정의되는 것이지 반드시 의식을 통해서 정의되는 것은 아니라고 우리는 말했다. 이러한 명제를 이해한다는 것은 프로이트적 무의식에 접근한다는 것을 뜻한다. 다시 말해 우리가 앞서 말했던 이 의미의 분리는 프로이트가 '체계적 법칙'이라고 일컬었던 것의 한 측면이다. 체계는 그 고유한 적법성을 지닌다. 실제로 프로이트는 우리가 앞서 논의했던 다음과 같은 무의식의 성격 목록을 통해 이를 표현한다. 원초적 과정, 부정에 대한 무지, 시간에서 관계의 부재 등. 이러한 적법성은 현상학적으로는 재구성될 수 없고, 다만 분석적 기술이 승인한 이용을 통해서만 재구성될 수 있다. 이것은 우리가 생각할 수 있는 또 다른 의식이 아니다. 다시 말해 그것은 우리가 "실천을 통해 넘나들" 수 있는 의미다.[63]

우리는 아직도 이렇게 말한다. 현상학은 행동에 대하여 실질적으로 체험된 의미가 자각으로서의 의식 속에 있는 표상을 벗어난다는 사실을 보여준다. 그러므로 현상학은 충동의 대표자들과 그 파생물 간

---

**63**_ Vergote, *o. c.*

의 의미 관계를 이해하도록 우리를 준비시켜준다. 그런데 그 근원에서부터 파생물을 분리시키는 간극(l'éloignement)과 왜곡(la distorsion), 그리고 표상적 파생물과 정동적 파생물이라는 이 두 가지 형태의 파생물에 대한 구분은 현상학이 제공할 수 없는 탐구의 도구를 요청한다. 표상적 파생물이라는 개념은 의미, 지향, 의도로 접근되는 것이라고 현상학은 매우 분명하게 제시한다. 하지만 의식의 텍스트가 인식할 수 없는 것을 만들어내는 왜곡과 대체의 토대에 존재하는 간극과 이 분열(dissociation)을 이해하기 위해서는 또 다른 기술이 요청된다.

후설적인 의미에서의 수동적 발생과 프로이트가 분석 기술을 따라 해독하는 충동의 역동 간의 차이도 동일한 방식으로 이야기될 수 있다. 여기서는 지형학적 관점만이 아니라 경제적 관점까지도 문제가 된다. 투여라는 개념은 지향의 현상학이 표상할 수 없는 유착과 응집의 형태를 표현한다. 이 점에서 에너지의 은유(métaphores)는 지향과 의미라는 부적절한 언어를 대체한다. 갈등, 절충의 형성, 왜곡의 사실들과 같은 요인들이 의미 대 의미의 관계로 제한되는 지시체계 안에서는 진술될 수 없다. 하물며 폴리처의 경우처럼, 문자적 의미 대 지향적 의미의 지시체계로는 더더군다나 진술될 수 없다. 지향된 의미로부터 문자적 의미를 분리시키는 왜곡은, 우리가 본질적으로 해석학적이고 에너지적인 것이 되는 것으로 간주했던, 꿈-작용, 치환, 압축과 같은 개념을 요청한다. 에너지 은유의 기능은 의미와 의미 간의 선언명제를 설명하기 위한 것이다.[64]

---

64_ G. Politzer, *Critique des fondements de la psychologie*, 1. *La Psychologie et la psychanalyse* (Rieder, 1928). Laplanche et Leclaire, "L'Inconscient," *Journées de Bonneval* : "(a) 무의식은 그 의미로서의 표현과 동연이 아니다. 오히려 무의식은 표현되는 텍스트의 간

이러한 요구를 만족시키기 위해 프로이트는 표상들에 투여할 수 있는 각 체계에 특정한 에너지 관념을 벼리어낸다. 이러한 개념을 둘러싼 난점은 엄청나게 많아서 아마도 그 수를 헤아릴 수조차 없을 것이라는 점을 부인하진 않겠다. 이 응집력에 할당된 역할을 조화시키는 것은 쉬운 일이 아니다. 응집력의 한 가지 역할은 주어진 전 체계 내에 요소들을 지탱시켜 주는 에너지가 되는 것이다. 두 번째로, 이 에너지는 이미 구성된 무의식 체계를 통해 실행된 흡인력을 더 높은 체계의 억압에 협력시킨다. 세 번째로, 응집력은 검열의 경계에 대립하여 의식화를 촉진시키는 작용을 한다. 이러한 응집력의 역할과 관련해서 그 유기체적 기원을 통해 체계에 대해 중립적인 것이 된, 그 자체로 고정되어 버린 표상들의 위치를 따르는 체계 속에 배치된 리비도와 이러한 투여의 에너지가 맺게 되는 각 체계에서의 적절한 관계를 인식하기란 어려운 일이다.[65] 이것들 가운데 가장 어려운 것은 "의미로 변형되는 에

---

극 속에 삽입된다. (b) 무의식은 문자 텍스트에 지향된 의미로서가 아니라 현실의 동일한 차원에서의 표현과 관련하게 된다. 무의식은 표현된 텍스트와 텍스트 안에 삽입되고 이로부터 결여된 것 간의 역동적 관계가 무엇인지를 인식하게 해준다. 무의식은 담론 내에서의 무의식의 위치를 회복해야만 하는 담론의 파편이다"(pp. 8–9). 또한 다음과 같이 덧붙일 수 있다. "프로이트는 현실이라는 동일한 차원에 설정된 두 영역 간의 근본적으로 분열시키려는 욕구를 지니고 있다. 왜냐하면 이것만이 심리적 갈등에 대한 설명을 가능케 해주는 부분이 되기 때문이다.… 삶의 현상은 그 기원인 무의식이라는 가설에서 정립된다. 그런데 무의식은 텍스트의 여백에 있는 그러한 현상을 연결시킬 수 있는 보다 포괄적인 의미로 나타나는 것이 아니라 오히려 이러한 삶의 현상이 텍스트의 여백과는 독립적으로 그 통일성을 찾게 되는 그러한 제2의 구조로 나타난다"(p. 14).

65_ Laplanche et Leclaire, pp. 17–18, 19–20. 그들은 주어진 체계의 투여 에너지에 대한 게슈탈트 해석을 요청한다. 그러한 에너지는 각 체계 속의 좋은 형식에 대한 일종의 지각 및 기억에 대한 강한 호소력(prégnance)과 연관된다.

너지"라는 이념이다.[66]

결과적으로 이 영역 속에 견고하게 자리 잡게 되는 것은 아무것도 없다. 실제로 이 문제 전체는 프로이트의 도식과는 전혀 다른 에너지 도식의 도움을 힘입어 근본적으로 변화되어야 할 것 같다. 철학적 비판과 관련해서 본질적인 요점은 내가 에너지 담론의 장소라고 부르는 것과 관련이 있다. 나에게 이 장소는 욕망과 언어의 굴절부에 존재하는 것처럼 보인다. 우리는 주체의 고고학이라는 이념을 통해서 이 장소에 대한 설명을 제공할 것이다. 그것은 충동의 자극이 정동과 관념을 통해 '표상되는' '자연적인 것'과 '의미를 나타내는 것'의 접점에 존재한다. 다시 말해 이는 곧 경제적 언어와 지향적 언어의 동위관계가 이 인식론의 주요 문제가 되는 이유이며, 또한 일자나 타자로의 환원을 통해서는 회피될 수 없는 문제가 되는 이유이다.

우리가 무의식의 언어학적 양상을 안내하기 위해 더 깊이 다가가 파악한 것이 바로 이 동위관계다. 현상학과 정신분석학이 아예 하나가 되도록 가깝게 만드는 자리는 어디에도 존재하지 않는다. 그렇기 때문에 두 분파의 차이의 간격은 더 유의미해질 것이다.

|3| 무의식은 라캉과 그의 제자들이 말한 것처럼 하나의 언어로서의 구조를 지니고 있다. 무의식에 대한 이 '언어적' 개념이 메를로-퐁티와 드 발른스가 제시한 해석과 동일한 것이 될 수는 없지 않을까?

---

66_ Vergote, pp. 53-54. 그러므로 여기서는 분석적 심리학의 심연에 속해 있는 적절한 대상을 정의한다. "의미는 충동의 자발성에 따라 자유 없이 구성된다. 분석에 있어서 역동은 의미로 변형된 에너지다. … 갈등 속에서 충동이 지닌 힘은 유의미한 역사를 제기한다."

언어를 모든 진술이 표현하는 보다 원초적인 의미의 설립으로 이해할 경우, 이들이 언어적인 무의식 개념을 견지하는 사람들과 같은 것을 말하는 것은 아니지 않은가? 사실대로 말하자면 후자의 개념은 오로지 프로이트적 이론의 경제적 개념들과의 결합으로 이해된다. 언어적인 무의식 개념은 프로이트의 지형학적 관점과 경제적 관점을 대체하지 않는다. 다시 말해 이 개념은 모든 면에서 겹쳐짐으로써 체계의 형태를 부여하는 억압 및 여타 메커니즘에 의해 분리됨에도 불구하고 여전히 일상 언어와 상관적이다. 하지만 언어적 개념은 경제적 설명에 대한 대안을 구축하지 못한다. 그것은 경제에 해당하는 메커니즘이 해석학과의 관계 속에서만 접근 가능하다는 점을 보여줌으로써 경제적 설명을 고착화되지 않게 해줄 뿐이다. **억압**이 '은유'라고 말하는 것이 경제적 가설을 대체하는 것은 아니다. 다만 그것은 언어적 해석을 배가시키고 언어적 해석을 축소시키지 않으면서 세계에 결부된다.

그러나 언어학과 경제학 간의 정확한 관계를 특징짓기 전에, 어쩌면 우리가 언어적이라는 말에 대해 이해하는 것이 필연적인 일이 될 것이다. 지금까지 우리는 증상, 환상, 꿈, 이상, 그리고 무의식이라는 주제 사이의 의미관계를 설정할 때 이 말을 사용하기를 주저해 왔다. 언어적이라는 말은 넓은 의미에서 받아들여지는 존재조건 아래서 분석의 영역에 적용될 수 있다. 따라서 이 용어는 오로지 분석적 상황의 상호 관계적인 양상 속에서 두 가지 구별점을 나타낸다. 첫째, 분석의 기술은 전적으로 언어의 요소 속에서 움직인다. 방브니스트는 이렇게 말한다.

> 분석가는 주체가 자기에게 말하는 바를 가지고 움직인다. 분석가는 후자가 만들어내는 담론 속에서 주체를 바라본다. 그는 자신의 대화

장소와 '이야기 만들기'라는 행위 속에서 주체를 검토하고, 이러한 담론을 통해서 무의식 안에 묻힌 복잡한 것을 명료하게 하는 또 다른 담론은 천천히 형성시키게 된다. 그러므로 분석가는 자신의 고유한 규칙, 상징, 그리고 문법과 심리주의의 기초가 되는 구조에 다시 회부하는 또 다른 '언어'의 대역을 하는 것으로 담론을 받아들이게 될 것이다.[67]

따라서 한편으로 여기에는 발화 사건, 표현이라는 사건, 대화의 사건이 존재하고, 다른 한편으로 이런 사건들을 통해서 '다른 담화'를 드러내고, 무의식에 관련하는 동기부여들 사이의 대체와 상징화의 관계들을 통해 담화가 구성된다. 그럼 이제 이 상이한 담화의 법칙이 정확히 말하자면 언어적 법칙이라는 말인가?

사실 소쉬르 이후, 언어가 음성적 결합, 기호적 결합, 그리고 문법을 갖는다는 사실을 기반으로 하는 하나의 구별, 즉 랑그와 파롤의 대립으로 불리는 입장과 이 상이한 담화가 일치한다고 보기란 어렵다.

우선 실질적인 언어의 상태와 꿈의 논리의 부재, 그 '아니오'(non)에 대한 무지가 조화를 이룬다는 것은 불가능하다. 프로이트는「원시어의 반의에 대하여」라는 논고에서 특정한 결과를 기대하지 않은 채로 이러한 작업을 실행하려고 했다.[68] 하지만 언어의 원시적 형태와 일치

---

67_ Émile Benveniste, "Remarques sur la fonction du langage dans la découverte freudienne," *La Psychanalyse*, 1, p. 6.

68_ 이는 프로이트가 꿈의 퇴행적 성격, 모순에 대한 무시, 원시어의 상태와의 일치를 만들어내는 시도를 하는 가운데서 그냥 지나칠 수 없는 연구과제를 제기하는 것처럼 보인다. 프로이트는「원시어의 반의에 대하여」(*Über den Gegensinn der Urworte, Les sens opposés dans les mots primitifs*, *GW, 8*, pp. 214–21 ; *SE, 11*, pp. 155–61 ; tr. fr., in *Essais de Psychanal. Appl.*, pp. 59–67)에서 동일한 단어로 인한 반의적 의미를 표현하

하거나 일반적인 연대기적 현실과 일치하는 왜곡과 기술적 표상과정의 시원성(l'archaïsme)을 제시하기란 불가능하다. 방브니스트가 적절하게 진술한 것처럼 프로이트적인 시원성은 "언어를 변형시키거나 억압하는 관계 속에서만 존재한다."

우리가 앞서 논의했던 '부정'(*Verneigung*)이라는 적절한 사례에서조차도 긍정과 부정의 대립이 승인과 거부라는 리비도적 변증법의 확장이 되는 것은 아니다. 왜냐하면 표현된 부정은 표현된 긍정만을 지시할 수 있기 때문이다. 억압을 이루는 것으로서 승인에 대해 선결되는 거부란 다음과 같은 것이다. 부정의 사례에서 억압의 고유 기능은 의식 바깥의 내용을 간직하는 것으로서 의식 속의 한 내용을 지적으로 허용하는 것으로 나타난다. 하지만 이러한 메커니즘은 언어적 현상이 아닌, 이 내용과 자신을 동일시하는 모순을 범한다.

프로이트가 무의식을 다루면서 전의식과 의식에 무의식의 역할을 제한할 때 언어를 참작하지 않는다는 근거가 없는 것은 아니다. 무의식 안에 발견되는 기표와 '충동의 대표'(표상적이거나 정동적인)라고 불리는 기표는 다른 한편으로 환상의 단계에서 꿈 사고의 퇴행을 입증하는 것으로서 '이미지'의 질서에 속하는 것이다. 여기서 우리는 프로이

---

는 원시어의 속성을 통해 퇴행적이면서 낡은 성격을 확인하기 위하여 칼 아펠의 권위에 호소한다. 방브니스트는 독특한 기호를 통해서는 구별되지 않는 언어는 반의적인 것으로서는 사고되지 않는다는 사실에 적절하게 주목하고 있다. "각 언어는 그 세계의 고유한 법칙에서 볼 때 독특하고 적합한 것이다"(p. 10). "각 언어를 다른 언어에 반대되는 것이면서 다른 언어와 동일한 개념에 속하는 표현이라는 두 가지 개념에 속하는 지식으로 논박하는 것은 모순적인 짓이다." 방브니스트는 다음과 같이 결론을 내리고 있다. "모든 것은 꿈의 논리와 현실 언어의 논리 사이의 경험적 상관관계에서 보다 멀리 떨어져 있는 것처럼 보인다"(p. 11).

트에게는 분리된 것으로 남겨진 여러 가지 일련의 기호 체계를 연결시켜야 한다. 이를 통해서 정신현상에 충동이 이르는 형식을 '대표'라고 일컫는다. 다시 말해 이것은 의미를 나타내는 요소이지 아직 언어적인 요소가 된 것은 아니다. 즉 엄밀하게 말해서 소위 '표상'(*Vorstellung*)이라고 하는 것은 언어의 질서에 속하는 것이 아니며, 특정한 조직 속에 있는 것도 아니다. 그것은 '사물의 표상'이지 '말의 표상'이 아니다. 다른 한편으로, 꿈에 관한 퇴행에 있어서 꿈 사고를 해소하는 형상은 프로이트가 '묘사'(figuration)로의 퇴행이라고 부른 메커니즘과 대칭을 이룬다. 결국 프로이트가 서로를 대체시키는 파생물을 다루는 경우와 충동의 대표자들을 다루는 경우, 그리고 간극과 왜곡을 설명하는 경우 그것은 언제나 말이 아니라 환상의 질서, 원상의 질서에 대표자들을 관련시키기 위함이다. 이 세 가지 상이한 경우에 있어서 프로이트는 언어 이전에 기입된 의미화하는 능력에 투여한다. 원초적 과정에서는 단어들이 사물로 다루어질 경우에만 언어의 사실과 마주친다. 이것은 분열증의 사례이며, 그 사례의 보다 더 '분열증적인'(schizophrènes) 양상 속에 있는 꿈들의 사례이다.[69]

---

69_ 『꿈의 해석』에서 압축 작용에 대해 설명하는 부분을 보면 그는 어마의 주사에 대해 꾼 꿈을 해석하는 장면이 나온다. 여기서 그는 다음과 같이 적고 있다. "꿈의 압축 작업은 대상을 위해 말과 명칭을 선택할 때 가장 명확하게 드러난다. 일반적으로 꿈은 언어를 구체적인 사물로 다룰 때가 많고, 그런 경우 구체적인 사물 표상(Dingvorstellungen)처럼 언어를 조합한다"(*GW, 2/3*, 301–02 ; *SE, 4*, 295–96 ; tr. fr., in *Essais de Psychanal. Appl.*, pp. 59–56. 여기에다 단어의 변덕성에 대한 몇 가지 예가 따라오고 있다. 「무의식에 관하여」를 보면 분열증을 다루면서(타우스크 박사의 환자에 대한) 문제에 대한 보다 완전한 접근을 위한 근거를 보여주고 있다 : "정신분열증에서는 '단어들'이 잠재적 꿈 사고에서 꿈 이미지(Traumbilder)가 형성되는 과정과 동일한 과정, 즉 원초적 정신 과정을 겪는다는 사실이다. 단어들은 압축의

만일 우리가 언어학이라는 개념을 엄밀한 의미에서 구체화된 언어 현상에 대한 학문으로, 그리고 조직된 언어로 정의한다면 무의식의 상징론은 엄밀한 의미에서 언어적 현상이 아니다. 무의식의 상징론은 그 언어와 무관하게 다양한 문화에 공통적인 것이다. 그것은 음성적이거나 의미론적인 규정에 속하는 것이 아니라, 이미지의 차원에서 작동

과정을 거치고, 전위를 통해 각각의 리비도 투여를 모두 서로 전달하게 된다. 이러한 과정은 어떤 한 단어가 다른 단어들과의 많은 연관관계 속에서 가장 적절한 단어로 떠오르는 가운데 전체 사고의 흐름을 대표하고 표현하는 위치에 오를 때까지 계속된다"(*GW, 10*, pp. 297–98 ; *SE, 14*, p. 199 ; tr. fr., 151–2 ; 전집 11권, p. 207). 또한 프로이트는 각주에서 이렇게 덧붙이고 있다. "꿈 작업은 또한 단어들을 종종 사물처럼 취급하여 '정신 분열증적' 발화나 신조어 등과 아주 흡사한 언어들을 만들어낸다"(*ibid*). 이것이 곧 프로이트가 '사물과 관계하는 바'(Sachbeziehung)에 대해서 단어와 관계하는 바(Wortbeziehung)가 지니는 우선성'이라고 주장한 특별한 과정이다. 이는 대체물 형성이 가능한 것은 사물들 간의 유사성 때문이 아니라, 그 사물들을 표현하기 위해 사용된 단어들 간의 유사성 때문이라는 점에서 나온 결론이다. 반면에 감각신경 전이에서는 사물들 간의 유사성이 우선성을 갖는다. 프로이트는 위에서 말한 그 과정에 뒤이어서 경제적인 설명을 제시하고 있다. 즉 대상 투여는 포기되지만 대상의 언어적 표상의 리비도 투여는 그대로 유지된다. 이는 앞에서 '대상에 대한 표상'이라고 일컬어져 온 바가 '단어들에 대한 표상'과 '사물들에 대한 표상'으로 구분될 수 있다는 점을 함축하고 있다. "그리고 이 경우 사물 표상은 사물의 직접적인 기억 이미지는 아니더라도 그 이미지에서 파생된, 조금은 거리가 먼 기억 흔적의 형태로 리비도 투여에 놓이게 되는 것이다"(*GW, 10*, 300 ; *SE, 14*, 201 ; fr, 156, 전집 11권, p. 210). 이로부터 프로이트는 '무의식적 표상'은 '오로지 사물 표상일 뿐인, 반면에 의식적 표상은 사물 표상과 어휘 표상을 모두 포함하고 있다는 중요한 결론을 이끌어낸다. "무의식 체계에는 최초의 진정한 대상 리비도 투여인 대상에 대한 사물 리비도 투여가 포함되지만 전의식 체계는 사물 표상이 그에 상응하는 말의 표상과 결합하면서 과잉 리비도 투여가 이루어져 생겨나는 체계이다"(*ibid*). 이러한 두 가지 표상질서의 결합은 결과적으로 전의식을 특징짓는다. 그것은 의식–되기만이 아니라 그 '가능성'을 향한 노정이다.

하는 치환과 압축 같은 현상으로 나타난다. 방브니스트의 용어를 빌리자면 꿈의 메커니즘은 이제 하부에서, 초언어적으로 나타날 것이다. 내 입장에서 보면 꿈의 메커니즘은 하부언어적인 것과 초언어적인 것의 혼돈으로 나타날 것이다. 이것이 언어학의 독특한 규칙을 초래하는 학습의 차원으로 전락하지 않을 경우에는 결국 하부 언어적 질서에 속하게 된다. 꿈의 메커니즘은, 만일 우리가 꿈이라는 것을 프로이트의 주장을 따라서 고려해 본다면 그것은 초언어적 질서에 속하는 것이다. 이에 우리는 금언, 속담, 전승, 신화와 같은 담론의 거대한 통합체들 속에 있는 친족관계를 발견하게 된다. 이러한 관점에서 보면 꿈은 수사학적이라기보다 비교로 제시되어야 하는 언어학의 차원에 속한다. 하지만 수사학은 그 은유, 환유, 제유, 완곡어법, 암시, 반어, 완서법과 더불어 언어의 현상과 연관되는 것이 아니라 담론에서 표현되는 주체성의 절차와 연관된다.[70]

확실히 하부 언어나 초언어학의 메커니즘을 요청하는 것은 곧 언어에 대한 지시를 요청하는 것이다. 이것이 바로 언어적 해석의 건전성을 구성하는 것이다. 우리는 하나의 언어로서 구조화된 현상의 현전 속에 존재한다. 하지만 문제는 바로 이 **로서**(*comme*)라는 말에 적절한 의미를 부여하는 일이다.

이는 현상학에 친숙한, 이러한 의미의 창설로써 어떤 것을 발견해내는 하부언어와 초언어의 놀이 및 이 언어의 혼돈 속에 존재한다.

우리는 이를 설명하기 위해서, 비록 부름이라는 것이 몸짓을 통해 묘사되는 것이긴 하지만, 욕망 혹은 그뿐만 아니라 소망(*Wunsch*)이

70_ "내가 프로이트가 '꿈 언어'에 대한 기술을 보여주어야만 했던 그 고유성과 비교할 수 있는 항을 볼 수 있는 영역은 양식보다는 오히려 언어이다"(Benveniste, p. 15).

결코 순수한 욕구가 아니라 부름이자 요구라는 사실에서부터 [논의를] 시작해야 한다.[71] 이 부름은 그 담화(allocution)의 성격을 통해 하나의 언어로 존재한다. 소망과 욕구를 구별해 주는 것은 말해진 것에서의 소망의 적합성이다. 이러한 적합성은 바로 묘사 가능성에 대한 고려(*Rücksicht auf Darstellbarkeit*)와 정확하게 공존한다. 그러므로 소망은 우리가 언어와 같은 것을 찾아내야만 하는 충동의 대표자들이라는 새로운 차원에 존재한다. 꿈이 이야기 안에서 알려진다는 사실과 꿈의 요소가 '교차 언어'(mots carrefours) 주변에 밀집해 있다는 사실은 '기의의 그물 속에 있는 충동의 포착'이라는 것이 조직화된 언어에 대한 관찰이라는 것과는 다른 방식의 언어 질서에 속해 있다는 것을 확증한다. 그것은 분석이 도달하고 돌파하는 하나의 텍스트로서의 어떤 것이다. '묘사에 준거함'이란 이것이 '단어 표상'이 아니라 '사물 표상'의 차원에 있는 것임에도 불구하고 그 자체로 하나의 언어와 같은 어떤 것임을 뜻한다.

그렇다면 언어는 어떤가?

우리는 이미 꿈과 농담에 대한 프로이트 해석의 평행론을 주목한 바 있다. 그것은 압축과 치환이라는 꿈의 메커니즘이 고전 수사학의 형식으로 정의되어서 나타난다는 사실에 기초하고 있다. 그러나 우리는 일반적인 유비를 넘어서지 못한다. 꿈이라는 무의식적 텍스트로부터, 전환–언어의 역할에서부터 시작해 보면 그 메커니즘은 은유로서

---

71_ 장 라플랑슈와 르클레르가 제시한 '필리페의 꿈'에 대한 짤막한 분석을 보면("L'Inconscient, une étude psychanalytique," *Journées de Bonneval*, 1960), 술에 대한 욕망이 이 요구에 대한 일련의 회화적 등가 어구를 통해서 다음과 같이 재표상된다. 컵모양을 한 손에서 비롯된 샘물의 분출, 조개 형태의 손바닥 배열. 손이라는 장치와 '릴리, 나 목말라'라는 표현은 충동의 대표자들이다. "그것들은 해석의 텍스트 안에서, 꿈의 살아있는 핵심에 대해 지적하고 있다"(p. 28).

의 압축과 환유로서의 치환에 관한 세부적인 해석 가운데서 발전할 가능성이 있다.[72]

우리는 이제 라플랑슈, 르클레르와 더불어 은유의 경로를 따라가 보고자 한다. 실제로 은유가 없는 언어 속에 기표 대 기의의 관계가 있을 수 있다. 이 관계는 $\frac{S'}{s}$ 로 기호화시킬 수 있다. 하지만 여기서 언어에 있어서의 애매성이나 기호 해독에서의 무의식이라는 것은 있을 수가 없다. 은유와 관련하여 새로운 기표 S'은 그 기표(이것은 $\frac{S'}{s}$ 이라고 쓸 수 있다)를 대체한다. 하지만 전자의 S가 폐기되지는 않고 이것이 기의의 수준으로 떨어질 수 있다(이는 $\frac{S'}{s}$ 이라고 쓸 수 있다). 중요한 것은 그것이 잠재적 기의로 지속된다는 것이다. 그러므로 우리는 단순히 $\frac{S}{s}$ 의 자리에 $\frac{S'}{s}$ 를 가지지 못하며, 단지 더 복잡한 정식을 가질 수 있을 뿐이다. $\frac{S}{s}$ 는 그러한 정식에 대해 축소되거나 단순화될 수 있다. 이 정식의 복잡한 형식에 대해서 저자들은 $\frac{S'}{s} \times \frac{S}{s}$ (정식 1)이라는 형식을 쓸 수 있다고 제안한다. 이는 사실상 $\frac{S'}{s}$ 의 단순화이다. 하지만 저자들은 이를 대수학적으로 $\frac{S'/S}{S/s}$ (정식 2)로 변형시켜 적고 있다.

72_ 필리페의 꿈에서 분수가 있는 마을이라는 장소는 모래가 그의 발을 자극하게 되는 해변이란 장소로 대체되는데, 이는 은유의 질서에 속하는 것이다. 유니콘에 의한 운동은 유니콘에 관한 전설 전체를 지시하고 환유와 같은 기표 기능의 전체 순환을 지시한다. 환유에 관해서는 다음과 같이 적고 있다. “우리가 유니콘의 환유적 기능에 대해 이야기할 때, 이는 그 기표가 문제가 되는 열망을 만족시킬 수 있는 대상을 지시하지 못하고 환유로서 유니콘을 지시하기 때문이다. 그것은 만일 당신이 그것의 ‘원본을 삭제’해 버릴, 혹은 그 존재 안에 빙빙 돌고 있는 간극을 덮어버림과 동시에 그 간극의 요점이 되는 것이다. 그러므로 환유는 치환이라는 소진되지 않는 가능성을 근거로 환유가 끊임없이 되돌아오기를 열망하고, 욕망이 태어나는 균열을 위장하고 욕망을 적절하게 지시하는 도구이다”(*ibid.*, p. 29).

이 순수 대수학적 작업과 관련하여 우리가 지닐 수 있는 제한이 무엇이든지 간에 (정식 2로 변형되기 위해서 정식 1에 허용된 곱셈법 $\frac{S'}{s} \cdot \frac{S}{s}$에 할당될 수 있는 가능한 의미란 뭘까?), 마지막 정식은, 그것이 참된 정식은 아니지만, 적어도 본 연구를 위해서 유용한 도식이라고 한다면 충분히 받아들여질 수 있다. 그 정식은 두 관계를 분리시키는 분할선에 대한 반성을 자극시키려는 목적을 뒷받침한다. 저자들은 억압의 이중적 본성을 표현하기 위해 분할선이라는 것을 사용한다. 이 분할선은 모든 기표와 기의의 관계를 묶어주는 관계들을 분리시키고 또한 체계를 분리시키는 장벽이다. 이 장벽의 이중적 기능 때문에 분할선이라는 것은 언어적 현상, 기표와 기의로만 구성되는 관계들의 관계맺음만이 아니라 역동적 현상에도 적용될 수 있다. 아울러 이 분할선은 더 상위의 체계로의 이행을 방해하는 억압을 표현하고 있다. 이러한 계책은 적어도 억압과 은유가 정확히 서로 평행을 이루는 하나의 도식을 구축하는 일을 가능하게 한다. 은유는 억압이며, 그 역도 마찬가지다. 그런데 은유와 억압은 경제적 관점에서 언어학적 관점으로의 환원 불가능성이 놀라운 방식으로 다시 나타나 대응하게 되는 바로 그 순간에 존재한다.[73] 이러한 독해를 통해서 얻

73_ 전 체계가 묶이도록 결합시키는 요인은 에너지 언어로만 표현될 수 있다. '억압-이후'(Nachverdrängung), 혹은 '적절한 억압'이라는 것은, 이러한 결합력이 연결에 의한 보다 상위의 체계로부터의 투여의 위축으로 부가되어야만 하는, 앞서 구성된 사슬에 따라 실행된 '이끌림'을 통해 표현된다. 여기서 연결은 또 것에 의해서 대체된 사슬 바깥으로 떨어져나간 항에 의해 조각나 버린 '과투여'(surinvetissement)이다. 재구성되어야만 하는 '원초적 억압'의 경우는 이보다 더 어렵다. 여기서 우리는 구성된 체계를 통해서 실행된 '이끌림'에 선행하는, 체계를 분리시키는 기원을 다루게 된다. 프로이트는 이를 역투여가 원초적 억압의 유일한 메커니즘이라는 말로 표현하고 있다. 이러한 두 가지 체계의 근원적 구분에 대한 어떤 언어적 상관관계를 만드는 것이 가능해진다. 하지만 상관관계는 어떠한 근원, 무의식의 '근원'만큼이나 신

어진 바는 무엇인가? 모든 것을 얻었음과 동시에 아무것도 얻지 못했다. 여기서 모든 것이란 언어적 양상에 대응하는 것이 발견되지 않는 데서는 경제적 관점도 존재하지 않으므로 이런 식의 말이 가능하다. 얻은 것이 아무것도 없다는 것은 다음과 같은 경제적 설명이 체계의 분리를 보증하는 유일한 요소이기 때문이다. 탈투여, 역투여, 이차적이거나 고유한 억압에서 무의식이 유발한 흡인력, 원초적 억압에서의 역투여가 바로 그것이다. 만일 담화의 파편이 기표의 질서정연한 연속체를 설명하기 위해 존재한다면 그것은 필연적이다. 프로이트의 말을 빌리자면 "원초적 억압은 의식으로의 진입을 거부당한 충동의 심적 대표(표본)와 관계한다."[74] 바로 이 원초적 억압(*l'Urverdrängung*)을 구성하는 이 거부는 언어의 현상이 아니다.

---

화적이다(비록 그 이상은 아니라 하더라도). 원초적 억압에 대해 논한 프로이트의 텍스트는 역투여의 작용이 충동의 대표라는 '고정물'에 기인한다는 진술을 통해서 그러한 단계를 그 자체로 제공하게 된다. 우리가 보아온 것처럼 그러한 과정은 심리적 표현 기표 질서에서의 그 접근 안으로의 충동의 출현으로 이해된다. 은유에 대한 도해에 도움을 주는 이러한 해석으로 확장하는 것은 우리에게 다음의 사실을 생각하게 만들어 줄 것이다. "형이상학적인, 그리고 귀속시키는 기능을 하는 어떤 핵심 기표의 존재는 그 특별한 비중 때문에 인간 언어의 전체계를 질서지우는 속성이 있다. 그 핵심 기표는 특별히 자크 라캉이 아버지 은유라고 일컬었던 바에서 암시되고 있음이 분명하다"(Laplanche et Leclaire, *ibid.*, p. 39). 필리페의 꿈의 예에서, 우리는 요청과 요구로서의 들이킴과 목마름의 욕구 간의 연결 속에서 기표들의 첫 번째 사실이 지닌 구성을 볼 수가 있다. 대표자에 있어 고정물은 누군가가 확실하게 "필리페의 항상 목마름"이라는 것과 "목마른 필리페"라는 그의 닉네임을 접합시킬 때 발생하게 된다. "우리는 이제 다음과 같이 무의식의 기원의 신화를 규정할 수 있다. 기표가 욕망의 환유의 멈추지 않는 원천인 존재의 근본적 간극을 감추기 위한 의도로 존재하는 한, 무의식은 기표의 연결망 속에서의 충동적 에너지에 대한 포착에서 유래한다"(*ibid.*, p. 46).

74_ "Le refoulement," *GW*, *10*, 250 ; *SE*, *14*, 148 ; tr. fr., 71 ; 전집 11권, p. 140.

은유로서의 억압 해석은 무의식이 일상 담화에 있어서 의식이라는 특수한 종류의 담화와 연관된다는 것을 보여준다. 그런데 두 가지 담화의 분리를 설명하는 것은 경제적 설명이다. 이차적 억압의 네 번째 단계에서 억압과 은유는 엄밀하게는 동일한 외연을 갖는다. 그런데 의미화나 기의의 요인들 간의 관계로 기능하고 역동적 체계들 간의 배제의 힘으로 기능하는 분할선이 공존한다.

더욱 적합한 용어로 말하자면, 내가 보기에 이 담화의 비언어적인, 이 이상한 특징을 해명하는 것은 에너지 양상의 환원 불가능성에서 비롯된다. 은유의 도식 속에서 원 기표는 대체 기표를 통해 대체되고 잠재적 기표로 환원되며, $\frac{S}{s}$라는 이중적 항으로 다뤄진다. 동일한 요소 S는 언어학적 보증이 없는 하나의 상황, 기표와 기의의 위치를 모두 갖는다. 우리는 프로이트가 '사물 표상'이나 '묘사에 준거함'이라고 일컬은 바를 설명하기 원한다. 그런데 우리가 기표와 기의의 위치 속에 동시에 존재하는 하나의 이미지를 하나의 언어학적 요소로 다룰 수 있을까?[75] 만일 후자의 기능이 기표나 기의와 무관하다면 그 이미지 속

75_ "이런 점에서 우리는 기표들의 연쇄가 순수한 의미라고 말할 수 있다. 하지만 그와 같이 우리는 그것이 순수한 기표, 순수한 무의미, 혹은 모든 의미에 개방되어 있다고 말할 수 있다"(Laplanche et Leclaire, p. 40). 이것은 기표들의 연쇄가 언어적 현상에 적합하지 않다는 점을 인정하는 말이 아닌가? 라플랑슈와 르클레르는 이 논변이 지닌 불가피한 쟁점을 피해가지 않는다. 여기서의 쟁점이란, $\frac{S}{S}$라는 순서대로 무의식의 사슬이 지닌 두 가지 규정의 역할, 다시 말해 정식2에서의 은유의 분할선 아래서 거부하는 것, 혹은 모호성, 은유, 무의식을 제외한 채 언어로 환원되는 모델인, $\frac{S}{S}$라는 단순한 기표화와 동등한 규정을 말한다. "무의식의 연쇄는 또한 우리에게 하나의 유일한 척도로 환원되는 기표연쇄의 성격처럼 기원에 대해 신화적으로 나타나는 것 $\frac{S}{S}$로서의 일차과저의 성격을 헤아리기 위한 주장에 대한 답변이다"(p. 41). 이것은, 라는, 언어의 요소로서의 이러한 특징이 존재하는 이러한 동일시 덕분에

에 남겨진 언어적 성격은 무엇이겠는가? 그 언어적 성격 자체를 지시하는 바와 그 성격이 열어주는 모든 의미를 우리는 어떻게 표현할 수 있을까?

그러므로 우리는 그 조건과 관련해서 무의식이 언어처럼 구조화된 진술로 이루어져 있다는 사실을 잊지 말아야 한다. 그런데 로서[~와 같은]라는 말은 언어라는 말과 똑같이 강조되어야 한다. 요컨대 그러한 진술이 프로이트적 메커니즘이 하부언어적이면서 초언어적이라는 방브니스트의 주장과 분리되는 것이어서는 안 된다. 무의식의 메커니즘을 그 메커니즘이 근접해 있는 일상 언어적 왜곡과 같은 특이한 언어 현상 정도로 이해되어서는 안 된다.

내 입장에서 보면 하부 언어와 초언어의 뒤섞임이나 혼합으로 이러한 왜곡을 특징지을 수 있을 것 같다. 다른 한편으로 꿈의 메커니즘은 이 메커니즘이 우화, 전설, 신화로 알려진 거대한 의미의 통합체 속에서 발견되는 민족학과 평행을 이루는 고정된 상징으로 작동하게 될 경우 초언어학과 접하게 된다. 꿈의 '묘사'가 갖는 좋은 부분은 언어의 음성적이고 의미론적인 접합 너머에 이미 존재하고 있는 차원에 자리매김한다.

또 다른 한편으로 치환과 압축은 하부 언어적 질서에 속해 있다.

---

나온 말이 아닌가? 저자들은 이러한 어려움을 다음과 같이 토로하고 있다. "하지만 하나의 구별은 '기원 허구'에서의 일차과정의 기능적 양상과 무의식 연쇄의 사례 사이에서 만들어져야 한다. 첫 번째 경우에서는 결국 기표 차원과 기의 차원 간의 구별이 존재하게 된다. 비록 그 두 가지가 다른 것을 직접적으로 침해한다 하더라도 말이다. 두 번째 경우에서 '모든 의미'의 가능성은 기표와 기의의 실제적 동일성에서 유래한다. 이는 위반의 가능성이 없다는 사실을 말하는 것인가? 전혀 그렇지 않다. 위반이나 치환된다는 것은 순수하고 불특정한 충동적 에너지이다"(*ibid*).

치환과 압축이란 관계들의 혼동보다도 판명하지 않은 관계맺음에서 작동한다는 의미에서 말이다. 우리는 꿈이 초언어와 하부 언어의 합선(court-circuit)을 일으킨다고 말할 수 있다.[76] 이러한 초언어와 하부 언어의 혼선은 아마도 프로이트적 무의식의 언어에 대한 주목할 만한 사실이다.

결론적으로 언어적 해석은 원초적 과정과 언어의 등급으로의 억압의 모든 현상을 초래시킨다는 이점을 갖는다. 분석적 치료가 그 자체로 언어라는 사실 자체는 무의식이라는 유사 언어와 일상 언어의 이러한 애매성을 입증한다. 그런데 이 다른 담화의 사실을 유사 언어로 전환시키는 왜곡—*Ezstellung*—이라는 것은 언어를 통해서만 성취되는 것이 아니다. 언어와 관련하여 '하부'(deçà) 내지는 '초'(au-delà, [저편]) 라는 규정은 현상학으로부터 정신분석학을 분리시키는 것이다. 이러한 언어의 혼동은 또한 주체의 고고학이라는 긴박하면서도 기묘한 문제

---

76_ 필리페의 꿈이라는 단편은 이러한 혼돈을 깔끔하게 정리한다. 한편으로 유니콘 기표에 의해서 유지되는 욕망의 환유는 기표와 기의라는 기초적 관계의 차원에서가 아니라 전설의 차원에서 전개된다. 하지만 동시에 꿈은 해변(plage)과 '나는 목마르다'(j'ai soif)의 G의 동음이의로 작용한다. 이러한 말놀이는 음소의 요소의 차원에서 마찰과 왜곡을 통해서 작동한다. 동음이의인 $\frac{G}{G}$는 마심의 욕구(besoin de bore)가 유니콘의 표상 아래 있는 '무엇에 대해 목마름'이 되는 과정에 의한 환유적 치환을 일으키는 것이다. 유니콘은 그 고유한 전설(또한 욕망의 환유로 일컬어져 온 바를 단언함)과 음소의 차원에서의 유니콘(licorne)이라는 말로 다시 표상된다. 의식 텍스트로 삽입된 무의식 텍스트는 LI와 CORNE 간의 기표연쇄로서 공급되어야만 한다. 그러므로 무의식 연쇄는 일상 언어의 다양한 기표(Lili-plage-sable-peau-pied-corne)를 주워 모은 것으로 복합되어야 한다. 반면에 압축은 그 두 가지 종결함, li-corne의 연속체를 압축시킨다. 따라서 유니콘 이미지는 신화적 동물의 신화적 잠재성이면서 유니콘(li-corne)의 말놀이다. 이것이 바로 우리가 하부언어와 초언어의 뒤섞임이라고 일컫는 바이다.

를 제기한다.

|4| 분명 현상학과 정신분석학이라는 근본적으로 상이한 입장은 상호주관성이라는 주제와 관련해서 가장 많이 혼동될 뿐만 아니라, 이 주제와 관련해서 가장 철저하게 구분되는 것처럼 보인다. 가장 미미한 차이점은 또한 가장 결정적인 차이점이기도 하다.

만일 분석적 관계가 상호주관적 관계의 특화된 예로 간주될 수 있다면, 그리고 만일 그 관계가 전이(tranfert)라는 특별한 형식을 취한다면 이는 분석적 대화가 욕망을 궁극적으로 구성해내는 해방, 고립, 그리고 탈현실화와 욕구라는 특별한 맥락에서 드러나는 것이기 때문에 그런 것이다.

나는 원칙적으로 욕망의 상호주관적 구성에 분석적 상황이라는 돌발적 사건을 편입시키기로 한 이 분석에서 절대 물러서지 않을 것이다. 그런데 현상학이 반성의 유일한 원천들과 더불어 이해할 수 있고 산출할 수 있는 어떤 것으로부터 정신분석학이 가장 철저하게 구별되는 지점이 바로 여기다. 이 차이점을 나는 다음과 같이 한마디로 요약한다. 정신분석학은 힘겨운 연습과 실천에 의해 습득되는 까다로운 기술이다. 우리는 상호주관적 관계를 기술로 다뤄지는 이 혁신적인 작업에 동요해선 안 된다.

이 말의 의미는 무엇인가? 우리가 이미 인용한 프로이트의 텍스트[77] 가운데 한 텍스트는 탐구방법, 치료기술, 그리고 이론 형태의 상세

---

77_ 각주 59를 보라 : *GW, 13*, p. 221. 프로이트의 다른 텍스트에서는 정신분석적 치료를 탐구방법과 치료기술을 모두 포함하는 것으로 받아들인다. "프로이트가 '정신분석학'으로 실천하고 명명한, 특별한 심리치료 절차라는 것은 '카타르시스적' 방식으로

화를 전부 불가분하게 묶어버렸다. 기술은 치유를 목표로 하는 치료라는 좁은 의미로 받아들여진다. 기술의 탐구방법은 해석의 기술 같은 것과는 구별되는 것이다. 하지만 정신분석학적 기술을 다루는 여타 텍스트들은 기술을 탐구방법, 그리고 치료의 절차라는 좁은 의미를 내포하고 있는 용어로 간주하라고 우리에게 강요한다. 이러한 외연은 탐구

---

알려진 바와 『히스테리 연구』(1895)에서 조셉 브로이어(Josef Breuer)와의 공동작업에서 나온 부산물이다"["Die Freud'sche psychoanalytische Methode"(1904), *GW, 5*, pp. 3–10 ; "Freud's Psychoanalytic Procedure," *SE, 7*, pp. 249–54 ; fr., "La méthode psychanalytique de Freud" in *De la technique psychanalytique*, p. 304]. 계속해서 보면 다음과 같다. "브로이어의 카타르시스적 치료방법에서 프로이트가 도입한 변화는 우선 기술상의 변화였다"(p. 3). 최면술의 포기, 두 사람 사이의 대화를 똑같이 자각하는 것, 의지적 심리 통제의 포기, 자유로운 연합의 놀이, 모든 것을 말하는 '규칙', 심지어는 중요하지 않은 것, 부적절한 것, 무의미한 것, 당혹스럽거나 빈곤한 것까지도 변화시킴. 같은 시기의 논고인 「심리치료에 대해서」(*De la psychothérapy*), *GW, 5*, pp. 13–26 ; *SE, 7*, pp. 257–68 ; fr., pp. 9–22. 이 글은 '치료절차', '치료기술', 그리고 '치료방법에 대해서 앞의 논고[(브로이어와 함께 한)와 동일한 맥락에서 이야기하고 있다. 1914년, 「기억하기, 되풀이하기, 그리고 심화작업하기(*Remémoration, répétition et translaboration*)」("Erinnern, Wiederholen und Durcharbeiten," *GW, 10*, pp. 126–36 ; *SE, 12*, pp. 147–56 ; fr., p. 101)], '정신분석학의 기술'은 프로이어의 카타르시스론과 다시 대립하게 된다. 분석적 관계와 전이에 대해서는 다음 책과 비교해 볼 것. J. Lacan, "Le stade du miroir comme formateur de la fonction du Je telle qu'elle nous est révélée dans l'expérience analytique," *Rev. fr. de psychan.*, 13 (1949), pp. 449–55 ; "La direction de la cure et les principes de son pouvoir," *La Psychanalyse*, 5 (1959), pp. 1–20. D. Lagache, "Le problème du transfert," Rev. fr. de psychan., 16, pp. 5–115. B. Grunberger, "Essai sur la situation analytique et le processus de guérison," Rev. fr. de psychan., 23 (1959), pp. 367–79. E. Amado Lévy-Valensi, *Les Rapports intersubjectifs en psychanalyse*, Paris, P. U. F., 1962, J. P. Valabrega, *La relation thérapeutique*, Paris, Flammarion, 1962., S. Nacht, *La Présence du psychanalyste.*, Paris, P. U. F., 1963., C. Stein, "La Situation analytique…," *Rev. fr. de psychan.*, 28 (1964), pp. 235–49.

방법이라는 것이 기술의 '가지적' 부분으로 간주된다는 점에서 구체적인 분석절차의 본성에 관한 토대가 된다. '기술'이라는 단어의 넓은 의미는 세 가지 생각으로 분해될 수 있다. 분석가의 입장에서 분석절차는 처음부터 끝까지 하나의 '작업'이다. 이 작업은 피분석자에게는 하나의 다른 작업, 그 고유한 분석과의 협력에서 비롯되는 의식화의 작업에 상응하는 것이다. 이 작업은 환자가 인식하지 못하는 것—이를테면 환자 자신의 신경계의 메커니즘—과 관련해서 세 가지 작업형태로 드러난다. 이 세 가지 생각은 정신분석학적 기술 개념의 내용을 형성시키는 데 있어 조화를 이루게 된다.

분석이 하나의 작업인 이유는 무엇인가? 그것은 일차적으로, 그리고 본질적으로 그것이 환자의 저항에 대한 투쟁이기 때문이다.[78] 이

---

78_ 저항에 대항하는 투쟁은 브로이어의 카타르시스적 방법과 그의 최면술 사용에 대한 프로이트의 거부점에 기초이다. "최면에 대한 반대는 이것이 저항으로 감춘다는 것과 심리적 힘의 역할로 의사의 의식화가 방해를 받게 된다는 이유에서 나온 것이다"(tr. fr., p. 5). 1905년에 쓴 논고에 보면 이렇게 기록되어 있다. "나는 이러한 방법에 반대하면서 또 다른 비난을 가하려고 한다. 즉 정신적 힘의 작용에서 나온 모든 의식화를 우리에게서 감추어버린다는 점에서 그것을 비판하는 바이다. 한 예로 그 방법은 우리에게 질병에 대한 환자의 집착과 자신의 회복에 대항하는 투쟁에서 나오는 저항마저도 인정하지 않으려 든다. 이러한 현상은 분명 환자의 매일의 삶의 행동을 우리가 이해할 수 있게 해주는 저항의 현상이다"(fr. p. 14). 1910년 「정신분석 치료요법의 앞으로의 가망성」(*Perspectives d'avenir de la thérapeutique analytique*, *GW*, *8*, pp. 104–15 ; *SE*, *11*, pp. 141–51 ; fr, pp. 23–35 ; 이덕하 역, 219–237)에서 프로이트는 '기술영역에서의 혁신'이라는 것을 다음과 같이 특징짓고 있다. "이제 정신분석 기법의 목적은 의사의 노고를 절약해 주는 것과 환자가 그의 무의식에 최대한 제한 없이 접근할 수 있도록 하는 것 두 가지입니다. 여러분도 아시다시피 우리의 기법은 근본적으로 변화했습니다. 카타르시스 요법의 시기에 우리의 목적은 증상의 해명이었습니다. 그 후 우리의 목적은 증상의 해명으로부터 '콤플렉스'—이제는 없어서는 안 될, 융(Jung)의 용어를 따르자면—를 드러내는 것으로 변화하게 되었습니

런 관점에서 해석의 기술은 후자가 저항에 대한 투쟁으로 정의되는 한, 분석 기술에 종속되고 만다. 만일 해석하기 위한 어떤 것이 존재한다면 그것은 무의식이 되는 관념의 왜곡이기 때문에 존재한다. 그런데 왜곡이 있을 경우, 그것은 저항이 의식의 재생에 대립되는 것이기 때문에 그런 것이다.[79] 신경계의 근저에 존재하는 저항은 의식화와 분석적 전술(manœuvre)이기도 하다. 그러므로 해석기술의 규칙은 그 자체로 저항을 다루는 기술에 속해 있다.

따라서 우리가 이 장을 통해 끈기 있게 다룬 해석학과 에너지론 사이의 상관관계는 저항에 대립하는 작업과 해석기술 간의 상관관계로서, 실천의 차원에 속하는 다음과 같은 결정적 방식으로 다시 우리에게 나타난다. 무의식을 의식으로 '번역하는' 일과 저항의 결과인 '억제를 폐기하는 것', 이것들은 하나다. 해석과 작업은 일치한다. 어떤 경우에는 한 걸음 더 나아가서 해석기술이 저항에 맞서는 기술과 전략을 만족시켜야만 한다. 그래서 프로이트는 꿈-해석과 목적 자체를 완성시키는 기술을 만들지 말라고 초심자들에게 조언한다. 왜냐하면 그렇지 않을 경우 치료를 지연시킴으로써 해석의 지연을 이용하는 저항의 올가미에 빠질 수 있기 때문이다.[80] 이러한 한계의 사례는 해석의

---

다. 하지만 이제 우리의 작업이 직접적으로 겨냥하는 것은 '저항'을 찾아내서 극복하는 것이며, 이러한 저항을 인식해내서 이를 제거하자마자 콤플렉스는 힘들이지 않고 알아낼 수 있다고 정당하게 믿게 되었습니다"(*SE, 11*, p. 144 ; tr. fr., pp. 26-27 ; 이덕하 역, p. 225).

79_ 우리는 가장 초기의 텍스트에서 모든 분석기술, 저항, 왜곡, 해석기술이 함께 묶인다는 점을 인용했다(*o. c., SE, 7*, pp. 251-52 ; tr. fr., pp. 4-5).

80_ "Die Handhabung der Traumdeutung in der Psychoanalyse"(1911), *GW, 8*, pp. 350-357 ; "The Handling of Dream-Interpretation in Psychoanalysis," *SE, 12*, pp. 91-96 ; *Le maniement de l'interpretation des rêves en psychanalyse*, o. c., pp. 43-50 ; 이덕하 역,

규칙이 기술의 규칙이라는 점을 명확하게 보여준다.

해석에서 기술의 우선성은 프로이트의 주요 모티브의 총체적 의미를 대두시킨다. "기술이 지성의 도구역할을 한다는 것은 어려운 일이다." 이 말은 햄릿의 다음과 같은 반문을 내포하고 있다. "그래 이 사람아, 날 다루기가 피리 불기보다 쉬울 줄 알았던가?" 분석적 치료는 환자의 진실성, 시간, 그리고 돈이라는 대가를 지불한다. 하지만 기술은 의사의 연구와 기술적 숙련도라는 대가를 지불한다.[81] 그리고 이 두

---

「정신분석 해석에서 꿈 해석 다루기」, pp. 15–26 ; "나는 분석 치료에서 꿈 해석이 이 꿈 해석 자체만을 위한 기술로서 시행되어서는 안 되고 치료의 실행을 일반적으로 통제해야 하는 기법규칙들에게 종속된 상태로 다루어져야만 한다고 주장한다"(*SE*, p. 94 ; *De la technique psychanalytique*, p. 47 ; 이덕하 역, p. 22). 문제는 "분석가가 정신분석으로 치료하면서 꿈 해석의 기술을 어떻게 사용하는가"에 관한 "기술"의 문제다(*SE*, p. 91 ; fr, p. 43 ; 이덕하 역 ; p. 18). 이는 프로이트가 분석가의 '작업'에 대해서 이야기하는 이 연결점 속에 존재한다(*SE*, p. 92 ; fr, p. 44, 이덕하 역, p. 18). 이 표현은 적절하다. 왜냐하면 분석가가 환자의 꿈의 풍부함, 저항의 부분에 있어서의 책략을 인정하게 되지 않는 경우, 이것은 정확하고 완전한 해석을 만들고자 하는 분석가의 관심이 전체 전략과 충돌할 수 있기 때문이다. 이러한 이유로 해석의 정당한 활용과 꿈에 대한 통제는 분석 '기술'의 일부이다(*SE*, p. 92, 94 ; tr. fr., pp. 45, 49; 이덕하 역, pp. 18–20). 따라서 본 논고의 제목은 이런 점에서 다음과 같이 정당화된다. "Le maniement …" [다루기*Handhabung*].

81_ 우리는 1912년에 출간된 다음의 짧은 논고를 읽어야 한다. 「정신분석 치료를 행하는 의사에게 하고 싶은 조언」(*Conseils au médecin sur le traitement analytique*), *GW*, *8*, pp. 376–87 ; *SE*, *12*, pp. 111–120 ; tr. fr, pp. 61–72 ; 이덕하 역, pp. 45–63. 여기서 프로이트는 기술적 기능에 대한 규칙을 상세하게 설명한다. 이름, 날짜, 교제, 그리고 병리학적 성과를 기억하는 노력, 일시적으로 중단된 주의를 평탄하게 유지하는 것은 분석가가 그가 들은 재료 등을 선택함에 있어 잘못된 선택을 하지 않게 하기 위해서다. 그러한 규칙은 모두 환자에 대해 규정된 근본규칙의 대응물이다. 환자의 입장에 대한 '완전한 의사소통'에 상응하는 것은 분석가의 입장에서의 '완전한 경청'이다. 그런데 이러한 완전한 경청은 다시 한 번 저항의 환원에서 의사 자신의 정신분석적

가지 '작업'은 또 다른 측면에서 답변을 제공한다. 분석가의 작업은 환자에 대한 작업과 같다. 만일 분석가가 성욕의 엄청난 힘을 활용코자 한다면 그는 "그와 관련한 열망과 내숭이라는 혼합체를 스스로 극복하게 해야 하는데, 불행하게도 많은 사람들은 성적 문제를 습관의 문제로 다루려고 한다." 장래에 병원을 열고자 하는 의학도들에게 분석 훈련을 수행하는 과정에서 요구되는 것은 분석에 있어서 가장 중요한 문제 가운데 하나인 정당화의 가능성을 발견하는 것이다.[82]

기술 규칙에 정통하다는 것은 '어설픈' 정신분석, 학문적 무시와 기술적 오류로부터 진정한 정신분석학이 무엇인지를 구별해내는 것이다. 성욕의 정신적 요소에 대한 잘못된 인식과 만족에 이르지 못하는 무능력함과 관련하는 억압의 역할에 대한 잘못된 인식으로 인해 '어설픈' 분석은 정신적인 힘에 대한 무지의 원인을 환자의 질병 탓으로 돌리는 중대한 기술적 오류를 범하게 된다.

> 이 무지 자체가 아니라 이 무지를 처음 야기했으며 지금도 계속 유지되게 하는, 내적 저항 속에 있는 이 무지의 토대가 병인이 되는 요인이다. 치료의 과제는 이 저항에 맞서 싸우는 데 있다. 환자가 억압했

---

정화작용에로 필연적으로 연관된다. 여타의 기술적 규칙은 의식의 심리학을 통해서는 선행적으로 예견할 수 없는 이 정동적 훈련으로부터 도출된다. 예를 들어 남겨진 규칙은 모든 치료적 야망 등과 같은 모든 교육적 야망을 전술한 바는 환자에게서는 불투명한 것이다.

82_ 「정신요법에 대하여」(*De la technique psychanalytique*), *SE*, *7*, 267 ; tr. fr., 21 ; 이덕하 역, pp. 197–215. 1910년에 프로이트는 인식함이라는 것과 '역-전이'(contre-transfert)의 극복에 대한 분석을 훈련하는 것에 대한 필연성을 일부러 연결시켜 두었다(*ibid.*, tr. fr, p. 27).

기 때문에 알지 못하는 것을 알려주는 것은 치료를 위해 필요한 준비에 불과하다. … 환자에게 무의식을 말해 주는 것의 결과로서 항상 갈등이 격화되고 고통이 커진다.[83]

이 텍스트는 우리의 현재 논의에 대해 일종의 빛을 비춰준다. 평범한 자각이라는 단순한 개선책으로는 분석의 기술을 대체하지 못한다. 왜냐하면 문제는 지식과 관련한 무지를 대체하는 것이 아니라 저항을 극복하는 것이기 때문이다.

동시에 위 텍스트는 분석가의 작업과 피분석자의 작업 간의 대응 문제를 깔끔하게 보여주고 있다. 지금 이 맥락에서 작업이라는 개념은 꿈과 신경증의 메커니즘을 나타내주지 못한다. 나중에 나는 정신

---

83_ 「'야생' 정신분석에 대하여」(*A propos de la psychanalyse dite 'savage'*, 1910), *GW, 8*, pp. 118–25 ; *SE, 11*, p. 225 ; tr. fr, o. c., p. 40 ; 이덕하 역, p. 249. 이 논고에서 언급된 사례는 인간 성욕에서의 정신적 만족과 물리적 욕구 간의 구별에 대한 프로이트의 가장 중요한 논의 가운데 하나다. "정신분석에서 성이라는 개념은 아주 넓은 의미로 쓰인다. 그것은 통속적인 의미를 위에서도 그리고 아래에서도 넘어선다. 이러한 개념의 확장은 발생적으로 정당하다. 우리는 원초적 성적 충동이라는 원천에서 비롯된—이 충동이 원래의 성적 목적에 도달하는 것이 억제되거나 그 목적이 더 이상 성적이지 않은 다른 것으로 바뀌더라도—애정이 넘치는 감정에 대한 모든 활동을 성생활로 여긴다. 따라서 우리는 사람들이 성생활에서의 정신적 요인을 간과하거나 과소평가하지 않도록 하기 위해서 정신-성적인 것(psycho-sexualité)이라는 말을 쓰는 것을 더 선호한다. 우리는 성욕(sexualté)이라는 단어를 독일어 단어 'liebe(사랑하다)' 만큼이나 포괄적인 의미로 사용한다. 통상적인 성교가 부족하지 않은 경우에도 정신적 불만족과 그에 따른 결과가 있을 수 있다는 것을 우리는 오래 전부터 알고 있었다. 그리고 우리는 치료자로서, 만족되지 않은 성적 열망이—신경병 증상의 형태로 나타나는 그것의 대체만족을 우리는 퇴치하려 한다—성교나 다른 성행위로는 조금밖에 배출되지 않을 때도 있다는 것을 항상 염두에 두고 있다"(*o. c.*, p. 37 ; 이덕하 역, p. 244).

적 역동성을 그 자체로 객관화하는 일군의 과정들에 적용되는 이 작업 방식이 어떤 것인지를 보여줄 것이다. 이것은 해독된 의미의 동일성과 운동이 시작되는 에너지의 실재성을 화해시키는 핵심 개념이 된다.[84] 여기서 나는 분석적 작업 내에서 의식화를 성취하는 과정에 속하는 정신활동에 관한 논의에 내 스스로를 제한시키려고 한다.[85] 분석가의 작업과 피분석자는 저항에 대한 투쟁 속에서 결합된다.[86] 환자 입장에서 작업은 '더 나은 이해를 통해서 그가 거부했던(억압했던) 불쾌로 인한 자동적인 제한의 결과에 이르기까지의 어떤 것을 받아들이는' 것이다. 왜냐하면 그것은 망각하지 말아야 할 것이기 때문이다. 억압의 유일한 원칙은 불쾌다. 그러므로 저항을 극복하는 일과 연관되는 재교육이라는 일은 쾌-불쾌 원칙과의 투쟁이다. 최면요법은 이러한 '심리

---

84_ 2장의 두 번째 부분 이하 참조.

85_ 프로이트는 정신분석학이 길고도 느린 효과를 통해서 얻어지는 기술과의 일반화를 요구하는 언명이라는 점을 다시 한 번 상기시킨다(*SE*, *11*, p. 226 ; tr. fr., p. 41). 또한 이것이 바로 정신분석학이 인식된 언명으로 조직되어야 하고 분석가의 주제가 국제적인 정신분석적 협약에 의해서 보증되어야 하는 이유이다(p. 227 ; p. 42). 해석, 해석의 의사소통, 그리고 치료의 역동 간의 관계에 대해서는 「치료의 개시에 대하여」라는 중요한 논고를 살펴볼 것. *GW*, *8*, pp. 454–78 ; *SE*, *12*, pp. 123–44 ; fr, pp. 80–104 ; 이덕하 역, pp. 65–102 여기서 특별히 다음 대목을 보라. *SE*, *12*, pp. 141–44 ; tr. fr, pp. 100–104 ; 이덕하 역, pp. 98–102.

86_ 이러한 주제 아래에는 작업 시간에서의 환자의 정규적이고 어김없는 참석뿐 아니라 치료를 하는 데 걸리는 시간만큼이나 어려운 문제가 포함된다. 이러한 연결점에서 우리는 프로이트의 언급 가운데 하나에 대해서 멈추어야만 한다. 그 중요성과 관련하여 우리는 시간의 문제에 대한 그의 참조점을 지시하는 바이다. "분석치료 기간을 단축하려는 것은 여전히 정당한 소원이다. … 유감스럽게도 정신의 근본적 변화는 천천히 일어난다는 아주 중요한 사실 그리고 결국에는 물론 우리의 무의식적 과정의 '무시간성'이 그것을 가로막고 있다"(*ibid.*, tr. fr., p. 88 ; 이덕하 역, p. 80).

에 관한 작업'을 필요 없는 것으로 만들지만 이 작업은 회피할 수 없는 것이다. 분석은 환자에게 대가(coûte)를 지불해야 하는 것이라고 프로이트는 반복해서 이야기한다. 즉 분석은 시간과 돈이라는 대가를 지불한다. 무엇보다 분석은 철저한 진실성을 요구한다. 근본적인 규칙— 유명한 규칙, 단일한 규칙, 대가야 어떻든 간에 모든 것을 말하게 하는 것—이 되는 것은 분석작업에 대한 환자의 커다란 공헌이다. 여기서 말하는 바는 하나의 작업이다. 떠오르는 생각을 굴복시키는 것은 환자의 질병과 다른 종류의 주의, 그리고 규제된 사고 속에서 실행되는 것과는 다른 것인 용기에 관한 환자의 의식적인 태도 변화를 함축한다.

'의식-되기'(devenir-conscient)라는 이 위대한 작업은 이해되고 상기되는 과거를 인식하면서 동시에 그 과거 속에서 자신을 인식하는 과정이다. 우리가 프로이트의 이론적 논고들을 검토하면서 자주 말했던 것처럼 의식화를 이루는 과정은 현상학으로부터 정신분석학을 완벽하게 구분해내는 경제적 문제와 연관된다. 우리는 분석가의 관점에서 접근하는 것을 다시 환자의 관점에서 마주하게 된다. 해석이라는 의사소통은 그것이 의식화를 이루는 작업 속으로 통합될 수 없는 한, 아무런 가치를 지니지 못한다. 미성숙한 의사소통은 저항을 더욱 강화시킬 뿐이다. 그러므로 이는 중요 인자의 자격으로 융합되고 저항의 해소에 종속되는 이해라는 순수한 인식 가능의 요소를 따르는 치료의 역동이다. 이것이 바로 분석가의 입장에서의 파악, 해석이 일반적인 분석 전략의 총체에 종속되어야만 하는 이유이다. 저항의 전술 속에서 '지식'의 위치는 기술의 규칙을 따라 그 자체로 습득되어야 한다.

'심화작업'(translaboration, *Durcharbeiten*)[87]은 저항으로 인한 환자의 그

87_ 「기억하기, 되풀이하기, 그리고 심화작업하기」(*Remémoration, répétition, et translabo-*

고단한 노동과 관련해서 제안되는 용어이다. 이러한 작용은 해석과 전이와 분석의 근본규칙과의 일치를 통해 수행된다.

> 강렬한 저항 속에서만 우리는 피분석자와의 공동 작업을 통해서 저항에 에너지를 공급하는 억압된 충동 충동을 밝혀낼 수 있으며, … 이런 식의 저항에 대한 '심화작업'(Durcharbeiten)은 실제 치료에서 피분석자에게는 까다로운 과업일 수 있으며 의사에게는 인내심에 대한 시험일 수 있다. 그럼에도 불구하고 이것은 분석 작업 중 환자를 크게 변화시키는 작용을 하는 부분이며, 분석치료라는 것을 암시를 통한 치료와 구분할 수 있게 해주는 것이다.[88]

이렇게 심리적 작업에서 인식가능적 의식화를 포섭하는 일은 우리가 메타심리학의 차원에서 탐구했던 하나의 문제, 즉 정신현상의 지형학적 표상을 인식하는 문제를 재검토하게 해준다. 다시 말해 체계들

---

*ration), o. c.*, pp. 114–5. *SE, 12*, pp. 155–56 ; 이덕하 역, p. 120. * 환자가 자신의 내면적 문제나 갈등의 원인을 스스로 해결할 수 있도록, 치료자와 내담자가 다양한 문제해결을 반복 경험하는 절차나 과정을 통한 정신분석 치료기법.

88_ 이와 유사한 언급이 다음 글에서도 나타나고 있다. 「정신분석 요법이 나아갈 길」(*Les voies nousvelles de la thérapeutique psychanalytique*, 1918), *GW, 12*, pp. 183–94 ; *SE, 17*, pp. 159–68 ; fr., 131–141 : "환자에게 억압된 정신적인 것을 그가 의식하도록 하는 작업을 우리는 정신분석이라고 불렀습니다"(*SE*, p. 160 ; fr, p. 132 ; 이덕하 역, pp. 271–272). 프로이트는 정신분석과 화학분석 간의 유비를 다음과 같이 전개하고 있다. "환자를 분석했다면, 즉 그의 정신활동을 기본적인 구성요소들로 분해해서 그 충동요소들을 개별적이고 고립된 것으로서 그에게 보여주었다"(tr. fr, p. 133 ; 이덕하 역, p. 272). 그러나 프로이트는 정신 종합이라는 개념을 거부하고 "새롭고도 더 나은 복합"이 될 수 있는 과업의 의미를 찾아내지 못한다(*ibid*). 우리는 이 점을 3장에서 논의할 것이다.

간의 지형적 차이는 실천 속에서 그 정당화를 모색한다. 억압이라는 '장벽'에서 비롯된 체계의 분리와 체계들 간의 '간극'은 억압의 진원지에 접근하게 하는 이러한 '작업'에 대한 정밀한 표기의 문자화이다. "환자가 이젠 억압된 경험을 그의 사고 속에서 알고 있기는 하지만, 이것은 억압된 기억이 이런저런 방식으로 포함되어 있는 장소와의 연결점을 결여하고 있다. 의식적 사고과정이 그 대목까지 뚫고 들어가서 거기서 억압의 저항을 극복해야만 비로소 변화가 이루어질 수 있다."[89]

지형학적 관점뿐만 아니라 메타심리학의 경제적 관점까지도 실천을 통해서 정당화된다. 치료는 환자의 고통과 치료받기를 소망하는 마음으로부터 그 에너지를 끌어낸다. 이 에너지의 힘은 환자가 자신의 질병에서 얻어낸 '이차적인 이득' 속에서 다양한 힘들의 역습을 받게 된다. 분석적 탐구는 저항을 극복할 수 있는 새로운 에너지를 일으킴으로써, 또한 이러한 에너지가 지시를 따르는 특별한 경로를 보여줌으로써 이 '경제'에 들어간다.[90] 이런 점에서 치료의 경제 문제는 전이의 문제, 분석기술의 가장 어려운 문제로 우리를 안내한다. 왜냐하면 전이는 앞의 작품에서 예견된 부가 에너지의 공급으로 간주되기 때문이다. 치료는 "전이의 강도가 저항을 극복하는 데 사용될 때만 정신분석이란 이름을 붙일 수 있다"고 프로이트는 말한다.[91]

따라서 이 계기는 현상학과 정신분석학의 차이에 있어서 모든 짐을 이 주제에서 드러내기 위해 제기될 것이다.

우리의 일관적인 문제는—해석학과 에너지론 사이의 관계에 대

---

89_ *Ibid.*

90_ *Ibid.*

91_ *SE, Ibid* ; *Le début du traitement, o. c.* 102 ; 이덕하 역, p. 102.

해서—마지막에 가서야 제기될 것이다. 이제 이 문제는 해석, 해석의 의사소통, 그리고 의식화의 획득이 전이의 역동성 속에 구체화되는 방식을 이해하는 문제이다.[92] 프로이트는 '전이'를 다룸에 있어 이것이 정신분석학의 기술적 성격을 제일 높은 수준에서 입증시켜 준다는 점을 강조한다. 이는 또한 현상학적 반성의 훈련을 한 철학자가 분석적 관계를 일으키는 경험적 이해로부터는 배제된다는 사실을 깨닫게 되는 지점이기도 하다. 여기서 분석의 실천은 상상할 수 있는 현상학적 등가물의 궁극적 결과물과 구별된다. 실제로 전이의 문제는 장애에 기여하는 고전적인 저항에서 제시된 쟁점 및 프로이트가 말했던 가장 강력한, 치료에 대한 저항이라고 할 수 있는 하나의 새로운 저항으로 단번에 나타난다.[93] 한편으로 저항은 외상적 상황이 분석적 관계의 은폐된 영

---

92_ "따라서 전이와 (의사가 환자에게 말해주는 바에 대한) 지도가 새로운 힘의 원천으로 필요하게 되는데, 이것은 분석가가 환자에게 줄 수 있는 것이다"(*ibid.*, *SE*, pp. 143–44 ; fr., p. 104 ; 이덕하 역, p. 102). 프로이트는 1914년 동일한 어려움에 봉착하게 된다. 「기억하기, 되풀이하기, 심화작업하기」에서 프로이트는 브로이어와의 대립을 강조하고 그와 관련한 언급을 계속 덧붙이고 있다. 브로이어의 카타르시스는 해석작업과 해석의 결과에 대한 의사소통을 통해서 성취되는 기억에 대한 상기를 지향하고 있다. 그런데 만일 본질적인 요점이 저항에 대한 투쟁이라고 한다면 전자의 사건과 상황에 대한 탐구는 저항 자체에 대한 해석에 앞서 전달해야만 한다. "결국 현재의 일관성 있는 기법이 만들어졌다. 이제 의사는 특정 요인이나 문제에 초점을 맞추기를 포기한다. 그는 피분석자의 그때그때의 정신적 표면을 연구하는 데 만족하며, 해석기술은 주로 여기에 나타나는 저항을 인식하고 그것을 환자가 의식할 수 있도록 하는 데 사용한다. 이리하여 일종의 분업이 새로 만들어진다. 의사는 환자에게 알려지지 않은 저항을 밝혀낸다. 일단 이 저항이 극복되고 나면 환자는 종종 힘들이지 않고도 잊혀졌던 상황과 관계에 대해 이야기한다. 이 기법의 목적은 물론 전과 마찬가지이다. 서술적으로는 기억의 틈새를 메우는 것이며 역동적으로는 억압 저항을 극복하는 것이다"(*SE, 12*, pp. 147–48 ; fr, p. 106 ; 이덕하 역, p. 106).

93_ 「전이의 역동에 대하여」(*La dynamique du transfert*, 1912), *GW, 8*, pp. 364–74 ; *SE, 12*,

역으로 이행될 때만 극복될 수 있다. 다른 한편으로 전이는 저항을 만족시킬 수 있는 지점에서 정확하게 나타난다. 분석전략은 이를 면밀하게 검토하게 된다.

저항에 반발하는 이러한 투쟁의 과정 속에서, 해석학과 에너지론의 변증법적 양상이 더욱더 잘 드러난다. 우리는 분석적 기술의 근원적인 목표가 정동의 방출이나 해방만이 아니라 회상이기도 하다는 것을 살펴보았다. 이 과정은 브로이어(Breuer)의 카타르시스를 지향한다. 그런데 회상은 또한 과거로서의 과거를 통찰하는 인식가능성의 현상이다. 회상은 무의식적 소재에 대한 회상이 저항의 재인식보다 중요하지 않다는 사실을 이해하게 만들어준다.[94] 하지만 무엇보다도 회상은 많은 경우 외상적 상황의 실제적 반복을 통해 대체되는 것으로 나타나게 된다. 과거에 대한 회상 대신에 환자는 그 상황을 자신도 모르는 사이에 행동으로 나타냄으로써 반복하게 된다. 물론 그가 하는 반복은 스스로 인식하지 못하는 가운데 일어나는 것이다. 이러한 사건의 기묘한 전환은 일이 처음 나타날 수 있었던 때보다 더 중요하다. 상호주관성의 현상학은 이러한 매우 중요한 연속체—저항, 전이, 반복—의 일부가 되는 반복의 자율성과 평행을 이룰 수 없다. 이러한 연속체

---

99–108 ; fr., pp. 50–60, *o. c.*, pp. 52–56 ; 이덕하 역, pp. 25–44. 이 텍스트에서 프로이트는 전이가 저항의 요소라는 사실이 수수께끼처럼 나타낸다. "반면에 분석 이외에는 전이가 치료효과의 담지자이며 좋은 결과의 조건으로 간주되어야만 한다"(*SE, p. 101* ; fr, p. 52 ; 이덕하 역, p. 32). "의사에의 전이는 그것이 부정적인 전이이거나 혹은 성적 충동이 억압된 긍정적인 전이인 한에서만 치료에 대한 저항에 적합하다고 생각하면 수수께끼가 풀릴 것이다"(*SE, p. 105* ; fr., p. 57 ; 이덕하 역, p. 39).

94_ 「전이 사랑에 대한 소견」(*Observations sur l'amour de transfert*, 1941), *GW, 10*, pp. 306–21 ; *SE, 12*, pp. 159–71 ; fr., pp. 116–130 ; 이덕하 역, pp. 123–147.

는 분석적 상황의 핵심이다.[95] 그러므로 저항에 대한 투쟁, 전이 다루기, 그리고 반복에의 호소는 분석적 기술의 주요 배열을 형성한다. 이는 회상의 경로를 따라 환자 자신에게로 돌아가게 만드는 반복으로의 충동을 억제하기 위해 전이를 활용하는 상황에서 나타나는 수단이다. 이는 곧 프로이트가 전이를 다룬다는 것이 환자와의 결합에 대한 해석보다 더욱 심각한 중요성으로 나타난다고 진술한 이유를 이해할 수 있게 해준다.[96]

---

95_ "우리는 전이 자체가 되풀이하기의 한 단편일 뿐이며, 되풀이하기가 망각된 과거를 의사만이 아니라 현재 상황의 다른 모든 영역에도 전이하는 것임을 곧 알아차리게 된다. … 저항이 차지하는 부분도 쉽게 알아낼 수 있다. 저항이 클수록 기억하기가 더 많이 실연하기(되풀이하기)로 대체된다"(「기억하기, 되풀이하기, 그리고 심화작업하기」(*Remémoration, répétition et translaboration*), *o. c.* p. 109 ; *SE, 12*, p. 151 이덕하 역, p. 111–12). 분석기술은 반복이 일어나는 것을 허용함으로써 나타난다. 또한 분석기술은 브로이어의 카타르시스론에서 도입되었던 기억하기라는 기술에 어긋난다—실연하기(*l'acting out*)에 대해서는 다음과 비교해 볼 것. 「전이 사랑에 대한 소견」(*observations sur l'amour de transfert*), *o. c.*, pp. 123–4.

96_ "하지만 환자의 되풀이 강박을 억제하고 이를 기억하기 위한 모티브로 변화시키는 주요 수단은 전이 다루기에 자리 잡게 된다. 우리는 되풀이 강박의 권리를 인정함으로서, 그것이 어떤 영역에서는 마음대로 하도록 내버려 둠으로써 그것을 무해하게, 아니 오히려 유용하게 만든다. 우리는 되풀이 강박에게 전이라는 운동장을 열어준다. 그것은 거기에서 거의 완전히 자유롭게 자신을 펼치는 것을 허용하면서 피분석자의 정신생활에 감추어져 있었으며 병인이 된 충동과 연관되었던 것을 모두 보려주라는 요청을 받게 된다.… 따라서 전이라는 병과 실제적 삶 사이의 중간 영역을 형성하는 가운데 이를 통해서 병에서 삶으로의 이행을 이루게 된다"(*ibid.*, pp. 113–14 ; *SE, 12*, p. 154 ; 이덕하 역, p. 118). 이 텍스트에는 다음 중요한 짧은 논고의 논의가 첨가되어야 한다. 「전이 사랑에 대한 소견」(observations sur l'amour de transfert)(cf., n, 94 이하) ; 여기서 프로이트는 전이 다루기의 어려움과 결합 해석에서 맞닥뜨리게 되는 것보다 더한 문제의 심각성을 말해주고 있다(p. 116 ; *SE, 12*, p. 159 ; 이덕하 역, pp. 119–120).

여기서 우리의 주요 관심사는 치료보다는 이러한 상황이 지닌 철학적 함축에 있다. 이러한 관점에서 제기되는 대표적인 난점은 정신분석학에 관한 현상학적 접근에 대해 가장 큰 도전을 주는 것으로 전이-사랑의 활용에 관한 것이다. 기술의 절정은 만족 없는 전이-사랑을 탐구하는 기술에 있다. 프로이트는 "아마도 이 영역에서 우리의 관심을 지배할 근본원칙"이 있다고 기록한 수준에서 논의를 전개한다. 그가 선언한 원칙은 다음과 같다. "분석적 치료는 가능한 한 금욕의 상태, 결핍 상태 아래서 이를 통해서 수행된다."[97] 이 규칙은 현상학적 등가를 이루지 못하는 것처럼 보인다. 그렇다면 무엇을 얻을 수 있을까? 우리는 여기서 분석적 관계가 지닌 경제적 문제의 핵심을 본다. 결핍이나 좌절의 형태에 처한 타자의 쾌와 불쾌에 있어서 분석가가 자신의 '역할'을 통해 배우게 된 환자의 저항이란 더 이상 존재하지 않는다. 이 점을 이해하기 위해서 우리는 근원적인 상황, 그리고 충동과 저항의 갈등으로 인해 발생한 좌절로 되돌아가야 한다. 증상 이론 전체는 처음의 좌절을 토대로 하고 있다. 경제적 관점에서 증상은 만족의 대체 형식 외에 다른 것이 아니다. 다른 한편으로 대체 수단의 실패는 회복을 향해 환자를 몰아쳐서 충동의 힘을 보존시켜 준다. 이러한 역동의

---

97_ 「정신분석 요법이 나아갈 길」, *o. c.*, p. 136 ; *SE, 17*, p. 162 이러한 규칙의 실천이 「전이 사랑에 대한 소견」에서 예시되고 있다. "환자의 욕구와 욕망이 분석과 변화를 위한 추진력으로 존재하도록 해야 하며 그것들이 대용물에 의해 바뀌지 않도록 경계해야 한다"(fr., p. 123 ; *SE, 12*, p. 165 ; 이덕하 역, pp. 135-136). 이와 더불어 다음과 같이 주장한다. "분석가가 추구해야 할 길은 다른 길이며, 그것은 현실의 삶에서는 그 모델을 찾을 수가 없다. 우리는 전이-사랑에서 벗어나지 않도록, 우리가 그것을 위협하여 쫓아버리지 않도록, 환자가 그것을 혐오하지 않도록 주의해야 한다. 마찬가지로 우리는 그것에 대한 어떠한 응답도 하지 않도록 자제해야 한다"(tr. fr., p. 124 ; *SE, 12*, p. 166 ; 이덕하 역, p. 138).

맥락 속에 자리 잡게 될 때 분석적 전략을 통해서 에너지의 방식으로 좌절이 정당화된다. 여기서 추동력을 감소시키는 것은 중요한 일이 아니다. 만일 환자의 고통이 완화된다면 "우리는 어떤 감지할 수 있을 정도의 결핍의 형태 속에 그 힘을 재설정해야만 한다."[98] 그러므로 우리가 처음에 저항에 대한 투쟁으로 기술했던 분석가의 작업은 이제 만족감의 대체에 대항하는 투쟁으로 이해된다. 정확하게는 환자가 특별히 그러한 만족을 추구하는 전이의 지점에서 그 투쟁이 이해된다. 현상학자에게 이러한 좌절의 기술은 분석적 방법의 가장 놀라운 측면이다. 현상학자에게 진실성의 규칙은 이해할 수 있는 것이지만 좌절의 원칙은 그렇지 못하다. 좌절의 원칙은 오로지 **실천**될 수 있을 뿐이다.

만일 이제 우리가 분석적 관계의 기술에 대한 반성의 출발점과 도착점을 연결시킬 수 있다면 우리는 다음과 같이 말할 수 있다. 분석적 관계를 상호주관적 관계로 만드는 일이 실제로 존재한다. 우리가 처음에 이야기했던 것처럼, 이탈, 고립, 탈현실화라는 특별한 맥락 속에서 분석적 대화의 사실은 욕망을 궁극적으로 이루고 있는 욕구를 백일하에 드러낸다. 뿐만 아니라 전이의 기술은 좌절의 기술처럼 욕망의 기저에서는 들리지 않는 욕구가 있다는 사실을 드러낼 수 있다. 정신분석학을 재구성하기 위한 두 가지 시도는 우선은 과학적 심리학을 통해서, 그리고 현상학을 통해서도 실패하게 된다. 그리고 분석적 담론이 지닌 독특한 성격은 이중의 실패를 통해 확증된다. 한편으로 조작적인 학문적 심리학의 개념은 유비적 개념에 대한 더 나은 규정을 구축하지 못한다. 또 다른 한편으로 메를로-퐁티가—헤스나드(Hesnard)의 『프로이트 전집』(*L'Oeuvre de Freud*) 서문에서—말했던 것처럼 현상학은

98_ 「정신분석 요법이 나아갈 길」, *o. c.*, p. 136 ; *SE*, *17*, p. 163.

"정신분석학이 혼잡한 방식으로 말했던 바를 명료한 방식으로" 전달하지 못하며, "오히려 정신분석학의 한계를 드러내고 일종의 암시(정신분석의 잠재적 내용이나 무의식을 통해서)만을 넌지시 비춘다. 이 지점에서만 현상학은 정신분석학과 조화를 이룬다."[99]

이제까지 나는 정신분석학은 유일한 것이며, 실천의 형태로 환원

---

99_ Merleau-Ponty, *L'Œuvre de Freud et son importance pour le monde moderne*(1960) 중 헤스나르(A. Hesnard) 책의 서문. 나는 이 서문의 언급과 그 일반적 경향을 대부분 채택했다. 저자가 현상학과 정신분석학 간의 관계에 대한 첫 번째 규정을 넘어서 나아간다고 말한 것은 필연적이다. 여기서 현상학은 오해를 교정하고 범주를 제공하며, 동시에 불충분한 근거와 불충분하게 사고된 기술에 대한 표현의 수단을 교정하는 침착한 멘토의 역할을 할 수 있다. 프로이트적 탐구를 수렴하는 가운데 그 자체 현상학으로 머무르기 위해서는 무엇보다 "그 고유한 밑거름"으로 내려가는 운동을 지속해야만 한다(p. 8). "무한한 호기심, 현상학적 환원을 고무시키는 모든 것을 보고자 하는 야심"(p. 7)에서 출발하는 현상학은 신체, 시간, 상호주관성, 사태나 세계에 대한 의식에 관한 일정치 않은 의문 아래 그 고유한 문제제기를 종속시켜야만 한다. 여기서 존재는 "의식에 앞서 펼쳐진다기보다는 의식 도처에서… 꿈을 꾸는 것 같은 존재로, 감추어진 정의를 따르는 것" (p. 8)이 된다. 이러한 현상학은 관념론에 대한 경계를 늦추지 않는 가운데 현상학의 고유한 성취와 더불어 정신분석학을 보호하는 행위로 연관시킬 수 있다. 이는 현상학적 재구성이 주는 공헌이기도 하다. "프로이트 연구에서 관념론의 일탈은 오늘날 객관주의자들이 저지르는 일탈과 같은 위협 요소이다. 이는 하나의 연약한 시도와 신비로운 과학으로서가 아니라 적어도 하나의 역설이자 문제로 남는 것으로—나는 치료로서의 현존과 입증 가능한 지식으로서의 현존을 모두 의도하고 있다—그것이 정신분석학에 본질적인 것이건 그렇지 않건 간에 하나의 물음을 강요하게 된다"(p. 8). 나는 정신분석학의 "과학적 혹은 객관주의적 관념론"(p. 5)이 지닌 매력을 깨뜨리는 것만큼이나 이와 같은 주장을 펼치는 것이 매우 소중하다고 생각한다. "어떤 경우 에너지나 기계론적인 은유는 관념론적 교훈과는 반대로, 프로이트 이론의 가장 가치 있는 직관 가운데 하나의 시초로 안내한다. 여기서 직관이란 고고학의 직관이다"(p. 9). 이 책의 서문이 지닌 중요성을 파악하기 위해서는 다음 책을 보라 J. B. Pontalis, "Note sur le problème de l'inconscient chez Merleau-Ponty," *Les Temp modernes*(1961), no 184–5, pp. 287–303.

할 수 없는 것이라는 점을 보여주려고 했다. 이처럼 정신분석학은, 다시 말해 "기원에 대한 우리의 관계와 모델에 대한 우리의 관계, 이드와 초자아"라는, 현상학이 결코 완벽하게 도달할 수 없는 지점에 손을 대고 있다.[100]

100_ *Ibid.*, cf. A. Hesnard, Apport de *la phénoménologie à la psychiatrie contemporaine* (Masson, 1959). A. Green, "L'Inconscient freudien et la psychanalyse française contemporaine," *Les Temps modernes, 18*(1962), pp. 365–79 ; "Du Comportement à la chair : itinéraire de Merleau-Ponty," Critique (1964), pp. 1017–46.

# 2장 반성 : 주체의 고고학

본장의 과제는 앞서 제기한 인식론적 논의의 결과를 철학적 반성의 차원에서 다루는 것이다. 이러한 우리의 과제는 엄밀하게는 철학적으로 이루어져야 하고, 정신분석가에게 구애받지 않는 방식으로 이루어져야만 한다. 분석가에게 정신분석 이론은 그 고유한 탐구방식과 치료기술에 대한 관계를 통해서 충분하게 이해된다. 하지만 이 '충분한' 이해라는 것이 그 자체로 전적으로 명료하지는 않다. 플라톤이 방법론을 다룬 자신의 중요한 대화편에서 주장한 대로 기하학자들의 설명은 철학자에게는 불충분한, 즉 '얼마간의 충분함'에 머무르는 설명이다. 만일 우리가 **문제제기**에서 주장한 바를 따른다면 **나는 생각한다, 나는 존재한다**(*Je pense, Je suis*)라는 명제는 인간과 관련한 모든 명제에 관한 반성적 토대이며, 여기서 문제는 프로이트의 복잡한 담론이 의도적으로 반성에 기초한 철학에 어떻게 개입되는가 하는 것이다.

우리는 정신분석학을 전적으로 정신분석화하거나 이념화시키는 환원에 저항하고, 또한 그 이론의 보다 더 실재론적이며 동시에 자연주의적인 양상이 지닌 환원 불가능성을 인정하는 수준에서는 처음에 제시한 문제에 대한 해법을 내놓지 못한다. 나를 이끌어주는 참조적 이념은 다음과 같은 생각을 낳게 했다. 분석적 담론의 철학적 위상은 주체의 고고학(archéologie du sujet)이라는 개념을 통해서 정의된다. 이제까지 이 개념은 단순한 용어의 수준에 머물러 있었다. 우리는 어떻게 해야 이 용어에 의미를 부여할 수 있을까? 주체의 고고학은 프로이트의 개념 가운데 한 개념이 아니다. 또한 프로이트에 대한 강해를 하면서 이 용어를 제시한 것도 아니며, 그것을 프로이트의 작업 속에서 발견해내려는 전략도 쓰지 않았다. 이것은 프로이트에 대한 강해를 하면서 그를 내 스스로 이해해보기 위해 만들어낸 개념이다. 나는 이 개념을 구성하는 작용이 갖는 그 특유의 본성을 강조하는 동시에 이를 앞서 제기한 방법론적 논의와 구별하고 싶다. 방법론적 논의는 이 개념을 개입시키지 않는 차원에서 이루어졌다.

반성의 단계는 다음과 같이 전개될 것이다.

1. 우선 반성 안에서, 그리고 반성에 대해서 정신분석학은 고고학이라는 점이 분명해져야 한다. 즉 정신분석학은 **주체**의 고고학이다. 그렇다면 무슨 주체인가? 만약 그것이 정신분석학의 주체와 같은 것이라면 반성의 주체는 무엇이어야만 한다는 말인가?

2. 주체 물음에 대한 이러한 이중의 적용은 결국 앞에서 제기한 인식론적 논의에다가 철학의 자리를 부여하는 일을 가능하게 해줄 것이다. 또한 첫 장에서 나온 방법론적 역설을 반성영역으로 통합시켜 줄 것이다. 이러한 구분과 더불어 우리는 프로이트주의에 대한 인식론

적 검토에 관한 결론을 내릴 것이다.

3. 프로이트의 주장으로 되돌아간 다음 우리는 반성철학의 한계 내에서 이 고고학 개념을 상세히 설명할 것이다. 우리는 이 개념이 프로이트주의에 대한 완전한 이해를 내포한다고 주장하지 않을 것이다. 나머지 장에서는 프로이트주의에 대한 이해가 새로운 사상의 진보를 요구한다는 것을 상세하게 증명할 것이다.

## 1. 프로이트와 주체 물음

프로이트주의를 주체에 대한 담론으로 이해하는 과제 및 그 주체가 결코 우리가 믿는 그런 주체일 수 없다는 점을 드러내는 과제는 동일한 것이다. 프로이트주의에 대한 반성적 재해석은 반성 개념에 도움을 줄 수 없고 다만 그 개념을 대체만 할 뿐이다. 즉 프로이트주의에 대한 이해가 바뀌는 만큼 자기 자신에 대한 이해도 바뀐다.

여기서 우리가 지적해야 하는 바는 사유와 존재의 주체에 대한 근본적인 심문을 하는 가운데서 프로이트주의가 결여하고 있는 것이 무엇인가 하는 것이다. 프로이트는 원초적인 혹은 근본적인 주체의 문제를 확실하게 무시하고 거부해 버린다. 우리는 **나는 생각한다, 나는 존재한다**가 안고 있는 문제로부터 빠져나와야 한다는 사실을 반복적으로 강조했다. 코기토는 지형학적이거나 경제학적인 '체계' 내지 '기관' 이론과는 관계하지 않으며, 관계할 수도 없다. 코기토는 심적 소재지 내지 하나의 역할 안에서는 객관적인 것이 되지 않는다. 코기토는 충동과 충동의 운명에 관한 이론으로 판독될 수 있는 것이 아닌 그와는 다른 어떤 것으로 나타난다. 그러므로 이것은 분석적 개념화를 회피해

버리는 요인이 된다. 우리는 의식 안에서 코기토를 발견하는가? 의식은 외부 세계에 대한 대표, 피상적 기능, 의식-전의식으로 발전되는 형식 속에서의 단순한 약호로 나타난다. 여기서 우리가 자아를 찾을 수 있는가? 여기서 알려지는 것은 이드다. 우리는 이드에서 지배적인 심역으로 전향하는가? 여기서 모습을 나타내는 것은 초자아다. 우리는 초자아의 긍정, 방어, 팽창 기능으로 자아를 찾아야 하는가? 발견되는 것은 자기와 자기 자신 사이의 최고의 가리개인 나르시시즘이다. 이 순환이 완전하게 일어나면서 **나는 생각한다 존재한다**(*cogito sum*)의 **자아**(*ego*)는 매 순간 우리 곁을 달아나버린다. 이러한 자아론적 토대의 도주는 그 자체가 하나의 교훈이다. 이처럼 자아가 손에 잡히지 않고 도주한다는 것이 분석 이론의 실패를 의미하는 것은 절대 아니다. 근원적인 것으로부터의 도주는 이제 반성의 단계로 이해되어야만 한다.

앞에서 인용한 후설의 『데카르트적 성찰』(9절)로 논의를 시작하도록 하자. "명증의 충전성과 필증성이 서로 연관될 필요는 없다."[1] 내가 이해한 대로 이 명제는 프로이트의 문제제기가 사유될 수 있고 반성될 수 있는 구조를 제공한다. 이 명제는 두 가지 방향으로 읽을 수 있다. 한편으로 이 명제는 의식과 관련한 비충전성이 코기토의 필증성을 따라 실행된다는 의미를 내포하고 있다. 즉 이것은 후설이 '살아 있는 자기 현전'이라고 불렀으며, 동시에 현상학적 환원으로의 접근을 가능케 하는, 어떠한 의심으로도 물리칠 수 없는 지점이다. 이러한 철저한 준거가 없으면 인간의 실재성에 관한 모든 문제제기가 단절된다. 다른 한편으로 우리는 의식의 비충전성을 인식하지 않고서는 동시에 코기토의 필증성을 입증할 수 없다. 내가 기만당할 가능성은 내가 자신에

1_ Cf. p. 550, n. 43.

대해 선언하는 모든 존재자적 진술에서 **나는 생각한다**의 확실성과 동일한 외연을 갖는다. "**나는 존재한다**의 생생한 명증은 더 이상 그 자체로 주어지는 것이 아니라 추정될 뿐이다." 또한 후설은 다음과 같이 덧붙이고 있다. "그러므로 필증적 명증성 속에 서로 함축되어 있는 이 추정은 그것이 충족될 가능성에 관해서는 추정의 유효범위, 경우에 따라서는 필증적으로 한정할 수 있는 유효범위에 대한 비판을 받아야 한다."[2] **나는 생각한다**의 확실성의 핵심에는 다음과 같은 질문이 남게 된다. "초월적 자아는 스스로에 대해 어디까지 기만당할 수 있는가? 또한 그러한 기만에도 불구하고 절대 의심할 수 없는 자아의 구성요소는 어디까지인가?"[3]

이러한 근본명제에서 출발하면 프로이트 메타심리학의 반성적 양식을 반복하는 일이 가능해진다. 그것은 메타심리학의 모든 과정을 재생시킴으로써 다른 철학적 차원 안에서 반복과 관계한다. 다시 말해 프로이트가 유사 물리적 실재성으로 객관화시키는 모든 것, 현대 인식론의 비판이 정신기관에 대한 그 표상 안에서 구별시킬 수 있는 모든 모형들은 전부 다 반성의 일대 파란(péripétie)이 되어야만 한다.

무엇보다도, 그리고 근본적으로 반복되어야 하는 것은 직접적 의식에 대한 메타심리학의 비판이다. 이와 관련하여 나는 프로이트적 메타심리학을 **반성에 대한** 예사롭지 않은 **훈육**으로 간주한다. 헤겔의『정신현상학』처럼 반성은 역행을 하는 가운데 의미가 거주하는 집을 탈중심화시키고, 의미 출현의 치환을 일궈낸다. 이러한 치환을 통해서 직접적 의식은 의미의 다른 심역이 가지는 이점, 말(parole)의 초월이나 욕

2_ *Ibid.*

3_ *Ibid.*

망의 지위가 탈취되는 사태를 발견한다. 프로이트적 체계가 그 특유의 방식으로 강제한 이 탈취는 그 의미와 필연성이 사후적으로만 나타나는 일종의 반성 자체의 고행으로, 정당화되지 않은 위험성에 대한 보답으로 작동하게 된다. 이러한 사실을 실질적으로 받아들이지 않을 경우에는, 우리가 반성철학은 의식의 심리학이 아니라고 진술할 때 그 말이 무엇을 말하는지를 진정으로 이해하지 못한다. 다시 말해 [의식의 허구성을] 나타내고 드러내기 위해서 우리가 인정했던 대로, 원칙적으로는 부적절하면서 동시에 실수를 저지르기 쉽고 자기 자신에 대한 환영을 제조하는 의식의 허구성과 우리가 필증적이라고 했던 반성의 정립 사이에서 일어나는 균열을 더 파헤쳐야 한다. 우리는 반성과 반성에 대한 확고한 보증을 보전하기 위해서 의미를 지배하려고 하는 의식의 요구에 대한 진정한 유죄판결을 내려야 한다. 이것이 바로 철학자에게 주어질 수 있는 메타심리학을—분석의 실천을 하지 않으면서—경유하는 방식이다. 여기서 나는 분명 준다(donner)고 말했지 빼앗는다(ôter)고 말하지 않았다.

이러한 탈취의 필연성은 프로이트의 자연주의를 정당화시킨다. 만일 의식의 관점이—우선 그리고 대개—잘못된 관점이라면, 나는 프로이트의 체계 및 지형학과 경제학을 활용해야만 한다. 이러한 것들은 시작점의 자리를 **나는 생각한다, 나는 존재한다**라는 정초하는 작용으로 선점하려고 하는 환영적 코기토를 나에게서 탈취하려고 하는, 그것을 완전히 쫓아낼 용도로 마련된 하나의 '규율'로 활용된다. 프로이트적 지형학과 경제학을 거치는 길은 반-현상학에 관한 필연적 규율을 단적으로 표현한다. 다시 말해 의식이 스스로 부여한 명증성을 파기하기 위한 용도로 마련된 이러한 과정을 통해서 나는 대상, 주체, 또는 심지어 사유의 의미를 더 이상 인식하지 못할 것이다. 이러한 규율이 언명한 의도는 **자아 사유작용 사유된 대상**(*Ego Cogito Cogitatum*)으로의 접근을 방해하는 잘못된 앎을 뒤흔드는 것이다. 이러한 직접적 의식의 탈취는 의식 자체를 다른 것들 가운데 하나의 장소에 불과한 것으로 표시하는 하나의 모형 내지는 일련의 모형의 지배를 받는다. 그러므로 의식은 무의식-전의식-의식이라는 삼중구도 속에 있는 하나의 심역에 불과하다. 다음으로 이러한 지형학적 표상 내지 정신기관의 지형학은 경제적 설명과 분리되지 않는다. 여기에 의거하는 에너지의 배치와 치환을 통해서, 그리고 움직이거나 묶여 있는 투여를 통해서 이 기관은 자신의 자기규제를 보증한다. 대화와 치료를 할 줄 모르는 우리 비전문가들에게는 이러한 지형학적, 경제학적 담론의 채택이 유의미할 수 있으며, 동시에 반성이라는 범위 내에서도 그럴 수 있다. 직접적 의식의 명증성과 반성의 필증성을 규정적으로 분리시킴으로써 프로이트적 지형학과 에너지론이라는 반-현상학은 반성의 계기로 기능할 수 있다.

나는 분석론 3장에서 프로이트의 언어 속에 노출된 프로이트적 메타심리학의 운동을 이러한 직접적 의식의 탈취라는 기호 아래서 재검토하자고 제안하는 바이다. 이러한 문제제기는 우리의 주시 하에 두 가지 도정으로 분리된다. 첫 번째 도정은 「무의식에 관하여」라는 논고에서 명쾌하게 진술되어 있다. 이 글은 의식을 그 자체로 마음의 영역 가운데 하나가 되는 것으로 제시하는 지형학적이고 경제적 관점에서 직접적 의식이 여전히 존재하고 있다는 점을 우리에게 기술적 관점으로 전해주었다. 두 번째 도정은 충동의 대표로 우리를 이끌어 주었다. 여기서 충동의 대표란 의식에서 이끌어낸 심리적 요인들이다. 이러한 두 가지 운동은 반성에 대한 규율로 이해할 수 있다. 의식의 탈취는 지형학적-경제적 관점이 도달하는 지점을 함축하고 있다. 이러한 관점에서 의미의 위치는 의식에서 무의식으로 치환된다. 그러나 이 장소는 세계의 한 영역으로 현실화될 수 없다. 이것이 바로 탈중심화라는 첫 번째 과업이 해석을 통한 의미의 환수라는 두 번째 과업과 분리될 수 없는 이유이다. 이러한 이탈과 환수의 교대가 메타심리학 전반의 철학적 원동력이다. 만일 욕망의 언어가 의미와 힘, 반성과 결합한다는 사실이 참이라면 욕망의 근간을 얻기 위해 담론의 의식적 의미가 상실되어야 하고, 의미의 또 다른 장소가 치환되도록 놔두어야 한다. 이것이 탈취, 이탈의 계기다.

하지만 욕망이 그 스스로 치환을 일으키는 위장 속에서 접근될 수 있는 것인 것처럼 그것은 반성 안에 있는 욕망의 위치를 복원시킬 수 있고 맨 처음 잃어버린 것을 마침내 획득하고 마는 반성을 그 자체로 확대시킬 수 있는 욕망의 기호들을 해석함으로써만 존재한다.

이와 같은 것이 반성에 관한 **분석론**의 두 가지 도정, 곧 기술적 의식 개념에서 충동과 충동의 운명으로 나아가는 도정 및 충동의 대표에서 의식 안에서의 충동의 파생물로 나아가는 도정의 의미다. 이제 첫 번째 도정으로 돌아가자. 이 도정은 관점의 전복을 통해서 시작된다. 무의식은 의식과의 관계에 있어서 부재 혹은 잠복이라는 특징으로는 더 이상 정의되지 않는다. 그것은 다만 표상들이 머무는 하나의 소재지(localité)로 정의된다. 현재의 분석을 예취하는 가운데 우리는 이러한 관점의 전복을 판단중지의 역전으로, 반-현상학으로 일컫는다.[4] 이는 여전히 참되다. 왜냐하면 우리가 직면한 일은 의식**으로의** 환원이 아니라 의식**의** 환원이기 때문이다. 다시 말해 의식은 그 자체가 문제제기가 되기 위해 잘 알려져 있는 존재이기를 그만둔다. 이후로 의식은 이

4_ p. 182 이하.

른바 의식-존재(*Bewusstsein*)의 명증성의 자리에서 하나의 문제, 의식-되기(*Bewusstwerden*)의 문제가 된다. 그것은 우리로 하여금 이제 반성의 한 단계, 반성의 탈취라는 계기로 스스로를 나타내는 반-현상학이다. 지형학적 무의식 개념은 이러한 반성의 완전한 부재상태(le corrélat de degré zéro de réflexion)의 상관자이다.

의식의 유사 명증성 파괴의 두 번째 단계는 대상 개념(욕망의 대상, 증오의 대상, 사랑의 대상, 불안의 대상)의 단념을 통해서 표명된다. 의식의 명증성이라는 왜곡된 명증성 속에 주어진 대상은 분석을 인도하는 일을 그만두어야 한다. 프로이트의 용어로 표현하자면 이는 충동의 의도에 대한 단순한 변양에 불과하다(『성욕에 관한 세 편의 에세이』, 「충동과 그 운명」). 충동의 운명이라는 개념은 의식에 대한 고전심리학의 표상법칙으로 대체된다. 다시 말해 그것은 리비도의 경제적 보상이라는 기능으로서, 대상 개념의 실제적 발생을 일으킬 수 있는 이 충동의 경제학이라는 틀 안에 존재한다. 아마도 이러한 표면적 반-현상학은 대상이 다시금 초월적 안내자가 됨으로써 목적지를 향하게 하는 거대한 우회로일 것이다. 이런 일은 필경 직접적 의식이 아니라 상당할 정도로 매개된 의식을 거쳐야만 가능하다. 이와 관련해서 후기 후설은 구성에 관한 탐구를 수동적 발생으로 정립시키는 가운데 탐구의 길과 방향을 지시한다. 프로이트에게 고유한 것은 이러한 대상의 발생을 사랑과 증오의 발생과 연관시킨다는 점이다.

탈취의 세 번째 단계는 정신분석 이론 안에 **나르시시즘** 개념을 **도입**한 것이라고 특징지을 수 있다. 우리는 이제 자아 충동(*Ichtrieb*)이라는 개념을 형성하라는, 그리고 충동의 다양한 대상으로서의 자아를 그 자체로 다루라는 강요를 받게 된다. 우리가 말했던 것처럼 자아는 더 이상 코기토의 '주체'가 아니라 '욕망'의 대상일 뿐이다. 더 나아가서 리비도의 경제 안에서는 주체와 대상의 가치가 직접적으로 치환된다. 자아는 리비도 투여의 거래에서 대상의 가치와 협상을 벌이는 자아 충동과 상관관계를 맺고 있다. 그것은 쾌락자아이다. 이것이 바로 반성철학의 제일 큰 시련이다. 문제가 되는 것은 직접적 통각의 주체 그 자체이다. 나르시시즘은 정신분석 이론에서만이 아니라 반성에도 도입되어야만 한다. 이제 우리는 **나는 생각한다, 나는 존재한다**라는 필증적인 진리가 말해지자마자 이것이 유사명증성을 통해 길이 막히게 된다는 사실을 알게 되었다. 유산된 코기토(Cogito avorté)가 **나는 생각한다, 나는 존재한다**라는 반성의 제일 진리의 자리를 이제껏 단단히 움켜쥐고 있었다. 다시 말해 나는 에고 코기토라는 발원지에서 모든 파생적 형식[5]의 충동이 프로이트가 일차적 나르시시즘이라고 부른 원초적이고 근원적인, 선결적 사실들에게로 그 방향을 설정하고 있다는 것을 발견한다. 반성적 차원에서 이러한 발견 사항에 이르게 되면, 지향된 대상에서 이미 만들어낸 탈취와 의식주체의 탈취를 동등시하게 된다.

여기서 우리는 의식의 환원이라는 일종의 극단에 도달하게 되는데, 이는 현상학이라는 환원에 대해서도 똑같이 말할 수 있는 바이다. 아버지가 자기 아이를 과대평가하는 것을 아버지 자신이 포기했던 나르시시즘의 재생(아버지의 아기 전하는 우리의 꿈을 완전히 성취해야 한다…)으로 간주하는 프로이트는 다음과 같이 적고 있다. "나르시시즘적 체계의 가장 까다로운 지점에서, 현실의 강한 압박을 받는 이러한 자아의 불멸성은, 아이에게서 자신의 피난처를 찾아 자신의 안정성을 유지하려

---

5_ Cf., pp. 202–206.

는 것에 불과하다."[6]

'나르시시즘적 체계의 이 까다로운 지점'이란 내가 허위의 코기토라고 부르는 것으로, 이것이 바로 원초적 코기토와 공존하는 것이다. 또 다른 유명한 텍스트 「정신분석의 어려움」(1917)에서 프로이트는 의식의 특권적 지위에 대한 도전과 관련이 있는 철학적 논점을 명쾌하게 지적한다. 이 시론에서 나르시시즘은 진정한 형이상학적 실재, 진리에 대한 가장 극단적인 저항에 속하는 것임에 틀림없는 실재하는 악신으로 나타난다. "인간의 보편적 나르시시즘, 자기 자신에 대한 사랑이라는 것은 지금에 이르기까지 과학적 탐구에서 비롯되는 세 가지 격렬한 공격으로 인해 심대한 타격을 입었다." 첫째, 인간은 우주에서 지배적인 역할을 하는 기호로, 지구의 중심점으로 간주되어 왔다. 이는 '인간을 자기 스스로 세상의 주인으로 간주하는 경향성과 잘 맞아떨어지는' 것으로 나타나게 만든 견해다. 다음으로 인간은 '동물의 왕국에서 동료 피조물을 지배하는 지위를 획득했으며', 이에 따라 필경 '인간 본성과 동물들 사이의 틈이 벌어지기 시작했다.' 마지막으로 인간은 자신이 지배자이며 자기 집, 자기 마음의 주인이라고 확신하게 된다. 정신분석학은 이 세 번째 사안을 '아마도 가장 상처를 크게 입는' 비하 상태로 표현하면서 나르시시즘을 다루게 된다. 코페르니쿠스가 가한 우주론적 굴욕이 있은 다음 다윈의 작업에 이르러 인간에 관한 생물학적 비하라는 견해가 도출된다. 그리고 지금 여기 '자아는 자기 집의 지배자가 아니다'라고 주장하는 정신분석학이 존재한다. 이미 알려진 것처럼 인간은 우주의 주인이 아니고 동물의 왕국의 주인도 아니다. 심

---

6_ 「나르시시즘 서론」(*Pour introduire le narcissisme*), *GW, 10*, p. 158 ; *SE, 14*, p. 91 ; tr. fr., p. 21 ; 전집 11권, p. 70.

지어 인간이 자기 마음의 주인도 아니라는 사실이 밝혀졌다. 프로이트적 사상가들은 자아에 대해 다음과 같은 선고를 내린다.

> 너는 너의 마음속에서 지속하는 모든 것에 대해 알려주었던 바를 확실히 느끼고 있다. 만일 그것이 전부 중요한 것이라면 말이다. 그 경우 너는 그에 대한 새로운 소식을 너에게 전달하고 있다고 믿고 있다. 그리고 만일 너가 너의 마음속에 어떤 것에 대한 정보를 가지지 않았다면, 너를 이를 그것이 존재하지 않는다고 자신있게 가정한다. 실제로 너가 너에게 알려지는 바와 관련하여 '정신적인' 것을 '의식적인' 것과 동일한 의미로 간주하는 한, 그것이 거대한 처리 사안을 가장 확실하게 증거함에도 불구하고 너의 마음은 너의 의식에 알려질 수 있는 것 이상의 것에 직접적으로 다가가고 있음에 틀림없다. 이러한 지적을 너 스스로에게 가르치도록 하라! … 너는 너의 가장 높은 상사를 통해서 알게 된 정보의 내용이 담겨진 절대적 통치자처럼 행동함과 동시에 그 목소리를 듣기 위해 사람들 속으로는 결코 나아가지 못한다. 너의 눈을 너의 내면으로 향하게 하고 너의 마음의 심연을 돌아보면서 너 자신을 알기 위해 먼저 배우도록 하라! 그러면 너는 네가 불행으로 떨어지는 이유를 이해하게 될 것이다. 또한 아마도 너는 미래에 그 불행을 피하게 될 것이다.[7]

---

7_ *Une difficulté de la psychanalyse*, *GW*, *12*, pp. 3–12 ; *SE*, *17*, pp. 137–44 ; fr., in *Essais de psychanalyse appliquée*, pp. 139–46. 프로이트의 인격론에 대해서는 다음과 비교해 볼 것. J. Lacan, "Le stade du miroir comme formateur de la fonction du Je…," *Rev. fr. de psychan.*, 13(1949), pp. 449–54 ; "Les Formations de l'inconscient," Séminaire, 1957–1958, *Bull. de psych.*, No. 11. D. Lagache, "Fascination de la conscience par le moi," *La Psychanalyse*, *3*(1957), pp. 33–45 ; "La psychanalyse et la personnalité," *La*

"이렇게 너 자신에게 가르치도록 하라! … 너의 마음의 심연을 돌아보면서 너 자신을 알기 위해 먼저 배우도록 하라!" 이와 같은 프로이트의 말은 이러한 비하가 자기 의식의 역사의 일부를 형성한다는 점을 깨닫게 해준다. **자기로의 귀환**(*In te redi*)이라는 성 아우구스티누스의 말은 또한 후설의 『데카르트적 성찰』의 결론이다. 그런데 프로이트에게서 유별난 것은 이러한 가르침, 이러한 통찰이 '비하'(humiliation)와 연관되어야만 한다는 것이다. 왜냐하면 자기라는 것은 지금까지로 봐서 프로이트가 '나르시시즘의 저항'이라고 일컬은 위장된 적과 마주하게 되기 때문이다.

이러한 진리에의 저항의 핵심으로서의, 나르시시즘의 이의 제기는 의식의 기술(description)에서 정신기관의 지형학으로 나아가는 방법론적 규정을 명령하는 것이다. 철학자는 나르시시즘 속에 뿌리를 내리고 있는 자기 자신, 의식의 환영에 대항해서 계획된 몰아냄(délogement)과 박탈(dépossession)의 전략과 연관되는 심원한 의미작용이 자아의 자연적 모형에 준거하고 있음을 인정해야만 한다. 무의식의 실재론은 자아 자체에 대한 실재론이 되고, 저항에 반하는 투쟁의 음모의 한 국면으로, 그리고 현실원칙, 아낭케를 통해 훈련을 받고 '환영'이 배제된 진리 속에

*Psychanalyse*, *6*(1961), pp. 5–54. P. Luquet, "Les identifications précoces dans la structuration et la restructuration du moi," *Rev. fr. de psychan.*, 26 (1962), pp. 117–329 ; P. C. Racamier, "Le moi, le soi, la personne et la psychose," *L'Évol. psychiatr.*, *2*(1958), pp. 445–66. 신체 이미지의 역할에 대해서는 다음과 비교해 볼 것. F. Dolto, "Personnologie et image du corps," *La Psychanalyse*, *6*(1961), pp. 59–92 ; S. A. Shentoub, "Remarques sur la conception du moi et ses références au concept de l'imaage corporelle," *Rev. fr. de psychan.*, 27(1963), pp. 271–300 ; G. Pankow, "Structuration dynamique dans la schizophrénie," *Revue suisse de psychologie*, *27* (1956).

개방된 자아의 이기주의로 중심축을 설정하지 않은, 그러한 색다른 자기의식에 가까워지는 단계로 간주되어야 한다. 프로이트와 함께 —궁극적으로는 프로이트에 반대하여— 의식에 대해 말할 수 있는 이 모든 내용으로부터 우리는 이제 자기애에 가해진 이러한 '상처'의 표시를 전달해야 한다. 우리가 받아들인 현상학적 빈곤의 요점을 표현하기 위해서 나는 플라톤이 『소피스테스』에서 제시한 존재와 비존재에 대한 다음과 같은 언급에 준거하고자 한다. "존재에 대한 물음은 비존재에 대한 것만큼이나 당혹스러운 것이다." 또한 나는 이렇게 말한다. 의식에 대한 물음은 무의식에 대한 물음만큼이나 모호하다.

프로이트의 심역 이론의 시발점에는 이를 고려해서 이야기할 수 있는 어떤 것이 존재한다. 이제 나는 이 전략이 환영에 대한 투쟁에서 전적으로 채택된 것이며, 정신분석을 원초적 긍정과 결합시키지 못하게 하는 것이라는 사실을 은폐하지 않을 것이다. 코기토의 이념이 의식의 환상으로는 전적으로 환원이 불가능한 필증적 판단 속에서 코기토 자신을 스스로 정립한다는 것은 프로이트와 가장 이질적인 입장이다. 이것이 바로 프로이트의 자아 이론이 의식의 환영에 관한, 그리고 **나는 생각한다**의 '나'를 선사하지 못하는 나의 무능함에서 비롯된 좌절감에 관한 동시적 해방을 초래하는 이유이다. 하지만 그 자체로 철학적인 이러한 기만 자체는 우선 정신분석학이 우리의 자만심에 가한 '상처'와 '굴욕'에 귀속되어야만 한다.

이것은 곧 자아나 의식에 대한 프로이트의 텍스트에 접근할 때, 철학자가 그 자아론의 더 근본적인 요구를 망각해야 하고 **나는 생각한다, 나는 존재한다**의 정립을 망설여야 하는 이유이다. 왜냐하면 의식에 대해 프로이트가 말한 모든 것은 이러한 망각과 망설임을 전제하기 때문이다. 의식이나 자아는 필증적 정립이라는 의미에서의 체계화로는 절대 형성이 되지 않으며, 그보다는 경제적 기능으로 형성된다.

그러므로 체계화라는 좁은 문을 통과하여 프로이트주의에 접근하는 와중에 우리는 의식의 탈취를 제대로 깨닫는다. 다시 말해 우리는 문자 그대로 탈취가 왜 이러한 규율이 실행되는 심역의 실재론에서 존재하는지를 '깨달아' 알게 된다. 그런데 곰곰이 생각해 보면 이러한 실재론은 비가지적이다. 다시 말해 의식의 탈취란, 만일 그것이 순전히 한 사물에 대한 고찰에 있어서 반성을 소외시키는 결과를 초래한다면 말 그대로 비상식적인(*insensé*) 것이 되고 만다. 만일 정신분석학이 나타나는 의미 속에서 숨겨진 의미를 제시하는 실제적인 해석 작업과 지형적-경제적 설명을 연결하는 복잡한 생략될 경우에 이런 지점에 도달하게 되는 것이다.

메타심리학이 우리를 이끌어 주는 두 번째 도정은 '충동의 심리적 대표'라는 난해한 개념에서 그 기원을 갖는다. 이 개념은 증명되기보다는 요청되는 것인데, 때로는 편의적으로 조망될 수 있는 것이면서 무엇으로도 대체될 수 없는 고유한 기능을 갖고 있다. 이 개념은 반성의 사슬의 중요한 정박지를 구축한다. 나는 직접적 의식을 '포기하는' 운동이 의미의 재전유의 시작에, 본래적 코기토와 동일한 것이 되기를 추구하는 '의식-되기'라는 기폭제에, '환수' 운동의 반대편 짝으로 나타나는 귀환의 지점에 배치한다.

여기에 우리가 말했던 힘의 문제와 의미의 문제가 일치하는 지점이 존재한다. 그 지점은 충동이 충동을 표상하거나 나타낸 관념이자 정동을 따라 정신현상 속에 지정되는 장소다. 우리가 다음 장에서 논의해야 하는 정동의 문제는 제쳐두고 프로이트가 충동의 대표-표상이라고 부른 대표들만을 검토하도록 하자.

충동은 생물학적인 것으로, 우리에게 알려질 수 없는 것이라고 프로이트는 주장한다. 심리적 영역으로 들어갈 수 있는 유일한 길은 그 대표라는 표지에서 비롯된다. 이러한 심리적 기호 덕분에 신체는 '영혼 속에 표상된다.' 따라서 의식에 대해 사용하는 언어와 동일한 언어를 무의식에 대해 사용하는 일이 가능하다. 우리는 무의식의 표상들과 의식의 표상들에 대해 말할 수 있다. 지향적 의미들의 통일성은 그 의미를 분리시키는 장벽에도 불구하고 체계들 간의 의미의 친근성을 유지한다. 다른 한편으로 심리적인 것은 의식적인 사실을 통해서, 통각을 통해서 정의될 수 없다. 이런 점에서 우리가 더 길게 다루어야 하는 라이프니츠적인 욕구 및 지각 개념과의 친화성은 충동의 대표-표상이라는 프로이트의 매우 그럴듯한 개념을 잘 설명해 주고 표현해준다. 다른 한편으로 무의식과 의식의 의미의 친근성은 그러한 정신구조의 의식-되기의 가능성이 어떤 막연함 및 어려움이 없이는 정의될 수 없다는 뜻을 내포한다. '무의식'이라는 말을 *UBW*(Ics)라는 약어로 대체할 수 있는 경우에도 의식에의 준거는 유지되고 있다. 프로이트는 **의식성**(*Bewusstheit*), '의식적인 것'이 "우리 연구의 출발점을 형성한다"고 주장한다.[8] 이는 "우리에게 직접적으로 나타나는 심리적 과정의 특성만으로" 존재하며, 결과적으로는 "체계의 분화를 위한 규준으로 도움을 주는 데는 적합하지 않은 방식으로 존재한다. … 그러므로 의식은 다른 두 체계나 억압과 어떤 단순한 관계도 맺지 않고 있다." 적어도 우리는 "'의식성'의 중요성에 대한 집착에서 해방되어야 한다."[9] 이것은 의식의 탈취로 기술된 것으로서 이미 우리가 풀어낸 내용이다. 하지만 의식성

---

8_ 「무의식에 관하여」(*L'Inconscient*), *GW, 10*, p. 271 ; *SE, 14*, p. 172 ; tr. fr., in *Métapsychologie*, p. 104 ; 전집 11권, p. 170.

9_ *Ibid.*, *GW, 10*, p. 291 ; *SE, 14*, pp. 192–93 ; tr. fr., p. 139 ; 전집 11권, p. 198.

의 사실은 억압되거나 파괴될 수 없다. 왜냐하면 의식성은 유의미한 것이 되는 충동의 대표-표상이라는 개념에 관한 의식적 통찰을 완성시키는 과제와 관련하는 의식-되기의 가능성과 연관되기 때문이다. 그 의미는 바로 이것이다. 원초적 충동의 대표들의 확장은, 그 왜곡된 파생물이 있다고 하더라도 여전히 의미의 한계에 속해 있다. 그것은 원칙상 의식적인 정신 현상의 용어로 번역될 수 있다. 요컨대 정신분석학은 의식으로의 귀환으로 인해 가능한 것이다. 왜냐하면 어떤 점에서 무의식은 의식과 동질적이기 때문이다. 다시 말해 무의식은 상대적 타자이지 절대적 타자가 아니다.

## 2. 이드의 실재성, 의미의 관념성

이제 반성 안에서 의식을 포착하는 일이 다시금 가능해진다. 더 엄밀하게 말하면 이탈과 환수라는 이중의 운동으로 의식화가 가능해진다. 이에 대한 방법론적 논의는 제1장에서 미결인 채로 남겨두었다. 나는 일관적인 인식론의 범위 속에서 내적 일관성과 공통 가능성이라는 관점으로 해석학적 개념 및 지형적-경제적 개념의 지위를 부여하지는 않을 것이다. 나는 지형적-경제적 개념에 더 특수하게 접근하는 '실재성'이라는 표지 및 의미, 지향, 그리고 동기라는 개념의 '관념성'이라는 표지에 다가서고 싶다.

프로이트주의는 무의식의 실재론을 소망한다. 이와 관련하여 프로이트는 정신분석학적 무의식 개념에 관한 정의를 내리는 데 있어 의식에 대한 편견이 철학자들을 방해하고 있다고 불평한다. 분명 프로이트의 말이 옳다. 하지만 문제는 메타심리학의 근본 개념에 정신분석학의 사실을 종속시킬 경우, 공언되고 실천하고 있는 그런 류의 실재성을 규정하는 데 머무르고 만다는 점에 있다. 다시 말해 이것은 칸트적 의미에서의 비판의 과업이다. 다시 말해 이 과업은 이제 성취될 수 있다.

프로이트의 지형학이 무의식의 실재론을 요청한다는 것은 분명한 사실이다. 다시 말해 우리는 반성의 관점에서 이 실재론을 받아들이게 된다. 이 반성 안에서 미성숙하거나 환상에 가까운 의식화를 성취하는 것과는 대조되는 탈취와 이탈의 계기를 인식한다. 하지만 나의 의식의 분리가 모든 의식의 분리인 것은 아니다. 실제적인 해석 작업과 메타심리학적 개념의 관계는 새로운 종류의 상대성을 내포한다. 즉 우리가 말할 수 있는 것은 더 이상 '소유'의 의식이 아니라 해석 작업을 통해 구성되는 의식영역의 총체일 뿐이다. 그러나 이 새로운 명제에는 올가미가 가득하다. 왜냐하면 이러한 작업 및 영역은 과학적 의식에 속하는 것이기 때문이다. 여기서 과학적 의식은 적어도 원칙적으로 분석하는 사람을 포함하는 사적 주체성과 구분되는 매우 중요한 것이다. 이러한 의식은 우선 초월적 주체성으로, 다시 말해 해석을 지배하는 규칙의 장소 내지는 영역으로 간주되어야만 한다.

우리의 직접적 의식으로부터 풀려나서 철학을 하는 우리 자신으로부터 어떤 식으로든 '단절된' 이 실재론은, 그 의식 '안에서' 모든 실재론이 구성되는 해석학적 영역과 지형학이 관련을 맺지 않는 한에서는 미결인 채로 남겨진다. 만일 우리가 반성의 진보를 위해서 프로이트의 실재론이 나타내는 이득을 무효화하길 원하지 않는다면 이 관계가 조금 더 정확하게 이해되어야 한다. 우리는 이 실재론을 자연주의로의 회귀로 간주하지 않고 나르시시즘에서의 물러섬과 나르시시즘에 대한 비하, 그리고 직접적인 확실성의 탈취로 간주했다. 이제 우리가 말해야 하는 것은, 동일한 나르시시즘의 교활한 보복이 아니라 의식의 새로운 성질의 증진에 대한 것이어야 한다. 비록 우리가 지형학적 실재론의 가능성 조건이 해석학적 의식이라는 점을 차차 알게 되겠지만, 그럼에도 불구하고 의식의 탈취는 그러한 성취를 가능하게 만든다.

이러한 상황은 놀라운 것이 아니다. 악순환과 같은 것도 존재하지 않는다. 이 상황은 모든 과학적 과업을 통해 전제된 경험적 실재론과 사실과학의 타당성과 관련하는 모든 인식론적 반성을 총괄하는 비판적 관념론 사이의 관계를 일반적으로 특징짓는다. 그러므로 지형학의 실재론 개념에 대한 비판이 분석된 주체의 의식에 대한 탐구로 전환되어서는 안 된다. 왜냐하면 이것은 우리가 단호하게 등을 돌린 직접적 의식의 방향으로 다시 되돌아가는 일일 수 있기 때문이다. 물론 분석은 언제나 이 의식에 대한 의미의 수수께끼로부터, 의식에 대한 증상으로부터, 분석가에게서 만들어진 의식의 꿈에 관한 이야기로부터 시작한다. 이것은 분명한 사실이다. 하지만 중요한 요소는 이게 아니다. 중요한 것은 직접적 의식에의 집착이 아니라 의미의 혼돈, 명백한 의미의 치환, 그리고 분석적 작업 자체를 통해서 구성되는 해독의 영역에서 비롯되는 비-의미다. 이러한 집착과 치환을 가능하게 만드는 것이 바로 지형학이다. 그러므로 실재론 개념에 관하여 유일하게 가능한 비판은 인식론적 비판이다. 이 비판은 실재론의 개념들을—칸트의 초월적 연역의 의미로—'연역한다.' 다시 말해 여기서 연역이란 대상성과 인식 가능성이라는 새로운 영역을 규정하는 능력을 통해서 실재론의 개념들을 정당화시키는 것을 뜻한다. 나에게는 비판적 사유에 관한 더 큰 친밀성이 무의식과 지형학의 실재론에 대한 다양한 학술적 논의를 미연에 방지할 수 있게 하는 것처럼 보인다. 비록 우리가 심역(무의식-전의식-의식)의 실재론과 의미와 무의미의 관념론 사이의 선택을 강요받게 된다 할지라도 말이다. 칸트는 자연학과 관련해서 초월적 관념론과 경험적 실재론의 결합을 우리에게 가르쳐 주었다. 나는 초월적 관념론을 주관적 관념론 내지 심리적 관념론으로 보지 않는다. 동시에 나는 그것을 지형학의 결과와 성취를 무효화시키지 않는 적절한 이론의 수단일 수 있다고 본다. 칸트는 자연과학에 대해 이러한 결합을 성취해냈다. 우리의 과업은 정신분석학과의 결합을 성취하는 것이다. 그 이론은 정신분석학이 잘 다듬어 놓은 사실로 들어간다.

첫째로 경험적 실재론. 이것은 사물들의 수를 의미한다.

1. 메타심리학은 하나의 선택사항, 모험적인 구성이 아니다. 메타심리학은 관념론도 아니고 사변도 아니다. 메타심리학은 칸트가 규정적 경험 판단이라고 부른 것과 관련이 있다. 메타심리학은 해석의 영역을 규정한다. 그러므로 우리는 교설이 없는 방법을 취하지 말고 방법과 교설을 분리시키는 일을 그만두어야 한다. 여기서 교설은 방법이다.

2. 해독과정의 끝자락에서 분석은 지층학(stratigraphie)과 고고학이 측정하는 바로 그만큼 실재성에 도달한다. 분석이 접하고 발견하는 실재성은 특히 종결된 분석의 필수요건으로서 다양한 방식으로 우리를 깜짝 놀라게 한다. 이것이 바로 내가 이해하는 한, 프로이트가 끝낼 수 있는 분석을 논한 의미이다.[10] 분석이 스스로 종료되는 순간에 분석은 다른 것이 아니라 다음과 같은 이러한 기표들에 이르기 때문에, 결국 분석이 도달하는 종점은 다른 것이 아니라 이 언어적 사슬이라는 사실의 현존이다.

3. 이것은 특수한 심리적 배열로 인해 발생한 독특한 실재성이다.

---

10_ 『끝낼 수 있는 분석과 끝낼 수 없는 분석』(*Analyse terminée et interminable*), *GW, 16*, p. 59–99 ; *SE, 23*, p. 216–53 ; tr. fr. *Rev. fr. de Psa*, 11 n$^{0}$ 1, 1939, p. 3–38 ; 이덕하 역, pp. 311–79.

하지만 그것, 즉 이드라는 것은 다음과 같은 점에서 전형적인 실재성이다. 해석은 동일한 것을 의미하는 부분들에게로, 동일한 대응물에게로 규칙적으로 돌아오기 때문에 가능하다. 다시 말해 이러한 회귀는 선결되어야 할 하나의 형태 속에 이미 구성된 일종의 사전(dictionnaire)을 형성한다. '내'가 생각하기 전에 의미가 '있다'(il y a). 즉 그것([이드], *ça*)이 말한다. 그러므로 분석은 특정한 특칭적 배열이 식별될 수 있기 때문에 끝을 낼 수 있다. 그러나 특칭적인 것은 그런대로 선별이 가능한데, 왜냐하면 그것이 가능한 결합의 팽창을 제한하는 형태 내부에서 그 독특성(singularité)을 재단하기 때문에 그렇다. 그러므로 끝낼 수 있음이라는 개념에는 유한한 결합의 질서라는 개념이 조합되어야만 한다. 따라서 끝낼 수 있음이라는 개념은 분석이 입증하고 전제하는 규정된 구조의 이념을 향해 나아간다.

4. 의미의 독특성과 전형적인 구조의 유한한 조사법 그 이상으로 프로이트의 실재론은 무의식적 체계를 지배하는 법칙의 메커니즘적 본성을 기반으로 삼는다. 그 체계를 지배하는 법칙과 의식의 활동성의 법칙 간의 차이는 기술적 관점에서 체계적(혹은 조직적) 관점으로의 이행을 프로이트의 입장에서 정당화시키는 것이 된다. 이러한 또 다른 법칙성으로의 전환은 나 스스로를 메커니즘과 마주하게 하는 가운데 헤겔이 『법철학』에서 기술했던 상황과의 유비를 함축한다. 지성이 인간의 활동을 욕구의 존재로 파악할 때 그 지성은 메커니즘적 필연성, 외적 실재성을 구체화하는 체계 안에서 인간의 행위를 파악해낸다. 이에 헤겔은 다음과 같이 진술한다. "정치경제학은 이러한 관점에서 시작하는 학문이다."[11] 정치경제학과의 이러한 비교는 우연적인 것이 아니다. 왜

11_ Hegel, *Principes de la Philosophie du Droit*, §189, tr. fr., Gallimard, p. 157.

냐하면 지형학적 구조를 제정하는 것은 충동의 경제학이기 때문이다. 분석적 방법은 경제적 모형을 따라 부과된 자연주의적 관점을 채택하고 그것을 추론하는 인식가능성의 형태를 승인하지 않으면 실행될 수가 없다. 모든 발견의 능력은 무엇보다도 이러한 모형의 측면에서 비롯된다. 결과적으로 나에게 분석에 대한 단순한 언어적 베껴쓰기(transcription)는 프로이트에게서 제시되는 기본적인 난점을 회피해 버리는 것으로 여겨진다. 프로이트의 자연주의는 '잘 정초되었다.' 그리고 정초된 것, 주의 깊게 검토된 힘과 메커니즘의 문제가 곧 유사 자연의 양상, 곧 사태의 양상이다. 만일 조금 더 앞으로 나아가지 못하면 우리는 머지않아 직접적 의식의 우위성으로 회귀하게 된다.

그런데 우리는 이러한 실재론을 수용하면서 다음과 같은 물음을 던져야 한다. 이것은 어떤 실재성인가? 무엇에 대한 실재성인가? 이 물음은 지형학이 그 자체로 가르쳐 주는 것과 매우 정밀하게 밀착되는 지점이다. 지형학을 통해 인식이 가능해지는 실재성은 충동의 대표의 실재성이기는 하지만 그것이 충동 자체는 아니다. 경험적 실재론은 인식 불가능한 것에 대한 실재론이 아니라, 인식 가능한 것에 대한 실재론이다. 또한 정신분석학에서 인식이 가능한 것은 생물학적 충동 존재가 아니라 충동의 심적 대표들에 대한 심리학적 존재이다. 프로이트는 다음과 같이 말하고 있다.

> 충동은 결코 의식의 대상이 될 수 없다. 오로지 충동을 대변하는 표상만이 의식의 대상이 될 수 있다. 무의식에서조차도 충동은 표상에 대한 의존 없이는 표현될 수 없다. 만일 충동이 어떤 표상에 귀속되지 않거나 어떤 감정적 상태로 드러나지 않는다면 우리는 그 충동에 대해 아무것도 알 수 없다.[12]

그러므로 프로이트적 지형학 특유의 실재론은 우선은 충동의 심적 대표에 대한 실재론이다. 여기서 출발해서 동일한 실재성의 지표(indice)는 점진적으로 이념들과 연결되는 분석 전반으로 확장된다. 따라서 정동의 주입은 우리가 그 주입과 대표들 사이에서 찾아낸 연결점을 근거로 해서 지형학 안에 그 '장소'를 잡게 되는 실재성이 된다. "무의식의 핵은 리비도 투여, 달리 말해 욕망의 자극을 방출할 수 있는 충동의 제시 형식이다."[13] 이러한 연결은 지형학적 관점에서 경제적 관점으로 통과하는 것을 동일한 차원에서 허용한다. '투여' 및 그 외의 다른 모든 '경제적' 작용은 이러한 표상들과 그 양적 양상을 구성하는 정동의 부과로만 구별되고, 재인식되며, 지명될 수 있을 따름이다. 이것이 바로 프로이트가 자신의 실재론을 가장 잘 보여주고 있는 텍스트에서 충동의 '대표들'의 운명으로서의 '충동의 운명들'을 일관성 있게 설명하는 이유이다. "우리는 억압이 본질적으로 무의식 체계와 전의식(의식) 조직 사이의 경계선상에 있는 표상에 영향을 미치는 과정이라는 결론에 도달한 셈이다."[14] 이 실재론은 충동의 '대표들'에 관한 실재론이기 때문에 충동 그 자체에 속하는 것이 아니다. 이것은 인식할 수 있는 것에 대한 실재론이지 인식할 수 없는 것, 말할 수 없는 것, 그 깊이를 헤아릴 수 없는 것에 대한 실재론이 아니다. 우리는 다음과 같이 말하는 프로이트의 텍스트를 전부 다 건드려야 한다. 즉 그가 "충동 이론은 말하자면 우리의 신화학이다"라고 말한 대목,[15] 또한 그 다음으로 "내

12_ 「무의식에 관하여」, *GW, 10*, 276 ; *SE, 14*, 177 ; tr. fr., 112 ; 전집 11권, p.176.

13_ *Ibid.*, *GW, 10*, p. 285 ; *SE, 14*, p. 186 ; tr. fr., p. 129 ; 전집 11권, p. 189.

14_ *Ibid.*, *GW, 10*, 279 ; *SE, 14*, p. 180 ; tr. fr., p. 118 ; 전집 11권, p. 180.

15_ 『새로운 정신분석 강의』, *GW, 15*, p. 101 ; *SE, 22*, p. 95 ; tr. fr., 118 ; 전집 2권, p. 128.

면인식의 대상이 외부 세계만큼 인식하기 어려운 대상이 아니"라고 한 텍스트 말이다.[16] 두 번째 언급은 칸트적 언어로 표현된 것이라는 점을 주목해야 한다. 이 말이 나온 맥락은 칸트가 외적 지각에 대한 우리의 관점을 교정해 주는 내용과 우리의 지각이 '인식할 수 없는 것을 통해서 지각된 것과 동일한 것으로 간주되어서는 안 된다'고 경고했던 내용을 상기시켜 준다. 이는 정말 중요한 언급이다. 왜냐하면 사물들의 측면에서 바로 사물 바깥에 인식할 수 없는 것이 자리하기 때문이다. 그러므로 또한 텍스트는 계속해서 다음과 같이 말한다.

> 정신분석 또한 의식을 통한 인식을 인식의 대상인 무의식의 정신과정과 동일한 것으로 보지 말 것을 우리에게 경고한다. 물리적이고 육체적인 것과 마찬가지로 정신적인 것은 본질상 있는 그대로 드러나는 것과는 다르다. 다만 그나마 위안이 되는 것은 외부 세계에 대한 인식을 수정하는 것처럼 내면 인식을 수정하는 일이 그렇게 어려운 일은 아니라는 점이다. 내면 인식의 대상이 외부 세계만큼 인식하기 어려운 대상은 아니기 때문이다.[17]

이상의 주장은 다양한 해석작용과 이 '실재성'을 연관시키고, 이 실재성이 '진단이 되는' 실재성으로만 존재한다는 사실을 보여주는 데 만족한다.[18] 무의식의 실재성은 절대적 실재성이 아니라 의미를 부여하

16_ 무의식에 관하여」, *GW, 10*, p. 270 ; *SE, 14*, p. 171 ; 전집 11권, p. 169.

17_ *Ibid.*, *GW, 10*, p. 270 ; *SE, 14*, p. 171 ; 전집 11권, pp. 168–69.

18_ 나는 내가 프로이트적 무의식을 제시했던 첫 번째 해석에서 진단과 진단을 받은 실재성이라는 개념을 이미 사용했다. *Le Volontaire et l'Involontaire*(Paris : Aubier, 1950). 나는 여기서 그때로 되돌아가고 있다. 프로이트의 실재론과 자연주의를 정

는 작용에 상관하는 실재성일 뿐이다. 이러한 상관성은 세 가지 수준으로 나타나는데, 우리는 이 상관성을 보다 객관적인 질서에서 보다 주관적인 질서를, 혹은 우리가 그렇게 하길 원한다면 더 인식론적인 질서에서 좀 더 정신분석학적인 질서를 부여하는 세 가지 등급을 제시한다.

1. 일차 지형학의 무의식은 그것을 가능하게 하는 해독의 규칙에 상관한다. 이 규칙은 예를 들면 무의식적 체계의 기원으로 돌아가서 전의식 체계 안에 있는 무의식의 '파생물'을 추적하는 것을 말한다. 이러한 상관성은 확실하게 이해되어야 한다. 이것은 일반적인 심리학적 의미에서 해석자 입장으로의 단순한 투사로 환원하는 것이 아니다. 상관성은 지형학의 실재성을 해석학 내에, 순수하게 인식론적인 의미에서 그 자체로 구성하는 것을 의미한다. 상관성은 기원(무의식)으로 거슬러 올라가서 파생물(전의식)의 운동 속에 존재한다. 무의식이라는 것은 문제시되는 주체의 의식에 대해 실재적이라는 사실을 제시하기 위해 비롯되는 것이 아니다. 무의식을 '소유하는' 의식을 지시하는 일은 일단은 유보되어야 하고, 그것은 단절된 관계여야 한다. 다시 말해 이러한 유보는 또 다른 상관성을 만천하에 드러낸다. 이 상관성은 '주체적인 것이 아니라' 인식론적인 것이다. 다시 말해 지형학의 상관성은 그 자체로 다양한 기호들, 징후들과 표지들, 그리고 분석적 방법, 설명 모형들의 총체를 형성하는 해석학적 배치와 결부된다.

---

당화시크는 보다 커다란 관심사의 수준에서 말이다. 이러한 해석은 폴리처, 그리고 사르트르와 조우할 수 있게 해준다. G. Politzer, *Critique des fondements de la psychologie*, I. *La psychologie et la psychoanalyse*(Rieder, 1928). J.-P. Sartre, *L'Être et le Néant*(Paris : P. U. F., 1943), "La psychanalyse existentielle."

2. 무의식의 실재성은 이러한 일차적 질서의 상관성 안에 존재함과 동시에 이 질서로부터 출발하고 이 질서와 관계하는 가운데 존재한다. 우리는 이를 객관적 상관성이라고 부를 수 있다—분석규칙의 상관성을 의미한 것이지 분석가의 인격에 대한 상관성을 의미한 것은 아니다. 우리는 계속해서 이차 질서, 상호주관적 상관성에 대해 이야기할 수 있다. 분석적 해석을 통해 무의식에서 추론된 사실들은 우선은 다른 것들에 대해서도 유의미한 것이다. 이러한 증인 의식(conscience témoin)은 분석가의 의식으로서 지형학적 실재성이 구성되는 범위 안에 속하는 해석학적 배치의 일부다. 우리가 이러한 언급들이 갖는 그 완전한 의미를 상세히 설명할 입장에 서 있는 것은 아니다. 이러한 짝짓기 내지는 접합과정이 주제화될 수 있기 전이라도 우리가 가야 할 길은 여전히 많이 남겨져 있다. 왜냐하면 지금 우리는 분석을 지배하는 객관적 규칙의 구조 속에 있는 그 인식론적 중요성만을 이해할 수 있을 뿐이기 때문이다. 이러한 맥락에서 분석가는 단순히 놀이의 규칙을 실천하는 자로 나타나지, 타자의 의식 안에서 그 진리를 소유하는 사람의 의식을 통과하는 그런 이중적 관계의 내부에서 마주하는 자로 나타나는 것은 아니다. 다시 말해 이러한 의미는 피분석자 자신이 의식-되기로 드러나고, 더 이상 괄호로 묶여 의미의 기원에서 거절당한 의식을 가진 분석 대상으로서는 드러나지 않을 경우에만 나타날 것이다. 이제 무의식이—그리고 지형학 속에 체계화된 현실 일반이—해석규칙에 의거하는 경우 타자에게서 비롯된 현실처럼 정교해진다는 말로 우리 자신을 만족시켜 보자. 차후에 우리는 이러한 진단상의 관계가 두 의식 간의 대화와 투쟁, 단일한 존재의 의식-되기를 통해서 작용하게 되는 완전하고 구체적인 치료적 관계와 비교하면 여전히 추상적이라는 사실을 지적할 것이다. 우리가 현재 반성 차원에서 말할 수 있는 바는

무의식의 긍정이 소유하는 객관적 지위를 정확하게 하는 것으로 충분하다. 그것은 주어진 의식이 무의식을 '소유한다'는 해석학적 규칙과의 관계를 통해서, 그리고 타인에 대하여 존재한다. 그러나 이 관계는 무의식을 소유한 의식의 탈취 속에서만 표현된다.

3. 결국 여전히 그 특유의 차원에서의 구성요소이긴 하지만, 무의식의 실재성은 우리가 순전히 주관적인 의존성의 세 번째 형식으로 설명할 수 있는 다음과 같은 이중적 상관성의 의존성 안에 존재한다. 나는 전이 언어 안에서 정신분석학적 실재성의 구성에 대해 말할 수 있다. 분석가의 독특성이 여기서는 분할이 불가능한 준거점으로 표시된다. 이처럼 분석가는 분석에 자극을 주고 인내하는 자이면서 분석 안에서 문제시되는 것의 의미를 일관적으로 포착하기 위해 전이로 일정 부분 방향을 설정한다. 그런데 우리는 여기서 우연적이면서 동시에 예측할 수 없는 경계에 도달한다. 물론 그렇다고 이것이 우연적 요인인 것은 아니다. 전이는 치료의 우연적인 부분이면서 치료의 필연적인 경로다. 그럼에도 불구하고 각각의 사례에서 전이는 유일한 한 가지 관계로 펼쳐진다. 전이는 규칙적 에피소드이며, 계산할 수 없는 사건이 아닌 한 말해질 수 있다. 규칙적인 에피소드는 훈련의 대상이다. 전이는 가르칠 수 있고 배울 수도 있다. 계산할 수 없는 사건은 분석가의 단일한 인격성과 마주한다. 즉 계산할 수 없는 사건은 가르칠 수도 배울 수도 없는 것이다. 확신컨대 규칙적인 에피소드는 계산할 수 없는 사건과 분리시킬 수 없다. 하지만 규칙적인 에피소드는 분석이 관계적이라는 점에서 그 심리적 '실재성'에 관한 해석학적 배치에서 일차적으로—사건으로부터의 추상을 통해 분리된다—드러난다.

이러한 반성은 더 이상 경험적 실재론, 충동의 대표들의 실재론이 아니라 종결된 분석을 통해 다듬어진 무의식 안에 있는 최종 의미를 사후적으로 투사하는 소박실재론(素朴實在論)과 마주하기 위해서 필연적인 것이다. 이 경우 정신분석학은 최악의 경우 신화학이 되어버릴 수도 있다. 왜냐하면 신화학은 무의식적 생각으로 나타날 수 있기 때문이다. 이드라는 말의 표현적 힘(심지어 무의식이라는 말보다 더 강력한)은 무의식을 전달하는 의식의 소박실재론, 의식 속에 의식을 중복시키는 소박실재론으로부터 우리를 보호해 준다. 무의식은 다른 어떤 것도 아니고, 단지 이드일 뿐이다.

무의식을 직접적으로 지시하는 일은 해석학적 배치에 본질적인 것이지 우연적인 것이 아니다. 우리는 행위자의 실재성에 관한 긍정명제의 타당성과 한계를 모두 정의한다. 우리는 정신분석학적 개념에 대한 한 가지 비판을 실행한다. 다시 말해 정신분석학적 개념의 의미-내용의 정당성과 그 구성의 경계 너머로 그 개념을 확장하려는 요구의 한계를 설정하려고 한다. 이러한 경계선은 해석학적 배치, 즉 다음과 같이 구성되는 총체를 이루고 있다. (1) 해석 규칙, (2) 분석의 상호 주관적 상황, 그리고 (3) 전이의 언어.

우리는 이를 다음과 같이 요약할 수 있다. 이드의 실재성, 의미의 관념성. 이드가 주해에서의 사유에 주어지는 것으로서의 이드의 실재성. 분석의 끝에서만 존재하는 그러한 의미, 분석적 경험 안에서, 전이 언어를 통해서 상세해지는 의미로서의 의미의 관념성.

### 3. 고고학이라는 개념

나는 프로이트적 메타심리학을 반성의 모험으로 이해한다. 의식의 탈취가 그 모험의 길인데, 왜냐하면 의식-되기가 메타심리학의 과제이기 때문이다.

하지만 이러한 모험의 결과에서 비롯된 것이 '상처 입은 코기토'이다. 이는 자기 스스로를 정립해내는 코기토가 아니라 자기를 제대로 소유하지 못하는 코기토를 뜻한다. 코기토는 비충전성, 환영, 그리고 실제적인 의식의 허위라는 언명 속에서, 그리고 이 언명을 통해서만 코기토의 근원적 진리를 파악한다.

우리는 이제 더 멀리 나아가야 한다. 그리고 단순히 의식의 비충전성이라는 부정적 용어로만 말해서는 안 된다. 오히려 욕망의 정립이나 출현이라는 긍정적 언어로 정립된 나, 그리고 나 자신이 이미 정립되었다는 사실을 말해야 한다. '코기토'의 핵심부에서 '나는 존재한다'라는 명제의 선행적인 정립은 주체의 고고학이라는 주제 아래 명백하게 드러나야만 한다.

우리가 반성철학의 양식 안에서 반복해야 하는 것은 프로이트의 지형학이 아니라 프로이트의 경제학이다. 우리는 반성이 허위의식의 마력을 반대하는 데서 비롯된 탈취의 전략을 통해 지형학적 관점을 정당화시켰다. 이러한 성찰이 안고 있는 핵심적인 문제의 방향으로 나아가는 가운데 우리는 주체의 고고학에 어울리는 담론을 전유시킴으로써 경제적 관점을 정당화시킬 것이다.

프로이트 독해의 도입부에서부터 우리는 현재의 논의와 주제에 대한 기대를 가지고 있었고, 이제 이것을 반성철학과 긴밀하게 연결시키는 시도를 해야 한다. 아마도 우리는 힘에서 언어로 이행하는 가능성과 욕망의 출현 자체에 놓여 있는 언어의 힘을 완벽하게 재탈환하는 일의 불가능성을 이야기했을 것이다.

그 가능성과 불가능성 간의 연결이 지금 우리의 반성 주제다. 우리가 경제적 관점을 하나의 모형으로 간주하기까지 하나의 작업가설은 그 인식론적 기능을 따라 정당화되었다. 하지만 이러한 경제적 모형에 대한 선택은, 반성에 있어서 경제적 모형의 관계가 단순히 의식의 탈취로 기술되는 부정적 관계로 있는 동안 반성의 운동과 무관한 것으로 남겨진다. 우리가 나타내야 하는 것은 이 경제적 모형과 이제부터 반성의 고고학적 운동이라고 불러야 하는 것 간의 심오한 조화관계이다. 여기서 경제적 관점은 더 이상 하나의 모형 내지 관점이 아니다. 경제적 관점은 사물과 사물들의 세계 안에 있는 인간에 대한 총체적 관점이다. 우리의 자기 이해에 대한 이와 같은 급진적 변혁이 하나의 모형에 포함되거나 단순한 방법론적 선택으로 제시될 수는 없다. 내 입장으로 볼 때 나는 프로이트주의를 시원에 대한 드러냄, 언제나 앞서 존재하는 것에 관한 표현으로 간주한다. 그러므로 프로이트의 사유는 낭만적 삶의 철학과 무의식이라는, 낡은 것과 새로운 것 양쪽의 뿌리를 지닌다. 그 시간적 함축의 관점에서 유래한 프로이트의 이론적 작업에 대한 개관은 프로이트의 주요 관심사가 앞서 있는 것, 선행하는 것에 관한 것이라는 점을 보여줄 수 있다.

이 전체적 전개의 선율에 있어서 핵심은 『꿈의 해석』 7장에서 제시된 퇴행(régression) 개념이라고 할 수 있다. 우리가 이 어려운 장을 분석했을 때 나타난 그 구조나 본성, 특색이나 실재, 정신기관의 도식, 혹은 아버지를 통한 아이의 유혹 이론과 1900년에 제시된 지형학 사이의 연결 문제로 되돌아가지는 않을 것이다. 나는 이 전체 구성물의 기본 의도가 되는 것으로 여겨지는 문제에 더 직접적으로 다가가려고 한다. 내가 지적했던 것처럼 도식의 목적은 기능들에 역행하는 퇴행과 진보적인 방향에 반하는 기관들의 비정상성에 대해 설명하는 것이다. 꿈을 구성하는 소원성취는 세 가지 방식으로 퇴행적이다. 소원성취는 이미지에 대한 소재로의 회귀, 유년기로의 회귀, 그리고 원동력의 끝을 향하는 전진 대신에 정신기관의 지각적 말초 조직을 향하는 지형학적 회귀로 존재한다. 프로이트는 "이러한 세 종류의 퇴행은 근본적으로 같은 것이며, 대부분의 경우 동시에 일어난다. 시간상으로 오래된 것은 동시에 형식적으로 일차적인 것이며, 심리적 위치에서는 지각의 말초 조직에 더 가깝기 때문이다"라고 관찰하고 있다.[19] 지형학적 퇴행은 퇴행의 다른 두 가지 형식들에 대한 묘사의 표현으로서 한편으로는 이미지, 드라마적인 표상, 환각으로 돌아가며, 또 다른 한편으로는 시간적 퇴행을 뒷받침해 준다. 더 나아가 퇴행의 형식들 가운데 마지막 두 가지는 밀접하게 연관되어 있다. 프로이트는 이렇게 말한다. "꿈 사고의 구조는 퇴행에서 원재료로 분해된다."[20] 이러한 분해작용은 형식적 퇴행의 또 다른 이름이며, 이미지에 대한 사유의 퇴행, 과거로의 회귀라는 부분에 존재한다. 왜냐하면 '꿈 사고'는 검열을 따라서 묘사적 표상의 환각적 양상 이외의 표현을 발견하는 방법을 도무지 알지 못하기 때문이다. "이러한 견해를 따르면 또한 **꿈은 전이를 통해 최근의 것으로 변형된 유아기 사건의 대체**라고 볼 수 있다. 유아기의 사건은 원래대로 재생될 수 없다. 그것은 꿈으로 표상되는 것으로 만족해야 한다."[21] 결국 그것은 가장 두드러지게 강조된 시간적 퇴행 방향이다. "꿈을 꾼다는 것은 꿈꾼 사람의 아득한 과거 상황으로 돌아가는 일종의 퇴행이고, 어린 시절과 어린 시절을 지배했던 충동과 당시 사용했던 표현방식

---

19_ 『꿈의 해석』, *GW*, *2/3*, 554 ; *SE*, *5*, 548 ; tr. fr., 451(299) addition de 1914 ; 전집 4권, 636.

20_ *GW*, *2/3*, p. 549 ; *SE*, *5*, p. 543 ; tr. fr., p. 447(296) ; 전집 4권, p. 631.

21_ *GW*, *2/3*, p. 552 ; *SE*, *5*, p. 546 ; tr. fr. p. 448(297) ; 전집 4권, p. 634.

의 재생이다."[22] 이러한 개념을 팽창시키면서 프로이트는 다음과 같은 첨언을 한다. "꿈에서는 '직접 도달할 수 없는 인간성의 근원적 잔재의 부분이 작용한다'는 프리드리히 니체의 말이 얼마나 정곡을 찌르는지 분간할 수 있다. 동시에 꿈 분석을 통해서 인류의 근원적 유산과 인간의 타고난 정신의 근원을 인식할 수 있다는 기대를 품게 된다."[23] 이것이 바로 『꿈의 해석』의 주요 강조점이다. 이는 이 책의 마지막 부분에 가서 재확인된다. "과연 꿈의 가치는 미래를 알려주는 데 있는가? 물론 그렇다고는 생조차 할 수 없다." 이에 대해서는 범주적으로 답하는데, 만일 꿈이 성취된 소망을 묘사함으로써 우리를 미래로 인도한다면 이 미래는 "꿈을 꾸는 사람이 현재의 것으로 받아들이는 것으로, 이 미래는 소멸될 수 없는 소망을 따라 과거와 유사한 모습으로 형성된다."[24] 그러므로 과거라는 단어가 『꿈의 해석』의 마지막 단어가 된다. 이 논의 전체가 강조하는 것은—그럼에도 꿈은 안내자다—'소멸될 수 없는 욕망' 및 '잠재적으로 불멸하는' 우리의 무의식의 욕망과 그 자체로 결합되지 않는 한 욕망, 심지어는 수면상태에서의 소망도 별 효력이 없다는 것이다.

이러한 관점에서 메타심리학과 문화이론을 모두 포함시켜 프로이트의 저작 전체를 다시 읽게 되면, 철학적 색채가 매우 강하게 드러남을 알 수 있다. 나는 꿈과 신경증으로부터 직접적으로 연역되며 「메타심리학에 대한 논고」에서 주제화된 시원성이라는 제한적 개념과 정신분석학적 문화이론에서 유비적으로 파생되어 일반화된 개념을 구별할 것이다.

---

**22_** *GW*, *2/3*, p. 554 ; *SE*, *5*, p. 548 ; tr. fr., 451(299) add. de 1919 ; 전집 4권, p. 636.

**23_** *GW*, *2/3*, p. 554 ; *SE*, *5*, p. 548 ; tr. fr., 451 (299) add. de 1919 ; 전집 4권, p. 637.

**24_** *GW*, *2/3*, p. 626 ; *SE*, *5*, p. 621 ; tr. fr., p. 505 (337) ; 전집 4권, pp. 713–714.

이제 한정된 고고학의 순환으로 논의를 이어가도록 하자.

프로이트주의에서 심연(l'abyssal)이나 심원함(profond)의 의미는 시간적 척도, 또는 더 정확히 말하자면 의식의 시간 기능과 무의식의 무시간성이 지닌 특성 간의 연결 속에 놓여 있다. 우리는 지형학의 첫 번째 기능이 소멸할 수 없는 것 속에 있는 모든 욕망 형태의 다양한 차원을 도식적으로 묘사하는 것이라고 말했다. 그러므로 지형학은 그러한 소멸할 수 없는 것에 대한 은유적 묘사를 통해 경제학을 아래에서부터 떠받쳐준다. "무의식에서 종결을 제시할 수 있는 것은 아무것도 없다. 과거나 망각도 없다." 우리가 이해했던 대로 이러한 규정은 「무의식에 관하여」의 선취(anticipation)다. 시원성은 충동의 에너지론보다 더 넓은 심연의 의미를 취한다. "무의식의 핵심에는 리비도 투여 … 배출하려고 하는 충동의 대표들로 이루어져 있다." 또한 프로이트는 계속해서 "이 무의식 체계에는 부정도 없고, 의심도 없으며, 또 확신도 없다. 이런 것들은 무의식 체계와 전의식 조직 사이에서 일어나는 검열작업 때문에 생겨나는 것들이다"라고 말한다. 이 모든 지적들 가운데 우리에게 가장 중요한 지적은 다음과 같다. "무의식 체계에서 이루어지는 과점은 무시간적이다. 바꿔 말하면 그 과정들은 시간적인 순서를 따라 일어나는 것도 아니며, 시간의 경과를 따라 변화되지도 않는다. 즉 무의식 체계의 과정들은 시간과는 아무런 관계가 없다. 다시 한 번 언급하지만 시간의 문제는 의식조직에서 이루어지는 작업과 관련이 있는 것이다." 이러한 진술은 또한 다음 주장과 분리시킬 수 없다. "무의식 체계의 과정은 현실과는 거의 관계가 없다. 오히려 그 과정들은 쾌락원칙을 따라 움직인다." 이 모든 특징들은 하나의 전체로 모아진다. "상호 갈등과 충돌 가능성에서 벗어나 있음, 1차 과정,… 무시간성, 그리고 외부 현실을

**정신적 현실로 대체함.**"[25] 메타심리학이 더 이상 하나의 모형으로 작동하지 않고 있으며, 프로이트가 쇼펜하우어(Schopenhauer), 폰 하르트만(Von Hartmann), 그리고 니체(Nietzsche)와 관련하는 실존의 심오함을 관통하며 이 속에 빠져든다는 인상을 우리가 받게 되는 것도 그리 어려운 일은 아니다.

이 텍스트에서 프로이트가 단순한 시간적 우위성에 대한 의미와는 다른 의미를 무의식의 무시간성에 부여하려는 것 같아 보이지는 않는다. '무의식의 내용'에 대해서 그가 같은 논고 6장의 말미에서 개진한 내용은 다음과 같다. "그것(무의식의 내용)은 비유적으로 말하면 우리 정신 속에 거하는 원주민이라 할 수 있다. 만일 인간에게 유전으로 물려받은 어떤 정신적 형성체들—동물의 본능(*Instinkt*)과 흡사한 그 무엇—이 존재한다면 그것들이 바로 무의식 체계의 핵심을 구성하는 내용들이다."[26]

하지만 프로이트의 행위자 이론에 대한 자신의 탐구에서 보듯이 시간의 메타심리학이 진부한 진화론의 구조를 넘어서 확장되어 간다는 점을 알 수 있다. 1915년 무의식에 대해 이야기했던 바가 이제 이드에 귀속되었다. 이드는 무시간적이다. 이제 니체에게서 감화를 받은 그로덱(Groddeck, 『그것이라는 책』)에게서 빌려온 '이드'라는 말은 단순한 하나의 에너지론에서는 충분히 규명될 수가 없는, 헤아릴 수 없는 반향을 일으키게 된다. 이는 반-현상학(anti-phénoménologie)의 문제일 뿐만 아니라 비인격과 중립의 역전된 현상학, 이념과 충동으로 가득 차 있는 중

---

**25**_「무의식에 관하여」, *GW, 10*, pp. 285–86 ; *SE, 14*, pp. 186–87 ; tr. fr., pp. 129–31 ; 전집 11권, pp. 189–91.

**26**_ *Ibid.*, *GW, 10*, p. 294 ; *SE, 14*, p. 195 ; tr. fr., p. 144 ; 전집 11권.

립성, **나는 생각한다**의 존재가 되지 못한 채 **그것이 말한다**처럼 그 자체로 하나의 경구 및 의미 강조의 치환, 그리고 꿈과 농담의 수사학을 표현하는 중립성의 문제이기도 하다. 이것이 바로 무시간의 왕국이자 비시간의 질서다.

프로이트는 『새로운 정신분석 강의』에서 우리는 단지 이러한 비시간적인 이드의 경계선에 대한 견해만을 가질 수 있을 뿐이라고 서슴없이 이야기한다. "이드는 우리 성품 속에 있는 도달할 수 없는 어두운 부분이다. 그에 대해서 우리가 알고 있는 것은 모두 꿈 작업과 신경증적 질환의 연구를 통하여 알려진 것들로서 그것들의 대다수는 부정적인 특성을 갖고 있으며, 자아에 대한 대응물로 설명될 수 있다."[27] 계속해서 그는 이렇게 말한다. "우리는 이드를 유비로 접근한다. 우리는 이드를 카오스라 부르기도 하고, 끓어오르는 흥분에 가득 찬 주전자라고 부르기도 한다."[28] 우리는 프로이트가 우주의 질서를 부여하는 형상을 형성시키는 신, 코라(Khôra)에 대해 말한 것을 플라톤의 저술을 통해 배웠을 것이라는 생각을 할 수 있다. 이런 맥락에서 프로이트는 무의식의 비시간에 대한 초창기 진술, 유사 형이상학적 강조점을 재론하고 있다.

> 이드에는 시간적 개념에 부합되는 것이 전혀 없다. 시간적 경과를 받아들이지도 않을 뿐더러, 또한 가장 놀라운 사실은—이러한 사실이 철학적 입장에서도 인정받게 되기를 기다리고 있는데—시간의 경과에 따른 정신 과정의 변화가 전혀 없다는 것이다. 이드를 결코 압도

---

27_ 「새로운 정신분석 강의」, *GW, 15*, p. 80 ; *SE, 22*, p. 73 ; tr. fr., p. 103 ; 전집, 2권, p. 101.

28_ *Ibid.*

해 버리지 못한 소원 충동과 억압에 의해 이드 안에 침전되어 버린 인상들은 언제나 발현될 수 있는 잠재력을 지닌 불멸의 것으로서 수십년이 지난 후에도 마치 새로 생겨난 것처럼 생생하게 지속되곤 한다. 그것들은 분석작업을 통해 의식된 뒤에야 비로고 과거로 인식되고, 평가절하되고, 에너지 리비도 투여를 탈취당하는데, 이것을 분석적 처치의 치료효과가 나타난 것으로 이해해서는 안 된다. 나는 시간의 흐름에도 불구하고 억압된 것이 전혀 변하지 않는다는, 의심이라곤 끼어들 틈이 없는 이 확실한 사실이 우리의 이론에는 너무나 조금밖에 영향을 끼치지 않았다는 인상을 계속해서 가지고 있었다. 여기에 가장 심오한 통찰로 이르는 길이 열려 있는 듯이 보인다. 그러나 유감스럽게도 나도 거기까지는 다다르지 못했다.[29]

이 말을 잊지 말도록 하자. 특히 프로이트의 저술 전체와 그 철학적 성격이 강조하는 바를 반성하려는 성숙한 사람들은 이 말을 더욱 잊어서는 안 된다. 이 말이 바로 우리가 이 책 마지막 장에서 『새로운 정신분석 강의』를 상당 부분 흔쾌히 인용하는 이유를 보여주고 있다. 따라서 무의식의 무시간적(*zeitlos*)—hors le temps—성격은 사람들이 파악할 수 없는 욕망의 성격을 제대로 말할 수 있는 인간의 시각에 속하는 것이다. 『꿈의 해석』 7장은 실제로 예언적인 것이다. 꿈 작업의 현상을 당혹스럽게 만드는(*befremdendes*) 본질적인 지점으로 탐지했던 독수리의 시선은 언제나 일차 과정에 후행하는 것이다. 일차 과정은 첫 번째 시선에서 나타나는 반면에 이차 과정은 뒤늦은 현상을 만들어냄과 동시에 절대 규정적으로 정립되지 않는다. 꿈이 증인이면서 동시에 모형

---

**29**_ *GW*, *15*, 81 ; *SE*, *22*, 74 ; tr. fr., 103 ; 전집 2권, p. 102.

이 되는 이 퇴행이 억압이라는 부적절한 형태를 제외시킬 경우, 그것은 이 대체를 완전하게 규정적으로 완성시킬 수 없다. 억압은 평범한 규칙이나 뒤늦은 현상을 만들어냄과 동시에 파괴할 수 없는 유아기의 회생에 불과하다는 비난을 받는 심리학의 작업 조건이다. 그런 까닭에 지형학은 이차적 의미를 받아들인다. 뿐만 아니라 지형학은 무의식적 사유가 갖는 근접성의 차원, 이념의 분배, 그리고 파괴할 수 없는 여러 가지 정동들을 묘사한다. 지형학의 공간성은 이처럼 쾌-불쾌에 의한 규정에서 현실원칙으로 옮겨가는 일에 관한 인간의 무능함을 표상하거나 프로이트보다는 스피노자주의의 용어로—비록 이들이 기본적으로는 동일하다고 하더라도—예속 상태에서 지복과 자유로 나아가는 일에 관한 인간의 무능함을 표상한다.

이렇게 충동의 차원에서 조망되는 고고학의 돌출부는 일반적으로 나르시시즘의 이론 속에서 검토된다. 나르시시즘, 우리가 허구적 코기토라고 부르는 폐쇄 내지 은폐의 역할로는 이 나르시시즘의 철학적 의미를 전부 파헤쳤다고 할 수는 없을 것이다. 나르시시즘은 또한 시간적 의미를 지닌다. 나르시시즘은 우리가 언제나 되돌아가게 되는 욕망의 근원적 형식이다. 우리는 프로이트가 나르시시즘을 리비도의 '저장소'(réservoir)로 묘사한 텍스트를 상기한다. 모든 대상 리비도는 나르시시즘으로 변형된다. 탈투여된 모든 에너지는 나르시시즘으로 되돌아간다. 따라서 나르시시즘은 우리의 모든 정동의 위축 조건이고, 우리가 더 많이 반복해야 하는 승화의 조건과 같은 것이다. 그래서 프로이트는 대상 선택 자체가 나르시시즘의 지울 수 없는 흔적으로 나타난다고 진술하기까지 한다. 사람들이 보존하는 모든 사랑의 대상은 두 가지 낡은 대상으로 유형화된다. 그 대상은 우리를 돌봐주고 보호해 주며 지루하게 만드는 어머니, 그리고 우리의 고유한 신체이다. 항문기의 선택이나 나르시시즘의 선택, 그리고 우리의 욕망은 다시 말해 다른 선택지를 갖지 못한다. 나르시시즘 자체는 그 일차적인 형식에 있어서 언제나 셀 수 없는 여러 징후들의 배후에 은닉되어 있다(도착, 정신분열적 관심 상실, 원초적 입장과 어린아이의 입장에서의 사고의 전능함, 자아가 위협을 받게 되는 환자의 위축, 잠 속으로 물러남, 우울증 속에서의 자아의 팽창). 만일 이러한 거절(*Versagung*)의 핵심과 사랑의 위험성을 회피하고 거부하는 자아의 위축을 정확하게 나타낸다면 우리는 자아론적 시원성이라고 일컬어지는 데서 비롯되는 다양한 상상의 형식의 핵심을 풀어낼 수 있다는 인상을 가지게 된다. 하지만 원초적 나르시시즘은 언제나 이차적인 나르시시즘보다 더 심오하게 구체화된다. 후자는 오래된 기질(基質) 아래 퇴적되어 버린 침전물과 같은 것이다.

이제 한정된 고고학의 순환에서 일반화된 고고학의 순환으로 나아가는 일이 가능해진다. 우리가 2부 **분석론**에서 보여주었던 것처럼 프로이트의 문화 이론 전반은 꿈과 신경증에 대한 해석을 통해 형성된 주요 핵심부에서 시작되는 유비적 확장으로 간주될 수 있다. 하지만 이러한 일반화가 이차 지형학에서 특별하게 표현되는 이론적 혁신의 사례였던 것처럼 프로이트 고고학의 궤도는 이론의 변형 속에서 추적될 수 있다.

이념과 환영이 꿈과 신경증 증상의 유비인 한, 문화에 대한 일종의 정신분석학적 해석이 고고학이라는 사실은 자명해진다. 프로이트주의의 천재성은 쾌락원칙의 전략, 인간의 시원적 형태가 정신분석학의 합리화, 이상화, 승화 아래서 폭로된다는 데 있다. 여기서 분석의 기능은, 실제로 옛것의 재생이라는 점을 보여줌으로써 새로움을 감소시키는 데 있다. 만족감의 대체, 잃어버린 옛 대상의 복원은 초기 환상에서 비롯된 파생물이다. 여기에는 새것의 특색 가운데서 옛것의 복원을 나타내는 다양한 이름들만이 존재한다. 이는 프로이트주의의 고고학적 성격을 정점에 다다르게 하는 종교 비판에서 확실하게 나타난다. '억압된 것으로의 회귀'라는 주제 아래서 프로이트는 정신의 승화 영역 속에 꿈의 시원성을 확장시켜 문화의 시원성이라고 일컬어질 수 있는 내용을 선별했다. 후기 작품인 「환영의 미래」, 『문명 속의 불만』, 그리고 「인간 모세와 유일신교」에서는 인류사의 억압적인 경향성이 매우 강조되고 있다. 이 점을 그다지 강조하지 않는 초기 입장과는 달리 프로이트주의의 고고학적 성격은 점진적으로 더 강하게 등장하게 된다.

중요한 것은 문화적 시원성에 대한 이러한 탄핵을 프로이트주의가 단순화시키는 데 있다고 나는 생각한다. 다음 장에서 나는 문화에 대한 정신분석학적 해석이 고도로 주제화된 고고학만이 아니라 암시적인 목적론까지도 포함한다는 사실을 보여주고자 한다. 그런데 프로이트주의의 구조에 대한 더 변증법적인 해석을 제안하기에 앞서 그 교설의 변증법적 양상을 오히려 비판적으로 강조하는 해석의 한 양상에 머무르는 것이 더 유익할 수 있을 것 같다. 첫 번째 접근에서와 같이 이러한 태도는 프로이트주의가 종교라는 형식에 대해 가지는 극단적 예이고, 환원적 평형 상태의 존재방식에서 비롯되는 해석과 환원적 해석의 사실을 말해줄 태도이다. 여기서 종교는 인류의 보편적인 강박적 신경증에 불과한 것에 지나지 않는다. 우리는 이러한 환원적 해석학을 성급하게 교정하려고 달려들어서는 안 되고, 그보다는 이 환원적 해석학과 더불어 있으려고 해야 한다. 왜냐하면 환원적 해석학은 더 포괄적인 해석학 속에 억제되는 것이 아니라 오히려 보존될 것이기 때문이다(마지막 장을 보라).

이차 지형학은 초자아에 대하여 다른 시원성을 통해 이드의 시원성을 배가함으로써 이 일반화된 고고학을 고유한 방식으로 표현한다. 나는 초자아 개념이 고고학적 주제에 그 자체로 환원된다고 주장하지는 않는다. 동일시 이론은 반대로 행위자의 진보적이고 구조적인 양상을 표현한다. 하지만 우리가 프로이트의 술어를 재차 사용해서 '아버지 콤플렉스'라는 시원적 특징과 이 술어를 대두시키는 낡은 기층을 마음에 담아두지 않는다면, 이 동일시 이론에 연관된 어려움을 이해할 수 없다. 아버지 콤플렉스는 실제로 이중의 유의성(valence)을 갖는다. 한편으로 아버지 콤플렉스는 유년기의 입장을 포기하라고 종용함과 동시에 법칙으로 작용한다. 그렇지만 아버지 콤플렉스는 의존, 두려움, 처벌의 방지, 위로의 욕망이라는 그물망 내에 있는 관념들의 장래의 형태들을 간직하게 된다. 이는 우리가 각기 자신의 입장에서 욕망의 시원성을 극복해야만 하는 유년기에 고착된 치료할 수 없는 시원성의 한 형태를 위반하려는 것이다. 그러므로 우리가 만일 초자아에 대한 이러한 시원적 특징들을 너무 빠르게 제쳐두게 되면 윤리에 대한 프로이트적 해석의 특성을 파악하는 데 실패할 수 있다.

프로이트가 잃어버린 대상들의 '침전물'(précipité)을 초자아라고 부를 때 비로소 이러한 시원성이 만천하에 드러나고, 그가 이와 같은 것을 진술할 때 침전물은 의식적 자아라는 영속적 체계보다는 이드 안으로 더 깊이 도달한다. 여기서 침전물은 자아가 대표자인 외부 세계와의 대립을 통해서 프로이트가 내부 세계라고 부른 것을 일으키는 두 가지 시원성의 복합으로 현존한다. 이제 이러한 시원성의 성격을 전부 분류해 보도록 하자. 우리는 정상인의 의식을 병리학적 모형을 통해서 접근하는 순수 기술적 차원을 상기한다. 병리학적 모형은 도덕적 현상으로 기술을 격하시키는 것과는 달리, 사람들의 위장된 측면으로부터 순수의식의 차원에 이르는 일을 가능케 한다. 자아는 관찰되고,

비난을 받으며, 학대를 받게 된다. 이러한 양상들은 칸트가 '욕망의 병리학'이라고 불렀던 것에다가 '의무의 병리학'을 프로이트가 첨가시켰다는 점을 말하기 위해 우리에게 허용된 표징이다. 도덕적 인간은 우선 욕망의 법칙에 종속되는 것으로, 그리고 현실의 법칙에 종속되는 것으로, 그렇게 외적인 주인의 법칙에 종속되는 소외된 인간으로 나타난다. 「자아와 이드」 말미에 나오는 세 주인에 대한 우화는 매우 교훈적이다. 그러므로 해석은 꿈에 관한 것으로부터 승화로 나아가는 운동 속에서 본 목적을 탈바꿈하지 않는다. 여전히 해석은 폭로로 나타난다. 왜냐하면 초자아는 나 자신 안에 나의 '타자'로 남아 있고, 그것은 해독되어야만 하는 것이기 때문이다. 한 명의 이방인, 그는 낯선 이로 남겨진다. 해석은 그 해석의 대상으로 변화되어 간다. 하지만 그 목적이나 의도는 변화되지 않는다. 꿈과 꿈의 유비 속에 위장된 숨겨진 욕망에 대한 탐구를 넘어서 해석은 자아의 비근원적 혹은 비원초적 근원, 그리고 자아의 낯설음과 소외의 원천을 폭로한다. 해석은 자기, 근원적 내재성, 환원할 수 없는 핵심을 통해 자기 정립을 시작하는 일에서 배제되었던 탐구방법이 갖는 긍정적 이점이다.

발생적 설명에 호소하는 것은 윤리적 세계가 지닌 시원적 특징을 확증하고 강조한다. 프로이트주의에서 발생은 토대의 자리를 점한다. 도덕성의 내적 심역은 내재화된 외적 위협으로부터 도출된다. 오이디푸스 콤플렉스의 동일한 정동의 핵심은 신경계와 문화의 근원에 놓여 있다. 각 사람은, 그리고 인류 전체는 한 명의 사람으로 조망되고, 건망증과 근친상간 및 존속살인의 고대사를 통해서 세밀하게 말살된 전역사의 상처(la catrice d'une préhistoire)를 드러낸다.

오이디푸스 에피소드는 문화의 성취, 제도로의 이행을 상징화한다. 하지만 이러한 잔인한 욕망의 승리는 두려움에 관한 시원적 흔적을 드러낸다. 그 흔적은 오직 두려움에 대한 옹호 아래 일어나는 대상에 대한 단념이다. 「토템과 터부」에서 도덕성의 기원을 지정하는 원초적인 장면은 잔인함을 승화로 밀어넣는 야만스러운 역사다. 이러한 지적으로부터 프로이트는 우리의 도덕성이 터부에서 발견한 주요 특징, 즉 욕망과 두려움, 매혹과 공포의 양의성을 보존하고 있다고 확신했다. 터부에 대한 정신분석은 강박적 신경증이라는 임상의학적 현상과 터부를 연관시키는 것으로서 나중에는 칸트적 의무론으로 확장된다.

나는 도덕적 소외에 대한 이러한 비판이 사도 바울에서 시작했고, 루터와 키에르케고르를 통해 계승되었으며, 니체가 상이한 방식으로 포착한 '율법 아래 있는 실존'에 대한 비판에 비범한 기여를 하는 것으로 간주한다. 여기서 프로이트의 기여는 윤리적 삶의 근본 구조에 대한 발견, 즉 자율성을 위한 길을 예비하는 기능과 자율성을 저지하고 시원적 차원에서 자율성을 막아내는 기능을 갖는 도덕성의 첫 번째 지층에서 나타난다. 내부의 폭군은 전도덕성과 반도덕성의 역할을 수행한다. 그것은 단번에 발견되는 것이면서 도덕적 간계를 폐쇄하는 것으로서의 전통이다. 우리 각자는 이러한 매개자를 통해서 자신의 인간성을 유발하게 된다. 하지만 동시에 자신의 어린 시절로도 돌아가게 된다. 여기서 어린 시절은 결코 극복될 수 없는 상황으로 이해된다. 나중에 나는 이러한 사회제도의 사실을 통해서 제기되는 문제에 대해 이야기할 것이다. 제도가 언제나 욕망의 타자일 경우, 동일시 이론으로 해독해야 하는 유사 헤겔적 특징들은, 우선 사도 바울이 그 스스로 '거룩하고 선하다'고 했던 율법과 관련하여, 우리는 소외된 의존의 자리에 놓여 있는 욕망과 두려움을 통해 존재한다는 사실의 통찰을 상실하지 말아야 한다.

메타심리학은 초자아와 이드 사이의 은닉된 관계를 설명하려고 한다. 이러한 메타심리학은 욕망 자체의 분화와 외적 권위의 내재화를 연관시키려고 한다. 이 메타심리학의 문제는 다음과 같다. 욕망 속에서 어떻게 승화가 일어나는가? 프로이트가 초자아와 이드를 다양한 방식으로 비교하는 것을 목격하는 것은 그리 놀라운 일이 아니다. 이따금 프로이트는 완전성을 자기 자신의 이상화된 형상으로 치환시킴으로써 어린아이의 나르시시즘적 완전성의 유지 방식을 이상화 과정으로 파악한다(「나르시시즘에 관하여」의 이상적 자아). 그러므로 우리의 더 나은 자아(meilleur moi)는 허구적 코기토, 유산된 코기토의 계통 속에 특정한 방식으로 속해 있다. 이는 우리가 더 상세히 말해야 하는 것인데, 때로 자아는 나르시시즘적 구성요소를 분간하는 내면화(intériorisaion, [내면으로의 투사])의 과정으로, 즉 이를 통해 자아 내부에서 상실한 대상의 실존을 연장시키는 그런 탁월한 구성 과정으로, 그 자체로 동일시 안에 존재한다. 이따금씩 프로이트는 (좋아하는 것을 우회했을 때 걸리는 아득한 시간으로서의…) 구강기의 리비도에서 출발하는 동일화의 계보를 상기한다. 「자아와 이드」[30]라는 중요한 텍스트는 경제적 관점에서 승화, 동일화, 그리고 나르시시즘적 퇴행 일체를 분명하게 묶어낸다.

따라서 오이디푸스 콤플렉스는 욕망 속에 있는 흠집, 거세로 묘사되는 흠집, 그리고 법의 경제학과 욕망의 경제학 간의 정동적 지속성을 단번에 표상한다. 이러한 지속성은 초자아의 경제학을 다음과 같이 구상한다.

> 초자아가 이드의 첫 번째 대상 리비도 투여나 오이디푸스 콤플렉스에서 유래했다는 사실은 … 그것을 이드의 계통발생적 성취와 연결

30_ Cf. 본서 p. 336-339, n. 85.

시키며, 또한 그것을 다시 태어난 이전의 자아 구조의 화신으로 만든다. 이 자아 구조는 이드 속에 침전물을 남겨놓은 바 있다. 그리하여 초자아는 항상 이드와 가까이 있고, 자아와 직면해서는 이드의 대변자로서 행동할 수 있다. 그것은 이드 깊숙이 미치고 있다. 또한 그런 이유로 자아가 의식에서 더 멀리 떨어져 있다….[31]

프로이트가 초자아의 경제학에다가 나중에 첨가한 모든 것은 가혹하고 잔인한 초자아의 성격을 상세히 설명하기 위해 특화하면서 동시에 그 시원적 특징을 강조한다. 초자아는 동일화의 침전물, 그러니까 포기된 대상의 침전물인데, 다른 한편으로 초자아는 그 충동적 토대의 반대 방향으로 돌아가는 희한한 힘을 지닌 침전물이다. 초자아의 이러한 반응적 성격을 설명하기 위해서 프로이트는 **오이디푸스 콤플렉스의 해소**를 다루면서 콤플렉스의 '소멸' 시기를 거치는 동안 일어나는 거세에 대한 두려움의 역할을 강조한다. 따라서 이는 오이디푸스 상황에 대한 극복, 문화에의 접근에 있어서 주요 과제가 쾌락원칙으로부터의 도피를 뜻하는 게 절대로 아니라는 점을 보여준다. 오히려 주요 과제는 쾌락원칙의 보존이라고 할 수 있다. 왜냐하면 쾌락원칙은 거세의 위협 아래 처해 있는 어린아이의 자아는 오이디푸스 콤플렉스로부터 방향을 돌려 자신의 나르시시즘을 구제하게 하기 위해 존재하기 때문이다. 결국 「마조히즘의 경제적 문제」에서 '도덕적 마조히즘'이라는 개념의 도입은 파괴의 충동으로 해석되는 죽음 충동의 대표에서의 초자아의 잔혹성을 제시하기 위함이다. 이 '육체를 괴롭히는'(mortifiante)이라는 구성요소는 그 술어의 고유한 의미에 있어 초자아의 경제학에서

31_ Cf. p. 339, n. 90.

프로이트가 선별해낸 최종적인 요소이다. 아마도 그것은 또한 초자아의 시원성에 대한 확인 서명일 것이다.

죽음 충동은 단순히 다양한 시원적 특징의 바깥에 있는 것이 아니라 모든 충동과 쾌락원칙 자체에 대한 시원적 지표다. 우리는 죽음 충동이 치료라는 특별한 상황, 즉 치료된다는 사실에 대한 저항, 기억의 차원에서 치료를 위한 기억을 일깨우는 것보다는 근원적인 외상의 상황을 반복하려는 충동 등을 설명하기 위해 도입되었다는 점을 잊어서는 안 된다. 따라서 반복이라는 기능은 죽음 충동의 파괴 기능보다 더 근본적인 것처럼 보인다. 오히려 파괴는 사태들의 비유기체적 상태, 초기 상태를 복원하기 위해 살아 있는 실체가 선택한 길 가운데 하나다. 이와 관련해서 『새로운 정신분석 강의』에 나오는 진술은 우리가 「쾌락원칙을 넘어서」에서 취했던 입장을 더욱 강조하고 있다. 삶의 경향성을 그 자체로 파괴해 버리는 일은 "사디즘(타자에 대한 파괴)보다 마조히즘(자기 파괴성)에서 더 오래된 일이다"[32]라는 주장을 기술하기 위해 그가 무리수를 두었다는 점이 더욱 근본적인 사실로 나타난다. 아울러 모든 충동들은 반복의 자동현상과 유사한 과정을 나타냄으로써 사물들의 초기 상태를 복원시키려는 의도를 가진다. 그러므로 '충동의 보수적 본성'을 확증함으로써 프로이트는 삶 속에 죽음을 자리매김하고, 유기체의 증진에서 비유기체로의 귀환을 이야기했다. 따라서 「쾌락원칙을 넘어서」의 가설은 단순한 '발견적 개념'이 아니라 사물들의 본성에 대한 심오한 통찰이다.

32_ 『새로운 정신분석 강의』, *GW, 15*, p. 112 ; *SE, 22*, p. 105 ; tr. fr., p. 144 ; 전집 2권, p. 141.

만일 가늠해 볼 수도 없는 아득한 과거에 상상할 수도 없는 방법으로 생명이 어떤 무생물계의 물질로부터 비롯된 것이 사실이라면, 우리는 그때 생명을 다시 중지시키고 비유기적 상태를 회복시키려고 하는 어떤 충동이 생겨났을 것으로 가정할 수 있다. 이러한 충동에서 우리가 가정했던 자기 파괴적 성향을 인정한다면 이것은 생명의 과정에서 결코 빠져서는 안 되는 죽음충동의 표현으로 파악해도 무방할 것이다.[33]

이는 내가 보기에 뒤늦게 이론으로 도입된 죽음 강박의 반복이라는 주제와 시원성의 또 다른 형태 사이의 밀접한 유사성, 그리고 상호 조화가 존재한다는 주장으로 여겨진다. 반복은 꿈이라는 위장 속에서 '우리의 첫 번째 소망', '욕망의 파괴 불가능성'이 분석을 통해 발견되는 바로 그때 이미 『꿈의 해석』에서 제시된 주제였다. 반복은 모든 귀환, 승화 내지는 비승화, 그리고 나르시시즘에서 재차 표현되고 있다. 「토템과 터부」부터 「인간 모세와 유일신교」에 이르기까지 반복이라는 주제가 줄곧 등장한다. 인간은 자신의 어린 시절의 욕망에서 직접적으로 빠져나오기 위해 하나의 대리자를 거쳐 그 시절로 거슬러 올라가게 된다. 궁극적으로 의식 체계에 나타나는 시간화 과정은 그 본성상 충동의 무시간성에 대립하는 방향으로 펼쳐진다기보다는 「쾌락원칙을 넘어서」에서 제기되는 것처럼 바로 탈시간화로 일컬어질 수 있는 추동(impulsion)과 대립하는 방향에서 펼쳐진다. 이것이 프로이트가 에로스

33_ 『새로운 정신분석 강의』, *GW, 15*, p. 114 ; *SE, 22*, p. 107 ; tr. fr., p. 146 ; 전집 2권, p. 144.

와 죽음의 이중적 전형 아래 위치시킨 '거인들의 싸움'에 관한 가장 두드러진 편곡이라는 점에는 의심의 여지가 없다. 만일 우리가 이러한 시원성의 모든 양상들을 서로 연관시킨다면, 역행하는 운명, 전복된 운명이라는 복잡한 형식이 형성된다. 그 이전에 이러한 복잡한 상황의 불안한 일관성을 분명하게 제시할 수 있는 하나의 교의를 소유하는 일은 절대로 불가능하다.

## 4. 고고학과 반성철학

플라톤이 우리 자신 안에 있는 우리 자신의 타자를 표현하기 위해 '잡종 추론'(raisonnement bâstard)을 말했던 것처럼 우리 특유의 고고학을 활용함으로써 우리는 스스로를 극단에 이르게 했다. 이제 다음과 같은 철학적 물음이 제기된다. 우리는 고고학을 반성철학의 구조 내에서 이해할 수 있는가? 이 물음을 묻는 것은 경제적 관점의 궁극적인 의미에 대한 물음을 제기하기 위해서다.

파괴할 수 없는, 불멸의 시간을 초월한 욕망에 관한 이 암시적 철학은 지형학의 실재론적 특징만이 아니라 경제학의 자연주의적 특징, 그리고 궁극적으로는 지형학적 관점으로부터 경제적 관점을 구별하는 일마저도 정당화시킨다. 우리는 지형학적 관점에서 경제적인 것을 분리시키는 일과 연관이 있는 텍스트의 해석 문제와 마주했을 때 야기되는 어려움을 상기한다. 우리는 충동의 정동적 대표자들의 고유한 운명(destin)에 관한 물음과 분명 관련을 맺고 있다. 그 물음은 「무의식에 관하여」 3장과 「억압에 관하여」라는 논고에서 입증했던 것처럼 경제적 관점이 진정으로 지형학적 관점에 부가되는 표상적 대표라는 것과 이 운명이 더 이상 일치하지 않을 때 존재한다. 우리는 프로이트를 따라 무의식 이론이 리비도 투여의 복잡한 상호작용, 리비도 투여의 위축, 역-투여, 그리고 과투여와 관련한 순수 경제학의 측면에 걸리는 것으로 보이는 지점에까지 이르렀다. 순수하게 충동적인 것을 향하는 이러한 운동은 전의미작용 내지는 심지어 비의미작용을 향한 운동이 되는 것처럼 보인다. 무의식의 핵심에 대해 프로이트는 다음과 같이 말한다. "무의식 체계의 핵심은 리비도를 투여·배출하려고 하는 충동적 대응물들로 이루어져 있다. 다시 말해 소원충동(*Wunschregung*)이 무의식 체계의 중심을 이루고 있다." 이와 함께 프로이트는 "이 무의식 체계에는 그 투여의 강도만 다를 뿐, 리비도가 투여된 내용들만이 존재할 뿐"이라며 "무의식 과정들의 운명은 오로지 그 과정들이 얼마나 강한 힘으로 이루어져 있는지, 그 과정들이 쾌-불쾌 조절의 요구를 얼마나 충족시키는지의 여부에 딸려 있을 따름이다"라고 말한다.[34]

우리는 이제 주체의 고고학이라는 맥락에서 '표상의 대표'와 구별되는 '정동의 대표'에 관한 문제제기를 이해할 수 있다. 정신분석학은 그 표상에 있어서 이념이 되지 않는 것의 경계선에 관한 인식이다. 표상에 포섭되지 않는 것들은 정동 안에 표상됨과 동시에 욕망으로서의 욕망으로 존재하게 된다. 경제적 관점이 하나의 단순한 지형학으로 환원될 수 없다는 사실은 무의식이 근본적으로 언어가 아니라 언어를 향한 압박이라는 점을 보여준다. '양적인 것'은 발화의 뿌리에 있지만 말해질 수도, 말할 수도, 그리고 이름을 부여할 수도 없는 무음(muet)이다. 하지만 이러한 무음을 말하기 위해서 정신분석학은 충전과 방출—

**34**_「무의식에 관하여」, *GW, 10*, p. 286 ; *SE, 14*, p. 187 ; tr. fr., p. 131 ; 전집 11권, p. 189-191.

그리고 자본주의적 은유인 투자와 투여—이라는 일련의 변양을 사용한다. 이를 통해 무의식 안에 있는 것들이 말해질 수 있고, 표상될 수 있으며, 다음과 같은 상징화되지 않는 심층부를 지시할 수 있게 된다. 그것이 바로 욕망으로서의 욕망이다. 여기에 무의식이 잔여를 없애려고 언어적 편곡에 부과한 한계가 존재한다.

이제 전의미작용과 비의미작용을 향하는—**분석**이라는 이름을 부여받을 만한—이 퇴행적 운동은, 주체에 대한 문제제기와 어울리지 않을 경우 그 자체로 무의미한 것이 될 수 있다. 이 퇴행이 나타내는 것이 바로 **코기토**의 **존재**다. 지형학에서 의식의 '이탈'은 오직 의식-되기 작용에서의 '탈환' 가능성을 통해서, 마찬가지로 순수한 욕망의 경제학이 의미를 나타내는 층과 경계 속에서, 그 일련의 파생물 속에서 욕망의 자리를 재인식하기 위한 가능성으로만 인식 가능하다.

나는 언어의 근원이자 언어에 앞서는 이 욕망 기능에 관한 인식 가능성을 철학사적 비교방식을 활용함으로써 밝혀낼 것이다. 표상에서 충동의 우위성과 표상에 대한 정동의 환원 불가능성은, 이에 대한 주도적인 입장 자체는 없지만, 일반적으로 합리론 전통에서 나타나는 문제제기와 연관된다. 이 문제는 인식의 계기 및 욕망과 노력이라는 계기를 서로 연관 지으려고 했던 모든 철학자들이 공유하고 있는 문제다. 우리가 연대기적 순서를 역순으로 조망해 보았을 때 다음의 몇몇 철학자들이 이 전통에 서 있다. 니체는 원한이나 참된 힘의 기호로 이 문제를 다루면서 의지의 가치를 관점 내지는 전망으로 정립하려고 했다. 더 분명하게 말하자면 프로이트의 문제는 쇼펜하우어의 『의지와 표상으로서의 세계』의 바로 그 문제다. 하지만 이 문제는 이보다 더 긴 역사를 갖고 있다. 인식의 계기 및 욕망과 노력이라는 계기를 연관시키는 문제는 스피노자, 심지어는 라이프니츠에게서도 등장하는 문제다.

『에티카』 3권은 노력 혹은 노력과 관념의 문제를 대응시킨다. 정리 6 : "모든 것은 그것이 존재하는 한에서 존재보존의 노력이다." 정리 9 : "정신은 명석 판명한 관념을 지닐 때나 혼란한 관념을 지닐 때나 자신의 존재 안에 무한한 시간 동안 지속하려고 하며 또한 이러한 자신의 노력을 의식한다." 정리 11 : "우리 신체의 활동능력을 증대시키거나 감소시키거나 또는 촉진시키거나 방해하는 모든 것에 대한 관념은 우리의 사유능력을 증대시키거나 감소시키거나 또는 촉진시키거나 방해한다." 결국 스피노자에게 있어서 관념과 노력의 관계는 신체의 정동에 관한 필연적 지각으로서의 정신에 대한 정의에서 정초된다.[35]

하지만 아마도 이 문제를 프로이트에 앞서 가장 명확하게 그려낸 사람은 라이프니츠일 것이다. 라이프니츠에게서 표상의 기능과 동등한 개념이 다름 아닌 '표현'(expression)이라는 개념이다. 우리가 알고 있는 것처럼 모나드는 우주를 표현하고, 이런 점에서 모나드는 우주를 지각한다. 즉 표현은 모든 반성을 부여받은 모나드의 기능이 아니며, 또한 의식을 부여받은 모나드의 기능도 아니다. 모나드는 모나드 그 자체로 존재하며 집합적이지 않은 모든 존재를 지각한다. 아르노와의 논쟁에서 라이프니츠는 표현의 기능이 모든 형상이나 영혼에 공통적으로 존재하는 것이라고 진술한다. 그러므로 표현은 의식작용을 통해서는 정의되지 않는다. 표현은 의식 자체보다 더 근본적인 것으로 다양성을 능동적으로 반영하는 단일한 작용 내에 다양성을 투여하는 힘이다. 우리는 무기물의 차원으로 내려와 이러한 힘의 다양한 차원을 지적할 수 있다.[36] 이러한 과정을 거쳐서 라이프니츠의 철학은 무의식이라는

---

**35_** *Ethique*. Livre Ⅱ. 정리 12, 16, 23.

**36_** Cf. *Nouveaux Essais*, §9.

개념을 통합시키는 데 있어 데카르트의 그것보다 더 적합한 철학이 될 수 있다.『모나드론』을 보면 다음과 같은 진술이 나온다.

> 단일성 또는 단순한 실체 안에서 다수성을 포함하고 그것을 표현하는 일시적인 상태는 사람들이 지각이라고 부르는 것 외에 다른 것이 아니다. 이 지각은 아래에서 보게 되듯이 통각 또는 의식과 구별되지 않으면 안 되는 것이다. 데카르트주의자들은 사람들이 의식하지 못하는 지각들을 아무것도 아닌 것으로 간주했는데, 바로 이 점에서 그들은 커다란 실수를 범했다(art. 14).

그런데 여기에 표현의 또 다른 측면이 존재한다. "변화 또는 한 지각에서 다른 지각으로의 이행을 야기하는 내적 원리의 작용은 욕구라고 불릴 수 있다. 여기서 욕구가 얻고자 노력하는 지각에 항상 완전하게 도달하는 것은 아니지만 그것은 항상 부분적으로는 성취가 되며, 그리하여 새로운 지각에 이르게 된다"(art. 15). 따라서 영혼이라는 개념은 지각과 노력 간의 이러한 관계로부터 일반적인 정의를 얻게 된다. 지각으로 인하여 모든 노력은 하나의 단일성 속에서 다수성의 대응물이 된다. 노력으로 인하여 모든 지각은 더욱 판명성을 지향한다.

따라서 라이프니츠는 이중적인 표상법칙을 해명하고 있는 것이다. 대상이나 사물들에 대한 지위로서의 표상은 진리에 대한 요구이다. 하지만 표상은 또한 삶의 표현이고 노력이나 욕구의 표현이다. 이차 기능이 일차 기능을 방해할 때 환영의 문제가 개입된다. 하지만 꿈 작업의 다양한 메커니즘의 주제가 되는 왜곡(*Entstellung*)은 이미 이러한 표현성의 기능 전체 안에 포함되어 있다. 그러므로 표상과 충동의 관계에 대한 프로이트적 메타심리학에서 정립되는 문제는 정신분석학을 넘어서고 만다.

그런데 만일 프로이트의 경제적 관점을 따라 제기된 기본적인 문제가 전적으로 새롭지 않다면, 그것은 스피노자와 라이프니츠라는 부정할 수 없는 근원성과 관련하게 된다. 이러한 근원성은 체계들 간의 장애물 역할을 하는 것으로 나타나게 된다. 스피노자와 라이프니츠는 노력과 관념, 욕구와 지각이 의식 안에 전부 묶여 있다는 것을 잘 알고 있었다. 스피노자에게서 지성은 지성 자체에 대한 관념에 선행하는 신체의 관념이다. 또한 라이프니츠에게서 지각은 통각 없이도 작동할 수 있다. 충동의 대표에 대한 프로이트의 역설, 즉 특별히 정동의 형식에 있어서의 이러한 결합에 관한 반성적 파악은 순전한 의식의 포착이라는 직접적 형태 속에서는 가능하지 않다는 사실로 나타난다. 다시 말해 선-반성적인 것은 여기서 반성에 대해서 무능력한 것이 된다. 그러므로 스피노자와 라이프니츠에게서 신체의 관념에서 관념의 관념으로 나아가는 통로 내지는 지각에서 통각으로 나아가는 통로로 구성된 이 힘의 상승이라는 것에 대응하는 프로이트의 개념을 찾기 위해 우리는 정신분석적 기예라는 주제 아래 설정된 일군의 절차 전체를 조망해야만 한다. 이 상호 매개적 기예가 구조적 문제를 근본적으로 대체하지는 못한다. 다른 의식을 통과하는 것, 작업 내지 '심화작업'(*Durcharbeitung*)을 통과하여 우회하는 것은 앞서 논했던 대로 무의식 및 의식 내지 충동의 대표와 표상들 간의 구조적 연속성을 제거하지 못한다. 이것이 바로 표상들과 분리될 때조차도 정동이 존재하는 이유이다. 이 정동은 여전히 충동의 '대표'로 일컬어진다. 정신 안에 신체를 대표하는 기능은 하나의 심리적 지위를 부여한다. 여기서 우리의, 우리가 말한 반성적 언어 속에서 정동이론을 다시 포착하는 것은 다음과 같이 이야기되어야 한다. 만일 욕망이 이름을 붙일 수 없는 것이라고 한다면 욕망은 근원적으로 언어를 향해 나아간다. 즉 욕망은 말해지기를 원한다. 욕망은 발화의 힘(puissance) 속에서 존재한다. 실제로 개념이 유기체와 심리적인 것 사이의 경계에 한계를 지정한다는 것은 욕망이 말해질 수 없는 것과 말하기를 원하는 것, 그리고 이름을 붙일 수 없는 것과 말하는 힘에 공통적으로 존재한다는 것을 뜻한다.

그런데 라이프니츠는 욕구에 대해서 이와는 좀 다른 이야기를 하고 있다. "…욕구가 얻고자 노력하는 지각에 항상 완전하게 도달하는 것은 아니지만 그것은 항상 부분적으로는 성취가 되며, 그리하여 새로운 지각에 이르게 된다."[37]

고고학이 존재한다는 것은 무슨 뜻인가? 그 답은 프로이트에 관한 것보다 쉬운 것처럼 보인다. 그것은 바로 우리가 성인으로서의 인간이기에 앞서 어린아이였다는 것이다. 하지만 우리는 아직도 이 말의 의미를 모르고 있다. 욕망의 정립, 파악될 수 없는 삶의 성격, 이것들은 더 깊은 심연, 심층부로 우리를 안내하는 표현들이다.

첫 번째로 재검토되는 것은 구체적인 인간학에 있어서의 표상의 지위 문제다. 표상은 어떤 대상에 대한 표현을 만들어내는 지향성의 법칙에 복종할 뿐만 아니라 삶에 대한 표현을 만들어내는 법칙인 노력이나 욕망에 종속된다. 표상이 왜곡될 수 있다는 사실은 후자가 갖는 표현적 기능의 간섭 때문에 그러한 것이다. 그러므로 표상은 이중의 방식으로 탐구될 수 있다. 한편으로 표상은 현시되는 어떤 것을 통해 조정된 지향적 관계로 고려된다는 사실에 준거하는 인식형이상학[gnoséol-

---

37_ *Monadologie*, § 15. 욕망의 의미에 대해서는 다음의 글과 비교해 볼 것. J. Lacan, "Le Désir et ses interprétations," Séminaire 1958–1959, *Bull. de psych.*, Janv., 1960 ; Norman O. Brown, *Eros et Thanatos*, tr. fr., éd. de Minuit, 1963.

ogie, 또는 규준론(critéologie)]으로 탐구될 수 있고, 다른 한편으로는 숨겨진 욕망에 대한 주해를 통해서 탐구될 수 있다. 결과적으로 인식론은 추상적이다. 그리고 인식론은 한 지각에서 다른 지각으로 이행하는 길을 지배하는 욕구에 적용되는 일종의 환원을 통해 구성된다. 역으로 환원적 해석학은 오로지 욕망의 표현을 탐구하는 데 열중하고, 최소한 인식론의 추상과 인식론에 부당하게 지정된 순수성의 추상에 대립하여 이의 제기의 가치를 갖는 전도된(inverse) 환원으로부터 전개된다. 이와 같은 인식의 환원은 인식의 비-자율성(non-autonomie), 인식이 실존에 뿌리박고 있다는 점, 인식이 욕망과 노력으로 이해된다는 점을 입증한다. 이로 인해서 파악할 수 없는 삶의 본성만이 아니라 극복할 수 없는 모호성, 이론의 여지가 없는 편파성을 부과하는 지향성을 가진 욕망의 간섭까지도 발견되는 것이다. 이를 통해서 결국에는 진리의 과업의 성격이 확증된다. 진리는 무엇보다도 욕망과 노력으로, 또는 프로이트처럼 말하자면, 불가항력적인 자기애적 리비도로 발생하는 하나의 관념, 무한한 관념에 지나지 않는다.

나는 더 나아가 이를 『의지의 철학 I : 의지적인 것과 비의지적인 것』의 결론과 다시 연결시키고 싶다. 이 책에서 나는 성격, 무의식, 삶이라는 것이 전적으로 비의지적인 것의 형태를 갖는다고 주장했다. 이런 요소들은 나의 자유가 "오직 인간만의 자유"라는 사실을 나에게 확증해준다.[38] 다시 말해 그 자유는 동기를 부여받고, 육화되는, 우연적 자유다. 나는 나 자신을 이미 나의 욕망 속에 정립된 것으로 정립해낸다. 그러한 정립은 "의지가 창조한 것이 아니다."[39] 나는 이 결론을 아직

38_ *Le Volontaire et l'Involontaire*, p. 453 이하.

39_ *Ibid.*

도 견지하고 있다. 하지만 나는 본서의 전체 연구에서 제기한 결정적 지점에서 이 결론을 넘어선다. 해석학적 방법은 내가 그 당시 결행했던 형상적 방법(méthode eidétique)보다 더 멀리 나아가 반성과 짝을 이루게 되었다. 욕망의 정립에서 코기토의 의존관계는 직접적 경험으로 파악되는 것이 아니라 또 다른 의식을 통해서 해석되고, 대화자에게 제공된 겉보기에는 무의미한 가상으로서의 기호들로 인해 파악된다. 의존관계는 느껴지거나 지각되는 것이 아니라 오히려 해독되는 것이 며, 어떻게 보면 이 어둠의 대기실이라는 간접적 담화를 구성하는 꿈, 환상, 신화를 가로지르기 위해 해석되는 것이다. 삶 속에 반성이 뿌리를 내리고 있다는 사실은 해석학적 진리라는 지위가 부여된 반성적 의식 속에서만 그 자체로 파악된다.

## 3장 변증법 : 고고학과 목적론

프로이트주의의 철학적 반복(repetition)은 반성철학 안에서 완성되는가? 프로이트주의를 이해하기 위해 고고학이라는 매개 개념을 통해 반성철학과 프로이트주의를 연관짓는 것으로 충분할까?

두 번째 물음이 첫 번째 물음을 푸는 열쇠가 된다. 주체의 고고학이라는 개념은 그것이 목적론이라는 보충적 개념과 변증법적인 대립 개념을 설정하지 않는 한 매우 추상적인 개념에 머무르는 것처럼 보인다. 주체가 **기원**(*archê*)을 가지기 위해서는 **목적**(*telos*)을 가져야만 한다. 만일 내가 이 고고학과 목적론의 접합을 깨달았다면 나는 일정 수준에서 이 사태에 대해 이해할 수 있다. 우선 나의 반성 개념은 이 새로운 변증법이 반성 개념 안에 통합되지 않는 한 그 자체로 추상적인 것이라고 이해할 수 있다. 위에서 말했던 주체는 결코 우리가 믿어온 그런 주체일 수가 없다. 그런데 만일 주체가 그 참된 존재에 이르고자 한다면, 그 주체는 자기 자신을 파악하는 데 있어서 의식의 비충전성이나 실존 안에 정립되는 욕망의 힘을 발견하는 것으로는 부족하다. 또한 욕망 및 노력과 같은 주체의 실존의 의미를 전유하는 과정을 거치는 '의식되기'의 과정은 주체 안에 속해 있는 것이 아니라 주체 안에 형성되는 의미에 속해 있다는 사실을 우리는 드러내야 한다. 목적론과의 대조 속에서만 주체의 고고학이 존재한다는 명제, 이 명제는 더 나아가 다음 명제로 우리를 안내한다. 목적론은 오로지 정신(l'esprit)의 형태를 통해, 다시 말해 자아의 과거라는 의미에서 의미 기원의 다른 치환의 장소를 나타내기 위해서 내가 '무의식'이라고 일컬은, 바로 그런 의미에서 정신으로 일컬어지는 새로운 탈중심화, 새로운 상실을 통해서만 존재한다.

만일 내가 주체철학의 핵심에서, 주체의 고고학과 주체의 목적론 사이에서, 의식에 대한 두 가지 탈취 사이에서 일어나는 이 연결을 이해한다면, 나는 우리의 문제제기의 주요 쟁점이었던 해석학의 두 진영 간의 갈등이 해소되는 지점이 존재한다는 것도 이해할 수 있다. 바깥의 관점인 정신분석학은 우리에게 환원적이면서 탈신화화하는 해석학으로 나타나게 된다. 이처럼 정신분석학은 우리가 복원, 그리고 성스러운 것에 대한 묵상으로 기술했던 해석학과는 정반대의 지점에 존재한다. 우리는 이 두 가지 대립되는 해석 양상 간의 연결점을 여태껏 보지 못했고, 여전히 보지 못하고 있다. 우리는 서로에 대해 외적인 것으로 머무르고 마는 용어의 대립, 즉 순전한 반정립을 넘어서 나아가는 입장에 이르지 못하고 있다. 문화에 관한 신화적-시적 규정과 관계하는 환원 불가능하고 대립되는 이 해석학들이 지닌 상보성을 이해하기 위한 참된 철학적 토대가 곧 고고학과 목적론의 변증법이다. 해석학의 근원적인 문제에 대한 이러한 해결방안은 우리 과제 전체의 지평이 된다. 그러나 우리는 그 변증법이 그 자체로 이해되면서 동시에 그것이욕망의 의미론의 핵심으로 여겨질 때까지는 그러한 형식의 의미를 다 채울 수가 없다.

독자는 본장의 문턱에서 멈춰선 채로 정신분석학의 문제제기의 바깥으로 완전히 탈선하는 것을 반대하지 않을 것이다. 프로이트는 자신이 정초한 분야가 어떤 종합도 아닌 분석, 다시 말해 요소로의 분해와 기원으로의 회귀이며, 정신-분석이 하나의 정신-종합을 통해서 완성되는 것이 아니라는 점을 명확하게 진술한 바 있다.[1] 나는 분석가가 나에게 반대의 요구를 하는 것을 받아들인다. 하지만 내가 강조하는 바는 그런 것과는 전적으로 다른 문제이다. 현재의 성찰은 고고학 개념에 대한 탐구 이상의 것이긴 하지만 본질적으로 철학적인 것이다. 앞에서 말했던 것처럼 나는 프로이트를 읽는 가운데 오로지 주체의 고고학이라는 개념을 형성시킴으로써 나-자신을 이해할 수 있다. 나는 이제 고고학이라는 개념을 이해하기 위한 유일한 길이 목적론과 고고학의 변증법적 관계 안에 있다고 주장한다. 그래서 나는 프로이트의 작품을 고고학과 목적론의 변증법적 대립 관계를 알아보기 위해서 연구한다. 나는 그러한 관계가 이 지점에 실제로 존재하며 분석은 본래적으로 변증법적이라는 사실을 보여주고 싶다. 그리하여 나는 총체적인 프로이트를 꾸며내려는 것이 아니라 내 자신의 이해를 통해 그를 이해할 것이다. 나는 반성과 프로이트주의가 지닌 변증법적 양상을 드러냄

1_ 「정신분석 요법이 나아갈 길」(*Les voies nouvelles de la thérapeutique psychanalytique*, 1918). *GW, 12*, p. 185 ; *SE, 17*, p. 160 ; tr. fr., in *De la Technique Psychanalytique*, p. 133 ; 이덕하 역, pp. 272-273. 앞의 p. 598, 각주 88번과 비교해 볼 것.

으로써 프로이트와 나 스스로의 이러한 이해를 진전시키려는 생각을 개진해나갈 것이다.

따라서 프로이트주의가 명시적이면서도 주제화된 고고학이라면, 나는 고고학이라는 개념의 변증법적 본성으로 인해 그것은 암시적이면서도 주제화되지 않은 목적론과도 그 자체로 연관되어 있다는 점을 증명하고 싶다.

주제화된 고고학과 주제화되지 않은 목적론 간의 이 관계를 알기 쉽게 보여주기 위해 나는 우회로를 통과할 것이다. 나는 **하나의 문제 자체를 하나의 전도된 질서 안에서 스스로 나타내 보여주는** 헤겔의 현상학의 예—혹은 반례—를 제안한다.『정신현상학』은 사실상 의식이 완성되는 명시적인 목적론이고, 그러한 의식의 목적의 모형 전반을 담고 있는 책이다. 그런데 동시에 이러한 목적론은 헤겔 스스로가 넘어설 수 없는 삶과 욕망에 대해 말했던 바로 그러한 의미를 가지는 삶과 욕망의 토대를 제거한다. 이 넘어설 수 없는 것들이 이미 언제나 정신과 진리로 비죽이 튀어나온다는 사실에도 불구하고 말이다. 이러한 우회로를 활용하면서 나는 절대로 헤겔 안의 프로이트와 프로이트 안의 헤겔, 그리고 이것들을 전부 뒤섞는 일을 의도하지는 않을 것이다. 문제제기에 있어 우리가 카드를 섞어서 한 장을 빼내는 방식은 매우 다양하다. 더군다나 나는 상당수의 철학자들이, 괴기스런 완만한 절충론을 내세우려 하는 그런 식의 관념을 길러내는 일을 단지 여러 방식으로, 그런 하나마나한 일을 계속하고 있다고 믿고 있다. 나의 과제는 그러한 절충론과는 다르다. 헤겔과 프로이트는 각각 분리된 지반 위에 서 있으며, 서로 **동족관계**일 수도 있는 총체성을 가지고 있기도 있다. 나는 프로이트주의 안에서 발견한 고고학과 헤겔에게서의 자명한 목적론의 변증법을 통해서 이러한 동족관계 가운데 하나를 표현할 것이다. 동일한 연결점이 프로이트에게도, 단지 하나의 전도된 질서와 비율 속에 존재한다. 헤겔이 삶과 욕망이라는 암시적 고고학에다가 정신의 명시적 목적론을 연결시킨 것처럼 프로이트는 '의식되기'라는 주제화되지 않은 목적론에다가 무의식의 주제화된 고고학을 연결시킨다고 나는 주장한다. 나는 헤겔과 프로이트를 뒤섞으려는 것이 아니라, 다만 분석적 실천 안에 분명하게 작동하고 있지만, 그 이론 안에 완벽한 체계의 형태로는 발견되지 않는 일종의 변증법적 특징이라는 도식에 힘입어 프로이트 안에 전도된 헤겔의 이미지를 발견하려고 시도할 뿐이다.[2]

### 1. 의식의 목적론적 모형 : 헤겔적 현상학

헤겔이 사유에 대해 제안하는 것은 현상학인데, 의식의 현상학이 아니라 정신의 현상학이다. 이를 통해서 진보적 종합의 질서를 따라 이러한 발전으로 안내해 주는 형태, 범주나 상징에 대한 기술을 이해해 보도록 하자. 이러한 간접적 노선은 직접적인 발전의 심리학보다 더 풍성한 것이다.[3] 의식의 발전은 두 가지 해석 체계의 연결점에서 초래

2_ 이 장 전체는 다음 저작들과의 내적인 논쟁이다. Herbert Marcuse, *Eros and Civilization*, Boton, 1955, tr. fr., éd. de Minuit, 1963 ; J. C. Flugel, *Man Morals and Society* ; Pelican Books, 1945 ; Philipp Rieff, *Freud, the Mind of the Moralist*, Gollancz, Londres, 1959. 본장은 또한 다음 작품과 충돌을 일으킨다. Marthe Robert, *La Révolution psychanalytique*, Payot, 1964.

3_ 일견 의식생성의 과정은 우리가 다루기 버거운 개념적 장치를 잔뜩 실어와서 그것을 심리학을 통 불필요하게 합쳐버리는 단순한 문제처럼 보일 수 있다. 확실히 의식은 주어지는 것이 아니라 하나의 과업이다(여기서 과업은 경제적 용어로 모든 적절한 힘에 대한 작용이나 "재작용"을 말함). 유아기에서 성인기 삶으로의 이행

된다. 정신의 현상학은 정신분석학이 시행하는 바로 그만큼 의미의 중심을 변경시키는 새로운 해석학을 발생시킨다. 의미의 발생은 의식에서 나오는 것이 아니다. 오히려 의식을 매개하고 진리에 대한 의식의 확실성을 초래하는 운동이 의식 안에 거주한다. 여기서 또한 의식은 그것이 탈중심화가 일어나도록 놔두지 않는 한, 더 이상 스스로를 이해하지 못한다. 정신(l'esprit, *Geist*)은 의식이 하나의 '자기의식', '이성', 그리고 결국에는 변증법이라는 순환적 운동의 특혜로, 다시금 확증된 직접적 의식으로, 단지 매개라는 완전한 과정의 빛으로 이루어지는 그런 운동, 그런 형태의 변증법이다. 우선은 탈취가 일어나고, 결국에는 반복이 일어난다. 다시 말해 이 둘 사이에 일어나는 본질적인 것은 곧 형태들의 배치에서 비롯되는 다음과 같은 완전한 도정을 아는 것이다. 주인과 노예, 사유의 스토아적 망명, 회의적 무시, 불행한 의식, 헌신적인 지성의 섬김, 본성에 대한 관찰, 빛으로서의 정신 등. 인간은 헤겔적 의미의 '정신'을 연속적으로 구성하는 새로운 형태나 형식을 가정함으로써 성인(adulte)이 되고, 의식이 된다. 예를 들어—완전한 운동으로부터 고

---

은 인격성의 심리학 내지는 신프로이트주의의 다양한 학파들이 자아분석으로 일컫는 바를 따라 설명되는 것이 아닌가? 나는 절충적 체계로 정신분석학을 변형시키는 이러한 교정책에 대한 나의 불신의 진원지를 알지는 못한다. 나는 그러한 접붙임이 분석가에게 통찰 이상의 어떤 것을 제공하는지 잘 모르겠다. 그러한 절충적 작업은 프로이트 스스로가 알아차렸던 이론적 난점을 덮어버린다. 대립에서 나오는 문제를 명확하게 이끌어내는 변증법은 줏대 없는 경험주의에 기반을 둔 잡동사니 절충주의보다 더 나은 선택지이다. 더 나아가 정신분석학의 이러한 새로운 양상은, 그것이 만일 두 가지 대립되는 접근의 변증법적 산물로 간주된다면, 아마도 더욱 강력한 힘을 지닌 것으로 표현될 것이다. 결과적으로 나는 인격성이나 자아 분석으로 성장이나 성숙의 심리학적 과정의 의미를 탐구하는 것이 아니라 새로운 종류의 현상학으로 이 문제를 탐구할 것이다.

립을 받아들이게 된다면 정당화되지 못하는 한 예—정신이 주인과 노예의 변증법을 관통할 때 의식은 또 다른 자기 재인식의 과정(le processus de reconnaissance de soi)으로 들어간다. 의식은 이중화되고 자기가 된다. 다시 말해 재인식의 모든 차원은 충동의 단순한 투사, 그리고 원리상 '환상'으로 환원시킬 수 없는 의미영역을 통과하는 운동을 초래한다. 의식에 관한 주해는 한 의식이 모든 의미영역을 가로지르는 진보로 나타난다. 여기서 모든 의미 영역은 주어진 의식이 자아, 인간, 성인, 의식 자체를 그 자체로 반성하기 위하여 마주해야 하고 재전유해야만 하는 것이다. 이러한 과정은 내성(introspection)과는 아무런 관계가 없다. 또는 이 과정이 일종의 '나르시시즘' 안에 있는 것도 아니다. 왜냐하면 자기의 진원지는 심리학적 자아가 아니라 헤겔이 정신, 정신의 묘사 그 자체의 변증법이라고 일컫는 것이기 때문이다. 의식은 단지 이러한 운동의 내재화이다. 이 운동의 내재화는 제도, 기념물, 예술 및 문화작품으로 다시 포착되어야 한다.

다음 장에서 나는 이러한 헤겔의 메타심리학의 주제가 오늘날 지니는 의미에 대해 말할 것이다. 여기서 헤겔적 메타심리학이라는 것은 서로 양 진영을 각각 이해하기 위해서 프로이트의 심리학과 대면하는 과정에서 내가 제안한 말이다. 나는 우리가 몇 세기 전 저술된『정신현상학』을 복원시킬 수 있다고 생각하지 않는다. 다만 우리는 동일한 양식을 가진 새로운 과제로, 정신의 현상학을 특징짓기 위해 나에게 나타나는 두 가지 주도적인 주제를 우리의 안내자로 받아들여야 할 것으로 보인다.

우선은 헤겔적 변증법의 외양과 관계가 있다. 즉 이 변증법은 정신분석학의 분석적 성격과 해당 용어의 기술적인 의미상의 정신분석학의 경제적 해석이 담고 있는 '퇴행적' 성격과 대조되는 진보적인 종합운동을 구성한다. 헤겔의 현상학에서 각 형상이나 형식은 차후에 도래하는 것으로부터 그 의미를 받아들인다. 즉 스토아주의란 주인-노예 관계라는 인정에 관한 진리이긴 하지만 회의주의는 스토아적 입장의 진리다. 회의주의는 주인과 노예 간의 차이를 비본질적인 것으로 보고 그러한 구별을 전부 무효화시키는 견해다. 한 계기에 속하는 진리는 미래에 등장하는 계기 속에 잔류한다. 의미는 언제나 끝에서부터 처음을 향해 나아간다. 이런 첫 번째 읽기 규칙은 여러 결과들과 결부된다. 이것이 바로 현상학이 가능한 역행적 진리운동이 되는 이유이다. 만일 정신의 현상학이 창조가 아니라 의미를 그 자체로 드러냄으로써 명시적인 의미를 제시하는 것이라면, 그것은 차후에 드러난 의미가 앞서 전개된 각각의 계기 속에 내재하기 때문이다. 따라서 정신의 현상학은 선행하는 의미를 검토함으로써 나중의 의미를 형성할 수 있다. 나타나는 것을 그 스스로 유형화할 수 있는 철학자, 그가 곧 현상학자일 것이다. 그런데 만일 현상학자가 무엇이 나타나는지를 진술할 수 있다면 그것은 차후의 형상이나 형식에 비추어 그것을 보기 때문이다. 이러한 정신의 진보는 선행하는 형식에 대해 진리를 그 자체로, 알려지지 않은 것을 그 자체로 구성해낸다. 이러한 특징은 의식의 현상학이 아니라 정신의 현상학으로서의 현상학의 성격을 규정한다. 동일한 이유로 의식은 이러한 변증법적 운동에 선행하는 의식으로는 드러나지 않는다. 『정신현상학』에서 헤겔이 그 자신을 알아내지 못하는 증인(témoin)을 위한 세계의 존재의 단순한 현시(manifestation)를, 곧 의식이라고 부른다는 사실을 우리는 알고 있다. 자기의식이 되기 전에 의식이란 단순하게도 세계에 대한 현시다.

이 첫 번째 특징은, 헤겔 현상학의 형식과 관련해서 보면 첫 번째 특징의 내용과 연관되어 있는 두 번째 내용을 지배한다(변증법이 자기 자신을 통한 내용의 산출이라는 점이 참이라면 헤겔에게서 변증법의 형식은 그 내용과 분리될 수 없다). 두 번째 특징은 다음과 같이 진술될 수 있다. 이러한 현상학에 있어서 물음이나 놀이 속에 존재하는 것은 자기의식의 자기라는—*Selbst*—이 자기에 대한 산출이다. 나는 첫 번째 특징이 두 번째 특징의 열쇠라고 주장한다. 이것은 자기 정립이 실제로 진보적 종합을 통한 자기의 산출과 분리될 수 있다는 의미를 담고 있다. 이것이 바로 자기를 지형학 속에서는 그 형태조차 그려내지 못하고, 또 그려낼 수 없는 이유이다. 다시 말해 자기는 경제학의 주제를 구성하는 충동의 운명이나 변모 가운데서는 나타날 수 없다. 이제 『정신현상학』에서 자기가 스스로를 보여주고 나타내는 방식을 더 엄밀하게 검토하도록 하자. 우리는 자기가 이미 그 자체로 미리 나타내 보이면서 욕망—*Begierde*—안에서 자기 자신을 향해 이동하고 있다는 점에 주목해야 한다. 이 지점에서 헤겔과 프로이트는 다음과 같은 일치점을 가진다. 자기는 한 문화가 싹트는 욕망의 운동 속에 존재한다. 이 동일성은 아주 멀리 연장될 수 있다. 헤겔과 프로이트에게는 대상의 단념이나 죽음이 욕망의 훈육에 있어 그 본질적 역할을 수행한다. 주인의 형태 안에서 주인됨을 회복하고 주인의 상태로 자신의 삶을 설정하는 헤겔적 의미의 주인은 프로이트가 애도(deuil)라는 행위로, 그리고 내재성 안에서의 대상의 설정으로 기술한 운동의 의미를 깨닫게 된다. 이런 점에서 프로이트의 동일화 개념과 헤겔의 자기 구성 개념 간의 단순한 만남 이상의 것이 바로 여기에 존재한다.

그런데 만일 일대일 대응이 다중화될 수 있다면 그 발생의 의미는 매우 상이한 것이 된다. 우리는 프로이트의 관점에서 새로운 지향, 즉 본질적으로는 사회적 지향을 초래하는 것을 승화로 간주했다. 이는 대상-리비도에서 자기애적 리비도로 돌아가는 것으로서 경제적으로 이해되어야만 한다. 헤겔의 관점에서 보면 정신은 삶의 진리이자 여전히 욕망의 자리에서는 알려지지 않는 진리이며, 다만 삶의 의식에 대한 파악으로 스스로를 반성하는 진리다. 장 이폴리트(Jean Hyppolite)는 자기의식에 대해 이렇게 말한다. 자기의식은 "의식의 포착과정에 있어서 즉자임과 동시에 대자이며, 다양한 자기의식의 매개를 거치는 하나의 역사 속에서 형성되는, 그러므로 상호작용과 통일이 정신을 구성하는 진리의 기원이다."[4] 이것이 바로 삶의 '불안정성'(*Unruhigkeit*)이 무엇보다도 욕구와 충동으로 정의되지 않고 단지 자기 자신과의 불일치로 정의되는 이유이다. 이 불안정성은 이미 자기가 타자를 만들어내고 타자가 되기 위해 자기를 만드는 가운데 자기가 되기 위해 타자를 만들어내는 부정성을 즉자적으로(en soi) 포함하고 있다. 이것이 곧 헤겔이 자기가 마침내 대자적으로 존재하는 반성 안에서 자기 자신을 알게 되는—즉자적 자기—직접적 형식 아래서 삶을 곧 자기라고 말할 수 있게 되는 이유이다. 삶의 빛은 사도 요한의 말로 표현하자면 삶 속에서, 그리고 삶을 통해서 드러나지만, 그럼에도 불구하고 자기의식은 삶의 고향 및 무엇보다도 삶의 진리로 남겨진다.* 이 반복되는 진리의 운동은 헤겔적인 욕망의 철학에 모든 의미를 부여한다. 만일 우리가 자기의식을 욕망이라고 말할 수 있다면, 그것은 이미 욕망이 경쟁하는 두 의식 속에서의 의식의 양분(dedoublement)이라는 변증법을 통해 해명되기 때문에 그런 것이다. 처음의 욕망의 변증법은 나중에 도래하는 주인과 노예의 변증법에 비추어 자신의 진리를 소유한다. 욕망은 그것이 한 다른 의식의 욕망에 대한 욕망일 경우 인간의 욕망으로 알려진다

4_ Hyppolite, *Genèse et structure de la Phénoménologie de l'esprit de Hegel*, p. 144.

* 삶을 생명으로 바꿔 읽을 수도 있다.

고 우리는 말한다. 살아 있는 자기의식의 이중성은 자신의 내부에서 자기의식의 미래에 도래하는 분열이 존재한다는 것을 외부세계로 표출한다. 결국에 가서 불행한 의식이 순수한 자기 분할(division de soi−même)을 하게 되는 순간이 있다. 그러므로 여기에는 욕망에 대한 적절한 인식 가능성(intelligibilité)이 존재한다. 다시 말해 자기의식이 자기 자신을 전개시키는 가운데 자기의식을 욕망으로 정립할 때 삶의 빛이 일어나게 된다. 실제로 자기의식은 세계의 타자 존재를 펼침으로써 단순한 의식으로 출발하여 스스로를 욕망으로 정립하는, 자기 자신으로의 귀환이라는 여정 가운데 존재한다. 이러한 운동 가운데 있는 사물들은 더 이상 단순한 대상이 아니라 사라진 현출이다. 그리고 이러한 사라짐 속에서 욕망하는 의식이 자기에게 그 자체로 나타난다. 그런데 어떤 것을 욕망함에 있어 욕망하는 그것은 무엇인가? 의식이 추구하는 것, 다시 말해 이 감각적 세계의 퇴진 덕분에 이후부터 자기 자신과 자기의식의 통일의 관계에서 의식이 추구하는 것은 자기 자신이다. 이것이 바로 의식이 다른 욕망, 다른 자기의식과의 관계를 가로질러서 이르게 되는 길이다. 이폴리트는 다음과 같은 난해한 구절을 '변증법적 목적론'(dialectique téléologique)이라고 지칭한다.[5] "변증법적 목적론은 자기의식의 본질이 존재하는 이 욕망의 지평 전체를 점진적으로 펼쳐간다."[6] 자기의 욕망은 어떤 것에 대한 욕망으로부터 해방된다. 이는 타자 안에서 자기 자신을 추구하기 위함이다. 결국 그러한 욕망은 무엇보다도 곧이어 스스로를 명확하게 밝히기 위해 스스로 앞서 나가는 인간을 통해 인간을 재인식하기 위한 욕망이다. 이는 다음과 같이 말할 수 있는 선

5_ *Ibid.*, p. 155.

6_ *Ibid.*

취(anticipation)다. "그러한 자기 자신으로의 반성을 통해서 감각적 대상은 삶이 된다." 살아 있는 어떤 것으로서의 욕망의 대상을 단순한 지각되는 대상으로부터 구별하는 반성적 표시는 처음에서 나중으로의 진화를 통해서는 일어날 수가 없다. 이렇게 하여 헤겔은 이질적이면서도 동일한 욕망의 타자성 안에서 다른 욕망에 대한 지향, 다른 욕망하는 의식의 지향을 발견할 때 운동에 앞서서 철학자가 존재하며, 정신이라는 개념이 이미 거기에 존재한다는 것을 분명하게 선포한다.

우리가 프로이트 이론과의 유사성 때문에 일정 수준에서 탐구한 이 욕망의 현상학은 더 낮은 곳에서 높은 곳으로의 발생과는 완전히 반대된다. 오히려 욕망의 현상학은 나중에 나타나는 계기 속에서 드러나는 욕망의 의미와 조건으로 나타난다. 욕망은 삶이 또 다른 욕망으로 그 자체로 나타나는 경우에만 욕망이 된다. 그리고 이 논의의 확실성은 순차적으로 이중적 반성 및 자기의식의 이중화 속에서 진리에 이른다. 이러한 조건, 자기의식의 출현은 삶의 한복판에서 가능해진다. 반성은 창조적일 수 있다. 왜냐하면 각 계기는 나중의 모든 계기들이 매개하고 명시하는 알려지지 않은 요소를 반성의 확실성 안에 포함시키기 때문이다. 이것이 바로 헤겔이 상호 인정이라는 작용에 **무한** 개념을 연결시키는 이유이다. 자기의식이라는 개념은 "무한이라는 개념이 의식 안에서, 그리고 의식을 통해 현실화되는" 것이며, 실제로 이를 통해서 각 의식이 타자 안에서 추구하는 대립 및 "의식이 타자가 행하는 것처럼 그렇게 행한다는 사실"은 각 항이 한 타자가 되기 위해 자신의 한계를 넘어선다는 의미에서의 하나의 무한한 운동이다.[7] 우리는 여기서 삶의 **불안정성**이라는 개념이 대립과 투쟁을 거치는 반성의 차원에

7_ Hegel, *La Phénoménologie de l'esprit*, trad. Hyppolite, t. I, p. 160.

서만 제기된다는 점을 재인식한다. 즉 삶은 결코 단순하게 존재하는 어떤 것으로는, 무한한 존재라는 지위로는 존재하지 않는 그런 자기 자신을 드러내는 인정을 위한 투쟁 속에서만 존재한다.

현 시점의 성찰에서 비롯된 사례에서 볼 수 있듯이 만일 『정신현상학』이 단지 하나의 목적론이었다면, 또한 정신분석학이 단순히 하나의 고고학이었다면, 앞에서의 연구가 보여주었던 것처럼 이 두 접근은 서로 반정립적인 것이 될 수도 있다. 프로이트적 정신분석학과 헤겔의 현상학 모두 우리가 반성의 반정립(antithétique)이라고 부를 수 있는 형식을 갖고 있다. (나는 반정립이라는 말을 칸트가 이율배반 연구에서 사용한 의미로 쓴다. 반정립은 존재할 수 있건 아직 존재하지 않는 것이건 매개되지 않는 대립을 인식하는 것이다.) 이러한 사유의 차원은 비록 잠정적이긴 하지만 배울 점이 많다. 왜냐하면 프로이트 사유의 고고학적 성격이 완전히 드러나는 유일한 문제가 목적론과의 대조이기 때문이다. 헤겔과의 대조는 프로이트에게 있어 총체적 담론의 절대적 미래를 지향하게 되는 정신현상학의 필연적 대항마가 될 이질적이면서도 심원한 운명을 안고 있는 철학을 드러내 준다. 이드의 시원성과 초자아의 시원성, 나르시시즘의 시원성과 죽음 충동의 시원성은 정신의 운동과 대조를 이룸으로써 형성된다. 여기서 반정립은 다음과 같은 말로 요약될 수 있다. 정신은 나중에 드러나는 형태 안에서 그 의미를 지닌다. 즉 정신은 언제나 자신의 출발점을 파괴하고 최종적으로만 안정을 되찾는 운동이다. 다른 한편으로 무의식은 사실상 언제나 인식 가능성에 선행하는 형식으로 진행된다는 의미를 나타내고 있다. 이러한 선재성(antériorité)이 정확히 시간적 의미로 이해되건, 아니면 은유적 의미로 이해되건 간에 말이다. 인간은 자신의 유년기에 대한 연민을 가진 존재일 뿐이다. 그는 자신의 유년기를 통해서 늘 뒤쪽으로 질질 끌려가는 존재이다. 우리가 과거를 통해서 이러한 해석의 역사적 성격을 매우 배타적으로 완화시킨다고 하더라도 우리에게 놓여 있는 상징적 선재성과 여전히 마주하게 된다. 만일 우리가 무의식을 언제나 미리 거기에 주어진 핵심 기표들의 영역으로 해석한다면, 시간적으로 해석된 사건들과의 관계에서 비롯된 이 핵심 기표들의 선재성은 더욱 상징적인 의미의 개념으로 우리에게 나타난다. 그런데 이는 또한 여전히 전도된 정신영역의 반대극으로 이해된다. 우리는 다음과 같은 매우 일반적인 용어로 정리한다. 정신, 그것은 종결의 질서다. 무의식은 원초적인 것의 질서다. 이러한 반정립을 더 세밀하게 검토하기 위해 나는 다음과 같은 말을 하고 싶다. 정신은 역사이며, 무의식은 운명이다. 운명, 그것은 유년기에 붙들린 것, 거기에 이미 붙들려 버렸으며 무한정 반복되는 것….

## 2. 넘어설 수 없는 삶과 욕망

그렇다면 우리는 이러한 반정립을 넘어서야만 한다. 위험한 짓은 정신현상학과 정신분석학이 서로를 보충한다는 모호한 법칙으로 제한하는 편리한 절충주의로 나아가는 것이다. 변증법에 대한 이러한 잘못된 묘사를 피하는 유일한 길은 즉자이면서 대자로 고려되는 타자의 현전을 사유의 각 계기 속에서 보여주는 것이다. 이 두 가지 대립되는 계기들은 외적으로 반대되는 것이 아니라 본성상 서로 연관되는 것이다. 내가 보여주려는 것은 헤겔 안에 존재하는 프로이트의 문제제기이다.

프로이트의 문제제기를 헤겔 안에서 본다는 것은 욕망의 출현이나 정립이 의식의 이중화라는 '정신적' 과정의 핵심에서 욕망의 정립을 발견하고, 자기의식의 재인식 안에 있는 욕망의 충족을 발견하는 것이다.

이제 삶과 욕망으로부터 자기의식으로 이행한다는 『정신현상학』에 등장하는 난해한 항목으로 돌아가도록 하자. 나는 이미 선행적으로 주어져 있는 이러한 이행에 대한 해석으로부터 어떤 것을 꺼내려고 하는 것이 아니라, 그 이행에다가 어떤 것을 첨가하고자 한다. 우리는 이 변증법의 외부에서는 더 이상 어떤 것도 발견할 수 없고, 변증법의 세밀한 내용 안에서만 어떤 것을 발견할 수 있을 뿐인가? 내가 요청하고 싶은 삶과 욕망의 넘어설 수 없음이란 성격은 무엇인가? 자기의식의 목적론은 단지 삶이 자기의식을 통해서 한꺼번에 파악된다는 사실을 현시하는 것이 아니다. 자기의식의 목적론은 또한 시원의 정립, 근원적 확증, 직접적 팽창과 같이 삶과 욕망은 절대로 넘어설 수 없다는 사실을 드러낸다. 자기의식의 핵심부에서, 삶은 자기의식이 그 진보 안에서, 자기 자신에 대한 일차적 구별을 자기와 더불어 초래하는 것으로서 자기 자신의 배후로 드러나게 된다.

이러한 넘어설 수 없는 삶은 자기의식이 성취되는 지양(止揚, dépassement) 안에서 어떻게 자신을 현시하는가? 이 현시는 자기의식의 변증법이 담고 있는 여러 도정과 여러 차원 속에서 일어난다.

무엇보다도 욕망을 추종하는 인정의 변증법은 처음의 변증법의 바깥(*extérieure*)에 있는 것이 아니라, 처음의 변증법의 펼침과 드러냄이라고 말해야만 한다. 두 계기들 사이에 다리를 놓아주는 중요한 개념이 바로 충족(*Befriedigung*)이라는 개념이다. 이 개념은 프로이트적인 쾌락원칙의 역할을 담당한다. 또한 헤겔은 정확하게 이 개념을 그가 '순수 자아'(pur moi)라고 부른 개념과 연관시킨다. 헤겔의 텍스트에서는 그것이 대상의 억압 속에서, 이러한 대상의 직접적 소진 속에서 직접적으로 다다르게 된다고 믿는 일종의 소박한 자기의식이다.

단순한 자아를 유로서의 단순 보편적 존재라고 하겠는데, 어디까지나 그것이 형태화한 독립적인 계기들에 대한 부정적 본질일 경우에 이 자아는 자기와 구별되는 어떤 형태의 존재도 인정하려고 하지 않는다. 그리하여 단순한 자아, 즉 자기의식은 독립적인 삶으로 나타나는 타자를 무화함으로써 비로소 자기의 존재를 확신하게 되는데, 이것이 바로 욕망이다. 타자를 무화시킬 수 있다는 확신 아래 자기의식은 독립적인 대상이 무화되는 것이 타자의 고유한 진리라는 점을 대자적으로 정립하고, 독립적인 대상이 무화되는 일을 통해 객관적 형식 하에 자신을 입증하게 되는 확실성을 진정한 확실성으로 간주하여 자기 자신에 대한 확실성을 부여한다.[8]

순수한 자아는 이렇게 말한다. 나는 존재한다. 왜냐하면 나는 충족을 경험하고, 이 충족 속에서 나는 세계 안에 있는 모든 자연으로 말미암아 나에게 확증된 견고한 대상의 사라짐과 소멸을 보게 되기 때문이다.

열매는 향유 안에서 해소된다고 시인은 말한다. 하지만 여기서 욕망은 저항, 재탄생, 그리고 무르익은 열매의 끝없는 도주라는 총괄적인 경험을 겪는다.

그러나 이와 같은 욕망의 충족 속에서 자기의식은 자기의 대상이 독립성을 띠고 있다는 경험을 하게 된다. 물론 욕망과 욕망의 충족을 통해서 얻어지는 자기 확실성은 어디까지나 대상을 지향함으로써만 성립되는 것이므로 이러한 지양이 행해지기 위해서는 먼저 자기 이외의 타자를 전

8_ *Ibid.*, 152.

제할 수밖에 없으니, 이로써 자기 확실성은 대상에 제약될 수밖에 없는 것이 된다. 따라서 자기의식은 대상에 대한 부정적인 관계 속에서도 대상을 소멸시킬 수는 없고, 오히려 그보다도 욕망을 재생산하는 동시에 대상도 재생산하기에 이른다.[9]

프로이트의 술어로 표현하자면 쾌락원칙은 현실원칙과 조우한다. 헤겔은 계속해서 다음과 같이 말한다. "이렇게 되면 욕망의 본질은 자기의식이 아닌 타자에게 안겨지는바, 이러한 경험을 통하여 자기의식에게 욕망의 진상이 밝혀진다."[10] 프로이트의 언어로 말하자면, 순수한 자아로 포착되는 것은 자기 자신에 대한 소외, 자기 자신의 익명화와 중성화라 할 수 있는 이드로 자신을 드러낸다. 이 지점에서 자기의식은 타자를 발견한다. 욕망의 대상의 독립성과 저항은 극복할 수 없는 것이며, 충족[만족]은 하나의 타인(autrui)인 타자를 통해서만 획득될 수 있다. 텍스트가 적절하게 말하고 있는 것처럼 "자기의식은 오직 다른 자기의식 속에서만 스스로 충족에 이를 수 있다."[11] 그러므로 인정의 문제는 외적이면서도 비본질적인 법칙 속에 있는 욕망의 문제를 따르지 않고 오히려 자아의 이기주의를 펼치는 것에 불과하다. 이것은 자아가 충족으로 추구했던 바에 대한 '매개'이다. 나는 헤겔의 말을 한 번 더 정확하게 인용하고 싶다.

다음과 같은 세 가지 요소 속에서 자기의식이라는 개념은 비로소 그

---

9_ *Ibid.*, p. 152.

10_ *Ibid.*

11_ *Ibid.*, p. 153.

전모를 드러낸다. a) 자기의식의 최초의 직접적인 대상은 전혀 구별되지 않은 순수한 자아이다. b) 그러나 이 직접적인 존재는 절대적 매개를 거친 것으로써 독립적인 대상을 지양함으로써만 성립된다는 점에서 이 직접적인 존재는 욕망이다. 이 욕망의 충족을 통하여 자기의식은 자기 안으로 복귀하는 가운데 자기의 확실성을 진리로 고양시킨다. c) 하지만 이 확실성이 다다른 진리란 다름 아닌 이중의 반성, 즉 두 개의 자기의식이 각기 저마다 반성한다는 것이다.[12]

이것이 바로 나중에 도래하는 변증법이 삶 속에 주어지는 이러한 직접성을 매개하는 것 외에는 다른 어떤 일도 하지 못하는 이유이다. 여기서 삶은 끊임없이 부정되는 실체일 뿐만 아니라 끊임없이 유지되고 다시 확증되는 실체로 존재한다.

이러한 넘어설 수 없는 삶과 욕망의 정립에 대해 나는 이를 자기의식의 이중화의 변증법이 안고 있는 다른 모든 차원에서 다시 발견한다.

우리는 인정이 투쟁—가장 탁월한 정신적 현상—이라는 점을 잊어서는 안 된다. 확실히 인정을 위한 투쟁은 삶을 위한 투쟁이 아니라 투쟁에서 비롯되는 인정이다. 이러한 투쟁은 욕망이란 끔찍한 현실이 폭력의 형식 아래 정신의 영역 속에 전달된다는 것을 의미한다. 분명 인정을 얻으려는 열정은 자기 보존이나 지배를 위한 동물적 투쟁을 넘어서고 있는 가장 탁월한 비경제적 개념이다. 이것은 '나는 자율적 자기의식'이라는 언명, 입증, 증명을 타자로부터 떼어내기 위한 투쟁이다. 그러니까 인정을 위한 투쟁은 삶을 위한 투쟁이 아니다. 우리는 헤겔의 언어에 속하는 지배와 예속 개념이 프로이트의 언어에서는 충동

12_ *Ibid.*

의 운명이라고 말할 수 있다. 지배는 죽음의 위험에서 달아나는 것임과 동시에 투쟁의 패배자에 대한 예속작업을 관통하는 사물에 관한 향유와 파괴로서의 삶과 연관될 여지를 남기는 것이기 때문에 존재하고, 예속은 자기의식의 직접적 삶을 선호하면서 동시에 노예의 현존의 안전성과 죽음의 공포를 교환했기 때문에 존재한다. 다시 말해 주인에 대해서 노예에게 주어진 새로운 이득, 사태와 자연과의 새로운 마주함을 일궈내는 노동이 이루어질 때까지 그렇게 존재한다. 따라서 충동의 운명은 때로는 주인도 아니었고 노예도 아니었던 적이 없는 그런 긍정성, 혹은 더 명확하게 말하자면 긍정의 힘을 획득한 삶과 욕망이다. 충동은 우리의 삶을 위협하고 만족을 달성하기 위해, 노동하기 위해, 삶을 다른 것으로 바꾸기 위해 존재한다. 충동은 언제나 본성의 계기요, 삶의 타자성이다. 더 적절한 말로 바꾸자면 충동은 자기 자신과는 다른 각각의 의식의 대립을 제공하고 함양한다.

이것이 바로 욕망이 넘어설 수 있으면서 넘어설 수 없다고 하는 말의 의미다. 욕망의 정립은 매개되는 것이지 근절되어야 하는 것이 아니다. 욕망은 제쳐놓고, 폐기하고, 무화할 수 있는 영역이 아니다. 사유에 대한 스토아적 자유의 환상은 황제 마르쿠스 아우렐리우스와 노예 에픽테투스의 살아 있는 역사적 투쟁을 넘어서서 동일성을 고양시키는, 그 수많은 차이점에도 불구하고 합리적 존재라는 동일성을 정립시키는 것으로 나타난다. 이 단순한 사유로의 해방은 절대적 타자성으로 되돌아가게 만든다. 투쟁으로서의 욕망은 더 이상 자기가 아니며, 자기는 더 이상 충동이 아니다. 이것이 곧 삶을 넘어설 수 없다는 말의 의미이다. 또한 자기—*Selbst*—라는 항 자체는 자기 자신의 동일성이 자기 자신과의 차이를 통해서, 삶 속에 잔여물로 남아 있는 이 재생되지 않는 타자성을 통해서 이해되는 것으로 남게 된다. 이것이 바로 자기가 끊임없이 스스로를 성취시켜가면서 타자가 되는 삶이다.

## 3. 프로이트주의의 암시적 목적론

### a) 조작 개념

이제 프로이트로 다시 돌아가도록 하자. 우리는 정신분석학을 분석이라고 했다. 여기에 종합을 통해서 분석을 완성시킬 가능성은 존재하지 않는다. 이것은 시도조차 할 수 없는 일이다. 하지만 나는 이 분석이 분석에 외적인 것으로 머무르지 않고 자기-자신을 지시하는 의식의 목적론과의 대조에서 비롯하는 것 이외에, 분석 특유의 '퇴행'구조에서는 이해되지 않는다는 것을 보여준다고 믿는다. 그렇다면 우리가 프로이트의 사유 안에서 나타난다고 생각하는 이 암시적 목적론의 특징은 무엇인가? 우리가 프로이트에 대한 과도한 해석에 연루되고 있는 것은 아닐까? 나는 이러한 특징이 헤겔에 대한 독해와 짝을 이룬 프로이트 독해에 있어서만큼은 자명하게 나타난다는 점을 부정하지 않는다. 이것이 바로 내가 나의 철학적 해석의 다음과 같은 연속적 계기들을 날카롭게 구별했던 이유이다. 인식론적 계기, 반성적 계기, 변증법적 계기. 그러나 나는 이러한 절차가 프로이트에 대한 더 나은 독해, 그리고 프로이트에 대한 나 자신의 더 나은 이해를 보여주기 기대한다.

우리는 이 암시적 목적론을 세 종류의 시사점의 수렴점을 통과하는 가운데 접근할 수 있다. 첫 번째 시사점은 프로이트 이론에 관한 일종의 조작 개념이다. 이 개념에 대해서 나는 프로이트가 주제화하지 않았을 뿐, 분명 이 개념을 활용했다고 생각한다. 두 번째 시사점은 어떤 점에서 동일화 개념과 마찬가지로 매우 주제화된 개념으로 나타난다. 하지만 그것은 정신분석학의 지배적인 개념화 작업과 조화를 이루지 못한 채 남겨지게 된다. 마지막으로 목적론에 대한 간접적인 시사점은, 이것이 비록 정신분석학의 경쟁분야 속에 확실하게 속하지 못한 채 승화의 문제처럼 풀지 못한 숙제로 남아 있는 것이긴 하지만, 분명 그것이 일종의 문제로 나타난다는 데 있다. 목적론에 대한 간접적 시사점은, 비록 그것이 해결되는 문제는 아니긴 하지만, 적어도 변증법적 관점에서 더 나은 규정으로 나타날 수는 있는 문제로 보인다.

모든 이론은 자신이 도용한 개념을 원래 모습 그대로 이론 속에 반영시키지 않지만 분명 일정 정도는 포함하고 있다. 그러한 개념들의 제거는 지식의 유한성과 양립 불가능한 절대지나 총체적 반성에 관한 한 가지 상태를 초래할 수 있다. 그러므로 정신분석학의 지형학 및 경제학과는 다른 개념적 구조를 주제화시키기 위해 요청할 수 있는 조작 개념을 찾는 것이 정신분석학에 대한 비판으로 이어지는 것은 아니다.

이 조작 개념은 과학적 심리학과 현상학으로부터 정신분석학을 구별하는 일을 가능하게 해준다. 이 개념은 대화자의 이중적 관계라는 의미에서 '정신분석 영역'의 구조 안에 뿌리를 두고 있다. 반면에 메타심리학은 고립된 '정신기관'을 주제화시킨다. 또는 우리가 이따금씩 제시한 것처럼 프로이트의 지형학은 유아론적인 반면에 분석적 상황은 직접적으로 상호 주관적인 것이다. 분석의 상황은 단순히 헤겔의 이중화된 의식의 변증법과 모호한 유사성을 공유하는 식으로는 나타나지 않는다. 변증법과 분석관계에서 발전하는 의식과정 사이에는 희한한 구조적 동질성이 존재한다. 분석관계 전체는 삶으로부터 자기의식으로 고양되는 과정, 욕망의 충족으로부터 타자 의식에 대한 인정이라는 의식의 변증법으로 재해석될 수 있다. 우리에게 전달된 전이의 결정적 에피소드처럼 그것은 타자의 의식을 통해서, 분석가의 의식을 통해서 의식화를 일으킬 뿐만 아니라 인정을 위한 투쟁을 불러오는 투쟁의 국면을, 인정을 위한 투쟁에 대해 묵상하는 투쟁의 양상을 내포하기까지 한다. 이 과정, 곧 헤겔 변증법에서 노예 또는 예속된 사람과 마찬가지로 환자에게서 일어나는 관계는 불평등한 관계이다. 여기서 본질적이면서 비본질적인 것으로의 전환을 거치는 다른 의식을 보게 된다. 환자는 노예의 노동, 분석의 노동에 비견할 만한 노동을 거쳐 주인이 되기 전에 우선 타자 안에서 자신의 진리를 소유한다. 분석이 끝났다는 표시 가운데 하나는 두 의식의 평등한 상태의 달성이다. 이는 분석가 안에 있는 진리가 아픈 의식의 진리가 될 때 일어난다. 이때 환자는 더 이상 소외되지도, 타자가 되지도 않는다. 그는 자기, 그러니까 자기 자신이 된다. 더 나아가 두 의식 사이에 투쟁의 형태로 존재하는 치료적 관계에서 발생하는 일은 더 중요한 어떤 것으로 우리를 인도해야 한다. 전이는—환자가 반복하는 과정, 분석의 인위적 상황, 환자의 정동적 삶이 담고 있는 중요하면서도 유의미한 에피소드의—치료적 관계가 이미 상호 주관적이었던 일련의 모든 상황 전체를 재생하는 거울 이미지로 작용한다는 사실을 우리에게 확증해 준다. 프로이트적 의미에서 욕망이나 소망은 절대로 단순한 생명의 추동력이 아니다. 왜냐하면 그것은 상호 주관적 상황에서 비롯되는 것이기 때문이다. 그러므로 우리는 정신분석학이 발견하는 모든 드라마가 '만족'으로부터 '인정'으로 인도하는 경로 속에 위치하게 된다고 말할 수 있다. 어린아이의 욕망은 그의 어머니와 연관되어 있다. 이때 아이는 어머니에 대한 자신의 욕망이 자신의 아버지와 연관되어 있다는 사실을 발견한다. 이것이 바로 오이디푸스 갈등의 본질이 놓여 있는 지점이다. 헤겔이 욕망의 비매개성의 실패에 대해 말했던 바를 바로 이 오이디푸스 갈등에 대해서도 똑같이 말할 수 있다. '오직 이러한 만족 속에서 자기의식은 대상의 독립을 경험한다.' 이 지점에서 굶주림과 사랑 사이의 평행론은 종결된다. 굶주림은 한 사물 속에서 그 대상을 갖고, 사랑은 또 다른 욕망 속에서 그 대상을 갖는다. 그러므로 리비도의 모든 국면은 자기의식의 이중화의 양상이다. 게다가 치료적 관계를 통해 암시했던 것처럼 각각의 사례에 나타나는 그러한 국면들은 의식의 분할이 평등하게 되지 못하는 상황이다. 어린아이의 의식은 먼저 아버지의 형상 속에서 자기의 진리를 지니게 되는데, 아버지의 형상은 아이의 일차적 극치 내지는 최상의 모습이다. 노예나 예속된 사람처럼 아이는 의존하기 위해서 자신의 안전성을 담보로 거래를 한다. 이 거래는 협정을 통해 노예가 주인에게 종속되는 일만큼이나 허구적이다. 그러나 이러한 의존은 독립을 이루는 수단이다.[13]

헤겔의 정신의 현상학에 상응하는 조작 개념에 비추어 프로이트를 다시 읽어내는 일을 확장해 나가는 것이 어느 수준까지 가능할까?

헤겔주의의 철학적 정신에 친숙한 독자는 프로이트의 개념 구조

13_ 대상－관계와 관련한 논의는 이러한 변증법적 영역에 놓여 있어야 한다. 다음 글들과 비교해 볼 것. M. Bouvet, "Le moi dans la névrose obsessionnelle. Relation d'objet et mécanisme de défense," *Rev. fr. de psychan.*, 17(1953), pp. 111–96 ; "La clinique psychanalytique. La relation d' objet," *La Psychanalyse d' aujourd' hui, 1*, pp. 41–121 ; "Dépersonnalisation et relation d' objet," *Rev. fr. de psychan.*, 24 (1960) ; pp. 449–611. G. Grunberger, "Considérations sur l'oralité et la relation d'objet orale," *Rev. fr. de psychan.*, 23(1959), pp. 177–204 ; "Étude sur la relation objectale anale," *Rev. fr. de psychan.*, 24(1960), pp. 137–68.

와 대립하는 일관적 해석을 피할 수 없다. 충동에 대한 세 가지 연속하는 이론들은 다음과 같은 이분법을 드러낸다. 성적인 충동(혹은 리비도) 대 자아 충동, 대상 리비도 대 자아 리비도, 삶 충동 대 죽음 충동. 이 이분법이 필연적으로 변증법이 되지 않는다는 것은 사실이다. 그리고 각 영역에 있어서 그 이분법이 다른 의미를 지닌다는 사실도 참이다. 하지만 이런 대립의 양식은 의미의 탄생과 밀접하게 연관된다. 이분법은 이미 변증법이다.

변이 내지는 '충동의 운명'이라는 사례에서 우리는 자명한 변증법적 구조를 갖고 있다. 프로이트는 다음과 같은 유의미한 개념쌍 안으로 이 변이를 경합시킨다. 관음증과 노출증, 사디즘과 마조히즘. 이러한 '전복' 및 '전환'의 과정은 욕망의 역동과 의미의 역동을 함께 야기한다. 왜냐하면 주체와 대상은 극과 극으로 구성되는 이러한 운명 속에 존재하기 때문이다. 우리는 이를 보다 더 멀리 끌고 나갈 수도 있고, 지형학 자체를 '체계'의 변증법으로 해석할 수도 있다. 여기서 중요한 것은 체계들 간의 의사소통이나 관계다. 그런데 이러한 관계들은 충동의 관계 이상의 그 무엇인가? 실제로 프로이트는 체계들의 구성을 충동의 운명 가운데 하나인 억압과 연결시킨다. 그러므로 일차적인 것은 프로이트가 나중에 도래하는 억압이나 고유한 억압에 대한 토대의 역할을 하는 원초적 억압(*Urverdrängung*)에 기대고 있는 갈등관계이다. 적절한 억압은 어떤 것이 이미 억압을 받아왔다는 사실을 전제한다. 이는 우리가 순수하게 비억압적인 방식으로 기능하는 일종의 정신기관에 대해 알지 못한다는 사실을 전제한다. 또 다른 술어로 표현하자면 일차적 체계와 이차적 체계 간의 변증법은 그 자체로 근원적이다. 이러한 억압의 원초적 특징이 곧 욕망의 구조다. 욕망이 또 다른 욕망으로 말미암아 직면케 되는 그 시작점부터 존재하는 한에서는 그렇다.

그러므로 이러한 변증법적 구조는 그 자체로 지형학 안에서 나타나게 된다. 우리가 알고 있는 지형학은 의식과 무의식의 단순한 대립 속에서 일어난다. 우리는 지형학을 근본적으로 변증법적 관계에 대한 공간적 묘사라고 말할 수 있다. 프로이트적 체계는 상호 주관적 상황과 의식의 이중화 과정 속에 그 기원을 갖는 관계들이라는 유아론적 기관 속에서 객관화된다. 이것이 바로 근원적인 상호 주관성을 형태화하는 관계들을 우리가 심리구조 내부의 관계로서의 지형학 안에서 찾게 되는 이유이다.

나는 메타심리학의 구조 안에 설정된, 즉 엄밀하게 무의식의 비변증법적 성격을 고려하는 것은 온당치 못하다거나, 혹은 1914년 이후에야 도입된 이드라는 표현을 사용하는 데서 나타나는 문제를 재고해선 안 된다고 하는 것은 가당치 않은 생각이다. 내가 여기서 비변증법적 성격을 두고 의도하는 바는 무의식 혹은 이드라고 일컬어지는 이 장소에 대한 저명한 기술을 특징지음으로써 그것들을 순수한 긍정적인 힘, 무지한 부정, 시간성, 현실의 한 부분, 그리고 맹목적으로 쾌락을 지향하는 것으로 이해하는 것이다. 이 절대적 욕망을 또 다른 장소 안에서, 시간의 부정의 기원 및 현실에의 관계의 기원, 관계 바깥, 자기 바깥에서 정립되는 것이라고 나는 말하고 싶다. 단순히 추상적인 이 이론은, 필연성을 통해서, 이해라는 과정 자체에 대해 다음과 같이 입증될 수 있을 것 같다. 욕망은 애초부터 상호 주관적 상황 속에서 존재하는 것이다. 이드는 어머니 및 아버지와 마주하는 욕망이다. 이드는 욕망과 마주하는 욕망이다. 이처럼 이드는 그 시원에서부터 부정성의 과정, 자기의식의 과정으로 들어가게 된다.

이차 지형학은 변증법에 대한 더 생생한 묘사를 담고 있다. 일차 지형학은 마음 내부의 지형학과 관계한다. 이차 지형학은 비인격, 인격,

그리고 초인격이 서로 맞닥뜨리는 하나의 새로운 인격론의 역할과 관계한다. 아울러 이차 지형학은 다양한 충동의 이분화와 위에서 언급된 충동의 운명이라는 대립의 쌍을 야기하는 일을 통해서, 그리고 그 안에서 이미 그 자체로 변증법적이다. 초자아의 문제는 일차 지형학이 만든 변증법적 상황의 근저에 놓여 있다. 왜냐하면 이 문제는 마음 내부의 갈등의 시원에 존재하기 때문이다. 욕망은 타자를 갖는다. 결과적으로 이차 지형학은 일차 지형학에 대한 개정 그 이상의 것이다. 이는 문화로 나타나는 비-리비도적 요소 및 리비도와 마주하면서 일어난다. 이 지점에서 충동의 경제학은 단순히 유아론적 리비도 투여의 차원과 역할의 변증법의 차원에 투사된 그림자에 불과하다. 이런 이유로 자아의 의존적 관계는 「자아와 이드」 5장의 주제로 돌아가는 초기의 정신 기관에 대한 표상이라는 지형학적 관계보다 더 변증법적인 것이 된다. 게다가 자아-이드, 자아-초자아, 자아-세계라는 일련의 개념쌍은 이러한 의존관계를 구성하는 것으로서, 헤겔 변증법의 경우와 마찬가지로 극복 대상으로서의 주인-노예 관계로 나타나게 된다.

### 4. 프로이트주의의 암시적 목적론

#### b) 동일화

주제화되지 않은 목적론적 변증법과 연관되어 있는 프로이트 이론으로의 두 번째 도정은 초자아의 발생이다. 초자아의 발생은 연속적인 지형학의 구축 가운데 활용되는 조작 개념 때문에 변증법과 연관된다는 점 이외에도 지형학적·경제적 관점에서 발견되는 안정적인 개념적 토양을 지니지 못한 채 이론의 '주변부에' 머무르는 것임에도 불구하고 근본적이면서 동시에 잘 다듬어진 것이기 때문에 더더욱 다뤄볼 만한 개념이 된다. 나는 지금 프로이트의 저작에서 발견할 수 있는 점진적 형태로서의 동일화 개념을 말하고 있다. 동일화 [동일시], 이 개념은 메타심리학과 조화를 이루지 못하는 개념인 것처럼 보인다.

프로이트의 이론에서 가장 탁월한 외적 사실은 권위이다. 권위는 충족을 추구하는 리비도의 고유한 본성에 포함되지 않는다. 권위는 충동의 영역을 관통하고 충동에 특별한 상처를 입히는 금지를 통해서 존재한다. 금지에 있어서 거세의 위협은 절반의 실재이자 절반의 허구적 표현으로 존재한다. 그렇다면 어떻게 해서 쾌와 불쾌라는 경비 지출의 경제적 계산서를 통해 욕망과 욕망의 타자 문제가 설명될 수 있을까? 메타심리학은 이 문제를 다음과 같은 용어로 진술한다. 만일 모든 충동 에너지가 이드로부터 도출된다면 이러한 충동의 토대는 자신을 '분화시킬' 수 있는가, 예를 들어 다양한 금지사항을 따라 리비도 투여를 각기 다르게 분배하는 것과 같은 일을 어떻게 할 수 있을까? 욕망의 역사에서 권위의 기입은, 이 욕망에서 얻어진 '차이'는 특수한 의미론을 야기한다. 여기서 이러한 새로운 의미론의 등장을 해독하고 해석하는 문제로 되돌아가고 싶지는 않다. 우리는 이미 이 문제를 꿈과 승화라는 주제 아래 다룬 바 있다. 우리의 현재 관심사는 이러한 '분화'가 적절하게 표상될 수 있는 개념적 구조와 관련한다.

나의 논지는 이러한 분화가 헤겔의 의식의 이중화 과정과 동질적인 변증법을 구성한다는 것이다. 하지만 이러한 타자의 의식의 자기 안으로의 도래가 경제학으로는 완벽하게 설명되지 못한다. 짝을 이루는 의식의 대립으로서의 또 다른 의식을 갖는 의식은 지형학의 매개로도 다루어질 수 없다. 메타심리학이 상호주관적 드라마로서의 분석적 관계를 이론적으로 설명하지 못하는 것처럼 지형학 또한 욕망－쾌락 관계가 욕망－욕망 관계를 일으키는 한, 욕망의 모험을 이론적으로는 제대로 설명하지 못한다. 이러한 욕망－욕망의 관계는 헤겔적인 방식으로 정신의 현상학이라는 영역 안에 리비도의 자리를 지정한다. 그러므로 우리는 이 욕망의 욕망을 헤겔의 용어로 표현해야만 한다. "자기의식은 한 다른 자기의식 안에서만 충족에 이르게 된다."

동일화 개념과 마주했을 때 접할 수 있는 프로이트의 당혹감은 이러한 상황에 대한 정확한 표현이다. 우리가 말했던 것처럼 동일화는 해결책이라기보다는 골칫거리다. 궁극적으로 우리가 『집단심리학과 자아분석』 7장에서 배웠던 두 가지 동일화 개념이 존재한다. 우리를 당혹스럽게 만든 것은 동일화가 오이디푸스 콤플렉스에 선행한다는 점과 오이디푸스 콤플렉스의 해소를 통해서 강화된다는 점이다. 이러한 일차적 동일화를 따라서 아버지는 아이가 그렇게 소망하고 싶고 소유하고 싶어 하는 것을 표상한다. 즉 아버지는 모방된 것의 모형이다. 오이디푸스 콤플렉스는 성적 대상으로서의 어머니에 대한 집착과 더불어 이러한 동일시를 마주하는 데서 비롯된 결과다. '우리가 원하는 존재'라는 모형으로서의 존재에의 집착은 소유의 욕망으로 환원시킬 수 없다. **~로서의 존재 욕망** 및 **소유 욕망**은 함께 서로 엮이게 될 것이다. 하지만 이러한 욕망들에게 있어 서로 구분되는 두 가지 과정이 있다. 이는 정신분석학은 의식의 이중화라는 상호 주관적 과정을 직접적으로 전제하고 있다는 나의 주장을 통해 정확하게 기술될 수 있을 것 같다. 메타심리학은 그 근원적 본질상 이러한 과정을 설명할 수 없으며, 충동의 차원에 가해지는 바를 이론적으로 설명할 수도 없다. 같은 텍스트에서는 동일화의 퇴행적 측면이 끊임없이 경제적으로 환기되고 해석되고 있다.[14] 신경증이라는 맥락으로 어린 소녀의 오이디푸스 콤플렉스 사례를 검토하면서 프로이트는 다음과 같이 주장한다. "**대상 선택 대신 동일화가 나타났고**, 대상 선택은 동일화로 퇴행했다." 이와 유사한 용어가 동성애에 있어 어머니와의 동일화에 대해 말하면서 사용된다. 이 동일화 때문에 젊은 남자는 자신의 고유한 신체를 대체할 수 있고, 자기 어머니를 통해 경험한 사랑과 돌봄을 선사할 수 있는 성적 대상을 발견한다. 동일화의 이러한 강력한 사례에서 포기되거나 잃어버린 대상에 대한 치환이라는 퇴행적 성격은 자아 안으로의 대상의 투입이라는 퇴행적 성격과 마찬가지로 매우 자명한 것이 된다. 유사한 언급을 우리는 우울증과 우울증의 대상 투입 성격이란 사례에 적용할 수 있다. 나는 동일화라는 명칭 하에서 정신분석학은 가지성이 또 다른 해석 형태로 드러나는 의식 대 의식의 과정이라는 충동의 경제학의 차원에 그림자가 드리워져 있다는 점만을 인식할 수 있을 뿐이라고 말하고 싶다.

비록 정신분석학이 이러한 과정의 정동적 투사만을 파악하는 것이라 하더라도, 그것은 우리에게 완전히 새로운 경계를 제시함으로써 이 과정에 대한 우리의 이해를 변형시킨다. 에너지는 대상-리비도의 해소를 통해 활용 가능한 것이 되고, 그 리비도의 퇴행을 통해서 감정을 촉발하는 경향 및 문화적 대상 속에 우리의 감정을 투입하는 방향으로 나아가는 일이 가능해질 수 있다. 경제학은 자아 속에서 잃어버린 대상에 대한 투입이나 설정으로 일컬어지는 현상의 반대 측면만을 파악한다. 의식 대 의식의 과정이라는 그림자는 경제적 차원에서 투사된 것으로서, 언제나 일종의 퇴행이다. "동일화를 통한 대상 리비도 투

---

14_ 『집단심리학과 자아분석』, *GW, 13*, pp. 116–21 ; *SE, 18*, pp. 106–110 ; tr. fr., in *Essais de Psychanalyse*, pp. 119–123 ; 전집 12권, pp. 114–122.

여의 치환"은 성애적 대상 선택으로 자아가 변질될 수 있다는 사실과 관련한 방법일 뿐이거나, 혹은 「자아와 이드」에서 말한 것처럼 이드에 대한 통제력을 획득하는 방법이다. 이것은 세부적인 텍스트 주해를 거쳐 이미 완성된 내용이므로[15] 나는 이를 재검토하지는 않을 것이다. 하지만 나는 『새로운 정신분석 강의』를 몇 차례 더 인용할 것이다. 이 책은 프로이트가 자신의 작업을 최종적으로 반성하기 바로 전 단계, 즉 끝에서 두 번째 단계에 있는 반성내용을 담고 있다. 충동의 경제학에 더 이상 종속되지 않는 요소와 욕망의 경제학 사이의 불일치를 이보다 더 잘 드러내고 있는 프로이트의 저술은 어디서도 찾을 수가 없을 것이다. 또한 경제적 동일화 문제를 다루면서 퇴행이라는 것이 경제학을 교묘하게 피해가는 과정을 발견하는 한편, 그것이 오로지 퇴행의 형태로만 이해된다는 점을 분명하게 밝혀주는 저술을 찾기란 쉬운 일이 아니다. "어떤 사람이 자신의 대상을 잃어버리거나 포기하게 됐을 때 자신을 대상화 동일시하고 그를 자신의 자아 안에 다시 세워 일으킴으로써 보상을 받으려 하는 경우가 많다. 그렇게 함으로써 여기서는 대상 선택이 동일화와 같은 것이 되고 만다."[16] 이제껏 동일화 문제를 본질적인 것으로 설명하지는 못했으나 이제야 비로소 동일화를 넓은

15_ 우리는 여기서 에릭 H. 에릭슨(Erik H. Erikson)의 주요 저작을 고려해야 한다. *Childhood and Society*(1950), *Young man Luther*(1958), *Identity and the Life Cycle* (1960), *Insight and Responsibility*(1964). 이 저작들은 다음 저작들과도 비교될 수 있다. J. Laplanche, *Hölderlin et la question du père* (Paris, P.U.F., 1961), A. Vergote, La Psychanalyse, *science de l'homme*(Dessart, 1964), III, "Psychanalyse et anthropologie philosophique."

16_ 『새로운 정신분석 강의』, *GW, 15*, p. 69 ; *SE, 22*, p. 63 ; tr. fr., p. 90 ; 전집, 11권, p. 88.

수준에서 인식하게 되었다는 사실이 다음 입장을 통해서 설명된다. "나 자신도 동일화에 대한 지금까지와 같은 설명방식이 만족스럽지 않았다. 그러나 초자아의 설정이 부모의 기능과 자신을 성공적으로 동일화한 경우로 묘사될 수 있다고 여러분이 인정한다면 그것으로 충분하다."[17]

이 텍스트는 우리를 프로이트적 욕망의 중심부에 위치한 헤겔적 자기의식의 구조로 초대한다. 여기서부터 시작해서 우리를 이끌어가는 지점이 바로 그 유명한 '대상 상실'이다. 이는 동일화와 같은 맥락에서 자주 다루어지며, 또한 「애도와 우울증」에서와 마찬가지로 언제나 퇴행의 관점에서 다루어진다. 그런데 대상의 상실이란 근본적으로 늘 나르시시즘으로 되돌아가는 퇴행적 과정인가? 이와 반대로 인간 욕망의 교육적 변형, 의식의 이중화 과정에 연관되는 변형은 우연적인 것으로서가 아니라 근본적이면서도 기초적인 방식으로 나타나는 것이 아닌가? 욕망의 중심부에서 자기의식의 변증법을 자리매김할 수 있다는 해석에 대립하는 것처럼 보이는 것이 바로 프로이트의 리비도에 대한 정의다.[18] 이 정의는 지형학이라는 체계적 기관 때문에 의식의 이중화 과정과 결별하는 것처럼 보인다. 하지만 욕망은 위에서 말했던 것처럼 처음부터 상호 주관적 상황 속에 존재한다. 그러므로 동일화의 과정은 외부에서 첨가되는 어떤 것이 아니라 욕망의 변증법 그 자체이다. 이 말은 위에서 언급했던 표현을 사용하자면 '성공적인' 동일화라는 점에서 오이디푸스 콤플렉스의 심오한 의미를 되살린다. 모든 것이 대상의 단념 내

---

17_ *Ibid.*

18_ 『성욕에 관한 세 편의 에세이』(*Trois Essais sur la sexualité*), *GW*, *5*, 118-20 ; *SE*, *7*, 217-19 ; tr. fr., 143-6 ; 전집, 7권, 225?.

지 포기라는 퇴행적 개념으로 설명되지는 않는다. 우리가 초자아를 오이디푸스 콤플렉스의 유산이라고 할 때, 그것은 리비도 투여 위축이라는 경제학을 통해서 의도된 것보다 더 넓은 어떤 것을 지칭한다. 어린아이의 오이디푸스 콤플렉스 "단념"은 "그 아이가 자기 아버지의 성향을 지녔다는 강렬한 대상 리비도 투여의 단념"을 리비도 투여의 위축, 창조적 과정의 경제적 영향력, 즉 동일화 과정과 구조의 설정을 통해서 드러내는 방식이다. 프로이트는 이러한 경우가 있다는 사실을 인식하는 데서 한 발도 더 나아가지 못하고 있다.

> 오이디푸스 콤플렉스가 지나고 나면 아이는 부모를 향해 형성돼 있던 긴밀한 대상 리비도 투여를 포기해야만 하고 대상 상실에 대한 보상으로 아마 자아 안에 이미 오래전부터 형성되어 있던 부모와의 동일화를 강화하게 된다. 포기된 대상 리비도 투여에 대한 침전물로서의 그러한 동일시는 차후 아이의 생애 속에서 매우 자주 반복되는데, 대체로 그러한 변형이 첫 번째 발생할 때의 감정의 정도와 상응한다. 그리하여 그 결과로서 자아 속에는 특별한 장소가 마련된다.[19]

이 텍스트는 대상 상실—리비도의 운명인 리비도 투여의 단념—및 의식의 이중화라는 변증법에 속하는 동일화 사이를 밀접하게 연결시켜 이해하는 작업과 관련하여 매우 중요한 자리를 차지한다. 헤겔의 경우에서처럼 만족[충족]에 대한 탐구는, 자기의식의 이중화와 동질적인 것으로 인식했던 동일화의 영역으로 들어갈 경우 부정의 경험을 하

---

19_ 『새로운 정신분석 강의』(*Nouvelles Conférences*), *GW, 15*, 70 ; *SE, 22*, 64 ; tr. fr., 91 ; 전집, 11권, 88–89.

게 된다. 따라서 욕망이 변증법이 된다는 사실은 부정을 제외하고, 검열에다가 그 부정의 기능을 할당해서 절대적 욕망을 정립했던 '메타심리학'을 다룬 텍스트에서 본 것처럼, 더 이상 외적 운명이 되지를 못한다. 이 검열은 그 자체로 동일화의 변증법 속에 자리하기 위해 출입구의 신화를 벗어난다. 프로이트의 애도작업에 대한 훌륭한 기술과 관련해서 보면, 그는 부정적인 것에 대한 경험이 내적인 것이면서도 그 자체로는 더 이상 욕망에 대해 외적이지 않다는 사실을 인식했다. 나는 이 문제에 대해 우리가 인용하고 깊이 분석했던 텍스트로 돌아가지는 않을 것이다. 우리는 이 텍스트들 속에서 부정이 욕망의 중심부에 위치했다는 점에서 진정한 욕망의 변증법의 시초를 발견하지 못하고 있는가? 이를 통해서 우리는 죽음 충동을 재해석하고, 또한 욕망이 훈련되고 인간화되는 일을 통해서 부정성과 욕망의 변증법을 연관시키는 문제로 나아갈 수 없을까? 죽음 충동, 욕망의 애도, 그리고 상징으로의 이행 사이에는 심오한 통일성이 존재하지 않는가?

그러므로 이러한 가능성은 의식의 이중화의 견지에서 프로이트의 저술을 다시 읽어낼 길을 열어주게 된다. 이러한 재독해의 규칙은 변증법과 경제학 사이에 일어나는 변동이자 자기의식의 점진적 출현을 지향하는 변증법과 이 어려운 출현을 초래시킨 것으로 말미암아 욕망의 '배치'와 '치환'을 설명하는 경제학 사이에 일어나는 변동일 것이다. 나는 동일화와 대상 상실의 형태 안에 있는 욕망의 심연 속에 반향을 일으키고 있는 의식 대 의식의 변증법이 정신분석학의 주요 주제가 아니라는 점을 인정한다. 나는 이 변증법을, 정신분석학을 그 자체로 이해하고 그 고유의 이론을 발전시키기 위해서 도입했던 모형에 반대하여, 이를테면 메타심리학, 지형학, 그리고 경제학에 반대하여 이와 대조를 이루는 정신분석학에 부과했다고 말하고 싶다. 경제학에 있어 의식의 투쟁은 자아 변증법으로 인식되는 것이 아니라 쾌락원칙을 따라 작동하게 되는 충동의 외적 운명으로만 인식될 뿐이다. 이것이 바로 경제학의 기반이 유아론적인(solipsiste) 것이 되는 이유이다. 하지만 치료로서의 정신분석학, 혹은 정신분석학을 반영하는 특정 상황은 유아론적이지 않다. 그러므로 이러한 정신분석학은 인식이라는 또 다른 역사를 통해서만 만족에 이르는 헤겔의 욕망의 역사로 통합되는 경제학과 대립한다. 따라서 내가 언급한 정신분석학 다시 읽기란 어떤 점에서 보면 프로이트의 경제학과 대립하는 어떤 것이다.

## 5. 프로이트주의의 암시적 목적론

### c) 승화에 관한 물음

프로이트의 이론이 동일화 개념으로 나타난다면 그것은 오로지 승화에 관한 물음으로 나타난다. 이전의 문제제기는 이 해결되지 않은 물음 속에서 점점 더 뚜렷해진다. 이 물음들이 동일화 개념을 통해서 다루어지지 않은 영역 속에서 승화는 윤리의 기원에 관해 해결되지 않은 다른 물음과 결부된다.

우리의 '분석'은 승화에 대한 연구를 분리시켜서 제시하지 않는다는 점에서 주목을 받게 될 것이다. 이는 우연이 아니다. 프로이트가 쓴 저술에 보면 승화라는 개념은 근본적이면서도 삽화적(épisodique)이다. 승화 개념은 충동의 운명 중 하나로 언명되고 충동의 전복(*Verkehrung*)과 주체로의 전환(*Wendung*)만이 아니라 특별히 억압과도 구별되는 것이다. 프로이트는 이 근원적 운명을 다루면서도 총체적인 하나의 작품을 남기지는 않았다. 게다가 프로이트의 비평 가운데 하나인[20] 『성욕에 관한 세 편의 에세이』에 등장하는 이 이론의 초안은, 탈성욕화와 동일화와의 상관관계를 제외하면 1905년 이후에도 급속한 변화를 보여주지 않는다. 그러므로 이 책을 검토하는 것은 매우 가치 있는 일이다.

『성욕에 관한 세 편의 에세이』은 승화를 네 가지 에피소드로 나누어서 다루고 있다.

첫 번째 언급은 제1편(성적 일탈) '성 대상과 관련된 이탈'이라는 주제와 '일시적인 성 목적에 대한 고착'이라는 하부 주제로 나타난다. 이러한 승화의 '장소'(lieu)는 의미심장하다. 승화는 리비도의 목적의 일탈이지 대상의 대체가 아니다. 이러한 일탈은 정상적인 성적 행위에 선행하는 '예비적 행위'(actes préparatoires)와 연결된다. 더 엄밀하게 이러한 일탈은 감각적 쾌락(만지고, 보고, 은폐하고, 드러내는)에서의 예비적 행위와 연결된다. 그러한 행위는 정상적인 행위의 발생 목적과 분리될 수 있다. 이러한 일탈은 미학의 영역, 예를 들면 문화현상의 영역에서의 승화로 자리매김한다. "마찬가지로 다른 의미로는 [성적] 관심이 생식기의 일부에만 투여되는 것이 아니라 신체 전체로 전환될 수 있는 경우라면, [성적] 호기심은 예술의 의미(승화)로 변형될 수 있다."[21*] 동시에 이러한 '관조를 나타내는 매개적 목표'에서의 망설임은 승화를 도착의 영역 속에 자리하게 한다. 왜냐하면 도착 또한 정상적인 성적 행위의 경로를

---

20_ Harry B. Levey, "A Critique of the Theory of Sublimation," *Psychiatry*(1939), pp. 239–70.

21_ 『성욕에 관한 세 편의 에세이』, *GW, 5*, pp. 55–56 ; *SE, 7*, pp. 156–57 ; tr. fr., pp. 47–49 ; 전집, 7권, p. 46.

* 오해를 없애기 위해 원문에는 꺽쇠괄호의 삽입구가 없다는 점을 밝혀둔다.

따르는 것에 대한 망설임이자 일탈이기 때문이다. 첫 번째 텍스트에서는 도착과의 대조가 반대급부의 힘(수치심과 혐오)에 귀속된다. 하지만 우리는 승화와 억압을 구별해내지 못한다.

두 번째 맥락은 유아기의 성욕에 대해 이야기하고 있는 두 번째 논고에서 제기된다. 그러므로 이는 발생의 맥락에 속한다. 이것이 바로 승화라는 계기가 이 잠복기라는 국면에서 나타나는 이유이다. 여기서는 앞에서의 논고보다 더 명쾌하게 승화를 문화라는 특권의 관점에서 다루고 있다.[22] 승화의 메커니즘과 동일한 방식으로 프로이트는 승화를 '정신의 댐'의 역할로서의 '혐오, 수치심, 도덕성'과 결부시킨다. 이러한 반대 급부의 힘은 표면적으로 그 자체로 신체의 성감대와 연관되는 유아기 성욕이라는 성도착적 경향에 적용된다. 반대 급부의 힘 혹은 반응이라는 것은 개인의 지속적인 발전 때문에 나타나는 일종의 불쾌를 탈취한다. 그러므로 이 두 번째 텍스트의 맥락에서 승화는 그 목적으로부터의 일탈이 반대급부의 작용에서 비롯된 것인 만큼 또 다시 성감대 및 도착과 연결된다. 아직까지도 우리는 승화와 억압을 구별해내지 못한다.

세 번째 언급은 '유아 성애의 원천'을 다루고 있는 이 논고의 결론부에서 발견된다. 승화의 특징적 일탈은 성적 기능이 성감대의 공통소유로 인해 서로 다른 기능을 침해할 경우 관찰되는 '전이'로 흡수된다(프로이트는 구순의 예를 인용한다. 이러한 성감대의 문제점은 식욕부진과의 인접관계를 통해 전이될 수 있다).

> 성적인 경향은 성 목적 이외의 다른 것으로 사용되지 않고, 말하자면

22_ *GW*, *5*, pp. 78–79 ; *SE*, *7*, pp. 178–79 ; tr. fr., pp. 81–82 ; 전집, 7권, pp. 72–73.

> 성애의 승화로 발견될 수 있다. 하지만 우리는 아직 이것들 사이에 분명히 존재하며 아마도 양방향으로 진행되는 이 경로에 대해 확실하게는 알지 못한다는 점을 고백해야만 한다.[23]

그러므로 이 텍스트는 그 목적의 일탈과 결부된 금지의 특징을 이전보다 더 약하게 강조하고 있다. 반대로 성감대의 운명과 승화의 문제를 연결시키는 프로이트의 주장은 이 충동의 운명으로 제한된 특징에 주의를 부여하게 만든다. 우리는 상대적으로 제한된 감각적 구성과 규정의 범위를 따라 발전하는 인간의 욕망의 유한성의 의미에 대해 말할 수 있다(성감대는 숫자로 제한되는 것이 아니라 신체의 표면으로 제한된다).

『성욕에 관한 세 편의 에세이』의 승화에 대한 근본적인 언급은 책을 종결하는 최종적인 종합의 시도 가운데 제시되고 있다. 요약하자면 승화는 신경증과 도착을 거쳐서 제3의 대안의 결과로 조망된다.[24] 우리는 도착과 신경증이 밀접하게 연관된다는 사실을 이미 알고 있다. 왜냐하면 "신경증은 곧 도착의 부정"이기 때문이다.[25] 우리는 또한 승화가 상호 매개적 목적 및 성감대와의 경제적 연결을 이유로 도착과 밀접하게 연결된다는 점을 앞의 텍스트로부터 배웠다. 요컨대 세 가지 '쟁점'('충동의 운명'을 알린다는 의미에서의)은 선명하게 구별된다. 도착은 생식기가 지닌 통합적 기능의 무력함에서 기인하는 것으로서 유사 잭슨주의적 용어로 해석된다. 신경증, "도착의 부정적 보충"[26]은 억압과 결

---

23_ *GW, 5*, p. 123 ; *SE, 7*, p. 206 ; tr. fr., p. 123 ; 전집, 7권, p. 106.

24_ *GW, 5*, pp. 140–41 ; *SE, 7*, pp. 238–39 ; tr. fr., pp. 177–78 ; 전집, 7권, pp. 144–145.

25_ *GW, 5*, p. 65 ; *SE, 7*, p. 165 ; tr. fr., p. 61 ; 전집, 7권, p. 58.

26_ *GW. 5*. p. 140 ; *SE, 7*, p. 238 ; tr. fr., p. 177 ; 전집, 7권, p. 144

합된다. 승화는 지나치게 과도한 흥분을 가지는 성욕과는 또 다른 영역 속에서 방출과 활용으로 파악된다(이런 점에서 승화는 여전히 비정상적 구성의 맥락에서 다루어지게 된다). 매우 선명하게 이러한 '위험한 기질'을 프로이트는 "마음의 소질과 활동성의 현저한 증대"의 탓으로 돌린다. 예술 영역에서의 창조성은 이러한 반응의 현시들 가운데 하나다. 더 정밀하게 보면 미적 기질은 가변적인 창작, 도착, 그리고 신경증의 혼합물로 나타난다.

마지막으로 승화와 억압 간의 관계는 무엇인가? 놀랍게도 마지막 텍스트는 억압을 승화의 아종(sous-espèce, 亞種)으로 다룬다. 이러한 아종과 연결된 것은 우리가 알고 있는 대로 병적 집착, 승화, 그리고 억압을 통해 성립된 성적 기관에서 비롯된다. 그러나 프로이트는 억압과 승화는 그 "내면적 원인이 우리에게 매우 잘 알려져 있는" 과정이란 말을 재빠르게 덧붙인다.[27] 프로이트는 억압과 승화를 "구성적 기질"로 간주한다.[28] 대상은 만들어졌다.[29] 이것이 비합리적인 것은 아니지만, 여기서 승화가 비정상적으로 강한 성적 구성력을 갖는 개인의 유아기적 성감대로부터 그 에너지를 끌어낸다는 이론을 뒷받침해주는 임상적 증거는 존재하지 않는다. 이 텍스트들은 심지어 승화의 원인이나 메커니즘에 대한 제한적 견해를 형성하는 것조차도 불가능할지 모른다고 이야기하고 있다. 일탈과 반응-형성의 의미 및 각각의 역할은 무엇인가? 이 질문에 답하기란 쉽지 않다. 정밀하게 다루어진 요소는 오직

27_ *GW*, *5*, pp. 140–41 ; *SE*, *7*, p. 239 ; tr. fr., p. 178 ; 전집, 7권, p. 145.

28_ *Ibid*.

29_ Levey, pp. 247–49.

* 몰래 다른 것을 들여다보는 이상 성격을 뜻함. 관음증과 유사한 말이다.

혐오, 수치심, 그리고 도덕성의 반응-형성밖에 없다. 미적 승화가 보다 발전적으로 논의되고 있지는 않지만 언급되고는 있다. 대신에 반응-형성의 평행적 예만 전개되어 있다. 그것이 바로 절시증의 특징(le caractère scoprophilique, 竊視症*)이다. 마지막으로 미학적 가치나 그와는 다른 메커니즘을 통해 생성될 수 있는 에너지가 전달되거나 치환된다는 입장을 정당화시킬 수 있는 것은 아무것도 없다. 다시 말해 창의성의 대상이 아니라 오로지 창의성만이 파생되는 것처럼 보인다.

곧이어 나오는 텍스트들은 해결책보다는 난점을 더해주고 있다. 우리는 「나르시시즘에 관하여」라는 논고에서 승화-이상화라는 개념쌍을 이미 검토한 바 있다. 우리는 이상화가 충동의 대상, 승화는 충동의 방향과 목적과 관련한다는 사실을 상기한다. 이러한 구별은 이상화가 힘을 통해 획득되는 한, 프로이트가 두 메커니즘 간의 차이를 강조하는 일을 가능케 한다. 이 새로운 맥락에서 승화는 억압과 날카롭게 대조된다. 승화라는 메커니즘의 메타심리학적 개정은 억압이라는 메커니즘의 개정과 동등한 수준으로 제시되지 않는다. 더 나아가 프로이트는 승화를 여타 메커니즘, 특별히 억압, 그리고 반응-형성, 그리고 설명되지 않은 채로 남겨져 있는 특이한 메커니즘들과 구별한다. 승화는 에너지의 치환이지만 에너지의 억압은 아니다. 에너지는 특별히 예술가들에게서 표현되는 소질을 잘 드러내주는 것처럼 보인다.

진정으로 새로운 기술적 특성들은 「자아와 이드」에서 도입되고 있다. 승화는 초자아의 메타심리학을 정교하게 하는 관점에서 프로이트의 이 거대한 작업으로부터 수혜를 받는다. 투입 과정을 통해 요구되는 성적 목적의 단념은 대상과 자아 간의 교환(대상 리비도는 나르시시즘적 리비도로 변형된 것임)으로, 그리고 탈성욕화로 기술된다. 그러한 탈성욕화에 대해 프로이트는 다음과 같이 말한다.

그렇게 해서 발생하는 대상 리비도를 나르시시즘적 리비도로 변형시키는 일은 분명 성적 목적의 포기, 탈성욕화, 일종의 승화를 암시한다. 실로 이것이 승화에 이르는 보편적 척도인지, 모든 승화가 자아를 매개로 발생하는 것인지—이 과정은 우선 성적 대상 리비도를 자기애적 리비도로 바꾸고 그 다음 그것에다가 다른 목적을 부여하는 방향으로 진행된다—의 여부에 관한 의문이 생겨나고, 이 의문은 또한 세심하게 고려할 만한 가치가 있어 보인다.[30]

이때 두 가지 혁신이 따라 나온다. 한편으로 탈성욕화는 이전에 나온 작품이 일탈이나 치환이라고 일컬은 바에 관한 핵심 요인으로 부각된다. 이제 프로이트는 성애적이거나 파괴적인 충동에 덧붙일 수 있는 중립적이고 치환 가능한 에너지의 현존을 가정한다. 또 다른 한편으로 자아—이차 지형학적 의미에서의—는 이러한 변형에서 필연적으로 수반되는 상호 매개자이다. 그러므로 승화는 우리가 동일화라고 명명한 자아의 대체와 연결된다. 그리고 아버지라는 모형-이미지의 핵심이 동일화인 것처럼 초자아는 탈성욕화와 승화의 과정 속에 함축된다. 따라서 우리는 3항 연속체를 갖게 된다. 탈성욕화, 동일화, 승화가 바로 그것이다. 이 점에서 우리는 처음 토대로 돌아가야 한다. 승화는 더 이상 비-성적인 것을 향하여 일탈했던 도착적 유아기의 구성요소로 이해되어서는 안 된다. 승화는 탈성욕화와 오이디푸스 콤플렉스의 해소에서 도출된 힘의 압력을 통해 내재화된 오이디푸스 시기의 대상 리비도의 투여이다. 하지만 다음 개념들의 근거를 이야기하는 것은 어

30_「자아와 이드」, *GW*, *13*, 258 ; *SE*, *19*, 30 ; tr. fr., 184–85 ; 전집, 11권, 370.

려운 일이다. 탈성욕화, 승화, 그리고 동일화는 꼬리에 꼬리를 무는 세 가지 수수께끼이다. 불행하게도 이것을 명쾌하게 기술하는 것은 어려운 일이다!

승화의 문제를 해결함에 있어 프로이트가 저지른 실수는 우리에게 반성을 위한 문제를 선사해 준다. 공허한 승화 개념은 한편으로는 프로이트주의의 암시적 목적론이라는 주제 아래 해명되는 일련의 난점들을 개괄해주고, 다른 한편으로는 '상징의 문제를 위하여'라는 매우 세심하고도 예비적인 주제 아래 새로운 사유의 맥락을 도입한다.

이것이 바로 내가 보는 승화의 두 측면이다. 한편으로 승화는 그 구성, 다시 말해 인간의 더 고차원적이거나 가장 고차원적인 승화 구성의 양상의 총체와 관련한다. 다른 한편으로 승화는 이러한 승화의 증진에 관한 상징적 도구와 관련한다. 우리는 여기서 승화의 상징적 표현을 논외로 하여 우리 스스로를 승화에 관한 문제제기로 묶어두어야 한다.

대체로 이 문제의 첫 번째 측면은 승화가 지닌 윤리적 양상에 상응한다(두 번째 측면은 승화의 미학적 양상 일반에 상응한다). 프로이트 자신은 승화를 무엇보다 반응의 형성(수치심, 부끄러움 등)과 그 다음으로는 동일화과 연결시킴으로써 윤리적 양상에 특권적 지위가 할당된다고 보았다.

더 상위의 매개의 구성을 통해서 조작이 시행되는 모든 진행과정 내지 메커니즘은 그것이 이상화이건, 동일화이건, 승화이건 간에, 경제적 구조 안에서의 비가지적 부분으로 머무르게 된다. 초자아 이론은 에너지 일원론 사이에서 동요를 일으키고 일차 지형학, 그리고 욕망과 권위의 이원론으로부터 유전된다. 에너지 일원론을 따르면, 오직 하나의 에너지 원천—이드 혹은 충동의 저장소라는 의미에서의 나르시시즘—만이 존재한다. 욕망과 권위의 이원론을 따르면 욕망으로는 환원이 불가능한 형상이 바로 아버지 형상이다. 에너지의 관점에서 모든 것은 이드의 저장소에 선행한다. 다만 욕망이 욕망 자체에서 분열되고, 초자아가 반응 형성으로 분화되기 위해서 권위는 아버지라는 형상 속에 주어져야만 한다. 그래서 프로이트는 이 두 가지를 동등한 힘으로 고정시킨다. 초자아는 바깥으로부터 획득된 것이고, 이 점에서 일차적인 것이 아니다. 다른 한편으로 초자아는 가장 강력한 충동의 표현 및 가장 강력한 이드의 리비도적 변이에서 비롯된다. 초자아의 경제 전반은 승화 개념 속에 반영되어 있다. 이 개념은 두 가지 요구사항 간의 일종의 타협을 형성한다. 여기서 두 가지란 '외부'(권위, 아버지 형상, 일종의 주인 형태)를 내재화시키는 것과 '내부'(리비도, 나르시시즘, 이드)를 분화시키는 것을 말한다. '보다 상위의 차원' 속에서의 '보다 하위의 차원'의 승화는 '바깥'의 투입의 상대자이다. 반응 형성, 이념의 형성, 그리고 승화는 이러한 학설상의 타협(compromis doctrinal)과 연관된 양태들을 나타낸다. 하지만 이러한 타협은 일관적인 것인가? 이 타협이 고고학과 목적론의 변증법에서 분리되어 받아들여질 경우 다리를 놓을 수 없는 틈을 감추고 있지는 않은가? 내 입장에서 봤을 때 나는 프로이트가 자아 정립을 다룸에 있어서 본래 가지고 있는 윤리적 기초를 거부한다는 사실로 인해 비난을 초래한 권위의 외재성이라는 문제와 모든 이념 형성이 궁극적으로 이드의 분화라는 초기의 경제적 가설에서 나온다는 욕망의 유아론 사이의 간극을 축소시키는 성과를 이루어냈다는 주장을 의심하고 있다. 프로이트주의는 욕망과 욕망 이외의 것 간의 일차적 변증법을 명료하게 하는 적절한 이론적 도구를 결여하고 있다.

승화 이론의 실패는 따라서 동일화 개념과 경제적 개념 간의 부조화와 같은 의미를 지닌다. '~로서의 존재의 욕망'이라고 프로이트 자신이 말했던 바를 '소유의 욕망'으로 환원시킬 수는 없다. 승화는 동일한 정도의 환원 불가능성을 은닉하고 있다. 우리는 승화가 성감대로부터 감각적 쾌락의 미학적 이행을 거치면서, 그리고 오이디푸스 콤플렉스 해소기에 일어나는 리비도의 탈성욕화를 거치면서 파생되는 모든 형식에 선행하며 이 모든 형식을 아우르고 있다고 말할 수 있다. 이렇게 파생된 형식들 가운데 원초적 동일화나 승화의 능력으로 설명되는 것은 아무것도 없다. 승화와 동일화 간의 관계는 욕망의 변증법 속에서의 자기의식의 탄생 자체로는 해결되지 않는 수수께끼와 관련하게 만든다.

승화 개념과 이상 형성이라는 개념 사이의 관계는 「나르시시즘 서론」에서 정교하게 논의된 것처럼 모든 근접 메커니즘에 관한 변증법적 재해석을 그 자체로 제시한다. 나는 승화와 이상화를 제시하는 프로이트의 목적이 이 둘을 각기 서로 분리시키기 위한 것이라는 사실을 깨달았다. 이상화의 메커니즘을 따르는 이상은 "어린 시절의 잃어버린 나르시시즘을 다시 찾게 해주는 대체물"에 머무른다.[31] 그럼에도 불구하고 나르시시즘에서 비롯된 이러한 이상의 투사는 유산된 코기토의 자아가 최소한의 윤리적 의미를 함축한다는 사실을 전제한다. 여기서 자아는 자신을 평가하고, 감상하며, 또한 자신을 비난할 수 있는 그런 존재다. 이상의 형성이 허구적 코기토에서 나온다는, 그리고 우리가 우리의 이상이라고 부르는 것이 통상 다른 맥락에서는 진리에의 저항이자 우리가 우리 스스로를 귀속시켰던 고유한 자기애 그 자체에 대한 투사와 같은 것에 불과하다는 정신분석학의 교훈을 무시하자는 것이

31_ 「나르시시즘 서론」, *GW, 10*, p. 161 ; *SE, 14*, p. 91 ; tr. fr., p. 24 ; 전집, 11권, p. 74.

아니다. 프로이트의 의미에서 이상화는 니체의 도덕의 계보학(la généalogie de la morale)과 연결된다. 우리는 이론의 여지가 없는 정신분석학의 기여를 계속 주장했다. 하지만 이러한 이상에 관한 나르시시즘적 태생을 가로질러 더 근본적인 문제가 제기된다. 자아가 평가한다는 사실이 의미하는 것은 자기에 대한 승인, 자기에 대한 비난, 그리고 자기에 대한 부정과 관련하는 자기 존중 또는 책망의 가능성이다. 프로이트의 이상화 이론에 대한 개괄에서 우리는 이러한 과정이 이상적 자아와 자아 이상 간의 의도치 않은 구별점과 일종의 지지점을 마련해 줄 수 있다고 지적했다. 이러한 구별에 일관성을 부여할 수 있는 것, 그것은 **자기 존중**(*Selbstachtung*)의 자아, '자기 자신에 대한 평가'의 자아로의 귀속이다.[32] 만일 자아가 거세를 무서워할 수도 있다면, 그리고 차후에 벌어지는 사회적 책망 및 처벌, 도덕적 비난과 같은 것을 내재화할 수 있다면, 그 이유는 자아가 물리적 위험과는 다른 위협에 대해 민감할 수 있는 그런 존재이기 때문이다. 자기 평가에 가해진 위협은 근원적으로 다른 모든 위협과는 구별되어야만 한다. 비난과 처벌의 의미를 얻기 위해서 물리적 통전성에 관한 위협은 실존론적 통전성에서의 위협을 상징화해야만 한다.

다시 말해 우리가 동일화와 승화를 연결시키건 이상화와 승화를 연결시키건 승화는 프로이트의 심역, 즉 이드, 자아, 초자아에 대한 문제제기의 핵심적인 난점으로 우리를 안내한다.

정신분석학은 퇴행적 본성의 정동적 상황을 통해서 자아의 윤리적 성격을 해독하는 데 유익하다. 이는 실천적인 면에서만 그런 것이 아니라 이론적인 면에서도 그러하다. 우리가 본 바와 같이 승화는 그

32_ *Ibid.*, *GW, 10*, p. 160 ; *SE, 14*, p. 93 ; tr. fr., p. 23 ; 전집, 11권, p. 73.

자체로 경제적인 용어로 언술될 수 있는 나르시시즘으로의 퇴행으로만 존재한다. 나는 이러한 퇴행이 시간적 퇴행, 예를 들어 과거로의 회귀, 어린 시절(인간이나 개인)로의 회귀라는 것과는 일치하지 않는 경제적 개념으로 이해된다는 점을 인정한다. 그런데 이것이 가장 경제적이면서도 최소한 시간적 의미로 이해될 경우, 그리고 대상 리비도 투여에 대한 단념 및 나르시시즘의 저장소로의 회귀로 파악될 경우에 이 퇴행은 프로이트의 경제 개념과 진보 개념 속에서는 자리를 잡지 못하는 것처럼 보이는 반정립 개념을 요청한다. 어떻게 나르시시즘이 그 스스로 분화하고 치환할 수 있는가? 만일 그 과정이 퇴행에 의한 진보가 아니라면 어떻게 동일화의 침전물이 자아 안에 그 자체로 침전되고 자아를 변형시킬 수 있는가? 또한 이러한 진보적 작동을 따르는 원리는 무엇인가? 그 원리가 비록 분석적 실천을 통해 주제화되는 방식으로 일관성 있게 전제되는 것이라고 하더라도, 이 원리가 프로이트의 메타심리학의 원천으로 흡수되기란 매우 어려운 일로 보인다. 이러한 문제가 적어도 정신분석학의 위상을 격하시키지는 못한다. 정신분석학은 두려움과 공포, 나르시시즘적인 자기애착, 그리고 증오 및 심지어는 죽음에 감추어진 복잡함이라는 불투명한 맥락에서 비롯되는 물음을 제기하게끔 해줌으로써 크나큰 유익을 반성에게 선사한다. 정신분석학은 이러한 물음을 부정적으로 제기한다. 말하자면 시원성에 대한 폭로, 유년기와 충동, 우리의 의심스런 고결함 속에 담겨져 있는 나르시시즘과 마조히즘을 통해서 말이다.

궁극적으로 더 세밀하게 다듬어진 동일화 개념과 이상화 개념을 통해서 승화라는 공허한 개념은 프로이트의 경제학이라는 주제화되지 않은 개념, 그리고 조작 개념으로 돌아가게 한다. 나는 이를 의식–되기의 과정이라는 하나의 과제로 요약해낼 것이다. 이것이 우리의 분석의 종착역이다. 『새로운 정신분석 강의』에서 프로이트는 다음과 같이 적고 있다. "이드가 있었던 곳에 나(Je)가 도래해야만 한다."[33] 궁극적으로 나가 되기 위한 과업은 욕망의 경제학 안에 설정되는 과업이지만 원리상 경제학으로 환원시킬 수는 없는 것이다. 하지만 이러한 과업은 프로이트의 학설 내에서는 침묵의 요소로 남아 있다. 승화라는 공허한 개념은 이러한 침묵의 요소에 대한 마지막 상징이다. 이것이 바로 승화 개념이 반영된 프로이트주의의 암시적 목적론이라는 주제 아래 우리가 직면해야 했던 난점이다. 이 난점은 다음과 같이 요약될 수 있다.

1. 욕망이 문화 속으로 진입하기 위해서는 에너지 영역과 무관한 가치 부여의 원천에 시원적 관계가 주어져야만 한다.

2. 자아와 그 타자와의 동일화가 가능하기 위해서는 한 쌍의 주체성의 구성이 요청되어야만 한다.

3. 동일화가 자아의 동일화 과정 속에 포함된다면 근원적 자기배려, 원초적 자기 존중이 가정되어야만 한다.

4. 정신분석학이 이론을 형성하는 퇴행적 운동과는 반대되는 의미에서 여기에는 이론이 주제화되지는 않지만, 분석적 실천이 작동하는 진보의 성향이 가정되어야만 한다.

나는 원초적인 변증법, 고고학과 목적론의 변증법을 통해서 진보와 퇴행의 상호작용을 개념화시키려고 했다. 이를 통해서 나는 프로이트에 대한 이해의 측면에서만이 아니라, 내 자신에 대한 이해에 있어서도 더 진전된 이해를 달성했기를 소망해 본다. 왜냐하면 그러한 변증법

---

33_ 『새로운 정신분석 강의』, *GW, 15*, p. 86(Wo Es war, soll Ich werden) ; *SE, 22*, p. 80(Where id was, there ego shall be) ; tr. fr., p. 111 ; 전집, 2권, p. 109.

이 강조하는 사유의 반성적 계기는 추상적 반성에서 구체적 반성으로 나아가는 도상 가운데 있기 때문이다. 여기서 진보와 퇴행은 동일한 상징들을 통해 전달된 이해의 과제로 남게 된다. 요컨대 상징적인 것은 진보와 퇴행 사이에 있는 동일성의 장소다. 이것을 이해하는 것이 바로 구체적 반성 그 자체로의 진입이다.

# 4장 해석학 : 상징에의 접근

이제 우리는 우리의 문제제기의 더 애매한 의문점의 차원에까지 이르게 되었다. 이는 또한 해석학적 갈등의 해결책, 그러니까 절충주의적 해결책이 아니라 변증법적인 해결책을 일별할 수 있는 지점이기도 하다. 이제 우리는 고고학과 목적론의 변증법에 놓여 있는 해결책의 원리를 알고 있다. 그 원리는 우리가 고고학과 목적론을 이해하는 데 있어 구체적인 '혼합물'을 발견하는 것이다. 이 구체적 '혼합물'이 바로 상징이다. 나는 위험부담을 안고 다음과 같은 논점을 보여주려고 한다. 즉 정신분석학이 '과잉결정'이라고 부르는 것은 다른 편에 존재하는 고고학과 목적론으로 구성된 해석의 변증법 속에서 그 명료한 의미를 찾게 된다는 점 말이다.

거대한 우회로가 없이 이 상징의 과잉결정을 이해하기란 불가능하다. 우회로를 거치지 않으면 우리는 우리의 출발점으로서의 과잉결정에 호소할 수가 없고, 혹은 우리가 진정으로 그 지점에 도달하는 것도 어려운 일이 되고 만다. 이것이 바로 내가 상징에의 접근에 대해 이야기하는 이유이다. 내가 책 초반부 문제제기에서 말했던 것처럼 하나의 일반 해석학은 우리의 관심사가 아니다. 이 책은 그런 거대한 작업에 대한 예비적 연구에 불과하다. 우리가 스스로 설정한 이 과업은 갈등을 일으키는 해석학들의 대립을 반성 안으로 다시 통합시키는 것이었다. 이제 우리는 그러한 기나긴 우회를 거쳐 이 과업의 출발점에 서 있다. 지금부터 우리가 지나온 길을 되짚어보자.

a) 탈취의 단계를 거치는 것은 필연적인 일이었다. 여기서 탈취란 의미의 장소 및 기원으로서의 의식에 관한 탈취이다. 프로이트의 정신분석학은 우리에게 이러한 반성의 고행을 수행시킴과 동시에 일종의 선동을 일으키는 데 있어 최상의 기관을 제공한다. 프로이트의 지형학과 경제학은 '무의식', 다시 말해 우리가 마음대로 다루지 못하는 하나의 기원을 향하는 이 의미의 자리를 옮기는 데 도움을 준다. 이 첫 번째 단계는 반성의 고고학 속에서 종결된다.

b) 반성의 반정립을 가로지르는 일이 필요했다. 다시 말해 고고학적 해석은 각각의 표징의 의미가 다음에 나타나는 표징의 의미에 매번 결부되어, 그러한 연속적인 표징들을 가로지르는, 의미의 점진적 발생의 숨겨진 부문으로 나타난다.

c) 마침내 헤겔은 전도된 모형(modèle inversé)을 내놓고 변증법을 형성시킴으로써 우리에게 도움을 준다. 이 변증법은 프로이트와 헤겔 사이에서 나오는 것이 아니라 두 사람 각각에게서 나오는 것이다. 이것은 각각의 해석이 타자 안에 포괄되는 것처럼 보일 때만 존재한다. 여기서 반정립은 더 이상 단순히 대립되는 것의 충돌이 아니라 일자가 타자

안으로 통과하는 것이다. 이 계기에서 반성은 참으로 고고학 안에 존재하며 고고학은 목적론 안에 존재한다. 반성, 목적론, 고고학은 서로가 서로를 통과하게 된다.

우리가 추상적으로나마 화해를 사유한 두 해석 노선의 교차는 상징의 의미를 나타내는 조직 속에서 추구된다.

이런 점에서 상징은 변증법의 **구체적** 계기이지만 **직접적** 계기는 아니다. 구체적인 것은 언제나 매개의 극치이거나 보충된 매개이다. 상징에게 듣기라는 단순한 태도로의 회귀는 '사유 이후에 도래하는 보상'이다. 우리가 힘겨운 어림짐작을 통해서 근접하게 된 언어의 구체성은 단지 경계적 지식 내지는 발단에 불과한 지식일 뿐인 또 다른 형태의 이차적 소박함이다.

철학자에게 미치는 위험(나는 시인이 아니라 철학자에게 말하고 있다)은 너무나도 급작스레 도래하는 것이면서 긴장을 풀리게 만드는 일, 또한 의미의 풍부함과 상징의 풍요 속에서 흐려지는 일이다. 나는 문제제기에 대한 기술을 축소시키지 않았다. 나는 상징이 본래적으로 자기 자신을 넘어서 의미를 지시하는 그 독특한 의미작용의 구조 때문에 해석을 요구한다는 점을 계속해서 진술했다. 하지만 이 구조에 대한 설명은 탈취, 반정립, 그리고 변증법이라는 삼중의 불협화음을 요구한다. 상징과 조화를 이루는 사고를 하기 위해서는 상징을 변증법에 종속시켜야만 한다. 이는 변증법을 해석 그 자체 속에 기입시키고 살아 있는 말(parole)로 돌아가는 경우에만 가능해진다. 이러한 재전유의 마지막 단계는 구체적 반성으로의 이행을 구축한다. 언어로부터 듣기라는 것에 준거함으로써 반성은 단순하게 이해되는 말의 충만함을 통과한다.

나는 마지막 에피소드 단계에서 실수를 저지르는 우(愚)를 범하고 싶지 않다. 이 직접적인 것으로의 귀환은 침묵으로의 귀환이 아니라 발화, 언어의 충만으로의 귀환이다. 또한 이것은 직접적인 최초의 발화, 무거운 수수께끼로의 귀환이 아니라 의미의 전 과정을 통해 도야된 발화로의 귀환이다. 이것이 바로 구체적 반성이 비합리적인 것, 과장과의 타협을 함축하지 않는 이유이다. 반성은 발화로의 귀환이자 여전히 반성에 머무름, 말하자면 의미의 인식 가능성이다. 다시 말해 반성은 해석학이 된다. 이것은 반성이 구체적이면서도 여전히 반성으로 남아 있을 수 있는 유일한 길이다. 이 두 번째 형태의 소박함이 첫 번째 형태의 소박함은 아니다. 이 반성은 비판-이후에 도래하는 것이지 전-비판적인 것은 아니다. 다시 말해 이것은 조예가 깊은 소박함이다.

## 1. 상징의 과잉결정

내가 제안한 논지는 다음과 같다. 정신분석학이 과잉결정이라고 일컫는 것은 상징들이 구체적인 통일성으로 통합되면서도 서로 간에 대립되는 것으로 사고되는 두 가지 작용의 변증법이라고 이해될 수 있다. 따라서 상징의 애매성은 일의성의 결여가 아니라, 각각 그 자체로 대립하면서도 긴밀하게 연결된 해석들에서 비롯되고 초래되는 가능성이다.

두 해석학 가운데 하나는 인간과 개인의 유년기에 소속된 시원적 의미를 향하고 있고, 다른 하나는 우리의 정신의 모험을 예취하며, 반대로 보면 언어 속에 담겨진 의미의 실마리를 전개하는 형식들의 출현을 향하고 있다. 여기서 언어란 사람들이 자신의 두려움과 소망을 표현하기 위해 창안해내고 수용한 풍요롭고도 풍성한 수수께끼다. 그러므로 우리는 상징이 이 두 가지 방향으로 운동한다고 말해야 한다. 한편으로 상징은 모든 면에서 연령적으로, 그리고 비연령적으로 우리의 유년기의 반복이다. 다른 한편으로 상징은 성인의 삶을 탐구한다. '오 나의 예언자적 영혼이여!'라는 햄릿의 말처럼 말이다. 하지만 이 두 가지 기능이 서로에게 관련이 없는 것이 아니다. 이 기능은 진정한 상징의 과잉결정을 구성한다. 우리의 유아기와 꿈이라는 양상 속에 삶을 형성해냄으로써 상징은 상상력의 영역에서 우리 인간의 가능성의 투사를 표상해낸다. 진정한 상징은 퇴행적이면서도 진보적이다. 회상을 통해 예취가 일어나고, 시원성을 통해 예언이 일어난다.

상징의 지향적 구조에 대한 분석을 더 심층적으로 수행할 경우, 나는 우리가 정립하고 동시에 극복하기 위해 사투를 벌인 바 있는 퇴행과 진보의 대립을, 은폐-드러남의 통일성으로 표현되는 역설적 조직으로 명료하게 밝혀낼 수 있다고 주장하는 바이다. 참된 상징은 우리가 서로 순차적으로 대립을 초래하고 토대를 설정하는 두 가지 기능의 교차로에 존재한다. 그러한 상징은 위장하면서 드러낸다. 동시에 상징은 다음과 같이 우리의 충동을 감추고 자기의식의 과정을 폭로한다. 위장, 폭로. 다시 말해 은폐, 드러남. 이 두 가지 기능은 더 이상 서로에게 외재적인 것이 아니다. 이것들은 상징의 단일한 기능이 갖고 있는 두 가지 면을 나타낸다. 이러한 과잉결정 때문에 상징은 정신이나 지성 형식의 진보와 무의식의 핵심 기표로의 퇴행의 구체적인 동일성을 현실화한다. 의미의 진전은 욕망의 투사, 무의식의 파생물, 시원성의 재생이라는 영역 속에서만 일어난다. 우리는 제지당하고, 일탈하고, 변형되는 욕망과 관련하는 최소한의 신체적 상징을 제공한다. 또한 우리는 우리의 깨끗하게 된 욕망에서 나온 이미지로 관념을 표상한다. 따라서 상징은 반정립의 단계에 속해 있는 반성이 대조적인 해석으로 분열될 것을 강요받는 사실을 하나의 구체적 통일성 안에서 표상한다. 대립되는 해석학은 구체적 반성이 이해와 들음을 초래하는 단순한 발화로의 준거를 통해 재구성한 것을 분리하고 분해한다. 만일 나의 분석이 정확하다면, 승화는 욕망의 경제학을 통해서 설명될 수 있는 보충적 절차가 아니다. 승화에는 충동의 '운명', '전복', '자기 자신으로의 회귀', '재정식화'와의 결합과 동일한 수준에 있는 것으로 간주될 수 있는 메커니즘이 존재하지 않는다. 우리는 승화가 폭로 및 위장과 일치함으로써 그 자체로 상징적 기능을 갖는다고 말할 수 있다. 이러한 기능과 반성은 필연적으로 불화를 일으킨다. 꿈이 우리의 금지된 욕망의 비밀스런 의도를 왜곡시키는 한, 경제학은 상징적 기능 속에 위장이라는 요소를 고립시킨다. 이 경우 상징들이 드러내는 것을 열어 보여주는 자기 자신이 생성되는 도식이 상징 속에서 다른 차원을 보존하고 나타내기 위해서는 경제학이 정신의 현상학과 균형을 맞춰가야만 한다. 그런데 우리는 언제나 상징 안으로 회귀하는 이러한 이분법을 넘어서야만 한다. 즉 우리는 이러한 상징의 이차적 기능이 상징을 일으키는 투사기능을 그 자체로 받아들이고 통과한다는 말을 그 자체로 이해해야 한다. 위장과 투사를 통해서 또 다른 어떤 것, 즉 인간의 몽유병을 승화시키는 드러-나게 함, 폭-로의 기능이 일어난다.

상징의 변증법적 구조라는 개념을 확장시키는 것이 정통적인 프로이트 교설과 연결될 수 있을까? 나는 프로이트가 우리가 시행한 과잉결정의 해석을 거부할 수 있다는 사실을 부정하지 않는다.[1] 그러나

1_ 실제로 과잉결정과 과잉해석 간의 구별은 프로이트 안에서 발견되는 바이다. *GW, 2/3*, p. 253 (1), 270 (1), 272, 528 ; *SE, 4*, p. 248, n. 1, 263, n. 2 (오이디푸스 신화에

『꿈의 해석』과 『정신분석 입문』에서 상징을 다루는 것을 보면 우리의 입장을 그렇게 싫어할 것 같지도 않다. 왜냐하면 프로이트도 상징을 다루면서 상징의 애매성과 해결되지 않는 난점에 직면하기 때문이다. 이제 이 문제를 승화의 난점과 연관시켜 보자.

프로이트의 상징 이론은 실제로도 혼란을 일으킨다.[2] 다른 한편으로 꿈의 메커니즘에서 상징은 꿈꾸는 자의 자유로운 연합을 통해서 하나씩 꿈을 해독하는 방법에 저항하는 원형으로 매우 좁게 제한된다. 이런 점에서 프로이트에게 압축, 치환, 그리고 그림과 같은 표상에 의거하는 독특한 절차로 정립될 수 있는 상징의 기능이란 존재하지 않는다. 상징화는 꿈 해석의 관점에서 비롯되는 독특한 문제를 구성해내지도 못한다. 왜냐하면 꿈에서 사용된 상징은 꿈 이외의 다른 장소에서는 형성되지 않기 때문이다. 상징은 속기록의 기호처럼 꿈 내부에서 영구적으로 고정된 의미를 지닌다. 결과적으로 이러한 상징의 해석은 길고도 힘겨운 해독작업을 요구할 수도 있고 그렇지 않을 수도 있다.

『정신분석 강의』 가운데 열 번째 강의는 첫 번째 문제 양상을 확인시켜 준다. 다양한 꿈－상징은 "가까이 있으면서 간혹 보일 뿐이

---

대한 해석과 관련한 것은 1914년 판에서 추가된 것임), 266, *SE*, *5*, p. 523 ; tr. fr., p. 225 (137, n. 1), 240, (145), 242 (147), 519 (285) ; 하지만 이 과잉해석이 정신분석학에 대한 것과는 다른 해석이라는 것을 의미하진 않는다.

2_ 게다가 이미 인용된 바 있는 자크 라캉의 저작과 더불어 다음의 논문들을 보라. S. Nacht · P. C. Racamier, "La théorie psychanalytique du délire," *Rev. fr. de psychan.*, *22* (1958), pp. 418-574 ; R. Diatkine · M. Benassy, "Ontogénèse du fantasme," *Rev. fr. de psychan.*, *28* (1964), pp. 217-34 ; J. Laplanche and J. B. Pontalis, "Fantasme originaire, fantasme des origines, origine du fantasme," *Les Temps modernes*, *19* (1964), pp. 1833-68.

다."[3] 『꿈의 해석』이 나온 지 15년이 넘은 이 시기에, 상징에 대한 물음은 아직도 자유로운 연상방식의 실패라는 맥락으로 다루어진다. 상징은 고정된 어떤 것에 속하거나 일관적인 번역에 종속된다. "그것은 통속적인 꿈 해몽 책들 속에서 자신들이 꾼 꿈에 대한 해몽을 찾아내는 것과도 비슷하다."[4] 또한 프로이트는 다음과 같이 의미심장하게 표현한다. "꿈-요소와 그 번역 사이의 일관적인 관계를 **상징체계**라고 부르고, 또 꿈의 요소 그 자체를 무의식적인 꿈의 사고의 **상징**으로 부르기로 하자."[5] 그러므로 상징적 관계는 압축, 치환, 그리고 묘사적 표상에 이은 "네 번째" 관계가 된다.[6] '안정적 번역'을 통해서 상징 해석은 연상을 토대로 하는 해석의 보충을 이룬다. 『꿈의 해석』과 같이 프로이트는 다시금 상징화가 본질적으로 신체에 대한 환상이라는 것을 처음으로 인정한 셰르너(Scherner)에게 기대고 있다. 상징적으로 표상되는 것은 인간의 신체다. 신경증의 성적 병인(病因)은 프로이트를 성욕의 상징화에 투여하게 해주고 동시에 꿈의 일반적 결말, 즉 대리만족이라는 꿈의 기능과 신체에 대한 상상을 연결시키는 일을 가능케 한다.

만일 독자들이 이러한 상징 이론을 주제화시키는 내용만을 고려한다면, 프로이트의 열 번째 강의는 어떤 흥미로운 내용도 제공해 주지 못한다고 성급하게 결론내릴 수도 있을 것이다. 주제화된 내용의 관점으로부터 우리는 다음과 같이 말할 수 있다. 우선 발견되는 '내용'은

---

3_ 『정신분석 강의』(*Vorlesungen zur Einführung in die Psychoanalyse*). *GW, 11*, p. 168 ; *Introductory Lectures on Psychoanalysis, SE, 15*, p. 165 ; tr. fr. : *Introduction à la psychanalyse*, Payot, p. 183 ; 전집, 1권, p. 227.

4_ *GW, 11*, pp. 151–52 ; *SE, 15*, p. 150 ; tr. fr., p. 166 ; 전집, 1권, p. 204.

5_ *GW, 11*, pp. 151–52 ; *SE, 15*, p. 150 ; tr. fr., p. 166; 전집, 1권, p. 205.

6_ *Ibid.*

단조롭다. 즉 그 내용들(생식기, 성적 과정, 성교)은 언제나 동일하다. 둘째, 이 내용들을 상징화한 표상들은 엄청나게 많다. 동일한 주요 문제가 거의 다 그런 식으로 상징화될 수 있다. 이것은 실제로 '공통의 요소', **제3의 비교점**이라는 문제를 제기한다.[7] 이는 표상의 풍부함과 내용의 단조로움 간의 **불균형**[8]으로, 상징적 관계의 구축이라는 문제를 직접적으로 규정하는 "공통의 요소가 이해되기 어려운"[9] 경우에 제기되는 문제이다. 꿈은 이런 식의 관계를 설정하지 않는다. 꿈은 모든 사실을 발견하고 스스로를 활용한다. 그러므로 꿈의 생성은 압축, 치환, 그리고 묘사의 작업으로 기술되는 것과 비견할 수 있는 일종의 상징 작업과는 무관하다. 그렇다면 이 경우 우리는 어떻게 해서 '꿈의 상징의 의미를 아는데 이르는가?' 이에 대한 답변은 다음과 같다.

> 나는 '꿈 – 상징의 의미를 매우 다양한 원천에서 끌어올 수 있다. 동화나 신화들, 농담이나 기지, 민속학, 즉 풍습이나 습관, 격언, 민중들의 민요에 대한 학문들, 또 시적이면서 통속적인 관용어를 통해서 알 수 있다'고 대답하고자 한다. 위에 열거한 것들 중에서 동일한 상징이 발견되는데, 대부분의 영역에서는 특별한 가르침이 없어도 그 상징을 이해할 수 있게 된다. 이러한 원천들을 하나하나 검토해 들어가면 꿈–상징과 대단히 많은 유사점을 발견하게 될 것이며 그렇게 해서 우리의 해석에 대한 확신이 서지 않을 수 없게 될 것이다.[10]

7_ *GW, 11*, pp. 153–54 ; *SE, 15*, p. 152 ; tr. fr., p. 169 ; 전집, 1권, p. 207.

8_ *GW, 11*, p. 154 ; *SE, 15*, p. 153 ; tr. fr., p. 169 ; 전집, 1권, p. 209.

9_ *GW, 11*, p. 159 ; *SE, 15*, p. 157 ; tr. fr., p. 174 ; 전집, 1권, p. 214.

10_ *GW, 11*, pp. 160–61 ; *SE, 15*, pp. 158–59 ; tr. fr., pp. 175–76 ; 전집, 1권, p. 216.

그러므로 그 상징의 의미는 상징적 관계, 문화에 관한 작업만을 구축하는 '꿈 작업'이 아니다. 이것은 상징적 관계가 언어 내에서 형성된다는 것을 의미한다. 그러나 프로이트는 이러한 발견으로부터 어떤 결론도 도출하지 않는다. 신화와 꿈의 유비는 단지 우리의 꿈 해석을 입증하고 확인시킬 따름이다. 따라서 오토 랑크(Otto Rank)의 '영웅의 탄생'에 관한 연구는 꿈속에서 일어나는 탄생의 상징적 표상의 '평행'을 제시한다. 신화의 상징을 통해서 꿈의 성적 상징 이론을 확증하는 작업은 신화적인 것을 꿈에 관한 것으로 환원시키는 일과 같은 것이다. 비록 신화가 상징의 의미론이 실제로 형성되는 지점에서 발화의 요소를 공급한다 하더라도 말이다.

상징이 어휘로 변형되는, 다시 말해 이미지의 차원에서 의미화되기 위해서 배(le bateau)가 한 사람의 여성으로 표상된다는 점이 아니라 여성으로 의미화되었다는 바로 그 사실이 상징의 수수께끼이다. 배는 꿈을 꾸게 된 여성이 생성해낸 발화된 여성이다. 그렇다면 우리는 어떻게 해야 제의 및 숭배(rite et culte), 상징하는 것, 그리고 문장학이라는 기술을 제작하지 않고서 신화라는 우회로를 검토할 수 있을까[여기서 프로이트는 프랑스어 세 이파리의 백합(la fleur-de-lis)과 시칠리의 트리스켈레스(les armoiries de Sicile), 그리고 인간의 섬(l' le de Man을 언급한다)]? 프로이트는 여기에 꿈과는 다른 신화, 가공의 이야기, 격언, 그리고 시가 존재한다는 사실을 잘 인식하고 있다. 그 스스로도 이러한 사실을 상징 연구의 결론부에서 재차 강조하고 있다. 하지만 그러한 사실 자체는 정신분석학이 "일반적인 관심의 대상"[11]이라는 점을 보여주는 예시에 불과하다. 이 일반적 관심이 다른 학문과의 연결점을 설정하는데, 프로이트는 이러한 연결에 대해 다

11_ *GW, 11*, pp. 170–71 ; *SE, 15*, pp. 167–68 ; tr. fr., pp. 185–86 전집, 1권, p. 229.

음과 같이 자신 있게 진술한다. "이들 다른 학문들과의 모든 관계에서 정신분석은 우선적으로 베푸는 입장일 뿐 받는 입장은 아니다."[12] 즉 "기술적인 방법들과 시각을 제공해서 그것들을 다른 영역에서 응용했을 때 매우 유익한 결과가 나올 수 있도록 만든 것은 정신분석이라 할 수 있다"는 것이다.[13] 비교라는 방법이 단순한 변증론(apologétique)에 국한된다는 점을 염려하는 이유가 바로 이것이다.

이러한 제국주의는 불행하게도 일종의 보충으로 인해 언어 자체와 관련한 불길한 가설만을 강화시키게 된다. 프로이트는 신화에 도입된 상징이 꿈의 상징만큼 배타적으로 성적인 것은 아니라는 사실로 인해 충격을 받게 된다. 그는 이를 다음과 같이 비상식적으로 축소시켜 버린다. 프로이트는 모든 상징은 "의사소통의 수단으로 성적 상대자를 부르는 데 쓰이는 최초의 말소리"라고 진술하면서 그러한 모든 상징을 성적 상징으로서의 언어 상태로 가정해 버린다.[14] 결국 성적인 관심은 노동에 대한 집착이 되어버린다. 그런데 인간은 성적 관심에 대한 이러한 치환을, 성적 활동을 노동과 같은 것으로, 또한 노동을 성적 활동의 대안으로 다룸으로써 수용하게 된다. "원시인들은 이러한 노동을 성적인 교섭에 버금가는 가치가 있는 보상물로 여기면서 노동을 꽤 괜찮은 것으로 만들어 갔다. 공동 작업 도중에 입에서 나온 소리들은 그렇게 하여 두 가지 의미, 즉 성행위와 그와 동등한 가치를 지닌 것으로 여겨지는 노동 활동을 나타내는 것으로 쓰였다.… 이런 식으로 여러 어근들이 만들어졌고, 그것들은 처음에 모두 성적인 뿌리를 갖고 있었

---

12_ *Ibid.*

13_ *Ibid.*

14_ *GW, 11*, pp. 169–70; *SE, 15*, p. 167 ; tr. fr., pp. 184–5; 전집, 1권, p. 228,

는데 차차 그 의미를 털어버리게 되었다."[15] 언어의 모호성은 바로 이러한 일이 벌어진 시기에서부터 차차 나타나기 시작했다. 스웨덴 어원학자 스퍼버에게서 빌려온 이 가설이 옳다면, 꿈을 신화보다 더 잘 보존하는 상징관계는 "그 옛날의 단어가 지닌 정체성의 산물이라고 할 수" 있다.[16] 이것이 바로 프로이트가 비분석적 가설을 채택한 이유였다. 그것은 신화의 이점을 우리의 꿈에게 선사한다. 신화가 성적 상징에 대한 가장 넓은 평행점을 제공한다 해도, 꿈 상징이 거의 다 성적인 것이라는 사실은 꿈이 특권화된 증인이 되는 '원시 언어'를 통해 정당화된다.

그런데 만일 우리가 일종의 언어적 가치와 관련지어 이러한 가설을 신뢰한다 하더라도 이 가설은 우리를 망망대해에서 표류하게 만들어 버린다. 모든 꿈-상징론은 언어의 활동성과 연관되는 것으로 나타난다. 하지만 이 활동성의 수수께끼는 동일한 낱말들이 성적으로, 그리고 비-성적으로 나타나는 근원적인 어휘의 동일성의 가정으로 인해 위장되고 만다. 이 고전적인 애매한 뿌리를 지닌 가설은 유사성이 곧 동일성이 되는 "기초 언어"로 낱말을 투사시킴으로써 문제를 해결하려는 편의주의에 빠져 있다.[17]

---

15_ *Ibid.*

16_ *Ibid.*

17_ 상징화에 대한 어네스트 존스(Ernest Jones)의 시론["The Theory of Symbolism"(1916), in *Papers on Psychoanalysis*(5th ed. London, Baillière, Tindall and Cox, 1948), CH. 3, pp. 87-144]은 누가 뭐라 해도『정신분석 강의』가운데 열 번째 강의에 기초하고 있는 프로이트 학파의 저작 가운데 가장 주목할 만한 작품이다. 이는 다음 세 가지 관점으로부터 크나큰 이해를 던져준다. 기술적·발생적, 그리고 비판적·기술적으로 저자는 정신분석학적 의미에서 상징을 자리매김한다. 이는 이중의미의 역할로 특성화되고, 일반적으로는 상징적이라고 일컬어지는 간접적 표상의 일반 층위에서, 또한 일차적 의미와 이차적 의미 간의 유비, 구체성과 근원성의 속성, 상징이 자발적으로 만들

어진다는 사실을 따라 나온 결과이다. "참된 상징화"의 성격을 특징짓기 위해, 존스는 랑크(Rank)와 잭스(Sachs)가 『정신과학에 대한 정신분석학의 의미(*Die Bedeutung der Psychoanalyse für die Geisteswissenschaften*, 1913)에서 제안한 규준을 논평하고 변형시킨다. (1) 참된 상징은 언제나 억압되어 있는 무의식의 주제를 표상한다. (2) 상징은 일관적인 의미 내지는 의미의 변양의 제한된 반경을 지닌다. (3) 상징은 개별적 요인들에만 의존하는 것이 아니다. 이는 상징이 칼 융적 의미에서의 원형이라는 주장을 하는 것이 아니다. 오히려 상징은 인류의 일차적 관심이 지니고 있는 제한적이고 획일적인 성격을 드러내는 고정관념이다. (4) 상징은 시원적이다. (5) 상징은 어원학을 통해서 강하게 드러나는 언어적 연결을 지닌다. (6) 상징은 신화, 전승, 시의 영역과 평행을 이룬다. 그러므로 상징화의 범위는 무의식과 검열 간의 타협에서 나오는 형식을 대체하기 위해 순수하게 제한된다. 더군다나, 모든 상징은 신체적 자아와 관련하는 주제, 혈통에 가까운 주제, 혹은 출생, 사랑, 그리고 죽음의 현상과 관련하는 주제를 표상한다. 이는 그 주제들이 원시 문명에서 큰 존중의 대상이 되었던 기능을 맨 처음 억압했던 것과 일치한다. 이 경우 존스는 다양한 영역의 언어가 투사된 상징화의 주제가 왜 획일적으로 성욕이 되었는지, 그리고 성적인 것에서 비-성적인 것으로의 작위와 그 역이 발생하지 않는 이유를 설명하려고 한다. 여기서 자리바꿈은 기술적 관점에서 발생적 관점으로의 이행을 이루어낸다. 이를 상징화의 기초가 되는 연합적 연결의 기원의 경우에서처럼다른 측면에서는 구별과 분류를 선사하는 원시적 지성의 차별("통각의 무능력함")에 대한 무능력으로 칭하기에는 부족한 면이 없지 않다. 프로이트를 따라서 존스는 성적 언어와 노동 언어의 일차적 동일성에 대해 스웨덴 언어학자 스퍼버(Sperber)의 이론을 채택했다. 이 스웨덴 언어학자는 동일한 낱말들이 성적 상대자를 부르는 것과 노동을 리드미컬하게 수행하는 목적을 근원적으로 지지해 주고 있음을 주장한다. 예를 들어 무기와 연장, 씨와 땅을 경작하는 것은 성적인 사태를 상징적으로 표현한다는 것이다. 내가 보기에 존스의 논고는 모든 것을 유사성에 선행하여 동일성이 만들어진다는 식으로 가정해 버리는 이러한 설명의 편리함을 강조하고 있다. 더욱 심각한 것은 그 설명이 언어에서의 성애적 충동의 고양과 관련한 어려움과 그러한 충동이 무규정적으로 상징화될 수 있다는 사실을 호도하고 있다. "성적 상대자에 대한 요청"에 기대는 것으로는 충분치 않다. 우리는 욕망이 말하는 것은 반영하기 위해 나아가야만 한다. 즉 충동 속에 본래부터 가지고 있는 결여와 잃어버린 대상과 상징화 작용 간의 연결을 이루어내야 한다. 상징화의 기원에 대한 두 번째 질문에 대한 답변은 상징화 한 방향에서만 발생해야 하는 이유가 무엇인지를 밝히는 것이다. 존스는 상징화가 금지된 주제를 위장하는 단일한 기능을 가진다는 입장을 다음과 같이 정립해낸다. "억압된 것만이 상징화된다. 억압된 것만이 상징화된 것에 필요하다. 이러한 결론은 정신분석학적 상징화 이론의 시금석이다"(116). 일종의 이론적 타협을 배제하는 이러한 답변은 존스의 입장에 대해 비판적인 견해로 인도한다. 그 입장은 나의 주요 과제와 직접적으로 연관된다. 이 비판은 일차적으로 1909년, 상징 형성에 대한 세부적 이론을 여섯 편에 걸쳐 논의한 질베레에게서 시작된다. 질베레에게 있어서 상징의 산출은 검열을 통해 억압된 성적 주제의 위장 배후에 있는 여타 절차를 포함하는 것이다. 그러므로 상징은 지성이 작동하는 양상이나 방식에 대한 형성일 수 있다(천천히, 빠르게, 가볍게, 무겁게, 활기차게, 훌륭하게 등). 억압은 이러한 정신적 양상 가운데 하나일 수도 있다. 이러한 "기능적 상징화"에 대한 존스의 주요 반대 입장은 그것이 "무의식에 대한 인식을 어렵사리 획득한다는 점을 거부함으로써 프로이트 이론 이전에 이미 경험의 표면적 특성의 의미로 되돌아가서 발견하게 되는 정신분석학적 맥락을 재해석하기 위해 나아가게 된다는" 것이다(117). 따라서 존스는 성적인 상징을 그 외 다른 상징으로 만드는 시도를 거부한다. 바꿔 말하면 성적인 것은 언제나 기의이지 절대 기표일 수가 없다. 이러한 비타협적 태도는 왜 나오는가? 기능적 상징화(정신 기능의 양상을 나타냄)에서 질료적 상징화(주로 성적인 것을 나타냄)로 나아간다는 것은 그 자체로 진정한 상징화 해석에 대한 우리의 저항심의 표현임과 동시에 무의식을 통해 도입된 책략이다. 그러므로 실베레의 해석은 방어적 내지는 '반동적' 해석이다. 존스는 일종의 비-성적 이념이 실제로 상징화될 수 있다는 사실을 인정한다. 그것이 처음에 어떤 성적 주제와 연결된다 하더라도 말이다. 이것이 곧 상징화를 대체하는 은유의 기능이다. 그것은 언제나 구체적인 것에 의해서 추상적인 것의 무해한 표현을 따라 금지된 충동에 근거해 있다. 그러므로 교활함, 성적 상징은 지혜의 은유, 웨딩 종, 여성 신체기관의 상징, 정절의 표상 등이 될 것이다. 기능적 상화에 의한 질료적 상징화의 대체는 무해한 용어 속에 억압된 것에 대한 재해석의 형태에 속해 있는 하나의 심급이다. 그러나 이 논변이 지닌 위대한 힘은 존스의 자동사가 정당화되지 않는 것으로 보인다는 사실에 있을 수 있다. 정신분석학은 억압된 충동이 상징화될 수 있는 것이 지닌 원천에 불과하다는 것을 증명할 길은 없다. 그러므로 동양의 종교에서 팔루스가 창조적 능력의 상징이 되었다는 사실이 정신분석학의 근거를 해체시켜 버릴 수 있는 것은 아니지만 그 철학적 근거에 있어서는 다른 근거들이 논의되어야만 하는 게 사실이다. 상징이 "신비적" 의미(질베레), "프로그램의" 의미(아들러), 혹은 "전망적" 의미(융)를 지닐 수

내 생각에 이러한 사변을 통해서 얻는 것보다는 잃는 것이 더 많다. 이 주장들은 모든 것을 기원으로 가정해 버림으로써 나중에 우리로 하여금 어떤 것도 내놓지 못하게 만들어버리는 잘못을 범한다. 『꿈의 해석』을 통해 주어진 상징 이론을 살펴보았을 때, 우리는 거기서 프로이트가 일반적인 속기 기술의 기호들로 상징 개념을 제한시켜 버리는 잘못을 범하는 문제와는 별개로 다음과 같이 묻게 된다. 상징들은 단순히 흔적인가, 아니면 의미의 여명인가? 우리는 이제 이 문제를 과잉결정의 변증법적 개념에 비추어 포착할 수 있다. 나는 우리가 구별한

---

있다는 관점에 대한 존스의 경멸에 찬 반대는 특징적인 것이다. 존스에 의하면 상징의 의미에 대한 다양한 견해를 갖고 있는 이 사람들은 "학문의 방법과 규준, 특별히 인과성과 결정론 개념을" 포기해버린 학자들이다(p. 136). 그 논변은 정신분석적인 것이 아니라 철학적이다. 하지만 그것은 문제의 근원이 아니다. 상징이 사태의 한 측면만을 보여준다고 주장하는 이론들은 결정적 지점에서 문제를 일으킬 수밖에 없는 것처럼 보인다. 그러한 이론들은 상징의 대체, 혹은 타협적 양상에 대해 설명하지만 상징이 지닌 그 고유한 기원을 부정하고 극복하는 힘에 대해서는 말해주지 못한다. 프로이트적 의미에서의 상징은 승화의 실패와 승화의 답보를 표현한다. 존스가 인정하는 것도 그와 같다. "상징화된 이념에 투입한 영향은 그것이 상징화와 연관되는 한, 질적 변형이 '승화'를 통해 나타나게 되는 것이 가능하다는 사실을 증명한다"(p. 139). 더 나아가 존스 자신은 현실원칙에 관한 상징을 고려하고 쾌락원칙에 관한 상징을 고려하지 않는 경우에(pp. 132ff.), 그리고 "현실원칙의 선을 따라 전진해 나가는 모든 단계는 이러한 근원적 결합(새로운 지각 대상과 무의식적 콤플렉스 간의)의 활용만이 아니라, 이에 대한 부분적 단념을 의미한다"는 것을 지적하면서 상징이 지닌 두 가지 축을 스스로 도입하기에 이른다(p. 133). 하지만 일면적 상징 개념에 있어서 이러한 단념은 원시적 상징이 객관적 개념들의 형성이나 과학적 일반화의 형성을 촉진시키도록 지지하는 경우에서와 같은 진정한 상징의 일깨움일 수도 있다. 그러한 개념은 플라톤과 오리겐 이래의 서구 사상에서 탐구된 거대한 상징의 영역을 제대로 설명하지 못하며, 단지 일상 언어와 일상어의 수사학이 지닌 희미한 은유만을 설명해 줄 뿐이다.

상징의 창조성이 담고 있는 다양한 차원을 제시한다(구별에 앞서 우리는 다음 장에서 상징이 실제로 발생하는 다양한 영역을 제시한다). 가장 낮은 차원에서는 침전된 상징과 마주친다. 여기서 우리는 다양하게 고정되고 파편화된 상징의 여지를 발견한다. 이러한 상징은 그저 과거에 활용된 진부한 것이다. 이것이 바로 동화와 전설에 속하는 꿈 상징의 차원이다. 이 차원에서의 상징화 작업은 더 이상 작위적이지 못하다. 두 번째 차원에서 우리는 매일의 삶 속에서 작동하는 상징과 마주친다. 이것은 쓸모가 있으면서 동시에 실제로도 잘 활용되는 상징들로서 과거와 더불어 현재를 지니며, 또한 사회적 협약이라는 연합에 대한 표시로서의 역할을 담당하는 사회의 시계태엽과도 같은 것이다. 구성적 인간학이 이 차원에서 작동한다. 더 상위의 차원에서는 전망적인 상징이 나타난다. 이러한 상징은 다양한 의미작용과 새로운 의미의 운반자 역할을 함과 더불어 전통적 상징을 포착해내는 의미의 창조자가 된다. 이 의미의 창조는 상징이 지닌 살아있는 토대를 반영한다. 이 토대는 사회적 분절의 결과가 아니다. 차후에 우리는 이 의미의 창조가 시원적 환상의 복원임과 동시에 이 환상적 토대에 대한 생생한 해석임을 진술해 보일 것이다. 꿈은 첫 번째 차원의 상징에 대한 유일한 열쇠를 제공한다. 프로이트는 자신의 상징 이론을 발전시키면서 '전형적인' 꿈에 호소한다. 여기서 그는 상징의 정식화된 형태를 제시하지 않고 단순히 상징의 파편화된 표현의 차원에 있는 흔적을 제시한다. 그러므로 참된 과제는 상징을 그 창조적 계기 안에서 파악하는 것이며, 상징과정의 말미에 이를 때, 그리고 그것을 꿈속에서 재생시켰을 경우에 있어서 이를 상징의 '영구적으로 고정된 의미'와 관련하는 속기 기술의 기호와 같은 것으로 파악해서는 안 된다. 더 나아가 오이디푸스 왕의 비극은 그 상징 자체가 전설이라는 지층에 대한 해석일 경우, 상징의 탄생을 회복시키는 역할을 하게 될 것이다. 그런데 창조적 원천의 중심으로 직접적으로 나아가는 것은 어려운 일이다. 우리는 이에 대한 가능한 성찰을 전부 시행해야만 한다.

## 2. 상징의 위계질서

과잉결정 개념에 대한 이 변증법적 해석은 목적론적 주해와 퇴행적 주해라는 이중의 가능성으로 이해되는데, 이는 이제 일종의 규정적인 문제로 제기되고 적용되어야만 한다. 우리가 안내자로 받아들인 것은 무엇이었는가? 『정신현상학』인가? 내가 말했던 것처럼 우리는 한 세기가 지나야지만 비로소 이 책을 그 원래 쓰여진 형태로 복원시킬 수 있다고는 생각하지 않는다. 나는 감성을 규정하기 위해 『잘못을 범하는 인간』에서 유기적으로 구성해낸 위계의 원리로 반성에 대한 검토를 해보자고 제안하는 바이다.[18] 그 작업가설은 그럴듯한 것이다. 감성도 '혼합'된다. 감성은 플라톤이 기개(*thumos*) 또는 '가슴'(cœur)이라는 주제로 『국가』 4권에서 탐구했던 '혼합물'이다. 플라톤이 말한 '가슴'은 때로는 분노와 용기의 형태로 이성의 측면에서, 때로는 공격성, 혐오, 격노함이라는 형태로 욕망과 관계하는 측면에서 싸움을 벌인다. 이에 내가 좀 더 살을 붙이자면 이것은 쾌락의 중단과 지복의 정지를 무시하는 안식을 취하지 못하는 불안정한 가슴이다. 또한 나는 이러한 애매하고 연약한 가슴이 생명의 정동과 정신적 정동 사이에 있는 정동적 삶의 중간지, 즉 삶과 사유의 과도기를 형성하는 활동을 나타낸다고 주장했

18_ Ricoeur, *L'Homme faillible*, 3장.

다. 또한 나는 이미 다음과 같은 사실에 주목했다. "자아는 자연적인 존재와는 다르고 타인과는 다른, 하나의 자기를 구성하는 상호 매개적 영역 안에 존재한다. … 하나의 자기를 형성함에 있어 욕망은 차이와 주체성의 성격을 덧입히는 기개로만 존재한다."[19]

나는 두 가지 해석학 간의 반정립에 비추어서 이 혼합된 구성물의 문제를 재검토해보고 싶다. 내가 기개라는 표징 하에 연구했던 감각이라는 것이 이제 한편으로 프로이트의 성애의 의미에서, 다른 한편으로는 정신현상학의 의미에서 오늘날 두 가지 양상의 주해에 종속된 채로 나타날 것이다.

이 결과와 관련해서 도덕론자가 타락한 표징들의 왜곡된 위장술 아래 소유, 지배, 그리고 자만의 '정념', 다른 말로 하면 탐욕, 폭압, 허영심(Habsucht, Herrschsucht, Ehrsucht)을 인식하는 세 가지 요구사항에 관한 주해를 복원하기 위해서, 나는 칸트의 인간학에서 빌려온 요소들, 즉 소유(avoir), 힘(pouvoir), 그리고 가치(valoir)라는 정념의 세 요소를 재검토해 보고자 한다. 우리가 찾아야 하는 것은 이 삼중의 탐구 배후에 그것들의 탈선과 폭력과 관련하는 본래적 탐구다. 이러한 '정념에 관한 탐구 배후"에서 우리는 "인간성에 대한 '탐구'에 이르러야 한다. 이러한 탐구는 더 이상 광기와 예속이 아니라 인간의 실천과 인간 자아의 구성물이다."[20]

나는 이 삼중의 탐구가 헤겔식의 현상학 및 프로이트식의 성애라는 부분과 관계한다는 점을 보여주고 싶다.

이제 감성의 궤도가 소유, 힘, 가치에서 다른 곳으로 흘러간다는

19_ *Ibid.*, p. 123.

20_ *Ibid.*, 127.

사실을 통해 의미의 세 가지 영역이 본질적으로 비-리비도적인 인간 의미의 영역을 구성한다는 점이 강조되어야 한다. 어느 신프로이트주의자가 말한 대로 이 영역을 "갈등을 벗어난 영역"이라고 할 수는 없다.[21] 사랑과 증오에 관한 대상 리비도 투여를 벗어나는 인간 실존의 영역은 존재하지 않는다. 하지만 중요한 것은 해석관계의 이차적 리비도 투여가 어떤 것이든 간에 소유, 힘, 그리고 가치라는 근거가 형성된다는 점이다. 이러한 의미의 영역은 대상 리비도 투여를 통해서는 구성되지 않는다.

그렇다면 이러한 영역은 어떻게 구성되는가? 내가 보기에는 이 지점에서 헤겔의 방법이 도움을 줄 수 있을 것 같다. 헤겔의 과업을 현대화하는 한 가지 방식은 소유, 힘, 가치를 축으로 인간의 감성으로 인도하는 '대상성'의 계기들에 대한 진보적 종합을 통해서 구성될 수 있다. 나는 이것을 '대상성'의 계기라고 불렀다. 우리가 소유, 지배, 평가라고 명명한 정동적 요인들을 이해한다는 것은 이것이 지각의 현상학에 속하지 않고 경제학, 정치학, 문화 이론에 속하는 일련의 대상과의 관계를 내재화시킨다는 점을 보여주는 것이다. 이러한 대상성 구성의 진행은 인간의 고유한 정동에 대한 탐구의 길잡이가 되어야 한다.[22] 이것은 동시에 사물과의 새로운 관계를 정립해내고, 또한 소유, 힘, 그리고 가치에 대한 인간의 고유한 요구를 의식의 이중화와 자기의식의 진보라는 헤겔식 과정을 통해 탐구함으로써 타인과의 새로운 관계를 정립

21_ Heinz Hartmann, *Ego Psychology and the Problem of Adaptation*, 1장.

22_ 『잘못을 범하는 인간』(*l'Homme faillible*)에서와 같이 나는 알프레드 슈테른(Alfred Stern)의 생각, 즉 감정이 세계에 대한 인간의 관계를 내재화시킨다는 입장을 채택했다. 그러므로 객관성의 새로운 양상은 소유, 힘, 가치라는 감정 안에 내재화된다.

해낸다.

이제 이러한 이중의 관점으로 의미의 세 영역에 관한 연속적 구성을 검토하도록 하자.

나는 **소유**의 관계를 통해 '결핍' 상황 속에서의 전유 및 노동의 경우와 연관되는 관계를 이해한다. 오늘날 우리는 인간 소유에 관한 다른 조건에 대해서는 아는 바가 없다. 하지만 이러한 관계와 연결시키는 문제에 있어서 우리는 생물학적 양상에 속하지 않는 새로운 인간 감성이 초래되는 것을 목도한다. 이 감성은 삶에서 전개되는 것이 아니라 '경제적' 대상성이라는 특별한 대상성의 영역, 새로운 대상의 영역에 속하는 인간 정동에 관한 반성 가운데 전개된다. 여기서 인간은 본질상 비리비도적인 소외와 소유와 관련하여 상대적으로 감성을 활용할 수 있는 존재로 나타난다. 이것이 바로 마르크스가 물신숭배론에서 기술했던 소외다. 이것은 마르크스가 '허위의식'을 초래하거나 이데올로기적 생각을 야기할 수 있는 것이라고 보았던 경제적 소외(l'aliénation économique)다. 그러므로 인간은 성인(adulte)이 되고, 동일한 방식으로 성인의 소외가 가능해진다. 하지만 더 중요한 것은 이러한 감성, 정념, 그리고 소외의 영역 증대의 진원지는 새로운 대상, 교환가치, 자본의 기호, 구조, 그리고 기관들이다. 주체성의 새로운 양상으로 경제적 대상성을 바라봄으로써 인간은 자기의식이 된다고 말할 수 있다. 또한 이 경제적 대상성은 노동과 전유를 통해서 사물로서의 사물의 이용 가능성에 대해 상대적인 인간의 '감정'에 도달한다. 여기서 인간은 그 자체로 전유하는 자-피수용자가 된다. 이 새로운 대상성은 충동, 표상, 그리고 정동라는 특별한 집합을 발생시킨다.

**힘**의 영역은 동시에 곧 대상성과 감성 및 이러한 대상성이 일어나는 소외의 관점에서 검토되어야 한다. 이런 점에서 헤겔은 객관적 정신(l'esprit objectif)이란 말을 정치권력에 있어 본질적이며, 권력을 그 자체로 실현시키고 발생시키는 명령-복종 관계의 구조와 제도를 나타내는 것으로 사용했다. 우리가 『법철학의 원리』 도입부에서 본 것처럼 인간은 명령-복종의 관계로 들어감으로써 그 자신을 정신적 의지로 나타나게 한다. 여기서 또한 자기의식의 발전은 '대상성'의 발전과 밀접한 관계가 있다. 이러한 힘, 대상에 투여된 것은 음모, 야망, 굴욕, 책임과 같은 인간의 고유한 '감성'이다. 그래서 소외는 특별히 인간의 소외다. 고대인들은 이미 이러한 소외를 폭압의 형태라고 기술했다. 플라톤은 '폭압'의 형태로 나타나게 된 영혼의 질병이 그가 **두나미스**, 힘이라고 부르는 중심부에서부터 어떻게 확산되는지, 그리고 '들러붙음'이라는 형태로 언어 영역 안으로까지 어떻게 확장되는지를 명료하게 보여준다. 결국 '폭압'은 '소피스트'를 불러온다. 따라서 우리는 인간이 힘이라는 정치적 문제, 힘에 투여하는 감성으로의 접근, 그리고 힘을 실행하는 악을 스스로 전달할 수 있는 경우에 비로소 인간이 될 수 있다고 말할 수 있다. 여기서 특별히 성인 인간의 죄의 영역이 대두된다. 힘은 플라톤을 따라 알랭(Alain)이 말했듯이 광기를 도출한다. 이 두 번째 예에서 의식의 심리학은 경제적·정치적 대상성을 발생시킴으로써 인간이 관통하는 이러한 형태의 운동의 음영이 어떻게 투사되는가를 확실하게 보여준다.

인간의 세 번째 의미 영역인 **가치**의 영역도 이와 같이 이야기할 수 있다. 이 세 번째 계기는 다음과 같이 이해될 수 있다. 자기의 구성은 경제와 정치로 완성되는 것이 아니라 문화 영역 속에 지속된다. 여기서 또한 인격성의 '심리학'은 음영, 즉 개별 인간에게서 나타나는 한 인격으로서의 의도, 존중받음, 용납됨, 인정받음이라는 사실만을 파악한다. 나 자신에 대해 나의 실존은 사실상 타인의 의견으로 말미암는 이 자기 구성에 종속되어 있다. 나의 '자아'는 타인들의 의견과 타인들의 용납을 통해 형성된다. 하지만 이러한 주체의 구성, 의견을 통한 상호적 구성이란 것은 새로운 의미의 '대상성'으로 일컬어질 수 있는 새로운 형식의 안내를 받게 된다. 대상들은 소유의 영역에서는 더 이상 존재하는 대상들로서의 **사물**이 아니다. 그것은 힘의 영역에서와 같이 대응하는 **제도**들을 항상 소유하지는 못한다. 이 새로운 형태의 인간은 노동과 법, 예술, 그리고 문학 속에서 발견된다. 인간의 가능성에 대한 탐구는 이 새로운 종류의 대상성, 소위 문화적 대상의 대상성으로 확장된다. 반 고흐(Van Gogh)가 의자를 소묘할 때조차도 그는 동시에 인간의 초상을 그리고 있는 것이다. 여기서 반 고흐는 인간의 형상을 투사한다. 즉 그것은 '이' 표상된 세계를 '소유하는' 인간인 것이다. 그러므로 문화적 표현의 다양한 양상은 이러한 '형상'에 '사물'의 밀도를 부여한다. 이 양상은 '작품들' 속에 육화됨으로써 인간들 사이와 인간들 가운데서 현존하게 된다. 이것은 인간의 **존엄성**과 자기 평가가 형성되는 기념물의 매개를 통해서 이 작품들을 가로질러 존재한다. 마지막으로 이것은 인간이 스스로로부터 소외되고, 스스로를 격하하고, 스스로를 어리석게 만들고, 또한 스스로를 파멸할 수 있는 차원에서 존재한다.

나는 이와 같은 것을 의식의 심리학이 아닌, 인간 형상의 대상적 운동 속에 그 출발점을 갖는 반성적 방법을 따라서 '의식'에 부여할 수 있는 주해로 간주한다. 이 대상적 운동은 헤겔이 정신이라고 부르는 바로 그것이다. 반성은 대상성을 그 자체로 일으킴과 동시에 그 자체로 구성해내는 주체성을 이러한 운동에서부터 이끌어내기 위한 수단이다.

이러한 의식에 대한 간접적·매개적 접근은 의식의 직접적 자기 현전, 직접적 자기 확실성과는 무관한 것이다.

하지만 우리가 경제·정치·문화적 대상성, 그리고 인간 감성의 연관성이라는 특성에 주목하기 무섭게 곧바로 우리는 그 경로를 역전시킴과 동시에 의미영역에 대한 점진적 리비도 투여를 되풀이하는 입장과 마주한다. 프로이트는 이를 '무의식으로부터의 파생물'에 의한 것이라고 일컫는다. 삶 전반의 문명화와 같이 우리가 검토했던 세 영역은 충동의 역사와 연관된다. 정신현상학의 형식은 리비도적 투여, 그리고 결과적으로 충동의 상황에 전해지는 퇴행 가능성을 벗어나지 못한다. 우리는 소유와 힘의 차원에서 두 가지 해석학의 변증법을 짧게 개괄해야 하고, 엄밀한 문화적 영역의 상징 이론에 대한 더욱 집약적인 분석의 여지를 남겨두어야 한다.

프로이트는 소유에 대한 리비도적 해석이 정치경제학적 의미로 파악되는 경제적 영역의 특성을 복구해내는 해석과 완벽하게 양립가능하다는 점을 보여준다. 이것은 곧 프로이트와 그의 추종자들이 리비도 경로를 거치는 일련의 시기, 즉 구강기, 항문기, 남근기, 성기기로부터 사물과 인간의 비리비도적 관계를 확실하게 도출하기 위해 만들어낸 시도였다는 사실은 잘 알려져 있는 바이다. 이에 프로이트는 표면적으로 아주 상이한 대상의 성감대에서 비롯된 충동의 감정의 치환을 설명하기 위해 변형(*Umsetzung*)[23]이란 용어를 사용한다. 그러므로 프로이트는 한 인격이 배설물을 배출한 후에는 자기에 대한 가치를 상실하게 된다는 변형 개념을 아브라함으로부터 빌려온다. "충동의 관심은 … 선물로 주어지게 되는 다른 대상으로까지 전해진다. … 더 나아가 언어 발달에 있어서 의미 변화와의 유추를 통해 알 수 있는 것은 옛날의 이러한 배설물에 대한 관심이 금과 돈에 대한 가치 평가로 바뀌며 아

23_ 『새로운 정신분석 강의』, *GW, 15*, pp. 106–7 ; *SE, 22*, pp. 100–1 ; tr. fr., pp. 137–38 ; 전집 2권, pp. 135–136.

이와 남근에 대한 감정적인 느낌을 형성하는 데 일조하게 된다는 것이다. … 사람들의 환상과 무의식의 영향을 받는 생각들, 그리고 사람들의 증상적인 언어들을 이해하려고 할 때 그것들과 관련된 깊은 연관성을 알지 못하고서는 충분한 이해가 불가능하다. 배설물－돈－선물－아기－남근은 여기서 동일한 의미로 다뤄졌고, 또 고통의 상징으로 표현된다." 계속해서 프로이트는 리비도의 전성기기의 국면에서 시작하는 '성격의 형성'에 대해 말하면서도 같은 용어를 사용한다. 그는 성격 질서의 세 가지 중첩성인 질서, 고집, 그리고 완고함이 항문 성애와 연결된다고 믿는다. "이러한 성격 특징의 조합이 나타날 때 우리는 이를 '항문성격'이라고 부르는데, 이 성격의 반대 성격이라고 볼 수 있는 것은 항문 성애가 제대로 사용되지 않았을 때 나타난다."[24]

이와 같은 예에서 보듯이 우리는 이런 형태의 해석이 갖는 타당성과 한계를 알 수 있다. 프로이트의 해석은 일종의 정동들의 질료를 제공한다[여기서 나는 휠레(hylé) 또는 '질료'라는 말을 후설이 사용하는 방식으로 쓰고자 한다].[25] 이러한 해석은 인간이 갖고 있는 주요 정동의 계보를 설명하고 인간 정동의 파생물의 목록을 정립할 수 있다. 이것은 '욕망의 기능'은 하나밖에 없다는 칸트의 통찰을 입증해 준다. 프로이트적인 의미에서 보는 돈에 대한 사랑은 우리가 유아기 시절 우리의 배설물에 대해 지녔던 사랑과 동일하다. 하지만 동시에 우리는 정동의 하부 구조에

---

24_ *GW, 15*, pp. 106–7 ; *SE, 22*, pp. 100–1 ; tr. fr., pp. 137–38 ; 전집 2권, p. 137.

25_ Husserl, *Idées* Ⅰ, §85, p. 97. 여기서는 후설에게 형상(Formung), 의견(Meinung), 해석(Deutung)이라는 말이 문제에 대한 지향적 작용의 관계를 나타낸다는 사실에 주목해야 한다. 지향은 문제를 '해석한다.' 아리스토텔레스의 담화의 경우처럼 그것은 영혼의 정동에 대한 해석이다. 이러한 비교는 후설에게 있어, 질료가 정동이나 감정, 그리고 감각을 모두 포함한다는 점을 더욱 강하게 부각시킨다.

대한 이런 식의 탐구가 경제적 대상의 구축을 대체하지 못한다는 점을 깨닫고 있다. 우리의 욕망의 퇴행적 발생은 의미, 가치, 상징과 연관되는 점진적 발생을 대체하지 못한다. 이것이 바로 프로이트가 '충동의 변형'에 대해 이야기한 이유이다. 그런데 정동적 리비도 투여의 역동은 이러한 변형에서 전해지는 의미의 혁신이나 진전으로는 설명할 수가 없다.

우리가 본 대로 인간의 상호적 관계 및 인간 대상의 근원적 분류에 속하는 특정한 영역을 구축해내는 정치 영역에 대해서도 똑같은 말을 할 수 있다. 이는 정신의 현상학의 형식에 의거한 해석 및 프로이트가 1921년 「집단심리학과 자아 분석」에서 내놓은 형태에 의거한 독특한 정동적 콤플렉스 해석이라는 두 가지 해석의 정립을 가능케 한다. 프로이트는 '암시'라는 개념이 리비도에 부속되어 세기 초반의 사회심리학에 의해 채택되었다고 생각한다. 즉 그것은 에로스다. 이에 대해 그는 "세상의 모든 것을 결속시키는 힘"이라고 부른다.[26] 또한 프로이트는 군대와 교회의 리비도적 구조를 한 장에 걸쳐 자신감 있게 기술한다. 우리는 이런 식의 탐구가 집단에 대한 구조적 분석의 수준에 결코 이르지 못한다는 사실에 놀라워해서는 안 된다. 여기서의 핵심 개념은 지도자와 동성애적 대상 리비도 투여와의 구체적 결합이다. 집단이나 사회를 결속시킬 수 있는 다양한 이념이나 원인은 궁극적으로 눈에 보이는 지도자에 뿌리를 두는 상호 인격적 결합에서 도출되는 것으로 간주된다. 프로이트는 "여기서 우리가 주목하는 것은 원래의 대상에서 방향을 전환한 사랑의 충동이지만, 원래의 대상에서 벗어났다 해

---

26_「집단심리학과 자아 분석」, *GW, 13*, p. 100 ; *SE, 18*, p. 92 ; tr. fr., p. 102 ; 전집, 12권, p. 100.

도 충동의 에너지가 감소하는 것은 아니다."[27] 사회적 결합의 기초적 구성에 이르기 위해 지도자를 정신분석학적으로 분석하는 입장이 안고 있는 이러한 무능함이 과도하게 특정 주제를 관통하는데서 비롯되는 해석을 저지하지는 못한다.

그러한 탐구는 우리를 동일화 개념에 주목하게끔 한다. 실제로 「집단심리학과 자아 분석」 7장에서 프로이트의 가장 중요한 연구 주제는 바로 동일화이다. "이런 종류의 일차적 집단은 자아 이상을 하나의 공통된 대상으로 대치하고, 그 결과 해당 집단은 자아 속에서 자신들을 서로 동일화시킨 개인들의 집합이 된다."[28] 그런데 프로이트는 스스로 자신의 과업이 지닌 한계를 지적한다. 궁극적으로 프로이트의 탐구는 르 봉(Le Bon)이 한 세기의 전환기에 기술한 것처럼 사회적 집단의 형성과 발전보다는 집단의 퇴행적 성격에 보다 더 많은 연관성을 보인다. 즉 "집단 구성원들이 독립성과 주도권을 상실하고, 구성원 모두의 반응이 엇비슷해지며, 능력이 집단적 개인의 수준으로 떨어"진다는 것이다. 또한 전체로서의 집단 차원에서는 "지적 능력의 저하, 감정 억제력의 결여, 온건한 태도를 유지하거나 행동을 늦추지 못함, 감정 표현에서 그 적정 한도를 넘어서고 감정을 행동이라는 형태로 표출하려는 경향" 역시 마찬가지 양상을 보인다.[29]

프로이트가 자신의 연구를 '인위적 집단'이라고 일컬어지는 집단—군대나 교회—에까지 확장시키는 경우에서조차도 이러한 설명은 여전히 집단이나 가설적 원시 군집의 리비도적 결합을 통해서 이루어

27_ *GW, 13*, p. 113 ; *SE, 18*, p. 103 ; tr. fr., p. 115 ; 전집, 12권, p. 114.

28_ *GW, 13*, p. 128 ; *SE, 18*, p. 116 ; tr. fr., p. 130 ; 전집, 12권, pp. 129–30.

29_ *GW, 13*, p. 129 ; *SE, 18*, p. 117 ; tr. fr., p. 131 ; 전집, 12권, p. 130.

진다.

> 그러므로 암시현상에서 나타나는 집단 형성의 불가사의하면서도 강제적인 특징은 원시적 군집에서 유래했다는 사실로까지 거슬러 올라갈 수 있다. 집단의 지도자는 여전히 두려움의 대상인 원시적 아버지이고, 집단은 여전히 무제한적인 힘에 지배되기를 원한다. 집단은 권위에 대해 극단적인 애착을 갖고 있다. 르 봉의 말을 빌리면 집단은 복종하고자 하는 열망을 갖고 있다. 원시적 아버지는 집단의 이상이고, 자아 이상을 대신하여 자아를 지배한다.[30]

결론에서 프로이트는 다음과 같이 말한다. "우리가 집단의 리비도적 구조를 해명하는 데 기여할 수 있었던 바는 우선은 자아 및 자아의 이상을 구별한 덕분이고, 계속해서 이것을 가능케 한 두 가지 변양을 자아의 이상의 자리에 [외부 리비도] 대상의 동일화 및 배치로 귀착시킨 덕택이다."[31]

그런데 만일 우리가 정치적 결합의 특성을 구축하는 정신분석학을 요청한다면 그에 대한 유일한 대답은 목적의 '일탈' 및 '방향 전환' 개념에 준거하는 것이다.

같은 텍스트에서 프로이트는 "메타심리학의 요구에 일치하는 그런 목적 전환을 설명하기는 좀 어렵다"는 사실을 인정한다.[32] 그리고 다음과 같이 말한다. "우리가 원한다면 이 목적의 전환에서 성 충동의

30_ *GW, 13*, p. 142 ; *SE, 18*, p. 127 ; tr. fr., p. 143 ; 전집, 12권, p. 143,
31_ *GW, 13*, p. 145 ; *SE, 18*, p. 130 ; tr. fr., p. 146 ; 전집, 12권, p. 145.
32_ *GW, 13*, p. 155 ; *SE, 18*, p. 138 ; tr. fr., p. 156 ; 전집, 12권, p. 156.

승화가 처음 시작되는 단서를 찾을 수도 있겠지만, 반대로 승화의 한계선을 보다 먼 지점에 고정시킬 수도 있을 것이다."[33] 이것은 승화가 에너지의 파생과 의미의 혁신을 모두 나타내는 혼합된 개념이라는 점을 보여주는 표시가 아닐까? 에너지의 일탈은 하나의 리비도만이 존재한다는 점과 하나의 리비도에 대한 다양한 운명이 있다는 점, 그리고 의미의 혁신은 하나의 다른 해석학을 요구한다는 점을 전부 지시하고 있다.

### 3. 승화와 문화적 대상의 문제에 관한 변증법적 재검토

나는 이제 아주 세련된 예를 사용해서 인간 탐구의 세 번째 순환에 속하는 상징들에 관한 주해가 어떻게 해서 이 변증법적 방식에 적용될 수 있는지를 보여주고 싶다. 나는 프로이트의 해석이 종교적 상징 이론의 영역에서보다는 덜 환원적인 방식으로 이루어지는 미학 영역에서 이 실례를 보여줄 것이다. 이 지점에서 두 가지 해석학, 즉 퇴행과 진보의 심원한 동일성이 가장 명료하면서도 강력하게 나타날 수 있다. 이것이 바로 의식의 목적론이 고고학 자체의 투명무늬 속에서 나타나고 인간의 모험의 목적이 우리의 유년기와 출생 신화 및 감춰진 비밀에 관한 끝없는 주해 속에서 알려지는 지점이 된다.

이런 특별하면서도 원형적인 예시가 될 만한 것이 바로 소포클레스의 『오이디푸스 왕』이다.

이 비극은 꿈에 대한 해석에 있어서 매우 잘 알려져 있는 환상,

33_ *GW*, *13*, p. 155 ; *SE*, *18*, p. 138 ; tr. fr., p. 156 ; 전집, 12권, p. 156.

즉 우리가 오이디푸스 콤플렉스에 기초해 있다고 일컫는 유년기의 드라마를 거치면서 나타나는 환상을 중심으로 구성된다. 이런 점에서 우리는 프로이트와 더불어 소포클레스의 작품 배후에 꿈과는 다른 어떤 것도 존재하지 않는다고 말할 수 있을 것이다. 논의의 시작점에서부터 프로이트는 『오이디푸스 왕』을 신들의 전능함과 인류를 위협하는 악을 회피하기 위한 인간의 헛된 노력 간의 대조 속에 자리하고 있는 운명의 비극으로 해석하는 고전적 독법을 거부한다. 이러한 갈등 형태는 현대의 독자에게 더 이상 큰 영향을 미치지 못한다. 반면 독자들은 여전히 『오이디푸스 왕』이라는 이야기가 미치는 영향 아래 움직인다. 우리를 움직이는 것은 운명과 인간의 의지 사이에 일어나는 갈등이 아니라 그 운명을 알지 못한다는 것을 인정하는 이 운명의 특이한 본성이다. "그의 운명이 우리를 감동시키는 이유는 그것이 우리의 운명이 될 수도 있고, 출생 전의 신탁이 우리에게도 똑같은 저주를 내릴 수 있기 때문이다."[34] 프로이트는 이 전설과 드라마를 근친상간, 그리고 존속살인과 비교한다.

> 아버지 라이오스를 살해하고 어머니 이오카스테와 결혼한 오이디푸스 왕은 우리 어린 시절의 소원 성취일 뿐이다. 그러나 우리는 신경정신증 환자가 되지 않는 한, 오이디푸스보다 행복하게 우리의 성적 자극 어머니에게서 분리시키고 아버지에 대한 질투심도 잊을 수 있다. 우리는 유년기의 원시적 소원을 성취한 인물 앞에서 마음속의 소원을 억압

34_ 『꿈의 해석』(*Traumdeutung*), *GW*, *2/3*, 269 ; *SE*, *4*, 262, tr. fr., 198 (145); 전집, 4권, 319.

한 만큼 경악한다.[35]

이와 같은 전형적인 꿈이 검열을 승낙하고 의식이 받아들일 만한 꿈 내용을 만들어냄으로 말미암아 생겨난 반발의 감정을 통해 성취되는 것과 마찬가지로 프로이트는 "그래서 또한" 다음과 같이 되어야 한다고 본다. "전설은 공포와 자기 징벌의 내용을 담고 있어야 한다."[36] 그러므로 유명한 비극 포보스는 오로지 유년기 욕망의 재생에 대항하여 우리 자신의 억압에 관한 폭력을 표현한다. 섭리와 인간의 자유 사이에 일어나는 갈등에 대한 신학적 해석의 사례와 마찬가지로 프로이트는 이를 "소재에 대한 잘못된 이차적 가공"으로 치부해 버린다.[37]

이 지점에서 나는 실제로 오이디푸스 상징의 과잉결정을 근거로 하는, 선행하는 해석에 담겨진 현실 속에 존재하는 이차적 해석을 거스르고 싶다.

이 해석은 더 이상 근친상간과 존속살인의 드라마와 관계하지 않는다. 비극을 시작하면서부터 등장했던 드라마는 오히려 진리의 비극이다. 소포클레스의 창작물은 독자의 마음속에 오이디푸스 콤플렉스를 재생시키려는 의도를 내포하고 있지 않다. 근친상간과 존속살인의 드라마라는 1막에 기초해서 소포클레스는 자기의식, 자기 자신에 대한 인정의 비극이라는 2막을 창안해냈다. 그러므로 오이디푸스는 영웅의 혐오와 분노 속에 표현되는 2차 죄의식, 성인으로서의 죄의식으로 들어간다. 극의 초반부에 오이디푸스는 알려지지 않은 사람에게 재앙에

---

35_ *GW*, *2/3*, 269 ; *SE*, *4*, 262–63 ; tr, fr., 198 (145) ; 전집, 4권, 319–20.

36_ *GW*, *2/3*, 269 ; *SE*, *4*, 262–63 ; tr, fr., 198 (145) ; 전집, 4권, 321.

37_ *Ibid*.

대한 책임이 있다는 저주를 내린다. 하지만 그는 그 사람이 실제로 자기 자신일 수 있다는 가능성을 배제한다. 이 희곡 전체는 이러한 가정에 대한 저항과 최종 몰락을 나타낸다. 오이디푸스가 고통을 겪으면서 자기 자존심에 상처를 입게 되는데, 이것은 더 이상 어린아이가 지닌 비난받아 마땅할 만한 욕망이 아니다. 이것은 단지 왕의 자존심일 뿐이다. 비극은 오이디푸스라는 어린아이에 대한 것이 아니라 왕으로서의 오이디푸스에 대한 것이다. 진리에 관한 이런 불순한 열정을 근거로 오이디푸스의 오만은 프로메테우스의 그것과 결합한다. 즉 그를 재앙으로 이끄는 것은 무지에 대한 열정이다. 그의 죄의식은 리비도의 영역에 있는 것이 아니라 자기의식의 영역 속에 있다. 이것이 바로 비진리의 힘으로서의 인간의 분노이다. 결국 오이디푸스는 윤리적인 의미에서는 실제로 그가 비난받을 필요가 없는 범죄에 대해 자기 자신을 정당화시키려는 주장을 수단으로 삼았기 때문에 죄인이 되고 만다.

따라서 우리가 반성의 반정립이라고 일컬은 것을 소포클레스의 드라마에 적용시키는 일이 가능해진다. 정신분석학을 정당화할 수 있는 그 최초의 드라마는 출생의 수수께끼인데, 즉 프로이트는 그것이 유년기의 기묘한 사건의 원천을 나타내는 스핑크스에게 답을 하기 위해 존재한다고 말함으로써 우리는 두 드라마 간의 대립 및 두 가지 종류의 죄의 대립을 설명할 수 있다. 반면에 프로이트가 이차적 가공의 역할로 환원시키는 것처럼 보이는, 심지어는 오해로 치부해 버리는 것처럼 보이는 드라마의 이차적 질서는—비록 그런 오해가 실제로 비극을 구성하는 것이라 해도—예언자 테이레시아스에게 답하기 위한 것으로 나타난다. 우리의 반정립의 언어로 보면 스핑크스는 무의식의 차원을, 예언자는 정신이나 마음의 차원을 나타낸다. 헤겔의 변증법에서 보듯이 오이디푸스는 진리를 전개하는 중심이 아니다. 다시 말해 자만심과 자존심을 먹고 사는 첫 번째 주인공은 상처를 입어야만 한다. 진리가 전개되는 차원에서 비롯되는 형상은 소포클레스가 바로 "진리의 힘"이라고 일컫는 예언자에게 속해 있다.[38] 이 형상은 더 이상 비극적인 것이 아니다. 이 형상은 전체성의 시각을 나타내고 현시한다. 엘리자베스 시대 비극의 바보 광대와 유사해 보이는 이 예언자는 비극의 핵심에 위치한 희극의 형상이다.* 이 형상을 오이디푸스는 고통과 아픔을 통해서 결합시킬 것이다. 따라서 오이디푸스의 분노와 진리의 힘 사이에서 일어나는 근본적인 결합이 비극의 참된 핵심이다. 이 핵심은 성의 문제가 아니라 빛의 문제다. 예언자는 신체의 눈은 멀었지만, 마음의 눈으로 진리를 본다. 이것이 바로 오이디푸스가 정오의 빛은 보지만 자기 자신에 대해서는 보지 못하는 이유가 된다. 그는 눈 먼 예언자가 됨으로써 자기의식에 근접할 것이다. 감각의 밤, 지성의 밤, 의지의 밤. 이것들은 그 어떤 것도 보고, 사랑하고, 즐기지 못한다. "주인이 되는 것을 그만두시오"라고 말하면서 크레온은 다음과 같이 가혹하게 이야기한다. "당신은 주인이 되었지만 그 자리를 끝까지 유지할 수는 없소이다."

이것이 바로 『오이디푸스 왕』에 대한 반정립적 독해이다. 하지만 우리는 이제 상징의 통일과 그 상징의 위장 및 열림이라는 상징의 힘의 통일 속에서 이 두 가지 독법을 결합시켜야 한다. 나는 우리가 생략해 버린, 또한 우리가 꿈의 소재와 같은 것이라고 말한 드라마의 '소재'가 아닌,[39] 꿈의 가공 그 자체와 관련하는 프로이트의 다음 언급과 더

38_ Sophocle, *Œdipe–Roi*, vers 356.

* 이것은 『리어왕』의 바보 광대를 말하는 것처럼 보인다.

39_ *GW*, *2/3*, p. 269 ; *SE*, *4*, p. 263 ; tr. fr., p. 199 (145) ; 전집, 4권, p. 319.

붙어 논의를 시작한다. "이것은 오이디푸스가 라이오스의 살해범이며 살해된 라이오스와 이오카스테의 아들이라는 사실이 폭로되는 과정으로 이루어져 있다. 이 과정은 한 층씩 더 고조되는 동시에 정교하게 지연되면서 서서히 폭로되는데, 이는 정신분석 작업과 비교할 수 있는 부분이기도 하다."[40] 그런데 우리는 치료 행위로서의 정신분석, 의식이 이중화되는 과정으로서의 정신분석이 주인과 노예의 역사 전체를 재생시키는 것이라는 점을 이미 살펴본 바 있다. 그러므로 분석적 해석이 그 자체로 인식과 진리를 위한 투쟁이자 자기의식의 운동인 한, 그것은 분노와 비-진리에 관한 상이한 방식의 드라마 제시한다. 이것이 바로 오이디푸스가 '우리의 유년기의 소망의 현실화를 우리에게 보여준다'는 주장에 만족하지 못하는 이유이다. 이는 '드라마의 몽환적' 기능이다. 그는 계속해서 다음과 같이 말하고 있다.

> 소포클레스는 문학작품을 통해 오이디푸스의 죄를 밝히고 또한 억압했지만, 여전히 그 충동이 존재하고 있는 우리 내면을 인식하도록 강요한다. 극의 마지막 부분에서 합창은 대립을 다음과 같이 노래한다.
>
> 보라, 저기 오이디푸스를,
> 그는 어려운 수수께끼를 풀고 최고의 권세를 누렸도다.
> 모든 백성들이 그의 행복을 찬미하고 부러워하였으나,
> 보라, 이제 잔인한 불행의 파도가 그를 휩쓸어 버렸구나!

40_ *GW, 2/3*, p. 268 ; *SE, 4*, pp. 261–62 ; tr. fr., p. 199 (145) ; 전집 4권, p. 317–18.

이 경고는 어른이 되어 스스로 현명하고 강하다고 생각하는 우리 자신과 우리의 자만심을 향한 것이다.[41] 프로이트는 꿈속에서 일어나는 유년기의 소망의 단순한 회복과 진리의 드라마의 결론이 되면서 동시에 우리 성인 인간에게 언급되는 '이 경고' 사이를 확실하게 구별하지 않는다. 이것이 바로 앞선 소포클레스 작품의 희곡이 이러한 이중적 기능을 대두시키기 위해 반정립의 방법을 사용해야 하는 이유가 된다. 그것은 우리가 분열을 넘어 필연성을 파악할 수 있는 경우에만 존재한다.

이와 관련해서 소포클레스를 통해서 만들어진 상징은 유별나게 희한하면서도 충격적이다. 실제로 놀라운 것은 이 작품이 지닌 진리의 핵심에 바로 출생의 신비가 자리하고 있다는 점이다. 반면에 오이디푸스적 상황은 진리의 도정을 전개하는 모든 '정신적' 조화의 풍요로움을 직접적으로 드러낸다. 여기서 풍요로움이란 호기심, 저항, 자만심, 비탄, 지혜를 말한다. 아버지에 대한 의문과 진리에 대한 물음 사이에 상징 그 자체의 과잉결정 속에 남겨진 비밀스런 관계가 형성된다. 아버지에게는 단순한 아버지 그 이상의 것이 존재하고, 아버지에 대한 물음에는 나의 아버지에 대한 물음 그 이상의 것이 존재한다. 결국 아버지란 그 아버지임 속에서는 결코 보이지 않으며 단지 짐작만 될 뿐이다. 물음을 던지는 힘은 이 짐작의 환상에 둘러싸여 있다. 생성의 상징체계(La symbolique de l'engendrement)는 발생, 유래, 기원, 돌출과 관계가 있는 물

41_ *Ibid.* 환상, 신화, 비극의 오이디푸스에 대해서는 다음 글들을 보라. C. Stein, "Notes sur la mort d'Œdipe : Préliminaire à une anthropologie psychanalytique," *Rev. fr. de psychan.*, *23*(1959), pp. 735–56 ; C. Lévi-Strauss, *Anthropologie structurale*(Paris : Plon, 1958), chap. XI.

음을 모두 담고 있다. 그런데 만일 유년기와 관련하는 오이디푸스의 희곡이 잠재적으로 이미 진리의 비극이라면, 소포클레스의 진리의 비극이 기원에 관한 희곡으로 가정되는 것은 아니다. 왜냐하면 그 비극의 소재는 프로이트가 말한 것처럼 희곡의 소재와 같은 것이기 때문이다. 비극의 이차 질서는 희곡의 모호하면서도 과잉결정된 결론이 명백해지는 것으로 일차 비극에 속해 있다. 오이디푸스의 범죄는 비-진리에 대한 분노를 통해 전달된 단절이라는 처벌에서 그 정점에 이르게 된다. 성에 관한 비극 속에 처벌이 존재한다는 것은 진리의 비극이 종결되는 의미에 관한 어둠의 여정이다. 또한 만일 우리가 극의 시작점으로 돌아간다면, 우리는 예언자를 향한 왕의 분노가 오이디푸스의 상황 및 유년기 콤플렉스의 해소에서 비롯되는 저항에서 나온 것이라는 점을 알게 된다.

소포클레스의 『오이디푸스 왕』에 대한 주해는 이제 승화의 노에마적 상관관계라는 의미 속에 존재하는 승화 및 문화 대상에 관한 평행적 분석을 완성시킨다.

우리는 소유와 힘의 영역에서, 그리고 반정립의 심원한 특징을 파악하는 데서 승화에 관한 변증법적 해석을 착수했다. 우리가 앞에서 이야기한 대로 그 해석은 우리가 경제적 질서와 정치적 질서에 병합시킨 감성 및 그에 상응하는 의미작용들을 형성해내는 상이한 리비도적 단계들에 속해 있는 정동들 가운데 존재한다. 하지만 소포클레스의 비극과 같은 예외적 창작물의 실례는 반정립 그 이상의 것을 드러낸다. 문화적 대상이 생성되는 상징의 구조 안에 전해지는 위장과 폭로의 심원한 통일성은 마침내 작품 자체에서 드러난다.

그러므로 동일한 상징의 등급 위에 꿈의 내용과 시적인 내용을 위치시키는 것이 가능하게 된다. 꿈의 생성과 예술작품의 창작은 상징에 대한 탁월한 강조가 위장이건 폭로이건, 왜곡이건 드러냄이건 간에 상징을 따르는 이 차원의 두 가지 목적을 나타낸다. 이 규정을 통해서 나는 꿈과 창작 사이에 존재하는 기능적 통일성과 인류의 문화유산 속에 기입된 항구적 작품으로부터 우리의 몽상의 단순한 산물을 분리시키는 일의 가치상의 차이를 단숨에 설명하고 싶다. 꿈과 창작 사이에는 단지 반비례상, 위장과 폭로가 함께 작동한다는 의미에서의 기능적 통일성이 존재한다. 이것이 바로 프로이트가 「작가와 몽상」에서 했던 것처럼 비감각적 이행을 통해 한 지점에서 다른 지점으로 나아가는 일을 정당화시킨 이유이다.[42] 밤에 꾸는 꿈에서 백일몽으로 이행하는 것, 백일몽에서 놀이와 유머로 이행하는 것, 그리고 민간전승과 전설, 궁극적으로는 예술작품으로 이행하는 것에 대해 그는 이것들을 끊임없는 유비를 통해서 입증한다. 모든 창작은 동일한 경제적 기능으로 연관되고 꿈과 신경증의 절충적 형성과 같은 동일한 충족의 대체물을 초래한다. 그런데 다음과 같은 문제가 남아 있다. 경제학은 기능적 유비를 통해서 성스러운 것의 현시와 우주적 요소들에 관한 상징체계 속에 그 자체로 뿌리를 두고 있는, 말의 창조 주변부에 꿈의 자리를 지정해 주는 신화적-시적 힘의 점진적 이환율(prévalence)*의 근거를 설명할 수 있는가? 이러한 상이한 여러 기능들에 대해서 프로이트는 아주 부분적인 양상만을 인정한다. 여기서 부분적인 양상이란 다음과 같다. 그는 순수하게 형식적인 쾌락으로 나타나게 되는 '미학적 유혹'이라는

42_ 분석론 2부, 1장을 참조할 것. 꿈과 시 간의 관계에 대해서는 다음의 글들을 보라. P. Luquet, "Ouvertures sur l'artiste et la psychanalyse ; la fonction esthétique du moi," *Rev. fr. de psychan.*, 27(1963), pp. 585-618 ; 아울러 다음 저작이 있는데 곧 발행될 것이다. La Décade de Cerisy, *Art et psychanalyse*.

* 병에 걸리는 비율. 여기서는 신화적-시적 힘이 퍼지는 비유를 일컫는 말로 쓰였다.

주제 아래서의 소재의 배열 및 예술작품에 관한 기예를 통해 형성되는 것에 관한 매우 부분적인 양상만을 인식하고 있다. 다시 말해 이러한 '유혹'은 그 자체로 사전쾌락으로서의 욕망의 경제학에 편입된다. 즉 "이렇게 얻어진 즐거움은 보다 깊은 정신적 움직임들에서 시작하는 보다 큰 쾌락에 대한 욕구를 상쇄시킬 수 있는데, 우리는 바로 이것을 흔히 유혹의 정석 내지는 사전쾌락이라고 불러왔다."[43] 그러므로 경제적인 설명구조는 칸트의 취미 판단에 대한 분석을 '쾌락론'으로 격하시켜 버린다. 프로이트는 꿈과 예술적 창조물의 기능적 통일성을 매우 잘 설명하지만 충동을 변증법으로 발전시키는 질적인 차이와 '목적'의 차이를 외면한다. 이것이 바로 승화 문제가 미완의 과제로 남겨지는 이유이다.

따라서 우리는 그것이 진정으로 의미하는 바가 무엇이고 진실에서 벗어난 바가 무엇인지를 알아보아야 한다. 예술작품, 우리 시대의 영속적이고 기념비적인 창작물, 어둠 속에서 쉬 지나가 버리는 빈약한 창작물. 이런 것들은 동일한 자연의 심적 표현에서 비롯된다. 그것들은 동일한 질료, 동일한 욕망의 소재를 공유한다는 사실을 통해서 보증된다. 그런데 프로이트 자신이 '목적의', '목적의 일탈', '승화'라고 묘사한 이 창작물들의 차이는 정신 형태의 증진이다. 그러므로 우리는 플라톤, 즉 시적인 것과 에로스적인 것의 기초를 이루는 통일성을 정립하고, 모든 착란과 흥분의 다중적 통일 속에 철학적 정신착란, **편집증**의 진리를 마련한 『이온』과 『향연』의 그 플라톤을 프로이트와 연관시킬 수 있다. 그 통일성은 질료의 위장이나 다른 정신적 의미의 폭로를 강조하는 문제를 따라서, 상징이 질료의 통일성 및 지향과 의도의 질적

---

43_ *GW, 7*, p. 223 ; *SE, 9*, p. 153 ; tr. fr., p. 81 ; 전집, 14권, p. 156.

다양성을 단번에 에워싸는 그런 상징의 지향적 구조 속에 존재한다. 만일 꿈이 잠의 고독 속에서 소멸되는 사적인 표현에 머무른다면, 그것은 공적으로 그 소재를 소통시키고 환상을 편입시키는 예술가의 작업에 대한 성찰이 부족하기 때문이다. 예술가의 작업과 이러한 소통의 문제에 대한 성찰은 의식이 자기 자신에 대한 새로운 이해를 향해 나아가는 일을 가능하게 하는 가치들의 운반자로서의 꿈에서 비롯된다. 만일 미켈란젤로의 『모세』, 소포클레스의 『오이디푸스 왕』, 셰익스피어의 『햄릿』이 창조된 것이라고 한다면, 이것들은 또한 예술가의 갈등에 대한 단순한 투사가 아니라 그들의 해결책을 묘사하는 차원 속에 존재한다. 이것들의 위장된 모습에 대한 강조 때문에 꿈은 점점 더 과거와 유년기를 조망하게 된다. 하지만 예술작품 속에 있는 해결책에 대한 강조는 이미 드러나 있다. 따라서 개인적 종합과 인간의 미래에 대한 전망적 상징으로서의 예술작품은, 단지 예술가가 해결해내지 못한 갈등의 퇴행적 징후에 머무르는 것이 아니다. 마찬가지로 폭로에 대한 강조가 우리 자신의 갈등의 자극을 통해서 실행되는 것이라 해도, 그 강조점은 예술작품의 감상자들의 단순한 재생으로서의 쾌락이 아니라, 영웅을 통해서 나타난 진리의 작품을 공유하는 쾌락에 근거한다.

상징들의 지향적 통일성에 대한 접근은 퇴행과 진보 사이에 남아 있는 간극을 극복하게끔 해준다. 이따금씩 퇴행과 진보라는 두 과정이 대립되는 과정을 나타내는 것은 아니다. 오히려 퇴행과 진보는 이 두 가지 극단적 한계를 나타내는 상징화라는 독특한 단계에서 추출된 추상적 용어다. 그런데 꿈은 반복과 시원성에 기울어진 신경증적 양상 내지는 자기 스스로를 통해 실행된 신경증에 대한 치료적 행위라는 이 두 가지 기능 사이를 오르내리는 타협이 아닌가? 역으로 개인이나 집단의 유년기의 꿈과 드라마의 시원성에서 연원하지 않는 예술이나 문학작품을 통해 생성된 거대한 상징들이 과연 존재하는가? 예술가, 작가, 혹은 사유가가 만들어낼 수 있는 가장 혁신적인 표징이 맨 처음 시원적 형상 속에 투입된 옛것의 에너지를 생성해낼 수 있다. 이러한 표징을 동원함으로써 꿈 내지는 신경증적 증상이 비교될 수 있다. 또한 창작자는 인간의 가장 개방적이고 근본적인 가능성을 드러내고 이 가능성을 자기 의식의 고뇌라는 새로운 상징으로 승격시킨다.

하지만 꿈에도 단계가 존재하는 것처럼 시에도 단계가 있다. 초현실주의는 어떻게 해서 시가 꿈으로 되돌아갈 수 있는지를, 심지어는 미학적 창조성이 강박의 환상에서의 자유로운 운행을 선사할 때, 자율적 글쓰기에 반복이나 퇴행이라는 주제를 체계화할 경우, 어떻게 해서 시가 신경증을 복제하려는 경향으로 되돌아갈 수 있는지를 아주 잘 보여준다. 그러므로 예술작품과 꿈은 상징이라는 독특한 단계의 극단에 자리할 수 있을 뿐만 아니라, 이 각각의 것들은 전도된 관계를 따라서 꿈과 시를 화해시킬 수 있다.

퇴행과 진보의 대립에서 추상적인 것으로 남겨진 것을 극복하기 위해서 퇴행과 진보의 구체적인 관계, 강조점의 변경, 그리고 위장과 폭로의 기능 사이의 역할의 전복에 관한 연구를 요청할 수 있다. 적어도 우리는 이 구체적 변증법이 구상되어야만 하는 영역이 언어에 '의거하여', 그리고 이 언어의 상징적 기능에 '의거하여' 존재한다는 점을 보여주었다.

이 승화의 변증법적 구조는 마주봄으로 존재하는 '문화 대상'과 유사한 하나의 구조에 대응한다.

이 대상들은 우리가 '가치'의 영역이라고 부르는 것, 즉 감성의 세 번째 영역의 소관이다. 이 감성은 우리에게 정치경제학 및 정치학으로 환원할 수 없는 의미의 영역을 형성하는 것으로 나타나게 된다. 의식을 정복해 간다는 것은 더 이상 나의 몫과 자아의 관계, 전유와 상호 수용의 관계, 궁극적으로 교환·분배·증여의 관계로 국한되지 않는다. 다시 말해 그것은 지배와 복종, 궁극적으로는 위계, 지배력의 분배라는 관계에 국한되지 않는다. 인식의 요구가 추구하는 것은 상호 존중, 승인의 추구 속에 존재한다. 따라서 나-자신에 대한 나의 현존은 타인의 의견 구성에 대한 의존으로 표현된다. 다시 말해 자기는 자기를 확고하게 하는 타인의 의견을 청취함으로써 형성된다. 이러한 의견을 통한 상호적 구성은 여전히 대상에 의한 지도를 받는데, 더 이상 이 대상은 여전히 존재하고 있고 소유의 영역에 속해 있는 재화, 상품, 서비스와 같은 사물이 아니다. 즉 그것은 더 이상 권력의 영역과 같은 제도에 상응하는 사물이 아니다. 오히려 이 대상들은 기념물과 법, 예술, 문학, 철학의 작품들이다. 인간의 가능성에 대한 탐구는 이런 새로운 종류의 대상성, 소위 문화 대상의 '작품'의 대상성으로 확대된다. 다시 말해 그림, 조각, 글은 '인간의 형상'(images de l'homme)에 사물의 밀도, 실재의 냉혹함을 선사한다. 이것들은 돌, 색깔, 악보, 혹은 기록된 단어 속에 그 심상을 구체화시킴으로써 인간과 인간 사이에 존재하는 형상을 만들어낸다. 그것은 인간의 특정한 '존엄성'이 구성되어 있는 예술이나 기념물의 매개를 거치는 이러한 작업들을 통해 존재한다. 여기서 인간의 존엄은 이중화된 의식의 과정, 한 다른 자기 속에서 자기를 재인식하는 도구이자 흔적이다.

그런데 이러한 문화적 대상, 작품은 인간의 인간-됨을 전개하고, 이러한 정신의 역사에 수를 놓고 움직이게 하기 위해 정동적 소재를 활용하는 기나긴 창조과정을 분리해내는 단순한 반정립에 저항한다. 상징의 과잉결정만이 문화의 경제학과 정신의 현상학을 동시에 정의할 수 있는 참된 변증법을 구상하게 해준다. 그래서 나는 문화의 현상이 위장과 폭로라는 이중적 가치를 갖는 승화라는 위대한 가치가 쌓여 있는 대상적 매개로 해석되어야 한다고 주장하는 바이다. 그러한 해석이 우리에게 아름다운 동의어적 표현의 의미를 상기시켜 주고 있다는 생각이 들지는 않는가? '교육'(l'éducation)이라는 말은 인간이 자신의 어린 시절을 외부로 내보이는 데서 비롯되는 운동을 상기시킨다. 이 운동은 그 고유한 의미에 있어서 인간이 자신의 시원적 과거를 바깥으로 끄집어내는 '배움'(erudition)의 [과정]이다. 그런데 배움이란 또한 자기의식 증진의 표지를 내세우고 자기의식이 드러나도록 인간을 열어주기 위해서 '인간의 형상'(images de l'hommage), 곧 **형상**(*Bilder*)의 구축 및 출현이라는 이중적 의미를 갖는 **형성**(*Bildung*)이다. 또한 이러한 교육, 배움, 형성은 이차적 본성의 기능을 만들어낸다. 왜냐하면 이것들이 일차적 본성을 개량하기 때문이다. 다시 말해 바로 여기서 라베송(Ravaisson)이 습관이라는 제한적 예를 통해 기술했던 운동이 실현된다. 동시에 이것은 문화작품 속에서 욕망의 탈환으로 말미암아 자유가 본성으로 귀환하는 것을 뜻한다.[44] 상징의 과잉결정 때문에 이러한 작품들은 우리 삶의 세계 속에 밀접하게 접합되어 있다. 바로 거기에 자아가 출현하는 이드라는 장소가 존재한다. 우리의 유년기, 우리의 모든 시원성을 결집함으로써, 꿈에서의 자기 자신을 육화시킴으로써 시적인 것은 단순히 거대한 책략(artifice)에서 비롯된 인간의 문화적 현존, 쓸모없는 '인공물'(artefact), 자연본성을 결여한, 그리고 자연과 대립하는 리바이어던을 보살핀다.

---

**44_** Ricoeur, "Nature et liberté," in *La Nature Humain, les Études philosophiques*, 1962.

## 4. 신앙과 종교 : 성스러운 것의 애매성

이렇게 해서 우리는 이제 출발점의 문턱에 다시 들어선다. 그 문턱은 종교적 상징에 대한 해석이다. 하지만 우리의 사유방법은 종교적 상징 이론의 물음을 근본적으로 해명해 주지 못한다. 다만 그것은 하나의 경계선상의 시선만을 가질 수 있게 해준다.

나는 우리가 반성적 사유의 점진적인 확장을 따라 종교적 상징의 근본 기원을 얻을 수 있다는 인상을 독자들에게 주고 싶지는 않다. 나는 빈틈 없는 탐구방법을 도입하지는 않을 것이다. 나는 헤겔의 현상학을 도입하여 그의 정신의 현상학에서 출발해서 신앙의 본래적 문제제기의 현존을 해명하는 방식은 존재하지 않는다는 사실을 담담하게 밝히는 바이다. 심지어 나는 그러한 문제제기는 앞서 진술한 변증법이 지나치게 확장되어 반성철학의 근원을 넘어서 버리는 일이 된다는 점을 인정한다. 단, 내재성의 철학 이상의 것을 형성해내는 지점에서는 예외가 존재한다. 만일 신앙에 대한 본래적 문제제기가 존재한다면 이는 내가 좀 다른 철학적 맥락에서 **'의지의 시학'**(*Poétique de la Volonté*)으로 기술했던 새로운 방식에 속하는 것이다. 왜냐하면 이 시학은 **나는 원한다**(*Je veux*)의, 이 효력의 원천에서의 힘의 주어짐의 근본 기원과 관련하기 때문이다. 다시 말해 이 새로운 차원을, 나는 지금 이 작업의 특수한 맥락에서 나에게 전달되는 부르심, 케리그마, 말씀이라고 일컫는다. 이런 점에서 나는 카를 바르트가 제기한 신학적 문제 정립에 충실하게 머무르고자 한다. 신앙의 기원은 신앙의 대상에서 말미암는 인간의 청원(sollicitation) 속에 존재한다. 그러므로 나는 코기토의 고고학이나 코기토의 목적론에서 시작하는 철저한 기원에 관한 물음, 또는 목적론에서 시작하는 최종 목적에 관한 물음을 확대 적용하는 것으로 나타나는 교활한 책략을 쓰지는 않을 것이다. 고고학은 이미 스스로를 정립시킨 코기토의 자리, 태도를 향한다. 목적론은 미결 상태로 남겨두었던 정신의 표징의 선재한 의미가 담고 있는 궁극적 의미만을 가리킨다. 그런데 이 궁극적 의미는 언제나 정신이 그 자신에게 요구하는 전진으로만 이해될 수 있다. 나 자신과 이러한 고고학의 관계 및 나 자신과 이러한 목적론의 관계를 통해, 시작과 종말은 전적 타자(Tout-Autre)가 된다. 확실히 나는 전적 타자에 대해서, 그것이 나에게 그 자체로 알려지게 되는 경우에만 말할 뿐이다. 케리그마, 복음도 마찬가지다. 나와 전적 타자, 절대적인 전적 타자에 대해 내가 전하는 바는 바로 이것이며, 나는 그 밖에 다른 것에 대해서는 알지 못한다. 그것은 정녕 접근하는, 도래하는 그 방식 자체를 통해서 내가 반성적으로 파악할 수 있는 아르케와 텔로스가 아닌, 전적 타자로 자신을 알려준다. 전적 타자는 그 철저한 타자성을 무화함으로써 자신을 알려준다.

그런데 만일 신앙의 문제제기가 다른 기원을 지닌다면 그 현시의 장(le champ de sa manifestation)은 우리가 종래 탐구한 바로 그것 자체이다. 안셀무스적 절차, 즉 신앙에서 이해로 나아가는 운동은 표현의 도구를 추구하고 반성의 변증법을 필연적으로 이행한다. 여기가 바로 신앙의 물음이 해석학의 물음이 되는 지점이다. 왜냐하면 우리의 살 속에서 없어지는 것, 그것이 곧 로고스로서의 전적 타자이기 때문이다. 이로 인해 그것은 인간의 말함에 관한 하나의 사건이 되고, 이 인간의 말함에 관한 해석의 운동 속에서만 인식될 수 있다. 여기서 바로 다음과 같은 '해석학적 순환'(cercle herméneutique)이 탄생한다. 믿는다는 것은 부르심에 귀를 기울이는 것이다. 그런데 부르심에 귀를 기울이기 위해서는 그 메시지를 해석해야 한다. 그러므로 우리는 이해하기 위해 믿고 믿기 위해 이해해야만 한다.[45]

인간의 말함에 '내재하는' 것을 받아들임으로써 전적 타자는 목적론과 고고학의 변증법 속에서, 그리고 그 변증법을 통해서 알아볼 수 있는 것으로 주어진다. 비록 이것이 반성을 통해 부과할 수 있는 어떤 기원과는 완전히 다른 것이라 하더라도, 그 근본 기원은 이제 나의 고고학의 물음 속에서 알 수 있는 것으로 주어진다. 비록 그것이 나 자신의 기대와는 전적으로 다른 것이라 하더라도, 나는 나의 목적론에 대한 물음을 통해서 인식할 수 있게 된 최종 목적을 구축하는 것이 가능하다. 창조와 종말은 나의 고고학의 **지평**(*horizon*)과 나의 목적론의 **지평**으로 존재한다. 지평은 소유되는 대상이 되지 않으면서 가까이 있는 것에 대한 은유다. 알파와 오메가는 나의 뿌리의 지평이자 나의 지향이나 의도의 지평으로 반성에 접근한다. 그것은 근본의 근본이자 최상의 최상이다. 여기에 반 데르 리우와 엘리아데가 말하는 의미에서의 성스러운 것의 현상학이 자리하며, 바르트와 불트만(내가 이 지점에서 대립한다고 생각하지 마라)의 의미에서, 전적 타자와 우리의 담론 간의 전복과 봉합의 지점에 놓인, 반성을 대체하고 새로운 상징적 표현들을 매개하는 사유에 제공된 케리그마적 주해가 결합된다.

이러한 결합은 반성에 대하여 그 자체가 하나의 전복으로 나타난다. 성스러운 것의 현상학은 정신의 현상학의 연장이 아니다. 헤겔의 양식 속에 점철되어 있는 목적론은 종말, 최후의 항, 신화, 제의, 신앙에서 초래된 성스러운 것을 소유하지 못한다. 자기 자신에 대해서 목적론은 신앙이 아니라 절대지를 지향한다. 절대지는 초월을 나타내진 못하지만 완벽하게 매개된 자기의 지(知) 속에서 모든 초월의 재흡수를 제안한다. 그러므로 우리는 종말의 자리, 그리고 절대지의 주장에 도전

---

**45_** Paul Ricoeur, *La Symbolique du mal*. 여기서 결론부 참조.

하지 못하는 지평의 구조 안으로는 성스러운 것의 현상학을 끼워넣을 수가 없다. 그런데 만일 반성이 이러한 '가까워짐'에서 알려지는 의미를 자기에 대해 만들어낼 수 없다면—하나님의 나라가 너희에게 가까이 왔느니라—그 이유는 적어도 반성이 자기를 폐쇄할 수 없고 반성의 고유한 원천들과 관련하여 그 고유한 의미를 성취할 수 없기 때문이라고 이해될 수 있을 것 같다. 이러한 곤경의 '이유', 그것이 바로 악이다. 이 이해 가능성의 분기점이 되는 논쟁의 영역은, 악의 상징이 문화세계의 연속적 형태로 규정되는 담론의 영역이다.

왜 우리는 '목적'이 절대지라고 말하면서 그것이 하나의 전체, 다른 여지가 없는 전체성 안에서의 모든 매개의 충족이라고 말하기를 거부하는가? 왜 우리는 이러한 목적이 『신학정치론』의 언어를 회복하기 위한, '예언을 따라' 약속되는 것이라고 선언하는가? 왜 우리는 절대지가 찬탈한 자리를 성스러운 것의 자리로 되돌리려고 하는가? 왜 우리는 신앙을 영지적인(gnose) 것으로 변형시키기를 거부하는가? 여타의 근거를 짚어보면 절대지는 악의 문제 때문에 불가능하고, 이 문제를 우리는 이전에 상징과 해석학의 문제를 제기하는 출발점으로 간주했다. 이 여정의 말미에 우리는 자연과 악의 기원과 관련하는 거대한 상징이 단순히 일련의 다양한 상징들 가운데 하나가 아니라 특권화된 상징이라는 사실을 발견할 것이다. 이에 대해 우리가 **문제제기**에서 말했던 것처럼, 악의 상징에 관한 이론이 인간의 운명과 관련하는 구원의 상징이론의 상대자라는 것을 말하는 것으로는 충분한 설명이 되지 못한다. 이 상징들은 우리에게 정신의 현상학에서 성스러운 것의 현상학으로 나아가는 통로에 대한 결정적인 어떤 것을 가르쳐 준다. 이러한 상징들은 실제로 이성적 인식으로의 환원에 저항한다. 이는 악에 관한 모든 체계, 모든 신정론의 실패, 헤겔적 의미의 절대지의 실패에 관한 증인이다. 모든 상징은 사유를 불러일으키지만 여기서 악의 상징은 언제나 신화 이상의, 우리의 모든 철학 이상의 상징이 존재한다는 것을 실제적 예를 통해 보여준다. 그리고 상징에 대한 철학적 해석이 결코 절대지일 수가 없다는 점도 보여준다. 요컨대 악의 문제는 우리를 헤겔에서 칸트로 돌아가게 만든다. 다시 말해 그것은 변증법으로 악의 문제를 해소시키는 데 있어 악의 출현을 일종의 수수께끼와 같은 것으로 인식하게 만든다. 또한 악을 절대적이고 완전한 지식으로 포착될 수 없는 것으로 이해하게 한다. 그러므로 악의 상징은 모든 상징이 지니고 있는 그 넘어설 수 없는 성격을 입증한다. 반면 우리의 실존의 실패에 대해서 말하는 것과 우리의 존재의 능력에 대해서 말하는 것, 이것은 또한 절대지로 상징을 삼켜버릴 수 있는 사유체계의 실패를 선언한다.

그런데 악의 상징은 또한 화해의 상징이다. 이 화해가 화해의 약속인 기호에서만 주어진다는 것은 의심의 여지가 없는 사실이다. 적어도 이 화해는 앞서 내가 더 높은 이해 가능성의 분기점이라고 부른 이 신앙의 이해 가능성을 위하여 사유에 언제나 주어질 수 있는 것이다. 이 이해 가능성은 그 상징적 기원을 무효화시키지 않는다. 상징적 기원은 알레고리화한 이해가 아니다. 그것은 상징을 따라 사유하는 이해 가능성이다. 나베르가 말하는 사유는 언제나 '정당화에 근접함'이라는 것으로 정립되어 있다. 나는 정당화될 수 없는 것으로서의 악과 화해로서의 성스러운 것 간의 연결을 표현하는 세 가지 형식을 제시해야 한다. 이 세 형식은 내가 상징적이면서 동시에 이성적인, 예언에 관한 것이면서 감각적인 종말론의 밑그림을 내 입장에서 선별해내도록 규정한다. 비록 반성철학이 실제적으로 이 종말론을 아우를 수 없다고 하

---

* 프랑스의 시인이자 극작가인 폴 클로델의 기독교적 희곡이다.

더라도, 의식의 목적론의 지평에서 종말론에 접근할 수는 있다.

우선 모든 화해는 '~에도 불구하고', 악에도 불구하고를 찾아 나선다. 이 '불구하고', '그럼에도 불구하고', '심지어 그렇다고 해도'라는 것은 소망의 첫 번째 범주, 반증의 범주를 구축한다. 하지만 이 '불구하고'에 대한 증명은 존재하지 않고 단지 기호만이 존재할 뿐이다. 이 범주가 작동하는 영역은 논리가 아니라 역사이며, 직접적으로 언약, 복음, 케리그마의 기호로 해독되어야만 한다. 다음으로 이 '불구하고'는 '덕택으로'이다. 악에서 벗어나는 사태의 원칙은 좋음을 야기한다. 최후의 반증은 동시에 숨어 있는 교훈이다. 아우구스티누스가 말한 **죄조차도**(*etiam peccata*) 『비단구두』* 에 대한 기술과 같은 것이다. "가장 나쁜 것은 언제나 확실치 않다"고 클로델은 대답한다. 그리고 그는 포르투게스(Portuguese) 격언을 인용하여 다음과 같이 덧붙이고 있다. "신은 비틀어진 선형을 통해서 올곧게 기록한다." 하지만 여기에 '불구하고'나 '덕택으로'의 절대지는 존재하지 않는다. 이 감각적 역사의 세 번째 범주에 속하는 절대지가 존재하는 것은 더더욱 아니다. 사도 바울은 "죄가 더한 곳에 은혜가 넘치더라" 라고 말한다. '하물며'라는, 사도의 πολλῷ μᾶλλν으로 표현되는 이 기묘한 넘침의 법칙(loi de surabondance)은 '불구하고'와 '덕택으로'를 포괄하고 등재한다. 그런데 이 '하물며 그보다'라는 것은 지식으로 전환될 수 없다. 즉 이것은 오래된 신정론에서는 잘못된 지식의 방편이었으며, 겸손한 소망의 이해 가능성에 머무르게 되는 것이다. '불구하고', '덕택으로', '그보다'라는 것은 이런 이해의 분기점을 수단으로 해서 종말론을 발생시키는 최상의 합리적 상징이다.

나는 **반성철학 안**에 존재하는 정신의 형태와 성스러운 것의 상징 간의 이러한 관계의 연약함을 알고 있다. 내재성의 철학인 반성철학에 있어서 성스러운 것의 상징이란 정신의 형태 속에 혼합된 문화요소로만 나타날 뿐이다. 하지만 동시에 이러한 상징은 문화의 운동이 담지하지 못하는 현실 문화 속에 있는 충격점을 시사한다. 상징은 전적 타자, 역사 전반과는 다른 전적 타자에 대해 이야기한다. 이런 점에서 상징은 일련의 문화 형식 전반을 불러오면서 흡인력을 발휘한다. 이것이 내가 예언이나 종말론에 대해 이야기한 바의 의미이다. 상징은 성스러운 것이 철학으로 관계를 맺게 되는 문화 형식의 내재적 목적론과 연관됨으로써만 존재한다. 성스러운 것은 상징의 종말론이다. 상징은 반성으로는 파악되지 않고 포섭되지도 않는, 단지 멀리서 그 자체로 조용히 나타나는 것으로, 우리는 그저 인사만 할 수 있는 그런 지평이다. 그러므로 코기토나 자아의 의존성은 그 출생의 상징에서가 아니라 단지 정신의 형식이 지시하는 바를 향하는 종말과 최종적인 것의 상징 속에서만 나타나게 되는 그런 의존성을 드러낸다. 최종적인 것에 대한 코기토의 의존성은 코기토의 탄생, 코기토의 자연본성, 코기토의 욕망의 의존성과 마찬가지로 상징을 통해서만 드러나게 된다.

이제 나는 반성철학의 위험한 자기 정립 속에 어떻게 해석학이 들어설 수 있는지를 보여주고 싶다. 해석학은 지평의 기능 덕분에 탈신화화에 대한 강한 주장을 펼치는 종교의 정신분석학과의 논쟁으로 끼어들 수 있다.

이 지점에서 우리가 일관성 있게 세워나간 것을 절충주의에 굴복시켜 버리는 위험이 도사리고 있다. 또한 공들여서 정립시킨 변증법의 이점을 느슨하게 만들 수 있는 반정립적 해석학이라는 개념으로 추락하는 일 또한 한 가지 위험 요소이다. 이 때문에 신앙의 문제가 탈신화화의 해석학을 내포하고 있다는 점을 보여주는 것이 중요하다.

나는 우리가 순수하게 내재적인 반성 영역과 관계하는 알파와 오메가에 귀속된 지평의 기능과 더불어 논의를 시작해야 한다. 그러한 지평 개념은 일종의 악마적 전환으로 인해 필연적으로 하나의 대상으로 변형되고마는 경향이 있는 것처럼 보인다. 칸트는 무제약적인 것에 대한 사유의 필연적 구조를 **환영**으로 간주하라고 우리에게 가르친다. 초월적 가상(Schein)은 사상사에서 나타나는 순수한 우연, 단순한 오류가 아니다. 그것은 **필연적** 환영이다. 내가 보기에 이것은 모든 '허위의식'의 근본 기원이고 사회의 저편, 삶의 저편, 억압된 것의 회귀 저편에 놓여 있는 모든 환영의 문제의 원천이다. 마르크스, 프로이트, 그리고 니체는 이차적 차원, 이미 나타나 버린 환영이라는 형태의 지점에서 움직인다. 이것이 바로 그들의 문제제기가 공정하면서도 경쟁력을 갖추는 이유가 된다. 이는 포이에르바하에게서도 마찬가지로 평가될 수 있는 부분이다. 인간이 공허한 초월의 세계로 들어가는 운동은 인간이 전적 타자를 대상화시키고 활용하기 위해 그것을 파악하려는 운동과 비견될 만큼 이차적이다. 그 이유는 전적 타자에게로 스스로를 투사하는 인간이 전적 타자를 파악하면서도 결국은 비인식의 공허함으로 가득 차 있기 때문이다.

이러한 대상화 과정은 동시에 형이상학 및 종교 전체의 기원이다. 형이상학은 최고 존재자로서의 신을 상정한다. 그리고 종교는 성스러운 것을 경제영역의 힘, 정치영역의 힘, 문화영역의 힘에서 비롯되는 대상과 관련한 내재성의 세계, 객관 정신의 세계 속에 기입된 새로운 대상, 제도 및 힘으로 다뤄버린다. 우리는 대상의 네 번째 영역이 인간의 정신 영역 내에서 일어나게 된다고 말할 수 있다. 그러므로 여기에는 성스러운 **대상들**과 성스러운 기호들이 존재한다. 다시 말해 문화 세계에 더해서 성스러운 대상들이 존재한다.

이러한 악마적 변형은 종교를 신앙의 정화 및 소외로 만들어버린다. 다시 말해 환영의 영역에 들어감으로써 종교는 환원적 해석학의 폭풍에 상처받기 쉬운 것이 되고 만다. 오늘날 이러한 환원적 해석학은 더 이상 사적인 사건으로 존재하지 않는다. 그것은 공적 과정, 문화 현상이 되어버렸다. 이런 사태가 이미 존재하는 종교 내에서 일어날 때는 탈신화화로 불리건, 종교에 선행해서 일어날 경우 탈신비화로 불리건 어느 쪽이든 그 의도만큼은 동일하다. 그 의도는 바로 형이상학과 종교적 대상의 죽음이다. 프로이트주의는 이러한 죽음의 도상 가운데 존재하는 하나의 입장이다.

그런데 나는 이러한 문화적 운동이 지평이라는 파수대의 그 본래적 기능 속에서 전적 타자의 기호의 복원과는 무관한 것으로 남겨질 수 없고 남겨져서도 안 된다고 생각한다. 우리는 더 이상 오늘날 환원적 해석학의 무자비한 실천을 통해서는 전적 타자에게로 접근하게 해주는 기호들을 들을 수도 읽을 수도 없다. 그것은 우리의 무능함이자 행운이며 기쁨이다. 신앙은 지평의 기능이 대상으로서의 기능을 그대로 간직한 채로 퇴락해 버린 상징의 영역에 존재하고 있다. 그렇게 해서 우상이 야기되고, 형이상학에서의 가상의 종교적 형태로 최고 존재자, 제일실체, 절대적 사유라는 개념을 낳게 되는 것이다. 우상은 지평을 사물로 정화시킨 것임과 동시에 기호를 초자연적이고 초문화적인 대상으로 타락시킨 것이다.

이로부터 우리는 종교에 대한 신앙, 근접해 있는 전적 타자에 대한 신앙, 우리 문화의 대상들에게 부과되고 이를 통해서 우리의 소유 영역으로 통합되어 버린 종교적 대상에 대한 믿음을 판별하는 일은 결코 끝나지 않는 과업이다. 분리를 의미하는 것으로서의 성스러운 것은 제외되어 버린 격전의 장소다. 성스러운 것은 우리에게 속해 있지 않은 전적 타자의 기호일 것이다. 이 기호는 우리 인간의 문화세계 내에 있는 분리된 대상의 영역일 수도 있고, 불경한 영역을 따라서 존재하는 것일 수도 있다. 성스러운 것은 우리가 기술한 바, 가까이서 나타나는 전적 타자 내지는 우리 문화와 분리된 위치를 설정하기 위해 결국에는 종교적 소외를 초래하는 우상숭배의 실재성이라는 특이한 지평의 구조를 운반하는 유의미한 운반자일지도 모른다. 애매성은 피할 수 없다. 왜냐하면 전적 타자가 가까이서 나타난다면 그것은 성스러운 것의 기호로 나타나기 때문이다. 하지만 상징은 곧장 우상으로 탈바꿈된다. 우리 인간의 영역에 속해 있는 문화적 대상은 두 가지로, 즉 절반은 불경한 것으로, 다른 절반은 성스러운 것으로 분열된다. 이사야 선지자는 나무꾼에게 삼목이나 노송나무, 떡갈나무를 잘라버리라고 말한다.

> 우상을 만드는 것과 꼭 같은 나무 반 토막으로는 불을 피우고, 그 불덩이 위에 고기를 구워 먹고, 그것으로 배를 불리며, 또 몸을 따스하게 하며 '아, 불을 보니 따뜻하다'고 말한다. 불을 때고 남은 토막으로는 신상, 곧 우상을 만들고, 그 앞에 엎드려 숭배하고, 그것에게 기도하며 '나의 신이시여, 나를 구원하여 주십시오' 하고 빈다. 백성이 알지도 못하고 깨닫지도 못하는 것은 그들의 눈이 가려져서 볼 수 없기 때문이며, 마음이 어두워져서 깨달을 수 없기 때문이다(이사야 44 : 16-18).

그러므로 우상은 죽어야만 한다. 그렇게 해야만 상징이 살 수 있으니까 말이다.

## 5. 종교 정신분석학의 가치와 한계

신앙의 요구 자체에서 비롯되는 파괴적 해석학의 원리의 정당성 부여가 그 노선이 정한 범위 내에서의 종교 정신분석학에 대한 일괄적 도입을 함축하지는 않는다. 반대로 우리는 프로이트와 함께 다시금 이 문제를 파악해야만 하며, 우리가 종교 정신분석학을 나타내는 일을 예 또는 아니오로 냉철하게 구축해내기 위해서 그의 해석학을 엘리아데, 반 데르 리우, 바르트, 불트만의 해석학과 대치시켜야 한다.

### a) 종교와 충동

나는 이 논의를 세 가지 연속적 초점으로 선별하고자 한다. 첫 번째 초점은 종교의 충동의 토대와 관계한다. 우리는 이렇게 말한다. "신들이 맨 처음 만들어낸 것은 두려움이다." 프로이트는 이를 분석과 첨가물의 새로운 원천으로 두려움과 욕망을 언급한다. 그가 종교와 신경증의 유비에 관하여 이야기한 모든 것은 이 논의의 첫 번째 차원으로 설정된다.[46] 실제로 신경증의 영역 속에 종교를 위치시키는 모든 것은 동시에 징후에 이르는 충족의 대체라는 가치의 미덕으로 욕망 안에 자리한다.

우리는 프로이트가 종교적 계율에 관한 현상과 강박적 신경증의 제의 간의 평행론의 진영에 속해 있다는 사실을 상기하도록 하자. 단순한 기술적 임상적인 차원에서의 이 평행론은 종교를 '인류의 보편적인

46_ Ch. 분석론 2부 3장. Cf. R. Held, "Contribution à l'étude psychanalytique du phénomène religieux," *Rev. fr. de psychan.*, 27 (1962), pp. 211–66.

강박적 신경증'이라고 부르게 해주었다. 1908년에 발표한 논고에서부터 1939년 「인간 모세와 유일신교」에 이르기까지 이 유비는 시종일관 확장되고 강화되었다. 그리하여 이 유비는 「토템과 터부」에서, 곧 신적 표징 속으로의, 욕망의, 전능의, 리비도의 나르시시즘적 시기에의 투사로 파악해 버리는 편집증의 모형으로 나타난다. 종교는 개인 속에 억압된 욕망—증오, 질투, 박해와 파괴의의 욕구—의 도피처로 간주된다. 종교 공동체 기관은 이 억압된 욕망을 종교 집단의 적으로 보고한다. 그런데 프로이트는 종교를 위로의 기능에도 못 미치는 터부 유지의 기능에 처한 것으로 취급할 때 더 많은 교훈을 얻을 수 있다고 본다. 여기서는 종교와 욕망의 관계가 가장 자명한 것으로 남게 된다. 모든 사태는 아버지, 이 아버지에 대한 갈망을 중심에 놓고 벌어진다. 종교는 생물학적으로 의존성의 조건이며, 인간의 유년기에 아무런 도움도 주지 못하는 특이한 어떤 것으로 정초된다. 이제 여기서 지시항목으로 제기되는 신경증은 유년기를 거치고 잠복기 이후 성인기에 다시 되살아나는 것으로 존재한다. 그리하여 종교는 비탄한 기억의 재생으로 간주된다. 여기서 민족학적 설명은 개인의 유년기에 존재했던 오이디푸스 콤플렉스를 태곳적 인류의 원초 살해로 연결시키는 데까지 이르게 된다.

우리가 기술적 유비에서 구조적 동일성으로 이행하는 프로이트의 민족학적 설명을 제쳐두면 여기에는 바로 유년기 상황의 세 가지 기초 단계와의 유비만이 남게 된다. 그것은 다름 아닌 신경증의 단계, 잠복단계, 억압된 것의 귀환 단계이다.

이 논의의 첫 번째 차원에서 비판의 과제는 동일성으로의, 이러한 유비의 조건에 대한 반성으로의 독단적 환원에 반하여 종교적 현상과 병리적 현상 간의 관계가 담고 있는 유비적 성격이 유지되고 있다는 점과 관련한다. 이러한 과정은 프로이트의 비판에서 벗어나는 것이 아니라, 이 비판의 가장 강력한 논점에 우리를 노출시키게끔 한다. 유비적 고찰에 기초를 두기 위해서 임상 진단이나 동일성의 근거를 제시할 것을 요구하는 사회학적 논증을 선불리 끌어들일 경우 우리는 프로이트의 논지를 약화시킬 수 있고, 마찬가지로 「토템과 터부」의 민족학과 「인간 모세와 유일신교」의 성서학을 깨지기 쉬운 논의로 만드는 데 일조한다. 이 이상의 논의를 하기 위해서라면 원초 범죄의 환상에 관한 물음을 일단 나중의 것으로 제쳐두는 무리수를 두고서라도, 원초 범죄에 관한 '역사적' 뒷받침을 단념하고 종교적 현상의 경제학과 신경증의 경제학 간의 유비의 차원에 머무르는 편이 더 나을 것이다.

내가 보기에 이러한 유비의 의미는 규정되지 않는 것으로 남겨져야 하고, 또한 그렇게 남겨지게 된다. 인간이 종교와 종교 이외의 것들을 활용할 수 있는 것처럼 신경증도 그렇게 활용할 수 있다고 말하는 것이 가능하다. 같은 근거로—인간의 고난, 삼중의 고통은 본성상 개인, 개인의 신체, 그리고 타인에게 적용된다—신경증적 의례와 종교적 제의, 위로에 대한 요구와 섭리에 대한 요청에도 비슷한 답변이 제기되고, 타협의 형성, 이차적 질병과 죄의 부여, 욕구 충족의 대체물에도 이와 유사한 효과가 일어난다.

그렇다면 이러한 유비가 의미하는 것은 무엇인가? 정신분석은 그 자체로는 말해질 수 없는 것이다. 실제로 분석은 우리가 우상의 탄생으로 일컬은 바를 드러내 준다. 제의가 원초적 기능으로, 태생적으로 강박관념에 사로잡힌 제의로 존재하는 것이건 아니건 간에 신앙은 유년기 형성에 관한 위로가 되기도 하고 그렇게 되지 않기도 한다. 분석은 종교적 인간에 대한 풍자를 드러낼 수 있다. 하지만 분석은 인간이 그런 일그러진 이중성을 닮아가지 않을 가능성에 대한 성찰이라는 과업을 남겨주었다. 왜냐하면 분석은 진정한 일그러짐, 일그러짐을 통한 자기 이해를 문제로 삼기 때문이다. 어린 시절의 일그러짐, 신경증이라는 일그러짐, 원초적인 일그러짐(혹은 신경증과 아이에 대한 유비와 같은 것으로 자기 자신을 해석했던 원시인의 일그러짐) 같은 것들 말이다.

유비의 가치, 그리고 유비의 한계는 나에게 다음과 같은 비판적 논점을 규정하게 만든다. 종교적 믿음의 정동적 역동설은 그 자신의 시원성을 극복하기 위한 수단을 갖는가? 이 물음은 종교의 충동적 토대에 대한 탐구라는 맥락에서 부분적인 답변만을 얻을 수 있다. 이는 필연적으로 원초 살해의 환상의 문제, 그리고 더 일반적으로는 아버지 콤플렉스의 의미 문제와 연관된다. 하지만 우리의 현재의 제한된 논의 구도에서도, 우리는 분석론에서 종교의 역사의 부재라고 일컬었던 것을 비판적으로 재검토함으로써 논의를 한층 더 멀리 진전시킬 수 있다.

프로이트에게 종교는 종교의 기원에 대한 단조로운 반복이다. 종교는 그 고유한 시원성의 근거를 영원히 밟아나간다. '억압된 것의 귀환'이라는 주제는 다음과 같은 것을 의미한다. 기독교의 성만찬은 그리스도의 죽음이라는 아버지에 대한 원초 살해를 반복하는 것으로, 선지자 모세의 죽음과 동일선상에서 토템적인 만찬을 반복하는 것이다. 프로이트의 반복에 대한 배타적 투여는 종교적 감정의 가능한 후성설, 다시 말해 욕망과 두려움의 변형이나 전환을 고려하지 않는다.* 이러한 태도는 내가 보기에는 분석에 토대를 둔 것이 아니라, 단순히 프로

* 후성설이란 생물 형태가 발생과정을 통하여 점차적으로 결정된다는 학설이다. 리쾨르는 문화나 사건의 발생과정 중에 일어나는 부정적 기관들의 변형에 무게중심을 두기 위해 이 용어를 계속 사용하고 있다.

이트의 개인적 불신앙의 표현인 것 같다.

프로이트의 작품 자체에서 우리는 그러한 감정이 어느 경우든 제한된 경계를 넘어가는 경우에 종교적 감정의 짝을 만들어내는 것을 관찰할 수 있다.

예를 들어 그의 저작에는 일견 전-오이디푸스적 지층이 존재하는데, 어느 때인가 이 지층을 흔적도 없이 지워버린다. 프로이트가 팔루스와 관련지어 독수리 머리를 가진 여신으로 묘사되는 이집트의 여신 뮤트를 독수리 환상과 비교할 때, 결국에 가서 그는 이를 '레오나르도'에 비견한다. 이때 프로이트는 이 표상이 지닌 풍요로운 의미를 엿보면서도 레오나르도의 어린 시절 환상과 자웅동체의 신성에 대한 표상을 유아기의 어머니 성기에 대한 성 이론을 통해 설명함으로써 그 [의미] 영역을 직접적으로 축소시켜 버린다. 차후에 우리는 동일한 표상이 퇴행적 환상과 성스러운 것의 표징이라는 양 영역의 공통된 가치로 간주될 수 있는가 하는 점을 논의해야 한다. 지금은 아버지 콤플렉스와 나란히 서 있는 정동적 뿌리가 존재함을 확인하는 데 집중하자. 성욕을 평가절하하려는 문명의 태도와 '인류의 원시적 시점'을 대조하면서 프로이트는 원시인이 성욕을 숭배했으며, 여타의 모든 인간의 활동이 성적이지 않은 것에서 성적인 것으로의 이행을 통해 그 신적 본성을 공유하게 된다는 주장을 한다. 차후 프로이트는 종교적 환상의 발생에 있어서 여성의 신성(divinités féminines)에 할당하기 위한 장소가 어떤 것인지 모른다는 점을 인정하게 될 것이다.

삶의 종교에 대한 가능한 표지, 사랑의 종교에 대한 표지는 존재하지 않는가? 적어도 두 경우에 있어서 프로이트는 이를 직접적으로 제쳐두고 작업가설에 접근하게 된다. 원초 살해라는 유명한 신화에서 프로이트는 비록 궁극적으로는 드라마의 전환이기는 하지만 설명되지 않은 채로 남겨진 하나의 에피소드에 직면한다. 이 에피소드는 형제들이 자신들끼리는 아버지 살해를 반복하지 않는다는 약정의 형성이다. 이러한 약정은 매우 중요하다. 왜냐하면 이 약정은 존속 살해 행위의 반복을 중단시키기 때문이다. 형제 살해를 금지함으로써 그 약정은 하나의 역사를 일으킨다. 그런데 프로이트는 인간의 마음에 아로새겨진 아버지 형상과의 화해를 가능하게 만드는 형제들 사이의 화해와는 상이한 토템의 만찬에서 벌어지는 살해의 상징적 반복에 매우 많은 의미를 부여한다. 이러한 형제 화해를 신앙의 운명과 연결시키는 것이 존속 살해의 영속적인 반복과 신앙을 연결시키는 것보다 뭔가 부족한 어떤 것이 되는 이유는 무엇인가? 프로이트는 아들의 종교가 아버지 콤플렉스를 넘어서는 진정한 진보가 아니라고 결론내려 버린다. 아버지는 전복, 살인자의 우두머리이며, 직접적으로는 절반 정도 열려 있는 문을 닫아버리는 허구라는 것이다.

유사한 어려움이 「인간 모세와 유일신교」에서도 제기된다. '만일 모세가 이집트인이었다면' 그는 이미 정립되어 있는 종교로부터 자신의 윤리적 신을 받아들여야만 한다. 그런데 우리가 말한 아덴의 미신은 자애로운 아크헤나텐 왕자를 모형으로 해서 만들어진 것이다. 이 왕자가 위대한 '정치적' 신의 수수께끼를 정립한다. 이것은 사회적 언약을 정초하면서 결과적으로는 욕망과 두려움의 토대를 불러오는 신을 의미한다. 이 신은 아버지 살해와는 다른 형제끼리의 화해와 더욱 밀접하게 연결되어 있다.

그런데 이것은 특별히 종교현상에 관한 참신한 연구 사례가 될 수 있는 최후의 충동 이론이다.[47] 하지만 그러한 연구는 일어나지 않았

---

47_ Cf. ci-dessus, 분석론, 3부. 3장. Cf. F. Pasche, "Freud et l'orthodoxie judéo-chrétienne,"

다. 반대로 이것은 프로이트가 종교에 대한 자신의 적개심을 강화시킨 시기, 그리고 「환영의 미래」를 쓰기 위한 준비 단계에 있었을 시기에 실행한 연구이다. 그럼에도 불구하고 죽음과 에로스를 대조시킴으로써 프로이트는 독일 낭만주의 전통을 통해 보존된 일종의 신화적 토대를 다시 포착하게 된다. 이를 통해서 프로이트는 플라톤과 엠페도클레스로 돌아갈 수 있었고 '모든 것을 함께 지탱시키는 힘'으로서의 에로스를 묘사해내기에 이른다. 그러나 그는 이러한 에로스의 신화학이 종교적 감정의 후성설이나 요한의 하나님에 대한, 더 거슬러 올라가면 신명기의 하나님, 선지자가 광야에서 혼인 언약을 노래하며 하나님을 송축한 호세아의 그 하나님에 대한 다른 이름일 수 있다는 생각을 결코 하지 않았다. 이것이 바로—이에 대한 프로이트의 역설적 어조에도 불구하고—삶과 빛의 상징의 심원한 통일성 속에 존재하는 에로스의 또 다른 이름이 '우리의 신이 위로를 약속하지 않는 로고스, 목소리는 부드럽지만 목소리를 듣기 전까지는 안식하지 못하는 그런 신'일 수 없는 이유일까? 프로이트는 이 측면을 근거 없이 배제하는 것처럼 보인다. 나는 정신분석학적 근거를 견지하지 않는다. 나는 신앙이 에로스의 원천 속으로의 참여이며, 그러므로 그것은 우리 안에 있는 어린아이에 대한 위로가 아닌 사랑의 힘과 관계한다고 말하고 싶다. 이러한 신앙은 우리 안의 증오와 우리 바깥의 죽음과 직면하게 해서 이 사랑의 힘을 성인에게 되돌려주기를 추구한다. 프로이트의 비판을 피할 수 있는 유일한 길은 사랑의 케리그마로서의 신앙이다. "하나님이 세상을 이처럼 사랑하사…." 하지만 그의 비판으로 되돌아가면 이

---

*Rev. fr. de. Psa. XXV, 25* (1961), 55-88 ; A. Vergote, "La religion du père face à la raison et à la nécessité," *La Psychanalyse, science de l'homme*, pp. 223-57.

러한 사랑의 케리그마가 배제하는 바(기독론의 하나님과 도덕적 하나님)가 무엇이며 함축하는 바(욥의 비극적 하나님과 요한의 서정의 하나님의 일종의 일치)가 무엇인지를 분별하는 데 도움을 받을 수 있다.

### b) 종교와 환상

종교의 비퇴행적·비시원적 원천에 대한 물음은 프로이트가 임상 진단과 민족학의 수렴점을 통해서 경계를 설정했다고 생각한 표상의 층에 대한 비판적 검토로 우리를 안내한다. 프로이트에게 억압된 것의 귀환은 두려움과 사랑, 불안과 위로, 그리고 신의 형상을 대체하는 환상으로의 회귀라는 정동으로 되돌아가는 것이다. 이러한 대체 형상은 충동의 토대에 부과한 표상들의 원거리적 '파생물'이다. 결과적으로 종교적 감정의 가능한 후성설에 대한 우리의 모든 주장들은 표상 차원에서의 후성설의 매개를 통해서만 유의미한 것이 된다.

하지만 원초 아버지 살인의 환상에 부여된 지위 때문에 이 후성설은 프로이트주의에서는 배제되고 만다. 프로이트적 해석의 본질적인 요소는 이러한 살인이 실제로 한 차례 혹은 수차례나 과거에 일어난 적이 있으며, 그리고 그것이 인류에게 전해져 내려온 유산 속에 기입된 실제적인 기억으로 존재한다는 데 있다. 개인의 오이디푸스 콤플렉스는 신들을 등장하게 만들기에는 너무나도 간략하고 무분별하다. 과거의 계통학(phylgénétique) 속에 기입된 조상의 범죄를 제외하면 아버지에 대한 열망은 억제할 수 없는 것이다. 그 아버지는 나의 아버지가 아니다. 해를 거듭하면서 프로이트는 원초 살해의 기억을 실제 사건에 대한 기록이라는 개념으로 강화시킨다. 이와 관련한 가장 명료한 진술은 우리가 분석론에서 길게 인용했던 「인간 모세와 유일신교」에 나와 있다. 만일 프로이트에게 종교가 시원적이고 반복적인 것이라면 그것은 매우 거대한 범주에 속한다. 왜냐하면 종교가 역사 이전에 속함과 동시에 종교는「인간 모세와 유일신교」에서 '종교에서의 진리'라고 일컬어지는 바를 구축하기 위해 살인에 대한 회상을 불러옴으로써 도출되는 것이기 때문이다. 진리는 기억 속에 거주한다. 상상력에 의해 부가된 것이 무엇이든지 간에 꿈, 왜곡과 같은 것이 존재한다. 이성적 사유를 통해 부가된 것이 무엇이든지 간에 꿈, 이차적 고찰, 합리화와 미신과 같은 것이 존재한다. 그러므로 프로이트는 셸링에서 불트만에 이르는, 반성이나 사변으로 이끌어 줄 수 있는 그 신화적-시적 기능을 회복시키기 위해 민족학적 기능을 담고 있는 신화를 제거해버리는 탈신화화적 해석을 의도적으로 배제하고 있다.

종교를 설명하기 위해서 프로이트가 신경증 이론에서 벌써부터 배제시킨 개념을 붙잡고 있다는 점은 이상한 일이다. 우리는 오이디푸스 콤플렉스에 대한 진정한 해석이 성인이 갖고 있는 아이에 대한 실재적인 유혹이라는 잘못된 이론과 대조해서 성취되었다는 점을 상기하도록 하자. 불행하게도 프로이트가 유혹 장면에 대한 일종의 의미의 역전으로 발전시킨 오이디푸스 에피소드에서 공간의 대체가 일어나게 된다. 오이디푸스 콤플렉스는 실재적인 기억의 흔적이나 자취로 만들어진 것이었다(이 흔적의 기능은『꿈의 해석』7장에서 기억흔적의 유사 환영의 복원과 전형적 퇴행을 동등시될 수 있는 것이라는 점을 상기하다). 개인의 오이디푸스 콤플렉스 이상으로 인류의 집단적 콤플렉스는 흔적으로서의 특징을 가진 정동과 표상의 회귀로 흡수된다.

하지만 프로이트는 그 스스로 또 다른 방식으로 기술한 문제의 의미를 제시한다. 바로 여기에 비흔적의 상상의 이념이 구상되는, '원초적 장면'이라는 개념이 프로이트 안에 존재한다. 프로이트가「레오나르도 다빈치의 유년의 기억」에서 주목한 '독수리 장면'은 "레오나르도의 기억은 단지 환상일 수만은 없는 것으로서, 그것은 훗날에 형성된 것으로 그의 어린 시절을 이항시킨 것이다." 프로이트는 선사 시대 사람들 가운데서 유래한 것이라고 할 수 있는 역사서술의 방식과의 비교를 통해 이를 예증한다. 이는 인간이 "반성의 시대"에 들어가게 되어 다음과 같은 것을 느꼈을 때 일어난다.

> 자신들이 부강하다는 것을 느끼게 되는 시기가 찾아오는 동시에 자신들이 어디서 왔으며 어떻게 변해갈 것인지에 대해 알고 싶은 욕구가 생겨나게 되었을 것이다. 현재 일어나고 있는 그날그날의 삶을 기록하는 것으로 시작되었던 역사는 과거를 향해 시선을 돌리게 되었고 구전되어 오던 전통과 전설들을 모았을 것이며, 관례와 풍습 속에 살아남아 있는 옛것들을 해석했고, 그렇게 하여 흘러간 옛 시대의 역사를 창조해냈을 것이다.[48]

"의도적으로 사후에 조작된 이야기에 상응하는 한 민족의 태동기에 대한 역사",[49] 이것은 우리가 표지를 세우는 데 용이한, 종교적 감정의 후

---

48_ 「레오나르도 다 빈치와 유년의 기억」(*Un souvenir d'enfance de Léonard de Vinci*), *GW*, *8*, p. 151 ; *SE*, *11*, p. 81 ; tr. fr., p. 86 ; 전집, 14권, p. 190. 1919년 추가된 각주(*ibid.*, n. 2)에서 프로이트는 본서에 대한 호의적인 리뷰(1910)를 작성한 헤이브룩 엘리스에게 레오나르도의 기억이 현실의 토대를 가질 수 있다는 것에 대해 반대했다. 프로이트는 독수리의 환상적 성격을 강조하는 것을 지속한다. 비록 독수리 장면이 실질적인 사건에 대한 기억에서 일어난 것이라 해도, 환상은 '중요하지 않은 실재 사건'(die reale Nichtigkeit)을 미화하게 된다.

49_ *GW*, *8*, p. 152 ; *SE*, *11*, p. 84 ; tr. fr., p. 67 ; 전집 14권, pp. 190-1.

성설이라고 일컬어지는 것을 운반하는 데 용이한 의미의 창조를 에우르고 있지는 않은가? 그러한 '원초 장면'의 환상이 유년기와 유사 신경증적 반복의 기능, 그리고 인간 운명의 근본적 의미에 대한 탐구를 끊임없이 도와주는 기능과 지속적으로 분리되는 기원들에 대한 상상력에게 일차적인 의미의 층을 제공할 수는 없을까?

프로이트는 그가 종교에 대해 이야기했을 때가 아니라 예술에 대해 이야기했을 때 나오게 되는 이 새로운 의미의 전달자, 흔적 없는 상상력의 산출과 마주하게 된다. 조콘다의 웃음에 대한 주해를 상기해보자. 잃어버린 어머니에 대한 기억은 예술작품으로 재창조된다고 우리는 말했다. 이는 감추어진 심연에 놓인, 단순하게 은폐된 실질적 지층과 같은 어떤 것이 아니다. 엄밀히 말해서 그것은 창조임과 동시에 그림으로 표현되는 경우에만 존재한다.[50]

그러므로 환상은 두 대립된 매개체를 실어나를 수 있다. 과거에 종속되는 퇴행적 매개체, 그리고 의미의 표지가 만들어내는 진보적 매개체가 바로 그것이다. 동일한 환상 속에 축적될 수 있는 퇴행적 기능과 진보적 기능은 프로이트적 용어로 이해 가능한 것이다. 레오나르도의 독수리 환상은 우선 과거의 흔적에 대한 변형이다. 더군다나 참된 예술작품은 조콘다처럼 프로이트 특유의 용어로는 과거가 "부정되면서 극복되는" 그런 창조이다.[51]

하지만 프로이트는 이러한 창조적 기능을 이해하지 못했다고 인정한다. "예술적 재능과 구체적인 제작 능력이 승화와 긴밀한 관련을 맺고 있기는 하지만 예술창작의 본질 또한 정신분석적으로는 접근 불

50_ 분석론 2부 1장과 비교해볼 것.

51_ Cf. ci-dessus, p.

가능하다는 점을 인정하지 않을 수가 없다."[52]

이러한 주장을 원초적 범죄의 환상에 적용시켜 보자. 프로이트는 「레오나르도 다빈치의 유년의 기억」에서 이렇게 적고 있다.

> 정신분석학은 우리에게 아버지 콤플렉스와 하나님 아버지에 대한 신앙 사이에 내밀한 관계가 있음을 일러주고 있다. 우리는 또한 정신분석학을 통해서 개인의 신은 심리적으로 볼 때 경배의 대상이 된 신 이외에는 아무것도 아니라는 사실을 보여주었고 … 정의롭고 전능하신 하나님과 선한 자연은 아버지와 어머니가 위대하게 승화된 결과 내지는 어린 시절에 우리가 아버지와 어머니에 대해 품고 있었던 상(像)들의 복원과 재생으로 보인다.[53]

이러한 '변용'이 애매성 자체, 즉 꿈의 재생과 문화 창조라는 이중적 가치와 연결되는 이유는 무엇인가? 만일 종교가 보편적이지만 개별적이지 않은 기능을 완수하는 것이라면, 종교가 문화적 중요성과 보호, 위로, 화해의 기능을 성취하는 것이라면 그것은 프로이트의 해석의 구조 내에서조차도 특정한 의미에서 그렇게 연결되어야 한다. 그런데 이 경우 종교와 신앙을 통해 나타나게 되는 것으로서의 아버지의 표징이, 처녀의 드레스의 주름에 있는 레오나르도의 독수리처럼 신앙인의 탄원 속에 숨겨진 그림 퍼즐에 불과하다는 것이 가능하기나 한 일인가? 내 생각에 우리는 아버지 표징을 특수한 주해와 관련시켜 고립된 형상으로 다룰 수는 없을 것 같다. 아버지 표징은 우선 전체로 고려되어야

---

52_ *GW*, *8*, 209 ; *SE*, *11*, 136 ; tr. fr., 212 ; 전집 14권, 260.

53_ *GW*, *8*, 195 ; *SE*, *11*, 123 ; tr. fr., 177–8 ; 전집 14권, 244.

하는 신화—시적 배열 속에 있는 하나의 구성요소다—이것은 나중에 더 말해야겠지만 아주 핵심적인 구성요소다.

나는 이제 다음 논의를 탐구하자고 말하고 싶다. 종교적 상징의 힘은 그 상징이 환상의 원초 장면 및 발견의 도구로, 기원에 대한 천착으로 상징을 변형시킨다는 사실에 있다. 이러한 '탐지하는 것'에 관한 표상을 통해서 인간은 자신의 기원에 대해 말한다. 그러므로 헤시오도스와 바빌론 문학에서 나타나는 투쟁에 대한 설명, 오르페우스교의 문헌에서 나타나는 타락에 대한 설명, 히브리 문학[54]에서의 원죄와 추방에 대한 설명은 실제로 오토 랑크(Otto Rank)의 일종의 집단적 몽유병이라는 설명방식으로도 다루어질 수 있다. 단, 이 몽유병은 역사 이전에 대한 기록이 아니다. 오히려 그 흔적의 기능을 통해서 그러한 상징은 의미로서의 **역사적인**(*geschichtlich*) 것이 된다고 말해질 수 있는 기원에 대한 상상력의 작동을 보여준다. 왜냐하면 상징은 역사, 연대기적인 **역사적**(*historisch*) 의미는 물론이거니와 존재의 도래, 탄생을 말하기 때문이다. 후설의 술어를 사용하자면 나는 프로이트가 탐구한 환상이 신화-시적 상상력의 **질료**를 구성한다고 말할 것이다. 그것은 인간이 또 다른 질서의 의미를 '형성하고', '해석하고', '지향하는' 일종의 원초 장면의 환상 속에서, 그리고 그 환상을 통해서 존재한다. 여기서 의미는 반성철학이 인식할 수 있고 고고학과 목적론의 지평에서 경의를 표할 수 있는 성스러운 것의 기호 생성에 이바지할 수 있다. 환상이 상징적으로 해석되는 과업을 거치는 이 새로운 지향성은 잃어버린 기원, 잃어

---

54_ 『악의 상징』, 2부. 종교와 환상에 관해서는, cf. J. Laplanche et J. B. Pontalis, "Fantasme originaire, fantasme des origines, origine du fantasme," *Les Temps modernes, 19* (1964), pp. 1833–68.

버린 시원적 대상 욕망에서 비롯되는 결여에 대해 이야기하는 한, 환상의 성격 그 자체로부터 야기되는 것이다. 해석의 끝없는 운동이 야기하는 바는 기억의 충만이 아니라 기억의 비어있음과 열림이다. 민족학, 비교신화학, 성서 주해는 모든 신화가 초창기의 이해방식에 대한 재해석임을 확증해 준다. 해석들에 대한 이러한 해석들은 따라서 다양한 세대 및 리비도 단계에 속해 있는 환상을 움직이는 데 용이하다. 그런데 중요한 점은 그 지향적 혁신을 구성하는 것으로서의, 의미의 진보에 포함되는 해석의 운동으로서의 '인상적인 소재'가 그다지 많지 않다는 것이다. 이것이 바로 **해석학적 기예**가 신화에 적용될 수 있는 이유이다. 하나의 신화는 이미 그 자체로 **해석**이며, 동시에 그 고유한 뿌리에 대한 해석이자 재해석이다.[55] 그리고 만일 신화가 우리가 창조 기원에 대한 이야기에서 보는 것처럼 신학적 의미를 가정한다면, 신화들은 협력적이고 체계적인 노력이 되는 끝없는 교정의 과정을 거쳐서 신화가 된다.

그러므로 아버지 표징은 이것이 삽입된 신화-시적 기능과 분리시켜 고려될 수 없다. 이 표징은 참으로 특수하게도 지배적인 것이 된다. 왜냐하면 아버지 표징은 신성의 원형을 제공하고, 그렇게 해서 다신론과 유일신론을 통해 이 유일무이한 표징을 지시하기 때문이다. 이러한 '투사적'(projectif) 성격은 아버지 표징 안에서만 발견된다. 이것은 진정으로 참이다. 하지만 프로이트는 그가 '투입' 및 '동일화'와 관련하

55_ 나는 여기서 해석학의 두 가지 역사적 원천을 언급한다. 하나는 기호, 꿈, 그리고 소통할 수 없는 말에 대한 해석자가 가지는 "해석학적 기술"이고, 다른 하나는 아리스토텔레스가 말하는 "해석" 내지는 헤르메네이아, 즉 유의미한 담론 일반에 대한 작업이다. Cf. 문제제기, 2장.

여 그랬던 것처럼 그렇게 '투사'의 어려움과 씨름하지는 않는다. 토템 동물 및 토템 신과 아버지의 '치환'은 그를 당혹스럽게 만들기에는 충분치 못한 것이었다. 동물 공포증과 편집증에 관한 유비는 프로이트를 그 이상의 것에 대한 탐구로부터 분리시킨다. 이는 우리가 레오나르도의 모나리자를 일깨우는 어머니 표징에 대해 물었던 물음과 같은 식의 물음이 아닌가? '부정과 극복'이 반복되는 한, 아버지 표징은 존재하지 않는가? 내가 아버지 표징을 신성의 표상 속에서 발견하거나 구분했을 때 나는 무엇을 이해했던 것인가? 나는 이 양자를 더 잘 이해하고 있는가? 그런데 나는 아버지가 의미하는 바를 모르고 있다. 원초 장면의 환상은 실재하지 않는 아버지, 우리 개인과 집단의 역사 속에서 잃어버린 아버지를 다시 지시한다. 이것은 내가 하나님을 아버지로 상상하는 환상이다. 너무나도 놀라운 것은 문화적 주제로서의 아버지가 꿈의 환상을 토대로 하는 신화학을 통해 창조된다고 말할 수 있다고 주장하는 아버지에 대한 무지이다. 나는 아버지의 표징이 아버지에 대한 일련의 파생물을 발생할 때까지는 그 아버지가 무엇인지를 알지 못했다. 하나의 원초 신화로서의 아버지가 구성하는 바는 원초 장면의 환상이 새로운 지향을 받아들임으로써 나오는 해석이다. 이 지점에 이르러 나는 다음과 같이 기원할 수 있다. "하늘에 계신 우리 아버지여…" 전철학적(préphilosophique) 언어 속에 있는 하늘이라는 상징과 아버지라는 상징은 시원적 환상이 결여, 상실, 그리고 공백 및 고유한 '대상'의 부재를 이유로 잠재적으로 담고 있는 원초 상징임에 분명하다.

아버지 표징은 왜 어머니 표징이 지니지 못한 특권을 지니고 있는가? 아버지 표징의 특권적 지위가 특별히 '초월'의 잠재력이라는 엄청나게 부요한 상징의 힘에 기인한다는 것은 의심의 여지가 없는 사실이다. 상징에 있어서 아버지 표징은 어머니 이상의 이름 수여자요 법칙

수여자로 인식된다. 리비도적 동일화와 구분되는 것으로서 하나의 모형과의 동일화라는 주제에 대한 프로이트의 주장은 바로 이 지점에서 적용 가능한 것이 된다. 우리는 아버지가 잃어버린 시원적 대상이기 때문만이 아니라, 모든 시원적 대상에서 구별된다는 이유에서 아버지와 동일시한 것을 소유하지 못한다. 이와 같이 아버지는 문화적 주제를 제외시키고서는 '되돌리거나' '재생시킬' 수가 없는 존재이다. 애초부터 아버지는 욕망의 대상이 아니라 제도의 근원이기 때문에 아버지의 동일화는 표상을 위한 과제가 된다. 아버지는 처음부터 현실과 분리된 하나의 언어의 존재다. 왜냐하면 아버지는 히브리인들이 맨 처음 아버지를 인식했을 때와 같이 이름 수여자, 이름의 문제이기 때문이다. 그러므로 아버지 형상은 어머니 형상보다 더 풍요롭고도 상세한 운명에 결속되어 있다. 승화와 동일화를 거친 아버지 상징은 질서 잡힌 상징, 현명함의 상징, 그리고 초월의 상징을 형성하는 주인과 하늘의 상징과 결합할 수 있다. 이는 미르치아 엘리아데의 『비교종교사』(*Histoire comparée des religions*) 1장에서 개괄된 것이다.

하지만 이때 아버지 표징이 단순히 억압된 것의 귀환은 아니다. 그것은 오히려 참된 창조 과정의 결과이다. 이러한 의미의 창조는 진정한 상징의 과잉결정을 구축하고, 이러한 과잉결정은 차례대로 두 가지 해석학의 가능성을 정초한다. 그 가운데 하나가 환상 내용의 시원성을 폭로하는 것이고, 다른 하나는 물질적 내용을 활성화시키는 새로운 지향을 발견하는 것이다. 상징이라는 것 자체에 두 가지 해석학의 화해가 놓여 있다. 그러므로 우리는 고고학과 무관하지 않은 의식의 예언을 위해 '도덕과 종교의 두 원천' 사이를 구별할 수 있는 반정립을 멈출 수 없다.

우리는 상징의 과잉결정된 구조 덕분에 상징이 기원적 환상의 시간적 기호를 뒤집어 버리는 성과를 올린다고 말할 수 있다. 원초 아버지는 종말의, '오시는 신'을 의미한다. 발생은 부활을 의미한다. 탄생은 재탄생을 유비적으로 뒷받침한다. 유년기—나의 배후에 있는 어린 시절—는 다른 유년기, '이차적 소박성'을 의미한다. 의식-되기의 과정은 궁극적으로는 자기 자신 앞에 있는 자기의 유년기와 자기 자신 배후에 있는 죽음을 보는 과정이다. "그 전에 너는 죽게 된다…" ; "네가 어린 소년이 되지 않는다면 말이다…" 탄생과 죽음의 주고받음 속에서 오시는 하나님의 상징이 원초적 아버지의 형상을 계승하고 정당화시킨다.

그런데 만일 상징이 부정되고 극복되는데서 비롯된 환상이라면 그 상징들은 결코 폐기되어버린 환상일 수 없다. 이것이 바로 성스러운 것으로 주어진 상징이 일종의 '억압된 것의 회귀'일 수가 없는 이유이기도 하다. 오히려 성스러운 것의 상징은 또한 유년기의 복원이요 시원의 상징이다. 상징의 두 가지 기능은 분리시킬 수 없는 것으로 남게 된다. 신학적이고 철학적인 사변에 가장 근접해 있는 상징의 의미는 언제나 시원적 신화의 흔적과 연루된다. 시원성과 예언의 이 밀접한 관계는 종교적 상징의 풍요로움을 이룬다. 또한 그것은 종교적 상징의 애매성을 구성한다. '상징은 사유를 불러일으킨다.' 하지만 상징은 우상의 탄생이다. 이는 곧 우상에 대한 비판이 상징의 정복의 조건으로 남게 되는 이유가 된다.

### c) 신앙과 말

앞의 두 논의가 세 번째 문제의 영역으로 이끌어 주는 것 같다. 충동과 환상에서 의미의 진보에 대해 투사된 그림자나 자극을 보기 전에 우리는 말이나 발화(la parole)를 고려해야만 한다. 왜냐하면 이것이 의미를 발생시키는 진보의 요소이기 때문이다. 만일 충동과 환상의 후성설적 작용이 가능하다면, 이는 심지어 상징이 주해를 통해 그 자체로 해석되기 이전에 환상과 관련하여 실행되는 해석, 즉 **헤르메네이아**(*herméneïa*)의 도구이기 때문에 가능하다.

정동과 환상의 상승의 변증법은 그러므로 상징 언어의 상승의 변증법을 통해 수행된다. 그런데 이러한 의미의 창조는 신화-시적 기능의 상상작용이 지각에 대한 단순한 재생의 의미에서의 이미지보다는 미숙한 상태에 있는 말의 유사성에 더 밀접하게 연관되어 있다. 불행하게도 프로이트의 언어 개념은 매우 부적절하다. 단어들의 의미는 청각 이미지의 복원에 불과하다. 그러므로 언어 자체는 지각의 '흔적'이다. 이 흔적이라는 언어의 개념은 의미의 후성설을 지지할 수 없다. 만일 환상의 다양한 수준이 언어의 요소 안에서만 전개된다는 점이 참이라고 한다면 '들려지는 것'과 '보이는 것' 간의 구별은 필연적이다. 그런데 들려진 것은 무엇보다 말해진 것이다. 또한 기원과 종말의 신화 속에서 말해진 것은 흔적이나 자취에 대해 정확히 반대되는 것이다. 말해진 것은 성스러운 것 속에 있는 인간의 상황을 **말하기** 위해 일종의 원초적 장면의 환상을 해석한다.

프로이트의 언어철학의 부적절함은 내가 보기에 프로이트의 종교 이론 속에서 그 가장 큰 결점을 내재하고 있다. 다시 말해 프로이트는 초자아에 대한 직접적인 심리학을 만들어낼 수 있다고 생각했으며, 이러한 토대 위에서 신앙과 신앙인에 대한 직접적인 심리학도 구축할 수 있다고 생각했다. 따라서 종교인의 믿음은 앞서 언급된 **형성**(*Bildung*)의 의미에서 **텍스트들**에 대한 주해를 통해 '형성되고' 그 믿음으로 '교육을 받게' 된다는 그런 식의 속임수에 빠져 있다. 하지만 믿음의 대상을 자기 스스로 고백한다는 점에서 문화적 산물에 관한 해석 및 이해로부터 동떨어진 믿음의 정신분석학을 구축하는 것은 불가능한 일이다.

우리가 인간의 '의식–되기'의 과정에 대해 일반적으로 이야기한 것이 '종교 – 되기'에 대해서는 더욱 특수하게 이야기되어야 한다. 의식–되기란 인간에게 있어서 인간을 인간으로 구성하고 정립하는 일련의 표징에서 말미암는 인간의 시원성을 벗어나 제시된 것이다. 그러므로 여기에는 인간의 신앙에 대한 기록이 존재하는 텍스트의 의미와는 별개로 신앙인의 의미를 파악하는 문제란 존재할 수조차 없다. 딜타이는 1900년에 나온 유명한 논고 『해석학 입문』(*Die Entstehung der Hermeneutik*)에서 이 점을 확실하게 정립했다. 그는 '삶의 표현'이 기예의 기술적 규칙에 종속된 대상성으로 고정될 경우에는 진정으로 참된 이해나 해석의 시작이 이루어지지 않는다고 말한다. "우리는 지속적으로 고정된 삶의 표현에 대한 기술적 이해인 주해나 해석을 요청한다."[56] 만일 문학이 이러한 해석 과정의 특권화된 영역이라면—비록 우리가 조각 및 그림의 해석학에 대해 정당하게 말할 수 있다고 해도—이는 언어가 완전하고, 배타적이며, 또한 인간의 내재성에 대한 객관적인 지성적 표현이기 때문에 그런 것이다. 딜타이는 "그 이유"에 대해서 이렇게 말한다. "이해의 기술은 기록 속에 담겨진 인간 실존의 잔여들에 대한 주해나 해석에 중심을 맞춘다."[57]

「인간 모세와 유일신교」는 구약성서에 대한 주해의 차원에서 이

56_ Wilhelm Dilthey, "Die Entstehung der Hermeneutik," in *Gesammelte Schriften*, 5, 319 ; tr. fr., in *Le Monde de l'esprit*, Aubier, t. I, p. 321.

57_ *Ibid.*

루어지는 작업이 아니며, 또한 텍스트에 도입된 해석학의 가장 기초적인 요구를 만족시키지도 못한다고 진술하는 것은 무의미하다. 결과적으로 우리는 프로이트가 '종교적 표상에 대한 분석'을 진정으로 만들어냈다거나 만들려고 시도했다고도 말할 수 없다. 반면에 미학적 차원에서 「미켈란젤로의 모세 상」은 예술가와 예술가의 창조적 활동에 대한 직접적 심리학을 산출하지 않으면서도 세부적으로 분석하고 수용하는 작업을 활용했다. 종교와 관련하는 작품, 신앙의 유적 등은 동정심이나 엄밀성으로 다루어지지 않는다. 그 대신 우리는 종교적 주제와 아버지 원형 사이에서 모호한 관계를 맺으며 나타나게 된다. 프로이트는 참된 종교적 이념이 이러한 아버지의 원형에서 유래한 것이라고 단호하게 주장했다. 이 원형은 하나의 제국과 같은 본질을 통치하는 강력한 존재요, 죽음을 무화시키고 삶의 고통을 제거하는 존재이다. 만일 신이 정녕 신이 된다면 그것은 곧 신이 할 수 있는 전부가 된다. 즉 소박한 종교가 고유한 종교인 것이다. 철학적 종교 및 광의(廣義)의 종교는[58] 신의 인격성이 완화되고, 이항되거나 포기되어버린 것으로서 아버지의 원형으로 되돌아가는 파생적이거나 이차적인 합리화에서 비롯된 것이다.

나는 프로이트의 문제제기의 핵심에 자리한 두 가지 특수한 주제, 곧 죄와 위로라는 주제를 사례로 해서 프로이트가 봉쇄해 버린 경로가 어떻게 다시 열리게 되는지를 보여주고 싶다. 첫 번째 주제는 세계에 대한 윤리적 관점의 최고봉을 점하고 있는 것으로서의 종교와 관계한다. 두 번째 것은 윤리적인 것으로 진전해나가는 것으로서의 종교와 관계한다. 이러한 주제들은 프로이트가 종교를 금지의 형식 및 위로

---

**58**_ 『문명 속의 불만』, 1장.

의 형식으로 바라봄으로써 스스로 인정해 버린 종교적 의식(la conscience de religieuse)의 두 가지 초점이다.

이제 프로이트는 더더욱 정제된 상징의 지도를 받는, '죄의식의 감성'을 담고 있는 후성설로 불릴 수 있는 것에 대해 어떤 관심도 가지지 않는다. 죄의식의 의미는 오이디푸스 콤플렉스와 오이디푸스 콤플렉스의 해소를 넘어서 역사가 담지 못한 어떤 것으로 여겨진다. 죄의식은 예상되는 처벌에 관한 예방의 절차에 지나지 않는다. 프로이트의 작품에서 죄의식의 의미는 언제나 이러한 시원적 의미로 이해된다. 하지만 죄의식의 후성설은 초자아의 심리학을 통해서는 직접적으로 정립될 수 없다. 죄의식의 후성설은 속죄 문학이라는 텍스트 주해의 간접 의미로만 해독될 수 있다. 이러한 문학은 양심(*Gewissen*)이라는 예시적 형태의 역사로 구성된다. 인간은 이 예시적 형태의 역사를 따라 자신을 이해할 때 성인, 정상인, 윤리적 죄인에 이르게 된다. 나는 다른 저술에서 오점, 죄, 죄의식이라는 개념을 딜타이식 의미의 주해를 통해서 탐구하려고 했다.[59] 나는 두 가지 시작점을 가로지르면서 죄의식이 전개된다는 점을 발견했다. 첫 번째 시작점은—유대인 선지자 및 플라톤의 의미에서—불의에 대한 것이다. 부정한 존재가 안고 있는 두려

59_『악의 상징』, 1부. 또한 다음의 나의 연구논문을 보라. "Morale sans péché ou péché sans moralisme," *Esprit*, Feb. 1954 (a review of A. Hesnard, *L'Univers morbide de la faute et Morale sans péché*). 나는 또한 다음 글의 주장을 접합시키는 바이다. Roy S. Lee, Freud and Christianity (London, James Clarke and Co., 1948), p. 93. "종교는 무의식과 이드보다는 자아에 더 고유한 기능이다." 프로이트와 죄의식에 대해서는 다음 책들을 보라. C. Odier, *Les deux sources consciente et inconsciente de la vie morale* (Neuchâtel, La Baconnière, 1943) ; Hesnard, *L'Univers morbide de la faute* (Paris, P. U. F., 1949), *Morale sans péché* (Paris, P. U. F., 1954) ; C, Nodet, "Psychanalyse et sens du péché," *Rev. fr. de Psychan.*, *21* (1957), 791–805.

움, 부정하게 지내온 자의 가책은 더 이상 두려움을 터부시하지 않는다. 인간의 상호적 관계의 손상, 타인에게 행한 잘못은 목적으로서가 아니라 수단으로 다뤄지게 된다. 이 수단은 거세위협의 감정 그 이상의 것이다. 그러므로 불의에 대한 의식은 처벌에 관한 두려움, 복수에 관한 두려움과 비교됨으로써 의미의 창조를 나타내고 있다. 두 번째 시작점은 정의로운 사람의 죄, 타당한 정의가 지닌 악에 대한 것이다. 여기서 의식은 근본악이 모든 준칙, 심지어는 선인에게조차도 영향을 미치고 있다는 사실을 발견한다.

우리가 위에서 환상의 기능과 관련하여 말했던 바는 적절한 것이다. 의식의 진전에 대한 신화는 초자아의 열망에 종속된 원초 장면의 환상에서 만들어진 것이다. 이것이 바로 죄의식이 하나의 함정이자 배후, 도덕이전의 병적 애착, 시원성에서의 정체가 되는 이유이다. 그러나 신화적 지향성은 신화의 고유한 시원적 토대를 통해 일련의 해석 및 재해석에 머무른다. 따라서 사유와 연관되는 악의 상징이 구성되고, 내가 형성할 수 있는 악하거나 노예적인 의지 개념이 구성된다. 정신분석학적 의미에서의 '죄의식의 감성'과 칸트적 의미의 근본악 사이에는 일련의 형식이 펼쳐지는데, 각 형식은 죄의식을 '부정'하고 '극복'하는 선례(précédent)를 포착하고 있다. 이는 프로이트가 예술작품에 대해 말한 바와 같은 것이다. 진보해 나가는 의식, 즉 우리가 본장의 첫 번째 절에서 묘사한 대로 의식이 상징의 영역의 진보를 따라가는 방식을 보여주는 것이 곧 반성적 사유의 과제일 것이다. 감성의 경로를 기입하도록 뒷받침해 주는 동일한 표징—소유, 지배, 그리고 가치의 표징—이 우리의 소외의 연속적 거처이다. 만일 이러한 표징이 우리의 오류 가능성에 대한 상징이라면 그것은 이해할 만한 일이다. 이것들은 또한 이미 타락되어 버린 것을 담고 있는 우리의 상징이다. 자유는 그 자유에 대한 고유한 성찰, 경제, 정치, 문화를 소외시킴으로써 소외된다. 이에 더하여 노예 의지는 우리의 존재하기 위한 힘을 표현하고 대상화하는 우리의 무능함의 형태를 통과함으로써 자기 자신을 매개적으로 나타낸다고 말할 수 있다.

이 간접적 방법은 우리의 죄의식에 대한 비유년기적·비시원적·비신경증적 근원의 개념을 만들어 주는 수단일 수 있다. 하지만 욕망이 이 연속적 영역을 투입하고 자기의 비성애적 기능에서의 분화를 결합해내는 것처럼 죄의식의 정동적 시원성은 소외된 소유, 측정되지 않는 힘, 가치의 허탄한 요구의 모든 영역으로 확장된다. 이것이 바로 죄의식이 애매하고도 의심스러운 것에 지나지 않는 것이 되는 이유이다. 죄의식의 허구적 위신을 깨트리기 위해서 우리는 언제나 정신 자체 안에 악의 탄생을 자리하게 하는 악의 시원성을 고발하고 악에 대한 복원적 해석을 언명함으로써 탈신화화하는 해석의 이중적 조명을 죄의식으로 향하게 한다.

나는 죄의식의 예로서 기원 속의 시원성과 의미의 무한정한 창조 가능성이라는 애매한 표상의 예를 받아들인다. 이 애매성 자체는 구원의 표상이 악의 표상과 동일한 성질과 차원에서 존재하는 한, 종교의 핵심에 기입되어 존속하고 있다. 이것은 모든 정죄의 표징에 구속의 표징이 대응해 있다는 것을 보여줄 수 있다. 결과적으로 종교는 아버지의 원형에서 나온 것이라고 말했던 정신분석학이 알려준 종교의 핵심 형태는 죄의식에 대응하는 모든 차원을 가로지르기 전까지는 종교의 고유한 발생의 영역에 이르지 못한다. 그리하여 신의 상징 속에 있는 아버지 환타지에 대한 해석은 모든 정죄와 구속의 영역으로 확장된다.

그런데 만일 신의 상징적 표상이 악과 죄의 상징과 병행한다면 그 표상은 이러한 상호관계 안에서는 완성되지 않는다. 프로이트가 잘 이해했던 것처럼 종교는 아버지의 정죄의 무한정한 엑소시즘과는 상이한 삶의 고난을 나타내는 기예다. 이러한 위로의 문화적 기능은 종교가 단순히 두려움의 영역에 있는 것이 아니라 욕망의 영역에 있는 어떤 것이라는 점을 보여준다. 플라톤은 우리 각자가 위로를 받는 유년기 시절에 머물러 있다고 『파이돈』에서 이야기했다. 쟁점이 되는 것은 위로의 기능이 단순히 유년기적인 것에 지나지 않는지, 아니면 내가 위로의 후성설 내지는 상승의 변증법이라고 일컫는 어떤 것이 되지는 않는가 하는 것이다.

다시금 문학이 이러한 위로의 교정과정을 구분하는 매개가 된다. 낡은 재분배 법칙에 대한 비판, 현명한 바빌론 사람이 제시한 비판, 히브리인들이 기록한 책조차도 종교에 대한 것이 아니라는 반론이 제시될 수 있다. 하지만 이 경우 우리는 프로이트주의가 무시한 것처럼 보이는 신앙과 종교 간의 내적 갈등의 문제로 들어가야 한다. 여기서 문제는 욥의 신앙이지 프로이트적 우상파괴론에 직면해 있는 욥의 친구들의 신앙이 아니다. 이러한 신앙은 프로이트가 '아버지를 단념하기'(레오나르도) 위해 부과한 과제를 조금도 수행하지 못하는가? 욥은 자신의 고통에 대한 어떠한 설명도 듣지 못했다. 그는 단순히 자신의 유한한 욕망의 관점에 직접적으로 주어지는 어떤 의미도 간직하지 못한 채 전체의 웅장함과 질서라는 것을 보게 된다. 욥의 신앙은 섭리의 종교라기보다는 스피노자적 의미에서의 '삼종지'(troisième genre)에 더 가깝다. 그리하여 한 가지 길이 열리게 되는데, 이 길은 비자기애적인 화해의 길이다. 즉 나는 나의 관점을 단념한다. 다시 말해 나는 전체를 사랑한다. 나는 다음과 같이 말하고 싶어 한다. "신을 향한 정신의 지적 사랑은 신이 자기 자신을 사랑하는 것(*quo Deus se ipsum amat*)으로서의 신에 대한 사랑의 일부이다."[60] 명령과 징벌에 대한 이중의 검토를 통해서 신앙은 단일하면서도 독특한 윤리적 미결사항을 초래한다. 정의로운 인간의 죄를 드러냄으로써 신앙인은 일종의 덕의 윤리학을 벗어난다. 다시 말해 자신의 나르시시즘에 대한 직접적 위로를 상실함으로써 신앙인은 세계에 대한 윤리적 관점을 벗어난다.

이러한 이중의 검토를 통해서 신앙인은 아버지 표징을 극복한다. 하지만 우상으로서의 아버지 표징을 상실하는 가운데 신앙인은 상징으로서의 표징을 발견할 것이다. 아버지 표징은 스피노자의 정리에서 나온 자기 자신(*se ipsum*)을 통해 지향되는 의미의 과잉이다. 아버지 상징은 내가 소유할 수 있는 상징이 아니다. 이런 점에서 아버지는 아버지가 아니다. 오히려 욕망에 대한 단념은 더 이상 욕망이 아니라 사랑이며, 아버지 상징은 이런 욕망의 단념과 일치하는 아버지의 유사성이다. 이는 다시 한 번 다음과 같은 스피노자의 정리의 따름정리의 의미를 함축한다. "사람들을 향한 신의 사랑과 신을 향한 정신의 지적 사랑은 동일한 것이다."

우리는 여기서 넘어설 수 없는 것처럼 보이는 지점에 도달하게 된다. 이것은 정지점이 아니라 긴장점이다. 왜냐하면 아직은 용서하는 신의 '인격성'과 신 즉 자연(*Deus sive natura*)의 '비인격성'이 일치할 수 있는 방법을 파악하지 못했기 때문이다. 나는 단지 스피노자의 자기 자신을 사랑하는 신을 사유에 선사해 준 것처럼, 서구 신학 전반이 강조하는 '신'과 '신성'의 변증법이 입증하는 것처럼 키에르케고르와 스피노자가 윤리학에 결부되는 두 그 두 방식이 동일한 것일 수도 있다고 말할 뿐이다. 하지만 내가 이들의 동일성에 대한 제대로 된 지식을 가지고 있는 것은 아니다.

**60_**『에티카』, 5부, 명제 36 및 따름정리.

이제 이 마지막 지점에서 출발하여 프로이트와의 마지막 대결이 제시될 수 있겠다. 이 마지막 지점에서 우리는 두 가지 진부한 입장 가운데 하나를 선택해야 한다는 생각을 논박해야만 하겠다. 여기서 말하는 두 가지 진부한 입장이란, 프로이트적 우상파괴주의를 전적으로 거부하는 변증법자들과 종교의 우상파괴주의와 신앙의 상징 연구를 병렬시킬 수 있다고 보는 절충주의자들이다. 나는 이를 내 입장에서 최종적이고 궁극적인 방책으로서의 현실원칙에 대한 **예**와 **아니오**의 변증법에 적용할 것이다. 궁극적으로 이것은 신앙에 의한 위로의 후성설과 프로이트주의에 의한 '필연에의 단념'이 서로 대결하고 도전하는 차원에서 존재한다.

나는 프로이트에 대한 독해가 위로라는 종교적 욕망과 관련하여 가장 극단적인 결과에 이르는 나르시시즘에 대한 비판으로—내가 허구적 코기토나 왜곡된 코기토라고 일관되게 말했던 바—나아가는 데 있어 나에게 도움을 주었다는 점을 숨기려는 것은 아니다. 프로이트에 관한 독해는 신앙의 문제제기의 핵심에 있는 '아버지에 대한 단념'을 자리매김시키는데 도움을 주었다. 그러면서도 나는 현실원칙에 관한 프로이트의 해석에 대한 나의 불만을 감추고 싶지 않다. 프로이트의 회의주의는, 비록 프로이트가 종교에 대해 가장 가혹하게 평가한 책이기는 하지만, 「레오나르도 다빈치와 유년의 기억」에서의 대담이 하나의 특정한 경로의 결말로 나아가는 일을 방해한다.

우리가 이미 말한 대로 현실은 단순히 일련의 관찰 가능한 사실이나 입증 가능한 법칙이 아니다. 정신분석의 용어로 말하자면 현실은 사물들과 인간들의 세계이며, 이 세계는 쾌락원칙이 단념될 수 있는, 다시 말해 전체에 대한 관점에 종속되는 인간의 욕망으로 나타날 수 있는 그런 세계이다. 이 경우 나는 이렇게 묻는다. 현실은 단지 필연에 불과한가? 현실은 나에게 감내함을 요구하는 필연성인가? 현실은 사랑의 힘을 열어 밝히는 가능성이 아닌가? 이 문제는 내가 지닌 위험성을 해독해 준다. 이 문제와 관련해서 프로이트는 레오나르도의 운명에 관한 문제를 제기한다. "탐구열정이 삶에 대한 향유로 바뀔 수 있는지—파우스트의 비극에서 근본적인 것으로 간주할 수 있는 변용—에 대한 의구심을 일단 논외로 하더라도 이러한 견해는 레오나르도의 사고를 스피노자의 사고 유형과 유사한 것으로 보게 만들 위험이 도사리고 있다."[61] 더 나아가 이렇게도 적혀 있다.

> 찬미의 삶을 살며 진정으로 겸손해진 자는 너무나도 쉽게 바로 그 자신이 이 움직이는 힘들의 한 부분임을 잊을 것이고, 자신의 개인적 힘이 허락하는 한도 내에서라도 우주의 필연적인 흐름의 한 부분을 바꿀 수 있다는 것도 잊고 살기 쉽다. 우주란 작은 것이 위대한 것보다 결코 덜 유의미하지도 또 덜 찬탄을 일으키는 그런 것도 아닌 세계이다.[62]

아울러 이 책의 마지막 행간이 담고 있는 의미는 무엇일까?

> 햄릿의 말을 연상시키는 레오나르도의 난해한 말에 의하면 우리 모두는 자연이라는 '결코 경험해 보지 못한 수많은 이유들로 가득한 것'으로 보면서도 자연에 대한 존경심을 여전히 내보이지 않고 있다. 이 자연의 근거들이 경험을 향해서 자신을 보여주고, 인간들 각각, 우리

61_ *GW*, *8*, pp. 142–3 ; *SE*, *11*, pp. 75–6 ; tr. fr., pp. 46–8; 전집 14권, pp. 178–9.
62_ *GW*, *8*, pp. 142–3 ; *SE*, *11*, pp. 75–6 ; tr. fr., pp. 46–8 ; 전집 14권, p. 179.

들 각각은 셀 수 없을 정도의 많은 실험으로 이에 답한다.[63]

나는 이 행간에서 프로이트가 자연본성의 현실과 에로스의 자연본성의 동일성으로 우리를 초대하고 있음을 보게 된다. 이러한 '능동적 힘', '경험으로 들어갈 수 없는 무수한 근거들', '경험을 향해 나타나는' 것들에서 비롯된 '무수한 실험들', 이 모든 것들은 관찰 가능한 사실이 아니라 힘, 자연본성과 삶이 지닌 다채로운 힘이다. 하지만 나는 이러한 힘을 창조의 신화적 상징 이외의 다른 것으로는 파악할 수가 없다. 이것은 형상 파괴자, 이념 파괴자, 우상 파괴자들이 상소하는 디오니소스, 생성의 순결함, 영원회귀, 아낭케, 로고스의 환상과 대립하는 현실을 신화화함으로써 파괴를 멈추는 이유가 아닌가? 이 재신화화는 현실 규율이 상상력의 은혜가 없이는 아무것도 아니라는 것을 가르쳐 주는 기호가 아닐까? 필연성에 대한 고려는 가능성에 대한 환기가 없이는 아무것도 아닌 것이 되지 않을까? 이러한 물음을 통해서 프로이트의 해석학은 다른 해석학 및 신화를 우화로, 예를 들어 잘못된 비현실적인 환상의 이야기로 간주하지 않고, 그것들을 존재자와 존재의 관계에 관한 상징적 탐구로 간주함과 동시에 신화-시적 기능을 다루는 해석학과 연관시킬 수 있다. 이러한 신화-시적 기능이 전달하는 것은 언어의 또 다른 힘, 다시 말해 더 이상 욕망에 대한 요구도, 보호에 대한 요구도, 섭리에 대한 요구도 아닌, 요구하기를 그만두게 하고 내가 그저 들어야 하는 호명이다.

그러므로 나는 종교 정신분석학에 대한 **예**와 **아니오**를 구축하려고 한다. 신자의 신앙은 대결 상태로 채색되어서는 나타날 수 없고, 프

---

63_ *GW, 8*, p. 211 ; *SE, 11*, p. 137 ; tr. fr., p. 216; 전집 14권, pp. 261-2.

로이트의 현실 개념으로도 나타날 수 없다. 하나의 내부 분열은 다른 내부 분열과 대응관계를 이룬다. 신자들의 신앙의 핵심 속에 받아들인 프로이트에 대한 **예**라는 대답은 우상과 상징을 분리시키는 분열에 대응하고, 현실원칙의 핵심 속에 받아들인 **아니오**라는 대답은 필연에의 단순한 체념과 창조의 사랑을 분리시키는 분열에 대응한다.

## [프로이트 저작 연표]

| 발표연도(집필연도) | 원본 | 프랑스어 |
|---|---|---|
| 1892–1893 | Ein Fall von hypnotischer Heilung, nebst Bemerkungen Über die Ent–stehung hysterischer Symptome durch den 'Gegenwillen'(G.W., I, 1–17, 논문) | Un cas de guérison hypnotique avec des remarques sur l'apparition de symptômes hystériques par la 'contre–volonté', in *Résultats, idées, problèmes* I, P.U.F., 1984,31–44. |
| 1893 (1888–1893) | Quelques considérations pour une étude comparative des paralysies motrices organiques et hystériques(G.W., I, 37–55, 논문) | 프랑스어 원본. Archives neurologiques, 1893, 26, n° 77, 29–43 ; in *Résultats, idées, problèmes* I, P.U.F., 1984, 45–60. |
| 1893 | Über den psychischen Mechanismus hysterischer Phänomene, Wien. med. Press. 34(4), (5) (강연) | |
| 1893 | Charcot(G.W., I, 19–35, 추도문) | Charcot, in *Résultats, idées, problèmes* I, P.U.F., 1984, 61–74. |
| 1894 | Die Abwehr–Neuropsychosen(G.W., I, 57–74, 논문) | Les psychonévroses de défense, in *Névrose, psychose et perversion*, P.U.F., 1973, 1–14. |
| 1895 (1894) | Über die Berechtigung, von der Neurasthenie einen bestimmten Symptomenkomplex als 'Angstneurose' abzurrennen(G.W., I, 313–342, 논문) | Qu'il est justifié de séparer de la neurasthenie un certain complexe symptomatique sous le nom de 'névrose d'angoisse', in *Névrose, psychose et perversion*, P.U.F., 1973, 15–38. |
| 1895 (1894) | Obsessions et phobies. Leur méchanisme psychique et leur étiologie(G.W., I, 343–353, 논문) | 프랑스어 원본. Revue neurologique, Ⅲ, 1895, 2, 33–38 ; in *Névrose, psychose et perversion*, P.U.F., 1973, 39–46. |
| 1893–1895 | Studien über Hysterie(J. Breuer u. S. Freud, Deuticke, 1895 ; G.W., I, 75–312, 단행본)<br>Über den psychischen Mechanismus hysterischer Phänomene Krankengeschichten(1893) (Breuer u, Freud)<br>Fräulein Anna O.(Breuer)<br>Frau Emmy v. N·····, vierzig Jahre, aus Livland(Freud)<br>Miss Lucy R., dreißig Jahre(Freud)<br>Katharina(Freud) | *Études sur l'hystérie*, en coll. avec J. Breuer, trad. A. Berman, P.U.F., 1956.<br>I. Du mécanisme psychique des phénomènes hystériques, par J. Breuer .et S. Freud<br>Ⅱ. Histoiies de malades<br>Ⅰ) Fräulein Anna O·····<br>Ⅱ) Fräu Emmy v. N·····<br>Ⅲ) Fräulein Lucy R·····<br>Ⅳ) Katharina·····<br>Ⅴ) Fräulein Elisabeth v. R |

| 발표연도(집필연도) | 원본 | 프랑스어 |
|---|---|---|
| | Fräulein Elisabeth v. R……(Freud) | …… |
| | Theoretisches | Ⅲ. Considérations théoriques |
| | Zur Psychotherapie der Hysterie<br>(여기에 「안나 O.」의 사례와 「이론적 고찰」은 수록되어 있지 않다.) | Ⅳ. Psychothérapie de l'hystérie |
| 1895 | Zur Kritik der 'Angstneurose' (G.W., I, 355–376, 논문) | |
| 1896 | L'héreditéet l'étiologie des névroses (G.W., I, 405–422, 논문) | 프랑스 어 원본, Revue neurologique, Ⅳ, 1896, 161–169 ; in *Névrose, psychose et perversion*, P.U.F., 1973, 47–60. |
| 1896 | Weitere Bemerkungen über die Abwehr–Neuropsychosen(G.W., I, 377–403, 논문) | Nouvelles remarques sur les psychonévroses de défense, in *Névrose, psychose et perversion*, P.U.F., 1973, 61–82. |
| 1896 | Zur Ätiologie der Hysterie(G.W., I, 423–459, 논문) | L'étiologie de l'hystérie, in Névrose, psychose et perverstion, P.U.F., 1973, 83–112. |
| 1897 | Inhaltsangaben der wissenschaftlichen Arbeiten des Privatdocenten Dr. Sigmund Freud 1877–1897(G.W., I, 463–488, 수고본) | |
| 1898 | Die Sexualität in der Ätiologie der Nuerosen(G.W., I, 489–519, 논문) | La sexualité dans l'étiologie des névroses, in *Résultats idées, problèmes* I, P.U.F., 1984, 75–98. |
| 1898 | Zum psychischen Mechanismus der Vergesslichkeil(G.W., I, 517–527, 논문) | Sur le mécanisme psychique de l'oubli, in *Résultats, idées, problèmes* I, P.U.F., 1984, 99–108. |
| 1899 | Über Deckerinnerungen(G.W., I, 529–554, 논문) | Les souvenirs–écrans(extraits), trad. D. Anzieu et A. Berman, in Anzieu, D.: *L'autoanalyse*, P.U.F., 1959, 277–286 ; Sur les souvenirs–écrans, in *Névrose, psychose et perversion*, P.U.F., 1973, 113–132. |
| 1900<br>(1899) | *Die Traumdeutung*(Deuticke, 1900 ; G.W., Ⅱ–Ⅲ, 1–642, 단행본) | *L'interprétation des rêves*, trad, I. Meyerson, rév. D. Berger, P.U.F., 1967. |
| 1901 | Über den Traum(G.W., Ⅱ–Ⅲ, 643–700, 논문) | Le rêve et son interprétation, trad. H. Legros, Gallimard, 1925. |
| 1901 | *Zur Psychopathologie des Alltags-lebens*(G.W., Ⅳ 전권, 논문) | *Psychopathologie de la vie quotidienne*, trad. S. Jankélévitch, Payot, 1948. |
| 1904 | Die Freudsche psychoanalytische | La méthode psychanalytique de Freud, |

| 발표연도(집필연도) | 원본 | 프랑스어 |
|---|---|---|
| (1903) | Methode(G.W. V, 1–10, 기고문) | trad. A. Berman, in *De la technique psychanalytique*, P.U.F., 1953, 1–8. |
| 1905 | *Der Wit⊠und seine Be⊠iehitng ⊠um Unbewußiten*(Deuticke, 1905 ; G.W., Ⅳ 전권, 단행본) | *Le mot d'esprit et ses rapports avec l'inconscient*, Gallimard, 1953, 1969년 판에서는 *Le mot d'esprit dans ses rapports avec l'inconscient*, trad. M. Bonaparte et M. Nathan, Gallimard, 1969. |
| 1905 (1904) | Über Psychotherapie(G.W., V, 11–26, 논문) | De la psychothérapie, trad. A. Berman, in *De la technique psychanalytique*, P.U.F., 1953, 9–22. |
| 1905 (1890) | Psychische Behandlung(Seelenbehandlung) (G.W., V, 287–315, 기고문) | Traitement psychique(Traitement d'âme), in *Résultats, idées, problèmes* I, P.U.F., 1984, 1–24. |
| 1905 | *Drei Abhandlungen zur Sexualtheorie* (Deuticke, 1905 ; G.W., V, 27–145, 단행본) | *Trois essais sur la théorie de la sexualité*, trad. Reverchon, rév. J. Laplanche et J.–B. Pontalis, Gallimard, coll. 〈Idées〉, 1962. |
| 1905 (1901) | Bruchstück einer Hysterie–Anaiyse(G.W., V, 161–286, 논문) | Fragment d'une analyse d'hystérie: Dora, trad. M. Bonaparte et R. Lœwenstein, rév. par A. Berman, in *Cinq psychanalyses*, P.U.F., 1954, 1–91. |
| 1906 (1905) | Meine Ansichten über die Rolle der Sexualität in der Ätiologie der Neurosen(G.W., V, 147–159, 기고문) | Mes vues sur le rôle de la sexualité dans l'étiologie des névroses, in *Résultats, idées, problèmes* I, P.U.F., 1984, 113–122. |
| 1906 | Tatbestandsdiagnostik und Psychoanalyse (G.W., Ⅶ, 3–15, 논문) | La psychanalyse et l'établissement des faits en matière judiciaire par une méthode diagnostique, trad. E. Marty et M. Bonaparte, in Essais de psychanalyse appliquée, Gallimard, 1933, 43–58. |
| 1907 (1906) | *Der Wahn und die Träume in W. Jensens "Gradiva"*(Heller, 1907 ; G.W., Ⅶ, 31–125, 단행본) | *Délires et rêves dans la "Gradiva" de Jensen*, trad. M. Bonaparte, Gallimard, 1949. |
| 1907 | Zwangshandlungen und Religionsübungen(G.W., Ⅶ, 129–139, 논문) | Actes obsédants et exercices religieux, trad. M. Bonaparte, in L'avenir d'une illusion, P.U.F., 1971, 81–94 ; Actions compulsionnelles et exercices religieux, in *Névrose, psychose et perversion*, P.U.F., 1973, 133–142. |
| 1907 | Zur sexuellen Aufklärung der Kinder | Les explications sexuelles données aux en- |

| 발표연도(집필연도) | 원본 | 프랑스어 |
|---|---|---|
| | (G.W., VII, 19–27, 논문) | fants, trad. D. Berger, in *La vie sexuelle*, P.V.F., 1969, 7–13. |
| 1908 | Hysterische Phantasien und ihre Beziehung zur Bisexualität(G.W., VII, 191–199, 논문) | Les fantasmes hystériques et leur relation à la bisexualité, in *Névrose, psychose et perversion*, P.U.F., 1973, 149–156. |
| 1908 | Charakter und Analerotik(G.W., VII, 203–209, 논문) | Caractère et érotisme anal, in *Névrose, psychose et perversion*, P.U.F., 1973, 143–148. |
| 1908 | Über infantile Sexualtheorien(G.W., VII, 171–188, 논문) | Les théories sexuelles infantiles, trad. J.B. Pontalis, in *La vie sexuelle*, P.U.F., 1969, 14–27. |
| 1908 | Die 'kuiturelle' Sexualmoral und die moderne Nervosität(G.W., VII, 143–167, 논문) | La morale sexuelle civilisée et la maladie nerveuse des temps modernes, trad. D. Berger, in *La vie sexuelle*, P.U.F., 1969, 28–46. |
| 1908 (1907) | Der Dichter und das Phantasieren(G.W., VII, 213–233, 논문) | La création littéraire et le rêve éveillé, trad. E. Marty et M. Bonaparte, in *Essais de psychanalyse appliquée*, Gallimard, 1933, 69–82. |
| 1908 | Vorwort zu "Nervöse Angstzustände und ihre Behandlung von Dr. Wilheim Stekel(G.W., VII, 467–468, 서문) | |
| 1909 (1908) | Allgemeines über den hysterischen Anfall(G.W., VII, 235–240, 논문) | Considérations générates sur l'attaque hystérique, in *Nevrose, psychose et perversion*, P.U.F., 1973, 161–166. |
| 1909 | Analyse der Phobie eines fünfjährigen Knaben(G.W, VII, 243–377, 논문) | Analyse d'une phobie d'un petit garçon de cinq ans: Le petit Hans, trad. M. Bonaparte, in *Cinq psychanalyses*, P.U.F., 1954, 93–198. |
| 1909 (1908) | Der Familienroman der Neurotiker(G.W., VII, 227–231, 기고문) | Le roman familial des névrosés, in *Névrose, psychose et perversion*, P.U.F., 1973, 157–160. |
| 1909 | Bemerkungen über einen Fall von Zwangsneurose(G.W., VII, 381–463, 논문) | Remarques sur un cas de névrose obsessionnelle: L'homme aux rats, trad. M. Bonaparte et R. Lœwenstein, in *Cinq psychanalyses*, P.U.F., 1954, 199–261. |
| 1910 (1909) | *Über Psychoanalyse*(Deuticke, 1910 ; G.W., VIII, 1–60, 단행본) | *Cinq leçons sur la psychanalyse*, trad. Y. Le Lay, Payot, 1973. |

| 발표연도(집필연도) | 원본 | 프랑스어 |
|---|---|---|
| 1910<br>(1909) | Vorwort zu "Lélekelemzés, értekezések a pszichoanalizis köreből, irta Dr. Ferenczi Sándor"(G.W., VII, 469, 서문) | |
| 1910 | Eine Kindheitserinnerung des Leonard da Vinci(G.W., VIII, 127–211, 논문) | *Un souvenir d'enfance de Léonard de Vinci*, trad. M. Bonaparte, Gallimard, 1927. |
| 1910 | Die zukünftigen Chancen der psycho–anal ytischen Therapie(G.W., VIII, 103–115, 논문) | Perspectives d'avenir de la thérapeutique analytique, trad. A. Berman, in *De la technique psychanalytique*, P.U.F., 1953, 23–34. |
| 1910 | Über den Gegensinn der Urworte(G.W., VIII, 213–221, 논문) | Des sens opposés dans les mots primitifs, trad. E. Marty et M. Bona–parte, in *Essais de psychanalyse appliquée*, Gallimard, 1933, 59–68. |
| 1910 | Brief an Dr. Friedrich S. Krauss über die "Anthropophyteia"(G.W., VIII, 223–225, 편지) | |
| 1910 | Zur Einleitung der Selbstmord–Diskussion. Schlußwort(G.W., VIII, 61–64, 토론) | Pour introduire la discussion sur le suicide. Conclusion de la discussion sur le suicide, in *Résultats, idées, problèmes*, I, P.U.F., 1984, 131–132. |
| 1910 | Die psychogene Sehstörung in psycho–analytischer Auffassung(G.W., VIII, 93–102, 논문) | Le trouble psychogenèse de la vision dans la conception psychanalytique, in *Névrose, psychose et perversion*, P.U.F., 1973, 167–174. |
| 1910 | Beispiele des Verrats pathogener Phantasien bei Neurotikern(G.W., VIII, 227–228, 에세이) | Exemples révélateurs de fantasmes psychogènes dans des névrosés, in *Résultats, idées, problèmes* I, P.U.F., 1984, 133–134. |
| 1910 | Über 'wilde' Psychoanalyse(G.W., VIII, 117–125, 논문) | A propos de la psychanalyse dite 'sauvage', trad. A. Berman, in *De la technique psychanalytique*, P.U.F., 1953, 35–42. |
| 1910 | Über einen besonderen Typus der Objektwahl beim Manne(Beiträge zur Psychologie des Liebeslebens, I→1924년 단행본 ; G.W., VIII, 66–77, 논문) | D'un type particulier de choix objectal chez l'homme(Contributions à la psychologie de la vie amoureuse, I) trad. J. Laplanche, in *La vie sexuelle*, P.U.F., 1969, 47–55. |
| 1911 | Formulierungen über die zwei Prinzipien des psychischen Geschehens(G.W., VIII, | Formulations sur les deux principes du cours des événements psychiques, in |

| 발표연도(집필연도) | 원본 | 프랑스어 |
|---|---|---|
| | 229–238, 논문) | *Résultats, idées, problèmes* I, P.U.F., 1984, 135–144. |
| 1911 | Psychoanalytische Bemerkungen über einen autobiographisch beschriebenen Fall von Paranoia (Dementia paranoides) (G.W., Ⅷ, 239–316, 논문) | Remarques psychanalytiques sur l'autobiographie d'un cas de paranoïa(Dementia paranoïdes): Le Président Schreber, trad. M, Bonaparte et R. Lœwenstein, in *Cinq psychanalyses*, P.U.F., 1954, 263–324. |
| 1911 | Die Handhabung der Traumdeutung in der Psychoanalyse (G.W., Ⅷ, 349–357, 논문) | Le maniement de l'interprétation des rêves en psychanalyse, trad. A. Berman, in *De la technique psych-analytique*, P.U.F., 1953, 43–49. |
| 1911 | Die Bedeutung der Vokalfolge(G.W., Ⅷ, 348, 에세이) | La signification de l'ordre des voyelles, in *Résultats, idées, problèmes* I, P.U.F., 1984, 169–170. |
| 1911 | "Gross ist die Diana der Epheser" (G.W., Ⅷ, 359–361, 에세이) | "Grande est la Diane des Ephésiens", in *Résultats, idées, problèmes* I, P.U.F., 1984, 171–174. |
| 1912 | Zur Dynamik der Übertragung(G.W., Ⅸ, 363–374, 논문) | La dynamique du transfert, trad. A. Berman, in *De la technique psychanalytique*, P.U.F., 1953, 50–60. |
| 1912 | Über neurotische Erkrankungstypen (G.W., Ⅷ, 321–330, 논문) | Sur les types d'entrée dans le névrose, in *Névrose, psychose et perversion*, P.U.F., 1973, 175–182. |
| 1912 | Über die allgemeinste Erniedrigung des Liebeslebens(Beiträge zur Psychologie des Liebeslebens, Ⅱ→1924년 단행본)(G.W., Ⅷ, 78–91, 논문) | Considérations sur le plus commun des ravalements de la vie amoureuse (Contributions à la psychologie de la vie amoureuse, Ⅱ) trad. J. Laplanche, in *La vie sexuelle*, P.U.F., 1969, 55–65. |
| 1912 | Ratschläge für den Arzt bei der psychoanalytischen Behandlung(G.W., Ⅷ, 375–387, 논문) | Conseils aux médecins sur le traitement psychanalytique, trad. A. Berman, in *De la technique psychanalytique*, P.U.F., 1953, 61–71. |
| 1912 | Zur Einleitung der Onanie–Diskussion. Schlußwort(G.W., Ⅷ, 331–345, 논문) | Pour introduire la discussion sur l'onanisme, in *Résultats, idées, problèmes* I, P.U.F., 1984, 175–186. |
| 1912 | A Note on the Unconscious in Psycho–Analysis(Einige Bemerkungen über den | Quelques observations sur le concept d'inconscient en psychanalyse, in *Méta-* |

| 발표연도(집필연도) | 원본 | 프랑스어 |
|---|---|---|
| | Begriff des Unbewußten in der Psychoanalyse, übersetzt von Hanns Sachs)(G.W., Ⅷ, 429－439, 논문) | *psychologie*, Gallimard, 1940, 9－24. 1968년 판에서는 Note sur l'inconscient en psychanalyse, trad. J. Laplanche et J.－B. Pontalis, in *Métapsychologie*, Gallimard, 1968, 175－187. |
| 1913 (1912－1913) | *Totem und Tabu*(Heller, 1913 ; G.W., Ⅸ 전권, 단행본) | *Totem et tabou*, trad. S. Jankélévitch, Payot, 1947. |
| 1913 | Ein Traum als Beweismittel(G.W., Ⅹ, 11－12, 논문) | Un rêve utilisé comme preuve, in *Névrose, psychose et perversion*, P.U.F., 1973, 199－208. |
| 1913 | Geleitwort zu "Die psychanalytische Methode" von Dr. Oskar Pfister(G.W., Ⅹ, 448－450, 서문) | |
| 1913(1911) | 현존하는 독일어 원본은 없음. | |
| 1913 | Märchenstoffe in Träumen(G.W., Ⅹ, 1－9, 논문) | Matériaux des contes dans tes rêves, in *Résultats, idées, problèmes* I, P.U.F., 1984, 215－222. |
| 1913 | Vorwort zu "Die psychischen Störungen der männlichen Potenz" von Dr. Maxim Steiner(G.W., Ⅹ, 451－452, 서문) | |
| 1913 | Das Motiv der Kästchenwahl(G.W., Ⅹ, 23－37, 논문) | Le thème des trois coffrets, trad. E. Marty et M. Bonaparte, in *Essais de psychanalyse appliquée*, Gallimard 1971, 87－103. |
| 1913 | Zwei Kinderlügen(G.W., ⅩⅢ, 421－427, 논문) | Deux mensonges d'enfants, trad. P. Jury et F. Engel, in *R.F.P.*, 1934, 7, n°4, 606－610 ; in *Névrose, psychose et perversion*, P.U.F., 1973, 183－188. |
| 1913 | Erfahrungen und Beispiele aus der analytischen Praxis (G.W., Ⅹ, 39－42, 논문) | Observations et exemples tirés de la pratique analytique, extraits incorporés à L' interprétation des rêves(1900), trad. I. Meyerson, rév. D. Berger, P.U.F., 1967, 204 et 350－352 ; in *Résultats, idées, problèmse* I, P.U.F., 1984, 223－226. |
| 1913 | Die Disposition zur Zwangsneurose (G.W., ⅩⅢ, 441－452, 논문) | La prédisposition à la névrose obsessionnelle, trad. E. Pichon et H. Hcesli, in *R.F.P.*, 1929, 3, n 3, 437447 ; La disposition a la névrose obsessionnelle, in *Név-* |

| 발표연도(집필연도) | 원본 | 프랑스어 |
|---|---|---|
| | | *rose, psychose et perversion*, P.U.F., 1973, 189−198. |
| 1913 | Das Interesse an der Psychanalyse(G.W., XIII, 389−420, 논문) | L'intérêt de la psychanalyse, trad. M. W. Horn, Scientia, 1913, vol.14, supp. n°31, 151−167et n°32, 236−251 ; in *Résultats, idées, problèmes* I, P.U.F., 1984, 187−214. |
| 1913 | Geleitwort zu "Der Unrat in Sitte, Brauch, Glauben und Gewohnheitsrecht Völker" von John Gregory Bourke(G.W., X, 453−455, 서문) | |
| 1913 | Zur Einleitung der Behandlung(G.W., VIII, 453−478, 논문) | Le début du traitement, trad. A. Berman, in *De la technique psychanalytique*, P.U.F., 1953, 80−104. |
| 1914 (1913) | Der Moses des Michelangelo(G.W., X, 171−201, 논문) | Le Moïse de Michel−Ange, trad. E. Marty, rév. M. Bonaparte, in *Essais de psychanalyse appliquée*, Gallimard, 1971, 9−41. |
| 1914 | Über Fausse Reconnaissance('Déjàraconté') während der psychoanalytischen Arbeit(G.W., X, 115−123, 논문) | De la fausse reconnaissance (déjàraconté) au cours du traitement psychanalytique, trad. A. Berman, in *La technique psychanalytique*, P.U.F., 1970, 72−79. |
| 1914 | Zur Einführung des Narzißmus(G.W., X, 137−170, 논문) | Pour introduire le narcissisme, trad. J. Laplanche, in *La vie sexuelle*, P.U.F., 1969, 81−105. |
| 1914 | Zur Geschichte der psychoanalytischen Bewegung(G.W., X, 43−113, 논문) | Contribution à l'histoire du mouvement psychanalytique, trad. S. Jankélévitch, in *Cinq leçons sur la psychanalyse*, Payot, 1973, 69−155. |
| 1914 | Zur Psychologie des Gymnasiasten(G.W., X, 203−207, 축사) | Sur la psychologie du lycéen, in *Résultats, idées, problèmes* I, P.U.F., 1984, 227−232. |
| 1914 | Erinnern, Wiederholen und Durcharbeiten(G.W., X, 125−136, 논문) | Remémoration, répétition et élaboration, trad. A. Berman, in *De la technique psychanalytique*, P.U.F., 1953, 105−115. |
| 1915 (1914) | Bemerfcungen über die Übertragungs−liebe(G.W., X, 305−321, 논문) | Observations sur l'amour de transfert, trad. A. Berman, in *De la technique psychanalytique*, P.U.F., 1953, 116−130. |
| 1915 | Zeitgemäßes über Krieg und Tod(G.W., X, 323−355, 논문) | Considérations actuelles sur la guerre et la mort, trad. S. Jankélévitch, rév. A. |

| 발표연도(집필연도) | 원본 | 프랑스어 |
| --- | --- | --- |
| | | Hesnard, in *Essais de psychanalyse*, Payot, 1951, 219–250. |
| 1915 | Triebe und Triebschicksale(G.W., X, 209–232, 논문) | Les pulsions et leurs destins, in *Métapsychologie*, Gallimard, 1952, 25–66. 1968년판에서는 pulsions et destins des pulsions, trad. J. Laplanche et J.–B. Pontalis, in *Métapsychologie*, Gallimard, 1968, 11–44. |
| 1915 | Die Verdrangung(G.W., X, 247–261, 논문) | Le refoulement, trad. J. Laplanche et J.–B. Pontalis, in *Métapsychologie*, Gallimard, 1952, 67–90. |
| 1915 | Das Unbewusste(G.W., X, 263–303, 논문) | L'inconscient, trad. J. Laplanche et. J.–B. Pontalis, in *Métapsychologie*, Gallimard, 1952, 91–161. |
| 1915 | Mitteilung eines der psychoanalytischen Theorie widersprechenden Falles von Paranoia (G.W., X, 233–246, 논문) | Un cas de paranoïa qui contredisait la théorie psychanalytique de cette affection, trad. P. Jury, in *R.F.P.*, 1935, 8, n° 1, 2–11 ; Communication d'un cas de paranoïa en contradiction avec la théorie psychanalytique, in *Névrose, psychose et perversion*, P.U.F., 1973, 209–218. |
| 1916 (1915) | Vergänglichkeit(G.W., X, 357–361, 기고문) | Fugitivité, trad. M. Bonaparte, in Bonaparte, M.: "Deux personnes devant l'abîme", in *R.F.P.*, 1956, 20, n°3, 307–315 ; Ephémère destinée, in *Résultats, idées, problèmes* I, P.U.F., 1984, 233–236. |
| 1916 | Mythologische Parallele zu einer plasitischen Zwangsvorstellung (G.W., X, 397–400, 논문) | Parallèles mythologiques à une représentation obsessionnelle plastique, trad. E. Marty et M. Bonaparte, in *Essais de psychanalyse appliquée*, Gallimard, 1971, 83–85. |
| 1916 | Eine Beziehung zwischen einem Symbol und einem Symptom(G.W., X, 393–395, 논문) | Rapport entre un symbole et un symptôme, trad. P. Jury, in *R.F.P.*, 1935, 8, n° 3, 447–448 ; Une relation entre un symbole et un symptôme, in *Résultats, idées, problèmes* I, P.U.F., 1984, 237–238. |
| 1916 | Einige Charaktertypen aus der psychoanalytischen Arbeit(G.W., X, 363–391, | Quelques types de caractères dégagés par la psychanalyse, trad, E. Marty et M. |

| 발표연도(집필연도) | 원본 | 프랑스어 |
|---|---|---|
| | 논문) | Bonaparte, in *Essais de psychanalyse appliquée*, Gallimard, 1971, 105–136. |
| 1916–1917<br>(1915–1917) | *Vorlesungen* ☒*ur Einführung in die Psychoanalyse*(Heller, Ⅰ, Ⅱ, 1916 ; Ⅲ, 1917 ; G.W., XI 전권, 단행본)<br>Ⅰ. Die Fehlleistungen<br>Ⅱ. Der Traum<br>Ⅲ. Allgemeine Neurosenlehre | *Introduction à la psychanalyse*, trad. S. Jankélévitch, Payot, 1951. |
| 1917 | A pszihoanalizis egy néhézségerol, (Eine Schwierigkeitder Psychoanalyse)(G.W., XII, 1–12, 논문) | Une difficulté de la psychanalyse, trad, E. Marty et M. Bonaparte, in *Essais de psychanalyse appliquée*, Gallimard, 1933, 137–147. |
| 1917 | Eine Kindheitserinnerung aus "Dichtung und Wahrheit"(G.W., XII, 13–26, 논문) | Un souvenir d'enfance dans "Fiction et Vérité" de Gœthe, trad. E. Marty et M. Bonaparte, in *Essais de psychanalyse appliquée*, Gallimard, 1971, 149–161. |
| 1917<br>(1915) | Metapsychologische Ergänzung zur Traumlehre(G.W. X, 411–426, 논문) | Complément métapsychologique à la théorie du rêve, trad. J. Laplanche et J.–B. Pontalis, in *Métapsychologie*, Gallimard, 1968, 125–146. |
| 1917<br>(1915) | Trauer und Melancholie(G.W., X, 427–446, 논문) | Deuil et mélancolie, trad. J. Laplanche et J.–B. Pontalis, in *Métapsychologie*, Gallimard, 1952, 189–222. |
| 1917 | Über Triebumsetzungen, insbesondere der Analerotik(G.W., X, 401–410, 논문) | Sur les transformations des pulsions, particulièrement dans l'érotisme anal, trad. D. Berger, in *La vie sexuelle*, P.U.F., 1969, 106–112. |
| 1918<br>(1917) | Das Tabu der Virginität(Beiträge zur Psychologie des Liebeslebens, Ⅲ→1924년 단행본 ; G.W., XII, 159–180, 논문) | Le tabou de !a virginité(Contributions àla psychologie de la vie amoureuse, Ⅲ), trad. D. Berger, in *La vie sexuelle*, P.U.F., 1969, 66–80. |
| 1918<br>(1914) | Aus der Geschichte einer infantilen Neurose(G.W., XII, 27–157, 논문) | Extrait de l'histoire d'une névrose infantile: L'homme aux loups, trad. M. Bonaparte et R. Lœwenstein, in *Cinq psychanalyses*, P.U.F., 1954, 325–420. |
| 1919<br>(1915) | Brief an Frau Dr. Hermine von Hug–Hellmuth(G.W., X, 456, 편지) | |
| 1919 | Wege der psychoanalytischen Therapie | Les voies nouvelles de la therapeutique |

| 발표연도(집필연도) | 원본 | 프랑스어 |
| --- | --- | --- |
| (1918) | (G.W., XII, 181–194, 논문) | psychanalytique, trad. A. Berman, in *De la technique psychanalytique*, P.U.F., 1953, 131–141. |
| 1919 | James J. Putnam(G.W., XII, 315, 추도사) | |
| 1919 | Psychoanalytischer Verlag u. Preiszuteilungen für psychoanalytische Arbeiten(G.W., XII, 331–336, 각서) | |
| 1919 | Einleitung zu "Zur Psychoanalyse der Kriegsneurosen"(G.W., XII, 321–324, 서문) | Introduction à la "Psychanalyse des névroses de guerre", in *Résultats, idées, problèmes* I, P.U.F., 1984, 243–248. |
| 1919<br>(1918) | 헝가리어 원본. Kelle–e az egyetemen a psychoanaly–sist–tanitani?(Soll man Psychoanalyse an der Universität lehren?) | Doit–on enseigner la psychanalyse à l'université?, in *Résultats, idées, problèmes* II, P.U.F., 1985, 239–242. |
| 1919 | "Ein Kind wird geschlagen"(G.W., VII, 195–226, 논문) | "On bat un enfant", trad. H. Hœsli, *in R.F.P.*, 1933, 6, n°3–4, 274–297 ; "Un enfant est battu", in *Névrose, psychose et perversion*, P.U.F., 1973, 219–244. |
| 1919 | Victor Tausk(G.W., XII, 316–318, 추도사) | |
| 1919 | Vorrede zu "Probleme der Religionspsychologie" von Dr. Theodor Reik(G.W., XII, 325–329, 서문) | |
| 1919 | Das Unheimliche(G.W., XII, 227–268, 논문) | L'inquiétante étrangeté, trad. E. Marty et M. Bonaparte, in *Essais de psychanalyse appliquée*, Gallimard, 1933, 163–211. |
| 1920 | Über die Psychogenese eines Falles von weiblicher Homosexualität(G.W., XII, 269–302, 논문) | Psychogenèse d'un cas d'homosexualité féminine, trad. H. Hœsli, in *R.F.P.*, 1933, 6, n°2, 130–154 ; Sur la psychogenèse d'un cas d'homosexualité féminine, in *Névrose, Psychose et perversion*, P.U.F., 1973, 245–270. |
| 1920 | Zur Vorgeschichte der analytischen Technik(G.W., XII, 307–312, 논문) | Sur la préhistoire de la technique analytique, in *Résultats, idées, problèmes* I, P.U.F., 1984, 255–258. |
| 1920 | Dr. Anton v. Freund(G.W., XIII, 435–436, 추도사) | |
| 1920 | Gedankenassoziation eines vierjährigen Kindes(G.W., XII, 303–306, 에세이) | Association d'idées d'une enfant de quatre ans, in *Résultats, idées, problèmes I*, P.U.F., 1984, 259–260. |

| 발표연도(집필연도) | 원본 | 프랑스어 |
|---|---|---|
| 1920 | *Jenseits des Lustprinzips*(Internationaler Psychoanalytischer Verlag, 1920 ; G.W., XIII, 1–69, 단행본) | Au–delà du principe du plaisir, trad. S. Jankélévitch, rév, A. Hesnard, in *Essais de psychanalyse*, Payot, 1951, 5–75. |
| 1921 | Preface to "Addresses on Psycho–Analysis" by J. J. Putnam(G.W., XIII, 437–438, 서문) | |
| 1921 | Introduction to J. Varendonck's "The Psychology of Day Dreams"(Geleitwort zu J. Varendonck, "Über das vorbewusste phantasierende Denken"(G.W., XIII, 439–440, 서문) | |
| 1921 | Massenpsychologie und Ich–Analyse (Internationaler Psychoanalytischer Verlag, 1921 ; G.W., XIII, 71–161, 단행본) | Psychologie collective et analyse du moi, trad. S. Jankélévitch, rév. A. Hesnard, in *Essais de psychanalyse*, Payot, 1951, 76–162. |
| 1922 | Traum und Telepathie(G.W., XIII, 163–191, 논문) | Rêve et télépathie, in *Résultats, idées, problèmes* II, P.U.F., 1985, 25–48. |
| 1922 | Über einige neurotische Mechanismen bei Eifersucht, Paranoia und Homosexualität(G.W., XIII, 193–207, 논문) | De quelques mécanismes névrotiques dans la jalousie, la paranoïa et l'homosexualité, trad. J. Lacan, in *R.F.P.*, 1932, 5, n°3, 391–401 ; Sur quelques mécanismes névrotiques dans la jalousie, la paranoïa et l'homosexualité, in *Névrose, psychose et perversion*, P.U.F., 1973, 271–282. |
| 1922 | Nachschrift zur Analyse der kleinen Hans(G.W., XIII, 431–432, 후기) | Epilogue à l'analyse du petit Hans, trad. M. Bonaparte, in *Cinq psychanalyses*, P.U.F., 1970, 198. |
| 1923 (1922) | "Psychoanalyse" and "Libidotheorie" (G.W., XIII, 209–233, 백과사전 항목) | "Psychanalyse" et "Théorie de la Libido", in *Résultats, idées, problèmes* II, P.U.F., 1985, 51–78. |
| 1923 | *Das Ich und das Es*(Internationaler psychoanalytischer Verlag, 1923: G.W., XIII, 235–289, 단행본) | Le moi et le soi, in *Essais de psychanalyse*, Payot, 1951, 163–218, 1970년판에서는, Le moi et le ça, trad. S. Jankélévitch, rév. Hesnard, in *Essais de psychanalyse*, Payot, 1970, 177–234. |
| 1923 (1922) | Bemerkungen zur Theorie und Praxis der Traumdeutung(G.W., XIII, 299–314, 논문) | Remarques sur la théorie et la pratique de l'intérprétation du rêve, in *Résultats, idées, problèmes* II, P.U.F., 1985, 79–92. |

| 발표연도(집필연도) | 원본 | 프랑스어 |
| --- | --- | --- |
| 1923 (1922) | Eine Teufelsneurose im siebzehnten Jahrhundert(G.W., XIII, 315−353, 논문) | Une névrose démoniaque au XVII^e siècle, trad. E. Marty, rév. M. Bonaparte, in *Essais de psychanalyse appliquée*, Gallimard, 1971, 211−251. |
| 1923 | Die infantile Genitaiorganisation(G.W., XIII, 291−298, 논문) | L'organisation génitale infantile, trad. J. Laplanche, in *La vie sexuelle*, P.U.F., 1969, 113−116. |
| 1923 | Josef Popper−Lynkeus und die Theorie des Traumes(G.W., XIII, 355−359, 추도사) | Josef Popper−Lynkeus et la théorie du rêve, in *Résultats, idées, problèmes* II, P.U.F., 1985, 93−96. |
| 1923 | Vorwort zu Max Eitingon, Bericht über die Berliner psychoanalytische Poliklinik(G.W., XIII, 441, 서문) | |
| 1923 | Brief an Luis Lopez−Ballesteros y de Torres(G.W., XIII, 442, 편지) | |
| 1923 | Dr. Ferenczi Sándor(Zum 50. Geburtstag)(G.W., XIII, 443−445, 축사) | |
| 1924 (1923) | Neurose und Psychose(G.W., XIII, 385−391, 논문) | Névrose et psychose, in *Névrose, psychose et perversion*, P.U.F., 1973, 283−286. |
| 1924 (1923) | Psychoanalysis: Exploring the Hidden Recesses of the Mind (Kurzer Abriß der Psychoanalyse) G.W., XIII, 403−427, 기고문) | Petit abrégé de psychanalyse, in *Résultats, idées, problèmes* II, P.U.F., 1985, 97−118. |
| 1924 | Lettre au "Disque Vert"(Zuschrift au die Zeitschrift, "Le Disque Vert")(G.W., XIII, 446, 기고문) | 프랑스어 원본. Lettre préface à Le Disque Vert, Le Disque Vert, II, n° spécial: "Freud et la psychanalyse", 1924. |
| 1924 | Das ökonomische Problem des Masochismus(G.W., XIII, 369−383, 논문) | Le problème économique du masochisme, trad. E. Pichon et H. Hœsli, in *R.F.P.*, 1928, 2, n°2, 211−223 ; in *Névrose, psychose et perversion*, P.U.F., 1973, 287−298. |
| 1924 | Der Untergang des Ödipuskomplexes(G.W., XIII, 393−402, 논문) | La disparition du complexe d'Oedipe, trad. D. Berger, in *La vie sexuelle*, P.U.F., 1969, 117−122. |
| 1924 | Der Realitätsverlust bei Neurose und Psychose(G.W., XIII, 361−368, 논문) | La perte de la réalité dans la névrose et dans la psychose, in Névrose, psychose et perversion, P.U.F., 1973, 299−303. |
| 1924 | *Beiträge ⊠ur Psychologie des Liebes-lebens* | Contributions à la psychologie de la vie |

| 발표연도(집필연도) | 원본 | 프랑스어 |
|---|---|---|
| | (Internationaler Psychoanalytischer Verlag, 1924 ; G.W., Ⅷ, 65–91, Ⅻ, 159–180, 단행본) | amoureuse, in *La vie sexuelle*, P.U.F., 1969, 47–80. |
| 1925 (1924) | Notiz über den "Wunderblock"(G.W., XIV, 1–8, 논문) | Note sur le "Bloc–notes magiques", in *Résultats, idées, problèmes* Ⅱ, P.U.F., 1985, 119–124. |
| 1925 (1924) | *Selbstdarstellung*(Grote'sche "Die Medizin der Gegenwart in Selbstdarstellungen", Ⅳ, 1–52, Meiner, 1925 ; G.W., XⅣ, 31–96, 단행본) | *Ma vie et la psychanalyse*, rév. S. Freud, trad. M. Bonaparte, Gallimard, 1949. |
| 1925 (1924) | Résistances àla psychanalyse(Die Widerstände gegen die Psychoanalyse)(G.W., XⅣ, 97–110, 논문) | 프랑스어 원본, La Revue Juive, 15–3–1925, Ⅰ, 2, 209–219 ; in *Résultats, idées, problèmes* Ⅱ, P.U.F., 1985, 125–134. |
| 1925 | Brief an den Herausgeber der "Jüdischen Presszentraie Zürich"(G.W., XIV, 556, 편지) | |
| 1925 | *On the Occasion of the Opening of the Hebrew University*(G.W., XIV, 556–557, 편지) | |
| 1925 | Geleitwort zu "Verwahrloste Jugend" von August Aichhorn(G.W., XIV 565–567, 서문) | |
| 1925 | Josef Breuer(G.W., XIV, 562–563, 추도사) | |
| 1925 | Die Verneinung(G.W., XIV, 9–15, 논문) | La négation, trad. H. Hœsli, in *R.F.P.*, 1934, 7, n°2, 174–177 ; in *Résultats, idées, problèmes* Ⅱ, P.U.F., 1985, 135–140. |
| 1925 | Einige Nachträge zum Ganzen der Traumdeutung(G.W., Ⅰ, 559–573, 논문)<br>Die Grenzen der Deutbarkeit<br>Die sittliche Verantwortung für den Inhalt der Träume<br>Die okkulte Bedeutung des Traumes | Quelques additifs à l'ensemble de l'interprétation des rêves, in *Résultats, idées, problèmes* Ⅱ, P.U.F., 1985. |
| 1925 | Einige psychische Folgen des anatomischen Geschlechtsunterschieds (G.W., XIV, 17–30, 논문) | Quelques conséquences psychologiques de la différence anatomique entre les sexes, trad. D. Berger, in *La vie sexuelle*, P.U.F., 1969, 123–132. |
| 1926 | *Hemmung, Symptom und Angst* (Interna- | *Inhibition, symptôme et angoisse*, trad. M. |

| 발표연도(집필연도) | 원본 | 프랑스어 |
| --- | --- | --- |
| (1925) | tionaler Psychoanalytischer Verlag, 1926 ; G.W., XIV, 111–205, 단행본) | Tort, P.U.F., 1965. |
| 1926<br>(1925) | Psycho–Analysis(G.W., XIV, 297–307, 백과사전 항목) | Psychanalyse(école freudienne), trad. G. Lauzun, in G. Lauzun: *Sigmund Freud et la psychanalyse*, Seghers, 1966, 163–171 ; Psycho–analysis, in *Résultats, idées, problèmes* II, P.U.F., 1985, 153–160. |
| 1926 | An Romain Rolland(G.W., XIV, 553, 편지) | Lettre à Romain Rolland, trad. A. Berman, avec coll. J. P. Grossein, in *Correspondence 1873–1939*, Gallimard, 1966, 395. |
|  | Karl Abraham(G.W., XIV, 564, 추도문) |  |
| 1926<br>1926 | Bemerkung zu E. Pickworth Farrow's "Eine Kindheitserinnerung aus dems 6. Lebensmonat"(G.W., XIV, 568, 서문) |  |
| 1926 | *Die Frage der Laienanalyse*(Internationaler Psychoanalytischer Verlag, 1926 ; G.W., XIV, 207–286, 단행본) | Psychanalyse et médecine, rév. S. Freud, trad. M. Bonaparte, in *Ma vie et la psychanalyse*, Gallimard, 1949, 117–239. |
| 1927 | Nachtrag zur Arbeit über den Moses des Michelangelo(G.W., XIV, 319–322, 후기) | Appendice au Moïse de Michel–Ange, trad. E. Marty, rév. M. Bonaparte, in *Essais de psychanalyse appliquée*, Gallimard, 1971, 43–44. |
| 1927 | *Die Zukunft einer Illusion*(Internationaler Psychoanalytischer Verlag, 1927 ; G.W., XIV, 323–380, 단행본) | *L'avenir d'une illusion*, trad. M. Bonaparte, P.U.F., 1971. |
| 1927 | Der Humor(G.W., XIV, 381–389, | L'humour, trad. M. Bonaparte et M. Nathan, in *Le mot d'esprit et ses rapports avec l'inconscient*, Gallimard, 1969, 367–376. |
| 1927 | Fetischismus(G.W., XIV, 309–317, 논문) | Le fétichisme, trad. D. Berger, in *La vie sexuelle*, P.U.F., 1969, 133–138. |
| 1928<br>(1927) | Ein religiöses Erlebnis(G.W., XIV, 391–396, 논문) | Un événement de la vie religieuse, trad. M. Bonaparte, in *L'avenir d'une illusion*, P.U.F., 1971, 95–100. |
| 1928<br>(1927) | Dostojewski und die Vatertötung(G.W., XIV, 397–418, 기고문) | Dostoïewski et le parricide, trad. A. Beucler, in *Dostoïewski, par sa femme, A. G. Dostoïewska*, Gallimard, 1930, 13–33 ; in *Résultats, idées, problèmes* II, P.U.F., 1985, 161–180. |

| 발표연도(집필연도) | 원본 | 프랑스어 |
| --- | --- | --- |
| 1929 | Ernest Jones zum 50. Geburtstag(G.W., XIV, 554–555, 축사) | |
| 1929 | Lettre àMaxime Leroy sur "Quelques rêves de Descartes"(Brief an Maxim Leroy über einen Traum des Cartesius)(G.W., XIV, 558–560, 편지) | 프랑스어 원본. Leroy, M.: Descartes, le philosophe au masque, Rieder, 1929, 89–90. |
| 1930 (1929) | *Das Unbehagen in der Kultur*(Internationaler Psychoanalytischer Verlag, 1930 ; G.W., XIV, 419–506, 단행본) | *Malaise dans la civilisation*, trad. M. et M[me]. C. Odier, P.U.F., 1971. |
| 1930 | Vorwort zu "Zehn Jahre Berliner Psychoanalytisches Institut"(G.W., XIV, 572, 서문) | |
| 1930 | Introduction to the Special Psychopathology Number of The "Medical Review of Reviews"(Geleitwort zu "Medical Review of Reviews", Vol. XXXVI, 1950 ; G.W., XIV, 570–571, 서문) | |
| 1930 | Goethe–Preis 1930(G.W., XIV, 543–550, 편지)<br>Brief an Dr. Alfons Paquet<br>Ansprache im Frankfurter Goethe–Haus | Lettre au Dr. A. Paquet, trad, A. Berman avec coll. J. P. Grossein, in *Correspondance 1873–1939*, Gallimard, 1966, 434 ; Prix Gœthe 1930, in *Résultats, idées, problèmes* II, P.U.F., 1985, 181–186. |
| 1931 (1930) | Geleitwort zu "Elementi di Psicoanalisi" von Edoardo Weiss(G.W., XIV, 573, 서문) | |
| 1931 (1930) | Das Fakultätsgutachten im Prozess Halsmann(G.W., XIV, 539–542, 의견서) | L'expertise de la faculté au procès Halsmann, in *Résultats, idées, problèmes* II, P.U.F., 1985, 187–190. |
| 1931 | Über libidinöse Typen(G.W., XIV, 507–513, 논문) | Des types libidinaux, trad. D. Berger, in *La vie sexuelles*, P.U.F., 1969, 156–159. |
| 1931 | Über die weibliche Sexualität(G.W., XIV, 515–537, 논문) | Sur la sexualité féminine, trad. D. Berger, in *La vie sexuelle*, P.U.F., 1969, 139–155. |
| 1931 | Brief an den Bürgermeister der Stadt Pribor(G.W., XIV, 561, 편지) | Lettre an maire de la ville de Pribor, trad. A. Berman avec coll. J. P. Grossein, in *Correspondance 1873–1939*, Gallimard, 1966, 444–445. |
| 1932 (1931) | Zur Gewinnung des Feuers(G.W., XVI, 1–9, 논문) | Sur la prise de possession du feu, in *Résultats, idées, problèmes* II, P.U.F., 1985, 191–196. |

| 발표연도(집필연도) | 원본 | 프랑스어 |
|---|---|---|
| 1932<br>(1931) | Geleitwort zu "Allgemeine Neurosenlehre auf psychoanalytischer Grundlage" von Hermann Nunberg(G.W., XVI, 273, 서문) | Préface à Nunberg, H.: Principes de psychanalyse. Leur application aux névroses, trad. A. M. Rocheblave, P.U.F., 1967. |
| 1932 | Meine Berübrung mit Josef Popper-Lynkeus(G.W., XVI, 261-266, 축사) | Ma rencontre avec Josef Popper-Lynkeus, in *Résultats, idées, problèmes* II, P.U.F., 1985, 197-202. |
| 1933<br>(1932) | *Neue Folge der Vorlesungen zur Einführung in die Psychoanalyse* (Internationaler Psychoanalytischer Verlag, 1933 ; G.W., XV 전권, 단행본) | *Nouvelles conférences sur la psychanalyse*, trad. A. Berman, Gallimard, 1936. |
| 1933<br>(1932) | Warum Krieg?(Einstein und Freud) (G.W., XVI, 11-27, 편지) | Pourquoi la guerre? (avec Einstein), trad. B. Briod, in R.F.P., 1957, 21, n°6, 757-768 ; in *Résultats, idées, problèmes* II, P.U.F., 1985, 203-216. |
| 1933 | Sándor Ferenczi(G.W., XVI, 267-269, 축사) | |
| 1933 | Préface àM. Bonaparte: "Edgar Poe, étude psychanalytique"(Vorwort zu "Edgar Poe, eine psychoanalytische Studie" (G.W., XVI, 276, 서문) | 프랑스어 원본, P.U.F., 1968. |
| 1934<br>(1930) | Vorrede zur hebräischen Ausgabe der "Vorlesungen zur Einführung in die Psychoanalyse"(G.W., XVI, 274-275, 서문) | |
| 1934<br>(1930) | Vorrede zur hebräischen Ausgabe von "Totem und Tabu"(G.W., XIV, 569, 서문) | |
| 1935 | Die Feinheit einer Fehlhandlung(G.W., XVI, 35-39, 논문) | La finesse d'un acte manqué, in *Résultats, idées, problèmes* II, P.U.F., 1985, 217-220. |
| 1935 | Thomas Mann zum 60. Geburtstag(G.W., XVI, 249, 편지) | Lettre à Thomas Mann, trad. A. Berman avec coll. J. P. Grossein, in *Correspondance 1873-1939*, Gallimard, 1966, 464. |
| 1936 | Brief an Romain Rolland(Eine Erinnerungsstörung auf der Akropolis) (G.W., XVI, 250-257, 편지) | Un trouble de mémoire sur l'Acropole (Lettre àR. Rolland), trad. M. Robert, in *L'Ephémère*, Editions de la Fondation Maeght, n°2, avril, 1967, 3-13 ; in *Résultats, idées, problèmes* II, P.U.F., 1985, 221-230. |

| 발표연도(집필연도) | 원본 | 프랑스어 |
|---|---|---|
| 1937 | Lou Andreas Salome (G.W., XVI 270, 추도사) | |
| 1937 | Die endliche und die unendliche Analyse(G.W., XVI, 57–99, 논문) | Analyse terminée et analyse interminable, trad. A. Berman, in *R.F.P.*, 1938–1939, 10–11, n°1, 3–38 ; L'analyse avec fin et l'analyse sans fin, in *Résultats, idées, problèmes* II, P.U.F., 1985, 231–268. |
| 1937 | Konstruktionen in der Analyse(G.W., XVI, 41–56, 논문) | Constructions dans l'analyse, in *Résultats, idées, Problèmes* II, P.U.F., 1985, 269–282. |
| 1939 (1934–1938) | *Der Mann Moses und die monotheistische Religion*(Verlag Allert de Lange, 1939 ; G.W., XVI, 101–246, 단행본) | *Moïse et le monothéisme*, trad. A. Berman, Gallimard, 1948 |
| 1940 (1922) | Das Medusenhaupt(G.W., XVII, 47–48, 초고) | La tête de Méduse, in *Résultats, idées, problèmes* II, P.U.F., 1985, 49–50. |
| 1940 (1938) | Some Elementary Lessons in Psycho–AnalysisfG.W., XVII, 141–147, fe£) | 영어 제목과 동일. in *Résultats, idées, problèmes* II, P.U.F., 1985, 289–295. |
| 1940 (1938) | Abriss der Psychoanalyse(G.W., XVII, 63–138, 논문) | Abrégé de psychanalyse, trad. A. Berman, P.U.F., 1950. |
| 1940 (1938) | Die Ichspaltung im Abwehrvorgang(G.W., XVII, 59–62, 논문) | Le clivage du moi dans le processus de défense, trad. R. Lewinter et J.–B. Pontalis, in *Nouvelle Revue de Psychanalyse*, 1970, 2, 25–28 ; in *Résultats, idées, problèmes* II, P.U.F., 1985, 283–286. |
| 1940–1941 (1892) | Beiträge zu den "Studien über Hysterie" | |
| | Briefe an Josef Breuer(G.W., XVII, 5–6, 편지) | |
| | Zur Theorie des hysterischen Anfalles (mit Josef Breuer) (G.W., XVII, 9–13, 초고) | Pour une théorie de l'attaque hystérique, in *Résultats, idées, problèmes* I, P.U.F., 1984, 25–28. |
| | Notiz, III(G.W., XVII, 17–18, 초고) | Notice 'III', in *Résultats, idées, problèmes* I, P.U.F., 1984, 29–30. |
| 1941 (1899) | Eine erfüllte Traumahnung(G.W., XVII, 21–23, 초고) | Une prémonition onirique accomplie, in *Résultats, idées, problèmes* I, P.U.F., 1984, 109–112. |
| 1941 (1921) | Psychoanalyse und Telepathie(G.W., XVII, 27–44, 초고) | Psychanalyse et télépathie, in *Résultats, idées, problèmes* II, P.U.F., 1985, 7–24. |

| 발표연도(집필연도) | 원본 | 프랑스어 |
|---|---|---|
| 1941<br>(1926) | Ansprache an die Mitglieder des Vereins B'nai B'rith(G.W., XVII, 49–53, 편지) | Aux membres de l'Associations B'nai B'rith, trad. A. Berman et J. P. Grossein, in *Correspondance 1873–1939*, Gallimard, 1966, 397–399. |
| 1941<br>(1938) | Ergebnisse, Ideen, Probleme(G.W., XVII, 151–152, 메모) | Résultats, idées, problèmes, trad. J. P. Briand et A. Green, in *L'Arc*, 1968, 34, 67–70 ; in *Résultats, idées, problèmes* II, P.U.F., 1985, 287–288. |
| 1942<br>(1905–1906) | Psychopathische Personen auf der Bühne(논문) | Personnages psychopathiques à la scène, in *Résultats, idées, problèmes* I, P.U.F., 1984, 123–130. |
| 1950<br>(1887–1902) | *Aus den Anfängen der Psychoanalyse, Briefe an Wilhelm Fließ, Abhandlungen und Notizen aus den Jahren 1887–1902*, Imago Publishing, 1950, S. Fisher Verlag, 1962(편지, 초고) | *La naissance de la psychanalyse, lettres à Wilhelm Fliess, notes et plans*, trad. A. Berman, P.U.F., 1956. |
| 1950<br>(1895) | *Entwurf einer Psychologie (Aus den Anfängen der Psychanalyse*, Imago Publishing, 1950, 371–466 ; S. Fisher Verlag, 1962, 297–384, 초고) | Esquisse d'une psychologie scientifique, trad. A. Berman, in *La naissance de la psychanalyse*, P.U.F., 1956, 307–396. |
| 1955<br>(1920) | Gutachten über elektrische Behandlung der Kriegs neurotiker(메모) | Rapport d'expert sur le traitement des névrosés de guerre, in *Résultats, idées, problèmes* I, P.U.F., 1984, 249–253. |
| 1957<br>(1911) | Träume im Folklore(논문) | Rêves dans le folklore, in *Résultats, idées, Problèmes* I, P.U.F., 1984, 145–168. |
| 1960<br>(1973–1939) | *Briefe 1873–1939*, herausg. von Ernst Freud, S. Fischer Verlag, 1960, revid. 1968(편지) | *Correspondance 1873–1939*, réunie par Ernst Freud, trad. A. Berman avec coll, J. P. Grossein, Gallimard, 1966. |

## **찾아보기

**ㅇ**

**ㅊ**

개정판
**해석에 대하여** : 프로이트에 관한 시론

**발행일** 1쇄 2020년 8월 20일
**지은이** 폴 리쾨르
**옮긴이** 김동규/박준영
**펴낸이** 여국동
**펴낸곳** 도서출판 인간사랑
**출판등록** 1983. 1. 26. 제일-3호
**주소** 경기도 고양시 일산동구 백석로 108번길 60-5 2층
**전화** 031)901-8144(대표) | 977-3073(영업부) | 031)907-2003(편집부)
**팩스** 031)905-5815
**전자우편** igsr@naver.com
**블로그** http://blog.naver.com/igsr
**인쇄** 인성인쇄 **출력** 현대미디어 **종이** 세원지업사

**값** 39,000원
**ISBN** 978-89-7418-596-1 93160


이 도서의 국립중앙도서관 출판시도서목록(CIP)은 서지정보유통지원시스템 홈페이지(http://seoji.nl.go.kr)와 국가자료공동목록시스템(http://www.nl.go.kr/kolisnet)에서 이용하실 수 있습니다.
(CIP제어번호: CIP2020031066)